机器学习算法

(MATLAB 版)

马昌凤　柯艺芬　谢亚君　著

科学出版社

北京

内 容 简 介

本书是机器学习领域的入门教材，详细阐述了机器学习的基本理论和方法. 全书由 15 章组成，包括机器学习概论、数学基础知识、线性模型与逻辑斯谛回归、支持向量机、人工神经网络、决策树算法、贝叶斯算法、k 近邻算法、数据降维算法、聚类算法、高斯混合模型与 EM 算法、集成学习算法、最大熵算法、概率图算法以及强化学习算法等. 对每一种机器学习算法，均从算法原理的理论推导和 MATLAB 实现两方面进行介绍. 本书既注意保持理论分析的严谨性，又注重机器学习算法的实用性，同时强调机器学习算法的思想和原理在计算机上的实现. 全书内容选材恰当，系统性强，行文通俗流畅，具有较强的可读性.

本书的建议课时为 60 课时(其中含上机实验 12 课时)，可作为计算机科学与技术、信息与计算科学、统计学以及数学与应用数学等本科专业的教材或教学参考书，也可以作为理工科研究生机器学习课程的教材或教学参考书.

图书在版编目(CIP)数据

机器学习算法：MATLAB 版/马昌凤，柯艺芬，谢亚君著. —北京：科学出版社，2021.6

ISBN 978-7-03-060319-7

Ⅰ. ①机… Ⅱ. ①马… ②柯… ③谢… Ⅲ.①机器学习-算法 ②Matlab 软件 Ⅳ. ①TP181 ②TP317

中国版本图书馆 CIP 数据核字 (2021) 第 113020 号

责任编辑：姚莉丽 李 萍／责任校对：杨聪敏
责任印制：赵 博／封面设计：陈 敬

科学出版社出版
北京东黄城根北街 16 号
邮政编码：100717
http://www.sciencep.com
北京天宇星印刷厂印刷
科学出版社发行 各地新华书店经销
*
2021 年 6 月第 一 版 开本：720×1000 B5
2025 年 7 月第八次印刷 印张：26 1/2
字数：534 000
定价：98.00 元
(如有印装质量问题，我社负责调换)

前　　言

众所周知, 人工智能是当前最热门的话题之一, 计算机技术与互联网技术的快速发展更是将对人工智能的研究推向一个新的高潮. 人工智能是研究模拟和扩展人类智能的理论与方法及其应用的一门新兴技术科学. 作为人工智能核心研究领域之一的机器学习, 其研究动机是为了使计算机系统具有人的学习能力以实现人工智能.

党的二十大报告指出:“教育、科技、人才是全面建设社会主义现代化国家的基础性、战略性支撑.” 机器学习的理论与方法是人工智能的核心内容，它使用算法和统计模型来自动学习数据中的模式和规律. 因此，编写一本符合当前实际需要的机器学习教材显得十分必要.

当前, 对机器学习算法的研究正处于蓬勃发展的阶段, 可谓如火如荼、方兴未艾. 事实上, 机器学习技术已成功地应用于各行各业的各个领域, 如人脸识别、语音识别、搜索引擎、语言翻译、自然语言处理、基因序列分析、无人驾驶技术、图像处理、信号处理, 等等. 可以说, 机器学习是这些领域的核心技术, 对这些领域的发展和应用起着至关重要的作用.

本书深入浅出地介绍了机器学习算法的基本理论和方法, 各章内容简介如下.

第 1 章主要介绍了机器学习的基本定义和术语、机器学习算法的分类、机器学习模型的评估和选择、机器学习算法实现的流程以及机器学习的用途及发展简史.

第 2 章介绍了机器学习所需要的数学基础知识, 主要包括矩阵函数的微分、矩阵的特征值分解和奇异值分解、无约束优化方法、约束优化方法和 KKT 条件、二次规划、概率与统计基础知识以及极大似然估计等.

第 3 章主要介绍了线性模型, 包括线性模型的基本原理与 MATLAB 实现、逻辑斯谛回归模型与 MATLAB 实现以及线性判别分析的原理与 MATLAB 实现等.

第 4 章介绍了支持向量机模型, 包括支持向量机的算法原理、核映射支持向量机、SMO 算法原理及推导、支持向量回归模型, 以及支持向量机的 MATLAB 实现等.

第 5 章主要介绍了人工神经网络, 包括 M-P 神经元、感知器模型、多层前馈网络、误差逆传播算法、神经网络的数学性质与实现细节, 以及神经网络的 MATLAB 实现等.

第 6 章介绍了决策树算法, 包括决策树算法的基本原理、信息增益与 ID3 决策树、增益率与 C4.5 决策树、基尼指数与 CART 决策树、剪枝算法、连续值与缺失属性值的处理, 以及决策树算法的 MATLAB 实现等.

第 7 章主要介绍了贝叶斯算法, 包括贝叶斯算法的原理、朴素贝叶斯算法、正态贝叶斯算法、半朴素贝叶斯算法、TAN 贝叶斯算法, 以及贝叶斯算法的 MATLAB 实现等.

第 8 章介绍了 k 近邻算法, 包括 k 近邻算法的基本原理和距离函数、改进的 k 近邻算法, 以及 k 近邻算法的 MATLAB 实现等.

第 9 章主要介绍了数据降维算法, 包括主成分分析的基本原理、核主成分分析算法、快速 PCA 算法及 MATLAB 实现、流形学习算法的基本原理、局部线性嵌入及 MATLAB 实现、等距映射与 MDS 算法及 MATLAB 实现等.

第 10 章介绍了聚类算法, 包括聚类的基本理论、k 均值算法及 MATLAB 实现、k 中心点算法及 MATLAB 实现、密度聚类的 DBSCAN 算法及 MATLAB 实现、层次聚类的 AGNES 算法及 MATLAB 实现等.

第 11 章主要介绍了高斯混合模型与 EM 算法, 包括高斯混合模型的定义、EM 算法的理论推导与应用、高斯混合聚类的改进方法, 以及高斯混合聚类的 MATLAB 实现等.

第 12 章介绍了集成学习算法, 包括集成学习模型的生成和组合策略、Bagging 算法与随机森林及 MATLAB 实现、AdaBoost 算法的基本原理及 MATLAB 实现等.

第 13 章主要介绍了最大熵算法, 包括最大熵模型的定义、最大熵模型的学习算法、模型参数学习的最优化方法、改进的迭代尺度法, 以及最大熵模型的 MATLAB 实现等.

第 14 章介绍了概率图算法, 包括隐马尔可夫模型的定义、前向后向算法及其 MATLAB 实现、鲍姆-韦尔奇算法及其 MATLAB 实现、维特比算法及其 MATLAB 实现、条件随机场的定义、线性链条件随机场的概率计算方法和学习算法及解码算法等.

第 15 章主要介绍了强化学习算法, 包括强化学习模型的基本要素、ε-贪心算法和 Softmax 算法、马尔可夫决策过程、策略迭代算法与价值迭代算法、求解最优策略的蒙特卡罗法、时序差分法的基本原理、SARSA 算法及 MATLAB 实现、Q-学习算法及 MATLAB 实现等.

本书力求系统而详细地介绍机器学习的基本理论与算法，既注意保持理论分析的严谨性, 又注重机器学习算法的实用性, 同时强调机器学习算法的思想和原理在计算机上的实现. 全书内容选材恰当, 系统性强, 行文通俗流畅, 具有较强的可读性.

本书各章节的主要算法都给出了 MATLAB 程序及相应的计算实例. 为了

更好地配合教学, 作者编制了与本教材配套的电子课件 (PDF 格式的 PPT) 和主要算法的 MATLAB 程序, 需要的读者可扫描每章后和书后二维码, 或发邮件至 macf@fjnu.edu.cn, keyifen@fjnu.edu.cn, xieyajun0525@163.com 索取.

本书的出版得到了国家重点研发计划 (No. 2018YFC1504205) 的资助, 在此作者表示衷心感谢. 同时感谢福建省应用数学中心 (福建师范大学) 和福州外语外贸学院人力物力的支持.

由于作者水平有限, 书中难免存在不妥之处, 殷切希望专家和读者予以批评指正.

作　者

目　录

第 1 章　机器学习概论

1.1　机器学习的基本定义

众所周知, 机器学习 (Machine Learning) 是人工智能的核心研究领域之一, 其研究动机是为了让计算机系统具有人的学习能力以便实现人工智能. 那么, 什么是机器学习呢？机器学习是对研究问题进行模型假设, 利用计算机从训练数据中学习得到模型参数, 并最终对数据进行预测和分析的一门学科.

目前被广泛采用的机器学习的定义是“利用经验来改善计算机系统自身的性能”. 由于“经验”在计算机系统中主要是以数据的形式存在的, 因此机器学习需要运用机器学习技术对数据进行分析, 这就使得它逐渐成为智能数据分析技术的创新源之一, 并且为此而受到越来越多的关注.

那么, 拿什么来进行机器学习呢？当然是拿数据 (训练样本) 来学！设有一组训练样本 (数据), 记作 $\{\boldsymbol{x}_i\}_{i=1}^n$. 每个训练样本 $\boldsymbol{x}_i \in \mathbb{R}^m$, 都是通过采样得到的一个模式, 即输入特征空间中的一个向量; 通常是高维度的 (即 m 很大), 例如一幅图像. 训练样本可以认为是尚未加工的原始知识, 模型则是经过学习 (即加工、整理、归纳等) 后的真正知识表达. 同时假设所有训练样本满足独立同分布条件 (简记为 iid). 如果要想学得好, 这组训练样本要覆盖模型所有可能的分布空间.

为什么需要机器学习呢？计算机发明的初衷是解决大规模科学与工程计算中的数学问题, 后来才被应用于各种领域, 包括数据存储、排序等更复杂的数值与非数值计算. 对于人们要解决的各种实际问题, 计算机程序都取得了远远超过人类的成绩. 例如, 人们在使用智能导航软件时, 任意给定出发点和目的地, 导航软件可以很快计算出最优路线, 这一点也远超过人类. 可以肯定地说, 一个实际问题只要有了确定的逻辑和数学模型, 就可以用计算机进行很好的解决, 并且其处理能力是人类所望尘莫及的. 然而, 到目前为止, 还有许多无法用数学或逻辑模型准确描述的问题, 如情感表达、图像识别、小说创作等, 计算机处理的能力一般还不如人类. 这些用计算机难以处理的问题, 是当前人工智能要解决的核心问题. 而机器学习正是解决这类问题的有力工具.

1.2　机器学习的基本术语

掌握一门学科的基本术语对学好这门学科是至关重要的. 假定我们通过记录的方式获得了一个关于西瓜的训练数据集, 如表 1.1 所示. 我们将以这个数据集中的数据为例对机器学习的基本术语进行具体化, 以便加深对有关概念的理解.

表 1.1　西瓜数据集

编号	色泽	根蒂	敲声	是否好瓜
1	青绿	蜷缩	浊响	是
2	乌黑	蜷缩	浊响	是
3	青绿	硬挺	清脆	否
4	乌黑	稍蜷	沉闷	否

记录表 1.1 中各项数据的集合称为“**数据集**”或“**样本集**”, 表格的每一行数据 (这里是对每一个西瓜的描述) 称为一个“**示例**”或“**样本**”. 反映事件或对象在某方面的表现或性质的事项, 称为“**属性**”或“**特征**”, 如表格中的“色泽”“根蒂”“敲声”等; 而每个属性或特征的取值, 称为“**属性值**”或“**特征值**”, 例如表格中的“青绿”“乌黑”等. 属性 (特征) 张成的空间称为“**属性空间**”(或“**样本空间**”“**输入空间**”), 例如将表格中的“色泽”“根蒂”“敲声”作为三个坐标轴, 则它们张成一个用于描述西瓜的三维空间, 每个西瓜都可在这个空间中找到自己的坐标位置. 由于属性空间中的每个点对应着一个坐标向量, 因此可以把一个示例称为一个“**特征向量**”(或“**属性向量**”). 对于表 1.1 中的某一行数据, 利用“色泽”“根蒂”“敲声”三个属性进行取值记录, 可认为该样本的“**维数**”为 3. 从数据中学得模型的过程称为“**学习**”或“**训练**”, 这个过程通过执行某个学习算法来完成. 训练过程中使用的数据称为“**训练数据**”, 其中每个样本称为一个“**训练样本**”, 训练样本组成的集合称为“**训练集**”. “**标记/标签**”用来表示样本的结果信息, 例如表中的“是否好瓜”. “**样例**”是指既包含样本属性值又包含标签的样本. 注意样例与样本的区别, 后者包括训练样本和测试样本, 样本不一定具有标签. 所有标记结果的集合称为“**标记空间/输出空间**”.

根据已有的众多样本来判断某一样本的输出结果的过程称为“**预测**”. 当预测结果是离散值时, 如表中的“好瓜”“非好瓜”, 此类学习任务称为“**分类**”. 特别地, 对只涉及两个类别的“**二分类**”任务, 通常称其中一个类为“**正类**”, 另一个类为“**负类**”; 当涉及多个类别时, 则称为“**多分类**”任务. 若欲预测的是连续值, 例如西瓜成熟度, 此类学习任务称为“**回归**”. 一般地, 预测任务是希望通过对训练集 $\{(\boldsymbol{x}_1, y_1), (\boldsymbol{x}_2, y_2), \cdots, (\boldsymbol{x}_n, y_n)\}$ 进行学习, 建立一个从输入空间 $\mathcal{X}$ 到

输出空间 $\mathcal{Y}$ 的映射 $f: \mathcal{X} \to \mathcal{Y}$. 对二分类任务, 通常令 $\mathcal{Y} = \{-1, +1\}$ 或 $\{0, 1\}$; 对多分类任务, $|\mathcal{Y}| > 2$; 对回归任务, $\mathcal{Y} = \mathbb{R}$, $\mathbb{R}$ 为实数集.

没有用于模型训练的样本都可认为是该模型的 **"新样本"**. 学得模型适用于新样本的能力, 称为 **"泛化"** 能力. 学得模型后, 使用其进行预测的过程称为 **"测试"**, 被预测的样本称为 **"测试样本"**. 例如在学得映射 f 后, 对测试例 $\boldsymbol{x}$, 可得到其预测标记 $y = f(\boldsymbol{x})$.

还可以对样本做 **"聚类"**, 也就是将训练集中的样本分成若干组, 每个组称为一个 **"簇"**, 这些自动形成的簇可能对应一些潜在的概念划分, 例如"浅色瓜""深色瓜"等. 这样的学习过程有助于人们了解数据内在的规律, 能为更深入地分析数据建立基础. 值得注意的是, 在聚类学习中, "浅色瓜""深色瓜"这样的概念事先是不知道的, 是学习过程中得到的. 而且学习过程中使用的训练样本通常不拥有标记信息.

1.3 机器学习算法的分类

机器学习的本质是模型的选择和模型参数的确定. 根据训练数据是否拥有标记信息, 学习任务可大致划分为两大类: **监督学习**和**无监督学习**, 分类和回归是监督学习的代表, 且样本拥有标记信息, 而聚类则是无监督学习的代表, 且样本不具有标记信息.

1.3.1 监督学习与无监督学习

监督学习的样本数据 $\boldsymbol{x}_i\,(i = 1, 2, \cdots, n)$ 带有标签值 $y_i\,(i = 1, 2, \cdots, n)$, 它从训练样本中学得一个模型, 然后用这个模型对新的样本进行预测推断. 通俗地说, 监督学习就是从训练样本数据中学得一个映射函数 f 以及函数的参数 $\boldsymbol{\theta}$, 建立如下的映射关系:

$$\boldsymbol{y} = f(\boldsymbol{x}; \boldsymbol{\theta}),$$

其中, 样本向量 $\boldsymbol{x}$ 是模型的输入值, 标签 $\boldsymbol{y}$ 是模型的输出值. 标签可以是整数, 也可以是实数, 还可以是向量. 确定这个映射的依据是它能够很好地解释训练样本, 让映射的输出值与真实的样本标签值之间的误差极小化, 或者让训练样本集的对数似然函数极大化.

日常生活中, 监督学习的应用例子很多, 例如人脸识别、垃圾邮件分类、语音识别、手写体辨识等等. 这类问题需要先收集训练样本, 并对样本进行标注, 然后用标注好的样例 (样本 + 标记) 去训练模型, 最后用训练好的模型对新的样本进行预测.

无监督学习对没有标签的样本数据进行分析, 去发现样本集所具有的内在结构或分布规律. 无监督学习的典型代表是聚类分析、数据降维和表示学习, 它们所处理的样本都不带有标签信息.

聚类分析属于分类问题, 但不具有训练过程. 聚类把一批没有标签的样本数据划分成多个“簇”, 使得在某种相似度指标下每个簇内的样本尽量相似, 而不同簇的样本之间尽量不相似. 聚类算法只有输入向量而没有标签值, 也没有训练过程, 我们在后续的章节中将详细介绍各种典型的聚类算法.

数据降维也是一种无监督学习方法, 它将 m 维向量空间中的点通过一个函数映射到更低维的 ℓ ($\ell \ll m$) 维空间中去:

$$y = \varphi(\boldsymbol{x}).$$

通过将数据映射到低维空间, 可以更容易对它们处理和分析. 如果将数据降维到二维或三维空间, 还可以直观地将降维后的样本数据可视化. 我们将在后续章节中详细介绍数据降维的典型代表——主成分分析法.

无监督学习的另一类典型算法是表示学习. 表示学习自动从样本中学习出有用的特征, 用于聚类和分类等目的. 典型的表示学习算法有自动编码器和受限玻尔兹曼机, 它们的输入是没有标签值的样本数据, 如图像和语音信号等, 输出值是提取的特征向量.

有些应用问题, 对训练样本进行标记具有很高的成本. 如何利用少量有标记样本和大量无标记样本进行学习, 就是所谓的“半监督学习”. 半监督学习的训练样本是有标记样本与无标记样本的混合, 且一般情况下无标记样本的数量远大于有标记样本. 关于半监督学习的原理, 本书不打算详细阐述, 有兴趣的读者可参考有关文献.

1.3.2　分类问题与回归问题

1. 分类问题

在监督学习中, 如果样本标签是离散值, 这类问题称为分类问题, 其预测函数是一个向量到整数的映射: $\mathbb{R}^m \to \mathbb{Z}$. 通俗地说, 分类问题是用于将事物打上一个标签, 例如判断一幅图片上的动物是一只猫还是一只狗. 在分类问题中, 样本的标签是其类别编号, 一般从 0 或 1 开始编号. 如果类别数为 2, 则称为二分类问题, 其类别标签通常设置为 $+1$ 和 -1 (也可以设置为 0 和 1), 分类对应正类样本和负类样本. 例如在图像识别中, 要判断一幅图像是否为人脸, 那么正类样本为人脸, 负类样本为非人脸. 分类并没有逼近的概念, 最终正确结果只有一个, 错误的就是错误的, 不会有相近的概念. 最常见的分类方法是逻辑回归, 或者叫逻辑分类.

对于分类问题, 如果预测函数是线性函数, 则称为线性模型, 否则称为非线性模型. 线性模型是 $\mathbb{R}^m$ 中的线性划分. 线性函数是超平面 (在二维空间中是直线,

三维空间中是平面). 线性模型的二分类问题使用的预测函数通常是

$$y = \operatorname{sgn}(\boldsymbol{w}^{\mathrm{T}}\boldsymbol{x} + b),$$

其中 $\boldsymbol{w}$ 是权重向量, b 是偏置项. 后续章节要介绍的线性支持向量机、逻辑斯谛回归等都属于线性模型.

非线性模型的预测函数是非线性映射, 其分类边界是 $\mathbb{R}^m$ 中的一个超曲面. 在实际应用中样本数据一般是非线性的, 因此, 要求决策函数必须具有非线性拟合的能力, 如后续章节中将介绍的人工神经网络、核映射支持向量机、决策树等都属于非线性模型.

2. 回归问题

在监督学习中, 如果标签值是连续实数, 这类学习问题称为回归问题. 回归问题是对于连续性数据, 从已有的数据分析来预测结果, 它的预测函数是向量到实数的映射: $\mathbb{R}^m \to \mathbb{R}$. 例如预测房价、未来的天气情况等都属于回归分析问题.

预测函数可以是线性函数, 也可以是非线性函数. 如果是线性函数则称为线性回归, 否则称为非线性回归. 回归分析的任务就是对于给定的训练样本集, 选择预测函数的类型, 然后确定函数的参数值, 例如线性模型 $y = \boldsymbol{w}^{\mathrm{T}}\boldsymbol{x} + b$ 中的参数 $\boldsymbol{w}$ 和 b. 确定参数的常用方法是构造一个损失函数 $\ell(\boldsymbol{x}, \boldsymbol{\theta})$, 它表示预测函数的输出值与样本真实标签值之间的误差, 对所有训练样本的误差求平均值, 得到一个关于参数 $\boldsymbol{\theta}$ 的极小化问题:

$$\min_{\boldsymbol{\theta}} \ell(\boldsymbol{\theta}) = \frac{1}{n}\sum_{i=1}^{n} \ell(\boldsymbol{x}_i; \boldsymbol{\theta}),$$

其中, $\ell(\boldsymbol{x}_i; \boldsymbol{\theta})$ 是单个样本的损失函数, n 为训练样本数. 极小化损失函数 $\ell(\boldsymbol{\theta})$ 可以确定参数 $\boldsymbol{\theta}$ 的值, 从而确定预测函数. 对于机器学习算法, 关键的一步就是确定损失函数. 一旦确定了损失函数, 问题就转化为求解一个最优化问题, 这在数学上一般有标准的解决方案.

1.3.3 生成模型与判别模型

按照模型的求解方法, 可以将分类算法分成生成模型和判别模型. 给定样本特征向量 $\boldsymbol{x}$ 和标签 y, 生成模型是对联合概率 $p(\boldsymbol{x}, y)$ 建模, 而判别模型则是对条件概率 $p(y\,|\,\boldsymbol{x})$ 建模. 不使用概率模型的分类器被归为判别模型, 它直接得到决策函数而不关心样本的概率分布.

典型的生成模型有高斯混合模型、贝叶斯分类器、隐马尔可夫模型、生成对抗网络、受限玻尔兹曼机等. 而常见的判别模型有决策树、人工神经网络、k 近邻算法、逻辑斯谛回归、支持向量机、AdaBoost 算法等.

1.3.4 强化学习

强化学习是一类特殊的机器学习算法, 这类算法根据输入数据确定要执行的动作, 输入数据是环境参数. 强化学习研究如何通过一系列的顺序决策来达成一个特定目标. 强化学习的完整过程是: 机器从一开始什么都不懂, 通过不断地尝试, 从错误中学习, 最后找到规律, 从而达到学习目的. 实际中的强化学习例子有很多, 比如近期最有名的阿尔法狗, 机器头一次在围棋场上战胜人类高手.

与监督学习算法相类似, 强化学习也有训练过程, 训练时对正确的动作予以奖赏, 对错误的动作予以惩罚, 训练完之后用得到的模型进行预测. 在后续章节中, 我们将专门介绍强化学习算法.

值得注意的是, 随着机器学习技术的迅速发展, 越来越多新的机器学习算法被研究者们创造出来. 而由经典算法衍生出来的机器学习算法更是种类繁多, 在此不一一列举. 此外, 算法的分类不是绝对的, 随着经典机器学习算法的大量衍生, 其分类出现了大量的交叉. 例如, 在由神经网络算法衍生出的众多深度学习算法中, 卷积神经网络算法属于监督学习, 而稀疏编码算法属于无监督学习.

1.4 机器学习模型的评价指标

人们需要评价各种机器学习算法和模型的好坏, 以便进行算法的比较. 因此需要定义模型评价的指标. 监督学习分为训练和测试两个阶段, 一般用 **"测试集"** 中的样本来统计算法的精度. 更复杂的做法是, 在 **"训练集"** 中再划出一部分作为 **"验证集"**, 用于确定模型中人工设定的 **"超参数"**, 以优化模型.

对于分类问题, 模型评价的指标是准确率, 它定义为测试样本集中被正确分类的样本数与测试样本总数的比值. 而对于回归问题, 则将回归误差作为评价指标, 定义为回归函数的输出值与样本标记之间的均方误差.

1.4.1 模型的泛化能力

所谓模型的**泛化能力**, 就是指学习算法对新模式的决策能力. 我们先从训练集和测试集说起. 训练集就是模型训练所用的样本数据集, 集中的每个样本称为训练样本. 测试集是指测试模型性能所用的样本数据集, 集中的每个样本称作测试样本. 测试样本也是假设从样本真实分布中独立同分布采样得到的. 一般来说, 测试集和训练集应该是互斥的, 但假设是同分布的.

机器学习中的**误差**是指模型给出的预测输出与真值输出之间的差异程度. 而**训练误差**是指模型在训练集上的误差. 同理, **测试误差**是指模型在测试集上的误差. 测试误差反映了模型的泛化能力, 因此也称为**泛化误差**.

训练得到的模型不仅要对训练样本具有决策能力, 也要对新的 (训练过程中未看见的) 模式具有决策能力. 泛化能力低的模型通常是由“过拟合”造成的. 所谓过拟合, 就是模型过于拟合训练数据, 以至于模型训练阶段表现很好, 但是在测试阶段却表现很差.

那么如何提高泛化能力呢? 其基本思路是不要过度训练, 可以选择复杂度适合的模型. 实践证明, 在目标函数中加入正则项可以抑制过拟合现象.

1.4.2 模型的评估方法

在学习得到的模型投放使用之前, 通常需要对其进行性能评估. 为此, 需使用一个“测试集”来测试模型对新样本的泛化能力, 然后以测试集上的“测试误差”作为泛化误差的近似. 给定一个已知的数据集, 如何将其拆分成训练集 S 和测试集 T 呢? 通常采用的方法主要有两种, 即留出法和交叉验证法.

1. 留出法

所谓留出法, 就是直接将数据集 D 划分为两个互斥的集合, 其中一个作为训练集 S, 另一个作为测试集 T, 满足 $D = S \cup T$, $S \cap T = \varnothing$. 在 S 上训练出模型后, 用 T 来评估其测试误差, 作为对泛化误差的估计.

需注意的是, 训练集和测试集的划分要尽可能保持数据分布的一致性, 避免因数据划分过程引入额外的偏差而对最终结果产生影响, 例如在分类任务中至少要保持样本的类别比例相似. 训练/测试样本比例通常保持在 $2:1 \sim 4:1$.

另一个需注意的问题是, 即使在给定训练/测试集的样本比例后, 仍存在多种划分方式对初始数据集 D 进行划分. 因此, 单次使用留出法得到的估计结果往往不够稳定可靠, 在使用留出法时, 一般要采用若干次随机划分, 重复进行实验评估后取平均值作为留出法的评估结果.

2. 交叉验证法

交叉验证法就是先将数据集 D 划分为 k 个大小相似的互斥子集, 即 $D = D_1 \cup D_2 \cup \cdots \cup D_k$, $D_i \cap D_j = \varnothing\,(i \neq j)$. 每个子集 D_i 都尽可能保持数据分布的一致性, 即从 D 中通过分层采样得到. 然后, 每次用 $k-1$ 个子集的并集作为训练集, 余下的那个子集作为测试集; 这样就可获得 k 组训练/测试集, 从而可进行 k 次训练和测试, 最终返回的是这 k 个测试结果的均值. 显然, 交叉验证法评估结果的稳定性和保真性在很大程度上取决于 k 的取值, 为强调这一点, 通常把交叉验证法称为“k-折交叉验证”. k 最常用的取值是 10, 此时称为 10-折交叉验证; 其他常用的 k 值有 5, 20 等. 显然, 与留出法相似, 将数据集 D 划分为 k 个子集同样存在多种划分方式. 为减小因样本划分不同而引入的差别, k-折交叉验证通常要随机使用不同的划分重复 p 次, 最终的评估结果是这 p 次 k-折交叉验证结果的均值, 例如常见的有“10 次 10-折交叉验证”.

交叉验证法的一个特例是“留一法”, 即假定数据集 D 中包含 n 个样本, 若取 $k = n$, 则得到了交叉验证法的一个特例: 留一法. 显然, 留一法不受随机样本划分方式的影响, 因为 n 个样本只有唯一的方式划分为 n 个子集——每个子集包含一个样本. 留一法使用的训练集与初始数据集相比只少了一个样本, 这就使得在绝大多数情况下, 留一法中被实际评估的模型与期望评估的用 D 训练出的模型很相似. 因此, 留一法的评估结果往往被认为比较准确. 然而, 留一法也有其缺陷: 在数据集比较大时, 训练 n 个模型的计算开销可能是难以忍受的.

1.4.3　精度与召回率

对于二分类问题, 它的样本只有正类和负类两个类别. 例如, 在表 1.1 的西瓜数据集中, 正类是“好瓜”, 负类是“非好瓜”. 测试集中的正类样例被分类器判定为正类的数目记为 TP (True Positive, 真正例), 而被分类器判定为负类的数目记为 FN (False Negative, 假负例); 同理, 测试集中负类样例被分类器判定为负类的数目记作 TN (True Negative, 真负例), 而被判定为正类的数目记为 FP (False Positive, 假正例). 于是, 精度 P 定义为

$$P = \frac{\mathrm{TP}}{\mathrm{TP} + \mathrm{FP}}.$$

精度也称为“查准率”, 是被分类器判定为正类的样例中真正的正类样本所占的比例. 不难看出, 精度的值越接近于 1, 对正类样本的分类越准确. 召回率 R 定义为

$$R = \frac{\mathrm{TP}}{\mathrm{TP} + \mathrm{FN}}.$$

召回率也称为“查全率”, 是测试集所有正类样例中被分类器判定为正类样本的比例. 一种极端的情况是让分类器的输出都为正类, 此时召回率为 1, 但其精度非常低.

精度和召回率是一对矛盾的度量. 一般来说, 精度高时, 召回率往往偏低; 而召回率高时精度往往偏低. 通常只有在一些简单任务中, 才可能使精度和召回率都很高.

在很多情形下, 可根据学习器的预测结果对样例进行排序, 排在前面的是学习器认为“最可能”是正例的样本, 排在最后的则是学习器认为“最不可能”是正例的样本. 按此顺序逐个把样本作为正例进行预测, 则每次可以计算出当前的精度和召回率. 然后, 以精度 P 为纵轴、召回率 R 为横轴作图, 就得到了所谓的精度-召回率曲线, 简称 P-R 曲线.

一般来说, P-R 曲线可直观地显示出学习器在样本总体上的精度和召回率. 在进行比较时, 若学习器 A 的 P-R 曲线完全“包住”学习器 B 的 P-R 曲线, 则可断言学习器 A 的性能优于学习器 B. 如果两个学习器的 P-R 曲线发生了交叉, 则难以一般性地断言两者孰优孰劣, 只能在具体的精度或召回率条件下进行比较.

人们设计了一些综合考虑精度和召回率的性能度量. 常用的度量指标是 F_1 度量:

$$F_1 = \frac{2 \times P \times R}{P + R} = \frac{2 \times \mathrm{TP}}{\text{样例总数} + \mathrm{TP} - \mathrm{TN}}.$$

在一些应用中, 对精度和召回率的重视程度有所不同. 例如在商品推荐系统中, 为了尽可能少打扰用户, 更希望推荐内容确是用户感兴趣的, 此时精度更重要; 而在逃犯信息检索系统中, 更希望尽可能少漏掉逃犯, 此时召回率更重要. F_1 度量的推广形式为 F_β, 能表达出对精度/召回率的不同偏好, 它定义为

$$F_\beta = \frac{(1 + \beta^2) \times P \times R}{(\beta^2 \times P) + R},$$

其中 $\beta > 0$ 度量了召回率对精度的相对重要性. $\beta = 1$ 时退化为标准的 F_1; $\beta > 1$ 时召回率有更大影响; $\beta < 1$ 时精度有更大影响.

1.4.4 ROC 曲线与 AUC

对于二分类问题, 可以调整分类器的灵敏度 (阈值) 从而得到不同的分类结果, 将各种灵敏度下的准确率指标连成一条曲线就是 ROC 曲线. ROC 的全称是“受试者工作特征”(Receiver Operating Characteristic, ROC) 曲线. 首先定义“真阳率”(True Positive Rate, TPR) 指标:

$$\mathrm{TPR} = \frac{\mathrm{TP}}{\mathrm{TP} + \mathrm{FN}}.$$

真阳率 (TPR) 指标是正类样本被分类器判定为正类的比例. 例如在人脸检测中正类样本是人脸, TPR 这个指标就是检测率, 即所有待检测的人脸中能够检测出来的比例. 同理, 可定义“假阳率”(False Positive Rate, FPR) 指标:

$$\mathrm{FPR} = \frac{\mathrm{FP}}{\mathrm{TN} + \mathrm{FP}}.$$

假阳率 (FPR) 指标是负类样本被分类器判定为正类样本的比例. 对于人脸检测系统, FPR 指标就是误报率, 即不是人脸的样本被分类器判定为人脸的比例. ROC 曲线的纵轴为真阳率, 横轴为假阳率. 可以通过调整分类器的阈值 (即灵敏度), 计算各种假阳率下对应的真阳率, 绘制出 ROC 曲线. 一般情况下, 分类器的判定函数是

$$y = \mathrm{sgn}(f(\boldsymbol{x})).$$

为了得到它的 ROC 曲线, 需要为判定函数加上一个调节灵敏度的阈值 θ:

$$y = \mathrm{sgn}(f(\boldsymbol{x}) + \theta).$$

随着 θ 值的增加, 被判定为正类样本的数目会随之增加, 假阳率也会上升. 通过调整 θ 的值, 每个真阳率都会对应着一个假阳率, 将这些点连接起来就是 ROC 曲线. 显示 ROC 曲线的图称为“ROC 图”. 图 1.1 给出了一个示意图, 显然, 对角线对应于“随机猜测”模型, 而点 $(0,1)$ 则对应于将所有正例排在所有反例之前的“理想模型”.

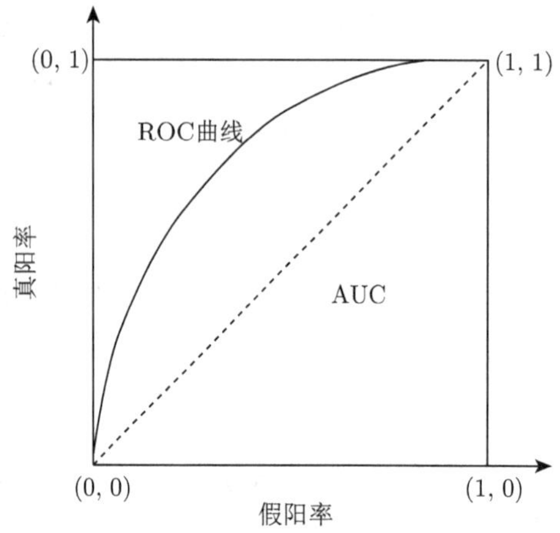

图 1.1　ROC 曲线示意图

进行学习器的比较时, 与 P-R 曲线相似, 若一个学习器的 ROC 曲线被另一个学习器的曲线完全“包住”, 则可断言后者的性能优于前者; 若两个学习器的 ROC 曲线发生交叉, 则难以一般性地断言两者孰优孰劣. 此时如果一定要进行比较, 则较为合理的判据是比较 ROC 曲线下的面积 (Area Under ROC Curve, AUC), 如图 1.1 所示.

1.5　机器学习模型的选择

前面已经提及过拟合和欠拟合是导致模型泛化能力不高的两个重要原因, 本节给出一般性的解决方案.

1.5.1　正则化技术

监督学习的训练目标是极小化误差函数. 以均方误差作为损失函数为例, 它是极小化预测值与样本真实标签值之差的平方和:

$$\min_{\boldsymbol{w}} \ \ell(\boldsymbol{w}) = \frac{1}{2n}\sum_{i=1}^{n}(f(\boldsymbol{x}_i,\boldsymbol{w}) - y_i)^2,$$

其中, $y_i\,(i = 1,2,\cdots,n)$ 是样本的真实标签值, $f(\boldsymbol{x}_i,\boldsymbol{w})$ 是预测函数的输出值, $\boldsymbol{x}_i = (x_{i1},x_{i2},\cdots,x_{im})^{\mathrm{T}}$ 是样本向量, $\boldsymbol{w} = (w_1,w_2,\cdots,w_m)^{\mathrm{T}}$ 是模型的参数变量. 在选定预测函数的类型之后, 能控制的只能是函数的参数. 为了防止过拟合, 可以对目标函数 (损失函数) 加上一个正则化项 (惩罚项). 正则化之后的极小化模型为

$$\min_{\boldsymbol{w}} \ \ell(\boldsymbol{w}) = \frac{1}{2n}\sum_{i=1}^{n}(f(\boldsymbol{x}_i,\boldsymbol{w}) - y_i)^2 + \lambda\, p(\boldsymbol{w}).$$

目标函数的后半部分 $\lambda\, p(\boldsymbol{w})$ 称为正则化项, 其目的是让它的值尽可能小, 即参数等于 0 或接近于 0. λ 为正则化参数, 也称为超参数. $\lambda\, p(\boldsymbol{w})$ 通常可取为 $\frac{1}{2}\lambda\|\boldsymbol{w}\|_2^2$ (L_2 范数) 或 $\lambda\|\boldsymbol{w}\|_1$ (L_1 范数). L_2 范数正则化项在求解最优化问题时计算简单, 而且有很好的数学性质, 其梯度为 $\lambda\boldsymbol{w}$. L_1 范数为 $\boldsymbol{w}$ 的各分量 w_i 绝对值之和, 由于绝对值函数在 0 点不可导, 如果不考虑这种情况, 其导数为符号函数 $\mathrm{sgn}(w_i)$, 故 L_1 范数正则化项的梯度为 $\lambda\,\mathrm{sgn}(\boldsymbol{w})$. 与 L_2 正则化相比, L_1 正则化能更有效地让参数趋向于 0, 且产生的结果更稀疏.

下面以带 L_2 正则化项的线性回归 (称为岭回归) 为例来说明正则化技术的使用. 我们知道, 线性回归的目标函数就是线性函数 $f(\boldsymbol{x},\boldsymbol{w}) = \boldsymbol{w}^{\mathrm{T}}\boldsymbol{x}$, 学习的目标就是极小化均方误差损失函数

$$\min_{\boldsymbol{w}} \ \ell(\boldsymbol{w}) = \frac{1}{2n}\sum_{i=1}^{n}(\boldsymbol{w}^{\mathrm{T}}\boldsymbol{x}_i - y_i)^2.$$

对 $\ell(\boldsymbol{w})$ 关于 $w_j\,(j = 1,2,\cdots,m)$ 求导数并令其为 0 得

$$\frac{1}{n}\sum_{i=1}^{n}\left(\boldsymbol{w}^{\mathrm{T}}\boldsymbol{x}_i - y_i\right)x_{ij} = \frac{1}{n}\sum_{i=1}^{n}\left(\sum_{k=1}^{m}w_k x_{ik} - y_i\right)x_{ij} = 0.$$

将上式变形为

$$\sum_{i=1}^{n}\sum_{k=1}^{m}x_{ik}x_{ij}w_k = \sum_{i=1}^{n}y_i x_{ij}, \quad j = 1,2,\cdots,m.$$

写成矩阵形式, 即

$$(\boldsymbol{X}^{\mathrm{T}}\boldsymbol{X})\boldsymbol{w} = \boldsymbol{X}^{\mathrm{T}}\boldsymbol{y},$$

其中, 矩阵 $\boldsymbol{X}$ 是样本向量按行排列形成的矩阵, 即

$$\boldsymbol{X} = \left(\boldsymbol{x}_1,\boldsymbol{x}_2,\cdots,\boldsymbol{x}_n\right)^{\mathrm{T}},$$

这是一个 $n \times m$ 矩阵. 容易发现, 如果系数矩阵 $\boldsymbol{X}^{\mathrm{T}}\boldsymbol{X}$ 是奇异的, 那么上述线性方程组要么无解, 要么有无穷多个解, 这不是我们所希望的. 考虑损失函数使用 L_2 正则之后的优化问题:

$$\min_{\boldsymbol{w}} \ \ell(\boldsymbol{w}) = \frac{1}{2n}\sum_{i=1}^{n}(\boldsymbol{w}^{\mathrm{T}}\boldsymbol{x}_i - y_i)^2 + \frac{\lambda}{2}\|\boldsymbol{w}\|_2^2.$$

通过对 $\ell(\boldsymbol{w})$ 关于 $\boldsymbol{w}$ 求梯度并令其等于零, 得到下面的线性方程组:

$$(\boldsymbol{X}^{\mathrm{T}}\boldsymbol{X} + \lambda\boldsymbol{I})\boldsymbol{w} = \boldsymbol{X}^{\mathrm{T}}\boldsymbol{y}.$$

由于 $\lambda > 0$, 故矩阵 $\boldsymbol{X}^{\mathrm{T}}\boldsymbol{X} + \lambda\boldsymbol{I}$ 总是对称正定的, 因此上述的方程组必定有解:

$$\boldsymbol{w} = (\boldsymbol{X}^{\mathrm{T}}\boldsymbol{X} + \lambda\boldsymbol{I})^{-1}\boldsymbol{X}^{\mathrm{T}}\boldsymbol{y},$$

这就显示了正则化技术的优越性.

1.5.2 偏差-方差分解

模型的泛化误差可以分解成偏差和方差, 偏差-方差分解是解释学习算法泛化性能的一种重要工具.

偏差-方差分解试图对学习算法的期望泛化错误率进行拆解. 对测试样本 $\boldsymbol{x}$, 令 y 为 $\boldsymbol{x}$ 的真实标记, 要拟合的目标函数为 $f(\boldsymbol{x})$, 算法拟合的函数为 $\bar{f}(\boldsymbol{x})$, 则偏差定义为

$$\mathrm{Bias}(\bar{f}(\boldsymbol{x})) = \mathbb{E}[f(\boldsymbol{x}) - \bar{f}(\boldsymbol{x})].$$

上述定义说明, 偏差是模型预测输出与期望输出之差的数学期望. 根据定义, 高的偏差值意味着模型本身的输出与期望值差距很大, 因此会导致“欠拟合”的问题. 而方差是由于对训练样本集的小波动敏感而导致的误差, 可以理解为模型预测值的波动程度. 使用样本数相同的不同训练集产生的方差为

$$\mathrm{Var}(\bar{f}(\boldsymbol{x})) = \mathbb{E}\big[\bar{f}(\boldsymbol{x})^2\big] - \big(\mathbb{E}[\bar{f}(\boldsymbol{x})]\big)^2.$$

根据定义, 高方差意味着算法对训练样本集中的随机噪声进行建模, 从而出现“过拟合”现象.

下面给出模型总体误差的偏差-方差分解公式. 设样本标签值 y 由目标函数值 $f(\boldsymbol{x})$ 与随机噪声 ε 决定:

$$y = f(\boldsymbol{x}) + \varepsilon,$$

其中, ε 为随机噪声, 其均值为 0, 方差为 σ^2, 则 $\mathrm{Var}(y) = \mathrm{Var}(f + \varepsilon) = \sigma^2$ (f 可视为常量).

由定义, 模型总体均方误差的期望为

$$
\begin{aligned}
\mathbb{E}[(y-\bar{f}(\boldsymbol{x}))^2] &= \mathbb{E}[y^2-2y\bar{f}(\boldsymbol{x})+\bar{f}^2(\boldsymbol{x})] \\
&= \mathbb{E}[y^2]-\mathbb{E}[2y\bar{f}(\boldsymbol{x})]+\mathbb{E}[\bar{f}^2(\boldsymbol{x})] \\
&= \mathrm{Var}(y)+(\mathbb{E}[y])^2-\mathbb{E}[2y\bar{f}]+\mathrm{Var}(\bar{f})+(\mathbb{E}[\bar{f}])^2.
\end{aligned} \tag{1.1}
$$

上面的第三个等式应用了概率论中的方差公式 $\mathrm{Var}(\xi)=\mathbb{E}(\xi^2)-(\mathbb{E}[\xi])^2$. 注意到

$$
\begin{aligned}
(\mathbb{E}[y])^2-\mathbb{E}[2y\bar{f}] &= (\mathbb{E}[f+\varepsilon])^2-\mathbb{E}[2(f+\varepsilon)\bar{f}] \\
&= (\mathbb{E}[f])^2-2\mathbb{E}[f\bar{f}]=f^2-2f\mathbb{E}[\bar{f}],
\end{aligned}
$$

将上式代入式 (1.1) 得

$$
\begin{aligned}
\mathbb{E}[(y-\bar{f}(\boldsymbol{x}))^2] &= \mathrm{Var}(y)+\mathrm{Var}(\bar{f})+f^2-2f\mathbb{E}[\bar{f}]+(\mathbb{E}[\bar{f}])^2 \\
&= \mathrm{Var}(y)+\mathrm{Var}(\bar{f})+(\mathbb{E}[f])^2-2\mathbb{E}[f]\mathbb{E}[\bar{f}]+(\mathbb{E}[\bar{f}])^2 \\
&= \mathrm{Var}(y)+\mathrm{Var}(\bar{f})+(\mathbb{E}[f]-\mathbb{E}[\bar{f}])^2 \\
&= \mathrm{Var}(y)+\mathrm{Var}(\bar{f})+(\mathbb{E}[f-\bar{f}])^2 \\
&= \sigma^2+\mathrm{Var}(\bar{f})+\mathrm{Bias}^2(\bar{f}).
\end{aligned}
$$

于是有

$$
\mathbb{E}[(y-\bar{f}(\boldsymbol{x}))^2]=\mathrm{Bias}^2(\bar{f})+\mathrm{Var}(\bar{f})+\sigma^2,
$$

也就是说, 模型的泛化误差可分解为偏差、方差与噪声之和.

回顾偏差、方差、噪声的含义可知, 偏差刻画了学习算法的期望输出与真实标签的偏离程度, 即学习算法本身的拟合能力; 方差度量了训练集的变动所导致的学习性能的变化, 即数据扰动所造成的影响; 噪声 ($\varepsilon=y-f(\boldsymbol{x})$) 则表达了在当前任务上任何学习算法所能达到的期望泛化误差的下界, 即刻画了学习问题本身的难度. 偏差-方差分解说明, 泛化性能是由学习算法的能力、数据的充分性以及学习任务本身的难度所共同决定的. 给定学习任务, 为了取得好的泛化性能, 则需使偏差较小, 即能够充分拟合数据, 并且使方差较小, 也就是使得数据扰动产生的影响小.

一般来说, 偏差与方差是有冲突的, 这称为偏差-方差窘境. 如果模型过于简单, 则一般会有大的偏差和小的方差 (欠拟合); 反之, 如果模型复杂则有大的方差和小的偏差 (过拟合), 这是一对矛盾, 需要在偏差与方差之间取得一个折中.

1.6　机器学习应用的基本流程

使用机器学习进行应用程序开发时, 通常遵循以下步骤.

(1) **建立数学模型**. 建模不是一件容易的事情, 需要使用多种方法和手段收集数据, 并且在得到数据后, 需要对数据进行录入和一定的数据预处理, 并保存成适当的数据格式, 以便进行数据文件的使用.

(2) **选择算法**. 机器学习算法繁多, 同一个问题可以使用多种算法来解决, 而且新算法还在不断地涌现. 但针对某一问题, 不同的算法可能有不同的效果或效率, 因此, 适当选择机器学习算法来解决当前的具体问题显得尤为重要.

(3) **确立优化目标**. 可以说, 所有的机器学习问题最终都转化为一个最优化问题, 比如最小化均方误差, 或者最大化似然函数等.

(4) **学习迭代**. 运用机器学习算法调用第 (1) 步生成的数据文件进行自学习, 从而生成学习机模型. 在这一步通常是采用某种优化算法 (比如梯度下降法) 去反复迭代以更新模型的参数, 来逐步逼近目标函数的最优解.

(5) **效果评估**. 回归实际问题, 测试算法的工作效果. 如果对算法的输出结果不满意, 则可以回到第 (4) 步, 进一步改进算法并进行重新测试. 当问题与数据收集准备相关时, 还需要回到第 (1) 步, 重新考虑数据的筛选和预处理.

(6) **使用算法**. 将机器学习算法转换为应用程序, 以便检验算法在实际工作中能否正常完成工作任务.

实事求是地说, 机器学习的发展主要是算法的发展, 1.3 节已经对当前主流的机器学习算法做了一个梳理和总结. 一般来说, 在确立优化目标这一步, 对于概率问题通常使用极大化对数似然函数作为优化目标; 对于回归问题, 一般采用平方误差作为损失函数, 然后极小化这个损失函数作为目标; 而对于分类问题则多用交叉熵作为损失函数. 无论是极大化对数似然函数还是极小化损失函数, 都有很多种优化方法可供选择, 我们会在后续章节中进行专门的介绍.

值得注意的是, 模型的评估和目标函数的设立可以是两回事, 也可以是一回事. 模型评估旨在从实际问题出发, 而目标函数的设立除了要解决实际问题外, 还需兼顾问题的可解性. 比如对于分类问题, 通常采用交叉熵作为目标函数, 但模型评估采用的是 AUC 指标. 当然也可以采用 AUC 指标作为目标函数去训练模型, 但那样做的代价是使得优化算法变得十分复杂, 这显然是得不偿失的.

1.7 机器学习的用途及发展简史

机器学习是一种通用的数据处理技术, 其包含了大量的学习算法. 不同的学习算法在不同的行业及应用中能够表现出不同的性能和优势. 目前, 机器学习已成功地应用于下列领域:

互联网领域——语音识别、搜索引擎、语言翻译、垃圾邮件过滤、自然语言处理等.

生物领域——基因序列分析、DNA 序列预测、蛋白质结构预测等.

自动化领域——人脸识别、无人驾驶技术、图像处理、信号处理等.

金融领域——证券市场分析、信用卡欺诈检测等.

医学领域——疾病鉴别/诊断、流行病暴发预测等.

刑侦领域——潜在犯罪识别与预测、模拟人工智能侦探等.

新闻领域——新闻推荐系统等.

游戏领域——游戏战略规划等.

从上述所列举的应用可知, 机器学习正在成为各行各业都会经常使用到的分析工具, 尤其是在各领域数据量爆炸的今天, 各行业都希望通过数据处理与分析手段, 得到数据中有价值的信息, 以便明确客户的需求和指引企业的发展.

应该说, 机器学习是人工智能领域一个较为新颖的研究分支, 它的发展大体上可以分为四个阶段.

(1) 第一阶段. 20 世纪 50 年代中期—20 世纪 60 年代中期, 属于机器学习的热烈时期. 这一阶段所研究的是“没有知识”的学习, 即“无知”学习, 其研究目标是各类自组织系统和自适应系统.

(2) 第二阶段. 20 世纪 60 年代中期—20 世纪 70 年代中期, 属于机器学习的冷静时期. 这一阶段的研究目标是模拟人类的概念学习过程, 并采用逻辑结构或者图结构作为机器内部描述. 机器能够采用符号来描述概念, 并提出关于学习概念的各种假设.

(3) 第三阶段. 20 世纪 70 年代中期—20 世纪 80 年代中期, 称为机器学习的复兴时期, 这一阶段人们从学习单个概念扩展到学习多个概念, 探索不同的学习策略和各种学习方法. 本阶段已开始把学习系统与各种应用结合起来, 并取得很大的成功, 极大地促进了机器学习的发展.

(4) 第四阶段. 这一阶段始于 1986 年, 一方面, 由于神经网络研究的重新兴起, 对连接机制学习方法的研究方兴未艾, 机器学习的研究已在全世界范围内出现新的高潮, 对机器学习的基本理论和综合系统的研究得到了加强和发展. 另一方面, 实验研究和应用研究得到前所未有的重视. 人工智能技术和计算机技术快速发展, 为机器学习提供了新的更强有力的研究手段和环境.

随着计算机技术和互联网技术的发展, 机器学习技术在计算机硬件的支持下取得了迅猛的进展. 尤其自 2010 年以来, 谷歌、微软等国际 IT 巨头纷纷加快了对机器学习技术的研究, 并且取得了很好的商业应用价值. 国内的阿里巴巴、百度、腾讯等企业也竞相效仿, 加大了对机器学习的研究力度. 目前, 机器学习已经取得一些举世瞩目的成就, 如阿尔法狗击败了世界围棋冠军, 微软人工智能的语言理解能力超过人类, 等等, 这些都标志着机器学习技术正在步入成熟应用阶段.

本章课件

第 2 章　数学基础知识

工欲善其事, 必先利其器. 可以说, 数学是机器学习的利器. 各种机器学习算法都需要大量使用微积分、矩阵论、概率统计和最优化方法等数学知识. 本章对机器学习所需要的基本数学知识进行简单的介绍, 大多数内容都是述而不证.

2.1　矩阵与微分

矩阵计算是机器学习中图模型的基础, 现实世界中许多事物的关联关系都可以用图来表示. 基于图的各种 Rank 算法，如 PageRank, TextRank 等，归根结底都是矩阵运算. 本节从实践应用的角度介绍机器学习中通常用到的矩阵知识.

2.1.1　矩阵的基本运算

记实矩阵 $\boldsymbol{A} \in \mathbb{R}^{n\times m}$ 第 i 行第 j 列的元素为 $(\boldsymbol{A})_{ij} = a_{ij}$. 矩阵 $\boldsymbol{A}$ 的转置记为 $\boldsymbol{A}^{\mathrm{T}}$, $(\boldsymbol{A}^{\mathrm{T}})_{ij} = a_{ji}$. 显然有

$$(\boldsymbol{A}+\boldsymbol{B})^{\mathrm{T}} = \boldsymbol{A}^{\mathrm{T}} + \boldsymbol{B}^{\mathrm{T}}, \quad (\boldsymbol{AB})^{\mathrm{T}} = \boldsymbol{B}^{\mathrm{T}}\boldsymbol{A}^{\mathrm{T}}.$$

对于矩阵 $\boldsymbol{A} \in \mathbb{R}^{n\times m}$, 若 $m = n$, 则称为 n 阶方阵. 用 $\boldsymbol{I}_n$ (或 $\boldsymbol{I}$) 表示 n 阶单位阵. 方阵 $\boldsymbol{A}$ 的逆矩阵 $\boldsymbol{A}^{-1}$ 满足 $\boldsymbol{A}\boldsymbol{A}^{-1} = \boldsymbol{A}^{-1}\boldsymbol{A} = \boldsymbol{I}$. 不难发现

$$(\boldsymbol{A}^{-1})^{\mathrm{T}} = (\boldsymbol{A}^{\mathrm{T}})^{-1}, \quad (\boldsymbol{AB})^{-1} = \boldsymbol{B}^{-1}\boldsymbol{A}^{-1}.$$

对于 n 阶方阵 $\boldsymbol{A}$, 若存在非零向量 $\boldsymbol{v}$ 和数值 λ 满足

$$\boldsymbol{A}\boldsymbol{v} = \lambda\boldsymbol{v},$$

则称 λ 是 $\boldsymbol{A}$ 的一个特征值, $\boldsymbol{v}$ 为相应的特征向量. 由上述定义可知, 对特征向量 $\boldsymbol{v}$ 施加一个线性变换 $\boldsymbol{A}$, 等价于将向量 $\boldsymbol{v}$ 拉伸 λ 倍. 不同特征值对应的特征向量彼此线性无关, 并且 n 阶非奇异方阵具有 n 个线性无关的特征向量.

可以发现, 用特征值和特征向量可以很好地刻画一个线性变换：特征向量代表了拉伸的方向, 特征值则表示了拉伸的幅度. 有时为了近似计算, 可以只利用前几个模最大的特征值及相应的特征向量来刻画线性变换 $\boldsymbol{A}$, 因为如果特征值的模很小, 那么在相应特征向量方向上的拉伸也很小, 这些方向上的变化可以被忽略.

进一步, 对于 n 阶方阵 $\boldsymbol{A}$, 它的主对角线上的元素之和称为矩阵的迹, 即 $\operatorname{tr}(\boldsymbol{A})=\sum\limits_{i=1}^{n}a_{ii}$. 迹有如下性质:

(1) $\operatorname{tr}(\boldsymbol{A}^{\mathrm{T}})=\operatorname{tr}(\boldsymbol{A})$; (2) $\operatorname{tr}(\boldsymbol{A}+\boldsymbol{B})=\operatorname{tr}(\boldsymbol{A})+\operatorname{tr}(\boldsymbol{B})$;

(3) $\operatorname{tr}(\boldsymbol{AB})=\operatorname{tr}(\boldsymbol{BA})$; (4) $\operatorname{tr}(\boldsymbol{ABC})=\operatorname{tr}(\boldsymbol{BCA})=\operatorname{tr}(\boldsymbol{CAB})$.

n 阶方阵 $\boldsymbol{A}$ 的行列式定义为

$$\det(\boldsymbol{A})=\sum_{\sigma\in S_n}\operatorname{par}(\sigma)a_{1i_1}a_{2i_2}\cdots a_{ni_n},$$

其中 S_n 为所有 n 阶排列的集合, $\operatorname{par}(\sigma)$ 的值为 -1 或 $+1$ 取决于 $\sigma=(i_1,i_2,\cdots,i_n)$ 为奇排列或偶排列, 即其中出现降序的次数为奇数或偶数, 如 $(1,3,2)$ 的降序数为 1, (3,1,2) 的降序数为 2. 对于单位矩阵 $\boldsymbol{I}$, 有 $\det(\boldsymbol{I})=1$.

n 阶方阵的行列式具有如下性质:

(1) $\det(c\boldsymbol{A})=c^n\det(\boldsymbol{A})$; (2) $\det(\boldsymbol{A}^{\mathrm{T}})=\det(\boldsymbol{A})$;

(3) $\det(\boldsymbol{A}^{-1})=\det(\boldsymbol{A})^{-1}$; (4) $\det(\boldsymbol{A}^n)=\det(\boldsymbol{A})^n$;

(5) $\det(\boldsymbol{AB})=\det(\boldsymbol{A})\det(\boldsymbol{B})$.

矩阵 $\boldsymbol{A}\in\mathbb{R}^{n\times m}$ 的 F-范数定义为

$$\|\boldsymbol{A}\|_{\mathrm{F}}=\left(\sum_{i=1}^{n}\sum_{j=1}^{m}a_{ij}^2\right)^{\frac{1}{2}}.$$

容易看出, 矩阵的 F-范数就是按列拉伸成向量后的 2-范数 (欧氏范数).

2.1.2 矩阵对标量的导数

若矩阵的元素是某个标量的函数, 有关的导数就是传统微积分的直接推广.

令 $\boldsymbol{X}(t)=(x_{ij}(t))$ 是一个 $n\times m$ 矩阵, 它的元素 $x_{ij}(t)$ 是 t 的函数, 则定义 $\boldsymbol{X}(t)$ 对 t 的导数如下:

$$\frac{\partial\boldsymbol{X}(t)}{\partial t}=\begin{pmatrix}\dfrac{\partial x_{11}}{\partial t} & \cdots & \dfrac{\partial x_{1m}}{\partial t}\\ \vdots & & \vdots\\ \dfrac{\partial x_{n1}}{\partial t} & \cdots & \dfrac{\partial x_{nm}}{\partial t}\end{pmatrix}.$$

假设 $\boldsymbol{X}(t)$ 和 $\boldsymbol{Y}(t)$ 是两个 $n\times m$ 矩阵, 由定义, 下面的性质易于验证:

$$\frac{\partial(\boldsymbol{X}(t)+\boldsymbol{Y}(t))}{\partial t}=\frac{\partial\boldsymbol{X}(t)}{\partial t}+\frac{\partial\boldsymbol{Y}(t)}{\partial t},$$

$$\frac{\partial(\boldsymbol{X}(t)\boldsymbol{Y}(t))}{\partial t}=\frac{\partial \boldsymbol{X}(t)}{\partial t}\boldsymbol{Y}(t)+\boldsymbol{X}(t)\frac{\partial \boldsymbol{Y}(t)}{\partial t}\quad (n=m \text{ 或 } \boldsymbol{X}(t),\boldsymbol{Y}(t) \text{ 可相乘时}),$$

$$\frac{\partial(\boldsymbol{X}(t)\otimes \boldsymbol{Y}(t))}{\partial t}=\frac{\partial \boldsymbol{X}(t)}{\partial t}\otimes \boldsymbol{Y}(t)+\boldsymbol{X}(t)\otimes\frac{\partial \boldsymbol{Y}(t)}{\partial t}.$$

令 $\boldsymbol{X}=(x_{ij})$ 是一个变量矩阵, 将它的 nm 个元素视为独立变量, 故只有当元素为 x_{ij} 时, 有 $\partial x_{ij}/\partial x_{ij}=1$, 其余 $\partial x_{st}/\partial x_{ij}=0$. 在下列公式中, $\boldsymbol{A},\boldsymbol{B}$ 是常数矩阵, $\boldsymbol{E}_{ij}(n,m)=\boldsymbol{e}_i(n)\boldsymbol{e}_j(m)^{\mathrm{T}}$ 表示第 (i,j) 元素为 1、其余元素均为 0 的 $n\times m$ 矩阵. $\boldsymbol{X},\boldsymbol{A},\boldsymbol{B}$ 的大小会在公式中标示.

$$\frac{\partial \boldsymbol{X}}{\partial x_{ij}}=\boldsymbol{E}_{ij}(n,m),\ \text{其中}\quad \boldsymbol{X}:n\times m;$$

$$\frac{\partial(\boldsymbol{AXB})}{\partial x_{ij}}=\boldsymbol{A}\boldsymbol{E}_{ij}(p,q)\boldsymbol{B},\ \text{其中}\quad \boldsymbol{A}:n\times p,\boldsymbol{X}:p\times q,\boldsymbol{B}:q\times m;$$

$$\frac{\partial(\boldsymbol{X}^{\mathrm{T}}\boldsymbol{AX})}{\partial x_{ij}}=\boldsymbol{E}_{ij}^{\mathrm{T}}(n,m)\boldsymbol{AX}+\boldsymbol{X}^{\mathrm{T}}\boldsymbol{A}\boldsymbol{E}_{ij}(m,n),\ \text{其中}\quad \boldsymbol{A}:m\times m,\boldsymbol{X}:m\times n.$$

如果 $\boldsymbol{X}$ 为可逆方阵, 则有

$$\frac{\partial(\boldsymbol{A}\boldsymbol{X}^{-1}\boldsymbol{B})}{\partial x_{ij}}=-\boldsymbol{A}\boldsymbol{X}^{-1}\boldsymbol{E}_{ij}(m,m)\boldsymbol{X}^{-1}\boldsymbol{B},\ \text{其中}\ \boldsymbol{A}:n\times m,\boldsymbol{X}:m\times m,\boldsymbol{B}:m\times p;$$

$$\frac{\partial \boldsymbol{X}^n}{\partial x_{ij}}=\sum_{k=0}^{n-1}\boldsymbol{X}^k\boldsymbol{E}_{ij}(n,n)\boldsymbol{X}^{n-k-1},\quad \text{其中}\quad \boldsymbol{X}:n\times n;$$

$$\frac{\partial \boldsymbol{X}^{-n}}{\partial x_{ij}}=-\boldsymbol{X}^{-n}\left[\sum_{k=0}^{n-1}\boldsymbol{X}^k\boldsymbol{E}_{ij}(n,n)\boldsymbol{X}^{n-k-1}\right]\boldsymbol{X}^{-n},\quad \text{其中}\quad \boldsymbol{X}:n\times n.$$

2.1.3 矩阵变量函数的导数

在机器学习中经常需要以矩阵为变量的函数, 例如一个方阵 $\boldsymbol{X}$ 的迹、行列式、二次型等, 求这些函数对矩阵变量的导数, 在理论分析中十分有用.

令 $\boldsymbol{X}$ 是一个 $n\times m$ 矩阵, 考虑它的函数 $y=f(\boldsymbol{X})$, 这里, y 是一个标量, 定义 y 对 $\boldsymbol{X}$ 的导数为一个 $n\times m$ 矩阵如下:

$$\frac{\partial y}{\partial \boldsymbol{X}}=\begin{pmatrix}\dfrac{\partial y}{\partial x_{11}} & \cdots & \dfrac{\partial y}{\partial x_{1m}}\\ \vdots & & \vdots\\ \dfrac{\partial y}{\partial x_{n1}} & \cdots & \dfrac{\partial y}{\partial x_{nm}}\end{pmatrix}=\left(\frac{\partial y}{\partial x_{ij}}\right).$$

上式也可写为

$$\frac{\partial y}{\partial \boldsymbol{X}} = \frac{\partial f(\boldsymbol{X})}{\partial \boldsymbol{X}} = \left(\frac{\partial f(\boldsymbol{X})}{\partial x_{ij}}\right).$$

例 2.1 如果 $\boldsymbol{x}$ 是一个 n 维列向量, $y = f(\boldsymbol{x})$, 则

$$\frac{\partial y}{\partial \boldsymbol{x}} = \begin{pmatrix} \dfrac{\partial y}{\partial x_1} \\ \vdots \\ \dfrac{\partial y}{\partial x_n} \end{pmatrix}.$$

根据上面的定义, 如果 $y_1 = \boldsymbol{a}^{\mathrm{T}}\boldsymbol{x}$, $y_2 = \boldsymbol{x}^{\mathrm{T}}\boldsymbol{x}$, $y_3 = \boldsymbol{x}^{\mathrm{T}}\boldsymbol{A}\boldsymbol{x}$, 容易求得

$$\frac{\partial y_1}{\partial \boldsymbol{x}} = \frac{\partial (\boldsymbol{a}^{\mathrm{T}}\boldsymbol{x})}{\partial \boldsymbol{x}} = \boldsymbol{a}, \quad \frac{\partial y_2}{\partial \boldsymbol{x}} = \frac{\partial (\boldsymbol{x}^{\mathrm{T}}\boldsymbol{x})}{\partial \boldsymbol{x}} = 2\boldsymbol{x},$$

$$\frac{\partial y_3}{\partial \boldsymbol{x}} = \frac{\partial (\boldsymbol{x}^{\mathrm{T}}\boldsymbol{A}\boldsymbol{x})}{\partial \boldsymbol{x}} = \frac{\partial}{\partial \boldsymbol{x}}\left(\sum_{i=1}^{n}\sum_{j=1}^{n} a_{ij}x_i x_j\right) = (\boldsymbol{A} + \boldsymbol{A}^{\mathrm{T}})\boldsymbol{x}.$$

若 $\boldsymbol{A}$ 为 n 阶对称矩阵, 则有

$$\frac{\partial y_3}{\partial \boldsymbol{x}} = \frac{\partial (\boldsymbol{x}^{\mathrm{T}}\boldsymbol{A}\boldsymbol{x})}{\partial \boldsymbol{x}} = 2\boldsymbol{A}\boldsymbol{x}.$$

例 2.2 若 $\boldsymbol{A}, \boldsymbol{B}, \boldsymbol{X}$ 为 n 阶方阵, 则有

$$\frac{\partial\, \mathrm{tr}(\boldsymbol{X})}{\partial \boldsymbol{X}} = \boldsymbol{I}_n, \qquad \frac{\partial\, \mathrm{tr}(\boldsymbol{A}\boldsymbol{X}\boldsymbol{B})}{\partial \boldsymbol{X}} = \boldsymbol{A}^{\mathrm{T}}\boldsymbol{B}^{\mathrm{T}}.$$

$$\frac{\partial\, \mathrm{tr}(\boldsymbol{X}^{\mathrm{T}}\boldsymbol{A}\boldsymbol{X}\boldsymbol{B})}{\partial \boldsymbol{X}} = \boldsymbol{A}\boldsymbol{X}\boldsymbol{B} + \boldsymbol{A}^{\mathrm{T}}\boldsymbol{X}\boldsymbol{B}^{\mathrm{T}}.$$

$$\frac{\partial\, \mathrm{tr}(\boldsymbol{A}\boldsymbol{X})}{\partial \boldsymbol{X}} = \begin{cases} \boldsymbol{A}^{\mathrm{T}}, & \boldsymbol{X} \neq \boldsymbol{X}^{\mathrm{T}}, \\ \boldsymbol{A} + \boldsymbol{A}^{\mathrm{T}} - \mathrm{diag}(a_{11}, \cdots, a_{nn}), & \boldsymbol{X} = \boldsymbol{X}^{\mathrm{T}}. \end{cases}$$

$$\frac{\partial \det(\boldsymbol{X})}{\partial \boldsymbol{X}} = \begin{cases} \det(\boldsymbol{X})(\boldsymbol{X}^{-1})^{\mathrm{T}}, & \boldsymbol{X} \neq \boldsymbol{X}^{\mathrm{T}}, \\ 2\det(\boldsymbol{X})[(\boldsymbol{X}^{-1})^{\mathrm{T}} - \mathrm{diag}(x_{11}, \cdots, x_{nn})], & \boldsymbol{X} = \boldsymbol{X}^{\mathrm{T}}. \end{cases}$$

$$\frac{\partial \ln(\det(\boldsymbol{X}))}{\partial \boldsymbol{X}} = \begin{cases} (\boldsymbol{X}^{-1})^{\mathrm{T}}, & \boldsymbol{X} \neq \boldsymbol{X}^{\mathrm{T}}, \\ \det(\boldsymbol{X})[2(\boldsymbol{X}^{-1})^{\mathrm{T}} - \mathrm{diag}(x_{11}, \cdots, x_{nn})], & \boldsymbol{X} = \boldsymbol{X}^{\mathrm{T}}. \end{cases}$$

$$\frac{\partial \det(\boldsymbol{A}\boldsymbol{X}\boldsymbol{B})}{\partial \boldsymbol{X}} = \det(\boldsymbol{A}\boldsymbol{X}\boldsymbol{B})\boldsymbol{A}^{\mathrm{T}}\left[(\boldsymbol{A}\boldsymbol{X}\boldsymbol{B})^{\mathrm{T}}\right]^{-1}\boldsymbol{B}^{\mathrm{T}}.$$

2.1.4 向量函数的导数

设向量 $\boldsymbol{y}=(y_1,\cdots,y_m)^{\mathrm{T}}$ 和 $\boldsymbol{x}=(x_1,\cdots,x_n)^{\mathrm{T}}$ 之间有关系

$$y_j=f_j(\boldsymbol{x}),\quad j=1,\cdots,m,$$

这里 f_j 是可微的函数. 定义 $\boldsymbol{y}$ 对 $\boldsymbol{x}$ 的导数如下:

$$\frac{\partial\boldsymbol{y}^{\mathrm{T}}}{\partial\boldsymbol{x}}=\begin{pmatrix}\dfrac{\partial y_1}{\partial x_1} & \cdots & \dfrac{\partial y_m}{\partial x_1}\\ \vdots & & \vdots\\ \dfrac{\partial y_1}{\partial x_n} & \cdots & \dfrac{\partial y_m}{\partial x_n}\end{pmatrix}=\begin{pmatrix}\dfrac{\partial\boldsymbol{y}^{\mathrm{T}}}{\partial x_1}\\ \vdots\\ \dfrac{\partial\boldsymbol{y}^{\mathrm{T}}}{\partial x_n}\end{pmatrix}=\begin{pmatrix}\dfrac{\partial y_1}{\partial\boldsymbol{x}} & \cdots & \dfrac{\partial y_m}{\partial\boldsymbol{x}}\end{pmatrix}.\tag{2.1}$$

导数 $\partial\boldsymbol{y}^{\mathrm{T}}/\partial\boldsymbol{x}$ 的大小取决于 $\boldsymbol{x}$ 和 $\boldsymbol{y}$ 的维数. 在微积分中, 常遇到 $z=f(y)$, $y=g(x)$, 则 $z=f(g(x))$. 由复合函数的导数规则有

$$\frac{\mathrm{d}z}{\mathrm{d}x}=\frac{\mathrm{d}z}{\mathrm{d}y}\frac{\mathrm{d}y}{\mathrm{d}x}=\frac{\mathrm{d}f}{\mathrm{d}g}\frac{\mathrm{d}g}{\mathrm{d}x}.$$

将这个规则推广, 则有如下的法则: 若 $\boldsymbol{x}=(x_1,\cdots,x_n)^{\mathrm{T}}$, $\boldsymbol{y}=(y_1,\cdots,y_m)^{\mathrm{T}}$, $\boldsymbol{z}=(z_1,\cdots,z_p)^{\mathrm{T}}$, 则有

$$\frac{\partial\boldsymbol{z}^{\mathrm{T}}}{\partial\boldsymbol{x}}=\frac{\partial\boldsymbol{y}^{\mathrm{T}}}{\partial\boldsymbol{x}}\frac{\partial\boldsymbol{z}^{\mathrm{T}}}{\partial\boldsymbol{y}}.$$

若矩阵 $\boldsymbol{Y}_{p\times q}$ 是矩阵 $\boldsymbol{X}_{n\times m}$ 的函数, 如何定义 $\boldsymbol{Y}$ 对 $\boldsymbol{X}$ 的导数呢? 如果用式 (2.1) 的思想, 就要推广矩阵从两边到多边, 定义许多新的概念. 但如果用"拉直"运算, 则 $\mathrm{vec}(\boldsymbol{Y})$ 和 $\mathrm{vec}(\boldsymbol{X})$ 都是向量, 便可借助于 (2.1) 的定义方式. 按照这种方式可获得如下定理.

定理 2.1 令 $\boldsymbol{Y}_{p\times q}$ 和 $\boldsymbol{X}_{n\times m}$ 两矩阵间具有函数关系:

$$\boldsymbol{Y}=\boldsymbol{AXB}+\boldsymbol{CX}^{\mathrm{T}}\boldsymbol{D},$$

其中 $\boldsymbol{A}\in\mathbb{R}^{p\times n},\boldsymbol{B}\in\mathbb{R}^{m\times q},\boldsymbol{C}\in\mathbb{R}^{p\times m},\boldsymbol{D}\in\mathbb{R}^{n\times q}$ 为常数矩阵, 则

$$\frac{\partial(\mathrm{vec}(\boldsymbol{Y})^{\mathrm{T}})}{\partial(\mathrm{vec}(\boldsymbol{X}))}=\boldsymbol{B}\otimes\boldsymbol{A}^{\mathrm{T}}+\boldsymbol{K}_{nm}(\boldsymbol{D}\otimes\boldsymbol{C}^{\mathrm{T}}),$$

其中, $\boldsymbol{K}_{nm}$ 为 nm 阶置换阵.

这个定理可以帮助获得下面一些有用的结论.

(1) 若 $\boldsymbol{y}=\boldsymbol{Ax}$, 则

$$\frac{\partial\boldsymbol{y}^{\mathrm{T}}}{\partial\boldsymbol{x}}=\frac{\partial(\boldsymbol{Ax})^{\mathrm{T}}}{\partial\boldsymbol{x}}=\frac{\partial(\boldsymbol{x}^{\mathrm{T}}\boldsymbol{A}^{\mathrm{T}})}{\partial\boldsymbol{x}}=\boldsymbol{A}^{\mathrm{T}}.$$

(2) 若 $y=\boldsymbol{x}^{\mathrm{T}}\boldsymbol{A}\boldsymbol{x}$ 为 $\boldsymbol{x}$ 的二次型, 则

$$\frac{\partial y}{\partial \boldsymbol{x}}=\frac{\partial(\boldsymbol{x}^{\mathrm{T}}\boldsymbol{A}\boldsymbol{x})}{\partial \boldsymbol{x}}=2\boldsymbol{A}\boldsymbol{x}. \tag{2.2}$$

(3) 若 $\boldsymbol{Y}=\boldsymbol{A}\boldsymbol{X}^{-1}\boldsymbol{B}$, 则

$$\frac{\partial(\mathrm{vec}(\boldsymbol{Y})^{\mathrm{T}})}{\partial(\mathrm{vec}(\boldsymbol{X}))}=-(\boldsymbol{X}^{-1}\boldsymbol{B})\otimes(\boldsymbol{A}\boldsymbol{X}^{-1})^{\mathrm{T}}.$$

(4) 若 $\boldsymbol{Y}=\boldsymbol{A}\boldsymbol{X}\boldsymbol{B}$, 则

$$\frac{\partial(\mathrm{vec}(\boldsymbol{Y})^{\mathrm{T}})}{\partial(\mathrm{vec}(\boldsymbol{X}))}=\boldsymbol{B}\otimes\boldsymbol{A}^{\mathrm{T}}.$$

(5) 若 $\boldsymbol{Y}=\boldsymbol{A}\boldsymbol{X}^{\mathrm{T}}\boldsymbol{B}$, 则

$$\frac{\partial(\mathrm{vec}(\boldsymbol{Y})^{\mathrm{T}})}{\partial(\mathrm{vec}(\boldsymbol{X}))}=\boldsymbol{K}_{nm}(\boldsymbol{B}\otimes\boldsymbol{A}^{\mathrm{T}}).$$

(6) 若 $\boldsymbol{X}_{n\times m}$ 和 $\boldsymbol{Y}_{m\times m}$ 为两个矩阵, 且 $\boldsymbol{Y}=\boldsymbol{X}^{\mathrm{T}}\boldsymbol{A}\boldsymbol{X}$, 其中 $\boldsymbol{A}_{n\times n}$ 为常数矩阵, 则

$$\frac{\partial(\mathrm{vec}(\boldsymbol{Y})^{\mathrm{T}})}{\partial(\mathrm{vec}(\boldsymbol{X}))}=\boldsymbol{K}_{nm}(\boldsymbol{A}\boldsymbol{X}\otimes\boldsymbol{I}_m)+(\boldsymbol{I}_m\otimes\boldsymbol{A}^{\mathrm{T}}\boldsymbol{X}).$$

2.1.5 矩阵和向量的微分

函数 $y=f(\boldsymbol{x})=f(x_1,\cdots,x_n)$ 的微分定义为

$$\mathrm{d}y=\sum_{i=1}^{n}\frac{\partial y}{\partial x_i}\mathrm{d}x_i=\left(\frac{\partial f}{\partial \boldsymbol{x}}\right)^{\mathrm{T}}\mathrm{d}\boldsymbol{x}=\frac{\partial y}{\partial \boldsymbol{x}^{\mathrm{T}}}\mathrm{d}\boldsymbol{x}, \tag{2.3}$$

式中 $\mathrm{d}\boldsymbol{x}=(\mathrm{d}x_1,\cdots,\mathrm{d}x_n)^{\mathrm{T}}$, $\dfrac{\partial y}{\partial \boldsymbol{x}^{\mathrm{T}}}=\left(\dfrac{\partial y}{\partial x_1},\cdots,\dfrac{\partial y}{\partial x_n}\right)$.

如果变量可以组成一个 $n\times m$ 矩阵 $\boldsymbol{X}=(x_{ij})$, 定义记号 $\mathrm{d}\boldsymbol{X}=(\mathrm{d}x_{ij})$, 这时公式 (2.3) 可推广至 $y=f(\boldsymbol{X})$ 的情形, 并定义

$$\mathrm{d}y=\sum_{i=1}^{n}\sum_{j=1}^{m}\frac{\partial y}{\partial x_{ij}}\mathrm{d}x_{ij}=\mathrm{tr}\left(\frac{\partial y}{\partial \boldsymbol{X}^{\mathrm{T}}}\mathrm{d}\boldsymbol{X}\right).$$

矩阵函数的微分有如下性质:

(1) $\mathrm{d}(\boldsymbol{X}+\boldsymbol{Y})=\mathrm{d}\boldsymbol{X}+\mathrm{d}\boldsymbol{Y}$;

(2) $\mathrm{d}(t\boldsymbol{X})=t\,\mathrm{d}\boldsymbol{X}$, 这里 t 为常数;

(3) $(\mathrm{d}\boldsymbol{X})^{\mathrm{T}}=\mathrm{d}(\boldsymbol{X}^{\mathrm{T}})$;

(4) $\mathrm{d}(\mathrm{tr}(\boldsymbol{X}))=\mathrm{tr}(\mathrm{d}\boldsymbol{X})$;

(5) $\mathrm{d}(\boldsymbol{XY})=(\mathrm{d}\boldsymbol{X})\boldsymbol{Y}+\boldsymbol{X}(\mathrm{d}\boldsymbol{Y})$;

(6) $\mathrm{d}(\boldsymbol{X}\otimes\boldsymbol{Y})=(\mathrm{d}\boldsymbol{X})\otimes\boldsymbol{Y}+\boldsymbol{X}\otimes(\mathrm{d}\boldsymbol{Y})$.

例 2.3　若 $\boldsymbol{A}$ 和 $\boldsymbol{X}$ 为 $n\times n$ 矩阵, $y=\mathrm{tr}(\boldsymbol{AX})$, 则 $\dfrac{\partial y}{\partial \boldsymbol{X}}=\boldsymbol{A}^{\mathrm{T}}$.

例 2.4　已知 $y=\mathrm{tr}(\boldsymbol{X}^{\mathrm{T}}\boldsymbol{AX})$, 则由上述的微分规则有

$$\begin{aligned}\mathrm{d}y&=\mathrm{tr}\big[(\mathrm{d}\boldsymbol{X}^{\mathrm{T}})\boldsymbol{AX}+\boldsymbol{X}^{\mathrm{T}}\boldsymbol{A}(\mathrm{d}\boldsymbol{X})\big]\\&=\mathrm{tr}\big[(\boldsymbol{AX})^{\mathrm{T}}\mathrm{d}\boldsymbol{X}+(\boldsymbol{X}^{\mathrm{T}}\boldsymbol{A})\mathrm{d}\boldsymbol{X}\big]\\&=\mathrm{tr}\big[(\boldsymbol{AX}+\boldsymbol{A}^{\mathrm{T}}\boldsymbol{X})^{\mathrm{T}}\mathrm{d}\boldsymbol{X}\big].\end{aligned}$$

从而得到导数

$$\frac{\partial(\mathrm{tr}(\boldsymbol{X}^{\mathrm{T}}\boldsymbol{AX}))}{\partial\boldsymbol{X}}=(\boldsymbol{A}+\boldsymbol{A}^{\mathrm{T}})\boldsymbol{X}.$$

当 $\boldsymbol{A}$ 为对称矩阵时, 上式右边成为 $2\boldsymbol{AX}$. 特别地, 当 $\boldsymbol{X}$ 为 $n\times 1$ 向量, $\boldsymbol{A}_{n\times n}$ 为对称矩阵时, 有

$$\frac{\partial(\boldsymbol{x}^{\mathrm{T}}\boldsymbol{Ax})}{\partial\boldsymbol{x}}=2\boldsymbol{Ax},$$

这是 (2.2) 的结果, 这里补充证明.

2.1.6 特征值分解和奇异值分解

非奇异的 n 阶矩阵 $\boldsymbol{A}$ 具有 n 个标准正交的特征向量 $\boldsymbol{v}_1,\boldsymbol{v}_2,\cdots,\boldsymbol{v}_n$, 其相应的特征值为 $\lambda_1,\lambda_2,\cdots,\lambda_n$. 由 $\boldsymbol{Av}_i=\lambda\boldsymbol{v}_i$ 可推出

$$\boldsymbol{AV}=\boldsymbol{V}\begin{pmatrix}\lambda_1&&&\\&\lambda_2&&\\&&\ddots&\\&&&\lambda_n\end{pmatrix}=\boldsymbol{V\Sigma}\implies\boldsymbol{A}=\boldsymbol{V\Sigma V}^{-1},$$

这里 $\boldsymbol{V}=\big(\boldsymbol{v}_1,\boldsymbol{v}_2,\cdots,\boldsymbol{v}_n\big)$ 为正交矩阵, 因此有 $\boldsymbol{V}^{-1}=\boldsymbol{V}^{\mathrm{T}}$.

在前面已经提及, 如果将矩阵 $\boldsymbol{A}$ 看作一种线性变换, 那么其特征值刻画的是变换的幅度. 把特征值按从大到小排序, 即 $\lambda_1\geqslant\lambda_2\geqslant\cdots\geqslant\lambda_n$, 可以把排在末尾的那些特征值忽略掉, 用前 r 个特征值及对应的特征向量就可以近似地刻画线性变换 $\boldsymbol{A}$, 即

$$\boldsymbol{A}_{n\times n}\approx\boldsymbol{V}_{n\times r}\boldsymbol{\Sigma}_{r\times r}\boldsymbol{V}_{n\times r}^{\mathrm{T}}.$$

当 $\boldsymbol{A}$ 不是方阵时, 特征值分解就推广成了奇异值分解. 即任意实矩阵 $\boldsymbol{A}\in\mathbb{R}^{n\times m}$ 都可分解为

$$\boldsymbol{A}=\boldsymbol{U\Sigma V}^{\mathrm{T}},\tag{2.4}$$

其中 $\boldsymbol{U} \in \mathbb{R}^{n\times n}$ 是满足 $\boldsymbol{U}^{\mathrm{T}}\boldsymbol{U} = \boldsymbol{I}$ 的 n 阶正交矩阵; $\boldsymbol{V} \in \mathbb{R}^{m\times m}$ 是满足 $\boldsymbol{V}^{\mathrm{T}}\boldsymbol{V} = \boldsymbol{I}$ 的 m 阶正交矩阵; $\boldsymbol{\Sigma} \in \mathbb{R}^{n\times m}$ 是 $n \times m$ 的矩阵, $(\boldsymbol{\Sigma})_{ii} = \sigma_i$ 且其他位置均为 0, σ_i 为非负实数且满足 $\sigma_1 \geqslant \sigma_2 \geqslant \cdots \geqslant 0$.

式 (2.4) 中正交矩阵 $\boldsymbol{U}$ 的列向量 $\boldsymbol{u}_i \in \mathbb{R}^n$ 称为 $\boldsymbol{A}$ 左奇异向量, $\boldsymbol{V}$ 的列向量 $\boldsymbol{v}_i \in \mathbb{R}^m$ 称为 $\boldsymbol{A}$ 右奇异向量, σ_i 称为 $\boldsymbol{A}$ 的奇异值. 矩阵 $\boldsymbol{A}$ 的秩就等于非零奇异值的个数.

实际上, $\boldsymbol{U}$ 的列向量就是矩阵 $\boldsymbol{A}\boldsymbol{A}^{\mathrm{T}}$ 的特征向量, 而 $\boldsymbol{V}$ 的列向量就是矩阵 $\boldsymbol{A}^{\mathrm{T}}\boldsymbol{A}$ 的特征向量. 矩阵 $\boldsymbol{A}$ 的奇异值其实就是对称矩阵 $\boldsymbol{A}\boldsymbol{A}^{\mathrm{T}}$ (或 $\boldsymbol{A}^{\mathrm{T}}\boldsymbol{A}$) 的特征值的算术平方根. 当 $\boldsymbol{A}$ 为对称正定矩阵时, 其奇异值就是特征值, 奇异向量就是特征向量.

同样可以只保留前 r 个奇异值, 得

$$\boldsymbol{A}_{n\times m} \approx \boldsymbol{U}_{n\times r}\boldsymbol{\Sigma}_{r\times r}\boldsymbol{V}_{m\times r}^{\mathrm{T}}. \tag{2.5}$$

在很多情况之下, 前 10% 甚至 1% 的奇异值之和就占了全部奇异值之和的 99% 以上. 由于 $r \ll n$, 故用式 (2.5) 计算矩阵乘法要比式 (2.4) 快得多. 并且当需要对 $\boldsymbol{A}_{n\times m}$ 进行压缩存储时, 只需存储 $\boldsymbol{U}_{n\times r}$, $\boldsymbol{\Sigma}_{r\times r}$, $\boldsymbol{V}_{m\times r}^{\mathrm{T}}$ 这 3 个小矩阵即可.

由式 (2.5) 可以推出

$$\boldsymbol{A}_{n\times m}\boldsymbol{V}_{m\times r} \approx \boldsymbol{U}_{n\times r}\boldsymbol{\Sigma}_{r\times r} = \widetilde{\boldsymbol{A}}_{n\times r}.$$

如果将 $\boldsymbol{A}_{n\times m}$ 看成是 n 个样本, m 个特征, 那么把 $\boldsymbol{A}_{n\times m}$ 变成 $\widetilde{\boldsymbol{A}}_{n\times r}$ 相当于对属性进行了压缩, 其去除了冗余属性, 这就是主成分分析 (PCA) 算法. 只要求出正交矩阵 $\boldsymbol{V}$, 再让 $\boldsymbol{A}$ 乘以 $\boldsymbol{V}$ 的前 r 列就可以对 $\boldsymbol{A}$ 降维了. 而 $\boldsymbol{V}$ 正是 $\boldsymbol{A}^{\mathrm{T}}\boldsymbol{A}$ 的特征向量组成的正交基矩阵.

奇异值分解具有广泛的用途. 例如, 对于低秩矩阵近似问题, 给定一个秩为 r 的矩阵 $\boldsymbol{A}$, 欲求其最优 k 秩近似矩阵 $\widetilde{\boldsymbol{A}}$, $k \leqslant r$, 该问题可形式化为

$$\begin{aligned} \min_{\widetilde{\boldsymbol{A}}\in\mathbb{R}^{n\times m}} \quad & \|\boldsymbol{A} - \widetilde{\boldsymbol{A}}\|_{\mathrm{F}}, \\ \text{s.t.} \quad & \operatorname{rank}(\widetilde{\boldsymbol{A}}) = k. \end{aligned} \tag{2.6}$$

奇异值分解提供了上述问题的解析解: 对矩阵 $\boldsymbol{A}$ 进行奇异值分解后, 将矩阵 $\boldsymbol{\Sigma}$ 中的 $r-k$ 个最小的奇异值置零获得矩阵 $\boldsymbol{\Sigma}_k$, 即保留 k 个最大的奇异值, 则

$$\boldsymbol{A}_k = \boldsymbol{U}_k\boldsymbol{\Sigma}_k\boldsymbol{V}_k^{\mathrm{T}}$$

就是 (2.6) 的最优解, 其中 $\boldsymbol{U}_k$ 和 $\boldsymbol{V}_k$ 分别是 (2.4) 中的 $\boldsymbol{U}$ 和 $\boldsymbol{V}$ 的前 k 列组成的矩阵.

2.2 最优化方法

机器学习问题到最后都归结为一个最优化问题, 即极大化或极小化某个函数, 比如极大化对数似然函数、极小化损失函数或极小化结构风险等. 极大值问题和极小值问题统称为最优化问题. 对于极大值问题, 在目标函数之前加个负号也就变成了极小值问题. 在最优化问题中, 带有约束条件的称为约束优化问题; 否则, 称为无约束优化问题.

2.2.1 无约束优化方法

无约束优化问题是指

$$\min f(\boldsymbol{x}),$$

其中 $f(\boldsymbol{x}): \mathbb{R}^m \to \mathbb{R}$ 为连续可微函数. 求解无约束优化问题的常用方法有梯度下降法、牛顿法、坐标下降法和随机梯度下降法等.

1. 梯度下降法

梯度下降法也称为最速下降法, 是一种常用的一阶优化方法, 是求解无约束优化问题最简单、最经典的方法之一. 若能构造一个序列 $\boldsymbol{x}^{(0)}, \boldsymbol{x}^{(1)}, \boldsymbol{x}^{(2)}, \cdots$, 满足

$$f(\boldsymbol{x}^{(k+1)}) < f(\boldsymbol{x}^{(k)}), \quad k = 0, 1, 2, \cdots, \tag{2.7}$$

则不断执行该过程即可收敛到局部极小点. 欲满足式 (2.7), 根据泰勒展开式

$$f(\boldsymbol{x} + \boldsymbol{d}) \approx f(\boldsymbol{x}) + \boldsymbol{d}^{\mathrm{T}} \nabla f(\boldsymbol{x}), \tag{2.8}$$

于是, 欲满足 $f(\boldsymbol{x} + \boldsymbol{d}) < f(\boldsymbol{x})$, 可选择

$$\boldsymbol{d} = -\alpha \nabla f(\boldsymbol{x}),$$

其中步长 α 是一个小常数, 这就是梯度下降法. 需要指出的是, 每一步的步长 α_k 可不同.

梯度下降法的完整流程如下:

(1) 给定初始值 $\boldsymbol{x}_0$, 精度阈值 ε, 置 $k = 0$.

(2) 计算梯度 $\boldsymbol{g}_k = \nabla f(\boldsymbol{x}_k)$, 若 $\|\boldsymbol{g}_k\| \leqslant \varepsilon$, 停算.

(3) 计算搜索方向 $\boldsymbol{d}_k = -\boldsymbol{g}_k$.

(4) 计算步长 α_k. 在搜索方向上寻找使得目标函数值最小的步长 α:

$$\alpha_k = \arg\min_{\alpha} f(\boldsymbol{x}_k + \alpha \boldsymbol{d}_k).$$

(5) 计算新的迭代点 $\boldsymbol{x}_{k+1} = \boldsymbol{x}_k + \alpha_k \boldsymbol{d}_k$.

(6) 令 $k := k + 1$, 转步 (2).

若目标函数 $f(\boldsymbol{x})$ 满足一定的条件, 则通过选取合适的步长, 就能确保通过梯度下降法收敛到局部极小点. 例如, 若 $f(\boldsymbol{x})$ 满足 L-Lipschitz 条件, 即对于任意的 $\boldsymbol{x}$, 存在常数 $L > 0$, 使得 $\|\nabla f(\boldsymbol{x})\| \leqslant L$, 则将步长设置为 $1/(2L)$, 即可确保收敛到局部极小点. 当目标函数为凸函数时, 局部极小点就对应着函数的全局极小点, 此时梯度下降法可确保收敛到全局最优解.

2. 牛顿法

当目标函数 $f(\boldsymbol{x})$ 二次连续可微时, 可将式 (2.8) 替换为二阶泰勒展开式, 这样就得到了牛顿法. 具体来说, 对多元函数 $f(\boldsymbol{x})$ 在点 $\boldsymbol{x}_k$ 处进行二阶泰勒展开, 有

$$f(\boldsymbol{x}) = f(\boldsymbol{x}_k) + \nabla f(\boldsymbol{x}_k)^{\mathrm{T}}(\boldsymbol{x} - \boldsymbol{x}_k) + \frac{1}{2}(\boldsymbol{x} - \boldsymbol{x}_k)^{\mathrm{T}}\nabla^2 f(\boldsymbol{x}_k)(\boldsymbol{x} - \boldsymbol{x}_k) + o(\|\boldsymbol{x} - \boldsymbol{x}\|^2).$$

对上式右边忽略二次以上的项, 将函数近似为二次函数, 并对两边关于 $\boldsymbol{x}$ 求梯度, 得

$$\nabla f(\boldsymbol{x}) \approx \nabla f(\boldsymbol{x}_k) + \nabla^2 f(\boldsymbol{x}_k)(\boldsymbol{x} - \boldsymbol{x}_k), \tag{2.9}$$

其中 $\nabla^2 f(\boldsymbol{x}_k)$ 为 Hessian 阵 $\boldsymbol{H}_k$:

$$\boldsymbol{H}_k = \nabla^2 f(\boldsymbol{x}_k) = \left(\frac{\partial^2 f(\boldsymbol{x}_k)}{\partial x_i \partial x_j}\right). \tag{2.10}$$

令式 (2.9) 右边为零, 得线性方程组

$$\nabla f(\boldsymbol{x}_k) + \nabla^2 f(\boldsymbol{x}_k)(\boldsymbol{x} - \boldsymbol{x}_k) = \boldsymbol{0},$$

解这个方程组, 并记其解为 $\boldsymbol{x}_{k+1}$:

$$\boldsymbol{x}_{k+1} = \boldsymbol{x}_k - (\nabla^2 f(\boldsymbol{x}_k))^{-1}\nabla f(\boldsymbol{x}_k).$$

若记 $\boldsymbol{g}_k = \nabla f(\boldsymbol{x}_k)$, 则用下面的公式进行反复迭代:

$$\boldsymbol{x}_{k+1} = \boldsymbol{x}_k - \boldsymbol{H}_k^{-1}\boldsymbol{g}_k,$$

直到达到函数的驻点处, 其中 $\boldsymbol{d}_k = -\boldsymbol{H}_k^{-1}\boldsymbol{g}_k$ 称为牛顿方向. 迭代的终止条件是梯度的模接近于 0 或函数值的绝对值下降到小于指定的阈值. 牛顿法的完整步骤如下:

(1) 给定初始值 $\boldsymbol{x}_0$, 精度阈值 ε, 置 $k = 0$.

(2) 计算梯度 $\boldsymbol{g}_k = \nabla f(\boldsymbol{x}_k)$ 和 Hessian 阵 $\boldsymbol{H}_k$.

(3) 若 $\|\boldsymbol{g}_k\| \leqslant \varepsilon$, 停止迭代.

(4) 计算搜索方向 $\boldsymbol{d}_k = -\boldsymbol{H}_k^{-1}\boldsymbol{g}_k$.

(5) 计算新的迭代点 $\boldsymbol{x}_{k+1} = \boldsymbol{x}_k + \alpha_k \boldsymbol{d}_k$.

(6) 令 $k := k+1$, 转步 (2).

上述算法第 (5) 步中的 $\alpha_k > 0$ 是搜索步长, 是一个接近于 0 的常数, 由人工设定这个参数或者通过线搜索技术得到 (如 Armijo 搜索等). 与梯度下降法一样, 需要这个步长参数的原因是为了保证 $\boldsymbol{x}_{k+1}$ 在 $\boldsymbol{x}_k$ 的邻域内, 从而可以忽略泰勒展开的高次项. 如果 $f(\boldsymbol{x})$ 是一个二次函数, 则其 Hessian 阵是一个常数矩阵, 对于任意给定的初始点, 牛顿法只需一步迭代就可以收敛到极值点.

一般来说, 牛顿法比梯度下降法具有更快的收敛速度, 但每一步的迭代成本也更高. 在每步迭代中, 除了要计算梯度之外还需计算 Hessian 阵及其逆矩阵. 在实际计算中可以通过求解下面的方程组来避免计算逆矩阵:

$$\boldsymbol{H}_k \boldsymbol{d} = -\boldsymbol{g}_k.$$

求解这个方程组一般使用迭代法, 如共轭梯度法或广义极小残量法等. 此外, 牛顿法面临的另一个问题是 Hessian 阵奇异的情形, 此时牛顿法中断.

牛顿法是典型的二阶方法, 其迭代次数远小于梯度下降法. 但牛顿法使用了二阶导数 $\nabla^2 f(\boldsymbol{x})$, 其每次迭代涉及 Hessian 阵 (2.10) 的求逆, 计算复杂度相当高, 尤其在高维问题中几乎不可行. 若能以较低的计算代价寻找 Hessian 矩阵的近似逆矩阵, 则可显著降低计算开销, 这就是拟牛顿法. 拟牛顿法的成果十分丰富, 感兴趣的读者可参阅有关书籍.

3. 坐标下降法

坐标下降法是一种非梯度优化方法, 它在每一步迭代中沿一个坐标方向进行搜索, 通过循环使用不同的坐标方向来达到目标函数的局部极小值.

不妨假设目标是求函数 $f(\boldsymbol{x})$ 的极小值, 其中 $\boldsymbol{x} = (x_1, x_2, \cdots, x_m)^{\mathrm{T}} \in \mathbb{R}^m$ 是一个 m 维向量, 从初始点 $\boldsymbol{x}^{(0)}$ 开始, 坐标下降法通过迭代地构造序列 $\boldsymbol{x}^{(0)}$, $\boldsymbol{x}^{(1)}, \boldsymbol{x}^{(2)}, \cdots$ 来求解该问题, $\boldsymbol{x}^{(k+1)}$ 的第 i 个分量 $x_i^{(k+1)}$ 构造为

$$x_i^{(k+1)} = \arg\min_{y} f(x_1^{(k+1)}, \cdots, x_{i-1}^{(k+1)}, y, x_{i+1}^{(k)}, \cdots, x_n^{(k)}).$$

通过执行此操作, 显然有

$$f(\boldsymbol{x}^{(0)}) \geqslant f(\boldsymbol{x}^{(1)}) \geqslant f(\boldsymbol{x}^{(2)}) \geqslant \cdots.$$

与梯度下降法类似, 通过执行该迭代过程, 序列 $\boldsymbol{x}^{(0)}, \boldsymbol{x}^{(1)}, \boldsymbol{x}^{(2)}, \cdots$ 能收敛到所期望的局部极小点或驻点.

坐标下降法不需要计算目标函数的梯度, 在每一步迭代仅需求解一个一维搜索问题, 对某些复杂问题计算较为简便. 但若目标函数不光滑, 则坐标下降法有可能陷入非驻点.

4. 随机梯度下降法

随机梯度下降法 (Stochastic Gradient Descent, SGD) 是一种在线学习方法. 在线学习是针对离线学习而言的. 在离线学习之前所有的训练数据都已准备就绪, 可以用全部数据来训练模型的参数 $\boldsymbol{\theta}$. 在线学习是指在工业实践中训练样本是随着时间的推移逐条到来的, 每来一条数据就要立即更新模型参数, 达到实时学习的效果.

采用梯度下降法离线训练模型参数 $\boldsymbol{\theta}$ 时, 梯度 $\nabla f(\boldsymbol{\theta})$ 实际上用的是所有样本的梯度平均值, 即

$$\boldsymbol{\theta}^{(k+1)} = \boldsymbol{\theta}^{(k)} - \alpha \cdot \frac{1}{n}\sum_{i=1}^{n} \nabla f(\boldsymbol{\theta}_i^{(k)}).$$

这种方法虽然精度高, 但每次迭代的计算量与样本数量 n 成正比, 所以迭代速度十分缓慢. 随机梯度下降法每次迭代只使用一个样本的梯度来更新参数, 即

$$\boldsymbol{\theta}^{(k+1)} = \boldsymbol{\theta}^{(k)} - \alpha \nabla f(\boldsymbol{\theta}_i^{(k)}).$$

这种方法的合理性在于 $\nabla f(\boldsymbol{\theta}_i)$ 是 $\nabla f(\boldsymbol{\theta})$ 的无偏估计, 这是由于

$$\mathbb{E}[\nabla f(\boldsymbol{\theta}_i)] = \frac{1}{n}\sum_{i=1}^{n} \nabla f(\boldsymbol{\theta}_i) = \nabla f(\boldsymbol{\theta}).$$

因为每次只需要一个样本来更新模型参数, 所以随机梯度法非常适用于在线实时学习. 当然随机梯度法也适用于离线学习, 而且从实践经验来看, 它通常比批量梯度下降法能更快地达到指定的学习精度. 当然, 随机梯度下降法也有缺点, 即 $\nabla f(\boldsymbol{\theta}_i)$ 的方差很大, 导致目标函数值在学习过程中呈随机波动现象 (总体趋势上还是下降的), 即使经过充分的训练也可能导致无法收敛, 这也正是“随机”的由来. 为此, 可以有以下补救措施:

(1) 让学习率 (即迭代步长 α) 随着迭代的进行逐步衰减, 以减少目标函数值的波动现象, 从而进入收敛状态.

(2) 每次迭代不是使用一个样本的梯度而是少量几个样本梯度的平均值来更新模型参数, 这样目标函数值的变化总体上看起来会平滑许多.

2.2.2 约束优化与 KKT 条件

考虑具有 p 个不等式约束和 q 个等式约束, 且可行域 $\mathbb{D} \subset \mathbb{R}^m$ 的最优化

问题

$$\begin{aligned} \min \quad & f(\boldsymbol{x}), \\ \text{s.t.} \quad & g_i(\boldsymbol{x}) \geqslant 0 \ (i=1,2,\cdots,p), \\ & h_j(\boldsymbol{x}) = 0 \ (j=1,2,\cdots,q). \end{aligned} \tag{2.11}$$

引入拉格朗日乘子 $\boldsymbol{\lambda}=(\lambda_1,\lambda_2,\cdots,\lambda_p)^{\mathrm{T}}$, $\boldsymbol{\mu}=(\mu_1,\mu_2,\cdots,\mu_q)^{\mathrm{T}}$. 相应的拉格朗日函数为

$$L(\boldsymbol{x},\boldsymbol{\lambda},\boldsymbol{\mu}) = f(\boldsymbol{x}) - \sum_{i=1}^{p}\lambda_i g_i(\boldsymbol{x}) - \sum_{j=1}^{q}\mu_j h_j(\boldsymbol{x}). \tag{2.12}$$

则 KKT(Karush-Kuhn-Tucker) 条件为

$$\begin{cases} \nabla_{\boldsymbol{x}} L(\boldsymbol{x},\boldsymbol{\lambda},\boldsymbol{\mu}) = \nabla f(\boldsymbol{x}) - \displaystyle\sum_{i=1}^{p}\lambda_i \nabla g_i(\boldsymbol{x}) - \sum_{j=1}^{q}\mu_j \nabla h_j(\boldsymbol{x}) = 0, \\ \lambda_i \geqslant 0,\ g_i(\boldsymbol{x}) \geqslant 0,\ \lambda_i g_i(\boldsymbol{x}) = 0,\ i=1,2,\cdots,p, \\ h_j(\boldsymbol{x}) = 0,\ j=1,2,\cdots,q. \end{cases} \tag{2.13}$$

一个优化问题可以从两个角度来考察, 即“原始问题”和“对偶问题”. 对于“原始问题” (2.11), 基于 (2.12), 其拉格朗日“对偶函数” $\mathit{\Gamma}:\mathbb{R}^p\times\mathbb{R}^q\to\mathbb{R}$ 定义为

$$\begin{aligned} \mathit{\Gamma}(\boldsymbol{\lambda},\boldsymbol{\mu}) &= \inf_{\boldsymbol{x}\in\mathbb{D}} L(\boldsymbol{x},\boldsymbol{\lambda},\boldsymbol{\mu}) \\ &= \inf_{\boldsymbol{x}\in\mathbb{D}} \left(f(\boldsymbol{x}) - \sum_{i=1}^{p}\lambda_i g_i(\boldsymbol{x}) - \sum_{j=1}^{q}\mu_j h_j(\boldsymbol{x}) \right). \end{aligned} \tag{2.14}$$

在推导对偶问题时, 常通过对拉格朗日函数 $L(\boldsymbol{x},\boldsymbol{\lambda},\boldsymbol{\mu})$ 关于 $\boldsymbol{x}$ 求导并令导数为 0, 来获得对偶函数的表达式.

若 $\tilde{\boldsymbol{x}}\in\mathbb{D}$ 为原始问题 (2.11) 的可行点, 则对任意的 $\boldsymbol{\lambda}\geqslant\boldsymbol{0}$ 和 $\boldsymbol{\mu}$ 都有

$$\sum_{i=1}^{p}\lambda_i g_i(\tilde{\boldsymbol{x}}) + \sum_{j=1}^{q}\mu_j h_j(\tilde{\boldsymbol{x}}) \geqslant 0,$$

因此有

$$\mathit{\Gamma}(\boldsymbol{\lambda},\boldsymbol{\mu}) = \inf_{\boldsymbol{x}\in\mathbb{D}} L(\boldsymbol{x},\boldsymbol{\lambda},\boldsymbol{\mu}) \leqslant L(\tilde{\boldsymbol{x}},\boldsymbol{\lambda},\boldsymbol{\mu}) \leqslant f(\tilde{\boldsymbol{x}}).$$

若原始问题 (2.11) 的最优值为 p^*, 则对任意的 $\boldsymbol{\lambda}\geqslant\boldsymbol{0}$ 和 $\boldsymbol{\mu}$ 都有

$$\mathit{\Gamma}(\boldsymbol{\lambda},\boldsymbol{\mu}) \leqslant p^*,$$

即对偶函数给出了原始问题最优值的下界. 显然, 这个下界取决于 $\boldsymbol{\lambda}$ 和 $\boldsymbol{\mu}$ 的值. 于是, 一个自然的问题是: 基于对偶函数能获得的最好下界是什么? 这就引出了优化问题

$$\begin{aligned} \max_{\boldsymbol{\lambda},\boldsymbol{\mu}} \quad & \Gamma(\boldsymbol{\lambda},\boldsymbol{\mu}), \\ \text{s.t.} \quad & \boldsymbol{\lambda} \geqslant \mathbf{0}. \end{aligned} \tag{2.15}$$

式 (2.15) 就是原始问题 (2.11) 的对偶问题, 其中 $\boldsymbol{\lambda}$ 和 $\boldsymbol{\mu}$ 称为“对偶变量”. 无论原始问题的凸性如何, 对偶问题 (2.15) 始终是凸优化问题.

设对偶问题 (2.15) 的最优值为 d^*, 显然有 $d^* \leqslant p^*$, 这称为“弱对偶性”成立. 若 $d^* = p^*$, 则称为“强对偶性”成立, 此时由对偶问题可获得原始问题的最优下界. 对于一般的优化问题, 强对偶性通常不成立. 但是, 若原始问题为凸优化问题, 即 (2.11) 中的 $f(\boldsymbol{x})$ 和 $g_i(\boldsymbol{x})$ 均为凸函数, $h_j(\boldsymbol{x})$ 为仿射函数, 且其可行域中至少有一点使得不等式约束严格成立, 则此时强对偶性成立. 值得注意的是, 在强对偶性成立时, 将拉格朗日函数分别对原变量和对偶变量求导, 并令导数等于 0, 即可得到原变量和对偶变量的数值关系. 于是, 对偶问题解决了, 原始问题也就解决了.

2.2.3 二次规划

二次规划 (QP) 是一类典型的优化问题, 包括凸二次优化和非凸二次优化. 在此类问题中, 目标函数是变量的二次函数, 而约束条件是变量的线性不等式.

假定变量个数为 m, 约束条件的个数为 n, 则标准的二次优化问题形如

$$\begin{aligned} \min_{\boldsymbol{x}} \quad & \frac{1}{2}\boldsymbol{x}^{\mathrm{T}}\boldsymbol{Q}\boldsymbol{x} + \boldsymbol{c}^{\mathrm{T}}\boldsymbol{x}, \\ \text{s.t.} \quad & \boldsymbol{A}\boldsymbol{x} \leqslant \boldsymbol{b}, \end{aligned} \tag{2.16}$$

其中 $\boldsymbol{x} \in \mathbb{R}^m$, $\boldsymbol{Q} \in \mathbb{R}^{m\times m}$ 为实对称矩阵, $\boldsymbol{A} \in \mathbb{R}^{n\times m}$, $\boldsymbol{b} \in \mathbb{R}^n$ 和 $\boldsymbol{c} \in \mathbb{R}^m$ 为实向量, $\boldsymbol{A}\boldsymbol{x} \leqslant \boldsymbol{b}$ 的每一行对应一个线性约束.

若 $\boldsymbol{Q}$ 为半正定矩阵, 则 (2.16) 的目标函数是凸函数, 相应的二次优化是凸二次优化问题. 此时若约束条件 $\boldsymbol{A}\boldsymbol{x} \leqslant \boldsymbol{b}$ 定义的可行域非空, 且目标函数在此可行域有下界, 则该问题将有全局极小值. 若 $\boldsymbol{Q}$ 为正定矩阵, 则该问题有唯一的全局极小值. 若 $\boldsymbol{Q}$ 为非正定矩阵, 则 (2.16) 是有多个稳定点和局部极小点的 NP 难问题.

非标准二次优化中可包含线性等式约束和上下界约束. 注意到等式约束能用两个不等式约束来代替, 而不等式约束可以通过增加松弛变量转化为等式约束.

常用的二次优化算法有椭球法、内点法、增广拉格朗日法、梯度投影法等.

MATLAB 优化工具箱有专门的求解二次优化的函数 quadprog, 其常用调用格式为

```
[x, fval] = quadprog(Q, c, A, b, Aeq, beq, lb, ub, x0)
```

其中, x0 为初始向量, 可缺省, 默认为零向量. 对应的二次优化形式为

$$\begin{aligned}\min_{\boldsymbol{x}} \quad & \frac{1}{2}\boldsymbol{x}^{\mathrm{T}}\boldsymbol{Q}\boldsymbol{x}+\boldsymbol{c}^{\mathrm{T}}\boldsymbol{x},\\ \text{s.t.} \quad & \boldsymbol{A}\cdot\boldsymbol{x}\leqslant\boldsymbol{b},\\ & \boldsymbol{Ae}\cdot\boldsymbol{x}=\boldsymbol{be},\\ & \boldsymbol{lb}\leqslant\boldsymbol{x}\leqslant\boldsymbol{ub}.\end{aligned}$$

若没有等式约束, 调用该函数时, 可令 Aeq=[ ], beq=[ ]. 同样, 若没有上下界约束, 可令 lb=[ ], ub=[ ].

2.2.4 半定规划

半定规划 (SDP) 是一类凸优化问题, 其中的变量可组织成半正定对称矩阵形式, 且目标函数和约束条件都是这些变量的线性函数.

给定 $m\times m$ 的对称矩阵 $\boldsymbol{X},\boldsymbol{C}$,

$$\boldsymbol{C}\cdot\boldsymbol{X}=\sum_{i=1}^{m}\sum_{j=1}^{m}C_{ij}X_{ij}.$$

若 $\boldsymbol{A}_i\,(i=1,2,\cdots,n)$ 也是 $m\times m$ 的对称矩阵, $b_i\,(i=1,2,\cdots,n)$ 为 n 个实数, 则半定规划问题形如

$$\begin{aligned}\min_{\boldsymbol{X}} \quad & \boldsymbol{C}\cdot\boldsymbol{X},\\ \text{s.t.} \quad & \boldsymbol{A}_i\cdot\boldsymbol{X}=b_i,\ i=1,2,\cdots,n,\\ & \boldsymbol{X}\succeq 0,\end{aligned}$$

其中 $\boldsymbol{X}\succeq 0$ 表示 $\boldsymbol{X}$ 为半正定矩阵.

半定规划和线性规划都拥有线性的目标函数和约束条件, 但半定规划中的 $\boldsymbol{X}\succeq 0$ 是一个非线性、非光滑的约束条件. 在优化理论中, 半定规划具有一定的一般性, 能将几种优化问题 (如线性规划、二次规划) 统一起来.

常见的用于求解线性规划的内点法经过少许改造即可求解半定规划问题, 但半定规划的计算复杂度较高, 难以直接用于大规模问题.

2.3 概率与统计

概率与统计是人类对历史经验进行度量刻画的一种方法. 在机器学习中, 概率统计的思想无处不在, 甚至可以说, 很多机器学习算法是概率统计知识的高级封装和复杂应用.

2.3.1 随机变量与概率

概率空间模型 一个概率空间模型基于三个部分：样本空间、事件集、概率分布.

(1) 样本空间 Ω: Ω 是所有基本事件或一次试验中所有可能得到的输出所组成的集合. 比如, 在投掷一枚骰子时会得到 $\{1,2,\cdots,6\}$ 这六个数字中的某一个数字.

(2) 事件集 $\mathcal{F}$: $\mathcal{F}$ 是一个 σ-代数, 它是 Ω 的一组子集, 包含 Ω 在互补和可数条件下是封闭的部分 (因此也是可数的交集). 一个事件的示例是：掷一枚骰子, 正面朝上的数字是奇数.

(3) 概率分布 P: P 是一个所有事件集 $\mathcal{F}$ 到 $[0,1]$ 的映射, 使得 $P(\Omega)=1$ 且对于所有独立事件 $A_1,A_2,\cdots,A_n$, 有

$$P(A_1\cup A_2\cup\cdots\cup A_n)=\sum_{i=1}^{n}P(A_i).$$

与掷骰子相关的离散概率分布为 $P(A_i)=1/6$, $i\in\{1,2,\cdots,6\}$, A_i 为取值为 i 时的事件.

随机变量 一个随机变量 X 是 $\Omega\to\mathbb{R}$ 的可测映射, 即对于任意给定的整数 I, 使得样本空间子集 $\{\omega\in\Omega: X(\omega)\in I\}$ 是一个事件.

定义离散随机变量 X 的概率质量函数为函数 $x\mapsto P(X=x)$, 离散随机变量 X 和 Y 的联合概率质量函数为 $(x,y)\mapsto P(X=x\wedge Y=y)$.

称一个概率分布是绝对连续的, 若它有一个概率密度函数, 即对于所有 $a,b\in\mathbb{R}$, 有关于实值随机变量 X 的函数 f 满足

$$P(a\leqslant X\leqslant b)=\int_a^b f(x)\mathrm{d}x.$$

下面列出几种常见的概率分布.

1. 二项分布

若对于任意 $k\in\{0,1,\cdots,n\}$, 有下式成立:

$$P(X=k)=\mathrm{C}_n^k p^k(1-p)^{n-k},$$

则称随机变量 X 服从二项分布 $B(n,p)$, $n\in\mathbb{N}$, $p\in[0,1]$.

2. 正态分布

正态分布也称为高斯分布, 是应用最为广泛的连续概率分布. 若随机变量 X 的概率密度函数如下式所示：

$$f(x)=\frac{1}{\sqrt{2\pi}\sigma}\mathrm{e}^{-\frac{(x-\mu)^2}{2\sigma^2}},$$

则称随机变量 X 服从正态分布 $N(\mu,\sigma^2)$, $\mu\in\mathbb{R}$, $\sigma>0$, 其中 μ 是期望, σ^2 是方差. 区间 $[\mu-3\sigma,\mu+3\sigma]$ 上覆盖了 99.73% 的样本, 质量管理中的"6σ 准则"由此而来.

标准正态分布 $N(0,1)$ 是均值为 0、方差为 1 的正态分布. 若随机变量 X 服从正态分布 $X\sim N(\mu,\sigma^2)$, 则 $(X-\mu)/\sigma\sim N(0,1)$. 正态分布常被用于近似二项分布.

3. 均匀分布

如果随机变量 X 具有概率密度函数

$$f(x)=\begin{cases}\dfrac{1}{b-a}, & x\in[a,b],\\ 0, & \text{其他},\end{cases}$$

则称 X 服从区间 $[a,b]$ 上的均匀分布, 记为 $X\sim U(a,b)$.

4. 拉普拉斯分布

若随机变量 X 的概率密度函数如下式所示：

$$f(x)=\frac{1}{2b}\mathrm{e}^{-\frac{|x-\mu|}{b}},$$

则称随机变量 X 服从拉普拉斯分布, $\mu\in\mathbb{R}$, 尺度因子 $b>0$.

5. 泊松分布

若对任意的 $k\in\mathbb{N}$, 有 $\lambda>0$ 使得下式成立：

$$P(X=k)=\frac{\lambda^2}{k!}\mathrm{e}^{-k},$$

则称随机变量 X 服从泊松分布.

在下面的卡方分布定义中, 会使用 2.3.2 小节中定义的随机变量独立性的概念.

6. 卡方分布

k 自由度 χ^2-分布 (或称卡方分布) 定义为 k 个独立随机变量的平方和的概率分布, 其中每个随机变量服从标准正态分布.

2.3.2 条件概率与独立性

1. 条件概率

在给定事件 B 的条件下, 当 $P(B) \neq 0$ 时, 事件 A 的条件概率定义为

$$P(A \mid B) = \frac{P(A \cap B)}{P(B)} \quad \left(= \frac{P(AB)}{P(B)} \right).$$

2. 独立性

若有下式成立:

$$P(AB) = P(A)P(B),$$

则称事件 A 与事件 B 独立. 等价地, 当 $P(B) \neq 0$ 时, 若 $P(A \mid B) = P(A)$, 则 A 与 B 独立.

当随机变量序列中各随机变量间相互独立, 且服从同一分布时, 则称该随机变量序列独立同分布.

3. 几个基本概率公式

对于事件 A, B 以及 $A_1, \cdots, A_n$, 有

$$P(A \cup B) = P(A) + P(B) - P(AB), \qquad \text{(加法法则)}$$

$$P\left(\bigcup_{i=1}^{n} A_i\right) \leqslant \sum_{i=1}^{n} P(A_i), \qquad \text{(联合界)}$$

$$P(A \mid B) = \frac{P(B \mid A)P(A)}{P(B)}, \qquad \text{(贝叶斯公式)}$$

$$P\left(\bigcap_{i=1}^{n} A_i\right) = P(A_1)P(A_2 \mid A_1) \cdots P\left(A_n \,\middle|\, \bigcap_{i=1}^{n-1} A_i\right). \text{(链式法则)}$$

4. 全概率公式

假定 $\Omega = A_1 \cup A_2 \cup \cdots \cup A_n$, $A_i \cap A_j = \varnothing\,(i \neq j)$, 即 A_i 之间互不相交, 则对于任意事件 B, 有下式成立:

$$P(B) = \sum_{i=1}^{n} P(B \mid A_i)P(A_i).$$

2.3.3 期望、马尔可夫不等式和矩生成函数

1. 期望

随机变量 X 的均值或期望可表示为 $\mathbb{E}[X]$. 对于离散型随机变量 X, 期望定义如下：

$$\mathbb{E}[X]=\sum_k k\,P(X=k).$$

若上式右端的级数发散, 则不存在期望. 对于连续型随机变量, 期望定义为

$$\mathbb{E}[X]=\int_{-\infty}^{+\infty} xf(x)\mathrm{d}x,$$

其中 $f(x)$ 为概率密度函数. 若上式右端的积分发散, 则不存在期望.

当 X 服从概率分布 $\mathcal{D}$ 时, 将期望 $\mathbb{E}[X]$ 写作 $\mathbb{E}_{x\sim\mathcal{D}}[X]$ 加以明示.

随机变量的期望有一个基本性质——线性性, 即对于两个随机变量 X 和 Y, 以及 $a,b\in\mathbb{R}$, 有下式成立：

$$\mathbb{E}[aX+bY]=a\mathbb{E}[X]+b\mathbb{E}[Y].$$

进一步地, 当 X 和 Y 是相互独立的随机变量时, 有

$$\mathbb{E}[XY]=\mathbb{E}[X]\cdot\mathbb{E}[Y].$$

2. 马尔可夫不等式

令 X 为非负随机变量, 且 $\mathbb{E}[X]<\infty$, 则对于所有 $t>0$, 成立

$$P(X\geqslant t\mathbb{E}[X])\leqslant\frac{1}{t}.$$

事实上,

$$\begin{aligned}
P(X\geqslant t\mathbb{E}[X]) &= \sum_{x\geqslant t\mathbb{E}[X]} P(X=x) \quad (\text{根据定义})\\
&\leqslant \sum_{x\geqslant t\mathbb{E}[X]} P(X=x)\frac{x}{t\mathbb{E}[X]} \quad \left(\text{利用 } \frac{x}{t\mathbb{E}[X]}\geqslant 1\right)\\
&\leqslant \sum_{x} P(X=x)\frac{x}{t\mathbb{E}[X]} \quad (\text{扩展 } x \text{ 作用域})\\
&= \mathbb{E}\left[\frac{X}{t\mathbb{E}[X]}\right]=\frac{1}{t}. \quad (\text{期望的线性性})
\end{aligned}$$

3. 矩生成函数

随机变量 X 的矩生成函数 $t \mapsto \mathbb{E}[\mathrm{e}^{tX}]$ 定义于有限期望的集合 $t \in \mathbb{R}$ 之上.

例 2.5 设 X 是服从 k 自由度 χ^2-分布的随机变量, 记 $X = \sum_{i=1}^{k} X_i^2$, X_i 均独立且服从标准正态分布.

令 $t < 1/2$, 根据变量 X_i 的独立同分布假设, 可得

$$\mathbb{E}[\mathrm{e}^{tX}] = \mathbb{E}\left[\prod_{i=1}^{k} \mathrm{e}^{tX_i^2}\right] = \prod_{i=1}^{k} \mathbb{E}[\mathrm{e}^{tX_i^2}] = \left(\mathbb{E}[\mathrm{e}^{tX_1^2}]\right)^k.$$

由标准正态分布的定义可得

$$\begin{aligned}\mathbb{E}[\mathrm{e}^{tX_1^2}] &= \frac{1}{\sqrt{2\pi}} \int_{-\infty}^{+\infty} \mathrm{e}^{tx^2} \mathrm{e}^{-\frac{x^2}{2}} \mathrm{d}x = \frac{1}{\sqrt{2\pi}} \int_{-\infty}^{+\infty} \mathrm{e}^{(1-2t)\frac{-x^2}{2}} \mathrm{d}x \\ &= \frac{1}{\sqrt{2\pi}} \int_{-\infty}^{+\infty} \frac{\mathrm{e}^{\frac{-u^2}{2}}}{\sqrt{1-2t}} \mathrm{d}u = (1-2t)^{-\frac{1}{2}}.\end{aligned}$$

据此, χ^2-分布的矩生成函数为

$$\forall t < 1/2, \quad \mathbb{E}[\mathrm{e}^{tX}] = (1-2t)^{-\frac{k}{2}}.$$

2.3.4 方差与切比雪夫不等式

1. 方差和标准差

随机变量 X 的方差 $\mathrm{Var}[X]$ 定义如下：

$$\mathrm{Var}[X] = \mathbb{E}[(X - \mathbb{E}[X])^2].$$

随机变量 X 的标准差 σ_X 定义如下：

$$\sigma_X = \sqrt{\mathrm{Var}[X]}.$$

对于任意随机变量 X 和任意 $a \in \mathbb{R}$, 有如下基本性质：

$$\mathrm{Var}[X] = \mathbb{E}[X^2] - (\mathbb{E}[X])^2,$$

$$\mathrm{Var}[aX] = a^2 \mathrm{Var}[X].$$

当 X 与 Y 独立时, 可进一步得到

$$\mathrm{Var}[X+Y] = \mathrm{Var}[X] + \mathrm{Var}[Y].$$

2. 切比雪夫不等式

令 X 为随机变量, $\mathrm{Var}[X] < +\infty$, 则对于所有 $t > 0$, 有如下不等式成立:

$$P(|X - \mathbb{E}[X]| \geqslant t\sigma_X) \leqslant \frac{1}{t^2}. \tag{2.17}$$

证　注意到

$$P(|X - \mathbb{E}[X]| \geqslant t\sigma_X) = P((X - \mathbb{E}[X])^2 \geqslant t^2\sigma_X^2).$$

由此, 将马尔可夫不等式用于 $(X - \mathbb{E}[X])^2$ 即得不等式 (2.17). □

3. 弱大数定律

令 $\{X_n\}_{n\in\mathbb{N}}$ 为独立同分布随机变量序列, 均值为 μ, 方差为 $\sigma^2 < +\infty$. 令

$$\overline{X}_n = \frac{1}{n}\sum_{i=1}^{n} X_i,$$

则对任意 $\varepsilon > 0$, 有下式成立:

$$\lim_{n\to\infty} P(|\overline{X}_n - \mu| \geqslant \varepsilon) = 0. \tag{2.18}$$

证　因为各随机变量独立, 则有

$$\mathrm{Var}[\overline{X}_n] = \mathrm{Var}\left[\frac{1}{n}\sum_{i=1}^{n} X_i\right] = \frac{1}{n^2}\sum_{i=1}^{n}\mathrm{Var}[X_i] = \frac{n\sigma^2}{n^2} = \frac{\sigma^2}{n}.$$

令 $t = \varepsilon/(\mathrm{Var}[\overline{X}_n])^{1/2}$, 由切比雪夫不等式可得

$$P(|\overline{X}_n - \mu| \geqslant \varepsilon) \leqslant \frac{\sigma^2}{n\varepsilon^2},$$

由此可得式 (2.18). □

4. 协方差

两个随机变量 X 和 Y 的协方差 $\mathrm{Cov}(X, Y)$ 定义为

$$\mathrm{Cov}(X, Y) = \mathbb{E}[(X - \mathbb{E}[X])(Y - \mathbb{E}[Y])].$$

当 $\mathrm{Cov}(X, Y) = 0$ 时, 称两个随机变量 X 和 Y 是不相关的. 显然, 当 X 与 Y 独立时, 两者是不相关的, 但反之则不成立. 协方差定义了一种正半定和对称的双线性形式, 具有如下性质.

(1) 对称性：对于任意两个随机变量 X 和 Y, $\mathrm{Cov}(X,Y)=\mathrm{Cov}(Y,X)$.

(2) 双线性性：对任意随机变量 X, X' 和 Y, $a\in\mathbb{R}$, 有

$$\begin{aligned}&\mathrm{Cov}(X+X',Y)=\mathrm{Cov}(X,Y)+\mathrm{Cov}(X',Y),\\&\mathrm{Cov}(aX,Y)=a\mathrm{Cov}(X,Y).\end{aligned}$$

(3) 正半定性：对任意随机变量 X, $\mathrm{Cov}(X,X)=\mathrm{Var}[X]\geqslant 0$.

对于随机变量 X 和 Y, 当 $\mathrm{Var}[X]<+\infty$, $\mathrm{Var}[Y]<+\infty$ 时, 有如下 Cauchy-Schwarz 不等式成立：

$$|\mathrm{Cov}(X,Y)|\leqslant\sqrt{\mathrm{Var}[X]\mathrm{Var}[Y]}.$$

5. 协方差矩阵

随机变量向量 $\boldsymbol{X}=(X_1,X_2,\cdots,X_m)$ 的协方差矩阵 $\boldsymbol{C}(\boldsymbol{X})\in\mathbb{R}^{m\times m}$ 定义为

$$\boldsymbol{C}(\boldsymbol{X})=\mathbb{E}[(\boldsymbol{X}-\mathbb{E}[\boldsymbol{X}])(\boldsymbol{X}-\mathbb{E}[\boldsymbol{X}])^{\mathrm{T}}].$$

因此, $\boldsymbol{C}(\boldsymbol{X})=(\mathrm{Cov}(X_i,X_j))_{ij}$. 由此可直接得到

$$\boldsymbol{C}(\boldsymbol{X})=\mathbb{E}[\boldsymbol{X}\boldsymbol{X}^{\mathrm{T}}]-\mathbb{E}[\boldsymbol{X}]\mathbb{E}[\boldsymbol{X}]^{\mathrm{T}}.$$

6. 中心极限定理

令 $X_1,X_2,\cdots,X_n$ 是一组独立同分布的随机变量, 均值为 μ, 标准差为 σ. 令

$$\overline{X}_n=\frac{1}{n}\sum_{i=1}^{n}X_i,\quad \bar{\sigma}_n=\frac{\sigma}{\sqrt{n}},$$

则 $(\overline{X}_n-\mu)/\bar{\sigma}_n$ 依分布收敛于 $N(0,1)$, 即对任意 $t\in\mathbb{R}$, 有

$$\lim_{n\to\infty}P\left(\frac{\overline{X}_n-\mu}{\bar{\sigma}_n}\leqslant t\right)=\int_{-\infty}^{t}\frac{1}{\sqrt{2\pi}}\mathrm{e}^{-\frac{x^2}{2}}\mathrm{d}x.$$

2.3.5 样本均值与样本方差

样本的均值 $\overline{X}$ 与方差 S^2 分别定义为

$$\overline{X}=\frac{1}{n}\sum_{i=1}^{n}X_i,\quad S^2=\frac{1}{n-1}\sum_{i=1}^{n}(X_i-\overline{X})^2.$$

对于统计量 ξ, 若 $\mathbb{E}[\hat{\xi}]=\xi$, 则称 $\hat{\xi}$ 是 ξ 的无偏估计. 基于这一定义, 可以证明下面两个定理.

定理 2.2 样本均值 $\overline{X}$ 是总体期望的无偏估计.

证 我们有

$$\mathbb{E}[\overline{X}]=\mathbb{E}\left[\frac{1}{n}\sum_{i=1}^{n}X_i\right]=\frac{1}{n}\sum_{i=1}^{n}\mathbb{E}[X_i]=\frac{1}{n}\sum_{i=1}^{n}\mu=\frac{1}{n}\cdot n\mu=\mu.$$

结论得证. □

定理 2.3 样本方差 S^2 是总体方差 σ^2 的无偏估计.

证 因为对任意的 i 都有 $\mathbb{E}[X_i]=\mathbb{E}[X]=\mu$, $\mathbb{E}[X_i^2]=\mathbb{E}[X^2]=\mathrm{Var}[X]+(\mathbb{E}[X])^2=\sigma^2+\mu^2$. 我们有

$$\begin{aligned}\mathbb{E}[\overline{X}^2]&=\mathbb{E}\left[\left(\frac{1}{n}\sum_{i=1}^{n}X_i\right)^2\right]=\frac{1}{n^2}\mathbb{E}\left[\sum_{i=1}^{n}X_i^2+2\sum_{i=1}^{n-1}\sum_{j=i+1}^{n}X_iX_j\right]\\&=\frac{1}{n^2}\left(\sum_{i=1}^{n}\mathbb{E}[X_i^2]+2\sum_{i=1}^{n-1}\sum_{j=i+1}^{n}\mathbb{E}[X_i]\mathbb{E}[X_j]\right)\\&=\frac{1}{n^2}\left(\sum_{i=1}^{n}\mathbb{E}[X^2]+2\sum_{i=1}^{n-1}\sum_{j=i+1}^{n}(\mathbb{E}[X])^2\right)\\&=\frac{1}{n^2}\left(n\mathbb{E}[X^2]+2\frac{n(n-1)}{2}(\mathbb{E}[X])^2\right)\\&=\frac{1}{n^2}\left[n(\sigma^2+\mu^2)+n(n-1)\mu^2\right]=\frac{\sigma^2}{n}+\mu^2.\end{aligned}$$

故得

$$\begin{aligned}\mathbb{E}[S^2]&=\mathbb{E}\left[\frac{1}{n-1}\sum_{i=1}^{n}(X_i-\overline{X})^2\right]=\frac{1}{n-1}\mathbb{E}\left[\sum_{i=1}^{n}\left(X_i^2-2X_i\overline{X}+\overline{X}^2\right)\right]\\&=\frac{1}{n-1}\mathbb{E}\left[\sum_{i=1}^{n}X_i^2-2\overline{X}\sum_{i=1}^{n}X_i+\sum_{i=1}^{n}\overline{X}^2\right]\\&=\frac{1}{n-1}\mathbb{E}\left[\sum_{i=1}^{n}X_i^2-2n\overline{X}^2+n\overline{X}^2\right]\\&=\frac{1}{n-1}\mathbb{E}\left[\sum_{i=1}^{n}X_i^2-n\overline{X}^2\right]=\frac{1}{n-1}\left(\sum_{i=1}^{n}\mathbb{E}[X_i^2]-n\mathbb{E}[\overline{X}^2]\right)\\&=\frac{1}{n-1}\left[n(\sigma^2+\mu^2)-n\left(\frac{\sigma^2}{n}+\mu^2\right)\right]=\sigma^2.\end{aligned}$$

□

这就是样本方差的公式中分母用 $n-1$ 而不是 n 的原因, 否则就不是无偏估计量了.

2.3.6 极大似然估计

在有些应用中已知样本所服从的概率分布, 但需要估计分布函数中的参数 $\boldsymbol{\theta}$. 例如已知样本服从正态分布, 要估计分布函数中的均值 μ 和方差 σ^2. 确定这些参数的常用方法就是极大似然估计法.

极大似然估计就是构造一个待估参数的似然函数, 通过极大化似然函数来确定参数 $\boldsymbol{\theta}$ 的值. 其直观解释是: 确定参数 $\boldsymbol{\theta}$, 使得给定的样本出现的概率 $P(\boldsymbol{x};\boldsymbol{\theta})$ 最大.

假设样本 $\boldsymbol{x}$ 服从密度函数为 $p(\boldsymbol{x};\boldsymbol{\theta})$ 的概率分布, 其中 $\boldsymbol{\theta}$ 为要估计的参数. 给定一组样本 $\boldsymbol{x}_i\,(i=1,2,\cdots,n)$, 它们相互独立且服从同一分布. 极大似然估计构造如下的似然函数:

$$L(\boldsymbol{\theta}) = p(\boldsymbol{x}_1,\boldsymbol{x}_2,\cdots,\boldsymbol{x}_n;\boldsymbol{\theta}) = \prod_{i=1}^{n} p(\boldsymbol{x}_i;\boldsymbol{\theta}).$$

由于连乘积的求导不容易处理, 因此对上述似然函数求对数, 得到对数似然函数:

$$\ell(\boldsymbol{\theta}) = \ln\prod_{i=1}^{n} p(\boldsymbol{x}_i;\boldsymbol{\theta}) = \sum_{i=1}^{n}\ln p(\boldsymbol{x}_i;\boldsymbol{\theta}).$$

于是, 最后要求解的问题为

$$\max\ \ell(\boldsymbol{\theta}) = \sum_{i=1}^{n}\ln p(\boldsymbol{x}_i;\boldsymbol{\theta}).$$

这是一个无约束极大化问题, 可以直接求解析解 (令梯度等于零解出参数 $\boldsymbol{\theta}$), 或者用梯度下降法等迭代方法求其近似解.

2.3.7 熵与 KL 散度

概率分布 $p(\boldsymbol{x})$ 的熵定义为

$$H(p) = -\sum_{i=1}^{n} p(\boldsymbol{x}_i)\ln p(\boldsymbol{x}_i).$$

由于随机变量 $\boldsymbol{x}$ 所服从的概率分布 $p(\boldsymbol{x})$ 往往是不知道的, 因此可考虑用已知分布 $q(\boldsymbol{x})$ 来近似 $p(\boldsymbol{x})$. 定义 $q(\boldsymbol{x})$ 到 $p(\boldsymbol{x})$ 的交叉熵:

$$H(p,q) = \mathbb{E}_p[-\ln q] = -\sum_{i=1}^{n} p(\boldsymbol{x}_i)\ln q(\boldsymbol{x}_i).$$

KL 散度, 也称为相对熵或信息散度, 定义为熵 $H(p)$ 与交叉熵 $H(p,q)$ 之差, 即

$$\mathrm{KL}(p||q) = H(p) - H(p,q) = \sum_{i=1}^{n} p(\boldsymbol{x}_i)\ln q(\boldsymbol{x}_i) - \sum_{i=1}^{n} p(\boldsymbol{x}_i)\ln p(\boldsymbol{x}_i).$$

上式可化简为

$$\mathrm{KL}(p||q) = \sum_{i=1}^{n} p(\boldsymbol{x}_i)\ln\frac{q(\boldsymbol{x}_i)}{p(\boldsymbol{x}_i)}.$$

对于连续型变量, KL 散度定义为

$$\mathrm{KL}(p||q) = \int_{-\infty}^{\infty} p(\boldsymbol{x})\ln\frac{p(\boldsymbol{x})}{q(\boldsymbol{x})}\mathrm{d}\boldsymbol{x},$$

其中 $p(\boldsymbol{x})$ 和 $q(\boldsymbol{x})$ 分别为分布 p 和 q 的概率密度函数.

KL 散度可用于度量两个概率分布之间的差异, 它满足非负性, 即

$$\mathrm{KL}(p||q) \geqslant 0.$$

当且仅当 $p = q$ 时, $\mathrm{KL}(p||q) = 0$. 但是, KL 散度不满足对称性, 即

$$\mathrm{KL}(p||q) \neq \mathrm{KL}(q||p),$$

因此, KL 散度不是一个度量.

在信息论中, 熵 $H(p)$ 表示对来自 p 的随机变量进行编码所需的最小字节数, 而交叉熵 $H(p,q)$ 则表示使用基于 q 的编码对来自 q 的变量进行编码所需的“额外”字节数. 显然, 额外字节数必然非负, 当且仅当 $p = q$ 时额外字节数为零.

本章课件

第 3 章　线性模型与逻辑斯谛回归

顾名思义, 线性模型的预测函数就是线性函数, 这一模型最大的优点是简单, 可解释性强, 且运算速度快. 虽然线性函数的建模能力有限, 但当样本的属性向量维数很高、训练样本数目很多时, 它具有速度上的优势, 在大规模分类问题中得到成功的应用. 另外, 本章介绍的逻辑斯谛回归是线性分类模型的一种推广, 它具有较强的建模能力. 概而言之, 线性模型虽形式简单, 但却蕴涵着机器学习中一些重要的基本思想. 许多功能更为强大的非线性模型可在线性模型的基础上通过引入非线性映射而得到.

3.1　线性模型的基本形式

给定由 m 个属性描述的示例 $\boldsymbol{x}=(x_1,x_2,\cdots,x_m)^{\mathrm{T}}$, 其中 x_i 是 $\boldsymbol{x}$ 在第 i 个属性上的取值, 线性模型利用各属性的线性组合作为预测函数:

$$f(\boldsymbol{x})=\boldsymbol{w}^{\mathrm{T}}\boldsymbol{x}+b, \tag{3.1}$$

其中 $\boldsymbol{w}=(w_1,w_2,\cdots,w_m)^{\mathrm{T}}$ 为权重向量, b 为超平面的截距. 参数 $\boldsymbol{w}$ 和 b 确定之后, 线性模型 (3.1) 就得以确定.

3.1.1　线性回归模型的理论基础

给定样本数据集

$$D=\{(\boldsymbol{x}_1,y_1),(\boldsymbol{x}_2,y_2),\cdots,(\boldsymbol{x}_n,y_n)\},$$

其中 $\boldsymbol{x}_i=(x_{i1},x_{i2},\cdots,x_{im})^{\mathrm{T}}$, $y_i\in\mathbb{R}$. **线性回归模型**就是用线性函数 (3.1) 去尽可能准确地预测实值 (连续值) 输出标记.

那么如何确定式 (3.1) 中的参数 $(\boldsymbol{w},b)$ 呢? 先考虑输入样本属性的数目只有一个的情形. 此时问题转化为确定

$$f(x_i)=wx_i+b, \text{ 使得 } f(x_i)\approx y_i. \tag{3.2}$$

我们用均方误差作为衡量 $f(x)$ 与 y 差别的度量指标来确定 w 和 b, 即极小化均方误差函数

$$\min E(w,b)=\frac{1}{2}\sum_{i=1}^{n}(y_i-wx_i-b)^2. \tag{3.3}$$

顺便提及, 基于均方误差极小化来进行模型求解的方法称为“最小二乘法”. 在线性回归中, 最小二乘法就是试图找到一条直线, 使所有样本到直线上的欧氏距离之和最小.

极小化的过程. 可将 $E(w,b)$ 分别对 w 和 b 求导并令其等于零, 得到

$$\frac{\partial E(w,b)}{\partial w}=w\sum_{i=1}^{n}x_i^2-\sum_{i=1}^{n}(y_i-b)x_i=0, \tag{3.4}$$

$$\frac{\partial E(w,b)}{\partial b}=nb-\sum_{i=1}^{n}(y_i-wx_i)=0. \tag{3.5}$$

解得 w 和 b 为

$$w=\frac{\displaystyle\sum_{i=1}^{n}y_i(x_i-\bar{x})}{\displaystyle\sum_{i=1}^{n}x_i^2-n\bar{x}^2},\quad b=\frac{1}{n}\sum_{i=1}^{n}(y_i-wx_i), \tag{3.6}$$

其中 $\bar{x}=\frac{1}{n}\sum\limits_{i=1}^{n}x_i$ 为 x 的均值.

一般地, 对于样本属性向量为 m 维的情形, 此时需要确定的模型是

$$f(\boldsymbol{x}_i)=\boldsymbol{w}^{\mathrm{T}}\boldsymbol{x}_i+b,\ 使得\ f(\boldsymbol{x}_i)\approx y_i, \tag{3.7}$$

这称为“多元线性回归”.

同样, 可利用最小二乘法来确定 $\boldsymbol{w}$ 和 b. 为讨论方便, 把 $\boldsymbol{w}$ 和 b 写成向量形式 $\boldsymbol{\theta}=(\boldsymbol{w};b)$, 相应地, 将数据集 D 表示为一个 $n\times(m+1)$ 大小的矩阵 $\boldsymbol{X}$, 其中每行对应于一个示例, 该行前 m 个元素对应于示例的 m 个属性值, 最后一个元素恒置为 1, 即

$$\boldsymbol{X}=\begin{pmatrix} x_{11} & x_{12} & \cdots & x_{1m} & 1\\ x_{21} & x_{22} & \cdots & x_{2m} & 1\\ \vdots & \vdots & & \vdots & \vdots\\ x_{n1} & x_{n2} & \cdots & x_{nm} & 1\end{pmatrix}=\begin{pmatrix}\boldsymbol{x}_1^{\mathrm{T}} & 1\\ \boldsymbol{x}_2^{\mathrm{T}} & 1\\ \vdots & \vdots\\ \boldsymbol{x}_n^{\mathrm{T}} & 1\end{pmatrix},$$

再把标记也写成向量形式 $\boldsymbol{y}=(y_1,y_2,\cdots,y_n)^{\mathrm{T}}$, 则类似于式 (3.3) 有

$$\min_{\boldsymbol{\theta}}E(\boldsymbol{\theta})=\frac{1}{2}\|\boldsymbol{y}-\boldsymbol{X}\boldsymbol{\theta}\|^2. \tag{3.8}$$

对 $E(\boldsymbol{\theta})$ 关于 $\boldsymbol{\theta}$ 求导并令其等于零, 得

$$\frac{\partial E(\boldsymbol{\theta})}{\partial \boldsymbol{\theta}} = \boldsymbol{X}^{\mathrm{T}}(\boldsymbol{X}\boldsymbol{\theta} - \boldsymbol{y}) = 0 \implies (\boldsymbol{X}^{\mathrm{T}}\boldsymbol{X})\boldsymbol{\theta} = \boldsymbol{X}^{\mathrm{T}}\boldsymbol{y}. \tag{3.9}$$

当 $\boldsymbol{X}^{\mathrm{T}}\boldsymbol{X}$ 非奇异时, 可通过求解式 (3.8) 右端的线性方程组得到 $\boldsymbol{\theta}$ 最优解的解析形式:

$$\boldsymbol{\theta}^* = (\boldsymbol{X}^{\mathrm{T}}\boldsymbol{X})^{-1}\boldsymbol{X}^{\mathrm{T}}\boldsymbol{y}. \tag{3.10}$$

令 $\hat{\boldsymbol{x}}_i = (\boldsymbol{x}_i; 1)$, 则最终求得的多元线性回归模型为

$$f(\hat{\boldsymbol{x}}_i) = \hat{\boldsymbol{x}}_i^{\mathrm{T}}\boldsymbol{\theta}^* = \hat{\boldsymbol{x}}_i^{\mathrm{T}}(\boldsymbol{X}^{\mathrm{T}}\boldsymbol{X})^{-1}\boldsymbol{X}^{\mathrm{T}}\boldsymbol{y}. \tag{3.11}$$

然而, 在现实的机器学习任务中, 很难保证 $\boldsymbol{X}^{\mathrm{T}}\boldsymbol{X}$ 是非奇异矩阵. 例如某学习任务中属性变量的数目超过样例数, 导致 $\boldsymbol{X}$ 的列数多于行数, 则 $\boldsymbol{X}^{\mathrm{T}}\boldsymbol{X}$ 显然不是满秩的. 此时解 $\boldsymbol{\theta}^*$ 不唯一, 这些不唯一的解都能使均方误差极小化. 究竟选择哪一个解作为最终输出, 将由学习算法的归纳偏好所决定, 常见的做法是引入正则化项, 即考虑模型

$$\min_{\boldsymbol{\theta}} E(\boldsymbol{\theta}) = \frac{1}{2}\|\boldsymbol{y} - \boldsymbol{X}\boldsymbol{\theta}\|^2 + \frac{\lambda}{2}\|\boldsymbol{\theta}\|^2, \tag{3.12}$$

这里的 $\lambda > 0$ 是正则化参数 (称为超参数), $\|\cdot\|$ 表示欧氏范数, 这样的回归模型称为“岭回归”. 由式 (3.12) 可以推得

$$(\boldsymbol{X}^{\mathrm{T}}\boldsymbol{X} + \lambda\boldsymbol{I})\boldsymbol{\theta} = \boldsymbol{X}^{\mathrm{T}}\boldsymbol{y},$$

这个线性方程组的系数矩阵 $\boldsymbol{X}^{\mathrm{T}}\boldsymbol{X} + \lambda\boldsymbol{I}(\lambda > 0)$ 是对称正定的, 因而有唯一解

$$\boldsymbol{\theta}^* = (\boldsymbol{X}^{\mathrm{T}}\boldsymbol{X} + \lambda\boldsymbol{I})^{-1}\boldsymbol{X}^{\mathrm{T}}\boldsymbol{y},$$

这就很好地解决了当样本数据矩阵 $\boldsymbol{X}$ 秩亏时模型参数的确定问题.

注 3.1 注意到, 线性函数虽简单, 但却蕴含着丰富的变化. 例如, 对于样例 $(\boldsymbol{x}, y)$, $y \in \mathbb{R}$, 当希望线性函数 (3.1) 的预测值逼近真实标记 y 时, 就得到了线性回归模型. 为便于观察, 将线性回归模型写为

$$y = \boldsymbol{w}^{\mathrm{T}}\boldsymbol{x} + b. \tag{3.13}$$

那么, 可否令线性函数预测值逼近标记值 y 的衍生物呢? 比如, 假设可认为示例所对应的输出标记值是在指数尺度上变化的, 那就可将输出标记的对数作为线性函数逼近的目标, 即

$$\ln y = \boldsymbol{w}^{\mathrm{T}}\boldsymbol{x} + b. \tag{3.14}$$

这样的模型称为“对数线性回归”模型，它实际上是在试图让 $e^{\boldsymbol{w}^{\mathrm{T}}\boldsymbol{x}+b}$ 逼近 y. 式 (3.14) 在形式上仍是线性回归，但实质上已是在求取输入空间到输出空间的非线性映射. 这里的对数函数起到了将线性回归模型的预测值与真实标记联系起来的作用.

更一般地，考虑单调可微函数 $g(\cdot)$，令

$$y = g^{-1}(\boldsymbol{w}^{\mathrm{T}}\boldsymbol{x} + b), \tag{3.15}$$

这样得到的模型称为“广义线性模型”，其中函数 $g(\cdot)$ 称为“联系函数”. 显然，对数线性回归是广义线性模型在 $g(\cdot) = \ln(\cdot)$ 时的特例. 广义线性模型的参数估计常通过加权最小二乘法或极大似然法进行.

3.1.2 线性回归模型的 MATLAB 实现

在 MATLAB 中，为了方便用户的使用，针对线性回归算法封装了函数 fitlm，该函数不仅适用于简单的线性回归，同时也适用于多元线性回归. 函数 fitlm 的使用方法有如下几种.

```
mdl = fitlm(X,y);
mdl = fitlm(tbl);
mdl = fitlm(tbl,modelspec);
mdl = fitlm(X,y,modelspec);
mdl = fitlm(...,Name,Value);
```

其中，X 表示样本属性矩阵; y 表示样本标签的向量; tbl 表示样本的属性和标签的 Table 格式的数据，且最后一列为样本的标签; modelspec 表示拟合的方式，其相关参数可为：‘constant’, ‘linear’, ‘interactions’, ‘purequadratic’, ‘quadratic’ 等，分别表示常数回归拟合 (即一条横线)、直线拟合、可存在交叉项的拟合 (但不存在平方项)、可存在平方项的拟合 (但不存在交叉项)、交叉项和平方项同时存在的拟合; Name 为可选参数的名称; Value 为可选参数的参数取值，在未对可选参数赋值时，其取值为默认值.

例 3.1　用 MATLAB 系统自带的 carsmall 数据集作为本实例的数据来源，这个数据集里有 100 个样本，可在命令窗口用 load carsmall 查看其详情. 在本例中我们以 Weight 和 Acceleration 为自变量，MPG (Miles Per Gallon，每加仑英里) 为因变量进行线性回归.

具体代码实例如下 (line_model.m 文件).

```
%线性回归算法MATLAB实现
clear all;close all;clc;
load carsmall   %载入汽车数据
```

```
tbl=table(Weight,Acceleration,MPG,'VariableNames',...
           {'Weight','Acceleration','MPG'});
%形成表格数据,第一列为Weight,第二列为Acceleration,第三列为MPG
lm=fitlm(tbl, 'MPG~Weight+Acceleration')
%以Weight和Acceleration为自变量,MPG为因变量的线性回归
plot3(Weight,Acceleration,MPG,'r*'); %绘制数据散点图
hold on
axis([min(Weight)+2,max(Weight)+2,min(Acceleration)+1,...
     max(Acceleration)+1,min(MPG)+1,max(MPG)+1]);
title('二元回归');xlabel('Weight');ylabel('Acceleration');
zlabel('MPG'); %编制z坐标轴名称
X=min(Weight):20:max(Weight)+2; %生成X轴数据
Y=min(Acceleration):max(Acceleration)+1;%生成Y轴数据
[X1,Y1]=meshgrid(X,Y); %生成XY轴的网格数据
Estimate=table2array(lm.Coefficients);
%将计算得到的table格式的拟合参数转换为矩阵形式
Z=Estimate(1,1)+Estimate(2,1)*X1+Estimate(3,1)*Y1; %计算拟合面的Z轴数据
mesh(X1,Y1,Z); %绘制网格形式的二元拟合面
hold off
```

运行后 MATLAB 命令窗口结果如下:

```
lm =
Linear regression model:
    MPG ~ 1 + Weight + Acceleration

Estimated Coefficients:
                  Estimate         SE          tStat        pValue

                 _________     _________     _______     __________


(Intercept)       45.155          3.4659      13.028     1.6266e-22
Weight         -0.0082475     0.00059836     -13.783     5.3165e-24
Acceleration 0.19694             0.14743      1.3359        0.18493

Number of observations: 94, Error degrees of freedom: 91
Root Mean Squared Error: 4.12
R-squared: 0.743,  Adjusted R-Squared 0.738
F-statistic vs. constant model: 132, p-value = 1.38e-27
```

其中, lm 输出了模型的相关参数, MPG~1 + Weight + Acceleration 表示该拟合模型是包含常量的, 且以 Weight 和 Acceleration 为自变量. Estimated Coefficients (参数估计表) 为 3×4 的 Table 数据, 第一列 (Estimate) 表示拟合参数, 第

二列 (SE) 表示残差平方, 第三列 (tStat) 表示 t 统计量, 第四列 (pValue) 表示 p 检验值. plot3 和 mesh 函数进行绘图输出线性拟合结果如图 3.1 所示.

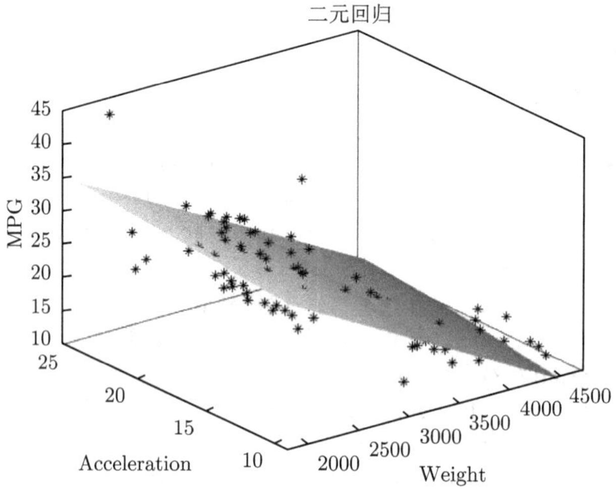

图 3.1　二元拟合图

根据上述信息, 可得到线性回归模型：

$$\text{MPG} = 45.155 - 0.0082475 * \text{Weight} + 0.19694 * \text{Acceleration}.$$

利用上述模型 (经验公式), 可预测不同 Weight (重量) 和 Acceleration (加速度) 数据下的 MPG.

3.2　逻辑斯谛回归模型

3.1 节讨论了线性回归学习, 但如果遇到的机器学习任务是分类任务该怎么办? 答案就蕴涵在式 (3.15) 的广义线性模型中. 只需找一个单调可微函数将分类任务的真实标签值 y 与线性回归模型的预测值联系起来.

3.2.1　逻辑斯谛回归的基本原理

考虑二分类任务, 假设分类标签 $y \in \{0,1\}$. 我们知道, 概率的取值为 $0 \sim 1$, 如果有这样的一个函数：对于一个样本的属性向量, 这个函数可以输出样本属于每一类的概率值, 那么这个函数就可以用作分类函数. 不难发现, Sigmoid 函数就是这样的一个函数：

$$\sigma(z) = \frac{1}{1+\mathrm{e}^{-z}}. \tag{3.16}$$

它的定义域为 $(-\infty,+\infty)$, 值域为 $(0,1)$, 并且是单调增函数. 此外, 它与正态分布的概率累积函数很像, 且具有良好的求导性质, 即

$$\sigma'(z)=\sigma(z)(1-\sigma(z)).$$

也就是说, 只要知道了 $\sigma(z)$ 就能直接写出其导数. Sigmoid 函数的图像如下.

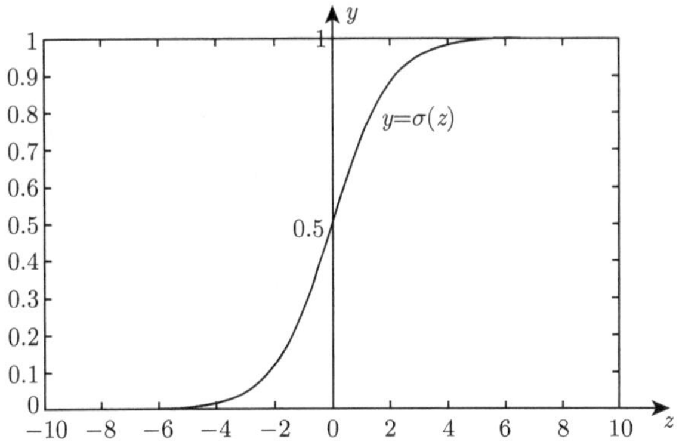

图 3.2 Sigmoid 函数的图像

从图 3.2 可看出, Sigmoid 函数将 z 值转化为一个接近 0 或 1 的 y 值并且其输出值在 $z=0$ 附近变化很陡. 将 Sigmoid 函数作为 $g^{-1}(\cdot)$ 代入式 (3.15), 得

$$y=\frac{1}{1+\mathrm{e}^{-(\boldsymbol{w}^{\mathrm{T}}\boldsymbol{x}+b)}}. \tag{3.17}$$

类似于式 (3.14), 式 (3.17) 可变形为

$$\ln\frac{y}{1-y}=\boldsymbol{w}^{\mathrm{T}}\boldsymbol{x}+b. \tag{3.18}$$

若将 y 看作样本 $\boldsymbol{x}$ 作为正例的可能性, 则 $1-y$ 是其负例可能性, 两者的比值

$$\frac{y}{1-y}$$

称为"几率", 它反映了 $\boldsymbol{x}$ 作为正例的相对可能性. 对几率取对数则得到"对数几率":

$$\ln\frac{y}{1-y}.$$

可以看出, 式 (3.17) 实际上是在用线性回归模型的预测值去逼近真实标签的对数几率, 这一模型就称为"逻辑斯谛回归", 也叫做"对数几率回归". 值得一

提的是, 虽然它的名字是“回归”, 但实际却是一种分类学习方法. 这种方法有很多优点:

(1) 直接对分类可能性建模, 无须事先假设数据分布, 避免了假设分布不准确所带来的问题;

(2) 不仅可预测出类别, 而且可得到近似概率预测, 这对需利用概率辅助决策的任务很有用;

(3) 预测函数是任意阶可导的凸函数, 现有的许多数值优化算法都可直接用于求取最优解.

下面来确定式 (3.17) 中的 $\boldsymbol{w}$ 和 b. 若将式 (3.17) 中的 y 视为类后验概率估计 $y = p(y=1\,|\,\boldsymbol{x})$, 注意到 $p(y=0\,|\,\boldsymbol{x}) = 1 - p(y=1\,|\,\boldsymbol{x}) = 1-y$, 则式 (3.18) 可重写为

$$\ln \frac{p(y=1\,|\,\boldsymbol{x})}{p(y=0\,|\,\boldsymbol{x})} = \boldsymbol{w}^{\mathrm{T}}\boldsymbol{x} + b. \tag{3.19}$$

容易得到

$$p(y=1\,|\,\boldsymbol{x}) = \frac{\mathrm{e}^{\boldsymbol{w}^{\mathrm{T}}\boldsymbol{x}+b}}{1+\mathrm{e}^{\boldsymbol{w}^{\mathrm{T}}\boldsymbol{x}+b}}, \tag{3.20}$$

$$p(y=0\,|\,\boldsymbol{x}) = \frac{1}{1+\mathrm{e}^{\boldsymbol{w}^{\mathrm{T}}\boldsymbol{x}+b}}. \tag{3.21}$$

给定训练样本集 $\{(\boldsymbol{x}_i, y_i)\}_{i=1}^{n}$, 其中 $\boldsymbol{x}_i$ 为 m 维属性向量, y_i 为类别标签, 取值为 1 或 0. 为便于讨论, 令 $\boldsymbol{\theta} = (\boldsymbol{w}; b)$, $\boldsymbol{z} = (\boldsymbol{x}; 1)$, 则 $\boldsymbol{w}^{\mathrm{T}}\boldsymbol{x} + b$ 可简写为 $\boldsymbol{\theta}^{\mathrm{T}}\boldsymbol{z}$. 再令 $p_1(\boldsymbol{z};\boldsymbol{\theta}) = p(y=1\,|\,\boldsymbol{z};\boldsymbol{\theta})$, $p_0(\boldsymbol{z};\boldsymbol{\theta}) = p(y=0\,|\,\boldsymbol{z};\boldsymbol{\theta}) = 1 - p_1(\boldsymbol{z};\boldsymbol{\theta})$, 则样本属于每个类的概率为

$$p(y\,|\,\boldsymbol{z};\boldsymbol{\theta}) = p_1(\boldsymbol{z};\boldsymbol{\theta})^{y}(1-p_1(\boldsymbol{z};\boldsymbol{\theta}))^{1-y}. \tag{3.22}$$

容易理解: 因为 y 为 1 或 0, 故上式分别等于样本属于正、负类样本的概率. 逻辑斯谛回归的是样本属于某个类的概率, 而类别标签为离散的 1 或 0, 因此不适合用欧氏距离误差来定义损失函数. 可考虑通过极大似然法来确定模型参数. 由于样本之间相互独立同分布, 训练样本集的似然函数为

$$L(\boldsymbol{\theta}) = \prod_{i=1}^{n} p(y_i\,|\,\boldsymbol{z}_i;\boldsymbol{\theta}) = \prod_{i=1}^{n} p_1(\boldsymbol{z}_i;\boldsymbol{\theta})^{y_i}(1-p_1(\boldsymbol{z}_i;\boldsymbol{\theta}))^{1-y_i}.$$

对数似然函数为

$$\ell(\boldsymbol{\theta}) = \sum_{i=1}^{n} \ln p(y_i\,|\,\boldsymbol{z}_i;\boldsymbol{\theta}) = \sum_{i=1}^{n} \left[y_i \ln p_1(\boldsymbol{z}_i;\boldsymbol{\theta}) + (1-y_i)\ln(1-p_1(\boldsymbol{z}_i;\boldsymbol{\theta}))\right]. \tag{3.23}$$

极大化对数似然函数 $\ell(\boldsymbol{\theta})$ 等价于极小化下面的函数

$$f(\boldsymbol{\theta}) = -\sum_{i=1}^{n} \big[y_i \ln p_1(\boldsymbol{z}_i;\boldsymbol{\theta}) + (1-y_i)\ln(1-p_1(\boldsymbol{z}_i;\boldsymbol{\theta}))\big].$$

注意到

$$p_1(\boldsymbol{z}_i;\boldsymbol{\theta}) = \frac{\mathrm{e}^{\boldsymbol{w}^{\mathrm{T}}\boldsymbol{x}_i+b}}{1+\mathrm{e}^{\boldsymbol{w}^{\mathrm{T}}\boldsymbol{x}_i+b}} = \frac{\mathrm{e}^{\boldsymbol{\theta}^{\mathrm{T}}\boldsymbol{z}_i}}{1+\mathrm{e}^{\boldsymbol{\theta}^{\mathrm{T}}\boldsymbol{z}_i}},$$

以及

$$\begin{aligned}\nabla_{\boldsymbol{\theta}} p_1(\boldsymbol{z}_i;\boldsymbol{\theta}) &= \frac{\mathrm{e}^{\boldsymbol{\theta}^{\mathrm{T}}\boldsymbol{z}_i}(1+\mathrm{e}^{\boldsymbol{\theta}^{\mathrm{T}}\boldsymbol{z}_i})\boldsymbol{z}_i - \mathrm{e}^{\boldsymbol{\theta}^{\mathrm{T}}\boldsymbol{z}_i}\mathrm{e}^{\boldsymbol{\theta}^{\mathrm{T}}\boldsymbol{z}_i}\boldsymbol{z}_i}{(1+\mathrm{e}^{\boldsymbol{\theta}^{\mathrm{T}}\boldsymbol{z}_i})^2} = \frac{\mathrm{e}^{\boldsymbol{\theta}^{\mathrm{T}}\boldsymbol{z}_i}\boldsymbol{z}_i}{(1+\mathrm{e}^{\boldsymbol{\theta}^{\mathrm{T}}\boldsymbol{z}_i})^2}\\ &= \frac{\mathrm{e}^{\boldsymbol{\theta}^{\mathrm{T}}\boldsymbol{z}_i}}{1+\mathrm{e}^{\boldsymbol{\theta}^{\mathrm{T}}\boldsymbol{z}_i}} \cdot \frac{1}{1+\mathrm{e}^{\boldsymbol{\theta}^{\mathrm{T}}\boldsymbol{z}_i}}\boldsymbol{z}_i = p_1(\boldsymbol{z}_i;\boldsymbol{\theta})(1-p_1(\boldsymbol{z}_i;\boldsymbol{\theta}))\boldsymbol{z}_i,\end{aligned}$$

则有

$$\begin{aligned}\nabla_{\boldsymbol{\theta}} f(\boldsymbol{\theta}) &= -\sum_{i=1}^{n}\left(\frac{y_i\nabla_{\boldsymbol{\theta}} p_1(\boldsymbol{z}_i;\boldsymbol{\theta})}{p_1(\boldsymbol{z}_i;\boldsymbol{\theta})} - \frac{(1-y_i)\nabla_{\boldsymbol{\theta}} p_1(\boldsymbol{z}_i;\boldsymbol{\theta})}{1-p_1(\boldsymbol{z}_i;\boldsymbol{\theta})}\right)\\ &= -\sum_{i=1}^{n}\big(y_i(1-p_1(\boldsymbol{z}_i;\boldsymbol{\theta}))\boldsymbol{z}_i - (1-y_i)p_1(\boldsymbol{z}_i;\boldsymbol{\theta})\boldsymbol{z}_i\big)\\ &= \sum_{i=1}^{n}\big(p_1(\boldsymbol{z}_i;\boldsymbol{\theta}) - y_i\big)\boldsymbol{z}_i.\end{aligned}$$

函数 $f(\boldsymbol{\theta})$ 的 Hessian 阵为

$$\begin{aligned}\nabla_{\boldsymbol{\theta}}^2 f(\boldsymbol{\theta}) &= \sum_{i=1}^{n}\nabla_{\boldsymbol{\theta}} p_1(\boldsymbol{z}_i;\boldsymbol{\theta})\boldsymbol{z}_i^{\mathrm{T}}\\ &= \sum_{i=1}^{n} p_1(\boldsymbol{z}_i;\boldsymbol{\theta})(1-p_1(\boldsymbol{z}_i;\boldsymbol{\theta}))\boldsymbol{z}_i\boldsymbol{z}_i^{\mathrm{T}}.\end{aligned}$$

记 $\boldsymbol{Z}_i = \boldsymbol{z}_i\boldsymbol{z}_i^{\mathrm{T}}$, 则对任意不为 0 的向量 $\boldsymbol{z}$ 有

$$\boldsymbol{z}^{\mathrm{T}}\boldsymbol{Z}_i\boldsymbol{z} = \boldsymbol{z}^{\mathrm{T}}(\boldsymbol{z}_i\boldsymbol{z}_i^{\mathrm{T}})\boldsymbol{z} = (\boldsymbol{z}_i^{\mathrm{T}}\boldsymbol{z})^{\mathrm{T}}(\boldsymbol{z}_i^{\mathrm{T}}\boldsymbol{z}) = (\boldsymbol{z}_i^{\mathrm{T}}\boldsymbol{z})^2 \geqslant 0,$$

从而矩阵 $\boldsymbol{Z}_i$ 半正定. 另外, 由于 $p_1(\boldsymbol{z}_i;\boldsymbol{\theta})(1-p_1(\boldsymbol{z}_i;\boldsymbol{\theta})) > 0$, 故 Hessian 阵 $\nabla_{\boldsymbol{\theta}}^2 f(\boldsymbol{\theta})$ 半正定, 即目标函数 $f(\boldsymbol{\theta})$ 是凸函数, 因此有唯一的极小点.

根据凸优化理论, 经典的数值优化算法如梯度下降法、牛顿法等都可求得其最优解. 梯度下降法的迭代更新公式为

$$\boldsymbol{\theta}^{(k+1)} = \boldsymbol{\theta}^{(k)} - \alpha\nabla_{\boldsymbol{\theta}} f(\boldsymbol{\theta}^{(k)}), \tag{3.24}$$

而牛顿法的第 $k+1$ 轮迭代解的更新公式为

$$\boldsymbol{\theta}^{(k+1)} = \boldsymbol{\theta}^{(k)} - \left(\nabla_{\boldsymbol{\theta}}^2 f(\boldsymbol{\theta}^{(k)})\right)^{-1} \nabla_{\boldsymbol{\theta}} f(\boldsymbol{\theta}^{(k)}), \tag{3.25}$$

其中 $f(\boldsymbol{\theta})$ 关于 $\boldsymbol{\theta}$ 的梯度向量和 Hessian 阵分别为

$$\nabla_{\boldsymbol{\theta}} f(\boldsymbol{\theta}^{(k)}) = \sum_{i=1}^{n} \left(p_1(\boldsymbol{z}_i; \boldsymbol{\theta}^{(k)}) - y_i\right) \boldsymbol{z}_i,$$

$$\nabla_{\boldsymbol{\theta}}^2 f(\boldsymbol{\theta}^{(k)}) = \sum_{i=1}^{m} p_1(\boldsymbol{z}_i; \boldsymbol{\theta}^{(k)})(1 - p_1(\boldsymbol{z}_i; \boldsymbol{\theta}^{(k)})) \boldsymbol{z}_i \boldsymbol{z}_i^{\mathrm{T}}.$$

注3.2 当二分类标签为 $\{-1,1\}$ 时, 逻辑斯谛回归模型可采用双曲正切 tanh 作为预测函数:

$$\tanh(z) = \frac{\mathrm{e}^z - \mathrm{e}^{-z}}{\mathrm{e}^z + \mathrm{e}^{-z}}.$$

tanh 函数的图像跟 Sigmoid 函数很像, 只不过 tanh 函数的值域为 $[-1,1]$. 实际上, tanh 经过简单的平移缩放就能得到 Sigmoid 函数, 即

$$\sigma(z) = \frac{1 + \tanh(z/2)}{2}. \tag{3.26}$$

tanh 函数同样具有优良的求导性质, 即

$$\tanh'(z) = \frac{(\mathrm{e}^z + \mathrm{e}^{-z})^2 - (\mathrm{e}^z - \mathrm{e}^{-z})^2}{(\mathrm{e}^z + \mathrm{e}^{-z})^2} = 1 - (\tanh(z))^2.$$

3.2.2 逻辑斯谛回归的 MATLAB 实现

由于逻辑斯谛回归属于广义的线性模型, 因此在 MATLAB 中通过广义线性模型函数 glmfit 来实现. 对于 glmfit 函数的调用有以下几种方式.

```
b = glmfit(X,y,distr);
b = glmfit(X,y,distr,param1,val1,param2,val2,...);
[b,dev] = glmfit(...);
[b,dev,stats] = glmfit(...);
```

其中, X 表示样本矩阵, 维度是 $n \times m$, 表示有 n 个样本, 每个样本点有 m 个属性; y 一般情况是一维向量, 表示样本标签, 同时, 也可表示为二维向量; distr 表示回归时回归曲线与样本之间偏差的误差分布, 相关分布包括正态分布 (Normal)、伯努利分布 (Binomial)、伽马分布 (Gamma)、逆高斯分布 (Inverse Gaussian)、泊松分布 (Poisson); param1 表示可设置的参数的名称; val1 表示相关参数的取值.

返回值 b 是一个 $m+1$ 维的向量, 表示回归系数 $(\boldsymbol{w};b)$; dev 表示拟合偏差; stats 表示逻辑斯谛回归时相关的统计量, 是一个结构体, 其内部包含各种与统计相关的参数, 如 t 统计量、p 检验值等.

例 3.2 对车辆的里程数测试中出现问题的比例和车辆质量 (单位: kg) 之间的关系进行建模. 观测值包括车辆质量、车辆数量和损坏数量. 原始数据如表 3.1 所示.

表 3.1 车辆原始数据

车辆质量	2100	2300	2500	2700	2900	3100	3300	3500	3700	3900	4100	4300
车辆数量	48	42	31	34	31	21	23	23	21	16	17	21
损坏数量	1	2	0	3	8	8	14	17	19	15	17	21

编写原始数据 m 文件如下 (car_data.m 文件).

```
weight=[2100 2300 2500 2700 2900 3100 3300 3500 3700 3900 4100 4300]';
%一系列不同质量的车辆
tested=[48 42 31 34 31 21 23 23 21 16 17 21]';%各个质量类型的车辆数目
failed=[1 2 0 3 8 8 14 17 19 15 17 21]';
%每个质量的车辆在测试中出现故障的数目
proportion=failed./tested; %故障率
plot(weight,proportion,'k*');
xlabel('质量'); ylabel('比例');
```

程序输出结果如图 3.3 所示.

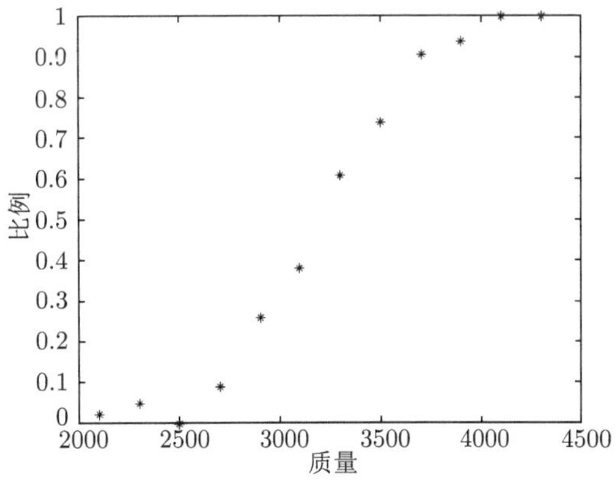

图 3.3 车辆散点数据

下面展示逻辑斯谛回归的使用方法 (car_glmlog.m 文件).

```
%利用glmfit拟合,在glmfit中一般response是一个列向量,但当分布是二项分布时,
%y可以是一个二值向量,表示单次观测中成功还是失败,也可以是一个两列的矩阵,
%第一列表示成功的次数(目标出现的次数),第二列表示总观测次数,因此这里
%y=[failed,tested],另外指定distri='binomial',link='logit'
[logitCoef,dev]=glmfit(weight,[failed,tested],'binomial','logit'),
logitFit=glmval(logitCoef,weight,'logit'),
%logitFit=sort(1./(1+exp(weight.*logitCoef(2)+logitCoef(1))));
%glmval用于测试拟合的模型,计算出估计的y值
line=plot(weight,proportion,'rp',weight,logitFit1,'b-');
xlabel('质量'); ylabel('比例');
set(line,'LineWidth',1.5);
legend(line,'数据','逻辑斯谛回归','Location', 'SE');
```

在 MATLAB 命令窗口运行上述程序, 得

```
logitCoef =
        -13.3801
          0.0042
dev =
    6.4842
```

由此可知, 逻辑斯谛回归得到的模型为

$$\text{proportion} = \frac{1}{1+\mathrm{e}^{0.0042*\text{weight}-13.3801}}.$$

运行上述程序, 同时得到拟合效果如图 3.4 所示.

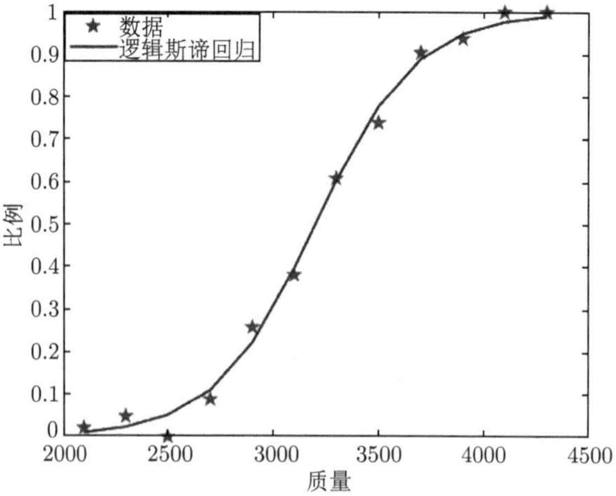

图 3.4　逻辑斯谛回归

拟合的逻辑斯谛模型当重量太小或太大时, 故障率要么无限接近 0, 要么接近 1, 而且曲线也很好地刻画了数据点的分布, 因此这是一个合理的模型. 现在有了这个模型, 自然是希望用它来预测某个重量下, 车辆里程测试的故障率. 下面的程序利用模型预测输出 (cargdata_pre.m 文件), 相应的输出结果如图 3.5 所示.

```
%模型拟合,返回stats是一个结构体
[logitCoef,dev,stats]= ...
   glmfit(weight,[failed,tested],'binomial','logit');
figure (1)
normplot(stats.residp); %皮尔逊残差图
weightPred=2550:500:4050;
%这里测试了4个类型的车,质量分别从2550到4050
[failedPred,dlow,dhigh]= ...
   glmval(logitCoef,weightPred,'logit',stats,0.95,100);
%logitCoef是拟合出的模型系数,failedPred是预测故障的
%车辆数,dlow和dhigh分别是95%置信区间的下限和上限
figure (2)
line=errorbar(weightPred,failedPred,dlow,dhigh,'r:');
set(line,'LineWidth',1.5);
```

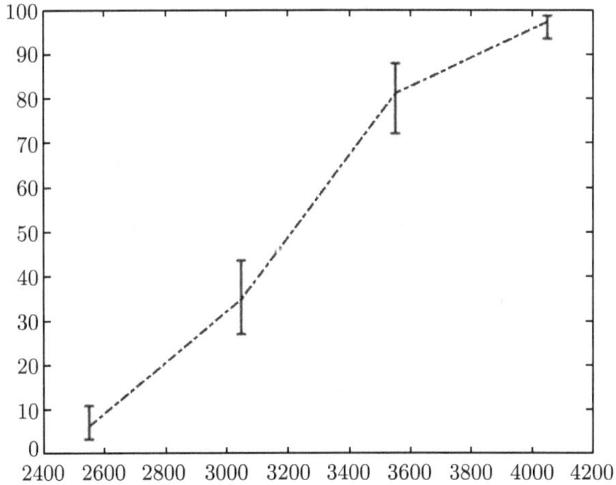

图 3.5 预测的误差

3.3 线性判别分析

线性判别分析 (Linear Discriminant Analysis, LDA) 是一种经典的线性学习方法, 它是一种子空间投影技术, 其目的是用来处理分类问题, 让投影后的数据

具有更好的区分度. 这一方法由于最早由 Fisher 于 1936 年提出, 因此也称为 “Fisher 判别分析”.

3.3.1　线性判别分析的基本原理

LDA 的基本思想是通过线性投影将样例投影到低维空间中, 使得同一类样本的投影点尽可能接近, 不同类样本的投影点尽可能远离; 在对新样本进行分类时, 将其投影到同样的低维空间中, 再根据投影点在低维空间中的位置来确定新样本的类别. 具体的做法是寻找一个向低维空间的投影矩阵 $\boldsymbol{W}$, 使样本数据的属性向量 $\boldsymbol{x}$ 经过投影之后得到新向量

$$\boldsymbol{z}=\boldsymbol{W}^{\mathrm{T}}\boldsymbol{x}.$$

图 3.6 给出了 LDA 的一个二维示意图.

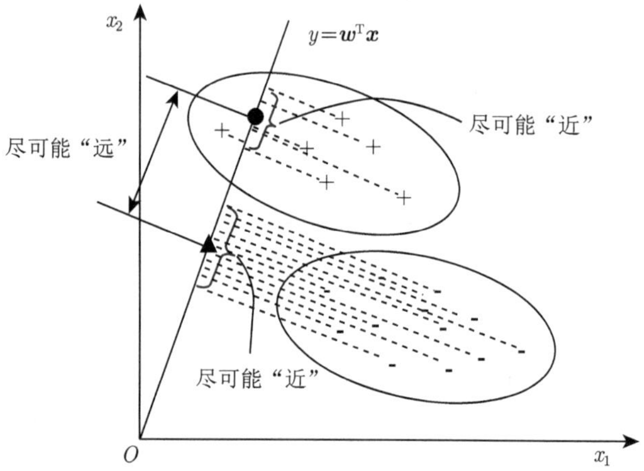

图 3.6　线性判别分析的二维示意图

图 3.6 中的属性向量是二维的, 向低维 (一维) 空间即直线投影, 投影后的这些点位于直线上. 通过向这条直线投影, 两类样本被有效地分开了. 由于是向直线投影, 相当于用一个向量 $\boldsymbol{w}$ 与属性向量 $\boldsymbol{x}$ 作内积而得到的一个标量:

$$z=\boldsymbol{w}^{\mathrm{T}}\boldsymbol{x}.$$

由上述分析可知, LDA 的关键问题是如何确定最佳的投影矩阵 $\boldsymbol{W}$. 先考虑一维投影的情形, 此时需要确定的是投影向量 $\boldsymbol{w}$. 给定样本数据集

$$D=\{(\boldsymbol{x}_1,y_1),(\boldsymbol{x}_2,y_2),\cdots,(\boldsymbol{x}_n,y_n)\}.$$

假设这 n 个样本的属性向量 $\boldsymbol{x}_i \in \mathbb{R}^m$ 分属两个不同的类别, 即 $y_i \in \{0,1\}$. 属于第 $i\,(i=0,1)$ 类的样本集为 D_i $(D_0 \cup D_1 = D)$, 有 n_i 个样本 $(n_0+n_1=n)$. 令 $\boldsymbol{\mu}_i$ 表示第 i 类样本的均值向量:

$$\boldsymbol{\mu}_i = \frac{1}{n_i}\sum_{\boldsymbol{x}\in D_i}\boldsymbol{x}, \quad i=0,1.$$

定义“类间散度矩阵”为

$$\boldsymbol{S}_b = (\boldsymbol{\mu}_0-\boldsymbol{\mu}_1)(\boldsymbol{\mu}_0-\boldsymbol{\mu}_1)^{\mathrm{T}}. \tag{3.27}$$

令 $\boldsymbol{\Sigma}_i$ 表示第 i 类样本的协方差矩阵:

$$\boldsymbol{\Sigma}_i = \sum_{\boldsymbol{x}\in D_i}(\boldsymbol{x}-\boldsymbol{\mu}_i)(\boldsymbol{x}-\boldsymbol{\mu}_i)^{\mathrm{T}}, \quad i=0,1.$$

定义“类内散度矩阵”为

$$\boldsymbol{S}_{\boldsymbol{w}} = \boldsymbol{\Sigma}_0 + \boldsymbol{\Sigma}_1. \tag{3.28}$$

若将数据投影到直线 $\boldsymbol{w}$ 上, 则两类样本投影后的均值分别为 $\boldsymbol{w}^{\mathrm{T}}\boldsymbol{\mu}_0$ 和 $\boldsymbol{w}^{\mathrm{T}}\boldsymbol{\mu}_1$, 即

$$\widetilde{\boldsymbol{\mu}}_i = \frac{1}{n_i}\sum_{\boldsymbol{x}\in D_i}\boldsymbol{w}^{\mathrm{T}}\boldsymbol{x} = \boldsymbol{w}^{\mathrm{T}}\boldsymbol{\mu}_i, \quad i=0,1.$$

若将所有样本点都投影到直线上, 则两类样本的协方差分别为 $\boldsymbol{w}^{\mathrm{T}}\boldsymbol{\Sigma}_0\boldsymbol{w}$ 和 $\boldsymbol{w}^{\mathrm{T}}\boldsymbol{\Sigma}_1\boldsymbol{w}$, 即

$$\begin{aligned}
\widetilde{\boldsymbol{\Sigma}}_i &= \sum_{\boldsymbol{x}\in D_i}(\boldsymbol{w}^{\mathrm{T}}\boldsymbol{x}-\widetilde{\boldsymbol{\mu}}_i)(\boldsymbol{w}^{\mathrm{T}}\boldsymbol{x}-\widetilde{\boldsymbol{\mu}}_i)^{\mathrm{T}} \\
&= \sum_{\boldsymbol{x}\in D_i}[\boldsymbol{w}^{\mathrm{T}}(\boldsymbol{x}-\boldsymbol{\mu}_i)][\boldsymbol{w}^{\mathrm{T}}(\boldsymbol{x}-\boldsymbol{\mu}_i)]^{\mathrm{T}} \\
&= \boldsymbol{w}^{\mathrm{T}}\left(\sum_{\boldsymbol{x}\in D_i}(\boldsymbol{x}-\boldsymbol{\mu}_i)(\boldsymbol{x}-\boldsymbol{\mu}_i)^{\mathrm{T}}\right)\boldsymbol{w} \\
&= \boldsymbol{w}^{\mathrm{T}}\boldsymbol{\Sigma}_i\boldsymbol{w}, \quad i=0,1.
\end{aligned}$$

由于直线是一维空间, 因此 $\boldsymbol{w}^{\mathrm{T}}\boldsymbol{\mu}_0$, $\boldsymbol{w}^{\mathrm{T}}\boldsymbol{\mu}_1$, $\boldsymbol{w}^{\mathrm{T}}\boldsymbol{\Sigma}_0\boldsymbol{w}$ 和 $\boldsymbol{w}^{\mathrm{T}}\boldsymbol{\Sigma}_0\boldsymbol{w}$ 均为实数.

欲使同类样例的投影点尽可能接近, 可以让同类样例投影点的协方差尽可能小, 即 $\boldsymbol{w}^{\mathrm{T}}\boldsymbol{\Sigma}_0\boldsymbol{w}+\boldsymbol{w}^{\mathrm{T}}\boldsymbol{\Sigma}_1\boldsymbol{w}$ 尽可能小; 而欲使异类样例的投影点尽可能远离, 可以让类中心之间的距离尽可能大, 即 $|\boldsymbol{w}^{\mathrm{T}}\boldsymbol{\mu}_0-\boldsymbol{w}^{\mathrm{T}}\boldsymbol{\mu}_1|^2$ 尽可能大. 同时考虑二者, 则可得到欲最大化的目标

$$J = \frac{|\boldsymbol{w}^{\mathrm{T}}\boldsymbol{\mu}_0-\boldsymbol{w}^{\mathrm{T}}\boldsymbol{\mu}_1|^2}{\boldsymbol{w}^{\mathrm{T}}\boldsymbol{\Sigma}_0\boldsymbol{w}+\boldsymbol{w}^{\mathrm{T}}\boldsymbol{\Sigma}_1\boldsymbol{w}} = \frac{\boldsymbol{w}^{\mathrm{T}}(\boldsymbol{\mu}_0-\boldsymbol{\mu}_1)(\boldsymbol{\mu}_0-\boldsymbol{\mu}_1)^{\mathrm{T}}\boldsymbol{w}}{\boldsymbol{w}^{\mathrm{T}}(\boldsymbol{\Sigma}_0+\boldsymbol{\Sigma}_1)\boldsymbol{w}} = \frac{\boldsymbol{w}^{\mathrm{T}}\boldsymbol{S}_b\boldsymbol{w}}{\boldsymbol{w}^{\mathrm{T}}\boldsymbol{S}_w\boldsymbol{w}}.$$

即需要求解下面的极大化问题:

$$\max_{\boldsymbol{w}} J = \frac{\boldsymbol{w}^{\mathrm{T}} \boldsymbol{S}_b \boldsymbol{w}}{\boldsymbol{w}^{\mathrm{T}} \boldsymbol{S}_w \boldsymbol{w}}, \tag{3.29}$$

这就是一维情形的 LDA 欲极大化的目标, 即极大化矩阵 $\boldsymbol{S}_b$ 与 $\boldsymbol{S}_{\boldsymbol{w}}$ 的“广义瑞利商”.

下面来考虑问题 (3.29) 的求解. 注意到式 (3.29) 的分子和分母都是关于 $\boldsymbol{w}$ 的二次项, 因此式 (3.29) 的解与 $\boldsymbol{w}$ 的长度无关 (若 $\boldsymbol{w}$ 是一个解, 则对于任意常数 α, $\alpha\boldsymbol{w}$ 也是式 (3.29) 的解), 只与其方向有关. 不失一般性, 令 $\boldsymbol{w}^{\mathrm{T}} \boldsymbol{S}_{\boldsymbol{w}} \boldsymbol{w} = 1$, 则式 (3.29) 等价于

$$\begin{aligned} \min_{\boldsymbol{w}} \quad & -\boldsymbol{w}^{\mathrm{T}} \boldsymbol{S}_b \boldsymbol{w}, \\ \text{s.t.} \quad & \boldsymbol{w}^{\mathrm{T}} \boldsymbol{S}_{\boldsymbol{w}} \boldsymbol{w} = 1. \end{aligned} \tag{3.30}$$

由拉格朗日乘子法, 上式等价于无约束极小化问题:

$$\min_{\boldsymbol{w}} L(\boldsymbol{w}, \lambda) = -\boldsymbol{w}^{\mathrm{T}} \boldsymbol{S}_b \boldsymbol{w} + \lambda(\boldsymbol{w}^{\mathrm{T}} \boldsymbol{S}_{\boldsymbol{w}} \boldsymbol{w} - 1),$$

其中 λ 是拉格朗日乘子. 令 $L(\boldsymbol{w}, \lambda)$ 关于 $\boldsymbol{w}$ 的梯度等于零, 得

$$\nabla_{\boldsymbol{w}} L(\boldsymbol{w}, \lambda) = -2\boldsymbol{S}_b \boldsymbol{w} + 2\lambda \boldsymbol{S}_{\boldsymbol{w}} \boldsymbol{w} = \boldsymbol{0},$$

即

$$\boldsymbol{S}_b \boldsymbol{w} = \lambda \boldsymbol{S}_{\boldsymbol{w}} \boldsymbol{w}. \tag{3.31}$$

注意到

$$\boldsymbol{S}_b \boldsymbol{w} = (\boldsymbol{\mu}_0 - \boldsymbol{\mu}_1)(\boldsymbol{\mu}_0 - \boldsymbol{\mu}_1)^{\mathrm{T}} \boldsymbol{w} = [(\boldsymbol{\mu}_0 - \boldsymbol{\mu}_1)^{\mathrm{T}} \boldsymbol{w}](\boldsymbol{\mu}_0 - \boldsymbol{\mu}_1),$$

即 $\boldsymbol{S}_b \boldsymbol{w}$ 的方向恒为 $\boldsymbol{\mu}_0 - \boldsymbol{\mu}_1$, 不妨令

$$\boldsymbol{S}_b \boldsymbol{w} = \lambda(\boldsymbol{\mu}_0 - \boldsymbol{\mu}_1), \tag{3.32}$$

代入式 (3.31) 即得

$$\boldsymbol{w} = \boldsymbol{S}_{\boldsymbol{w}}^{-1}(\boldsymbol{\mu}_0 - \boldsymbol{\mu}_1). \tag{3.33}$$

考虑到数值解的稳定性, 在实践中通常是对 $\boldsymbol{S}_{\boldsymbol{w}}$ 进行奇异值分解, 即 $\boldsymbol{S}_{\boldsymbol{w}} = \boldsymbol{U}\boldsymbol{\Sigma}\boldsymbol{V}^{\mathrm{T}}$, 这里 $\boldsymbol{\Sigma}$ 是一个实对角矩阵, 其对角线上的元素是 $\boldsymbol{S}_{\boldsymbol{w}}$ 的奇异值, 然后再由 $\boldsymbol{S}_{\boldsymbol{w}}^{-1} = \boldsymbol{V}\boldsymbol{\Sigma}^{-1}\boldsymbol{U}^{\mathrm{T}}$ 得到 $\boldsymbol{S}_{\boldsymbol{w}}^{-1}$.

下面考虑将 LDA 推广到多分类且向非一维的低维空间投影的情形. 假定存在 c 个类, 且第 i 类示例数为 n_i. 对于 c 类分类问题, 需要把属性向量投影到 $c-1$ 维的空间中去. 此时, 类内散度矩阵定义为各个类别的散度矩阵之和, 即

$$\boldsymbol{S}_{\boldsymbol{w}}=\sum_{i=1}^{c}\boldsymbol{S}_i, \tag{3.34}$$

其中

$$\boldsymbol{S}_i=\sum_{\boldsymbol{x}\in D_i}(\boldsymbol{x}-\boldsymbol{\mu}_i)(\boldsymbol{x}-\boldsymbol{\mu}_i)^{\mathrm{T}}, \tag{3.35}$$

这里的 $\boldsymbol{\mu}_i$ 是第 i 类样本的均值向量. 进一步, 定义总体均值向量为

$$\boldsymbol{\mu}=\frac{1}{n}\sum_{i=1}^{n}\boldsymbol{x}_i=\frac{1}{n}\sum_{i=1}^{c}n_i\boldsymbol{\mu}_i.$$

定义总体散度矩阵为

$$\boldsymbol{S}_T=\sum_{i=1}^{n}(\boldsymbol{x}_i-\boldsymbol{\mu})(\boldsymbol{x}_i-\boldsymbol{\mu})^{\mathrm{T}}, \tag{3.36}$$

则

$$\begin{aligned}\boldsymbol{S}_T&=\sum_{i=1}^{c}\sum_{\boldsymbol{x}\in D_i}(\boldsymbol{x}-\boldsymbol{\mu}_i+\boldsymbol{\mu}_i-\boldsymbol{\mu})(\boldsymbol{x}-\boldsymbol{\mu}_i+\boldsymbol{\mu}_i-\boldsymbol{\mu})^{\mathrm{T}}\\&=\sum_{i=1}^{c}\sum_{\boldsymbol{x}\in D_i}(\boldsymbol{x}-\boldsymbol{\mu}_i)(\boldsymbol{x}-\boldsymbol{\mu}_i)^{\mathrm{T}}+\sum_{i=1}^{c}\sum_{\boldsymbol{x}\in D_i}(\boldsymbol{\mu}_i-\boldsymbol{\mu})(\boldsymbol{\mu}_i-\boldsymbol{\mu})^{\mathrm{T}}\\&=\boldsymbol{S}_{\boldsymbol{w}}+\sum_{i=1}^{c}n_i(\boldsymbol{\mu}_i-\boldsymbol{\mu})(\boldsymbol{\mu}_i-\boldsymbol{\mu})^{\mathrm{T}}.\end{aligned}$$

若定义类间散度矩阵为

$$\boldsymbol{S}_b=\sum_{i=1}^{c}n_i(\boldsymbol{\mu}_i-\boldsymbol{\mu})(\boldsymbol{\mu}_i-\boldsymbol{\mu})^{\mathrm{T}}, \tag{3.37}$$

则总体散度矩阵可以表示为类内散度矩阵与类间散度矩阵之和:

$$\boldsymbol{S}_T=\boldsymbol{S}_{\boldsymbol{w}}+\boldsymbol{S}_b.$$

相应地, 从 m 维空间向 $c-1$ 维空间投影变为矩阵与向量的乘积

$$\boldsymbol{z}=\boldsymbol{W}^{\mathrm{T}}\boldsymbol{x},$$

其中, $\boldsymbol{W} \in \mathbb{R}^{m\times(c-1)}$ 是投影矩阵. 显然, 多分类 LDA 可以有多种实现方法: 使用 $\boldsymbol{S}_b, \boldsymbol{S}_{\boldsymbol{w}}, \boldsymbol{S}_T$ 三者中的任何两个即可.

与前面二分类 LDA 模型的推导类似 (即投影后的类间距离尽可能大而类内距离尽可能小), 可以得到最后的目标为求解下面的极大化问题:

$$\max_{\boldsymbol{W}} = \frac{\mathrm{tr}(\boldsymbol{W}^{\mathrm{T}}\boldsymbol{S}_b\boldsymbol{W})}{\mathrm{tr}(\boldsymbol{W}^{\mathrm{T}}\boldsymbol{S}_{\boldsymbol{w}}\boldsymbol{W})},$$

其中 $\mathrm{tr}(\cdot)$ 表示矩阵的迹. 同样, 将上述极大化问题转化为下面的约束优化问题:

$$\begin{aligned} \min_{\boldsymbol{W}} \quad & -\mathrm{tr}(\boldsymbol{W}^{\mathrm{T}}\boldsymbol{S}_b\boldsymbol{W}), \\ \text{s.t.} \quad & \mathrm{tr}(\boldsymbol{W}^{\mathrm{T}}\boldsymbol{S}_{\boldsymbol{w}}\boldsymbol{W}) = 1. \end{aligned} \tag{3.38}$$

利用拉格朗日乘子法, 式 (3.38) 可通过如下广义特征值问题求解:

$$\boldsymbol{S}_b\boldsymbol{W} = \lambda\boldsymbol{S}_{\boldsymbol{w}}\boldsymbol{W}. \tag{3.39}$$

即 $\boldsymbol{W}$ 的闭式解为 $\boldsymbol{S}_{\boldsymbol{w}}^{-1}\boldsymbol{S}_b$ 的 $c-1$ 个最大广义特征值所对应的特征向量组成的矩阵.

不难发现, 多分类 LDA 将样本数据投影到 $c-1$ 维空间, $c-1$ 通常远小于数据样本属性向量的维数 m. 于是, 可通过这种投影技术来减小样本点的维数, 且投影过程中使用了类别信息, 因此 LDA 也常被看作一种经典的监督降维技术.

值得说明的是, 上面的做法只是完成了将样本向量投影到低维空间, 并没有说明在这个空间中怎么分类. 一种方案是: 对于每个测试样本向量 $\boldsymbol{x}_{\text{test}}$, 比较它与每个类的均值之差的 (投影) 距离, 取最小距离的那个类作为分类的结果:

$$\arg\min_i \|\boldsymbol{W}^{\mathrm{T}}(\boldsymbol{x}_{\text{test}} - \boldsymbol{\mu}_i)\|.$$

3.3.2 线性判别分析的 MATLAB 实现

本小节考虑 LDA 的 MATLAB 实现. 由于 MATLAB 系统内部没有封装 LDA 的函数, 因此需要自己编制代码实现 LDA. 首先考虑一维投影的 LDA, 编制 MATLAB 函数程序如下 (FisherLDA.m 文件).

```
function [W]=FisherLDA(w1,w2)
%输入:w1第1类样本,w2第2类样本
%输出:W最大特征值对应的特征向量
%第1步:计算样本均值向量
mu1=mean(w1);%第1类样本均值
mu2=mean(w2);%第2类样本均值
mu=mean([w1;w2]);%总样本均值
```

```
%第2步:计算类内散度矩阵Sw
n1=size(w1,1);%第1类样本数
n2=size(w2,1);%第2类样本数
%求第1类样本的散度矩阵S1
S1=0;
for i=1:n1
   S1=S1+(w1(i,:)-mu1)'*(w1(i,:)-mu1);
end
%求第2类样本的散度矩阵S2
S2=0;
for i=1:n2
   S2=S2+(w2(i,:)-mu2)'*(w2(i,:)-mu2);
end
Sw=S1+S2;
%第3步:计算类间散度矩阵Sb
Sb=(n1*(mu-mu1)'*(mu-mu1)+n2*(mu-mu2)'*(mu-mu2))/(n1+n2);
%第4步:求最大特征值和特征向量
%[V,D]=eig(inv(Sw)*Sb);
[V,D]=eig(inv(Sw)*Sb); %特征向量V,特征值D
[~,b]=max(max(D));
W=V(:,b); %最大特征值对应的特征向量
end
```

例 3.3 用两类样本数据测试上述一维 LDA 程序, 这两类数据为

$$\boldsymbol{w}_1=\begin{pmatrix}2.532 & 6.798\\ 2.952 & 6.531\\ 3.268 & 5.471\\ 3.572 & 5.658\end{pmatrix},\quad \boldsymbol{w}_2=\begin{pmatrix}2.121 & 4.232\\ 2.265 & 6.227\\ 2.583 & 3.468\\ 3.078 & 3.522\end{pmatrix}.$$

程序如下 (FisherLDA_Cls.m 文件).

```
%LDA分类主程序
clear all, close all,
cls1_data=[2.532 6.798;2.952 6.531;3.268 5.471;3.572 5.658];
cls2_data=[2.121 4.232;2.265 6.227;2.583 3.468;3.078 3.522];
%样本投影前的散点图
plot(cls1_data(:,1),cls1_data(:,2),'*r');
hold on;
plot(cls2_data(:,1),cls2_data(:,2),'ob');
W=FisherLDA(cls1_data,cls2_data);
```

```
%样本投影后
new1=cls1_data*W; %类1的一维投影
new2=cls2_data*W; %类2的一维投影
k=W(2)/W(1); %投影直线的斜率
plot([0,6],[0,6*k],'-k'); %画出投影直线
axis([2 6 0 11]); %坐标范围
%画出样本投影到子空间点
for i=1:4
   tmp=cls1_data(i,:);
   newx=(tmp(1)+k*tmp(2))/sqrt(k^2+1);
   newy=k*newx;
   plot(newx,newy,'*r');
end
for i=1:4
   tmp=cls2_data(i,:);
   newx=(tmp(1)+k*tmp(2))/sqrt(k^2+1);
   newy=k*newx;
   plot(newx,newy,'ob');
end
hold off
legend('Class 1','Class 2','Location','SE')
```

运行上述程序, 得结果如图 3.7 所示.

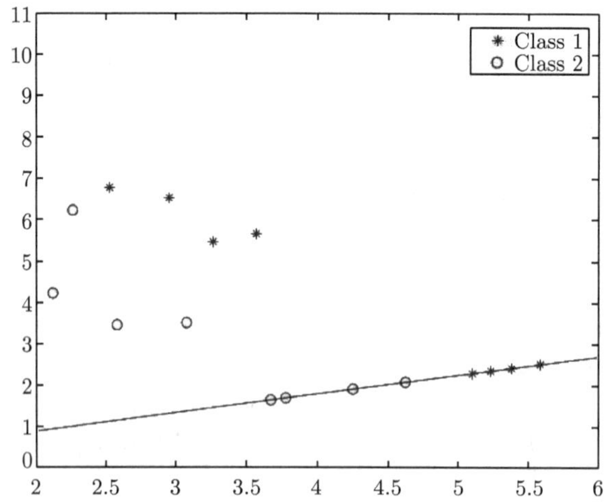

图 3.7　一维 LDA 投影

例 3.4　再来看一个 LDA 向二维空间投影的实例. 用 MATLAB 系统自

带的鸢尾属植物数据集 (Iris Data Set). 在这个数据集中, 包括了三类不同的鸢尾属植物: setosa, versicolor, virginica. 每类收集了 50 个样本, 因此这个数据集一共包含了 150 个样本. 该数据集测量了所有 150 个样本的 4 个属性, 分别是: sepal length (萼片长度)、sepal width (萼片宽度)、petal length (花瓣长度)、petal width (花瓣宽度). 这四个属性的单位都是厘米 (cm). 该数据集在 MATLAB 系统中的名称为 fisheriris, 其中的变量 meas 是一个 150×4 矩阵, 每一行是一个样本, 每一列是样本的一个属性. 变量 species 是一个 150 维的向量, 存储了 150 个样本的标记 (即 setosa, versicolor, virginica 三个类别).

使用 LDA 方法将 3 类样本从四维属性空间投影到二维平面, 程序代码如下 (LDA.m 文件).

```
function [W,centers]=LDA(X,y)
%X:n*m 矩阵,每一行是一个样本;
%y:n维向量,每个分量是一个类标签
%W:m*(c-1)矩阵,将样本投影到(c-1)维空间
%cneters:c*(c-1)矩阵,投影后的均值矩阵
[n, m]=size(X); %初始化
ClassL=unique(y);
c=length(ClassL); %类别数
nGroup=zeros(c,1);          %类别数
GroupMean=zeros(c,m);       %每一类样本的均值
W=zeros(c-1,m);             %投影矩阵
centers=zeros(c,c-1);       %投影后每一类的中心
Sb=zeros(m,m);              %类间散度矩阵
Sw=zeros(m,m);              %类内散度矩阵
%计算类内散度矩阵和类间散度矩阵
for i=1:c
   group=(y==ClassL(i));
   nGroup(i)=sum(double(group));
   GroupMean(i,:)=mean(X(group,:));
   tmp=zeros(m,m);
   for j=1:n
       if group(j)==i
           t=X(j,:)-GroupMean(i,:);
           tmp=tmp+t'*t;
       end
   end
   Sw=Sw+tmp;
end
mu=mean(GroupMean);
```

```
for i=1:c
   tmp=GroupMean(i,:)-mu;
   Sb=Sb+nGroup(i)*tmp'*tmp;
end
%W变换矩阵由V的最大的c-1个特征值所对应的特征向量构成
[P,S,Q]=svd(Sw,0);
rSw=Q*inv(S)*P';
V=rSw*Sb; [V,D]=eig(V);
[V,D]=cdf2rdf(V,D);%将复对角特征矩阵转换成实的块对角矩阵
W=V(:,1:c-1);
%计算投影后的中心值
for i=1:c
   group=(y==ClassL(i));
   centers(i,:)=mean(X(group,:)*W);
end
```

再编制主程序如下 (LDA_iris.m 文件).

```
load fisheriris
X=meas; %载入鸢尾属植物数据集
y=zeros(150,1); %将类标签转化为数字
y(strcmp(species,'setosa'))=1;
y(strcmp(species,'versicolor'))=2;
y(strcmp(species,'virginica'))=3;
[W,centers]=LDA(X,y),
Z=X*W; %计算投影
plot(Z(1:50,1),Z(1:50,2),'r*'); hold on
plot(Z(51:100,1),Z(51:100,2),'bo');
plot(Z(101:150,1),Z(101:150,2),'mp');
hold off
legend('setosa','versicolor','virginica','SE');
```

运行 irisLDA.m 程序的到可视化结果如图 3.8 所示.

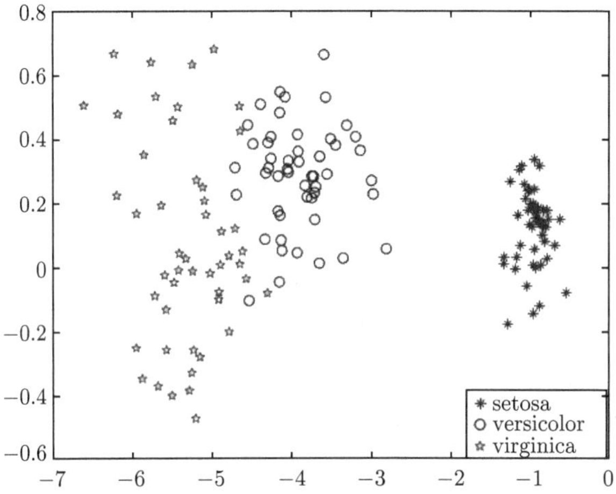

图 3.8 鸢尾属植物数据集的二维 LDA 投影

本章课件

第 4 章　支持向量机

支持向量机 (Support Vector Machine, SVM) 是由苏联数学家万普尼克 (Vapnik) 等提出的一类二分类的广义线性分类器, 属于监督学习的范畴. 在深度学习技术出现之前, 使用高斯核函数 (即径向基函数, RBF) 的支持向量机在很多分类问题上一度取得了最好的效果, 是最有影响力的机器学习算法之一. 支持向量机算法不仅可以用于分类问题, 而且可以用于回归问题. 此外, 支持向量机算法擅长处理样本数据线性不可分的情况, 主要通过引入核函数来实现, 具有泛化性能好、特别适合小样本和高维特征等优点.

4.1　支持向量机的算法原理

对于二分类问题, 假设给定样本数据集 $D=\{(\boldsymbol{x}_1,y_1),(\boldsymbol{x}_2,y_2),\cdots,(\boldsymbol{x}_n,y_n)\}$, 其中, $\boldsymbol{x}_i\in\mathbb{R}^m$, $y_i\in\{-1,+1\}$, 我们的目的是基于训练集 D 在样本空间中找到一个分隔超平面将两类样本分开. 如图 4.1 所示, 能将训练样本分开的分隔超平面可能有很多, 我们应该去找哪一个呢？

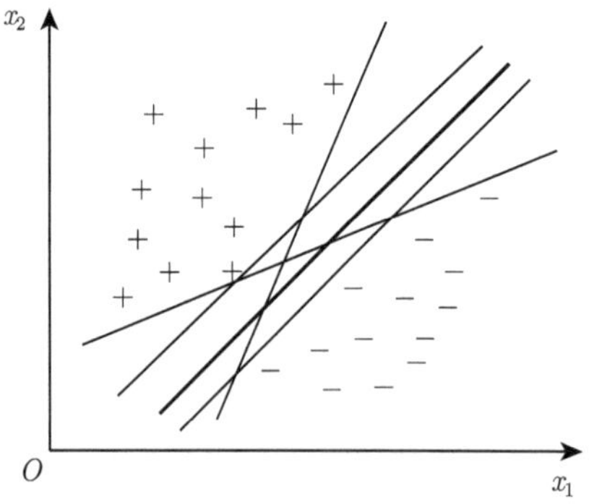

图 4.1　存在多个超平面将两类样本分开

直观上看, 应该去找位于两类训练样本“正中间”的那个超平面, 即图 4.1 中粗黑色的那个, 因为这个超平面对训练样本局部扰动的“容忍”度最好, 即它所产生的分类结果是最鲁棒的, 对未见样本的泛化能力最强.

4.1.1 线性可分问题

可以用一个超平面将两类样本完全分开的分类问题称为线性可分问题. 支持向量机的目标是寻找一个分隔超平面, 它不仅能正确地分类每一个样本, 而且要使得每一类样本中距离超平面最近的样本到超平面的距离尽可能远. 在样本空间中, 分隔超平面可通过如下线性方程来描述:

$$\boldsymbol{w}^{\mathrm{T}}\boldsymbol{x}+b=0, \tag{4.1}$$

其中 $\boldsymbol{w}=(w_1,w_2,\cdots,w_m)^{\mathrm{T}}$ 为法向量, 决定了超平面的方向; b 为位移项, 决定了超平面与原点之间的距离. 显然, 分隔超平面可被法向量 $\boldsymbol{w}$ 和位移 b 确定, 下面将这个超平面记为 $(\boldsymbol{w},b)$.

首先, 式 (4.1) 中的超平面要保证训练数据集 D 中的每个样本 $\boldsymbol{x}_i$ 都被正确分类, 即对于正类样本 (对应于标签 $y_i=+1$), 有

$$\boldsymbol{w}^{\mathrm{T}}\boldsymbol{x}_i+b\geqslant 0.$$

而对于负类样本 (对应于标签 $y_i=-1$), 有

$$\boldsymbol{w}^{\mathrm{T}}\boldsymbol{x}_i+b<0.$$

上面两个不等式可以统一写成不等式约束:

$$y_i(\boldsymbol{w}^{\mathrm{T}}\boldsymbol{x}_i+b)\geqslant 0.$$

其次, 要求超平面离两类样本的距离尽可能大. 样本空间中任意点 $\boldsymbol{x}_i$ 到超平面 $(\boldsymbol{w},b)$ 的距离可写为

$$r=\frac{|\boldsymbol{w}^{\mathrm{T}}\boldsymbol{x}_i+b|}{\|\boldsymbol{w}\|}. \tag{4.2}$$

为了能够求取具有最大间隔的超平面, 希望可以用 $(\boldsymbol{w},b)$ 表示出临界超平面. 注意到式 (4.1) 中的超平面方程有冗余, 即将方程两边乘以同一个不等于零的数还是同一个超平面 $\tau\boldsymbol{w}^{\mathrm{T}}\boldsymbol{x}+\tau b=0$. 利用这个特点可以简化求解的问题, 对 $\boldsymbol{w}$ 和 b 加上如下约束

$$\min_{\boldsymbol{x}_i}|\boldsymbol{w}^{\mathrm{T}}\boldsymbol{x}_i+b|=1$$

可以消除这个冗余, 同时简化点到超平面距离的计算公式. 这样对分隔超平面的约束变成

$$\begin{cases}\boldsymbol{w}^{\mathrm{T}}\boldsymbol{x}_i+b\geqslant +1, & y_i=+1,\\ \boldsymbol{w}^{\mathrm{T}}\boldsymbol{x}_i+b\leqslant -1, & y_i=-1.\end{cases} \tag{4.3}$$

上式可以统一写成下面的形式:

$$y_i(\boldsymbol{w}^{\mathrm{T}}\boldsymbol{x}_i + b) \geqslant 1. \tag{4.4}$$

如图 4.2 所示, 距离超平面最近的这几个训练样本点使式 (4.3) 的等号成立, 它们被称为“支持向量”, 两个异类支持向量到超平面的距离之和称为“间隔”:

$$\gamma = \frac{2}{\|\boldsymbol{w}\|}. \tag{4.5}$$

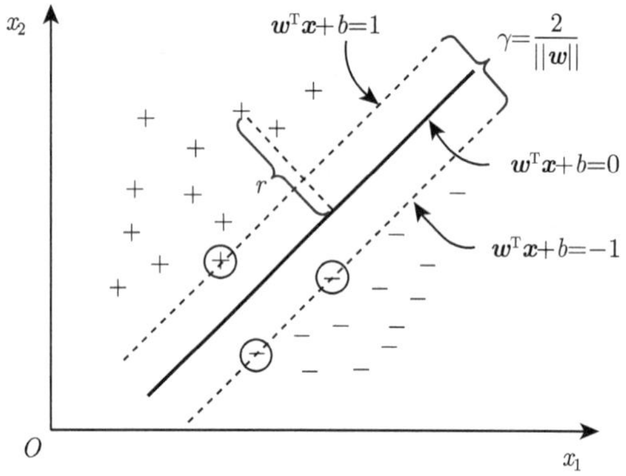

图 4.2 最大化分类间隔

推导如下: 设 $\boldsymbol{x}_+, \boldsymbol{x}_-$ 分别是正、负类样本的支持向量, 则满足

$$\boldsymbol{w}^{\mathrm{T}}\boldsymbol{x}_+ + b = 1, \quad \boldsymbol{w}^{\mathrm{T}}\boldsymbol{x}_- + b = -1.$$

于是正、负类样本的支持向量到分隔超平面 $(\boldsymbol{w}, b)$ 的距离之和为

$$\gamma = d_+ + d_- = \frac{|\boldsymbol{w}^{\mathrm{T}}\boldsymbol{x}_+ + b|}{\|\boldsymbol{w}\|} + \frac{|\boldsymbol{w}^{\mathrm{T}}\boldsymbol{x}_- + b|}{\|\boldsymbol{w}\|} = \frac{2}{\|\boldsymbol{w}\|},$$

这就得到了式 (4.5).

要找到具有“最大间隔”的分隔超平面, 也就是要找到能满足式 (4.3) 中约束的 $(\boldsymbol{w}, b)$, 使得 γ 最大, 即

$$\begin{aligned} &\max_{\boldsymbol{w},b} \quad \frac{2}{\|\boldsymbol{w}\|}, \\ &\text{s.t.} \quad y_i(\boldsymbol{w}^{\mathrm{T}}\boldsymbol{x}_i + b) \geqslant 1,\ i = 1, 2, \cdots, n. \end{aligned} \tag{4.6}$$

显然, 极大化 $\|\boldsymbol{w}\|^{-1}$ 等价于极小化 $\|\boldsymbol{w}\|^2$. 于是, 问题 (4.6) 等价于

$$\min_{\boldsymbol{w},b} \ \frac{1}{2}\|\boldsymbol{w}\|^2, \tag{4.7}$$

$$\text{s.t. } y_i(\boldsymbol{w}^{\mathrm{T}}\boldsymbol{x}_i+b)\geqslant 1,\ i=1,2,\cdots,n.$$

这就是支持向量机的基本模型.

我们希望求解极小化问题 (4.7) 来得到具有最大间隔的分隔超平面所对应的模型

$$f(\boldsymbol{x})=\boldsymbol{w}^{\mathrm{T}}\boldsymbol{x}+b, \tag{4.8}$$

其中 $\boldsymbol{w}$ 和 b 是模型参数. 极小化问题 (4.7) 称为支持向量机模型的“原问题”, 它本身是一个凸二次规划问题, 有唯一的极小解, 可以直接使用现成的优化软件包来求解, 但我们可以有更高效的办法, 那就是求解其“对偶问题”.

对式 (4.7) 使用拉格朗日乘子法即可得到其“对偶问题”. 具体来说, 对式 (4.7) 的每条约束添加拉格朗日乘子 $\alpha_i\geqslant 0$, 则该问题的拉格朗日函数可写为

$$L(\boldsymbol{w},b,\boldsymbol{\alpha})=\frac{1}{2}\|\boldsymbol{w}\|^2-\sum_{i=1}^{n}\alpha_i\big(y_i(\boldsymbol{w}^{\mathrm{T}}\boldsymbol{x}_i+b)-1\big), \tag{4.9}$$

其中 $\boldsymbol{\alpha}=(\alpha_1,\alpha_2,\cdots,\alpha_n)^{\mathrm{T}}$.

由于假设样本数据是线性可分的, 因此一定存在 $\boldsymbol{w}$ 和 b 使得不等式约束严格满足, 即存在可行解 $\boldsymbol{w}$ 和 b 满足 $\boldsymbol{w}^{\mathrm{T}}\boldsymbol{x}_i+b>1$, 根据 Slater 条件可知强对偶性成立. 故原问题与其对偶问题具有相同的最优解:

$$(\text{原问题})\quad \min_{\boldsymbol{w},b}\max_{\boldsymbol{\alpha}}L(\boldsymbol{w},b,\boldsymbol{\alpha}) \iff \max_{\boldsymbol{\alpha}}\min_{\boldsymbol{w},b}L(\boldsymbol{w},b,\boldsymbol{\alpha})\quad(\text{对偶问题}).$$

这里我们求解对偶问题, 先固定拉格朗日乘子 $\boldsymbol{\alpha}$, 对拉格朗日函数关于 $\boldsymbol{w}$ 和 b 求极小值. 对 $L(\boldsymbol{w},b,\boldsymbol{\alpha})$ 关于 $\boldsymbol{w}$ 和 b 求偏导并令其为零可得

$$\nabla_{\boldsymbol{w}}L(\boldsymbol{w},b,\boldsymbol{\alpha})=0 \implies \boldsymbol{w}=\sum_{i=1}^{n}\alpha_i y_i\boldsymbol{x}_i, \tag{4.10}$$

以及

$$\frac{\partial L(\boldsymbol{w},b,\boldsymbol{\alpha})}{\partial b}=0 \implies \sum_{i=1}^{n}\alpha_i y_i=0. \tag{4.11}$$

将式 (4.10) 代入 (4.9), 即可将 $L(\boldsymbol{w},b,\boldsymbol{\alpha})$ 中的 $\boldsymbol{w}$ 和 b 消去, 再考虑式 (4.11) 的约束, 就得到式 (4.7) 的对偶问题

$$\begin{aligned}\max_{\boldsymbol{\alpha}}\quad & \sum_{i=1}^{n}\alpha_i-\frac{1}{2}\sum_{i=1}^{n}\sum_{j=1}^{n}\alpha_i\alpha_j y_i y_j\boldsymbol{x}_i^{\mathrm{T}}\boldsymbol{x}_j,\\ \text{s.t.}\quad & \sum_{i=1}^{n}\alpha_i y_i=0,\end{aligned}$$

$$\alpha_i \geqslant 0,\ i=1,2,\cdots,n.$$

上面的优化问题等价于

$$\begin{aligned}\min_{\boldsymbol{\alpha}} \quad & \frac{1}{2}\sum_{i=1}^{n}\sum_{j=1}^{n}\alpha_i\alpha_j y_i y_j \boldsymbol{x}_i^{\mathrm{T}}\boldsymbol{x}_j - \sum_{i=1}^{n}\alpha_i, \\ \text{s.t.} \quad & \sum_{i=1}^{n}\alpha_i y_i = 0, \\ & \alpha_i \geqslant 0,\ i=1,2,\cdots,n.\end{aligned} \tag{4.12}$$

从式 (4.12) 解出 $\boldsymbol{\alpha}$ 后, 求出 $\boldsymbol{w}$ 与 b 即可得到

$$f(\boldsymbol{x}) = \boldsymbol{w}^{\mathrm{T}}\boldsymbol{x} + b = \sum_{i=1}^{n}\alpha_i y_i \boldsymbol{x}_i^{\mathrm{T}}\boldsymbol{x} + b. \tag{4.13}$$

于是分类预测函数为

$$y = \operatorname{sgn}(f(\boldsymbol{x})) = \operatorname{sgn}\left(\sum_{i=1}^{n}\alpha_i y_i \boldsymbol{x}_i^{\mathrm{T}}\boldsymbol{x} + b\right).$$

从对偶问题 (4.12) 解出的 α_i 是式 (4.7) 中的拉格朗日乘子, 它恰对应着训练样本 $(\boldsymbol{x}_i, y_i)$. 注意到式 (4.7) 中有不等式约束, 因此上述过程需满足 KKT 条件, 即要求

$$\begin{cases}\alpha_i \geqslant 0, \\ y_i f(\boldsymbol{x}_i) - 1 \geqslant 0, \\ \alpha_i(y_i f(\boldsymbol{x}_i) - 1) = 0.\end{cases} \tag{4.14}$$

于是, 对任意训练样本 $(\boldsymbol{x}_i, y_i)$, 总有 $\alpha_i = 0$ 或 $y_i f(\boldsymbol{x}_i) = 1$. 若 $\alpha_i = 0$, 则该样本将不会在式 (4.13) 的求和中出现, 也就不会对 $f(\boldsymbol{x})$ 有任何影响; 若 $\alpha_i > 0$, 则必有 $y_i f(\boldsymbol{x}_i) = 1$, 所对应的样本点位于最大间隔边界上, 是一个支持向量. 这显示出支持向量机的一个重要性质: 训练完成后, 大部分的训练样本都不需保留, 最终模型仅与支持向量有关.

注 4.1　求解对偶问题 (4.12) 得到最优解 $\boldsymbol{\alpha}^*$ 后, 立即可计算 $\boldsymbol{w}^*$:

$$\boldsymbol{w}^* = \sum_{i=1}^{n}\alpha_i^* y_i \boldsymbol{x}_i.$$

那么如何确定最优的偏移项 b^* 呢? 注意到对任意支持向量 $(\boldsymbol{x}_s, y_s)$ 都有 $y_s f(\boldsymbol{x}_s) = 1$, 即

$$y_s\left(\sum_{i\in S}\alpha_i^* y_i \boldsymbol{x}_i^{\mathrm{T}}\boldsymbol{x}_s + b^*\right) = 1, \tag{4.15}$$

其中 $S=\{i|\alpha_i>0, i=1,2,\cdots,n\}$ 为所有支持向量的下标集. 理论上, 可选取任意支持向量并通过求解式 (4.15) 获得 b^*, 但现实任务中常采用一种更鲁棒的做法: 使用所有支持向量求解的平均值

$$b^*=\frac{1}{|S|}\sum_{s\in S}\left(y_s-\sum_{i\in S}\alpha_i^* y_i \boldsymbol{x}_i^{\mathrm{T}}\boldsymbol{x}_s\right). \tag{4.16}$$

4.1.2 线性不可分问题

线性可分的支持向量机通常不具有太多的实用价值, 因为在现实任务中样本一般都不是线性可分的. 解决线性不可分问题的一个办法是允许支持向量机的分类在一些样本上出现错误. 通过引入松弛变量和惩罚因子对违反不等式约束的样本进行惩罚, 可以得到如下的极小化问题:

$$\begin{aligned} \min_{\boldsymbol{w},b,\xi_i} \quad & \frac{1}{2}\|\boldsymbol{w}\|^2+C\sum_{i=1}^n \xi_i, \\ \text{s.t.} \quad & y_i(\boldsymbol{w}^{\mathrm{T}}\boldsymbol{x}_i+b)\geqslant 1-\xi_i, \\ & \xi_i\geqslant 0,\ i=1,2,\cdots,n, \end{aligned} \tag{4.17}$$

其中, ξ_i 是松弛变量, 如果它不为 0, 表示样本违反了不等式约束条件, 需要惩罚; C 为惩罚因子, 是人工设定的正参数 (称为超参数), 用来平衡惩罚项的重要程度.

显然, 式 (4.17) 中每个样本都有一个对应的松弛变量, 用以表征该样本不满足约束 (4.4) 的程度. 并且与问题 (4.7) 相似, 这仍是一个凸二次规划问题, 因而有唯一的极小解. 同样可以证明问题 (4.17) 满足强对偶性条件, 原问题与对偶问题具有相同的最优解. 通过拉格朗日乘子法可得到式 (4.17) 的拉格朗日函数

$$\begin{aligned} L(\boldsymbol{w},b,\boldsymbol{\alpha},\boldsymbol{\xi},\boldsymbol{\beta})=&\frac{1}{2}\|\boldsymbol{w}\|^2+C\sum_{i=1}^n \xi_i \\ &-\sum_{i=1}^n \alpha_i[y_i(\boldsymbol{w}^{\mathrm{T}}\boldsymbol{x}_i+b)-(1-\xi_i)]-\sum_{i=1}^n \beta_i\xi_i, \end{aligned} \tag{4.18}$$

其中 $\alpha_i\geqslant 0$, $\beta_i\geqslant 0$ 是拉格朗日乘子.

令 $L(\boldsymbol{w},b,\boldsymbol{\alpha},\boldsymbol{\xi},\boldsymbol{\beta})$ 对 $\boldsymbol{w},b,\xi_i$ 的偏导为零可得

$$\begin{cases} \dfrac{\partial L}{\partial \boldsymbol{w}}=0 \implies \boldsymbol{w}=\displaystyle\sum_{i=1}^n \alpha_i y_i \boldsymbol{x}_i, \\ \dfrac{\partial L}{\partial b}=0 \implies \displaystyle\sum_{i=1}^n \alpha_i y_i=0, \\ \dfrac{\partial L}{\partial \xi_i}=0 \implies \alpha_i+\beta_i=C. \end{cases} \tag{4.19}$$

将式 (4.19) 代入式 (4.18) 消去 $\boldsymbol{w}, b, \xi_i$ 得到关于 $\boldsymbol{\alpha}, \boldsymbol{\beta}$ 的函数. 由于约束条件 $\alpha_i + \beta_i = C$, 因此乘子变量 $\boldsymbol{\beta}$ 也可被消去, 于是得到原问题 (4.17) 的对偶问题

$$\begin{aligned}\max_{\boldsymbol{\alpha}} \quad & \sum_{i=1}^{n} \alpha_i - \frac{1}{2}\sum_{i=1}^{n}\sum_{j=1}^{n} \alpha_i\alpha_j y_i y_j \boldsymbol{x}_i^{\mathrm{T}} \boldsymbol{x}_j, \\ \text{s.t.} \quad & \sum_{i=1}^{n} \alpha_i y_i = 0, \\ & 0 \leqslant \alpha_i \leqslant C, \quad i = 1, 2, \cdots, n.\end{aligned}$$

等价地, 有

$$\begin{aligned}\min_{\boldsymbol{\alpha}} \quad & \mathit{\Gamma}(\boldsymbol{\alpha}) = \frac{1}{2}\sum_{i=1}^{n}\sum_{j=1}^{n} \alpha_i\alpha_j y_i y_j \boldsymbol{x}_i^{\mathrm{T}} \boldsymbol{x}_j - \sum_{i=1}^{n} \alpha_i, \\ \text{s.t.} \quad & \sum_{i=1}^{n} \alpha_i y_i = 0, \\ & 0 \leqslant \alpha_i \leqslant C,\ i = 1, 2, \cdots, n.\end{aligned} \tag{4.20}$$

将对偶问题 (4.20) 与式 (4.12) 对比可看出, 两者唯一的差别就在于对偶变量的约束不同: 前者是 $0 \leqslant \alpha_i \leqslant C$, 后者是 $0 \leqslant \alpha_i$. 求出对偶问题的解 $\boldsymbol{\alpha}$ 之后, 可确定参数 $\boldsymbol{w}$ 和 b, 从而得到分类预测函数为

$$y = \operatorname{sgn}\left(\sum_{i=1}^{n} \alpha_i y_i \boldsymbol{x}_i^{\mathrm{T}} \boldsymbol{x} + b\right),$$

这和线性可分情形是一样的.

类似式 (4.14), 对线性不可分支持向量机, KKT 条件为

$$\begin{cases} \alpha_i \geqslant 0,\ y_i f(\boldsymbol{x}_i) - 1 + \xi_i \geqslant 0, \\ \alpha_i(y_i f(\boldsymbol{x}_i) - 1 + \xi_i) = 0, \\ \beta_i \geqslant 0,\ \xi_i \geqslant 0,\ \beta_i \xi_i = 0. \end{cases} \tag{4.21}$$

于是, 对任意训练样本 $(\boldsymbol{x}_i, y_i)$, 总有 $\alpha_i = 0$ 或 $y_i f(\boldsymbol{x}_i) = 1 - \xi_i$. 若 $\alpha_i = 0$, 则该样本不会对 $f(\boldsymbol{x})$ 有任何影响; 若 $\alpha_i > 0$, 则必有 $y_i f(\boldsymbol{x}_i) = 1 - \xi_i$, 即该样本是支持向量. 由 $\alpha_i + \beta_i = C$ 可知, 若 $\alpha_i < C$, 则 $\beta_i > 0$, 进而有 $\xi_i = 0$, 即该样本恰在最大间隔边界上; 若 $\alpha_i = C$, 则有 $\beta_i = 0$, 此时若 $\xi_i \leqslant 1$, 则该样本落在最大间隔内部, 若 $\xi_i > 1$, 则该样本被错误分类. 由此可看出, 线性不可分支持向量机的最终模型也仅与支持向量有关.

4.2 核映射 (核函数) 支持向量机

虽然在 4.1.2 小节中通过引入松弛变量和惩罚参数可处理线性不可分问题, 但得到的支持向量机还是一个线性分类器, 只是允许有错分样本的存在. 本节介绍通过引入核映射 (核函数) 可使支持向量机成为真正意义的非线性分类器, 其决策边界不再是线性的超平面, 而可以是形状复杂的超曲面.

对于线性不可分问题, 例如简单的异或问题, 可将样本从原始的特征空间映射到一个更高维的特征空间, 使得样本在这个高维特征空间中线性可分. 幸运的是, 已经证明, 如果原始空间是有限维空间, 即样本的属性数 (特征数) 有限, 那么这样的高维特征空间一定存在.

令 $\varphi(\boldsymbol{x})$ 表示将 $\boldsymbol{x}$ 映射后的属性向量, 于是, 在高维特征空间中分隔超平面所对应的模型可表示为

$$f(\boldsymbol{x})=\boldsymbol{w}^{\mathrm{T}}\varphi(\boldsymbol{x})+b, \tag{4.22}$$

其中 $\boldsymbol{w}$ 和 b 是模型参数. 类似式 (4.7), 有

$$\begin{aligned}\min_{\boldsymbol{w},b}\quad & \frac{1}{2}\|\boldsymbol{w}\|^2, \\ \text{s.t.}\quad & y_i(\boldsymbol{w}^{\mathrm{T}}\varphi(\boldsymbol{x}_i)+b)\geqslant 1,\ i=1,2,\cdots,n.\end{aligned} \tag{4.23}$$

其对偶问题是

$$\begin{aligned}\min_{\boldsymbol{\alpha}}\quad & \frac{1}{2}\sum_{i=1}^{n}\sum_{j=1}^{n}\alpha_i\alpha_j y_i y_j\varphi(\boldsymbol{x}_i)^{\mathrm{T}}\varphi(\boldsymbol{x}_j)-\sum_{i=1}^{n}\alpha_i, \\ \text{s.t.}\quad & \sum_{i=1}^{n}\alpha_i y_i=0, \\ & \alpha_i\geqslant 0,\ i=1,2,\cdots,n.\end{aligned} \tag{4.24}$$

求解式 (4.24) 涉及计算核映射的内积 $\varphi(\boldsymbol{x}_i)^{\mathrm{T}}\varphi(\boldsymbol{x}_j)$, 这是样本 $\boldsymbol{x}_i$ 与 $\boldsymbol{x}_j$ 映射到高维特征空间之后的内积. 由于特征空间维数可能很高, 甚至可能是无穷维, 因此直接计算内积 $\varphi(\boldsymbol{x}_i)^{\mathrm{T}}\varphi(\boldsymbol{x}_j)$ 通常是十分困难的. 为了解决这个困难, 可以设想有这样的一个函数 $K:\mathbb{R}^m\times\mathbb{R}^m\mapsto\mathbb{R}$:

$$K(\boldsymbol{x}_i,\boldsymbol{x}_j)=\langle\varphi(\boldsymbol{x}_i),\varphi(\boldsymbol{x}_j)\rangle=\varphi(\boldsymbol{x}_i)^{\mathrm{T}}\varphi(\boldsymbol{x}_j), \tag{4.25}$$

即 $\boldsymbol{x}_i$ 与 $\boldsymbol{x}_j$ 在高维特征空间的内积等于它们在原始样本空间中通过函数 $K(\cdot,\cdot)$ 计算的结果. 函数 $K(\cdot,\cdot)$ 称为核函数. 有了核函数, 就不必直接去计算高维甚至

无穷维特征空间中的内积, 于是式 (4.24) 可重写为

$$\begin{aligned}\min_{\boldsymbol{\alpha}} \quad & \frac{1}{2}\sum_{i=1}^{n}\sum_{j=1}^{n}\alpha_i\alpha_j y_i y_j K(\boldsymbol{x}_i,\boldsymbol{x}_j)-\sum_{i=1}^{n}\alpha_i, \\ \text{s.t.} \quad & \sum_{i=1}^{n}\alpha_i y_i=0, \\ & \alpha_i \geqslant 0,\ i=1,2,\cdots,n.\end{aligned} \tag{4.26}$$

求解式 (4.24) 或 (4.26) 后即可得到

$$\begin{aligned}f(\boldsymbol{x}) &= \sum_{i=1}^{n}\alpha_i y_i \varphi(\boldsymbol{x}_i)^{\mathrm{T}}\varphi(\boldsymbol{x})+b \\ &= \sum_{i=1}^{n}\alpha_i y_i K(\boldsymbol{x}_i,\boldsymbol{x})+b.\end{aligned} \tag{4.27}$$

于是决策函数为

$$y=\operatorname{sgn}\left(\sum_{i=1}^{n}\alpha_i y_i K(\boldsymbol{x}_i,\boldsymbol{x})+b\right).$$

注 4.2 若允许核映射支持向量机有错分样本的存在, 则同样可通过引入松弛变量和惩罚因子, 得到下面的优化问题

$$\begin{aligned}\min_{\boldsymbol{w},b,\xi_i} \quad & \frac{1}{2}\|\boldsymbol{w}\|^2+C\sum_{i=1}^{n}\xi_i, \\ \text{s.t.} \quad & y_i(\boldsymbol{w}^{\mathrm{T}}\varphi(\boldsymbol{x}_i)+b)\geqslant 1-\xi_i, \\ & \xi_i \geqslant 0,\ i=1,2,\cdots,n,\end{aligned} \tag{4.28}$$

其中, ξ_i 是松弛变量, 如果它不为 0, 表示样本违反了不等式约束条件, 需要惩罚; C 为惩罚因子, 用来平衡惩罚项的重要程度. 与线性不可分情形相类似, 式 (4.28) 的对偶问题为

$$\begin{aligned}\min_{\boldsymbol{\alpha}} \quad & \frac{1}{2}\sum_{i=1}^{n}\sum_{j=1}^{n}\alpha_i\alpha_j y_i y_j K(\boldsymbol{x}_i,\boldsymbol{x}_j)-\sum_{i=1}^{n}\alpha_i, \\ \text{s.t.} \quad & \sum_{i=1}^{n}\alpha_i y_i=0, \\ & 0\leqslant \alpha_i \leqslant C,\ i=1,2,\cdots,n.\end{aligned} \tag{4.29}$$

对偶问题 (4.29) 与式 (4.26) 相比, 只是由后者乘子变量的非负约束 $\alpha_i \geqslant 0$ 变成了前者乘子变量的界约束 $0\leqslant \alpha_i \leqslant C$, 其余完全相同.

显然, 若已知核映射 $\varphi(\cdot)$ 的具体形式, 则可写出核函数 $K(\cdot,\cdot)$. 但在现实任务中我们通常不知道 $\varphi(\cdot)$ 是什么形式, 也不知道什么样的核函数是合适的. 于是, 核函数的选择成为核映射支持向量机的最大变数. 若核函数选择不合适, 则意味着将样本映射到了一个不合适的高维特征空间, 很可能导致分类的泛化性能不佳.

下面是几种常用的核函数:

(1) 线性核函数: $K(\boldsymbol{x}_i,\boldsymbol{x}_j)=\boldsymbol{x}_i^{\mathrm{T}}\boldsymbol{x}_j$.

(2) 多项式核函数: $K(\boldsymbol{x}_i,\boldsymbol{x}_j)=(\alpha\boldsymbol{x}_i^{\mathrm{T}}\boldsymbol{x}_j+\beta)^d$, $d\geqslant 1$ 为多项式的次数.

(3) 高斯核函数: $K(\boldsymbol{x}_i,\boldsymbol{x}_j)=\exp\left(-\dfrac{\|\boldsymbol{x}_i-\boldsymbol{x}_j\|^2}{2\sigma^2}\right)$, $\sigma>0$ 为高斯核的带宽.

(4) 拉普拉斯核函数: $K(\boldsymbol{x}_i,\boldsymbol{x}_j)=\exp\left(-\dfrac{\|\boldsymbol{x}_i-\boldsymbol{x}_j\|}{\sigma}\right)$, $\sigma>0$.

(5) Sigmoid 核函数: $K(\boldsymbol{x}_i,\boldsymbol{x}_j)=\tanh(\gamma\boldsymbol{x}_i^{\mathrm{T}}\boldsymbol{x}_j-\theta)$, tanh 为双曲正切函数, $\gamma>0,\theta>0$.

此外, 还可通过函数组合得到, 例如:

(1) 若 K_1 和 K_2 为核函数, 则对于任意正数 γ_1,γ_2, 其线性组合 $\gamma_1K_1+\gamma_2K_2$ 也是核函数.

(2) 若 K_1 和 K_2 为核函数, 则核函数的直积 $K_1\otimes K_2(\boldsymbol{x},\boldsymbol{z})=K(\boldsymbol{x},\boldsymbol{z})K(\boldsymbol{x},\boldsymbol{z})$ 也是核函数.

(3) 若 K_1 为核函数, 则对于任意函数 $g(\boldsymbol{x})$, $K(\boldsymbol{x},\boldsymbol{z})=g(\boldsymbol{x})K_1(\boldsymbol{x},\boldsymbol{z})g(\boldsymbol{z})$ 也是核函数.

4.3 SMO 算法原理及推导

前面给出了核映射支持向量机的对偶问题 (4.29), 但并未说明如何求解此问题. 由于实际的学习任务中训练样本数目一般很大, 求解二次规划的经典算法将会面临性能上的问题. 1998 年, 由 Platt 提出的序列最小最优化 (Sequential Minimal Optimization, SMO) 算法可以高效地求解问题 (4.29), 它将原本有 n 个变量的二次规划问题分解为很多个二次规划子问题分别进行求解, 节省了计算时间和内存需求. 下面对 SMO 算法进行详细的介绍.

引入对称半正定矩阵 $\boldsymbol{Q}$, 其元素为

$$Q_{ij}=y_iy_jK(\boldsymbol{x}_i,\boldsymbol{x}_j).$$

则式 (4.29) 可以写成矩阵-向量形式:

$$\min_{\boldsymbol{\alpha}}\quad \varGamma(\boldsymbol{\alpha})=\frac{1}{2}\boldsymbol{\alpha}^{\mathrm{T}}\boldsymbol{Q}\boldsymbol{\alpha}-\boldsymbol{e}^{\mathrm{T}}\boldsymbol{\alpha},$$

$$\text{s.t.} \quad \boldsymbol{\alpha}^{\mathrm{T}} \boldsymbol{y} = 0, \qquad (4.30)$$
$$\boldsymbol{0} \leqslant \boldsymbol{\alpha} \leqslant C\boldsymbol{e},$$

其中 $\boldsymbol{e} = (1, 1, \cdots, 1)^{\mathrm{T}}$, $\boldsymbol{y} = (y_1, y_2, \cdots, y_n)^{\mathrm{T}}$. 为了表述方便, 定义下面的核矩阵 $\boldsymbol{K}$:

$$K_{ij} = K(\boldsymbol{x}_i, \boldsymbol{x}_j),$$

它与矩阵 $\boldsymbol{Q}$ 的关系为

$$Q_{ij} = y_i y_j K_{ij}.$$

进一步, 定义变量

$$z_i = \sum_{j=1}^{n} \alpha_j y_j \varphi(\boldsymbol{x}_j)^{\mathrm{T}} \varphi(\boldsymbol{x}_i) + b = \sum_{i=1}^{n} \alpha_j y_j K(\boldsymbol{x}_j, \boldsymbol{x}_i) + b,$$

则原问题 (4.28) 的 KKT 条件为

$$\begin{cases} \alpha_i \geqslant 0,\ y_i(\boldsymbol{w}^{\mathrm{T}} \varphi(\boldsymbol{x}_i) + b) - 1 + \xi_i \geqslant 0, \\ \alpha_i[y_i(\boldsymbol{w}^{\mathrm{T}} \varphi(\boldsymbol{x}_i) + b) - 1 + \xi_i] = 0, \\ \beta_i \geqslant 0,\ \xi_i \geqslant 0,\ \beta_i \xi_i = 0, \end{cases} \qquad (4.31)$$

这里,

$$\boldsymbol{w} = \sum_{j=1}^{n} \alpha_j y_j \varphi(\boldsymbol{x}_j).$$

将 $\boldsymbol{w}$ 的表达式代入式 (4.31) 得

$$\begin{cases} \alpha_i \geqslant 0,\ y_i \left(\displaystyle\sum_{j=1}^{n} \alpha_j y_j \varphi(\boldsymbol{x}_j)^{\mathrm{T}} \varphi(\boldsymbol{x}_i) + b \right) - 1 + \xi_i \geqslant 0, \\ \alpha_i \left[y_i \left(\displaystyle\sum_{j=1}^{n} \alpha_j y_j \varphi(\boldsymbol{x}_j)^{\mathrm{T}} \varphi(\boldsymbol{x}_i) + b \right) - 1 + \xi_i \right] = 0, \\ \beta_i \geqslant 0,\ \xi_i \geqslant 0,\ \beta_i \xi_i = 0. \end{cases}$$

上式即

$$\begin{cases} \alpha_i \geqslant 0,\ y_i z_i - 1 + \xi_i \geqslant 0, \\ \alpha_i (y_i z_i - 1 + \xi_i) = 0, \\ \beta_i \geqslant 0,\ \xi_i \geqslant 0,\ \beta_i \xi_i = 0. \end{cases} \qquad (4.32)$$

注意到约束等式 $\alpha_i+\beta_i=C$, 则由式 (4.32) 不难推出

$$\begin{aligned} \alpha_i=0 &\iff y_iz_i\geqslant 1,\\ 0<\alpha_i<C &\iff y_iz_i=1,\\ \alpha_i=C &\iff y_iz_i\leqslant 1. \end{aligned}$$

因为是凸二次规划问题, 如果至少有一个 $\boldsymbol{\alpha}$ 满足 KKT 条件, 则它必为问题的全局极小解.

4.3.1 子问题的求解

SMO 算法的基本思想是每次在优化变量 $\boldsymbol{\alpha}=(\alpha_1,\alpha_2,\cdots,\alpha_n)^{\mathrm{T}}$ 中选择两个分量进行优化, 而让其他的分量固定, 这样能保证等式约束得到满足, 是一种分而治之的思想方法.

下面先给出这两个变量的优化问题 (称为子问题) 的求解方法. 不失一般性, 假设选取的两个变量为 α_1,α_2, 其他分量都视为常数. 则由 (4.29), 这两个变量的目标函数可写为

$$\begin{aligned} f(\alpha_1,\alpha_2)=&\frac{1}{2}y_1y_1K_{11}\alpha_1^2+\frac{1}{2}y_2y_2K_{22}\alpha_2^2+y_1y_2K_{12}\alpha_1\alpha_2\\ &+y_1v_1\alpha_1+y_2v_2\alpha_2-\alpha_1-\alpha_2+c, \end{aligned}$$

其中 c 为一个常数,

$$v_1=\sum_{i=3}^{n}y_i\alpha_i^*K_{1i},\quad v_2=\sum_{i=3}^{n}y_i\alpha_i^*K_{2i},$$

这里 $\alpha_i^*\,(i=3,\cdots,n)$ 为 α_i 在上一轮迭代的值. 若记 $s=y_1y_2$, 并注意到 $y_iy_i=1\,(i=1,2)$, 则上述目标函数可重写为

$$f(\alpha_1,\alpha_2)=\frac{1}{2}K_{11}\alpha_1^2+\frac{1}{2}K_{22}\alpha_2^2+sK_{12}\alpha_1\alpha_2+y_1v_1\alpha_1+y_2v_2\alpha_2-\alpha_1-\alpha_2+c. \tag{4.33}$$

这个子问题的约束条件为

$$0\leqslant\alpha_1\leqslant C,\quad 0\leqslant\alpha_2\leqslant C,\quad \alpha_1y_1+\alpha_2y_2=\xi, \tag{4.34}$$

其中

$$\xi=-\sum_{i=3}^{n}\alpha_iy_i.$$

注意到式 (4.34) 中的两个不等式约束构成 α_1-α_2 平面上的一个边长为 C 的正四边形, 最后的等式约束是一条穿过这个正四边形的直线. 由于 y_1,y_2 只能取

值 +1 或 −1, 如果它们异号, 等式约束为 $\alpha_1 - \alpha_2 = \xi$, 它确定的可行域是一条斜率为 1 的直线段, 如图 4.3 (a) 所示.

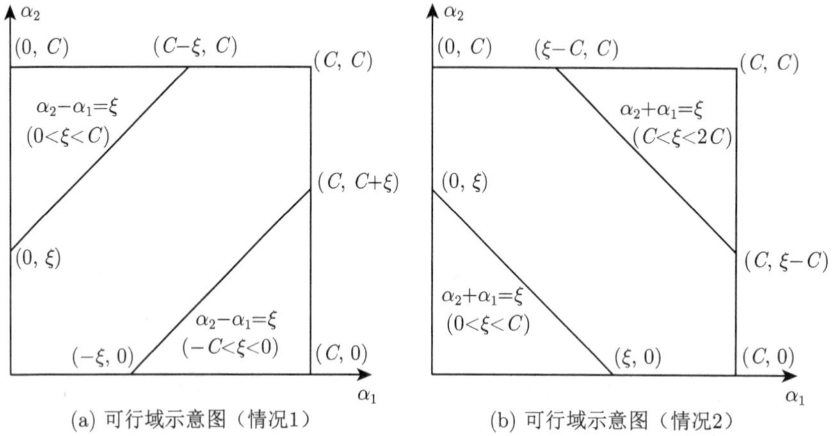

图 4.3　子问题可行域示意图

图 4.3 (a) 中的两条直线分别对应于 ξ 取正、负值的情况. 如果是左边的那条, 则 α_2 的取值范围为 $[\xi, C]\,(0 < \xi < C)$; 如果是右边那条, 则 α_2 的取值范围为 $[0, C+\xi]\,(-C < \xi < 0)$. 对于这两种情况, α_2 的下界和上界可以统一写成

$$l = \max\{0, \alpha_2 - \alpha_1\}, \quad u = \min\{C, C + \alpha_2 - \alpha_1\},$$

即下边界是直线与 α_1 轴交点的坐标与 0 的较大值; 上边界是直线与 $\alpha_1 = C$ 交点与 C 的较小值.

再来看第 2 种情况. 如果 y_1, y_2 同号, 等式约束为 $\alpha_1 + \alpha_2 = \xi$, 此时 α_2 的下界和上界为

$$l = \max\{0, \alpha_2 + \alpha_1 - C\}, \qquad u = \min\{C, \alpha_2 + \alpha_1\},$$

这种情况如图 4.3 (b) 所示.

利用这两种情况可以消去 α_1, 只剩下一个变量 α_2, 目标函数简化为 α_2 的二次函数, 可以直接求得它的极值. 假设不考虑约束条件得到的极值点为 $\alpha_2^{\text{new,un}}$, 则最终的极值点为

$$\alpha_2^{\text{new}} = \begin{cases} l, & \alpha_2^{\text{new,un}} < l, \\ \alpha_2^{\text{new,un}}, & l \leqslant \alpha_2^{\text{new,un}} \leqslant u, \\ u, & \alpha_2^{\text{new,un}} > u. \end{cases} \tag{4.35}$$

下面计算不考虑式 (4.34) 前两个不等式约束时的函数极值 $\alpha_2^{\text{new,un}}$. 由等式约束 $\alpha_1 y_1 + \alpha_2 y_2 = \xi$ 得到

$$\alpha_1 = y_1\xi - y_1 y_2 \alpha_2 = y_1\xi - s\alpha_2 \quad (s := y_1 y_2).$$

将其代入式 (4.33) 消去变量 α_1 得到单变量 α_2 的一元二次函数

$$\begin{aligned}\hat{f}(\alpha_2) = &\frac{1}{2}(K_{11} - 2K_{12} + K_{22})\alpha_2^2 \\ &+ \big[y_2\xi(K_{12} - K_{11}) + y_2(v_2 - v_1) + (s-1)\big]\alpha_2 + \tilde{c},\end{aligned} \tag{4.36}$$

其中 $\tilde{c}$ 为常数. 对 $\hat{f}(\alpha_2)$ 关于 α_2 求导并令其为 0 得

$$\frac{\mathrm{d}\hat{f}}{\mathrm{d}\alpha_2} = (K_{11} - 2K_{12} + K_{22})\alpha_2 + \big[y_2\xi(K_{12} - K_{11}) + y_2(v_2 - v_1) + (s-1)\big] = 0,$$

即

$$(K_{11} - 2K_{12} + K_{22})\alpha_2 = y_2\xi(K_{11} - K_{12}) + y_2(v_1 - v_2) + (1 - s). \tag{4.37}$$

将 $s = y_1 y_2$, $\xi = y_1\alpha_1^* + y_2\alpha_2^*$ (α_1^*, α_2^* 为 α_1, α_2 上一轮迭代的值) 以及 v_1, v_2 的表达式代入上式的右端化简得

$$\begin{aligned}
&y_2\xi(K_{11} - K_{12}) + y_2(v_1 - v_2) + (1 - s) \\
=&\, y_2(y_1\alpha_1^* + y_2\alpha_2^*)(K_{11} - K_{12}) + y_2(v_1 - v_2) + (y_2 y_2 - y_1 y_2) \\
=&\, y_1 y_2\alpha_1^* K_{11} + y_2 y_2 \alpha_2^* K_{11} - y_1 y_2 \alpha_1^* K_{12} - y_2 y_2 \alpha_2^* K_{12} + y_2(v_1 - v_2 + y_2 - y_1) \\
=&\, y_1 y_2 \alpha_1^* K_{11} + \alpha_2^* K_{11} - y_1 y_2 \alpha_1^* K_{12} - \alpha_2^* K_{12} \\
&+ y_2\left(\sum_{i=3}^{n} y_i\alpha_i^* K_{1i} - \sum_{i=3}^{n} y_i \alpha_i^* K_{2i} + y_2 - y_1\right) \\
=&\, y_1 y_2 \alpha_1^* K_{11} + \alpha_2^* K_{11} - y_1 y_2 \alpha_1^* K_{12} - \alpha_2^* K_{12} \\
&+ y_2\big[(z_1 - y_1\alpha_1^* K_{11} - y_2\alpha_2^* K_{12} - b) \\
&- (z_2 - y_1\alpha_1^* K_{21} - y_2\alpha_2^* K_{22} - b) + y_2 - y_1\big] \\
=&\, (K_{11} - 2K_{12} + K_{22})\alpha_2^* + y_2(z_1 - z_2 + y_2 - y_1).
\end{aligned}$$

于是式 (4.37) 可写为

$$(K_{11} - 2K_{12} + K_{22})\alpha_2 = (K_{11} - 2K_{12} + K_{22})\alpha_2^* + y_2(z_1 - z_2 + y_2 - y_1). \tag{4.38}$$

若令

$$\eta = K_{11} - 2K_{12} + K_{22}, \quad E_i = z_i - y_i \,(i = 1, 2),$$

则由式 (4.38) 可解得 α_2 的更新值:

$$\alpha_2^{\text{new,un}} = \alpha_2^* + \frac{y_2}{\eta}(E_1 - E_2). \tag{4.39}$$

考虑到前面推导过的式 (4.35), 有

$$a_2^{\text{new,clipped}} = \begin{cases} l, & \alpha_2^{\text{new,un}} < l, \\ \alpha_2^{\text{new,un}}, & l \leqslant \alpha_2^{\text{new,un}} \leqslant u, \\ u, & \alpha_2^{\text{new,un}} > u. \end{cases} \tag{4.40}$$

求得 α_2 之后, 根据等式约束条件立即可得到 α_1 的值:

$$a_1^{\text{new}} = \alpha_1^* + s(\alpha_2^* - \alpha_2^{\text{new,clipped}}).$$

对式 (4.36) 求二阶导数, 根据二阶导数的取值情况可知函数的极小值情况. 式 (4.36) 的二阶导数恰为 $\eta = K_{11} - 2K_{12} + K_{22}$. 如果 $\eta > 0$, 式 (4.36) 是开口向上的抛物线, 必有唯一的极小点. 若 $\eta < 0$, 式 (4.36) 是开口向下的抛物线, 此时目标函数没有极值, 最小值在可行域的边界处取得. 若 $\eta = 0$, 式 (4.36) 退化为直线 (单调函数), 最小值也在可行域的边界处取得.

总之, 无论本次迭代时 α_1 和 α_2 的初始值是多少, 通过上述子问题求解算法得到的是在可行域中的最小值. 因此, 每次求解更新这两个变量的值之后, 都能保证目标函数值小于或等于初始值, 故 SMO 算法能保证收敛.

4.3.2　优化变量的选择

4.3.1 小节介绍了两个变量 α_1, α_2 的子问题的求解方法, 接下来我们说明如何选择这样的两个变量. 第一个变量的选择方法是在训练样本中选取违反 KKT 条件最严重的那个样本. 前面已经推导过, 在最优点处训练样本是否满足 KKT 条件的判别依据是

$$\begin{aligned} \alpha_i = 0 \quad &\Longleftrightarrow \quad y_i z_i \geqslant 1, \\ 0 < \alpha_i < C \quad &\Longleftrightarrow \quad y_i z_i = 1, \\ \alpha_i = C \quad &\Longleftrightarrow \quad y_i z_i \leqslant 1, \end{aligned}$$

其中

$$z_i = \sum_{j=1}^{n} \alpha_j y_j K(\boldsymbol{x}_j, \boldsymbol{x}_i) + b.$$

首先遍历所有满足约束条件 $0 < \alpha_i < C$ 的样本点, 逐个检查它们是否满足 KKT 条件. 如果都满足 KKT 条件, 则遍历整个训练样本集, 直至找到一个不满足 KKT 条件的变量, 将它作为子问题中的变量 α_1. 接下来要寻找变量 α_2, 选择的标准是

使得 α_2 有足够大的变化. 根据式 (4.39), α_2^{new} 依赖于 $|E_1 - E_2|$, 因此, 选择使得 $|E_1 - E_2|$ 最大的 α_2. 由于 α_1 已选定, 因而 E_1 是已知的. 由此可知, 若 $E_1 > 0$, 则选择最小的 E_2; 否则若 $E_1 \leqslant 0$, 则选择最大的 E_2.

4.4 支持向量回归模型

前面阐述的支持向量机模型都是适用于分类问题, 现在来考虑用于回归问题的支持向量机. 给定训练样本 $D = \{(\boldsymbol{x}_1, y_1), (\boldsymbol{x}_2, y_2), \cdots, (\boldsymbol{x}_n, y_n)\}$, $y_i \in \mathbb{R}$, 希望获得一个形如式 (4.8) 的回归模型, 使得 $f(\boldsymbol{x})$ 与 y 尽可能接近, $\boldsymbol{w}$ 和 b 是待确定的模型参数.

对于样例 $(\boldsymbol{x}, y)$, 传统回归模型通常直接基于模型输出 $f(\boldsymbol{x})$ 与真实输出 y 之间的均方误差来计算损失, 当且仅当 $f(\boldsymbol{x})$ 与 y 完全相同时, 损失才为零. 与此不同, 支持向量回归模型假设可以容忍 $f(\boldsymbol{x})$ 与 y 之间最多有 ϵ 的偏差, 即仅当 $f(\boldsymbol{x})$ 与 y 之间的差别绝对值大于 ϵ 时才计算损失. 如图 4.4 所示, 支持向量回归模型相当于以 $f(\boldsymbol{x})$ 为中心, 构建了一个宽度为 2ϵ 的间隔带, 若训练样本落入此间隔带, 则认为是被预测正确的.

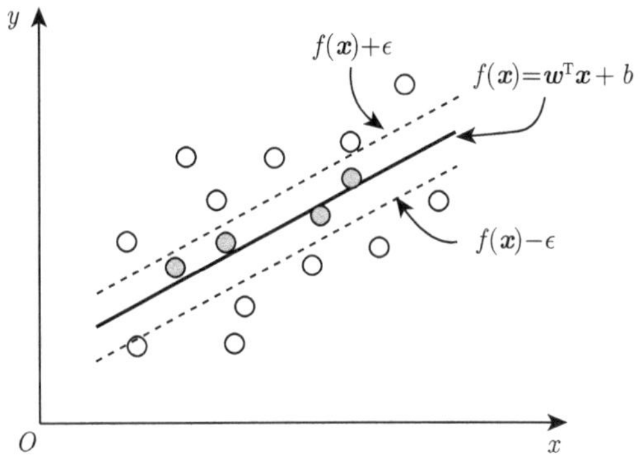

图 4.4 支持向量回归示意图

于是, 支持向量回归问题的优化目标函数可形式化表示为

$$\min_{\boldsymbol{w},b} \frac{1}{2}\|\boldsymbol{w}\|^2 + C\sum_{i=1}^{n}\Big(\max\{0, f(\boldsymbol{x}_i) - y_i - \epsilon\} + \max\{0, y_i - f(\boldsymbol{x}_i) - \epsilon\}\Big), \quad (4.41)$$

其中 C 为正则化常数. 上式表明, 对于不满足不等式 $|y_i - f(\boldsymbol{x}_i)| \leqslant \epsilon$ 的样本将受到“惩罚”. 引入松弛变量 ξ_i 和 $\hat{\xi}_i$, 可将式 (4.41) 重写为

$$\min_{\boldsymbol{w},b,\xi_i,\hat{\xi}_i} \quad \frac{1}{2}\|\boldsymbol{w}\|^2 + C\sum_{i=1}^{n}(\xi_i + \hat{\xi}_i), \quad (4.42)$$

$$\begin{aligned}\text{s.t.}\quad & f(\boldsymbol{x}_i)-y_i-\xi_i\leqslant\epsilon,\\ & y_i-f(\boldsymbol{x}_i)-\hat{\xi}_i\leqslant\epsilon,\\ & \xi_i\geqslant 0,\ \hat{\xi}_i\geqslant 0,\ i=1,2,\cdots,n.\end{aligned}$$

由拉格朗日乘子法可得到式 (4.42) 的拉格朗日函数

$$\begin{aligned}L(\boldsymbol{w},b,\boldsymbol{\alpha},\hat{\boldsymbol{\alpha}},\boldsymbol{\xi},\hat{\boldsymbol{\xi}},\boldsymbol{\beta},\hat{\boldsymbol{\beta}})=&\frac{1}{2}\|\boldsymbol{w}\|^2+C\sum_{i=1}^n(\xi_i+\hat{\xi}_i)-\sum_{i=1}^n\beta_i\xi_i-\sum_{i=1}^n\hat{\beta}_i\hat{\xi}_i\\ &-\sum_{i=1}^n\alpha_i(y_i-f(\boldsymbol{x}_i)+\epsilon+\xi_i)\\ &-\sum_{i=1}^n\hat{\alpha}_i(f(\boldsymbol{x}_i)-y_i+\epsilon+\hat{\xi}_i),\end{aligned}\tag{4.43}$$

其中, $\beta_i\geqslant 0$, $\hat{\beta}_i\geqslant 0$, $\alpha_i\geqslant 0$, $\hat{\alpha}_i\geqslant 0$ 为拉格朗日乘子.

将 $f(\boldsymbol{x}_i)=\boldsymbol{w}^{\mathrm{T}}\boldsymbol{x}_i+b$ 代入上式, 再令 $L(\boldsymbol{w},b,\boldsymbol{\alpha},\hat{\boldsymbol{\alpha}},\boldsymbol{\xi},\hat{\boldsymbol{\xi}},\boldsymbol{\beta},\hat{\boldsymbol{\beta}})$ 对 $\boldsymbol{w},b,\xi_i$ 和 $\hat{\xi}_i$ 的偏导数为零可得

$$\boldsymbol{w}=\sum_{i=1}^n(\hat{\alpha}_i-\alpha_i)\boldsymbol{x}_i,\tag{4.44}$$

$$\sum_{i=1}^n(\hat{\alpha}_i-\alpha_i)=0,$$

$$\alpha_i+\beta_i=C,\quad \hat{\alpha}_i+\hat{\beta}_i=C.$$

将上面的四个等式代入式 (4.43), 消去变量 $\boldsymbol{w},b,\xi_i,\hat{\xi}_i,\beta_i,\hat{\beta}_i$, 即可得到对偶问题

$$\begin{aligned}\max_{\boldsymbol{\alpha},\hat{\boldsymbol{\alpha}}}\quad & -\frac{1}{2}\sum_{i=1}^n\sum_{j=1}^n(\hat{\alpha}_i-\alpha_i)(\hat{\alpha}_j-\alpha_j)\boldsymbol{x}_i^{\mathrm{T}}\boldsymbol{x}_j\\ & +\sum_{i=1}^n\left[y_i(\hat{\alpha}_i-\alpha_i)-\epsilon(\hat{\alpha}_i+\alpha_i)\right],\\ \text{s.t.}\quad & \sum_{i=1}^n(\hat{\alpha}_i-\alpha_i)=0,\\ & 0\leqslant\alpha_i\leqslant C,\ 0\leqslant\hat{\alpha}_i\leqslant C.\end{aligned}$$

或者等价地,

$$\min_{\boldsymbol{\alpha},\hat{\boldsymbol{\alpha}}}\quad \frac{1}{2}\sum_{i=1}^n\sum_{j=1}^n(\hat{\alpha}_i-\alpha_i)(\hat{\alpha}_j-\alpha_j)\boldsymbol{x}_i^{\mathrm{T}}\boldsymbol{x}_j$$

$$- \sum_{i=1}^{n} \left[y_i(\hat{\alpha}_i - \alpha_i) - \epsilon(\hat{\alpha}_i + \alpha_i) \right], \tag{4.45}$$

$$\text{s.t.} \quad \sum_{i=1}^{n} (\hat{\alpha}_i - \alpha_i) = 0,$$

$$0 \leqslant \alpha_i \leqslant C, \ 0 \leqslant \hat{\alpha}_i \leqslant C.$$

上述过程中需满足 KKT 条件, 其中的互补松弛条件为

$$\begin{cases} \alpha_i(f(\boldsymbol{x}_i) - y_i - \epsilon - \xi_i) = 0, \\ \hat{\alpha}_i(y_i - f(\boldsymbol{x}_i) - \epsilon - \hat{\xi}_i) = 0, \\ (C - \alpha_i)\xi_i = 0, \ (C - \hat{\alpha}_i)\hat{\xi}_i = 0. \end{cases} \tag{4.46}$$

可以看出, 当且仅当 $f(\boldsymbol{x}_i) - y_i - \epsilon - \xi_i = 0$ 时, α_i 能取非零值, 当且仅当 $f(\boldsymbol{x}_i) - y_i - \epsilon - \hat{\xi}_i = 0$ 时, $\hat{\alpha}_i$ 能取非零值. 换言之, 仅当样本 $(\boldsymbol{x}_i, y_i)$ 不落入 ϵ 间隔带中, 相应的 α_i 和 $\hat{\alpha}_i$ 才能取非零值. 此外, 约束 $f(\boldsymbol{x}_i) - y_i - \epsilon - \xi_i = 0$ 和 $y_i - f(\boldsymbol{x}_i) - \epsilon - \hat{\xi}_i = 0$ 不能同时成立, 因此 α_i 和 $\hat{\alpha}_i$ 中至少有一个为零.

将式 (4.44) 代入 (4.8), 则支持向量回归模型的解为

$$f(\boldsymbol{x}) = \sum_{i=1}^{n} (\hat{\alpha}_i - \alpha_i) \boldsymbol{x}_i^{\mathrm{T}} \boldsymbol{x} + b. \tag{4.47}$$

能使式 (4.47) 中的 $(\hat{\alpha}_i - \alpha_i) \neq 0$ 的样本即为支持向量, 它们必落在 ϵ-间隔带之外. 显然, 支持向量仅是训练样本的一部分, 即其解仍具有稀疏性.

由 KKT 条件 (4.46) 可看出, 对每个样本 $(\boldsymbol{x}_i, y_i)$ 都有 $(C - \alpha_i)\xi_i = 0$ 且 $\alpha_i(f(\boldsymbol{x}_i) - y_i - \epsilon - \xi_i) = 0$. 于是, 在得到 α_i 后, 若 $0 < \alpha_i < C$, 则必有 $\xi_i = 0$, 进而有

$$b = y_i + \epsilon - \sum_{j=1}^{n} (\hat{\alpha}_j - \alpha_j) \boldsymbol{x}_j^{\mathrm{T}} \boldsymbol{x}_i. \tag{4.48}$$

因此, 在求解对偶问题式 (4.45) 得到 α_i 后, 理论上来说, 可任意选取满足 $0 < \alpha_i < C$ 的样本通过式 (4.45) 求得 b. 实践中常采用一种更鲁棒的办法: 选取多个 (或所有) 满足条件 $0 < \alpha_i < C$ 的样本求解 b 后取平均值.

若引入特征映射 $\varphi(\cdot)$, 即考虑预测函数 $f(\boldsymbol{x}) = \boldsymbol{w}^{\mathrm{T}}\varphi(\boldsymbol{x}) + b$, 则相应地, 式 (4.45) 将形如

$$\boldsymbol{w} = \sum_{i=1}^{n} (\hat{\alpha}_i - \alpha_i) \varphi(\boldsymbol{x}_i), \tag{4.49}$$

于是类似分类支持向量机的推导, 有

$$f(\boldsymbol{x}) = \sum_{i=1}^{n} (\hat{\alpha}_i - \alpha_i) K(\boldsymbol{x}_i, \boldsymbol{x}) + b, \tag{4.50}$$

其中 $K(\boldsymbol{x}_i,\boldsymbol{x}_j)=\varphi(\boldsymbol{x}_i)^{\mathrm{T}}\varphi(\boldsymbol{x}_j)$ 为核函数.

4.5 支持向量机的 MATLAB 实现

MATLAB 从 7.0 版本开始提供对支持向量机的支持, 主要通过 svmtrain (训练) 和 svmclassify (分类) 两个函数封装了 SVM 训练和分类的相关功能. 但在新版本中 svmtrain 和 svmclassify 函数提示已经被移除, 为方便用户的使用, MATLAB 中针对支持向量机分类和支持向量回归分别封装了两个函数: fitcsvm 和 fitrsvm. 由于两者具有极大的相似性, 因此 fitcsvm 和 fitrsvm 两者的使用方法也基本一致.

支持向量机分类 fitcsvm 函数在进行分类时, 采用的是 SMO (序列最小优化) 方法. 其使用方法为

```
Mdl = fitcsvm(X,y)
Mdl = fitcsvm(Tbl,y)
Mdl = fitcsvm(Tbl,ResponseVarName)
Mdl = fitcsvm(...,Name,Value)
```

其中, X 是样本属性值矩阵, y 是样本标签 (向量), Tbl 是样本属性表格 (矩阵), ResponseVarName 是 Tbl 中包含一个类或两个类分类的类标签的变量名. “Name, Value” 是可选项参数 (参数名, 参数值), 一般是成对出现的, 例如, 常用的可选参数及其取值有: ‘Standardize’, true; ‘KernelFunction’, ‘RBF’; ‘KernelScale’, ‘auto’; ‘OutlierFraction’, 0.05; 等等.

例 4.1 用 MATLAB 自带的鸢尾属植物数据集来将支持向量机分类付诸实践, 数据集本身共 150 个样本, 每个样本为一个 4 维的属性向量, 这 4 维特征的意义分别为: 萼片长度、萼片宽度、花瓣长度、花瓣宽度. 150 个样本分别属于 3 类鸢尾属植物 (每类 50 个样本). 实验中只用了后二维特征, 这主要是为了便于训练和分类结果的可视化. 为了暂时避开多类问题, 将样本数据剔除 “setosa” (山鸢尾) 类而变成两类问题.

MATLAB 程序如下 (main_svm.m 文件).

```
%支持向量机二分类示例
load fisheriris  %载入数据集
inds=~strcmp(species,'setosa'); %提取不是'setosa'类的数据
X=meas(inds,3:4);  %利用后两个特征(花瓣长度和花瓣宽度)
y=species(inds); %剔除'setosa'类后变成二分类问题
SVMModel=fitcsvm(X,y);
sv=SVMModel.SupportVectors; %支持向量
gscatter(X(:,1),X(:,2),y,'br','*p'); %按标签y绘制散点图
```

```
hold on
plot(sv(:,1),sv(:,2),'ko','MarkerSize',9); %画出支持向量
legend('versicolor','virginica','Support Vector')
hold off
```

在命令窗口运行上述程序, 显示结果如下:

```
SVMModel =

  ClassificationSVM
           ResponseName: 'Y'
  CategoricalPredictors: []
             ClassNames: {'versicolor'  'virginica'}
         ScoreTransform: 'none'
        NumObservations: 100
                  Alpha: [24×1 double]
                   Bias: -14.4149
       KernelParameters: [1×1 struct]
         BoxConstraints: [100×1 double]
        ConvergenceInfo: [1×1 struct]
        IsSupportVector: [100×1 logical]
                 Solver: 'SMO'

  Properties, Methods
```

从上述显示的输出结果中可以了解有关信息, 例如: “Solver: ‘SMO’” 表示使用的求解器为 SMO 算法; “ClassNames: {‘versicolor’ ‘virginica’}” 表示类别名分别为 versicolor 和 virginica; 等等. 最下面一行的 “Properties, Methods” 是两个超级链接, 表示 “属性” 和 “方法”, 单击之后分别显示为

```
类 ClassificationSVM 的属性:
BoxConstraints
CacheInfo
ConvergenceInfo
Gradient
IsSupportVector
Nu
NumIterations
OutlierFraction
ShrinkagePeriod
Solver
Y
```

```
X
RowsUsed
W
ModelParameters
NumObservations
HyperparameterOptimizationResults
PredictorNames
CategoricalPredictors
ResponseName
ExpandedPredictorNames
ClassNames
Prior
Cost
ScoreTransform
Alpha
Beta
Bias
KernelParameters
Mu
Sigma
SupportVectors
SupportVectorLabels

类 ClassificationSVM 的方法:
compact                edge           predict       resubPredict
compareHoldout         fitPosterior   resubEdge     resume
crossval               loss           resubLoss
discardSupportVectors  margin         resubMargin
```

可以利用模型提供的上述方法进一步地分析. 例如, 方法 “predict” 可以利用训练好的模型对新样本进行分类预测, 假设有一个样本, 其花瓣长度和宽度分别为 4.23 cm 和 3.12 cm, 那么, 在命令窗口键入:

```
predict(SVMModel,[4.23, 3.12])
```

回车后显示结果:

```
ans =
   1×1 cell 数组
    {'virginica'}
```

表示该样本属于 “virginica” 类.

此外, 运行程序 main_svm.m 还会得到可视化分类结果, 如图 4.5 所示.

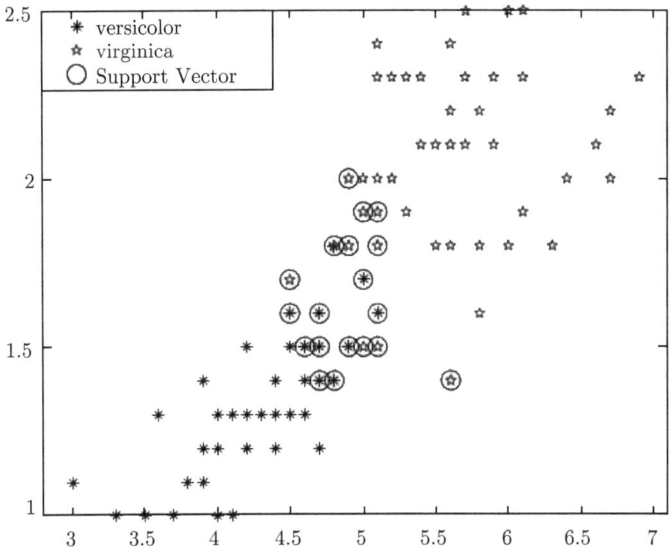

图 4.5 支持向量机二分类结果

下面介绍如何利用 fitcsvm 进行多分类. 多分类的调用方式如下:

```
SVMModel=fitcsvm(X,Y,'ClassNames',{'negClass','posClass'}, ...
        'Standardize',true,'KernelFunction','rbf','BoxConstraint',1);
```

简单说一下参数:

X 是训练样本, $n \times m$ 的矩阵, n 是样本数, m 是特征维数.

Y 是样本标签, $n \times 1$ 的矩阵, n 是样本数.

'ClassNames', 'negClass', 'posClass' 为键值对参数, 指定正负类别, 负类名在前, 正类名在后, 与样本标签 Y 中的元素对应.

'Standardize', true 为键值对参数, 表示是否将数据标准化 (即中心化).

'KernelFunction', 'rbf' 为键值对参数, 有 3 种: 'linear' (线性核, 默认), 'gaussian' (或 'rbf', 高斯核), 'polynomial' (多项式核).

'BoxConstraint', 1 为键值对参数, 直观上可以理解为一个惩罚因子 (或者说正则参数), 涉及软间隔支持向量机的间隔大小. 基本思想是: 当原始数据未能呈现出较好的可分性时, 算法允许其在训练集上呈现出一些误分类, MATLAB 默认的 BoxConstraint 为 1. 盒子约束的数值越大, 意味着惩罚力度越小, 最后得到的分类超平面的间隔越小, 支持向量数越多, 模型越复杂. 这也就是很多机器学习理论书中一开始推导的硬间隔支持向量机, 因为该参数默认为 1, 所以使用默认参数训练时, 我们采用的是软间隔支持向量机.

例 4.2 用支持向量机对鸢尾属植物数据集 (Iris Data Set) 进行多分类.

程序代码如下 (multi_svm.m 文件).

```
%支持向量机多分类示例
load fisheriris  %载入Iris数据集
X=meas(:,3:4); %为了可视化,取数据集的后两个特征
Y=species; %标签
figure (1)
g=gscatter(X(:,1),X(:,2),Y,'mrb','*po');
hold on
a=gca;  %当前坐标轴
lims=[a.XLim a.YLim]; %提取x轴和y轴的极限
title('{鸢尾属植物散点图}');
xlabel('花瓣长度 (cm)');
ylabel('花瓣宽度 (cm)');
legend(g,{'setosa','versicolor','virginica'},'Location','NW');
SVMModels=cell(3,1);
%SVMModels是一个3×1的元胞数组,每个单元包含一个
%ClassificationSVM分类器.对于每个细胞, 正类分别
%是setosa,versicolor和virginica
Cls=unique(Y);
%unique(Y)表示去掉Y中的重复数据,并按从小到大排序返回给Cls
rng(1); %可重复性
for j=1:numel(Cls)
   indx=strcmp(Y,Cls(j)); %为每个分类器创建二分类
   SVMModels{j}=fitcsvm(X,indx,'ClassNames',[false true],...
    'Standardize',true,'KernelFunction','rbf',...
    'BoxConstraint',1);
end
d=0.02;
[x1Grid,x2Grid]=meshgrid(min(X(:,1)):d:max(X(:,1)),...
                         min(X(:,2)):d:max(X(:,2)));
xGrid=[x1Grid(:),x2Grid(:)];
N=size(xGrid,1);
Scores=zeros(N,numel(Cls)); %存储得分
for j=1:numel(Cls)
   [~,score]=predict(SVMModels{j},xGrid);
   Scores(:,j)=score(:,2); %第二列包含正类分数
end
%定义一个精细的网格,并将坐标视为来自训练数据分布的新观察值,使用每个分类器
%估计新观察值的得分.每一行的分数包含三个分数,得分最大的元素的索引是新类观
%察最可能所属的类的索引.
```

```
[~,maxScore]=max(Scores,[ ],2);
%根据相应的新观察结果所属的类,在图中的区域上色
figure(2)
h(1:3)=gscatter(xGrid(:,1),xGrid(:,2),maxScore, ...
                [0.1 0.5 0.5; 0.5 0.1 0.5; 0.5 0.5 0.1]);
hold on
h(4:6)=gscatter(X(:,1),X(:,2),Y,'mrb','*po');
title('{鸢尾属植物分类区域}');
xlabel('花瓣长度(cm)');
ylabel('花瓣宽度(cm)');
legend(h,{'setosa region','versicolor region', ...
          'virginica region','observed setosa', ...
          'observed versicolor','observed virginica'},'Location','NW');
axis tight
hold off
```

上述程序的运行结果如图 4.6 和图 4.7 所示.

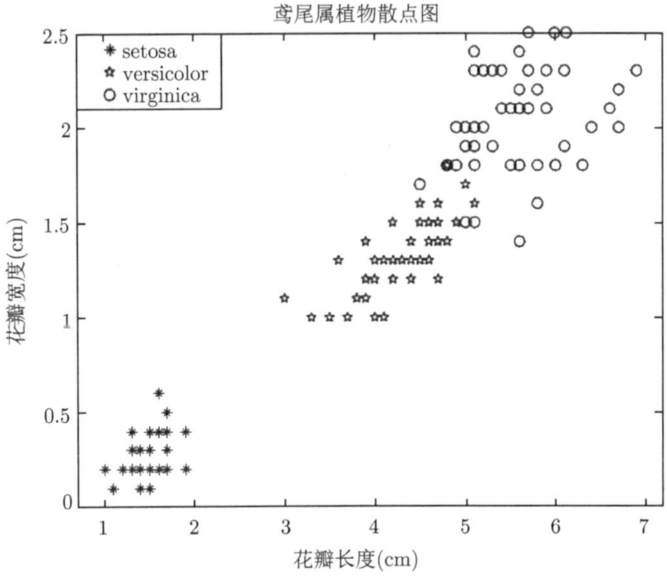

图 4.6 鸢尾属植物数据集散点图

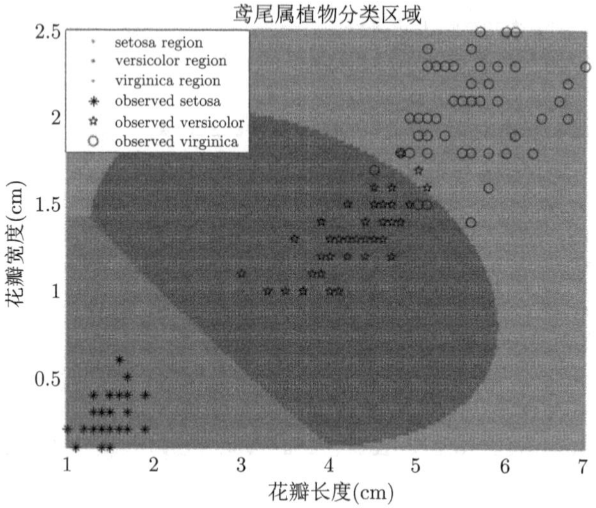

图 4.7 鸢尾属植物数据集分类区域

本章课件

第 5 章　人工神经网络

5.1　前馈神经网络简介

人工神经网络 (简称 ANN 或 NN) 是对人脑或生物神经网络若干基本特性的抽象和模拟. 它由多个相互连接的神经元构成, 这些神经元从其他相连的神经元接收输入数据, 通过计算产生输出数据. 人工神经网络为从样本中学习值为实数、离散值或向量值的函数提供了一种鲁棒性很强的解决方案, 已经在解决人脸识别、汽车自动驾驶和光学字符识别 (OCR) 等诸多实际问题中取得了惊人的成功.

对于一个分类问题, 其目标就是学习一个决策函数 $h(x)$, 该函数的输出为离散值 (类标签) 或者向量 (经过编码的类标签), ANN 自然能够胜任这一任务. 此外, 由于可学习实值函数, ANN 也是函数拟合的利器.

5.1.1　M-P 神经元

神经网络中最基本的成分是神经元模型. 在生物神经网络中, 每个神经元与其他神经元相连, 当它 "兴奋" 时, 就会向相连的神经元发送化学物质, 从而改变这些神经元内的电位; 如果某神经元的电位超过了一个 "阈值", 那么它就会被激活, 即 "兴奋" 起来, 向其他神经元发送化学物质. 在人工神经网络中, 神经元的作用与此类似. 1943 年, McCulloch 和 Pitts 提出了如图 5.1 所示的所谓 "M-P 神经元模型". 在这个模型中, 神经元接收的输入信号为向量 $\boldsymbol{x} = (x_1, x_2, \cdots, x_m)^{\mathrm{T}}$, 向量 $\boldsymbol{w} = (w_1, w_2, \cdots, w_m)^{\mathrm{T}}$ 为输入向量的组合权重, b 为偏置项, 是一个标量.

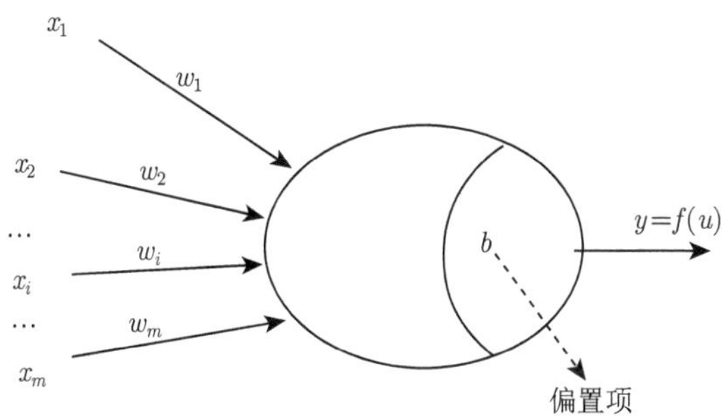

图 5.1　M-P 神经元模型

神经元的作用是对输入向量的分量进行加权求和并加上偏置项, 最后经过函数 f 处理后产生输出:

$$y = f\left(\sum_{i=1}^{m} w_i x_i + b\right),$$

写成向量形式为

$$y = f\big(\boldsymbol{w}^{\mathrm{T}}\boldsymbol{x} + b\big),$$

即先计算输入向量与权重向量的内积并加上偏置项, 再送入一个函数进行变换, 最后得到输出. 这个函数就称为“激活函数”. 理想的激活函数是单位阶跃函数

$$f(x) = \begin{cases} 1, & x \geqslant 0, \\ 0, & x < 0, \end{cases} \tag{5.1}$$

它将输入值映射为输出值“1”或“0”, 显然“1”对应于神经元兴奋, “0”对应于神经元抑制. 由于单位阶跃函数是不连续的, 因此实际中常用 Sigmoid 函数作为激活函数. 典型的 Sigmoid 函数表达式如下:

$$\sigma(x) = \frac{1}{1 + \mathrm{e}^{-x}}, \tag{5.2}$$

这个函数在第 3 章中也用于逻辑斯谛回归, 它的定义域为 $(-\infty, \infty)$, 值域为 $(0, 1)$, 即它把可能在较大范围内变化的输入值挤压到 $(0, 1)$ 输出值范围内, 因此有时也称为“挤压函数”. 除了这些优点之外, Sigmoid 函数是一个单调增函数, 其导数的计算特别方便:

$$\sigma'(x) = \sigma(x)(1 - \sigma(x)).$$

在点 $(0, 0.5)$ 处, 该函数的导数值取得最大值 0.25, 其图像是一条 S 形曲线, 如图 5.2 所示.

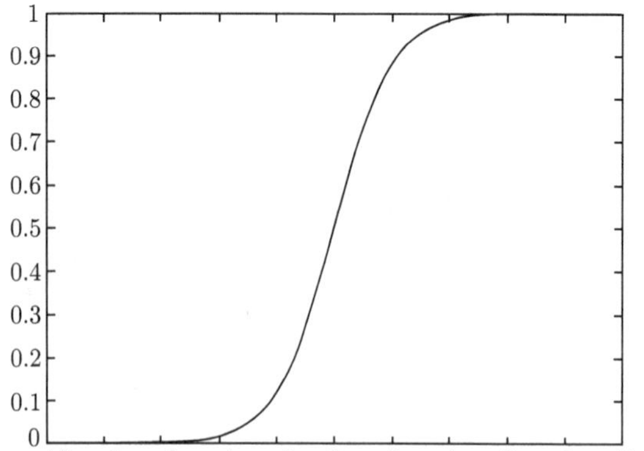

图 5.2 Sigmoid 函数的图像

把许多个这样的 M-P 神经元按一定的层次结构连接起来, 就得到了神经网络. 事实上, 从计算科学的角度看, 可以先不考虑神经网络是否真的模拟了生物神经网络, 只需将一个神经网络视为包含了许多参数的数学模型即可. 有效的神经网络学习算法大多以数学证明为支撑.

5.1.2 感知器模型

感知器是一种只具有两种输出 (对应于二分类任务) 的简单的人工神经元, 其工作方式与生物神经单元颇为相似. 感知器由两层神经元组成, 如图 5.3 所示, 输入层接收外界输入信号后传递给输出层, 输出层是 M-P 神经元.

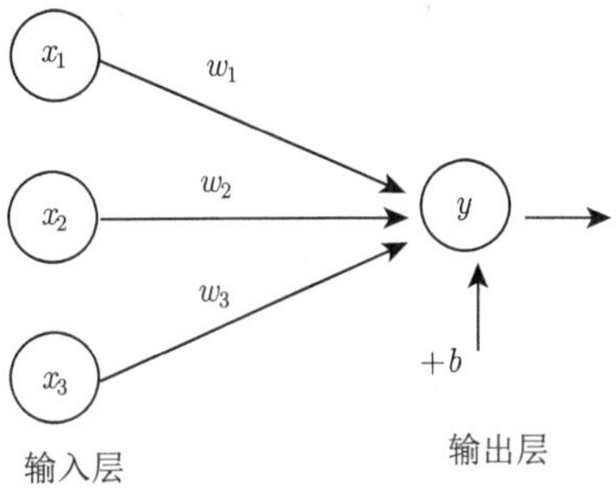

图 5.3 三个输入神经元的感知器网络结构

感知器的运行原理用数学表达式表示如下 (以三个输入神经元为例):

$$y = \begin{cases} 1, & w_1x_1 + w_2x_2 + w_3x_3 + b \geqslant 0, \\ 0, & w_1x_1 + w_2x_2 + w_3x_3 + b < 0. \end{cases}$$

感知器的每个输入信号都有各自固有的权重, 这些权重发挥着控制各个信号的重要性的作用. 也就是说, 权重越大, 对应该权重的信号的重要性就越高.

一般地, 假设感知器有 m 个实数输入 $\boldsymbol{x} = (x_1, x_2, \cdots, x_m)^{\mathrm{T}}$, 对应的权值为 $\boldsymbol{w} = (w_1, w_2, \cdots, w_m)^{\mathrm{T}}$, 此外还有一个偏置项 b. 首先需计算这 m 个输入根据其权值形成的一个线性组合再加上偏置项 b, 即

$$\hat{y} = \sum_{i=1}^{m} w_i \cdot x_i + b. \tag{5.3}$$

不妨令 $x_0 = 1$, $w_0 = b$, 从而式 (5.3) 可表示为

$$\hat{y} = \sum_{i=0}^{m} w_i \cdot x_i = \hat{\boldsymbol{w}}^{\mathrm{T}} \hat{\boldsymbol{x}}, \tag{5.4}$$

其中, 输入向量 $\hat{\boldsymbol{x}} = (1, x_1, x_2, \cdots, x_m)^{\mathrm{T}}$, 权向量 $\hat{\boldsymbol{w}} = (w_0, w_1, w_2, \cdots, w_m)^{\mathrm{T}}$.

感知器的输出为

$$y = \begin{cases} 1, & \hat{y} = \hat{\boldsymbol{w}}^{\mathrm{T}}\hat{\boldsymbol{x}} \geqslant 0, \\ 0, & \hat{y} = \hat{\boldsymbol{w}}^{\mathrm{T}}\hat{\boldsymbol{x}} < 0. \end{cases} \tag{5.5}$$

由式 (5.5) 的形式可知, 感知器对应于一个 m 维空间中的超平面 $\boldsymbol{w}^{\mathrm{T}}\boldsymbol{x}+b=0$, 它能够分为两类样本. 对于其一侧的输入样本输出 1, 对于另一侧的样本输出 0. 训练过程就是调整权值 $w_1, w_2, \cdots, w_m$, 使得感知器对于两类样本分别输出 1 和 0.

只有 1 和 0 两种输出限制了感知器的处理和分类能力, 一种简单的推广是线性单元, 即不带阈值的感知器. 一个具有 m 个输入 $x_1, x_2, \cdots, x_m$ 的线性单元, 它的输出为其 m 个输入根据其权值形成的一个线性组合再加上偏置项 b, 即

$$\hat{y} = \sum_{i=1}^{m} w_i \cdot x_i + b. \tag{5.6}$$

令 $x_0 = 1$, $w_0 = b$, 从而式 (5.6) 可表示为

$$\hat{y} = \sum_{i=0}^{m} w_i \cdot x_i = \hat{\boldsymbol{w}}^{\mathrm{T}}\hat{\boldsymbol{x}}, \tag{5.7}$$

其中, 输入向量 $\hat{\boldsymbol{x}} = (1, x_1, x_2, \cdots, x_m)^{\mathrm{T}}$, 权向量 $\hat{\boldsymbol{w}} = (w_0, w_1, w_2, \cdots, w_m)^{\mathrm{T}}$.

训练线性单元的核心任务就是调整权值 $w_1, w_2, \cdots, w_m$, 使得线性单元对于训练样本的实际输出与训练样本的目标输出尽可能地接近.

为了推导线性单元的权值学习法则, 首先必须定义一个度量标准来衡量在当前权向量 $\boldsymbol{w}$ 下学习模型对于训练样例的训练误差. 设样本训练集为 $D=\{(\boldsymbol{x}_1, y_1), (\boldsymbol{x}_2, y_2), \cdots, (\boldsymbol{x}_n, y_n)\}$, 其中 $y_i \in \mathbb{R}$ 是标签值. 对于样本向量 $\boldsymbol{x}_i = (x_{i1}, x_{i2}, \cdots, x_{im})^{\mathrm{T}}$, 一个常见的度量标准为平方误差准则:

$$E(\boldsymbol{w}) = \frac{1}{2}\sum_{i=1}^{n}(y_i - \hat{y}_i)^2, \tag{5.8}$$

其中

$$\hat{y}_i = \boldsymbol{w}^{\mathrm{T}}\boldsymbol{x}_i + b_i = \sum_{j=1}^{m} w_j \cdot x_{ij} + b_i$$

是线性单元对于训练样本 $\boldsymbol{x}_i$ 的实际输出.

$E(\boldsymbol{w})$ 是目标输出 y_i 和实际输出 $\hat{y}_i$ 之差的平方在训练样本所有属性上求和的 1/2 倍 (这里常数 1/2 主要是为了最终的推导结果在形式上的简洁, 在推导过程中与其后平方项求导产生的因子 2 抵消). 观察式 (5.8), 因为 $\boldsymbol{x}_i$ 是定值, 目标输出 y_i 也为定值 (训练样本的类别信息是已知的), 而 $\hat{y}_i$ 只依赖于权向量 $\boldsymbol{w}$, 故

可将误差 E 写成是权向量 $\boldsymbol{w}$ 的函数. 误差 $E(\boldsymbol{w})$ 在几何上是一个超曲面, 简称误差曲面.

为了确定一个使 E 最小化的权向量, 从任意的初始权向量 $\boldsymbol{w}^0$ 开始, 然后以很小的步长反复修改这个权向量, 而每一步的修改都能够使误差 E 减小. 继续这个过程直到找到全局的最小值点 $\boldsymbol{w}^*$.

怎样才能计算出沿误差曲面最快的下降方向呢? 在高等数学中学习过梯度的概念, 而梯度是方向导数最大的方向, 因此可通过计算 E 相对于向量 $\boldsymbol{w}$ 的每个分量的偏导数来得到方向导数最大的方向——梯度, 记作 $\nabla E(\boldsymbol{w})$, 即

$$\nabla E(\boldsymbol{w}) = \left(\frac{\partial E}{\partial w_1}, \frac{\partial E}{\partial w_2}, \cdots, \frac{\partial E}{\partial w_m}\right)^{\mathrm{T}}. \tag{5.9}$$

需要注意的是, 梯度 $\nabla E(\boldsymbol{w})$ 本身是一个表示方向导数取最大值的方向向量, 因此它对应于 E 最快的上升方向, 而要寻找的沿误差曲面最快的下降方向自然就是负梯度 $-\nabla E(\boldsymbol{w})$. 沿着负梯度方向搜索寻优的迭代算法称为梯度下降法, 其迭代更新法则为

$$\boldsymbol{w} \leftarrow \boldsymbol{w} - \eta\nabla E(\boldsymbol{w}). \tag{5.10}$$

记

$$\Delta\boldsymbol{w} = -\eta\nabla E(\boldsymbol{w}), \tag{5.11}$$

这里 η 是一个称为学习率的正的常数, 它决定了梯度下降搜索中的步长. $\boldsymbol{w}$ 代表解空间中的当前搜索点, $\Delta\boldsymbol{w}$ 代表向当前最快下降方向的一小段位移, $\boldsymbol{w} \leftarrow \boldsymbol{w} + \Delta\boldsymbol{w}$ 则表示在搜索空间中从当前点沿最快下降方向移动一小段距离并更新当前位置至此移动位置.

训练法则 (5.10) 也可以写成它的分量形式:

$$w_j \leftarrow w_j + \Delta w_j, \quad j = 1, 2, \cdots, m, \tag{5.12}$$

其中

$$\Delta w_j = -\eta\frac{\partial E}{\partial w_j}, \quad j = 1, 2, \cdots, m. \tag{5.13}$$

这样很明显, 下降最快的方向可以按照比例 $\partial E/\partial w_j$ 改变 $\boldsymbol{w}$ 中的每一个 w_j 来实现. 剩下的问题就是如何计算偏导数 $\partial E/\partial w_j$. 事实上,

$$\begin{aligned}\frac{\partial E}{\partial w_j} &= \frac{\partial}{\partial w_j}\left(\frac{1}{2}\sum_{i=1}^{n}(y_i - \hat{y}_i)^2\right) = \frac{1}{2}\sum_{i=1}^{n}\frac{\partial}{\partial w_j}(y_i - \hat{y}_i)^2 \\ &= \frac{1}{2}\sum_{i=1}^{n}2(y_i - \hat{y}_i)\frac{\partial}{\partial w_j}(y_i - \hat{y}_i)\end{aligned}$$

$$= \sum_{i=1}^{n}(y_i - \hat{y}_i)\frac{\partial}{\partial w_j}(y_i - (\boldsymbol{w}^{\mathrm{T}}\boldsymbol{x}_i + b_i))$$
$$= \sum_{i=1}^{n}(y_i - \hat{y}_i)(-x_{ij}), \tag{5.14}$$

其中, x_{ij} 表示训练样本向量 $\boldsymbol{x}_i$ 的第 j 个分量.

至此我们得到了一个能够用线性单元的输入 x_{ij}、输出 $\hat{y}_i$ 以及训练样本的目标值 y_i 表示的 $\partial E/\partial w_j$, 代入式 (5.11) 得到了梯度下降的权值更新法则:

$$\Delta w_j = \eta\sum_{i=1}^{n}(y_i - \hat{y}_i)x_{ij}, \quad j = 1, 2, \cdots, m. \tag{5.15}$$

综上所述, 训练线性单元的梯度下降算法如下:

(1) 随机选取一个初始权向量;

(2) 计算所有训练样本经过线性单元的输出, 然后根据式 (5.15) 计算每个权值的 Δw_j;

(3) 通过式 (5.12) 来更新每个权值, 然后重复这个过程.

该算法的伪代码描述如算法 5.1 所示.

算法 5.1 训练集 D 中每一个训练样本以序偶 $(\boldsymbol{x}, y)$ 的形式给出, 其中 $\boldsymbol{x}$ 是样本属性向量, 是系统的输入, y 是目标输出值, 通常是类标签的某种编码, η 是学习率.

将每个网络权值 w_j 初始化为某个小的随机值;
满足终止条件之前, 重复以下操作:
  初始化每个 Δw_j 为 0;
  对于训练集合 D 中的每个 $(\boldsymbol{x}, y)$, 做:
    把样本属性向量 $\boldsymbol{x}$ 作为线性单元的输入, 计算输出 $\hat{y}$;
    对于线性单元的每个权 w_j, 做 $\Delta w_j \leftarrow \Delta w_j + \eta(y - \hat{y})x_j$;
对于线性单元的每个权 w_j, 做 $w_j \leftarrow w_j + \Delta w_j$.

由于二次误差曲面仅包含一个全局最小值, 算法 5.1 最终会收敛到具有最小误差的权向量, 但必须使用一个足够小的学习率 η. 如果 η 太大, 梯度下降搜索就有越过误差曲面最小值而不是停留在那一点的危险. 一种好的改进策略是随着梯度下降步数的增加而逐渐减小 η 的值.

计算实践表明, 应用上述梯度下降法存在以下两个问题:

(1) 收敛过程可能非常缓慢 (需要上千次的迭代).

(2) 如果在误差曲面上存在多个局部极小值, 算法不保证能够找到全局最小值 (与初始搜索位置有关).

为缓解这些问题, 人们提出了随机梯度下降法, 又称为增量梯度下降法.

标准梯度下降在对训练集 D 中的所有样本的平方误差求和后计算权值更新, 式 (5.15) 中对所有 D 中样本的 Σ 求和说明了这一点; 而随机梯度下降法根据每个单独样本的误差增量计算权值更新, 得到近似的梯度下降搜索. 修改后的训练法则与式 (5.15) 相似, 只是在迭代计算每个训练样本时根据下面的公式来更新权值.

$$\Delta w_j = \eta(y_i - \hat{y}_i)x_{ij}. \tag{5.16}$$

随机梯度下降法的伪代码描述如算法 5.2 所示.

算法 5.2 训练集 D 中每一个训练样本以序偶 $(\boldsymbol{x}, y)$ 的形式给出, 其中 $\boldsymbol{x}$ 是样本属性向量, 是系统的输入, y 是类标签值, η 是学习率.

将每个网络权值 w_j 初始化为某个小的随机值;

满足终止条件之前, 重复以下操作:

  对于训练集合 D 中的每个 $(\boldsymbol{x}, y)$, 做:

    把样本属性向量 $\boldsymbol{x}$ 作为线性单元的输入, 计算输出 $\hat{y}$;

    对于线性单元的每个权 w_j, 做 $w_j \leftarrow w_j + \eta(y - \hat{y})x_j$.

随机梯度下降可以被看作是为每个单独的训练样本 $\boldsymbol{x}_i$ 定义不同的误差函数 $E_i(\boldsymbol{w})$:

$$E_i(\boldsymbol{w}) = \frac{1}{2}(y_i - \hat{y}_i)^2. \tag{5.17}$$

在每次迭代中按照关于 $E_i(\boldsymbol{w})$ 的梯度来改变权值. 在迭代完所有训练样本 1 轮时, 这些权值更新的序列给出了对原来误差函数 $E(\boldsymbol{w})$ 的标准梯度下降的一个合理近似. 只要 η 足够小, 随机梯度下降就可以以任意程度接近标准梯度下降.

注 5.1 标准梯度下降在权值更新前对所有样本汇总误差, 而随机梯度下降的权值是通过考察每个训练样本来更新的, 如果 $E(\boldsymbol{w})$ 存在多个局部极小值, 随机梯度下降有时可避免陷入这些局部极小值, 因为它使用 $E_i(\boldsymbol{w})$ 而不是 $E(\boldsymbol{w})$ 来引导搜索.

5.1.3 多层前馈网络

需注意的是, 感知器只有输出层神经元进行激活函数处理, 即只拥有一层功能神经元, 其学习能力非常有限. 用于分类任务时, 神经网络一般有多个层, 第一层是输入层, 对应着输入向量, 神经元的个数等于属性向量的维数. 输入层不对数据进行任何处理, 只是将输入数据送入下一层进行计算. 中间层称为隐含层 (也称为隐层), 可能有多个隐层. 最后是输出层, 神经元的数量是要分类的类别数, 输出层的输出结果用来做分类预测.

下面看一下单隐层神经网络的例子, 如图 5.4 所示. 这个神经网络有 3 层, 第一层为输入层, 对应的输入向量为 $\boldsymbol{x}=(x_1,x_2,x_3)^{\mathrm{T}}\in\mathbb{R}^3$, 有 3 个神经元, 它们不对数据做任何处理, 直接原样送入下一层. 第二层 (中间层) 为隐含层, 有 4 个神经元, 接收的输入数据为向量 $\boldsymbol{x}$, 输出值为向量 $\boldsymbol{y}$. 第三层为输出层, 接收的输入数据为向量 $\boldsymbol{y}=(y_1,y_2,y_3,y_4)^{\mathrm{T}}$, 输出向量为 $\boldsymbol{z}=(z_1,z_2)^{\mathrm{T}}$. 每层神经元与下层神经元全互连, 神经元之间不存在同层连接, 也不存在跨层连接. 这样的神经网络结构通常称为"多层前馈神经网络". 第一层到第二层的权重矩阵为 $\boldsymbol{W}^{(1)}$, 第二层到第三层的权重矩阵为 $\boldsymbol{W}^{(2)}$. 权重矩阵的每一行为一个权重向量, 是上一层所有神经元到本层某一个神经元的连接权重, 这里的上标表示层数. 写出来是如下形式:

$$\boldsymbol{W}^{(1)}=\begin{pmatrix} w_{11}^{(1)} & w_{12}^{(1)} & w_{13}^{(1)} \\ w_{21}^{(1)} & w_{22}^{(1)} & w_{23}^{(1)} \\ w_{31}^{(1)} & w_{32}^{(1)} & w_{33}^{(1)} \\ w_{41}^{(1)} & w_{42}^{(1)} & w_{43}^{(1)} \end{pmatrix},\quad \boldsymbol{W}^{(2)}=\begin{pmatrix} w_{11}^{(2)} & w_{12}^{(2)} & w_{13}^{(2)} & w_{14}^{(2)} \\ w_{21}^{(2)} & w_{22}^{(2)} & w_{23}^{(2)} & w_{24}^{(2)} \end{pmatrix}. \tag{5.18}$$

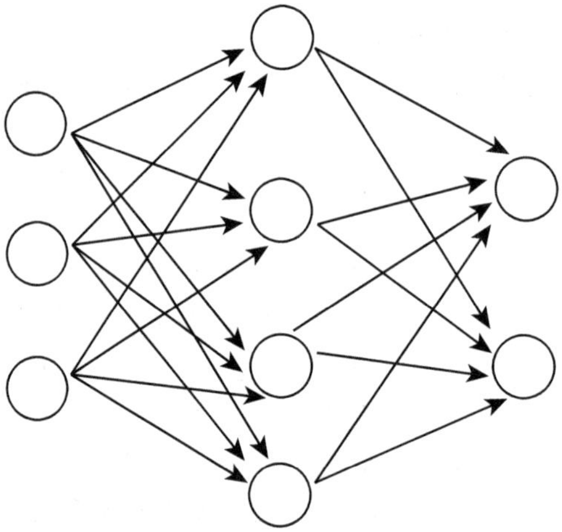

图 5.4　单隐层前馈网络结构示意图

记 $\boldsymbol{w}_i^{(k)}$ 为矩阵 $\boldsymbol{W}^{(k)}\,(k=1,2)$ 的第 i 行, 假设激活函数选用 Sigmoid 函数, 则第二层神经元的输出值为

$$y_1=\frac{1}{1+\mathrm{e}^{-(\boldsymbol{w}_1^{(1)}\boldsymbol{x}+b_1^{(1)})}}=\frac{1}{1+\mathrm{e}^{-(w_{11}^{(1)}x_1+w_{12}^{(1)}x_2+w_{13}^{(1)}x_3+b_1^{(1)})}},$$

$$y_2=\frac{1}{1+\mathrm{e}^{-(\boldsymbol{w}_2^{(1)}\boldsymbol{x}+b_2^{(1)})}}=\frac{1}{1+\mathrm{e}^{-(w_{21}^{(1)}x_1+w_{22}^{(1)}x_2+w_{23}^{(1)}x_3+b_2^{(1)})}},$$

$$y_3 = \frac{1}{1+\mathrm{e}^{-(\boldsymbol{w}_3^{(1)}\boldsymbol{x}+b_3^{(1)})}} = \frac{1}{1+\mathrm{e}^{-(w_{31}^{(1)}x_1+w_{32}^{(1)}x_2+w_{33}^{(1)}x_3+b_3^{(1)})}},$$
$$y_4 = \frac{1}{1+\mathrm{e}^{-(\boldsymbol{w}_4^{(1)}\boldsymbol{x}+b_4^{(1)})}} = \frac{1}{1+\mathrm{e}^{-(w_{41}^{(1)}x_1+w_{42}^{(1)}x_2+w_{43}^{(1)}x_3+b_4^{(1)})}}.$$

第三层神经元的输出值为

$$z_1 = \frac{1}{1+\mathrm{e}^{-(\boldsymbol{w}_1^{(2)}\boldsymbol{y}+b_1^{(2)})}} = \frac{1}{1+\mathrm{e}^{-(w_{11}^{(2)}y_1+w_{12}^{(2)}y_2+w_{13}^{(2)}y_3+w_{14}^{(2)}y_4+b_1^{(2)})}},$$
$$z_2 = \frac{1}{1+\mathrm{e}^{-(\boldsymbol{w}_2^{(2)}\boldsymbol{y}+b_2^{(2)})}} = \frac{1}{1+\mathrm{e}^{-(w_{21}^{(2)}y_1+w_{22}^{(2)}y_2+w_{23}^{(2)}y_3+w_{24}^{(2)}y_4+b_2^{(2)})}}.$$

如果将 y_i 代入上式中, 则输出向量 $\boldsymbol{z}$ 就可以表示为输入向量 $\boldsymbol{x}$ 的函数, 因此, 神经网络本质上就是一个复合函数.

神经网络通过非线性激活函数而实现非线性映射的功能, 通过调整权重和偏置项而形成不同的映射函数, 这些权重和偏置项将通过"训练"而得到, 将在误差逆传播算法一节中详细论述.

图 5.4 所示的神经网络通常称为"单隐层网络", 即只有一个隐含层的神经网络. 一般来说, 只要包含了隐层, 就可称为多层网络. 神经网络的学习过程, 就是根据训练数据来调整神经元之间的"连接权"以及每个功能神经元的阈值; 换言之, 神经网络"学"到的东西, 蕴涵在连接权与阈值中.

下面把单隐层网络推广到更一般的情形. 假设神经网络的输入是 m 维向量 $\boldsymbol{x}$, 输出是 n 维向量 $\boldsymbol{y}$, 它实现了向量值映射:

$$\mathbb{R}^m \mapsto \mathbb{R}^n.$$

将这个映射记为

$$\boldsymbol{y} = \varphi(\boldsymbol{x}).$$

用于分类任务时, 将输出向量 $\boldsymbol{y}$ 的最大分量对应的下标作为分类的结果; 用于回归任务时, 直接将输出向量 $\boldsymbol{y}$ 作为回归结果.

假设输入向量为 $\boldsymbol{x}^{(0)}$, 则神经网络第 i 层的输出变换写成矩阵-向量形式为

$$\begin{cases} \boldsymbol{u}^{(i)} = \boldsymbol{W}^{(i)}\boldsymbol{x}^{(i-1)} + \boldsymbol{b}^{(i)}, \\ \boldsymbol{x}^{(i)} = f(\boldsymbol{u}^{(i)}),\ i = 1, 2, \cdots, \end{cases} \tag{5.19}$$

其中 f 是激活函数, 一般是非线性的, 分别作用于输入向量的每一个分量, 产生向量值输出; $\boldsymbol{x}^{(i-1)}$ 是前一层 (第 $i-1$ 层) 的输出向量, 也是本层接收的输入向量; $\boldsymbol{W}^{(i)}$ 是前一层神经元与本层神经元的连接权重矩阵, 是一个 $\ell_i \times \ell_{i-1}$ 阶的矩阵,

其中 ℓ_i, ℓ_{i-1} 分别是本层和前一层的神经元个数; $\boldsymbol{b}^{(i)}$ 是本层的偏置项, 是一个 ℓ_i 维的列向量.

在计算神经网络输出值的时候, 从输入层开始, 对于每一层都用式 (5.19) 中的两个公式进行计算, 最后得到神经网络的输出, 这一过程称为前向传播. 一般来说, 前向传播过程有两种: 推理预测时的前向传播和训练时的前向传播.

可将图 5.4 所示的单隐层神经网络实现的映射写成完整的形式:

$$\boldsymbol{z} = f_2(\boldsymbol{W}^{(2)} f_1(\boldsymbol{W}^{(1)}\boldsymbol{x} + \boldsymbol{b}^{(1)}) + \boldsymbol{b}^{(2)}), \tag{5.20}$$

其中 $f_i\,(i = 1, 2)$ 是前一层到本层的激活函数, 可以是相同的, 也可以不同. 从式 (5.19) 可以看出, 这个神经网络是一个二重复合函数, 若令

$$\boldsymbol{y} = f_1(\boldsymbol{W}^{(1)}\boldsymbol{x} + \boldsymbol{b}^{(1)}),$$

则式 (5.19) 可写成

$$\begin{cases} \boldsymbol{y} = f_1(\boldsymbol{W}^{(1)}\boldsymbol{x} + \boldsymbol{b}^{(1)}), \\ \boldsymbol{z} = f_2(\boldsymbol{W}^{(2)}\boldsymbol{y} + \boldsymbol{b}^{(2)}). \end{cases} \tag{5.21}$$

下面给出前向传播算法的实现步骤. 假设前馈神经网络共有 N_t 层, 第一层为输入层, 输入向量为 $\boldsymbol{x}$, 第 i 层的权重矩阵为 $\boldsymbol{W}^{(i)}$, 偏置项为 $\boldsymbol{b}^{(i)}$, 则有如下算法.

算法 5.3 (前向传播算法)

置 $\boldsymbol{x}^{(1)} := \boldsymbol{x}$.

for $i = 2 : N_t$

　　计算 $\boldsymbol{u}^{(i)} = \boldsymbol{W}^{(i)}\boldsymbol{x}^{(i-1)} + \boldsymbol{b}^{(i)}$.

　　计算 $\boldsymbol{x}^{(i)} = f_i(\boldsymbol{u}^{(i)})$.

end for

输出 $\boldsymbol{x}^{(N_t)}$ 作为神经网络的预测值.

5.2　误差逆传播算法

本节我们介绍神经网络的学习算法, 即如何通过训练确定权重和偏置项参数. 误差逆传播 (Error Back Propagation, BP) 算法是迄今最成功的神经网络学习算法. 为简单起见, 首先以 5.2.1 小节介绍的单隐层神经网络 (也称 3 层神经网络) 为例, 介绍 BP 算法的原理和详细推导流程, 然后将它推广到更一般的情形, 得到通用的 BP 学习算法.

5.2.1 一个单隐层网络实例

图 5.4 所示的单隐层神经网络有 3 层: 输入层、隐含层和输出层. 假设训练样本集有 n 个样例 $(\boldsymbol{x}_i, \boldsymbol{z}_i)$, 现在要确定该网络的映射函数

$$\boldsymbol{z} = \varphi(\boldsymbol{x}).$$

我们的学习目标是网络的预测输出尽可能地接近样本标签值, 即需要在训练集上极小化损失函数 (预测误差). 我们在此选择均方误差作为损失函数, 即优化的目标为

$$\min L(\boldsymbol{W}^{(i)}, \boldsymbol{b}^{(i)}) = \frac{1}{2n}\sum_{i=1}^{n}\|\varphi(\boldsymbol{x}_i) - \boldsymbol{z}_i\|^2,$$

其中 $\varphi(\boldsymbol{x}_i)$ 和 $\boldsymbol{z}_i$ 都是向量, 目标函数中的自变量是各层的权重矩阵 $\boldsymbol{W}^{(i)}$ 和偏置项向量 $\boldsymbol{b}^{(i)}$. 一般情况下无法保证目标函数是关于 $\boldsymbol{W}^{(i)}$ 和 $\boldsymbol{b}^{(i)}$ 的凸函数, 因此有陷入局部极小的风险. 所以不宜采用取极值的必要条件 (即令梯度为零) 来确定 $\boldsymbol{W}^{(i)}$ 和 $\boldsymbol{b}^{(i)}$. 一个可行的方法是使用梯度下降法 (或其他优化算法) 来迭代极小化目标函数 $L(\boldsymbol{W}^{(i)}, \boldsymbol{b}^{(i)})$. 那么关键的问题是如何计算损失函数对所有权重矩阵和偏置项向量的梯度值. 为简单起见, 先只考虑单个样本的损失函数, 即

$$L(\boldsymbol{W}, \boldsymbol{b}) = \frac{1}{2}\|\varphi(\boldsymbol{x}) - \boldsymbol{z}\|^2.$$

后面如果不特别说明, 都是使用这种单样本的损失函数. 因为一旦求得了对单个样本损失函数的梯度值, 对这些梯度值求算术平均值就得到了整个目标函数的梯度值.

对于式 (5.20) 中的 $\boldsymbol{W}^{(i)}, \boldsymbol{b}^{(i)}\ (i = 1, 2)$, 由于 $\boldsymbol{W}^{(1)}, \boldsymbol{b}^{(1)}$ 是复合函数的内层变量, 复合函数的求导是先考虑外层变量 $\boldsymbol{W}^{(2)}, \boldsymbol{b}^{(2)}$. 式 (5.18) 中的权重矩阵 $\boldsymbol{W}^{(2)}$ 是一个 2×4 的矩阵, 其第 1,2 行分别为 $\boldsymbol{w}_1^{(2)}, \boldsymbol{w}_2^{(2)}$; $\boldsymbol{b}^{(2)}$ 为 2 维向量, 其两个分量分别为 $b_1^{(2)}, b_2^{(2)}$. 网络的输入向量为 $\boldsymbol{x}$, 第一层映射之后的输出向量 (同时也是第二层的输入向量) 为 $\boldsymbol{y}$. 有了这些预备说明之后, 我们有

$$\frac{\partial L}{\partial w_{ij}^{(2)}} = \frac{1}{2}\frac{\partial}{\partial w_{ij}^{(2)}}\left(\left[f(\boldsymbol{w}_1^{(2)}\boldsymbol{y} + b_1^{(2)}) - z_1\right]^2 + \left[f(\boldsymbol{w}_2^{(2)}\boldsymbol{y} + b_2^{(2)}) - z_2\right]^2\right). \tag{5.22}$$

如果 $i = 1$, 即对权重矩阵 $\boldsymbol{W}^{(2)}$ 第 1 行的元素求偏导, 那么式 (5.22) 分子中的第 2 项对 w_{1j} 来说是常数, 因此, 有

$$\frac{\partial L}{\partial w_{1j}^{(2)}} = \frac{1}{2}\cdot 2\cdot\left(f(\boldsymbol{w}_1^{(2)}\boldsymbol{y} + b_1^{(2)}) - z_1\right)\cdot f'(\boldsymbol{w}_1^{(2)}\boldsymbol{y} + b_1^{(2)})\frac{\partial}{\partial w_{1j}^{(2)}}(\boldsymbol{w}_1^{(2)}\boldsymbol{y} + b_1^{(2)})$$

$$
\begin{aligned}
&= \left(f(\boldsymbol{w}_1^{(2)}\boldsymbol{y} + b_1^{(2)}) - z_1\right) f'(\boldsymbol{w}_1^{(2)}\boldsymbol{y} + b_1^{(2)}) \frac{\partial}{\partial w_{1j}^{(2)}} \left(\sum_{k=1}^{4} w_{1k} y_k + b_1^{(2)}\right) \\
&= y_j \left(f(\boldsymbol{w}_1^{(2)}\boldsymbol{y} + b_1^{(2)}) - z_1\right) f'(\boldsymbol{w}_1^{(2)}\boldsymbol{y} + b_1^{(2)}).
\end{aligned}
$$

同理, 对于 $i=2$, 即对矩阵 $\boldsymbol{W}^{(2)}$ 第 2 行的元素求偏导, 类似地有

$$
\frac{\partial L}{\partial w_{2j}^{(2)}} = y_j \left(f(\boldsymbol{w}_2^{(2)}\boldsymbol{y} + b_2^{(2)}) - z_2\right) f'(\boldsymbol{w}_2^{(2)}\boldsymbol{y} + b_2^{(2)}).
$$

上面两式可以统一写成

$$
\frac{\partial L}{\partial w_{ij}^{(2)}} = y_j \left(f(\boldsymbol{w}_i^{(2)}\boldsymbol{y} + b_i^{(2)}) - z_i\right) f'(\boldsymbol{w}_i^{(2)}\boldsymbol{y} + b_i^{(2)}), \quad i = 1, 2; \quad j = 1, 2, 3, 4. \tag{5.23}
$$

上式写成矩阵形式, 即

$$
\nabla_{W^{(2)}} L = \left[\left(f(\boldsymbol{W}^{(2)}\boldsymbol{y} + \boldsymbol{b}^{(2)}) - \boldsymbol{z}\right) \circ f'(\boldsymbol{W}^{(2)}\boldsymbol{y} + \boldsymbol{b}^{(2)})\right] \boldsymbol{y}^{\mathrm{T}}, \tag{5.24}
$$

其中, $\circ$ 表示向量的阿达马积, 即两个同型向量的对应分量的乘积作为结果向量的相应分量. 这里 $f(\boldsymbol{W}^{(2)}\boldsymbol{y} + \boldsymbol{b}^{(2)}) - \boldsymbol{z}$ 是一个 2 维列向量, $f'(\boldsymbol{W}^{(2)}\boldsymbol{y} + \boldsymbol{b}^{(2)})$ 也是一个 2 维列向量, 它们的阿达马积还是一个 2 维列向量, 然后与 4 维行向量 $\boldsymbol{y}^{\mathrm{T}}$ 作普通矩阵乘法, 得到 2×4 的矩阵 $\nabla_{\boldsymbol{W}^{(2)}} L$, 恰好与矩阵 $\boldsymbol{W}^{(2)}$ 同型.

在公式 (5.24) 中, 损失函数对权重矩阵 $\boldsymbol{W}^{(2)}$ 的偏导数由 3 部分组成: 网络输出与真实标签的误差 $f(\boldsymbol{W}^{(2)}\boldsymbol{y}+\boldsymbol{b}^{(2)})-\boldsymbol{z}$、激活函数的导数 (梯度) $f'(\boldsymbol{W}^{(2)}\boldsymbol{y}+\boldsymbol{b}^{(2)})$ 和本层的输入值 $\boldsymbol{y}$, 这三者都可以在前向传播时得到, 因此可以高效地计算出来. 对所有训练样本的偏导数求算术平均值即可得到总的偏导数.

注意到损失函数对偏置项 $b_i^{(2)}$ $(i = 1, 2)$ 的偏导数为

$$
\frac{\partial L}{\partial b_i^{(2)}} = \frac{1}{2} \frac{\partial}{\partial b_i^{(2)}} \left(\left[f(\boldsymbol{w}_1^{(2)}\boldsymbol{y} + b_1^{(2)}) - z_1\right]^2 + \left[f(\boldsymbol{w}_2^{(2)}\boldsymbol{y} + b_2^{(2)}) - z_2\right]^2\right).
$$

对于 $i = 1$, 上式右边分子的第 2 项关于 $b_1^{(2)}$ 为常数, 于是有

$$
\begin{aligned}
\frac{\partial L}{\partial b_1^{(2)}} &= \frac{1}{2} \frac{\partial}{\partial b_1^{(2)}} \left(\left[f(\boldsymbol{w}_1^{(2)}\boldsymbol{y} + b_1^{(2)}) - z_1\right]^2 + \left[f(\boldsymbol{w}_2^{(2)}\boldsymbol{y} + b_2^{(2)}) - z_2\right]^2\right) \\
&= \left(f(\boldsymbol{w}_1^{(2)}\boldsymbol{y} + b_1^{(2)}) - z_1\right) \cdot f'(\boldsymbol{w}_1^{(2)}\boldsymbol{y} + b_1^{(2)}) \cdot \frac{\partial}{\partial b_1^{(2)}} \left(\boldsymbol{w}_1^{(2)}\boldsymbol{y} + b_1^{(2)}\right) \\
&= \left(f(\boldsymbol{w}_1^{(2)}\boldsymbol{y} + b_1^{(2)}) - z_1\right) f'(\boldsymbol{w}_1^{(2)}\boldsymbol{y} + b_1^{(2)}).
\end{aligned}
$$

类似地, 有

$$
\frac{\partial L}{\partial b_2^{(2)}} = \left(f(\boldsymbol{w}_2^{(2)}\boldsymbol{y} + b_2^{(2)}) - z_2\right) f'(\boldsymbol{w}_2^{(2)}\boldsymbol{y} + b_2^{(2)}).
$$

上面两个偏导数可以统一写成

$$\frac{\partial L}{\partial b_i^{(2)}}=\big(f(\boldsymbol{w}_i^{(2)}\boldsymbol{y}+b_i^{(2)})-z_i\big)f'(\boldsymbol{w}_i^{(2)}\boldsymbol{y}+b_i^{(2)}),\quad i=1,2.$$

上式可以用阿达马积写成向量形式:

$$\nabla_{\boldsymbol{b}^{(2)}}L=\big(f(\boldsymbol{W}^{(2)}\boldsymbol{y}+\boldsymbol{b}^{(2)})-\boldsymbol{z}\big)\circ f'(\boldsymbol{W}^{(2)}\boldsymbol{y}+\boldsymbol{b}^{(2)}). \tag{5.25}$$

由式 (5.25) 不难发现, 与损失函数对权重矩阵 $\boldsymbol{W}^{(2)}$ 的偏导数 $\nabla_{\boldsymbol{W}^{(2)}}L$ 相比, 损失函数对偏置项 $\boldsymbol{b}^{(2)}$ 的偏导数 $\nabla_{\boldsymbol{b}^{(2)}}L$ 恰好少了一个因子 $\boldsymbol{y}^{\mathrm{T}}$.

下面我们来计算损失函数对 $\boldsymbol{W}^{(1)}$ 和 $\boldsymbol{b}^{(1)}$ 的偏导数, 它们隐藏在中间变量

$$\begin{aligned}\boldsymbol{y}&=f(\boldsymbol{W}^{(1)}\boldsymbol{x}+\boldsymbol{b}^{(1)})\\&=(f(\boldsymbol{w}_1^{(1)}\boldsymbol{x}+b_1^{(1)}),f(\boldsymbol{w}_2^{(1)}\boldsymbol{x}+b_2^{(1)}),f(\boldsymbol{w}_3^{(1)}\boldsymbol{x}+b_3^{(1)}),f(\boldsymbol{w}_4^{(1)}\boldsymbol{x}+b_4^{(1)}))^{\mathrm{T}}\end{aligned}$$

里面, 属于复合函数的内层. 注意到, $\boldsymbol{W}^{(1)}$ 是 4×3 矩阵, 它的 4 个行向量为 $\boldsymbol{w}_1^{(1)},\boldsymbol{w}_2^{(1)},\boldsymbol{w}_3^{(1)},\boldsymbol{w}_4^{(1)}$, 偏置项向量 $\boldsymbol{b}^{(1)}$ 的 4 个分量为 $b_1^{(1)},b_2^{(1)},b_3^{(1)},b_4^{(1)}$. 那么, 有

$$\frac{\partial L}{\partial w_{ij}^{(1)}}=\frac{1}{2}\frac{\partial}{\partial w_{ij}^{(1)}}\Big(\big[f(\boldsymbol{w}_1^{(2)}\boldsymbol{y}+b_1^{(2)})-z_1\big]^2+\big[f(\boldsymbol{w}_2^{(2)}\boldsymbol{y}+b_2^{(2)})-z_2\big]^2\Big).$$

记

$$\boldsymbol{u}^{(2)}=\boldsymbol{W}^{(2)}\boldsymbol{y}+\boldsymbol{b}^{(2)},$$

即

$$u_1^{(2)}=\boldsymbol{w}_1^{(2)}\boldsymbol{y}+b_1^{(2)},\quad u_2^{(2)}=\boldsymbol{w}_2^{(2)}\boldsymbol{y}+b_2^{(2)}.$$

则由链式法则, 有

$$\frac{\partial L}{\partial w_{ij}^{(1)}}=(f(u_1^{(2)})-z_1)f'(u_1^{(2)})\frac{\partial(\boldsymbol{w}_1^{(2)}\boldsymbol{y})}{\partial w_{ij}^{(1)}}+(f(u_2^{(2)})-z_2)f'(u_2^{(2)})\frac{\partial(\boldsymbol{w}_2^{(2)}\boldsymbol{y})}{\partial w_{ij}^{(1)}}. \tag{5.26}$$

注意到

$$\frac{\partial(\boldsymbol{w}_1^{(2)}\boldsymbol{y})}{\partial w_{ij}^{(1)}}=\boldsymbol{w}_1^{(2)}\frac{\partial\boldsymbol{y}}{\partial w_{ij}^{(1)}},\quad \frac{\partial(\boldsymbol{w}_2^{(2)}\boldsymbol{y})}{\partial w_{ij}^{(1)}}=\boldsymbol{w}_2^{(2)}\frac{\partial\boldsymbol{y}}{\partial w_{ij}^{(1)}},$$

这里 $\dfrac{\partial\boldsymbol{y}}{\partial w_{ij}^{(1)}}$ 是一个 4 维列向量, 表示向量 $\boldsymbol{y}$ 的每个分量对 $w_{ij}^{(1)}$ 求偏导. 不难求

得

$$\frac{\partial \boldsymbol{y}}{\partial w_{1j}^{(1)}}=\begin{pmatrix} f'(\boldsymbol{w}_1^{(1)}\boldsymbol{x}+b_1^{(1)})x_j \\ 0 \\ 0 \\ 0 \end{pmatrix},\quad \frac{\partial \boldsymbol{y}}{\partial w_{2j}^{(1)}}=\begin{pmatrix} 0 \\ f'(\boldsymbol{w}_2^{(1)}\boldsymbol{x}+b_2^{(1)})x_j \\ 0 \\ 0 \end{pmatrix},$$

$$\frac{\partial \boldsymbol{y}}{\partial w_{3j}^{(1)}}=\begin{pmatrix} 0 \\ 0 \\ f'(\boldsymbol{w}_3^{(1)}\boldsymbol{x}+b_3^{(1)})x_j \\ 0 \end{pmatrix},\quad \frac{\partial \boldsymbol{y}}{\partial w_{4j}^{(1)}}=\begin{pmatrix} 0 \\ 0 \\ 0 \\ f'(\boldsymbol{w}_4^{(1)}\boldsymbol{x}+b_4^{(1)})x_j \end{pmatrix}.$$

由此容易得到

$$\frac{\partial(\boldsymbol{w}_1^{(2)}\boldsymbol{y})}{\partial w_{ij}^{(1)}}=w_{1i}^{(2)}f'(\boldsymbol{w}_i^{(1)}\boldsymbol{x}+b_i^{(1)})x_j,\quad \frac{\partial(\boldsymbol{w}_2^{(2)}\boldsymbol{y})}{\partial w_{ij}^{(1)}}=w_{2i}^{(2)}f'(\boldsymbol{w}_i^{(1)}\boldsymbol{x}+b_i^{(1)})x_j.$$

若令

$$\boldsymbol{u}^{(1)}=\boldsymbol{W}^{(1)}\boldsymbol{x}+\boldsymbol{b}^{(1)},$$

则上式可简写为

$$\frac{\partial(\boldsymbol{w}_1^{(2)}\boldsymbol{y})}{\partial w_{ij}^{(1)}}=w_{1i}^{(2)}f'(u_i^{(1)})x_j,\quad \frac{\partial(\boldsymbol{w}_2^{(2)}\boldsymbol{y})}{\partial w_{ij}^{(1)}}=w_{2i}^{(2)}f'(u_i^{(1)})x_j.$$

将其代入式 (5.26) 得

$$\begin{aligned}\frac{\partial L}{\partial w_{ij}^{(1)}}&=\left[(f(u_1^{(2)})-z_1)f'(u_1^{(2)})w_{1i}^{(2)}+(f(u_2^{(2)})-z_2)f'(u_2^{(2)})w_{2i}^{(2)}\right]f'(u_i^{(1)})x_j\\&=(w_{1i}^{(2)},w_{2i}^{(2)})[(f(\boldsymbol{u}^{(2)})-\boldsymbol{z})\circ f'(\boldsymbol{u}^{(2)})\circ f'(\boldsymbol{u}^{(1)})]x_j,\end{aligned}\tag{5.27}$$

这里, $(w_{1i}^{(2)},w_{2i}^{(2)})$ 是 2 维行向量, $[(f(\boldsymbol{u}^{(2)})-\boldsymbol{z})\circ f'(\boldsymbol{u}^{(2)})\circ f'(\boldsymbol{u}^{(1)})]$ 是 2 维列向量. 式 (5.27) 写成矩阵形式为

$$\nabla_{\boldsymbol{W}^{(1)}}L=\left(\boldsymbol{W}^{(2)}\right)^{\mathrm{T}}[(f(\boldsymbol{u}^{(2)})-\boldsymbol{z})\circ f'(\boldsymbol{u}^{(2)})\circ f'(\boldsymbol{u}^{(1)})]\boldsymbol{x}^{\mathrm{T}}.\tag{5.28}$$

同理, 有

$$\nabla_{\boldsymbol{b}^{(1)}}L=\left(\boldsymbol{W}^{(2)}\right)^{\mathrm{T}}[(f(\boldsymbol{u}^{(2)})-\boldsymbol{z})\circ f'(\boldsymbol{u}^{(2)})\circ f'(\boldsymbol{u}^{(1)})].$$

至此我们已经求出了这个单隐层网络对所有参数的偏导数, 对于使用梯度下降法来训练网络参数来说, 已是水到渠成的事情. 接下来只需将这种求偏导数的方法推广到更一般的情形. 此外, 从上面的推导结果可以发现一个规律: 在输出层的权重矩阵和偏置项向量的偏导数计算公式中共用了一个向量因子 $(f(\boldsymbol{u}^{(2)})-\boldsymbol{z})\circ f'(\boldsymbol{u}^{(2)})$. 对于隐含层, 也有类似的结果.

5.2.2 误差逆传播 (BP) 算法

现在来考虑一般情形下的误差逆传播算法. 假设所考虑的神经网络具有 n 个训练样本 $(\boldsymbol{x}_i,\boldsymbol{y}_i)$, $\boldsymbol{x}_i$ 为输入向量, $\boldsymbol{y}_i$ 为标签向量. 学习的目标是极小化神经网络的预测值与真实标签值之间的均方误差, 即

$$\min L(\boldsymbol{W})=\frac{1}{2n}\sum_{i=1}^{n}\|\varphi(\boldsymbol{x}_i)-\boldsymbol{y}_i\|^2, \tag{5.29}$$

这里, $\boldsymbol{W}$ 是神经网络所有参数的集合, 包括各层的权重和偏置参数. 上述极小化问题是一个无约束优化问题, 可以用梯度下降法或牛顿法求解.

式 (5.29) 定义在整个训练样本集上, 梯度下降法的每一迭代步都利用了所有的训练样本, 这种情形称为"批量梯度下降法". 如果样本容量 n 很大, 每次迭代使用所有样本进行计算就显得成本太高. 为此, 当 n 很大时, 可考虑采用单个样本梯度下降法. 将式 (5.29) 的损失函数写成单个样本均方误差的算术平均, 即

$$\min L(\boldsymbol{W})=\frac{1}{n}\sum_{i=1}^{n}\left(\frac{1}{2}\|\varphi(\boldsymbol{x}_i)-\boldsymbol{y}_i\|^2\right):=\frac{1}{n}\sum_{i=1}^{n}L_i,$$

其中

$$L_i:=L(\boldsymbol{W},\boldsymbol{x}_i,\boldsymbol{y}_i)=\frac{1}{2}\|\varphi(\boldsymbol{x}_i)-\boldsymbol{y}_i\|^2 \tag{5.30}$$

为单个样本 $(\boldsymbol{x}_i,\boldsymbol{y}_i)$ 的损失函数. 如果采用单个样本进行迭代, 梯度下降法的第 $k+1$ 次迭代的参数更新公式为

$$\boldsymbol{W}_{k+1}=\boldsymbol{W}_k-\eta\nabla_{\boldsymbol{W}}L_i(\boldsymbol{W}_k),$$

这里, 参数 η 是学习速率, 为了保证算法收敛, 一般情况需选取较小的 $0<\eta\ll 1$.

值得一提的是, 如果要用所有的样本进行迭代, 只需计算单个样本损失函数的梯度, 然后取它们的算术平均值即可.

此外, 迭代法的初始值选取也是一个不容忽视的问题. 在使用梯度下降法求解极小化问题 (5.29) 时, 一般取初始参数为随机数, 例如用高斯分布 $N(0,\sigma^2)$ 产生这些随机数, 其中 σ^2 为高斯分布的方差, 是一个很小的正数.

现在还剩下一个关键的问题有待解决: 对于多层神经网络问题, 每一层都有权重矩阵和偏置向量, 且每一层的输出将作为下一层的输入, 因此极小化问题 (5.29) 的目标函数一般是关于这些参数的多层复合函数. 因此, 如果直接计算目标函数对所有这些参数的偏导数, 势必十分复杂, 通常需要使用复合函数的求导法则进行递推计算.

设有如下的线性映射

$$\boldsymbol{y}=\boldsymbol{W}\boldsymbol{x},$$

其中, $\boldsymbol{x}$ 是 m 维列向量 (即每个样本有 m 个特征), $\boldsymbol{W}$ 是 $n\times m$ 矩阵, $\boldsymbol{y}$ 是 n 维列向量. 在进行推导之前, 先来看看下面几种类型的复合函数如何求偏导数.

情形 1. 假设有函数 $f(\boldsymbol{y})$, 其中 $\boldsymbol{y}=\boldsymbol{W}\boldsymbol{x}$. 如果将 $\boldsymbol{x}$ 看作常数, 则 $\boldsymbol{y}$ 是 $\boldsymbol{W}$ 的函数. 我们来介绍如何根据梯度向量 $\nabla_{\boldsymbol{y}} f$ 来计算梯度矩阵 $\nabla_{\boldsymbol{W}} f$.

事实上, 由于 w_{ij} 只与 y_i 有关, 而与其他的 $y_k\,(k\neq i)$ 无关, 故由链式法则, 可得

$$\begin{aligned}\frac{\partial f}{\partial w_{ij}}&=\sum_{k=1}^{n}\frac{\partial f}{\partial y_k}\frac{\partial y_k}{\partial w_{ij}}=\sum_{k=1}^{n}\frac{\partial f}{\partial y_k}\frac{\partial}{\partial w_{ij}}\left(\sum_{l=1}^{m}w_{kl}x_l\right)\\&=\frac{\partial f}{\partial y_i}\frac{\partial}{\partial w_{ij}}\left(\sum_{l=1}^{m}w_{il}x_l\right)=\frac{\partial f}{\partial y_i}x_j.\end{aligned}$$

于是, 有

$$\begin{pmatrix}\dfrac{\partial f}{\partial w_{11}} & \cdots & \dfrac{\partial f}{\partial w_{1m}}\\ \vdots & & \vdots\\ \dfrac{\partial f}{\partial w_{n1}} & \cdots & \dfrac{\partial f}{\partial w_{nm}}\end{pmatrix}=\begin{pmatrix}\dfrac{\partial f}{\partial y_1}x_1 & \cdots & \dfrac{\partial f}{\partial y_1}x_m\\ \vdots & & \vdots\\ \dfrac{\partial f}{\partial y_n}x_1 & \cdots & \dfrac{\partial f}{\partial y_n}x_m\end{pmatrix}=\begin{pmatrix}\dfrac{\partial f}{\partial y_1}\\ \vdots\\ \dfrac{\partial f}{\partial y_n}\end{pmatrix}(x_1,\cdots,x_m).$$

上式写成矩阵形式, 即

$$\nabla_{\boldsymbol{W}} f=(\nabla_{\boldsymbol{y}} f)\,\boldsymbol{x}^{\mathrm{T}}. \tag{5.31}$$

情形 2. 在函数 $f(\boldsymbol{y})$ 中, $\boldsymbol{y}=\boldsymbol{W}\boldsymbol{x}$, 如果将 $\boldsymbol{W}$ 看作常数, 那么 $\boldsymbol{y}$ 是 $\boldsymbol{x}$ 的函数. 同样可以利用梯度 $\nabla_{\boldsymbol{y}} f$ 来计算梯度 $\nabla_{\boldsymbol{x}} f$. 事实上, 由于任意的 x_i 与所有的 y_j 都有关系, 故由链式法则, 有

$$\begin{aligned}\frac{\partial f}{\partial x_i}&=\sum_{j=1}^{n}\frac{\partial f}{\partial y_j}\frac{\partial y_j}{\partial x_i}=\sum_{j=1}^{n}\frac{\partial f}{\partial y_j}\frac{\partial}{\partial x_i}\left(\sum_{k=1}^{m}w_{jk}x_k\right)\\&=\sum_{j=1}^{n}\frac{\partial f}{\partial y_j}w_{ji}=\left(w_{1i},w_{2i},\cdots,w_{ni}\right)\nabla_{\boldsymbol{y}} f.\end{aligned}$$

上式写成矩阵形式即

$$\nabla_{\boldsymbol{x}} f=\boldsymbol{W}^{\mathrm{T}}\,\nabla_{\boldsymbol{y}} f. \tag{5.32}$$

这是一个很有趣的结果, 即在计算函数映射 $f(\boldsymbol{y})$ 时, 用矩阵 $\boldsymbol{W}$ 乘以向量 $\boldsymbol{x}$ 得到向量 $\boldsymbol{y}$; 而在计算梯度时, 用矩阵 $\boldsymbol{W}$ 的转置乘以关于 $\boldsymbol{y}$ 的梯度 $\nabla_{\boldsymbol{y}} f$ 即得到关于 $\boldsymbol{x}$ 的梯度 $\nabla_{\boldsymbol{x}} f$.

情形 3. 如果有向量值映射

$$\boldsymbol{y}=g(\boldsymbol{x}),$$

写成分量形式即

$$y_i=g(x_i),\quad i=1,2,\cdots,m,$$

这里, y_i 只是相应的 x_i 的一元函数, 而与其他所有的 $x_j\,(j\neq i)$ 无关, 且每个分量函数采用了相同的映射关系 g. 此时, 对于函数 $f(\boldsymbol{y})$, 也可以利用梯度 $\nabla_{\boldsymbol{y}}f$ 来计算梯度 $\nabla_{\boldsymbol{x}}f$. 事实上, 由于每个 y_i 只与 x_i 有关, 故有

$$\frac{\partial f}{\partial x_i}=\frac{\partial f}{\partial y_i}\frac{\partial y_i}{\partial x_i}.$$

上式写成矩阵形式为

$$\nabla_{\boldsymbol{x}}f=\nabla_{\boldsymbol{y}}f\circ g'(\boldsymbol{x}),\tag{5.33}$$

其中 $g'(\boldsymbol{x})=(g'(x_1),g'(x_2),\cdots,g'(x_m))^{\mathrm{T}}$, $\circ$ 为向量的阿达马积, 即两个向量的对应分量相乘.

情形 4. 考虑更复杂的情况. 假设有函数 $f(\boldsymbol{y})$, 其中

$$\boldsymbol{y}=g(\boldsymbol{u}),\quad \boldsymbol{u}=\boldsymbol{W}\boldsymbol{x},$$

这里, g 是向量对应元素一对一的映射, 即

$$y_i=g(u_i),$$

在这种情形下如何利用梯度 $\nabla_{\boldsymbol{y}}f$ 来计算梯度 $\nabla_{\boldsymbol{x}}f$ 呢? 在这里, 函数有两层复合, 即首先由 $\boldsymbol{x}$ 到 $\boldsymbol{u}$, 再由 $\boldsymbol{u}$ 到 $\boldsymbol{y}$. 那么只需综合情形 2 和情形 3 的结论即得

$$\nabla_{\boldsymbol{x}}f=\boldsymbol{W}^{\mathrm{T}}\nabla_{\boldsymbol{u}}f=\boldsymbol{W}^{\mathrm{T}}(\nabla_{\boldsymbol{y}}f\circ g'(\boldsymbol{u})).\tag{5.34}$$

情形 5. 设有映射 $\boldsymbol{y}=g(\boldsymbol{x})$, 其中 $\boldsymbol{x}\in\mathbb{R}^m$, $\boldsymbol{y}\in\mathbb{R}^n$, 即

$$y_i=g_i(x_1,x_2,\cdots,x_m),\quad i=1,2,\cdots,n.$$

这里的映射方式与情形 3 不同, 对于向量 $\boldsymbol{y}$ 的每个分量 y_i, 对应的分量映射 g_i 是不同的, 而且 y_i 与向量 $\boldsymbol{x}$ 的每个分量 x_j 都有关, 故由链式法则, 有

$$\frac{\partial f}{\partial x_j}=\sum_{i=1}^{n}\frac{\partial f}{\partial y_i}\frac{\partial y_i}{\partial x_j}=\left(\frac{\partial y_1}{\partial x_j},\frac{\partial y_2}{\partial x_j},\cdots,\frac{\partial y_n}{\partial x_j}\right)\begin{pmatrix}\dfrac{\partial f}{\partial y_1}\\ \dfrac{\partial f}{\partial y_2}\\ \vdots\\ \dfrac{\partial f}{\partial y_n}\end{pmatrix},$$

于是, 对于所有元素, 有

$$\begin{pmatrix} \dfrac{\partial f}{\partial x_1} \\ \dfrac{\partial f}{\partial x_2} \\ \vdots \\ \dfrac{\partial f}{\partial x_m} \end{pmatrix} = \begin{pmatrix} \dfrac{\partial y_1}{\partial x_1} & \dfrac{\partial y_2}{\partial x_1} & \cdots & \dfrac{\partial y_n}{\partial x_1} \\ \dfrac{\partial y_1}{\partial x_2} & \dfrac{\partial y_2}{\partial x_2} & \cdots & \dfrac{\partial y_n}{\partial x_2} \\ \vdots & \vdots & & \vdots \\ \dfrac{\partial y_1}{\partial x_m} & \dfrac{\partial y_2}{\partial x_m} & \cdots & \dfrac{\partial y_n}{\partial x_m} \end{pmatrix} \begin{pmatrix} \dfrac{\partial f}{\partial y_1} \\ \dfrac{\partial f}{\partial y_2} \\ \vdots \\ \dfrac{\partial f}{\partial y_n} \end{pmatrix}.$$

上式写成矩阵形式, 即

$$\nabla_{\boldsymbol{x}} f = \boldsymbol{y}'(\boldsymbol{x})^{\mathrm{T}} \nabla_{\boldsymbol{y}} f, \tag{5.35}$$

其中 $\boldsymbol{y}'(\boldsymbol{x})$ 为向量值映射 $\boldsymbol{y} = g(\boldsymbol{x})$ 的雅可比矩阵. 前面介绍的情形 1 到情形 4 中的函数都是这个映射的特例.

至此, 我们详细推导了上面 5 种情形复合函数的求梯度方法, 因为它们在机器学习中具有普遍性. 在各种类型的神经网络中, 无论是前馈型网络, 还是深度学习中的卷积神经网络以及循环神经网络, 其映射函数都是这样的形式.

有了上面的准备工作和结论, 就可以方便地推导出多层神经网络的求导公式. 假设所学习的神经网络共有 N_t 层, 其中第 k 层有 ℓ_k 个神经元. 第 k 层从第 $k-1$ 层接收的输入向量为 $\boldsymbol{x}^{(k-1)}$, 本层的权重矩阵为 $\boldsymbol{W}^{(k)}$, 偏置项为向量 $\boldsymbol{b}^{(k)}$, 输出向量为 $\boldsymbol{x}^{(k)}$. 该层的输出可以写成如下形式:

$$\begin{cases} \boldsymbol{u}^{(k)} = \boldsymbol{W}^{(k)} \boldsymbol{x}^{(k-1)} + \boldsymbol{b}^{(k)}, \\ \boldsymbol{x}^{(k)} = f(\boldsymbol{u}^{(k)}), \end{cases}$$

其中 $\boldsymbol{W}^{(k)}$ 是 $\ell_k \times \ell_{k-1}$ 阶矩阵, $\boldsymbol{u}^{(k)}$ 和 $\boldsymbol{b}^{(k)}$ 都是 ℓ_k 维向量. 由定义, $\boldsymbol{W}^{(k)}$ 和 $\boldsymbol{b}^{(k)}$ 是损失函数的自变量, $\boldsymbol{u}^{(k)}$ 和 $\boldsymbol{x}^{(k)}$ 可以看作是它们的函数. 根据前面的结论, 损失函数 $L(\boldsymbol{W}^{(k)}, \boldsymbol{b}^{(k)})$ 对权重矩阵的梯度为

$$\nabla_{\boldsymbol{W}^{(k)}} L = (\nabla_{\boldsymbol{u}^{(k)}} L)(\boldsymbol{x}^{(k-1)})^{\mathrm{T}}, \tag{5.36}$$

而损失函数对偏置向量的梯度为

$$\nabla_{\boldsymbol{b}^{(k)}} L = \nabla_{\boldsymbol{u}^{(k)}} L. \tag{5.37}$$

现在的问题归结为如何计算梯度 $\nabla_{\boldsymbol{u}^{(k)}} L$. 这需要分两种情形, 即第 k 层是输出层还是隐含层, 分别讨论如下.

(1) 如果第 k 层是输出层, 则根据 5.2.1 小节的推导结论, 类似地, 我们有

$$\frac{\partial L}{\partial u_i^{(k)}} = \frac{\partial}{\partial u_i^{(k)}} \left(\frac{1}{2} \sum_{j=1}^{n} (f(u_j^{(k)}) - y_j)^2 \right)$$

$$= (f(u_i^{(k)}) - y_i)f'(u_i^{(k)}) = (x_i^{(k)} - y_i)f'(u_i^{(k)}).$$

写成向量形式, 这个梯度为

$$\nabla_{\boldsymbol{u}^{(k)}} L = (\boldsymbol{x}^{(k)} - \boldsymbol{y}) \circ f'(\boldsymbol{u}^{(k)}). \tag{5.38}$$

由此可得输出层权重矩阵的梯度为

$$\nabla_{\boldsymbol{W}^{(k)}} L = [(\boldsymbol{x}^{(k)} - \boldsymbol{y}) \circ f'(\boldsymbol{u}^{(k)})](\boldsymbol{x}^{(k-1)})^{\mathrm{T}},$$

以及输出层偏置向量的梯度

$$\nabla_{\boldsymbol{b}^{(k)}} L = (\boldsymbol{x}^{(k)} - \boldsymbol{y}) \circ f'(\boldsymbol{u}^{(k)}).$$

(2) 如果第 k 层是隐含层, 则有

$$\boldsymbol{u}^{(k+1)} = \boldsymbol{W}^{(k+1)}\boldsymbol{x}^{(k)} + \boldsymbol{b}^{(k+1)} = \boldsymbol{W}^{(k+1)} f(\boldsymbol{u}^{(k)}) + \boldsymbol{b}^{(k+1)}.$$

假设梯度 $\nabla_{\boldsymbol{u}^{(k+1)}} L$ 已经求出, 根据前面情形 3 和情形 2 的推导式 (5.33) 和 (5.32) 的结论, 我们有

$$\nabla_{\boldsymbol{u}^{(k)}} L = (\nabla_{\boldsymbol{x}^{(k)}} L) \circ f'(\boldsymbol{u}^{(k)}) = \left[(\boldsymbol{W}^{(k+1)})^{\mathrm{T}} \nabla_{\boldsymbol{u}^{(k+1)}} L\right] \circ f'(\boldsymbol{u}^{(k)}). \tag{5.39}$$

注意到, 式 (5.39) 是一个递推公式, 即通过 $\nabla_{\boldsymbol{u}^{(k+1)}} L$ 来计算 $\nabla_{\boldsymbol{u}^{(k)}} L$, 递推的终点是输出层, 而输出层的梯度之前已经算出. 有了 $\nabla_{\boldsymbol{u}^{(k)}} L$ 之后, 就可以容易地得到 $\nabla_{\boldsymbol{W}^{(k)}} L$ 和 $\nabla_{\boldsymbol{b}^{(k)}} L$. 于是可以计算出任意层权重矩阵和偏置向量的梯度表达式.

基于上述推导, 我们定义

$$\boldsymbol{z}^{(k)} = \nabla_{\boldsymbol{u}^{(k)}} L = \begin{cases} (\boldsymbol{x}^{(k)} - \boldsymbol{y}) \circ f'(\boldsymbol{u}^{(k)}), & k = N_t, \\ \left[\left(\boldsymbol{W}^{(k+1)}\right)^{\mathrm{T}} \boldsymbol{z}^{(k+1)}\right] \circ f'(\boldsymbol{u}^{(k)}), & k \neq N_t, \end{cases} \tag{5.40}$$

其中, 向量 $\boldsymbol{z}^{(k)}$ 的维数与本层的神经元个数相同, 将其称为第 k 层的误差项. 我们指出, 式 (5.40) 定义的误差项是一种递推关系, 即 $\boldsymbol{z}^{(k)}$ 依赖于 $\boldsymbol{z}^{(k+1)}$, 直至输出层 $\boldsymbol{z}^{(N_t)}$, 于是归结为 $k = N_t$ 的情形, 即 $(f(\boldsymbol{u}^{(N_t)}) - \boldsymbol{y}) \circ f'(\boldsymbol{u}^{(N_t)})$.

根据式 (5.40) 和 (5.36)—(5.37) 即可方便地计算出各层权重矩阵和偏置向量的梯度. 首先计算输出层的误差项 $\boldsymbol{z}^{(N_t)}$, 根据它得到输出层权重矩阵和偏置向量的梯度, 这是起点; 再根据式 (5.40) 的递推公式, 逐层向前, 利用后一层的误差项 $\boldsymbol{z}^{(k+1)}\,(k < N_t)$ 计算出本层的误差项 $\boldsymbol{z}^{(k)}$, 从而得到本层权重矩阵和偏置向量的梯度 $\nabla_{\boldsymbol{W}^{(k)}} L$ 和 $\nabla_{\boldsymbol{b}^{(k)}} L$.

综上所述, 单个样本的误差逆传播算法的流程如下.

算法 5.4 (单样本BP算法)

(1) 初始化. 一般采用服从某种分布的随机数来初始化权重矩阵和偏置向量.

(2) 前向传播. 利用当前的权重和偏置值, 调用算法 5.3, 计算每一层对输入样本的输出值.

(3) 误差逆传播. 对输出层 (第 N_t 层) 的每一个神经元计算其误差

$$\boldsymbol{z}^{(N_t)} = (\boldsymbol{x}^{(N_t)} - \boldsymbol{y}) \circ f'(\boldsymbol{u}^{(N_t)}).$$

(4) 对 $k = N_t - 1, N_t - 2, \cdots, 2$, 计算第 k 层每个神经元的误差

$$\boldsymbol{z}^{(k)} = [(\boldsymbol{W}^{(k+1)})^{\mathrm{T}} \boldsymbol{z}^{(k+1)}] \circ f'(\boldsymbol{u}^{(k)}).$$

(5) 计算损失函数对权重矩阵和偏置向量的梯度

$$\nabla_{\boldsymbol{W}^{(k)}} L = \boldsymbol{z}^{(k)} (\boldsymbol{x}^{(k-1)})^{\mathrm{T}}, \quad \nabla_{\boldsymbol{b}^{(k)}} L = \boldsymbol{z}^{(k)}.$$

(6) 用梯度下降法更新权重和偏置项

$$\begin{cases} \boldsymbol{W}^{(k+1)} = \boldsymbol{W}^{(k)} - \eta \nabla_{\boldsymbol{W}^{(k)}} L, \\ \boldsymbol{b}^{(k+1)} = \boldsymbol{b}^{(k)} - \eta \nabla_{\boldsymbol{b}^{(k)}} L. \end{cases} \tag{5.41}$$

(7) 若满足某种误差准则, 终止算法. 否则转入第 (2) 步, 进行下一轮迭代.

注 5.2 在实现算法 5.4 的第 (2) 步 (前向传播) 时, 需要存储每一层的输入向量 $\boldsymbol{x}^{(k-1)}$ 和本层的激活函数导数值 $f'(\boldsymbol{u}^{(k)})$. 若取激活函数为 Sigmoid 函数

$$f(u) = \frac{1}{1 + \mathrm{e}^{-u}},$$

则由 $f'(u) = f(u)(1 - f(u))$, 可得

$$f'(\boldsymbol{u}^{(k)}) = f(\boldsymbol{u}^{(k)}) \circ (\boldsymbol{e} - f(\boldsymbol{u}^{(k)})) = \boldsymbol{x}^{(k)} \circ (\boldsymbol{e} - \boldsymbol{x}^{(k)}),$$

其中 $\boldsymbol{e} = (1, 1, \cdots, 1)^{\mathrm{T}}$, “$\circ$” 为向量的阿达马积.

需要指出的是, 误差逆传播 (BP) 算法通常有两个版本, 即全样本梯度 BP 算法和单样本梯度 BP 算法. 全样本模式的 BP 算法在每次迭代时对所有样本计算损失函数总误差, 然后再用梯度下降法更新参数 (权重矩阵和偏置向量) 的值. 而单样本模式的 BP 算法是每次对一个样本进行前向传播, 计算对该样本的误差, 然后更新参数值. 这种模式可以天然地支持“增量学习”或“在线学习”, 即动态地加入新的训练样本进行学习.

算法 5.4 是单样本模式的 BP 算法. 如果需要得到全样本模式的 BP 算法, 只需这样操作: 因为在多样本的情况下, 输出层的误差项是所有样本误差的算术平

均值, 故在误差逆传播计算梯度时, 在每一层对每个样本都计算对权重矩阵和偏置向量的梯度值, 然后计算它们的算术平均值即可.

此外, 还可以采用一种介于单样本模式和全样本模式之间的策略, 即每次迭代时选择一部分样本计算梯度, 例如深度学习中的卷积神经网络就采用这种策略.

当然, 除了使用梯度下降法这种一阶优化技术求解之外, 还可以采用其他的优化算法, 如牛顿法、拟牛顿法等. 一般来说, 神经网络的损失函数通常不是凸函数, 因此很难保证算法收敛到目标函数的全局极小点. 尤其是当网络的层数很多时会带来一系列的数值困难.

前面介绍的是前馈型神经网络及其误差逆传播学习算法, 除此之外, 尚有多种其他类型的神经网络, 例如, RBF 网络 (径向基函数)、ART 网络 (自适应谐振理论)、SOM 网络 (自组织映射)、级联相关网络、Elman 网络以及受限玻尔兹曼机等, 限于篇幅, 不再一一介绍.

5.3 神经网络的数学性质与实现细节

人工神经网络虽然是一种仿生学方法, 但在实现时却与生物神经系统的结构大不相同. 从数学上看, 神经网络模型是一个复合函数, 学习的目标是如何利用优化算法极小化这个复合映射. 本节将介绍对神经网络数学性质的理论解释, 包括面临的问题和实现细节.

5.3.1 神经网络的数学性质

既然神经网络本质上是一个复合函数, 那么这个函数的建模能力有多强呢? 已有文献证明: 只要神经元数量足够多且激活函数选择得当, 使用只有一个隐层的神经网络就可以实现对任何从输入到输出的连续映射的任意逼近. 这个结论称为神经网络"万能逼近"定理.

万能逼近定理的数学表述为: 如果 $\varphi(z)$ 是一个单调递增且有界的连续映射, $\mathbb{I}_m$ 是一个 m 维的单位超立方体, $C(\mathbb{I}_m)$ 是 $\mathbb{I}_m$ 上的连续函数空间. 对任意的 $\varepsilon > 0$ 及函数 $f \in C(\mathbb{I}_m)$, 存在正整数 N, 实数 α_i, b_i 及向量 $\boldsymbol{w}_i \in \mathbb{R}^m$, 构造映射 $F(\boldsymbol{x})$ 作为 $f(\boldsymbol{x})$ 的逼近:

$$F(\boldsymbol{x}) = \sum_{i=1}^{N} \alpha_i \varphi(\boldsymbol{w}_i^{\mathrm{T}} \boldsymbol{x} + b_i),$$

使对任意的 $\boldsymbol{x} \in \mathbb{I}_m$ 满足

$$|F(\boldsymbol{x}) - f(\boldsymbol{x})| < \varepsilon.$$

显然单位阶跃函数和 Sigmoid 函数都可以作为万能逼近定理中的函数 φ, 因此采用它们作为激活函数的神经网络具有上述性质. 这两个函数的输出都是标量值, 但可以将它们推广到向量值情形.

K. Hornik 指出, 万能逼近性质主要取决于神经网络的结构而并非取决于具体的激活函数. 只要网络规模 (神经元的数量) 设计得当, 则无论是用 Sigmoid 函数还是单位阶跃函数作为激活函数, 神经网络的逼近能力都可以得到保证.

总之, 人工神经网络虽然是对生物神经系统的模拟, 但只是简单的仿真, 在多个方面, 如结构、功能以及训练方式等, 两者的机理都是不相同的. 所以, 与其说人工神经网络是一个仿生学问题, 不如说是一个数学问题, 即复合函数的优化问题.

5.3.2 全局最小与局部极小

若用 L 表示神经网络在训练集上的损失函数, 则它显然是关于权重矩阵 $\boldsymbol{W}$ 和偏置项 $\boldsymbol{b}$ 的函数. 此时, 神经网络的训练过程可看作一个参数寻优过程, 即在参数空间中, 寻找一组最优参数使得 L 最小.

从数学的角度, 有两种 "最优": "局部极小" 和 "全局极小". 所谓局部极小, 是指对 $\boldsymbol{W}^*$ 和 $\boldsymbol{b}^*$, 若存在 $\varepsilon > 0$ 使得

$$\forall (\boldsymbol{W}, \boldsymbol{b}) \in \big\{(\boldsymbol{W}, \boldsymbol{b}) \,|\, \|(\boldsymbol{W}, \boldsymbol{b}) - (\boldsymbol{W}^*, \boldsymbol{b}^*)\|_{\mathrm{F}} \leqslant \varepsilon\big\},$$

都有 $L(\boldsymbol{W}; \boldsymbol{b}) \geqslant L(\boldsymbol{W}^*, \boldsymbol{b}^*)$ 成立. 若对参数空间中的任意 $(\boldsymbol{W}, \boldsymbol{b})$ 都有 $L(\boldsymbol{W}, \boldsymbol{b}) \geqslant L(\boldsymbol{W}^*, \boldsymbol{b}^*)$, 则称 $(\boldsymbol{W}^*, \boldsymbol{b}^*)$ 为全局极小解. 直观地看, 局部极小解是参数空间中的某个点, 该点的函数值不大于其邻域内任何点的误差函数值. 而全局极小解则是指该点的误差函数值不大于参数空间中所有点的误差函数值. 两者对应的 $L(\boldsymbol{W}^*, \boldsymbol{b}^*)$ 分别称为误差函数的局部极小值和全局极小值.

显然, 在参数空间中误差函数梯度为零的点, 只要其函数值小于邻域点的函数值, 就是局部极小点. 可能存在多个局部极小值, 但却只会有一个全局极小值. 也就是说, 全局极小一定是局部极小, 反之则不成立.

在神经网络学习过程中, 梯度下降法因其简单易用而成为使用最为广泛的寻优方法. 梯度下降法从某些初始点出发, 迭代寻找最优参数值. 每次迭代先计算误差函数在当前点的梯度, 然后用负梯度方向作为搜索寻优方向. 若误差函数在当前点的梯度为零, 则已达到局部极小, 更新量将为零, 这意味着参数的迭代更新将在此停止. 显然, 如果误差函数仅有一个局部极小, 那么此时找到的局部极小就是全局极小. 但如果误差函数具有多个局部极小, 则不能保证找到的解是全局极小解. 对后一种情形, 称参数寻优陷入了局部极小解, 这显然不是我们所希望的.

在现实的学习任务中, 人们常采用下面几种策略来试图 "跳出" 局部极小解, 从而进一步接近全局极小解.

(1) 从多个不同的初始点开始搜索, 得到不同的局部极小值, 然后从中选择有可能获得更接近全局极小的结果. 具体的做法是: 以服从某分布的多组不同随机

参数值初始化多个神经网络, 取训练之后的误差最小的解作为最终参数.

(2) 使用现代智能优化技术中的模拟退火算法. 因为模拟退火算法在每一步都以一定的概率接受比当前解更差的结果, 所以有助于"跳出"局部极小解. 在每步迭代过程中, 接受"次优解"的概率要随着时间的推移而逐渐降低, 从而保证算法稳定.

(3) 使用随机梯度下降法. 与标准的梯度下降法精确计算梯度不同, 随机梯度下降法在计算梯度时加入了随机因素. 于是, 即便陷入局部极小解, 由于它计算出的梯度仍可能不为零, 这样就有机会跳出局部极小解而继续搜索寻优.

当然, 需注意的是, 上述用于跳出局部极小解的技术大多是启发式, 尚缺乏理论上的保障.

5.3.3 面临的问题与实现细节

一般来说, 神经网络的层数越多, 每一层的神经元数目越大, 其建模能力就越强, 因此, 在实际应用中, 人们常倾向于使用复杂的神经网络. 但随着网络规模的增大 (尤其是层数的增加), 会带来一些意想不到的问题与困难.

首先是"局部极小"问题, 5.3.2 小节已经专门谈及. 因为神经网络的损失函数一般不是凸函数, 在学习时容易陷入局部极小甚至"鞍点"的泥潭. 梯度下降法只能保证算法收敛到梯度为零的点, 而梯度为零的点不一定是极值点, 有可能是鞍点, 更不用说是全局极小值点.

其次是"梯度消失与爆炸"问题. 根据 5.2 节的推导, BP 算法在计算误差时每一层都要乘以激活函数的导数 $\boldsymbol{z}^{(k)} = [(\boldsymbol{W}^{(k)})^{\mathrm{T}}\boldsymbol{z}^{(k+1)}] \circ f'(\boldsymbol{u}^{(k)})$. 如果激活函数的导数绝对值小于 1, 那么在多次连乘后误差项会很快衰减到接近于 0. 由于参数 (权重矩阵和偏置向量) 的计算由误差项得到, 因而导致损失函数对权重矩阵和偏置向量的梯度接近于 0, 以至于无法有效地更新参数, 这就是所谓的梯度消失问题. 与之相反的是"梯度爆炸"问题, 即如果激活函数的导数绝对值大于 1, 在多次连乘后误差项会趋向于非常大的值, 从而导致"溢出"的现象.

接下来我们看看神经网络的实现细节问题, 包括网络的规模、激活函数的选择、输入和输出的设定、权重和偏置项的初始化、损失函数的选取以及过拟合与正则化、学习速率的设定与冲量项等, 这些对于神经网络的学习和保证学习的精度都十分重要.

1. 网络规模的设计

在具体的应用中, 神经网络应设计成多少层, 每一层应设置多少个神经元, 目前尚无定论, 也没有理论上的分析. 可以确定的是, 网络必须至少有一个隐层, 输入层神经元个数应该等于样本属性向量的维数, 输出层神经元的个数应该等于分类任务的类别数或者回归任务的目标向量的维数. 至于要安排多少个隐含层, 每个隐含层要安排多少个神经元, 可以通过实验来确定.

2. 激活函数的选择

常用的激活函数除了 Sigmoid 函数外, 还有对称 Sigmoid 函数、双曲正切函数 (tanh 函数)、幂函数等. 因为 BP 算法需要使用激活函数的导数值, 所以人们一般会选择几乎处处可导且单调递增的有界函数作为激活函数.

对于二分类任务来说, 如果类标签的值为 $\{0,1\}$, 选取 Sigmoid 函数

$$\sigma(x)=\frac{1}{1+\mathrm{e}^{-x}}$$

作为激活函数是合适的, 因为

$$\lim_{x\to-\infty}\sigma(x)=0,\quad \lim_{x\to+\infty}\sigma(x)=1.$$

但如果二分类任务的标签值为 $\{-1,+1\}$, 则宜选择双曲正切函数

$$\tanh(x)=\frac{1-\mathrm{e}^{-2x}}{1+\mathrm{e}^{-2x}}$$

作为激活函数是合适的, 因为

$$\lim_{x\to-\infty}\tanh(x)=-1,\quad \lim_{x\to+\infty}\tanh(x)=1.$$

双曲正切函数是奇函数, 其图像是关于原点对称的, 并且与 Sigmoid 函数一样, 具有十分优良的求导性质, 即

$$\tanh'(x)=1-(\tanh(x))^2.$$

另外值得一提的是, 设计新的激活函数是研究神经网络的一个重要改进点. 已经有许多的激活函数被研究者们设计出来用于各种类型的神经网络.

3. 输入和输出的设定

首先来看对于输入向量的处理. 由于神经网络的输入向量的各分量对应着训练样本的各个特征属性, 而各个属性的取值范围可能相差很大. 例如有些属性取值范围是 $[0,1]$, 而有些则是 $[0,10^4]$. 从数值计算的角度来看, 对于数量级相差很大的原始数据进行处理不利于数值求解和计算的稳定性. 解决这一问题的有效办法是对原始数据进行归一化处理, 即将输入向量的每一个分量都映射到同一个范围内, 如归一化到区间 $[0,1]$ 或 $[-1,1]$. 归一化一般采用下面的“极小-极大归一化”(仿射变换):

$$x'=\frac{x-x_{\min}}{x_{\max}-x_{\min}},$$

其中 x 是原始数据, x' 是归一化之后的数据, 而 $x_{\min}, x_{\max}$ 分别是原始数据的最小值和最大值. 显然, 上面的归一化变化是将原始数据映射到区间 $[0,1]$, 如需映射到区间 $[-1,1]$, 则需使用下面的仿射变换:

$$x' = \frac{2x - (x_{\max} + x_{\min})}{x_{\max} - x_{\min}}.$$

另外比较常用的还有"零均值归一化", 公式如下:

$$x' = \frac{x - \mu}{\sigma},$$

其中, μ 和 σ 分别为原始数据集的均值和标准差, 它将原始数据集归一化为均值为 0、方差为 1 的数据集. 当然, 这种归一化方式要求原始数据的分布可以近似为高斯分布, 否则归一化的效果会变得很糟糕.

其次是关于输出向量的设定. 对于有 $k\,(k > 2)$ 个分类的问题, 如果选用 Sigmoid 函数作为激活函数, 一般使用编码向量的方式: 将输出向量设置为 k 维, 如果训练样本属于第 i 类, 则将输出向量的第 i 个分量设置为 1, 其余分量设置为 0, 即 $(0, \cdots, 0, 1, 0, \cdots, 0)^{\mathrm{T}}$. 在预测时, 将输出向量的最大分量所对应的类别作为分类结果. 如果是回归任务, 一般将输出值归一化到一个区间范围内, 如 $[0,1]$ 或 $[-1,1]$.

4. 损失函数与初始化

选择合适的损失函数对神经网络的成功学习十分重要. 除了使用基于欧氏距离的均方误差作为损失函数外, 人们还可以有其他选择, 比如交叉熵、对比损失函数等. 对于分类任务, 已有计算实践表明, 使用交叉熵损失函数比欧氏距离损失函数具有更好的表现.

此外, 在使用 BP 算法时, 如何初始化初始参数对算法的性能具有重要的影响. 在使用梯度下降法或其他优化迭代算法时, 不能简单地选取 0 向量 (矩阵) 或全 1 向量 (矩阵) 作为偏置向量和权重矩阵的初始值. 比较好的做法是用服从某种分布 (比如高斯分布) 的随机数来初始化所有迭代参数.

5. 过拟合与正则化

神经网络的学习也会出现过拟合的问题, 通常的解决方法是在损失函数中加上正则化项. 以前馈型网络的 BP 算法为例, 如果使用欧氏范数正则化, 则加入正则化项之后的损失函数变为

$$L(\boldsymbol{W}, \boldsymbol{b}) = \frac{1}{2n} \sum_{i=1}^{n} \|\varphi(\boldsymbol{x}_i) - \boldsymbol{y}_i\|_2^2 + \frac{\lambda}{2}(\|\boldsymbol{W}\|_{\mathrm{F}}^2 + \|\boldsymbol{b}\|_2^2),$$

其中 $\boldsymbol{W}$ 和 $\boldsymbol{b}$ 分别为权重矩阵和偏置向量, λ 是超参数. 由于在正则化项中两个平方项的梯度分别为 $2\boldsymbol{W}$ 和 $2\boldsymbol{b}$, 因此加入正则化项之后关于权重矩阵和偏置向量的梯度计算公式中要分别加上 $\lambda\boldsymbol{W}$ 和 $\lambda\boldsymbol{b}$.

如果使用 L_1 范数正则化, 则加入正则化项之后的损失函数变为

$$L(\boldsymbol{W},\boldsymbol{b}) = \frac{1}{2n}\sum_{i=1}^{n}\|\varphi(\boldsymbol{x}_i) - \boldsymbol{y}_i\|_2^2 + \lambda(\|\boldsymbol{W}\|_1 + \|\boldsymbol{b}\|_1).$$

由于两个 L_1 范数项的梯度分别为 $\operatorname{sgn}(\boldsymbol{W})$ 和 $\operatorname{sgn}(\boldsymbol{b})$, 因此关于权重矩阵和偏置向量的梯度计算公式中要分别加上 $\lambda\operatorname{sgn}(\boldsymbol{W})$ (矩阵) 和 $\lambda\operatorname{sgn}(\boldsymbol{b})$ (向量). 加入正则化项之后, 在使用 BP 算法迭代更新时, 只需将每一层权重和偏置项的梯度值加上正则化项的梯度即可.

6. 学习率与动量项

在算法 5.4 第 (6) 步参数更新公式中的步长参数 η 被称为学习率或学习速率, 因为它决定了参数更新的速度. 计算实践表明, 太大的 η 值会导致算法发散, 因此一般将它设置为一个很小的数, 比如 0.001. 当然可以采取更复杂的策略选取 η 值, 比如动态地选取为 η_k, 即随着迭代的进行动态地调整这个值.

在使用梯度下降法对网络参数进行迭代的过程中, 误差下降往往会出现振荡的现象, 并且随着迭代的进行, 下降速度越来越缓慢. 为了加快收敛速度和减少振荡现象, 可在迭代过程中引入动量项. 动量项累积了之前的参数更新值, 加上此项后参数更新公式变为

$$\begin{cases} \boldsymbol{W}^{(k+1)} = \boldsymbol{W}^{(k)} + \boldsymbol{V}^{(k)}, \\ \boldsymbol{b}^{(k+1)} = \boldsymbol{b}^{(k)} + \boldsymbol{d}^{(k)}, \end{cases}$$

其中 $\boldsymbol{V}^{(k)}$ 和 $\boldsymbol{d}^{(k)}$ 分别为权重矩阵和偏置向量的动量 (或冲量), 取代了之前的梯度项, 其更新公式为

$$\begin{cases} \boldsymbol{V}^{(k)} = \mu\boldsymbol{V}^{(k-1)} - \eta\,\nabla_{\boldsymbol{W}^{(k)}}L, \\ \boldsymbol{d}^{(k)} = \mu\,\boldsymbol{d}^{(k-1)} - \eta\,\nabla_{\boldsymbol{b}^{(k)}}L, \end{cases}$$

它是上一时刻的动量与本次梯度值的加权平均值, 其中 η 是学习率, μ 是动量项系数. 注意到, 如果按照迭代步数 k 展开 (或者递推), 则容易发现第 $k+1$ 次迭代使用了第 $1\sim k$ 次迭代时所有梯度值, 且旧的梯度值按系数 μ 的指数幂速率衰减, 即

$$\begin{cases} \boldsymbol{V}^{(k)} = \mu^{k-1}\,\boldsymbol{V}^{(1)} - \eta\,(\mu^{k-2}\nabla_{\boldsymbol{W}^{(2)}}L + \cdots + \mu\nabla_{\boldsymbol{W}^{(k-1)}}L + \nabla_{\boldsymbol{W}^{(k)}}L), \\ \boldsymbol{d}^{(k)} = \mu^{k-1}\,\boldsymbol{d}^{(1)} - \eta\,(\mu^{k-2}\nabla_{\boldsymbol{b}^{(2)}}L + \cdots + \mu\nabla_{\boldsymbol{b}^{(k-1)}}L + \nabla_{\boldsymbol{b}^{(k)}}L). \end{cases}$$

另外, 需要注意的是, 动量项和正则化项是完全不同的, 不可混为一谈. 前面谈及, 正则化技术是为了防止过拟合以提升模型的泛化性能, 而引入动量项的目的是为了加快算法的收敛速度, 更多地使用历史信息 (先前步的梯度值) 来修正当前的梯度值, 以减少误差下降过程中的振荡现象.

5.4 神经网络的 MATLAB 实现

人工神经网络已被集成在 MATLAB 的函数中, 且为了便于使用, 已经被制作成神经网络工具箱. 在 MATLAB 界面的右上角查询框中输入: Neural Network Toolbox Functions, 则会查找与神经网络工具箱函数相关的帮助文件.

神经网络工具箱集成了实现各种类型神经网络的函数, 下面介绍工具箱中跟 BP 网络有关的几个常用函数的使用方法.

(1) newff——创建一个 BP 网络. 其调用方式为

```
net=newff(P,T,S)
```

P: $M \times Q_1$ 矩阵, 表示创建的神经网络中, 输入层有 M 个神经元. 每行对应一个神经元输入数据的典型值, 实际应用中常取其最小值和最大值.

T: $SN \times Q_2$ 矩阵, 表示创建的网络有 SN 个输出层节点, 每行是输出值的典型值.

S: 标量或向量, 用于指定隐含层神经元个数, 若隐含层多于一层, 则写成行向量的形式.

(2) feedforwardnet——创建一个 BP 网络. 其调用方式为

```
net=feedforwardnet(hiddenSizes,trainFcn)
```

feedforwardnet 是新版神经网络工具箱中替代 newff 的函数. hiddenSizes 为隐含层的神经元节点个数, 如果有多个隐含层, 则 hiddenSizes 是一个行向量, 缺省值为 10. trainFcn 为训练函数, 缺省值为 'trainlm'.

(3) configure——配置网络. 其一般调用方式为

```
net=configure(net,P,T)
```

该函数作用是设置网络输入和输出大小和范围、设置输入预处理、输出后处理以及权重初始化, 以匹配输入和目标数据的过程. 其中, net 为 feedforwardnet 函数设置的网络, P 为输入数据, T 为目标数据.

(4) train——训练网络. 其一般调用方式为

```
[net,tr]=train(net,P,T,xi,ai,EW)
```

该函数的主要作用是训练所需要的神经网络模型. 其中, net 为 configure 函数配置的初始网络; xi 为初始输入延迟条件, 默认为 0; ai 为初始层延迟条件, 默认为 0; EW 表示权重偏差; 返回参数 net 表示训练好的网络; tr 表示训练过程的记录值.

下面看几个用神经网络工具箱函数对数据进行回归和分类的实例.

例 5.1 首先看一个神经网络回归的例子, 使用的训练样本是 MATLAB 自带的数据集 simplefit_dataset. 该数据集中的变量 simplefitInputs 为 1×94 的行向量, 是网络的输入. 变量 simplefitTargets 为同维数的行向量, 是网络的期望输出. 利用上述函数, 编制程序如下 (Ann_Reg.m 文件).

```
clear all, clc
rng(2)   %产生随机数的种子
load simplefit_dataset.mat %载入数据集
P=simplefitInputs; % 网络输入
T=simplefitTargets; % 期望输出
ff=feedforwardnet(10);
%建立一个BP网络,包含一个10个节点的隐含层
ff.trainParam.epochs = 100;  %迭代次数
ff = train(ff,P,T); %训练网络
Y = sim(ff,P); %仿真
k=1:2:size(P,2);
plot(P(k),T(k),'bo');  % 绘图
hold on;
plot(P(k),Y(k),'xr-');
legend('原始数据','回归结果')
perf = perform(ff,Y,T), %显示误差
```

其运行结果如图 5.5 和图 5.6 所示. 图 5.5 绘制了两组数据, 分别为原始数据值和 BP 前向网络预测值. 图 5.6 则显示了本次训练模型的相关参数, 如网络结构、算法实现过程中的一些方法及模型计算过程中的输出参数.

另外, 在命令窗口显示神经网络训练的误差为

```
perf =
   8.1727e-06
```

例 5.2 考虑一个用神经网络进行分类的问题. 利用 MATLAB 自带的鸢尾属植物数据集 Iris, 它是一类多重变量分析的数据集. 该数据集包含 150 个数据, 分为 3 类, 每类 50 个数据, 每个数据包含 4 个属性. 可通过萼片长度、萼片宽度、花瓣长度、花瓣宽度 4 个属性预测鸢尾花卉属于 setosa (山鸢尾)、versicolor (杂色鸢尾)、virginica (弗吉尼亚鸢尾) 三个种类中的哪一类.

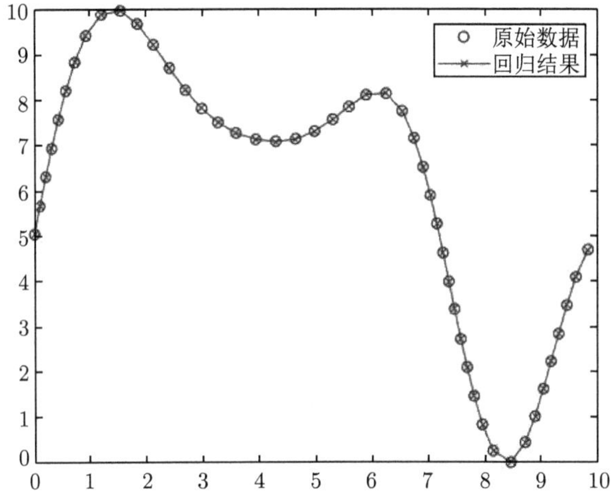

图 5.5 神经网络训练数据图

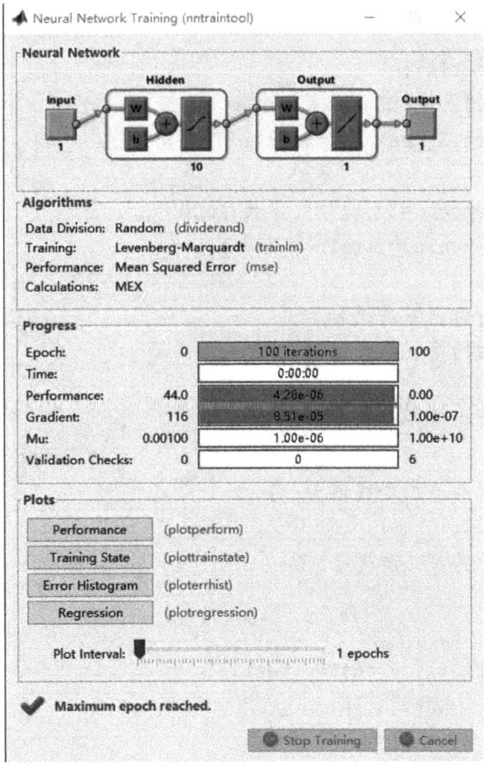

图 5.6 训练参数图

编制 MATLAB 程序如下 (Ann_Iris.m 文件).

```
%鸢尾属植物数据集神经网络分类
%训练集合
clc;clear all;
rng(2)  %产生随机数的种子
load fisheriris  %载入Iris数据集
data=meas;  %样本数据集
y=zeros(150,1); %将类标签转化为数字
y(strcmp(species,'setosa')) = 1;
y(strcmp(species,'versicolor')) = 2;
y(strcmp(species,'virginica')) = 3;
[train1,test1]=crossvalind('holdout',y);
%利用交叉验证随机分割数据集
X_train=data(train1,:);y_train=y(train1);
X_train= X_train';   %训练样本
y_train=y_train';        %训练标签
[X_train,PS]=mapminmax(X_train); %归一化处理
%神经网络
net=feedforwardnet(4);
%创建一个两层前馈网络.该网络有一个隐含层有4个神经元
net=configure(net,X_train,y_train);  %配置内存
%对网络进行训练
net.trainParam.epochs=100;%执行步长为100
net=train(net,X_train,y_train); %训练
%显示相关参数
X1=net(X_train); %训练成果展示
disp('网络训练后的第一层权值为:')
w1=net.iw{1}
disp('网络训练后的第一层阈值:')
b1=net.b{1}
disp('网络训练后的第二层权值为:')
w2=net.Lw{2}
disp('网络训练后的第二层阈值:')
b2=net.b{2}
%测试集合
X_test=data(test1,:); y_test=y(test1);
X_test= X_test';  %测试矩阵
y_test=y_test'; %目标矩阵
an=y_test;  %测试集标签
X2=mapminmax('apply',X_test,PS);% “同一归一化”
g=net(X2); %测试结果输出
```

```
err=(1-sum(sqrt((an-g).^2)./an)/length(an))*100;
%计算匹配度
fprintf('匹配度为:%f\n',err);
```

在命令窗口运行上述程序, 得到有关分类的结果.

```
网络训练后的第一层权值为:
w1 =
   -1.7159   -0.8085   -0.6763    0.7210
   -0.2581    0.6204   -2.5704   -4.1949
   -0.6346   -0.1696   -0.5578   -0.5412
    0.6786   -0.0730    1.2501    1.9990

网络训练后的第一层阈值:
b1 =
   -0.0070
    2.1244
   -0.2438
    1.5224

网络训练后的第二层权值为:
w2 =
   -0.2139   -0.8646    1.2514    1.0830

网络训练后的第二层阈值:
b2 =
    0.0266

匹配度为: 96.945562
```

例 5.3 基于 BP 网络的性别识别. 以年级中男生女生的身高、体重作为输入数据, 经过一定数量的样本训练后, 可以较好地识别出新样本的性别, 其中男生 172 人, 女生 88 人. 具体数据见 Excel 文件 (可扫描书后二维码获取).

MATLAB 程序如下 (Ann_feedforwardne.m 文件):

```
%使用feedforwardnet函数实现性别识别
clear,clc  %清理
rng(2)
%读入数据
xlsfile='student.xls';
[data,label]=getdata(xlsfile);
%划分数据
```

```
[traind,trainl,testd,testl]=divide(data,label);
%创建网络
net=feedforwardnet(10);
net=configure(net,traind',trainl); %配置内存
%对网络进行训练
net.trainParam.epochs=100;%执行步长为100
net.trainFcn='trainbfg'; %net.trainFcn='trainlm';
%训练网络
net=train(net,traind',trainl);
%显示相关参数
disp('网络训练后的第一层权值为: ')
w1=net.iw{1}
disp('网络训练后的第一层阈值: ')
b1=net.b{1}
disp('网络训练后的第二层权值为: ')
w2=net.Lw{2}
disp('网络训练后的第二层阈值: ')
b2=net.b{2}
%测试
test_out=sim(net,testd');
test_out(test_out>=0.5)=1;
test_out(test_out<0.5)=0;
rate=sum(test_out==testl)/length(testl);
fprintf('正确率为:\n %f \n', rate*100);
%显示训练样本
train_m=traind(trainl==1,:); train_m=train_m';
train_f=traind(trainl==0,:); train_f=train_f';
plot(train_m(1,:),train_m(2,:),'bo'); hold on;
plot(train_f(1,:),train_f(2,:),'r*');
xlabel('身高'); ylabel('体重')
title('训练样本分布'); legend('男生','女生');
```

上述的程序调用了两个子函数 getdata.m 和 divide.m, 代码分别如下.

```
%getdata.m, 用于读取Excel表格
function [data,label]=getdata(xlsfile)
%[data,label]=getdata('student.xls')
[~,label]=xlsread(xlsfile,1,'B2:B261');
[height,~]=xlsread(xlsfile,'C2:C261');
[weight,~]=xlsread(xlsfile,'D2:D261');
data=[height,weight];
la=zeros(size(label));
```

```
    for i=1:length(la)
       if (label{i}== '男'), la(i)=1; end
    end
    label=la;

function [traind,trainl,testd,testl]=divide(data,label)
%[data,label]=getdata('student.xls')
%由于男女数量不平衡,各取50个进行训练
train_m=50;train_f=50;
%男女分开
m_data=data(label==1,:);
f_data=data(label==0,:);
num_m=length(m_data); %男生的个数
r=randperm(num_m); %随机重排,将次序打乱
traind(1:train_m,:)=m_data(r(1:train_m),:);
%取重排后的前50个数据作为训练集
testd(1:num_m-train_m,:)= m_data(r(train_m+1:num_m),:); %剩下的作为测试集
num_f=length(f_data); % 女生的个数
r=randperm(num_f); %随机重排,将次序打乱
traind(train_m+1:train_m+train_f,:)=f_data(r(1:train_f),:);
%取重排后的前50个数据作为训练集
testd(num_m-train_m+1:num_m-train_m+num_f-train_f,:)...
=f_data(r(train_f+1:num_f),:);
%剩下的作为测试集
trainl=zeros(1,train_m+train_f);%赋值
trainl(1:train_m)=1; %训练集男生标签
testl=zeros(1,num_m+num_f-train_m-train_f);
testl(1:num_m-train_m)=1; %测试集男生标签
```

在命令窗口运行主程序 Ann_feedforwardne.m, 得到如下结果:

```
网络训练后的第一层权值为:
w1 =
     1.4438   -4.1848
    -4.3392    0.6328
     2.5692   -3.6617
    -4.3756    0.1542
    -4.1467    1.4705
     2.3808    3.7240
     3.8701   -2.0054
     3.1070    3.1314
     1.2456    4.1634
```

```
   -0.3130    4.3995
```

网络训练后的第一层阈值:

```
b1 =
   -4.4269
    3.5002
   -2.3806
    1.5720
    0.4366
    0.4884
    1.7329
    2.4982
    3.5432
   -4.4449
```

网络训练后的第二层权值为:

```
w2 =
0.4729 0.2130 0.8749 0.3286 0.0788 0.7377 -0.5867 0.7427 0.0122 -0.5539
```

网络训练后的第二层阈值:

```
b2 =
    0.6959
```

正确率为:

```
    93.125000
```

运行后的可视化结果如图 5.7 和图 5.8 所示.

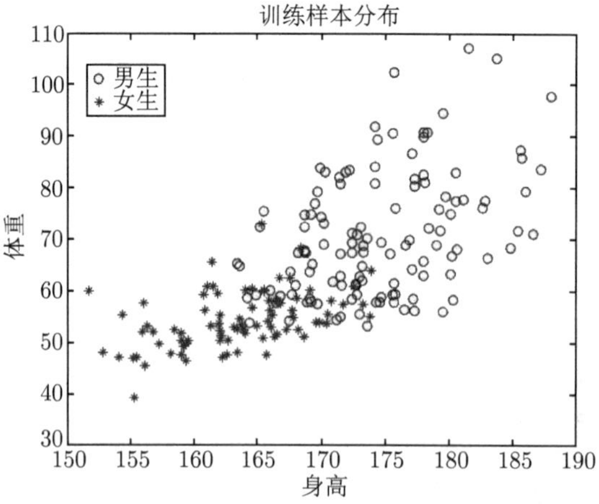

图 5.7　训练样本分布图

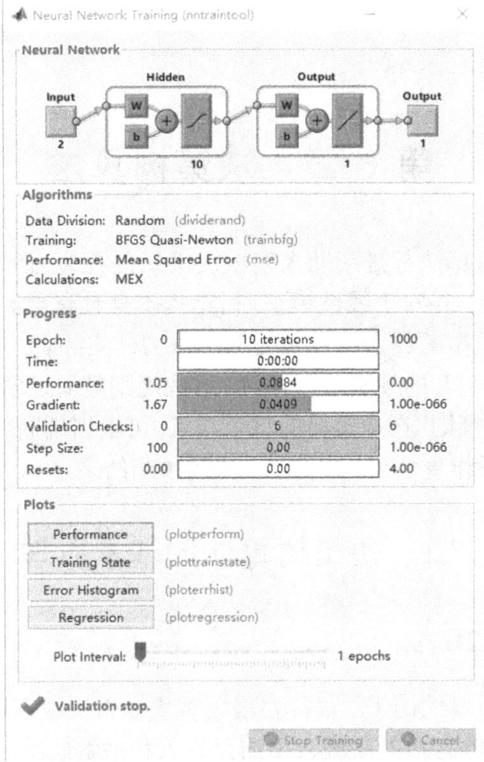

图 5.8 训练参数图

本章课件

第 6 章　决策树算法

所有的机器学习算法都是帮助人们做决策或预测的, 所以“决策树”这个术语的着重点是“树”. 相对于线性模型, 树结构本身具有更灵活的表达能力, 并且集成模式与决策树模型的结合可发挥更大的威力. 实际上, 决策树是一种基于规则的方法, 它用一组嵌套的规则进行预测, 这些规则是通过学习得到的, 而不是人工规定的. 有了这些规则, 在决策树的每个结点, 可根据判断结果进入某一个分支, 然后反复执行这种操作直至到达叶结点, 得到预测结果.

6.1　决策树算法的基本原理

6.1.1　树模型决策过程

首先来看一个简单的例子. 银行要根据客户是否有偿还能力而确定给客户发放贷款, 为此需要考察客户的房产、平均月收入和婚姻情况. 在做决策之前, 会先获取客户的这三个数据. 如果把这个决策看作分类问题, 这三个数据指标就是属性向量的分量, 类别标签是“可以贷款”和“不能贷款”. 银行按照下面的流程进行决策:

(1) 判断客户的房产情况. 如果有房产, 可以贷款; 否则需要继续判断.

(2) 判断客户是否结婚. 如果已婚, 可以贷款; 否则需要进一步判断.

(3) 判断客户的平均月收入. 如果平均月收入超过 1.5 万, 可以贷款; 否则不能贷款.

用图形表示这个决策过程就是一棵决策树, 如图 6.1 所示.

平均月收入是数值型属性, 一般为整数或实数, 可以比较其大小. 而房产 (有房产或无房产) 和婚姻 (已婚或未婚) 情况是类别型属性, 不能比较其大小. 图 6.1 中所有内部结点为椭圆形, 叶结点 (即决策结果) 为圆形. 每一个内部结点都表示一个属性条件判断, 叶结点表示是否给客户发放贷款. 例如, 客户甲没有房产, 没有结婚, 平均月收入 2 万. 通过决策树的根结点判断, 客户甲符合右边分支 (拥有房产为“否”); 再判断是否结婚, 客户甲符合右边分支 (未婚); 然后判断平均月收入是否大于 1.5 万, 客户甲符合左边分支 (月收入大于 1.5 万), 该客户落在“可以贷款”的叶结点上. 所以预测客户甲具备偿还贷款能力, 可以发放贷款.

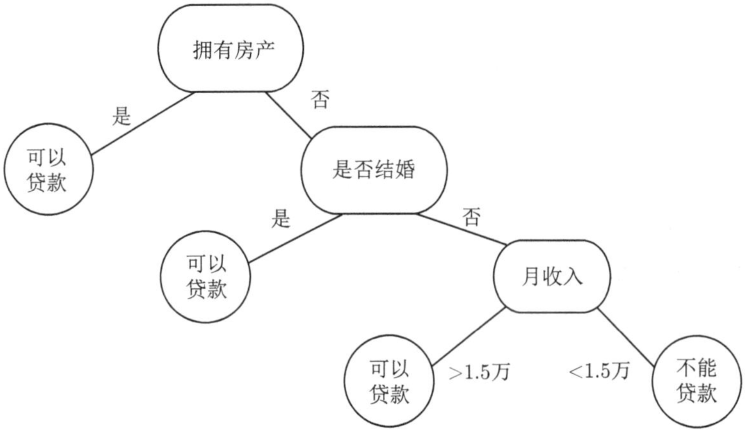

图 6.1 决策树示意图

为了便于程序实现，一般将决策树设计成二叉树. 决策树的结点一般分为两种类型.

(1) 决策结点. 在这类结点处需要进行条件判断以确定进入哪个分支. 决策结点一定至少有两个子结点.

(2) 叶结点. 这类结点表示最终的决策结果, 不再有子结点. 在上面的例子中, 叶结点的取值为“可以贷款”和“不能贷款”两种. 一般来说, 对于分类问题, 叶结点的取值为类别标签.

决策树属于层级结构模型, 可以为每个结点赋予一个层次: 根部结点的层次数为 0, 子结点的层次数为其父结点的层次数加 1. 树的深度定义为所有结点的最大层次数. 图 6.1 所示的决策树深度为 3, 也就是说, 要得到一个决策结果, 最多需要 3 次判定.

由于绝大多数决策问题都可以抽象为分类问题或回归问题, 因此决策树也包括分类树和回归树. 分类树的映射函数是多维空间中的分段线性函数, 即用平行于各坐标轴的超平面对空间进行分割; 回归树的映射函数则是分段常函数. 由于是分段函数, 因此决策树具有非线性建模的能力. 对于回归问题, 我们知道, 只要划分足够细, 分段常函数可以逼近闭区间上任意函数到任意指定的精度. 也就是说, 回归树在理论上可以对任意复杂的数据进行拟合. 而对于分类问题, 如果决策树层级足够深, 它可以将训练样本集中的所有样本正确分类. 但如果属性向量的维数过大, 可能会因为面临“维数灾难”而导致准确率下降.

6.1.2 决策树算法的基本框架

决策树算法是一种十分常用的分类与回归算法, 它通过对样本数据的学习得到一个树形的分类器或回归器, 对于新出现的待预测样本能够给出正确的预测 (分类或回归). 决策树算法的构造是一个递归的过程, 它采用自顶向下进行递归. 下面给出基本决策树算法框架.

算法 6.1 (基本决策树算法)

function DTree(S, A)

输入：训练样本集 $S=\{(\boldsymbol{x}_1,y_1),(\boldsymbol{x}_2,y_2),\cdots,(\boldsymbol{x}_n,y_n)\}$.

　　属性集 $A=\{a_1,a_2,\cdots,a_m\}$.

(1) 生成结点 Node.

(2) **if** 所有样本属于同一类别 C

　　将 Node 标记为类别为 C 的叶结点, 返回.

　end if

(3) **if** 属性值为空或 S 中样本在 A 上取值相同 **then**

　　将 Node 标记为叶结点, 其类别为 T 中样本数最多的类, 返回.

　end if

(4) 从 A 中选择最优属性 a_* 作为根结点.

(5) **for** a_* 的每一个值 a_*^i **do**

　　为根结点 Node 增加一个分支,

　　令 S_i 表示 S 中在属性 a_* 上取值为 a_*^i 的样本子集.

　　if S_i 为空集 **then**

　　　将分支结点标记为叶结点, 其类别为 S 中样本数最多的类, 返回.

　　else

　　　递归创建决策子树, 以 DTree($S_i, A\backslash\{a_*\}$) 为分支结点.

　　end if

　end for

输出：以 Node 为根结点的一棵决策树.

在算法 6.1 中, 有三种情形会导致递归返回. 一是当前结点包含的样本全部属于同一类别, 无须分类; 二是当前属性集为空集, 或者所有样本在所有属性上取值相同, 无法分类; 三是当前结点包含的样本集合为空集, 不能分类.

决策树算法优点如下:

(1) 算法能够直接体现数据的特点, 易于理解和实现, 用户在学习过程中无须了解过多背景知识即可理解决策树所表达的意义.

(2) 计算量相对较小, 运算速度快, 且容易转化成分类规则. 只要从根结点一直向下走到某个叶结点, 沿途分割条件是唯一确定的.

决策树算法的缺点主要是在处理大容量样本集时, 容易出现过拟合现象, 从而导致降低分类或回归的准确性.

6.1.3 决策树的剪枝

剪枝是决策树算法对付"过拟合"的主要手段. 在决策树学习中, 为了尽可能正确分类训练样本, 有时会造成决策树分支过多, 这时就可能因训练样本学得"太好"了, 以至于把训练集自身的一些特点当作所有数据都具有的一般性质而导致过拟合. 因此, 可通过主动去掉一些分支来降低过拟合的风险.

决策树的剪枝分为"预剪枝"和"后剪枝". 预剪枝实际上不存在真正的剪枝操作, 它是指在构造决策树的过程中根据一定的条件判断产生新的分支. 后剪枝则是先构建一棵层次比较深的决策树, 然后再从降低过拟合的角度将一些不能提高泛化性能的树枝剪掉. 实际应用中, 预剪枝和后剪枝可以结合使用: 利用预剪枝的判断条件来终止树的生长, 再用后剪枝技术自底向上地把一些结点剪掉.

后剪枝的基本思路是: 准备好一个带有标签的验证数据集 (确保它们不出现在训练集中), 对构建好的决策树自底向上地将一个内部结点变为叶结点 (即剪掉该分支), 对比剪枝前后在验证集上的准确率. 如果剪掉该分支后在验证集上的准确率提高了, 就果断地剪掉, 否则就保留该分支.

由此可知, 后剪枝需要额外的验证集 (不同于训练集和测试集), 并且存在额外的计算量. 而预剪枝是在决策树的生长过程中自动判断是否停止. 具体的方法有如下四种.

(1) 预先设定决策树的最大层级 (比如 3 层), 达到阈值 (超过 3 层) 时就停止生长.

(2) 当叶结点包含的样本数小于阈值时, 该结点停止产生新分支.

(3) 当叶结点包含的样本"纯度"高于阈值时, 该结点停止产生新分支. 纯度可以用熵、信息增益 (率) 以及基尼指数等来度量 (见 6.2 节).

(4) 目标函数中同时考虑准确率和树的复杂度, 当目标值不再上升时就停止生长.

易见前三种方法都比较简单, 它们只是单方面地考虑了准确率或者树的复杂度. 第四种方法则是综合考虑了这两种情况, 似乎更为合理. 下面以分类树为例, 说明方法 (4) 的具体应用. 首先定义损失函数:

$$\text{loss} = \text{ErrorRatio} + \frac{\gamma|T|}{n},$$

其中 n 是样本总数, $|T|$ 是叶结点个数, γ 是对决策树复杂度的惩罚系数. 设一个叶结点包含了 m 个样本, 其中 e 个样本被分错, 那么该叶结点的损失为

$$\text{loss}_{\text{不划分}} = \frac{e}{m} + \frac{\gamma}{m} = \frac{e+\gamma}{m}.$$

如果该结点再划分成 ℓ 个子结点, 第 i 个子结点包含 m_i 个样本, 其中有 e_i 个样本被分错, 则这 ℓ 个子结点的总损失为

$$\text{loss}_{划分} = \frac{\sum_{i=1}^{\ell} e_i}{m} + \frac{\gamma\ell}{m} = \frac{\sum_{i=1}^{\ell} e_i + \gamma\ell}{m}.$$

如果成立

$$\sum_{i=1}^{\ell} e_i + \gamma\ell < e + \gamma, \tag{6.1}$$

就执行对该子结点的划分, 否则就不划分.

一种更为保守的策略是, 不仅要求满足式 (6.1) 的条件, 还要求留有足够的置信区间. 注意到一个样本被分错服从伯努利分布 (0-1 分布), 一次划分导致的分错总数服从二项分布. 而二项分布的标准差为 $\sqrt{mp(1-p)}$, 其中 m 为样本个数, p 为一个样本被分错的概率, 有

$$p = \frac{\sum_{i=1}^{\ell} e_i + \gamma\ell}{m}.$$

由于当 m 比较大时, 二项分布 $B(m,p)$ 近似于正态分布 $N(\mu,\sigma^2)$, 而正态分布落在区间 $[\mu-\sigma,\mu+\sigma]$ 之外的样本很少, μ 和 σ 分别为正态分布的期望和标准差. 所以, 当

$$\sum_{i=1}^{\ell} e_i + \gamma\ell + \sqrt{mp(1-p)} < e + \gamma \tag{6.2}$$

成立时, 有足够大的置信度认为决策树继续划分可以减少损失.

以图 6.2 为例, 取 $\gamma = 0.5$, 如果父结点不继续进行划分, 这是总共有 20 个样本, 分错 7 个, 则

$$e + \gamma = 7 + 0.5 = 7.5.$$

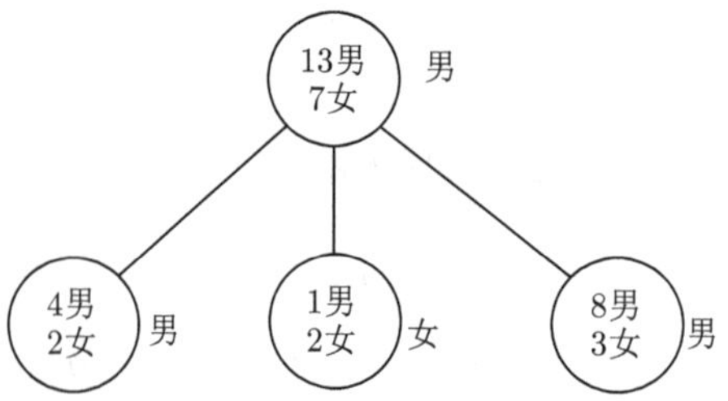

图 6.2 是否剪枝

如果该结点继续划分, 产生 3 个子结点 (图 6.2), 分类错误率为

$$p = \frac{2+1+3+0.5\times 3}{20} = 0.375.$$

于是

$$\sum_{i=1}^{\ell} e_i + \gamma\ell + \sqrt{mp(1-p)} = 2+1+3+0.5\times 3+\sqrt{20\times 0.375(1-0.375)} = 9.6651.$$

因为 $9.6651 > 7.5$, 所以该父结点不必继续划分, 可以标为叶结点终止.

著名的 CART 决策树 (见 6.2.3 小节) 的后剪枝采用的方法是“代价-复杂度剪枝算法”, 所谓“代价”是指剪枝后导致的错误率变化值, 而所谓“复杂度”则指决策树的规模和层次. 下面介绍这一剪枝算法的原理.

训练好一棵决策树后, 剪枝算法首先计算该决策树的每个非叶结点的 α 值, 定义为

$$\alpha = \frac{e(t)-e(t_i)}{|t_i|-1}, \tag{6.3}$$

其中 $e(t)$ 是结点 t 的错误率, $e(t_i)$ 是以结点 t 为父结点的子树的错误率, 是该子树所有的叶结点错误率之和, $|t_i|$ 为叶结点数目, 即复杂度. α 值越小, 剪枝后树的预测效果和剪枝前越接近. 计算出所有的非叶结点的 α, 剪掉该值最小的结点得到剪枝后的树, 然后重复这种操作直到只剩下根结点, 由此得到一个决策树序列: $\{T_0, T_1, \cdots, T_n\}$, 其中 T_0 是初始训练好的决策树, T_{i+1} 是 T_i 通过剪枝得到的, 即剪掉 T_i 中 α 值最小的那个结点并用一个叶结点替代后得到的树.

代价-复杂度剪枝算法可以分为两个步骤:

(1) 按照公式 (6.3) 从下到上计算每一个非叶结点的 α 值, 然后每一次都剪掉具有最小 α 值的子树, 直到只剩下根结点得到剪枝后的树序列. 这一步的误差计算采用的是训练样本集.

(2) 根据真实的错误率在得到的树序列中选出一个最好的决策树作为剪枝后的结果.

下面利用具体实例进行讲解. 图 6.3 是一棵训练好的决策树的一部分.

假设男女生人数共有 100 人, 自下向上我们计算 t_5 和 t_6 两个非叶结点的 α 值. 先计算 t_5 的 α 值:

$$e(t_5) = \frac{2}{12}\times\frac{12}{100} = \frac{2}{100} = 0.02,$$

$$e(t_{5,i}) = e(t_7)+e(t_8) = \frac{0}{6}\cdot\frac{6}{100}+\frac{2}{6}\cdot\frac{6}{100} = 0.02.$$

故

$$\alpha = \frac{e(t_5)-e(t_{5,i})}{|t_{5,i}|-1} = \frac{0.02-0.02}{2-1} = 0.$$

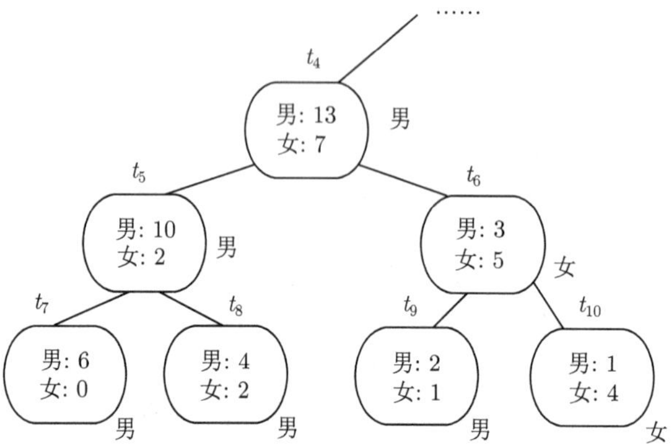

图 6.3　代价-复杂度剪枝示意图

计算 t_6 的 α 值:

$$e(t_6)=\frac{3}{8}\times\frac{8}{100}=\frac{3}{100}=0.03,$$

$$e(t_{6,i})=e(t_9)+e(t_{10})=\frac{1}{3}\cdot\frac{3}{100}+\frac{1}{5}\cdot\frac{5}{100}=0.02.$$

故

$$\alpha=\frac{e(t_6)-e(t_{6,i})}{|t_{6,i}|-1}=\frac{0.03-0.02}{2-1}=0.01.$$

由于 t_5 的 α 值小于 t_6 的 α 值, 因此将 t_5 剪掉而得到一棵新的决策树.

6.2　基本决策树算法的改进

从算法 6.1 可以看出, 决策树算法的关键是第 (4) 步, 即如何选择最优属性 a_*. 一般而言, 随着分割过程不断进行, 希望决策树的分支结点所包含的样本尽可能属于同一类别, 即结点的“纯度”越来越高. 而度量“纯度”最常用的指标是“信息熵”. 假定当前样本集合 D 共包含 ℓ 类样本, 其中第 k 类样本所占的比例为 $p_k\,(k=1,2,\cdots,\ell)$, 则 D 的信息熵定义为

$$H(D)=-\sum_{k=1}^{\ell}p_k\log_2 p_k. \tag{6.4}$$

$H(D)$ 的值越小, 则 D 的纯度越高; 相反, 其值越大, 则表示信息的凌乱程度越大.

6.2.1　信息增益与 ID3 决策树

假定离散属性 a 有 m 个可能的取值 $\{a^1,a^2,\cdots,a^m\}$, 若使用 a 来对样本集 D 进行划分, 则会产生 m 个分支结点, 其中第 i 个分支结点包含了 D 中所有

在属性 a 上取值为 a^i 的样本, 记为 D^i. 可根据式 (6.4) 计算出 D^i 的信息熵, 再考虑到不同的分支结点所包含的样本数不同, 给分支结点赋予权重 $|D^i|/|D|$, 即样本数越多的分支结点的影响越大, 于是可计算出用属性 a 对样本集 D 进行划分所获得的"信息增益":

$$\mathrm{IG}(D,a)=H(D)-\sum_{i=1}^{m}\frac{|D^i|}{|D|}H(D^i). \tag{6.5}$$

一般而言, 信息增益越大, 则意味着使用属性 a 来进行划分所获得的纯度提升越大. 因此, 可用信息增益来进行决策树的划分属性选择, 即在算法 6.1 的第 (4) 步选择属性:

$$a_*=\underset{a\in A}{\arg\max}\ \mathrm{IG}(D,a),$$

这就是著名的 ID3 决策树算法, 它是以信息增益为准则来选择最优划分属性的.

ID3 算法的核心思想是以信息增益度量属性为依据, 采用自顶向下的贪心策略遍历可能的决策树空间, 以选择出划分后信息增益最大的属性. 其基本框架如下.

(1) 使用统计测试来确定每个样例属性单独分类样本的能力 (即计算每个属性的信息增益), 选择分类能力最好 (即信息增益最大) 的属性作为树的根结点.

(2) 为根结点属性的每一个可能取值产生一个分支, 把训练样本分配到适当的分支之下. 重复该过程, 用每个分支结点关联的训练样本选取在该点的被测试的最优属性, 从而形成对决策树的贪心搜索.

从 ID3 算法的上述执行流程可知, 该算法无回溯, 属于局部最优算法. 下面写出 ID3 算法具体计算流程.

算法 6.2 (ID3 决策树算法)

输入: 训练数据集 D, 属性集 A, 阈值 ε.

输出: 最优决策树 T.

(1) 如果 D 中所有实例属于同一类 C_k, 则 T 为单结点树, 并将类 C_k 作为该结点的类标记, 返回 T.

(2) 如果 $A=\varnothing$, 则 T 为单结点树, 并将 D 中类别数目最多的类 C_k 作为该结点的类标记, 返回 T. 否则, 利用公式 (6.5) 计算 A 中每个属性对 D 的信息增益, 选择信息增益最大的属性 A_g.

(3) 如果 A_g 的信息增益小于阈值 ε, 则 T 为单结点树, 并将 D 中类别数目最多的类 C_k 作为该结点的类标记, 返回 T. 否则, 对 A_g 的每一种可能值 a_i, 依 $A_g=a_i$ 将 D 分割为若干非空子集 D_i, 将 D_i 中类别数目最多的类作为标记, 构建子结点, 由结点及其子树构成树 T, 返回 T.

(4) 对第 i 个子结点, 以 D_i 为训练集, 以 $A\backslash\{A_g\}$ 为属性集合, 递归调用 (1)—(3), 得到子树 T_i, 返回 T_i.

下面我们看一个通过计算信息增益来执行 ID3 算法的例子, 以便读者能够具体地理解这一算法的操作方法. 假设有 100 名学生, 其中男生 60、女生 40 人, 这 100 名男、女生可由两个"特征" (属性) 来区分其性别. 第一个属性是"头发长度", 有"长、中、短"三种取值, 其中"头发长"的男生 3 人, 女生 20 人; "头发中"的男生 30 人, 女生 16 人; "头发短"的男生 27 人, 女生 4 人. 第二个属性是"肤色", 有"黑、白"两种取值, 其中"皮肤黑"的男生 42 人, 女生 10 人; "皮肤白"的男生 18 人, 女生 30 人. 在构建决策树时究竟以哪个属性作为根结点, 可以通过计算二者的信息增益来决定. 为了便于计算, 我们将上述数据列成表 6.1.

表 6.1 男、女生属性信息表

	头发长	头发中	头发短	合计	皮肤黑	皮肤白	合计
男生	3	30	27	60	42	18	60
女生	20	16	4	40	10	30	40

现在我们利用这些数据, 根据公式 (6.4) 和 (6.5) 来分别计算两个属性的信息增益. 首先计算"头发长度"这个属性的信息增益.

$$H(\text{性别}) = -\frac{60}{100}\log_2\frac{60}{100} - \frac{40}{100}\log_2\frac{40}{100} = 0.9710.$$

$$H(\text{性别}\,|\,\text{头发长度} = \text{长}) = -\frac{3}{23}\log_2\frac{3}{23} - \frac{20}{23}\log_2\frac{20}{23} = 0.5586,$$

$$H(\text{性别}\,|\,\text{头发长度} = \text{中}) = -\frac{30}{46}\log_2\frac{30}{46} - \frac{16}{46}\log_2\frac{16}{16} = 0.9312,$$

$$H(\text{性别}\,|\,\text{头发长度} = \text{短}) = -\frac{27}{31}\log_2\frac{27}{31} - \frac{4}{31}\log_2\frac{4}{31} = 0.5548.$$

故有

$$\begin{aligned}
&H(\text{性别}\,|\,\text{头发长度})\\
=&\frac{23}{100}H(\text{性别}\,|\,\text{头发长度} = \text{长}) + \frac{46}{100}H(\text{性别}\,|\,\text{头发长度} = \text{中})\\
&+\frac{31}{100}H(\text{性别}\,|\,\text{头发长度} = \text{短})\\
=&0.23 \times 0.5586 + 0.46 \times 0.9312 + 0.31 \times 0.5548\\
=&0.7288.
\end{aligned}$$

所以, 有

$$\mathrm{IG}(\text{头发长度}) = H(\text{性别}) - H(\text{性别}\,|\,\text{头发长度}) = 0.9710 - 0.7288 = 0.2422.$$

再来计算“肤色”这个属性的信息增益.

$$H(\text{性别}\,|\,\text{肤色} = \text{黑}) = -\frac{42}{52}\log_2\frac{42}{52} - \frac{10}{52}\log_2\frac{10}{52} = 0.7062,$$

$$H(\text{性别}\,|\,\text{肤色} = \text{白}) = -\frac{18}{48}\log_2\frac{18}{48} - \frac{30}{48}\log_2\frac{30}{48} = 0.9544.$$

故

$$\begin{aligned} H(\text{性别}\,|\,\text{肤色}) &= \frac{52}{100}H(\text{性别}\,|\,\text{肤色} = \text{黑}) + \frac{48}{100}H(\text{性别}\,|\,\text{肤色} = \text{白}) \\ &= 0.52 \times 0.7062 + 0.48 \times 0.9544 = 0.8253. \end{aligned}$$

所以, 有

$$\mathrm{IG}(\text{肤色}) = H(\text{性别}) - H(\text{性别}\,|\,\text{肤色}) = 0.9710 - 0.8253 = 0.1457.$$

由于 IG(肤色) < IG(头发长度), 所以按“头发长度”这个属性作为根结点是最优的选择. 因此, 此次分叉属性选择“头发长度”属性. 分叉后形成的结点包含的数据作为新的数据集, 按照上述方法, 依此类推, 即可建立整个决策树.

6.2.2 增益率与 C4.5 决策树

根据信息增益来选择最优划分属性也存在一些问题. 一般来说, 如果一个离散变量的取值较多, 那么它的每个子结点中的样本“纯度”就会比较大, 该属性对应的信息增益也就相应地比较大; 相反, 如果一个离散变量的取值比较少, 那么它的子结点“纯度”就会比较小. 由于贪心策略只顾眼前, 因此它会选择那个信息增益最大的属性进行划分.

实际上, 信息增益准则对可取值数目较多的属性有所偏好, 为减少这种偏好可能带来的不利影响, 著名的 C4.5 决策树算法使用“增益率”来选择最优划分属性, 而不是直接使用信息增益作为划分准则. 采用与式 (6.5) 相同的符号表示, 增益率定义为

$$\mathrm{IG\_Ratio}(D, a) = \frac{\mathrm{IG}(D, a)}{\mathrm{IV}(a)}, \tag{6.6}$$

其中

$$\mathrm{IV}(a) = -\sum_{i=1}^{m}\frac{|D^i|}{|D|}\log_2\frac{|D^i|}{|D|} \tag{6.7}$$

称为属性 a 的“固有值”. 属性 a 的可能取值数目越多 (即 m 越大), 则 $\mathrm{IV}(a)$ 的值通常会越大. 所以信息增益率实际上在信息增益的基础上对分支比较多的情况进行了一定的“惩罚”, 以期降低决策树的复杂度.

C4.5 算法是对 ID3 决策树的改进分类算法, 采用信息增益率来选择最优属性. 下面写出 C4.5 决策树算法的具体计算流程.

算法 6.3 (C4.5 决策树算法)

输入: 训练数据集 D, 属性集 A, 阈值 ε.

输出: 最优决策树 T^*.

(1) 如果 D 中所有实例属于同一类 C_k, 则 T 为单结点树, 并将类 C_k 作为该结点的类标记, 返回 T.

(2) 如果 $A=\varnothing$, 则 T 为单结点树, 并将 D 中类别数目最多的类 C_k 作为该结点的类标记, 返回 T. 否则, 利用公式 (6.6) 计算 A 中每个属性对 D 的信息增益率, 选择信息增益最大的属性 A_g.

(3) 如果 A_g 的信息增益小于阈值 ε, 则 T 为单结点树, 并将 D 中类别数目最多的类 C_k 作为该结点的类标记, 返回 T. 否则, 对 A_g 的每一种可能值 a_i, 依 $A_g=a_i$ 将 D 分割为若干非空子集 D_i, 将 D_i 中类别数目最多的类作为标记, 构建子结点, 由结点及其子树构成树 T, 返回 T.

(4) 对第 i 个子结点, 以 D_i 为训练集, 以 $A\backslash\{A_g\}$ 为属性集合, 递归调用 (1)~(3), 得到子树 T_i, 返回 T_i.

(5) 用后剪枝方法对生成的决策树 T 进行剪枝, 最终返回剪枝后的最优决策树 T^*.

可以看出, C4.5 决策树算法是 ID3 算法的改进, 它在实现决策树分叉时, 最优属性的选择是依靠参数“信息增益率”进行的. C4.5 算法继承了 ID3 算法的优点, 并在以下几个方面对 ID3 进行了改进.

(1) 用信息增益率来选择最优属性, 克服了用信息增益选择属性时的不足;

(2) 在决策树的构建过程中进行剪枝;

(3) 能够完成对连续与缺失值的处理.

C4.5 算法的优点是产生的分类规则易于理解, 准确率高. 不足之处在于决策树的构建过程中, 需要对数据集进行多次的顺序扫描和排序, 从而导致算法效率低.

下面借助表 6.1 中的数据, 对 C4.5 进行实例讲解. 主要的工作是计算“头发长度”和“肤色”两个属性的信息增益率, 选择信息增益率较大的属性值作为根结点属性.

$$\mathrm{IV}(\text{头发长度})=-\frac{23}{100}\log_2\frac{23}{100}-\frac{46}{100}\log_2\frac{46}{100}-\frac{31}{100}\log_2\frac{31}{100}=1.5268,$$

$$\text{IG\_Ratio}(\text{头发长度}) = \frac{\text{IG}(\text{头发长度})}{\text{IV}(\text{头发长度})} = \frac{0.2422}{1.5268} = 0.1586,$$

$$\text{IV}(\text{肤色}) = -\frac{52}{100}\log_2\frac{52}{100} - \frac{48}{100}\log_2\frac{48}{100} = 0.9988,$$

$$\text{IG\_Ratio}(\text{肤色}) = \frac{\text{IG}(\text{肤色})}{\text{IV}(\text{肤色})} = \frac{0.1457}{0.9988} = 0.1459.$$

由此可知, 虽然“头发长度”的信息增益比“肤色”的信息增益高出很多, 但如果按照信息增益率进行比较, 则“头发长度”的优势就没有那么明显, 只是勉强高于“肤色”而已.

值得注意的是, 与信息增益准则不同, 增益率准则对取值数目较少的属性有所偏好, 因此, C4.5 决策树算法并不是直接选择增益率最大的属性作为最优划分属性, 而是使用了一个启发式策略: 先从候选划分属性中找出信息增益高于平均水平的属性, 再从中选择增益率最高的.

6.2.3 基尼指数与 CART 决策树

另一种著名的决策树算法是 CART 决策树 (Classification and Regression Tree, 分类与回归树), 它既支持分类问题, 也可用于回归问题. CART 决策树算法是使用所谓的“基尼指数”来选择划分属性. 假定当前样本集合 D 共包含 ℓ 类样本, 其中第 k 类样本所占的比例为 $p_k\,(k=1,2,\cdots,\ell)$, 数据集 D 的纯度可用基尼值来度量:

$$\text{Gini}(D) = \sum_{k=1}^{\ell}\sum_{k'\neq k} p_k p_{k'} = 1 - \sum_{k=1}^{\ell} p_k^2. \tag{6.8}$$

直观来说, Gini(D) 反映了从数据集 D 中随机抽取两个样本, 其类别标记不一致的概率. 因此, Gini(D) 越小, 则数据集 D 的纯度越高.

而对于某个属性 a 的基尼指数则定义为

$$\text{Gini\_index}(D,a) = \sum_{i=1}^{m}\frac{|D^i|}{|D|}\text{Gini}(D^i). \tag{6.9}$$

于是, 我们在候选属性集合 A 中, 选择那个使得划分后基尼指数最小的属性作为最优划分属性, 即

$$a_* = \arg\min_{a\in A}\text{Gini\_index}(D,a).$$

下面给出 CART 分类树算法的具体流程.

算法 6.4 (CART 分类树算法)

输入: 训练集 D, 基尼系数的阈值, 样本个数阈值.

输出: CART 分类决策树 T.

算法从根结点开始, 用训练集递归建立 CART 分类树.

(1) 对于当前结点的数据集 D, 如果样本个数小于阈值或没有属性, 则返回决策子树, 当前结点停止递归.

(2) 计算样本集 D 的基尼指数, 如果基尼指数小于阈值, 则返回决策树子树, 当前结点停止递归.

(3) 计算当前结点现有的各个属性的每个属性值对数据集 D 的基尼指数.

(4) 选择基尼指数最小的属性 A 和对应的属性值 a. 根据这个最优属性和最优属性值, 把数据集划分成两部分 D_1 和 D_2, 同时建立当前结点的左、右结点, 左结点的数据集为 D_1, 右结点的数据集为 D_2.

(5) 对左、右子结点递归的调用 (1)—(4) 步, 生成决策树.

需要指出的是, 对生成的决策树做预测时, 假如测试集里的样本 A 落到了某个叶结点, 而结点里有多个训练样本, 则对于 A 的类别预测采用的是这个叶结点里概率最大的类别.

下面来看看 CART 回归树算法. CART 回归树和 CART 分类树的算法流程类似, 这里只说不同之处.

(1) 分类树与回归树的区别在于样本输出, 如果输出是离散值, 这是分类树; 如果输出是连续值, 这是回归树. 分类树的输出是样本的类别, 回归树的输出是一个实数.

(2) 连续值的处理方法不同.

(3) 决策树建立后做预测的方式不同: 分类模型采用基尼指数的大小度量属性各个划分点的优劣. 回归模型则采用“误差平方和”度量, 度量目标是对于划分属性 A, 对应划分点 s 两边的数据集 D_1 和 D_2, 求出使 D_1 和 D_2 各自集合的误差平方和最小, 同时 D_1 和 D_2 的误差之和最小. 表达式为

$$\min_{A,s}\left(\min_{\mu_1}\sum_{x_i\in D_1(A,s)}(y_i-\mu_1)^2+\min_{\mu_2}\sum_{x_i\in D_2(A,s)}(y_i-\mu_2)^2\right),$$

其中, μ_1, μ_2 分别为 D_1 和 D_2 的样本输出均值.

对于决策树建立后做预测的方式, CART 分类树采用叶结点里概率最大的类别作为当前结点的预测类别, 而 CART 回归树输出的不是类别, 采用叶结点的均值或者中位数来预测输出结果.

同样, 以表 6.1 的数据为例进行计算. 先以“头发长度”属性为例, 介绍计算

过程. 其中, "头发长度 = 长" 的学生中, 男生 3 个, 女生 20 个, 因此,

$$\mathrm{Gini}(\text{头发长度} = \text{长}) = 1 - \left[\left(\frac{3}{23}\right)^2 + \left(\frac{20}{23}\right)^2\right] = 0.2268.$$

"头发长度 = 中" 的学生中, 男生 30 个, 女生 16 个, 因此,

$$\mathrm{Gini}(\text{头发长度} = \text{中}) = 1 - \left[\left(\frac{30}{46}\right)^2 + \left(\frac{16}{46}\right)^2\right] = 0.4537.$$

"头发长度 = 短" 的学生中, 男生 27 个, 女生 4 个, 因此,

$$\mathrm{Gini}(\text{头发长度} = \text{短}) = 1 - \left[\left(\frac{27}{31}\right)^2 + \left(\frac{4}{31}\right)^2\right] = 0.2248.$$

所以, "头发长度" 属性的基尼指数为

$$\mathrm{Gini\_index}(\text{头发长度}) = \frac{23}{100} \times 0.2268 + \frac{46}{100} \times 0.4537 + \frac{31}{100} \times 0.2248 = 0.3306.$$

再来计算 "肤色" 属性的基尼指数. 其中, "肤色 = 黑" 的学生中, 男生 42 个, 女生 10 个, 因此,

$$\mathrm{Gini}(\text{肤色} = \text{黑}) = 1 - \left[\left(\frac{42}{52}\right)^2 + \left(\frac{10}{52}\right)^2\right] = 0.3107.$$

"肤色 = 白" 的学生中, 男生 18 个, 女生 30 个, 因此,

$$\mathrm{Gini}(\text{肤色} = \text{白}) = 1 - \left[\left(\frac{18}{48}\right)^2 + \left(\frac{30}{48}\right)^2\right] = 0.4688.$$

所以, "肤色" 属性的基尼指数为

$$\mathrm{Gini\_index}(\text{肤色}) = \frac{52}{100} \times 0.3107 + \frac{48}{100} \times 0.4688 = 0.3866.$$

因为 $\mathrm{Gini\_index}(\text{头发长度}) = 0.3306 < \mathrm{Gini\_index}(\text{肤色}) = 0.3866$, 所以选择 "头发长度" 作为根结点来构建决策树.

6.3 连续值处理与属性缺失

6.3.1 连续值的处理

前面我们讨论了基于离散属性来生成决策树. 现实学习任务中常会遇到连续属性, 有必要讨论如何在决策树学习中使用连续属性. 由于连续属性的可取值数

目不再有限, 因此, 不能直接根据连续属性的可取值来对结点进行划分. 此时, 连续属性离散化技术可派上用场. 例如, 对于身高、体重这种连续取值的属性, 最简单的策略是采用二分法: 小于划分点的样本归入左子结点, 否则归入右子结点, 然后再计算信息增益.

给定样本集 D 和连续属性 a, 假定 a 在 D 上出现了 n 个不同的取值, 将这些值从小到大进行排序, 记为 $\{a_1, a_2, \cdots, a_n\}$. 基于划分点 t 可将 D 分为子集 D_t^- 和 D_t^+, 其中 D_t^- 包含那些在属性 a 上取值不大于 t 的样本, 而 D_t^+ 则包含那些在属性 a 上取值大于 t 的样本. 显然, 对相邻的属性取值 a^i 与 a^{i+1} 来说, t 在区间 $[a^i, a^{i+1})$ 中取任意值所产生的划分结果相同. 因此, 对连续属性 a, 我们可考察包含 $n-1$ 个元素的候选划分点集合

$$T_a = \left\{ \frac{a^i + a^{i+1}}{2} \middle| 1 \leqslant i \leqslant n-1 \right\}, \tag{6.10}$$

即把区间 $[a^i, a^{i+1})$ 的中位点 $\dfrac{a^i + a^{i+1}}{2}$ 作为候选划分点. 然后, 我们就可像离散属性值一样来考察这些划分点, 选取最优的划分点进行样本集合的划分. 例如, 可对式 (6.5) 稍加改造:

$$\begin{aligned} \mathrm{IG}(D, a) &= \max_{t \in T_a} \mathrm{IG}(D, a, t) \\ &= \max_{t \in T_a} \left\{ H(D) - \sum_{\lambda \in \{-,+\}} \frac{|D_t^\lambda|}{|D|} H(D_t^\lambda) \right\}, \end{aligned} \tag{6.11}$$

其中 $\mathrm{IG}(D, a, t)$ 是样本集 D 基于划分点 t 二分后的信息增益. 于是, 我们就可选择使 $\mathrm{IG}(D, a, t)$ 最大化的划分点.

我们来看一个具体例子. 已知 7 个学生 (其中男生 5 人, 女生 2 人) 的身高如表 6.2 所示.

表 6.2 男、女生身高数据表

序号	1	2	3	4	5	6	7
性别	男	女	男	男	男	女	男
身高/cm	167	169	170	171	172	173	178

用二分法如何确定划分点 t 呢？至少可以考虑下面四种方案.

第一种方案 (t_1): 取 $t = 172.5$. 则 $D^- = \{167, 169, 170, 171, 172\}$, $D^+ = \{173, 178\}$.

第二种方案 (t_2): 取 $t = 169.5$. 则 $D^- = \{167, 169\}$, $D^+ = \{170, 171, 172, 173, 178\}$.

第三种方案 (t_3): 取 $t=170.5$. 则 $D^- = \{167, 169, 170\}$, $D^+ = \{171, 172, 173, 178\}$.

第四种方案 (t_4): 取 $t = 171.5$. 则 $D^- = \{167, 169, 170, 171\}$, $D^+ = \{172, 173, 178\}$.

注意到第一、二两种方案的信息增益相同, 同理第三、四两种方案的信息增益也相同, 所以只需计算 $\mathrm{IG}(D, a, t_1)$ 和 $\mathrm{IG}(D, a, t_3)$ 即可.

$$
\begin{aligned}
H(D) &= -\frac{5}{7}\log_2\frac{5}{7} - \frac{2}{7}\log_2\frac{2}{7} = 0.8631, \\
H(D_{t_1}^-) &= -\frac{4}{5}\log_2\frac{4}{5} - \frac{1}{5}\log_2\frac{1}{5} = 0.7219, \\
H(D_{t_1}^+) &= -\frac{1}{2}\log_2\frac{1}{2} - \frac{1}{2}\log_2\frac{1}{2} = 1.0000.
\end{aligned}
$$

故有

$$
\begin{aligned}
\mathrm{IG}(D, a, t_1) &= H(D) - \frac{|D_{t_1}^-|}{|D|}H(D_{t_1}^-) - \frac{|D_{t_1}^+|}{|D|}H(D_{t_1}^+) \\
&= 0.8631 - \frac{5}{7} \times 0.7219 - \frac{2}{7} \times 1.0000 = 0.0617.
\end{aligned}
$$

又

$$
\begin{aligned}
H(D_{t_3}^-) &= -\frac{2}{3}\log_2\frac{2}{3} - \frac{1}{3}\log_2\frac{1}{3} = 0.9183, \\
H(D_{t_3}^+) &= -\frac{3}{4}\log_2\frac{3}{4} - \frac{1}{4}\log_2\frac{1}{4} = 0.8113.
\end{aligned}
$$

得到

$$
\begin{aligned}
\mathrm{IG}(D, a, t_3) &= H(D) - \frac{|D_{t_3}^-|}{|D|}H(D_{t_3}^-) - \frac{|D_{t_3}^+|}{|D|}H(D_{t_3}^+) \\
&= 0.8631 - \frac{3}{7} \times 0.9183 - \frac{4}{7} \times 0.8113 = 0.0059.
\end{aligned}
$$

由于 $\mathrm{IG}(D, a, t_3) = 0.0059 < \mathrm{IG}(D, a, t_1) = 0.0617$, 所以第一、二两种方案的划分优于第三、四种方案. 直观上也比较好理解: 因为身高为 170 cm, 171 cm, 172 cm 的三个样本本来属于同一个类别, 把它们放在一起应该比把它们拆分开的 "纯度" 高. 因此在选择划分点 t 时, 有一个这样的结论: 样本按某个维度的升序排序后, 只有在分类标签发生跳变的地方才需要进行划分尝试.

6.3.2 属性缺失问题

在某些情况下样本属性向量的一些分量没有值, 这称为 "属性缺失". 例如由于诊测成本、隐私保护等因素, 患者的医疗数据在某些属性上的取值未知. 又如, 晚上无法观测到物体的颜色值, 这样颜色属性就缺失了. 在决策树的学习过程中, 如果遇到属性值缺失, 最简单的办法就是剔除那些属性缺失的样本, 然后再进行学习. 但实际的学习任务往往属性数目较多, 通常会有大量样本出现缺失值, 如果简单地丢弃不完整样本, 仅使用无缺失值的样本来进行学习, 显然是对数据信息极大的浪费. 因此, 有必要考虑利用有缺失属性值的训练样例来进行学习.

我们可以使用替代划分规则来处理这一问题. 对于每个决策树结点, 除了计算出一个最优划分规则作为主划分规则, 还会生成一个或多个替代划分规则作为候选. 在构建决策树时如果遇到主划分规则对应的属性值缺失, 则使用替代划分规则进行判定.

现在的问题归结为如何生成替代划分规则. 其目标是对训练样本的划分结果要与主划分尽可能一致, 即被主划分分到左 (右) 边的样本要尽量被替代划分分到左 (右) 边. 主划分与替代划分对所有训练样本的划分结果不外乎下列 4 种情况, 即

$$\text{LL, LR, RL, RR},$$

其中 LL 表示被主划分、替代划分都分到左边树枝的样本数; LR 表示被主划分分到左边树枝而被替代划分分到右边树枝的样本数; RL 和 RR 可做类似的理解. 因此, “LL+RR” 是主划分与替代划分结果一致的样本数; “LR+RL” 是主划分与替代划分结果不一致的样本数. 由于可以将左、右子树反过来, 因此给定一个属性向量的分量, 在寻找替代划分的阈值时要让 “LL+RR” 或 “LR+RL” 最大化, 最后再取它们的最大值, 即

$$\max\left\{\text{LL}+\text{RR},\ \text{LR}+\text{RL}\right\},$$

该值对应的划分阈值作为替代划分的阈值. 对于除最优划分所用属性之外的其他所有属性, 都找出该属性的最优划分和上式的值, 最后取该值最大的那个属性和划分阈值作为替代划分规则.

我们可将对单个属性寻找替代划分阈值的处理流程总结如下.

(1) 对每个属性, 将 n 个训练样本按照该属性的值升序排列, 假设排序后的值为

$$a_1 \leqslant a_2 \leqslant \cdots \leqslant a_n.$$

然后从 a_1 开始, 依次用每个 a_i 作为阈值, 将样本分成左、右两部分, 同时用主划分规则对这些样本进行预测, 得到 LL, LR, RL, RR 的值.

(2) 将 LL+RR 和 LR+RL 分别与它们的最大值进行比较, 如果大于最大值, 则更新最大值.

(3) 返回 $\max\left\{\text{LL}+\text{RR},\ \text{LR}+\text{RL}\right\}$ 对应的划分阈值.

这一过程类似于寻找最优划分, 但采用了不同的评价指标. 在得到每个属性分量的最优划分阈值以及 $\max\left\{\text{LL}+\text{RR},\ \text{LR}+\text{RL}\right\}$ 之后, 比较各个属性的

$\max\{\mathrm{LL}+\mathrm{RR},\ \mathrm{LR}+\mathrm{RL}\}$ 值, 取该值最大的那个属性作为替代划分属性, 对应的阈值作为替代划分阈值.

6.4 决策树算法的 MATLAB 实现

为方便用户对决策树算法的使用, MATLAB 中针对分类决策树和回归决策树分别封装了两个函数: fitctree 和 fitrtree. 由于分类决策树和回归决策树两者具有极大的相似性, 因此 fitctree 和 fitrtree 两者的使用方法也基本一致.

分类决策树 fitctree 函数在决策树进行分支时, 采用的是 CART 方法. 其使用方法为

```
tree = fitctree(Tbl,ResponseVarName)
tree = fitctree(Tbl,formula)
tree = fitctree(Tbl,Y)
tree = fitctree(X,Y)
tree = fitctree(...,Name,Value)
```

其中, Tbl 是表格形式的样本属性值矩阵, ResponseVarName 是输出向量 (响应或标签), X 是样本数据输入矩阵, Y 是样本标签. {Name,Value} 是成对出现的属性名和它的取值.

例 6.1 利用 MATLAB 中自带的鸢尾属植物样本数据 fisheriris, 其属性分别为萼片长度 (SL)、萼片宽度 (SW)、花瓣长度 (PL)、花瓣宽度 (PW), 标签分别为 "setosa" (山鸢尾)、"versicolor" (杂色鸢尾) 和 "virginica" (弗吉尼亚鸢尾). 数据集中共包含 150 组数据信息, 每一类别植物有 50 组数据. 利用 MATLAB 自带的分类决策树函数 fitctree 构建决策树, 并对新样本 $[1, 0.2, 0.4, 2]$ 的类别进行预测.

具体代码如下 (fitctree_mat.m 文件).

```
%CART决策树算法MATLAB实现
clear all;close all; clc;
load fisheriris  %载入样本数据
t=fitctree(meas,species,'PredictorNames',{'SL','SW','PL','PW'}),
    %定义4种属性显示名称
view(t); %在命令窗口中用文本显示决策树结构
view(t,'Mode','graph'); %图形显示决策树结构
```

运行后显示结果如图 6.4 所示.

MATLAB 命令窗口显示结果:

```
t =
```

```
    ClassificationTree
       PredictorNames: {'SL'  'SW'  'PL'  'PW'}
         ResponseName: 'Y'
    CategoricalPredictors: []
           ClassNames: {'setosa' 'versicolor' 'virginica'}
       ScoreTransform: 'none'
      NumObservations: 150

Properties, Methods

Decision tree for classification
1 if PL<2.45 then node 2 elseif PL>=2.45 then node 3 else setosa
2 class = setosa
3 if PW<1.75 then node 4 elseif PW>=1.75 then node 5 else versicolor
4 if PL<4.95 then node 6 elseif PL>=4.95 then node 7 else versicolor
5 class = virginica
6 if PW<1.65 then node 8 elseif PW>=1.65 then node 9 else versicolor
7 class = virginica
8 class = versicolor
9 class = virginica
```

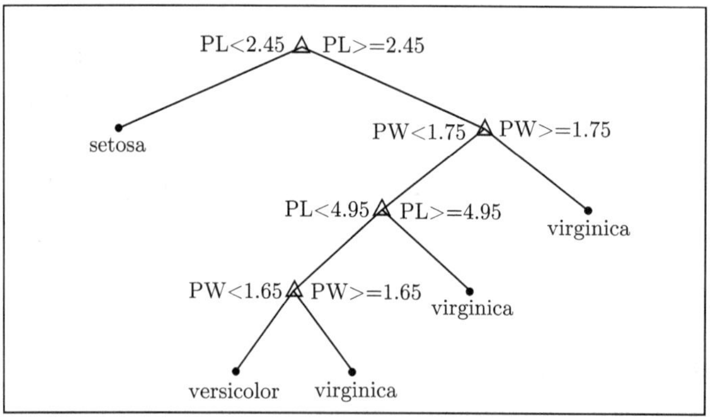

图 6.4　鸢尾属植物决策树分类

分别单击上述 MATLAB 命令窗口中的 Properties 和 Methods 超链接, 在窗口中分别显示如下. 单击 Properties 超链接显示的是类 ClassificationTree (可理解为生成的决策树) 的所有属性, 是指通过 fitctree 训练得到的树的所有属性, 部分属性值可在 fitctree 函数调用时进行定义, 如上述程序中的 PredictorName (描述各属性的名称) 等. 另外一部分属性则是对形成的树的具体属性描述, 如 NumNodes (描述树的结点数) 等. 由于各属性是属于训练成的决策树, 因此当需要观测和调用属性值时，可采用 t.xxx 调用，其中 t 表示训练生成的树的名称，xxx 表示属性名称.

```
类 ClassificationTree 的属性:

Y
X
RowsUsed
W
ModelParameters
NumObservations
HyperparameterOptimizationResults
PredictorNames
......(此处省略)
```

单击 Methods 超链接显示的是类 ClassificationTree (可理解为生成的决策树) 的操作方法.

```
类 ClassificationTree 的方法:

compact          loss              resubEdge       view
compareHoldout   margin            resubLoss
crossval         predict           resubMargin
cvloss      predictorImportance    resubPredict
edge        prune                  surrogateAssociation
```

对于属性和方法的具体含义及使用方法，可通过 help xxx 查询，xxx 为属性或方法名. 下面介绍决策树的剪枝方法 (prune) 和观测方法 (view) 的基本使用方法.

语法如下:

```
t2=prune(t1,'level',levelvalue)
t2=prune(t1,'node',nodes)
view(t2,'Mode','graph')
```

其中，t1 是原决策树，t2 表示剪枝后的新决策树，'level' 表示按照层进行剪枝，levelvalue 表示剪掉的层数，'nodes' 表示按照结点剪枝，nodes 表示剪掉该结点后的所有枝. view(t2,'Mode','graph') 表示以图形化方式显示 t2 决策树.

针对上述的决策树，进行剪枝，在 MATLAB 命令窗口中输入

```
>> t2=prune(t,'level',1) %剪掉第一层之后的决策树结点
>> view(t2,'Mode','graph')
```

经过剪枝后的决策树如图 6.5 所示.

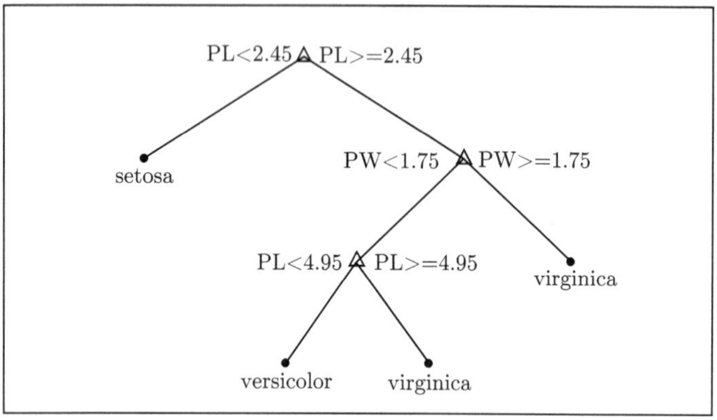

图 6.5　鸢尾属植物剪枝后决策树

经过上述对决策树的剪枝等操作后，就形成了一个具有使用价值的决策树，在 MATLAB 命令窗口中输入

```
>> predict(t2,[1,0.2,0.4,2])
%[1,0.2,0.4,2]为测试样本数据,为向量或矩阵
```

运行后输出结果如下:

```
ans =
    1×1 cell 数组
      {'setosa'}
```

表示通过决策树分类后, 属性值为 [1,0.2,0.4,2] 的鸢尾属植物为 setosa.

例 6.2　用 MATLAB 自带的 fitctree 函数构建决策树, 对电离层数据集 (Ionosphere Data Set) 进行分类. 该数据集需要根据给定的电离层中的自由电子的雷达回波来预测大气的结构. 它是一个二分类问题, 每个类的观察值数量不均等, 一共有 351 个观察值、34 个 (17 对雷达回波数据) 输入变量和 1 个输出变量 (两个类: g 表示好, b 表示坏).

编制 MATLAB 程序如下 (cart_mat.m 文件).

```
%对电离层数据集(Ionosphere Data Set)进行分类
clc, close all, clear all
load ionosphere; %载入电离层数据集
n=size(X,1); %样本个数
rng(1); %可重复出现
indices=crossvalind('KFold', n, 5);
```

```
%用5折分类法将样本随机分为5部分
i=1; %1份进行测试,4份用来训练
test = (indices == i);
train = ~test;
X_train=X(train, :); %训练集
Y_train=Y(train, :); %训练集标签
X_test=X(test, :); %测试集
Y_test=Y(test, :); %测试集标签
%构建CART算法分类树
cart_tree=fitctree(X_train,Y_train),
view(cart_tree); %显示决策树的文字描述
view(cart_tree,'Mode','graph'); %生成树图
rules_num=(cart_tree.IsBranchNode==0);
rules_num=sum(rules_num); %求取规则数量
disp(['规则数: ' num2str(rules_num)]);
c_result=predict(cart_tree,X_test); %使用测试样本进行验证
c_result=cell2mat(c_result);
Y_test=cell2mat(Y_test);
c_result=(c_result==Y_test);
c_length=size(c_result,1); %统计准确率
c_rate=(sum(c_result))/c_length*100;
disp(['准确率: ' num2str(c_rate)]);
```

运行上述程序, 得到可视化结果如图 6.6 所示.

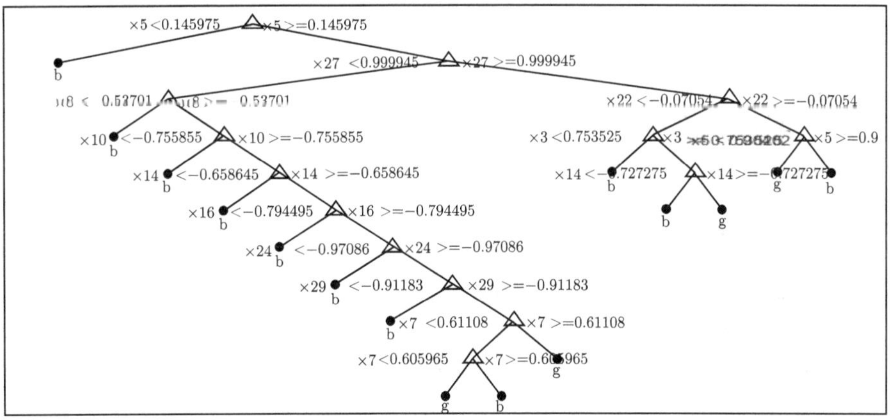

图 6.6 电离层数据集的决策树分类

且在命令窗口显示如下结果:

```
cart_tree =
```

```
    ClassificationTree
             ResponseName: 'Y'
    CategoricalPredictors: []
               ClassNames: {'b'  'g'}
           ScoreTransform: 'none'
          NumObservations: 281

Decision tree for classification
 1  if x5<0.145975 then node 2 elseif x5>=0.145975 then node 3 else g
 2  class = b
 3  if x27<0.999945 then node 4 elseif x27>=0.999945 then node 5 else g
 4  if x8<-0.53701 then node 6 elseif x8>=-0.53701 then node 7 else g
 5  if x22<-0.07054 then node 8 elseif x22>=-0.07054 then node 9 else b
 6  class = b
 7  if x10<-0.755855 then node 10 elseif x10>=-0.755855 then node 11
    else g
 8  if x3<0.753525 then node 12 elseif x3>=0.753525 then node 13 else g
 9  if x5<0.90402 then node 14 elseif x5>=0.90402 then node 15 else b
10  class = b
11  if x14<-0.658645 then node 16 elseif x14>=-0.658645 then node 17
    else g
12  class = b
13  if x14<-0.727275 then node 18 elseif x14>=-0.727275 then node 19
    else g
14  class = g
15  class = b
16  class = b
17  if x16<-0.794495 then node 20 elseif x16>=-0.794495 then node 21
    else g
18  class = b
19  class = g
20  class = b
21  if x24<-0.97086 then node 22 elseif x24>=-0.97086 then node 23 else g
22  class = b
23  if x29<-0.91183 then node 24 elseif x29>=-0.91183 then node 25 else g
24  class = b
25  if x7<0.61108 then node 26 elseif x7>=0.61108 then node 27 else g
26  if x7<0.605965 then node 28 elseif x7>=0.605965 then node 29 else g
27  class = g
28  class = g
```

```
29  class = b

规则数: 15
准确率: 90
```

结果显示在测试集上的分类准确率达到 90%.

本章课件

第 7 章 贝叶斯算法

贝叶斯算法是一种概率类型的分类器, 它用贝叶斯公式来解决分类问题. 如果样本的属性向量服从某种概率分布, 则可以计算其属于每个类的条件概率, 然后将条件概率最大的类作为分类的结果. 有两类重要的贝叶斯算法, 即朴素贝叶斯算法和正态贝叶斯算法, 前者假定属性向量各分量之间相互独立, 后者假设属性向量服从多维正态分布.

7.1 贝叶斯算法的原理

7.1.1 贝叶斯决策

贝叶斯算法的基本公式如下:

$$P(A|B)=\frac{P(B|A)P(A)}{P(B)}, \tag{7.1}$$

其中 $P(A)$ 表示事件 A 的"先验概率"(亦称边缘概率), 之所以称为"先验"是因为它不考虑事件 B 的任何因素. $P(B)$ 表示事件 B 的先验概率, $P(B|A)$ 表示 A 发生后 B 的条件概率, 就是先有 A, 之后才有 B, 所以称 $P(B|A)$ 为 B 的"后验概率". 同理称 $P(A|B)$ 为 A 的"后验概率".

从公式 (7.1) 可知, 贝叶斯公式描述了两个随机事件之间的概率关系. 这一结论可以推广到随机变量 (向量) 的情形. 分类问题中, 样本的属性向量取值 $\boldsymbol{x}$ 与样本所属类别 (标签) 取值 y 之间具有因果关系: 因为样本属于类别 y, 所以具有属性值 $\boldsymbol{x}$. 但分类器要做的事情刚好相反, 是在已知样本的属性向量为 $\boldsymbol{x}$ 的条件下反推该样本所属的类别 y. 也就是需要求后验概率 $P(y|\boldsymbol{x})$, 根据贝叶斯公式 (7.1), 有

$$P(y|\boldsymbol{x})=\frac{P(\boldsymbol{x}|y)P(y)}{P(\boldsymbol{x})}. \tag{7.2}$$

由公式 (7.2) 可知, 只要知道样本属性向量的概率分布 $P(\boldsymbol{x})$ 和每一类样本出现的概率 $P(y)$ (即类先验概率), 再加上样本的条件概率就可以计算出样本属于每一类的概率 $P(y|\boldsymbol{x})$.

由于分类问题只需要预测类别, 比较样本属于每一类的概率大小, 找出概率值最大的类即可. 而公式 (7.2) 的分母 $P(\boldsymbol{x})$ 是先验概率, 与类别 y 无关, 因此可

以忽略它. 故简化后贝叶斯分类器的判别函数为

$$\underset{y}{\operatorname{argmax}}\, P(\boldsymbol{x}|y)P(y).$$

注意到 $P(\boldsymbol{x}|y)P(y) = P(\boldsymbol{x}, y)$ (联合概率), 所以贝叶斯算法是一种生成模型, 它是对联合概率进行建模. 另外, 由于实现贝叶斯算法需要知道样本属性向量所服从的概率分布 (否则无法计算概率值), 而现实应用中很多随机变量都服从或者近似服从正态分布, 因此, 通常用正态分布来表示属性向量所服从的概率分布.

7.1.2 朴素贝叶斯算法

给定样本的属性向量 $\boldsymbol{x} = (x_1, x_2, \cdots, x_m)^{\mathrm{T}}$, 根据贝叶斯公式, 该样本属于某一类 $c_j\ (j = 1, 2, \cdots, k)$ 的概率为

$$P(y = c_j|\boldsymbol{x}) = \frac{P(y = c_j)P(\boldsymbol{x}|y = c_j)}{P(\boldsymbol{x})}. \tag{7.3}$$

注意到概率值 $P(\boldsymbol{x}|y = c_j)$ 的计算比较麻烦, 因为它是在 $y = c_j$ 条件下随机变量 $x_1, x_2, \cdots, x_m$ 的联合概率. 但如果假设样本属性向量 $\boldsymbol{x}$ 的各分量 x_i 相互独立, 则这个概率值的计算将变得非常容易. 在此假设下, 式 (7.3) 变为

$$P(y = c_j|\boldsymbol{x}) = \frac{P(y = c_j)\prod\limits_{i=1}^{m} P(x_i|y = c_j)}{P(\boldsymbol{x})}.$$

前面已经提及, 上式分母中的先验概率 $P(\boldsymbol{x})$ 可以略去不计算, 为了保证左边的 $P(y = c_i|\boldsymbol{x})$ 成为一个概率值, 可以用一个归一化因子 Z 替换右边的分母 $P(\boldsymbol{x})$, 即

$$P(y = c_j|\boldsymbol{x}) = \frac{1}{Z}P(y = c_j)\prod_{i=1}^{m} P(x_i|y = c_j). \tag{7.4}$$

上式的分子可以理解为类概率 $P(y = c_j)$ 与该类每个属性分量的条件概率 $P(x_i|y = c_j)$ 的连乘积. 类概率 $P(y = c_j)$ 的计算并不难, 只需计算该类样本在整个样本集中出现的频率即可. 比如有 100 名学生, 其中男生 65 名, 女生 35 名, 那么男生这一类别的类概率为 0.65, 女生的类概率为 0.35. 那么剩下的问题就是如何计算条件概率 $P(x_i|y = c_j)$. 我们分连续型随机变量和离散型随机变量两种情况进行讨论.

1. 连续型属性值

如果属性向量的分量是连续型随机变量, 可以假设它服从一维正态分布. 根据训练样本集可以计算出该分布的均值 μ 和方差 σ^2, 可以通过极大似然估计方法

得到. 于是可以得到概率密度函数为

$$f(x_i = x|y = c_j) = \frac{1}{\sqrt{2\pi}\sigma}\mathrm{e}^{-\frac{(x-\mu)^2}{2\sigma^2}}.$$

注意到连续型随机变量不能计算它在某一点的概率, 因为它在任何一点处的概率值都为 0. 可以直接用概率密度函数的值替代随机变量的概率值, 得到最优贝叶斯分类器:

$$\mathop{\arg\max}_{j\in\{1,2,\cdots,k\}} P(y = c_j)\prod_{i=1}^{m} f(x_i = x|y = c_j).$$

上面的分类器是针对 k 个类别的, 如果 $k = 2$, 即二分类问题, 还可以进一步简化. 假设正负类样本的标签分别为 $+1$ 和 -1, 那么属性向量属于正类和负类样本的概率分别为

$$P(y = +1|\boldsymbol{x}) = \frac{1}{Z}P(y = +1)\prod_{i=1}^{m}\frac{1}{\sqrt{2\pi}\sigma_1}\mathrm{e}^{-\frac{(x_i-\mu_1)^2}{2\sigma_1^2}},$$

$$P(y = -1|\boldsymbol{x}) = \frac{1}{Z}P(y = -1)\prod_{i=1}^{m}\frac{1}{\sqrt{2\pi}\sigma_2}\mathrm{e}^{-\frac{(x_i-\mu_2)^2}{2\sigma_2^2}},$$

其中 Z 为归一化因子, $\mu_1, \sigma_1^2, \mu_2, \sigma_2^2$ 分别为正类和负类样本的均值和方差. 对上面两式分别取对数得

$$\ln P(y = +1|\boldsymbol{x}) = \ln\frac{P(y = +1)}{Z} - \sum_{i=1}^{m}\left(\frac{(x_i-\mu_1)^2}{2\sigma_1^2} + \ln\sqrt{2\pi}\sigma_1\right),$$

$$\ln P(y = -1|\boldsymbol{x}) = \ln\frac{P(y = -1)}{Z} - \sum_{i=1}^{m}\left(\frac{(x_i-\mu_2)^2}{2\sigma_2^2} + \ln\sqrt{2\pi}\sigma_2\right).$$

由对数函数的单调性, 在分类时只需比较这两个值的大小, 即当

$$\ln P(y = +1|\boldsymbol{x}) > \ln P(y = -1|\boldsymbol{x})$$

时, 将该样本判定为正类样本, 否则判定为负类样本.

2. 离散型属性值

如果属性向量的分量是离散型随机变量, 可以根据训练样本直接计算出其服从的概率分布, 即类条件概率. 计算公式为

$$P(x_i = a|y = c_j) = \frac{n_{x_i=a,y=c_j}}{n_{y=c_j}}, \tag{7.5}$$

其中, $n_{y=c_j}$ 为第 c_j 类训练样本数, $n_{x_i=a,y=c_j}$ 为第 c_j 类训练样本中第 i 个属性取值为 a 的训练样本数. 上式的右边其实就是每类训练样本的每个属性分量取各

个值的频率, 用频率值作为类条件概率的估计值. 因此, 最后得到的分类判别函数为

$$\arg\max_{j\in\{1,2,\cdots,k\}} P(y=c_j)\prod_{i=1}^{m}P(x_i=a|y=c_j), \tag{7.6}$$

其中 $P(y=c_j)$ 是第 c_j 类训练样本在整个样本集中出现的概率, 即类概率, 其计算公式为

$$P(y=c_j)=\frac{n_{y=c_j}}{n},$$

其中 n 为训练样本总数, $n_{y=c_j}$ 为第 c_j 类样本的数量.

注意到, 在公式 (7.5) 中, 如果 $n_{x_i=a,y=c_j}=0$, 即属性向量的第 i 个分量 x_i 取值为 a 在第 c_j 类训练样本中一次都不出现, 这会导致式 (7.6) 中的分类判别函数取 0 值, 这显然是不合理的. 补救的办法是采用拉普拉斯平滑技术, 即分子、分母都加上一个适当的正数. 如果属性分量的取值有 k 种情况 (即有 k 个类别), 则将分子加上 1, 分母加上 k, 这样可以保证所有类的条件概率之和仍然为 1, 即

$$P(x_i=a|y=c_j)=\frac{n_{x_i=a,y=c_j}+1}{n_{y=c_j}+k}. \tag{7.7}$$

最后, 我们指出, 对于每一个类别, 通过式 (7.5) 或式 (7.7) 计算出待预测样本各个属性分量的类条件概率 $P(x_i=a|y=c_j)\,(i=1,2,\cdots,n;j=1,2,\cdots,k)$, 然后与类概率 $P(y=c_j)$ 一起连乘, 得到上面的预测值, 将预测值最大的类作为最终的分类结果.

下面给出朴素贝叶斯算法的详细流程.

算法 7.1 (朴素贝叶斯算法)

(1) 将每个训练样本都表示成 m 维属性向量 $\boldsymbol{x}=(x_1,x_2,\cdots,x_m)^{\mathrm{T}}$, 它是属性 $\{a_1,a_2,\cdots,a_m\}$ 的 m 个度量值. 同时假设类变量 $C=\{c_1,c_2,\cdots,c_k\}$.

(2) 给定一个待分类的数据样本 $\widetilde{\boldsymbol{x}}$ (即没有标签), 按贝叶斯公式 (7.4) 计算后验概率

$$P(c_1|\widetilde{\boldsymbol{x}}),P(c_2|\widetilde{\boldsymbol{x}}),\cdots,P(c_k|\widetilde{\boldsymbol{x}}).$$

(3) 如果

$$P(c_i|\widetilde{\boldsymbol{x}})=\max\{P(c_1|\widetilde{\boldsymbol{x}}),P(c_2|\widetilde{\boldsymbol{x}}),\cdots,P(c_k|\widetilde{\boldsymbol{x}})\},$$

则将 $\widetilde{\boldsymbol{x}}$ 分配给 c_i 类.

3. 一个简单实例

下面我们看一个朴素贝叶斯分类的实例. 根据 9 名学生的身高、体重和脚长来判断一个人的性别, 样本数据如表 7.1 所示.

表 7.1　男生与女生样本数据

序号	身高/cm	体重/kg	脚长/cm	性别
1	182	83	28.0	男
2	170	66	25.2	男
3	178	78	27.4	男
4	173	70	25.5	男
5	175	74	26.6	男
6	161	51	24.5	女
7	167	63	24.7	女
8	165	57	24.3	女
9	160	54	23.6	女

假设训练集的样本属性服从正态分布, 则可计算出样本属性身高 (属性 1)、体重 (属性 2) 和脚长 (属性 3) 的均值和方差如下:

$$\begin{aligned}&\mu_{男,身高}=175.60,\quad \sigma^2_{男,身高}=21.30,\quad \mu_{女,身高}=163.25,\quad \sigma^2_{女,身高}=10.9167,\\&\mu_{男,体重}=74.20,\quad \sigma^2_{男,体重}=44.20,\quad \mu_{女,体重}=56.25,\quad \sigma^2_{女,体重}=26.25,\\&\mu_{男,脚长}=26.5400,\quad \sigma^2_{男,脚长}=1.4380,\quad \mu_{女,脚长}=24.2750,\quad \sigma^2_{女,脚长}=0.2292.\end{aligned}\tag{7.8}$$

由于 9 个样本数据中 5 男 4 女, 故类概率为

$$P(男)=\frac{5}{9}=0.5556,\quad P(女)=\frac{4}{9}=0.4444.$$

此时, 给出一个测试样本, 数据如表 7.2 所示, 试判断该样本的分类是男性还是女性.

表 7.2　测试样本

序号	身高/cm	体重/kg	脚长/cm	性别
1	170	60	25.0	?

对于上述数据, 可通过计算两类样本的后验概率进行判断, 哪一类的后验概率大则属于哪一类. 男性和女性的后验概率可通过下面的公式进行计算:

$$P_{后验}(男)=\frac{1}{Z}P(男)\cdot P(身高|男)\cdot P(体重|男)\cdot P(脚长|男),\tag{7.9}$$

$$P_{后验}(女)=\frac{1}{Z}P(女)\cdot P(身高|女)\cdot P(体重|女)\cdot P(脚长|女),\tag{7.10}$$

这里 Z 是归一化因子, 用来归化各类别的后验概率之和为 1, 在本例中

$$Z=P(男)P(身高|男)P(体重|男)P(脚长|男)+P(女)P(身高|女)P(体重|女)P(脚长|女).$$

根据式 (7.8) 中各属性分量的均值和方差, 可以计算出式 (7.9) 和式 (7.10) 中各因子的值:

$$\begin{aligned} P(\text{身高}|\text{男}) &= \frac{1}{\sqrt{2\pi\sigma^2_{\text{男, 身高}}}}\exp\left(-\frac{(170-\mu_{\text{男, 身高}})^2}{2\sigma^2_{\text{男, 身高}}}\right) \\ &= \frac{1}{\sqrt{2\pi\cdot 21.3}}\exp\left(-\frac{(170-175.6)^2}{2\cdot 21.3}\right) = 0.0414, \end{aligned}$$

$$\begin{aligned} P(\text{体重}|\text{男}) &= \frac{1}{\sqrt{2\pi\sigma^2_{\text{男, 体重}}}}\exp\left(-\frac{(60-\mu_{\text{男, 体重}})^2}{2\sigma^2_{\text{男, 体重}}}\right) \\ &= \frac{1}{\sqrt{2\pi\cdot 44.2}}\exp\left(-\frac{(60-74.2)^2}{2\cdot 44.2}\right) = 0.0061, \end{aligned}$$

$$\begin{aligned} P(\text{脚长}|\text{男}) &= \frac{1}{\sqrt{2\pi\sigma^2_{\text{男, 脚长}}}}\exp\left(-\frac{(60-\mu_{\text{男, 脚长}})^2}{2\sigma^2_{\text{男, 脚长}}}\right) \\ &= \frac{1}{\sqrt{2\pi\cdot 1.438}}\exp\left(-\frac{(25-26.54)^2}{2\cdot 1.438}\right) = 0.1458. \end{aligned}$$

同理可计算得

$$P(\text{身高}|\text{女}) = 0.0150, \quad P(\text{体重}|\text{女}) = 0.0596, \quad P(\text{脚长}|\text{女}) = 0.2647.$$

于是有

$$\begin{aligned} P(\text{男})\cdot P(\text{身高}|\text{男})\cdot P(\text{体重}|\text{男})\cdot P(\text{脚长}|\text{男}) &= \frac{5}{9}\times 0.0414\times 0.0061\times 0.1458 \\ &= 2.0456\times 10^{-5}, \end{aligned}$$

$$\begin{aligned} P(\text{女})\cdot P(\text{身高}|\text{女})\cdot P(\text{体重}|\text{女})\cdot P(\text{脚长}|\text{女}) &= \frac{4}{9}\times 0.0150\times 0.0596\times 0.2647 \\ &= 1.0517\times 10^{-4}. \end{aligned}$$

从而

$$Z = 2.0456\times 10^{-5} + 1.0517\times 10^{-4} = 1.2563\times 10^{-4},$$

因此, 有

$$P_{\text{后验}}(\text{男}) = \frac{2.0456\times 10^{-5}}{1.2563\times 10^{-4}} = 0.1629, \quad P_{\text{后验}}(\text{女}) = \frac{1.0517\times 10^{-4}}{1.2563\times 10^{-4}} = 0.8371.$$

上式表明, 测试样本女性的后验概率大, 因此判定为女性.

7.1.3 正态贝叶斯算法

下面考虑更一般的情形. 若样本的属性向量服从多维正态分布, 则由此建立的贝叶斯算法称为正态贝叶斯算法. 假设样本属性向量 $\boldsymbol{x}=(x_1,x_2,\cdots,x_m)^{\mathrm{T}}$ 服从 m 维正态分布, $\boldsymbol{\mu}$ 为其均值向量, $\boldsymbol{\Sigma}$ 为其协方差矩阵, 则其类条件概率密度函数为

$$p(\boldsymbol{x}|c)=\frac{1}{(2\pi)^{\frac{m}{2}}|\boldsymbol{\Sigma}|^{\frac{1}{2}}}\mathrm{e}^{-\frac{1}{2}(\boldsymbol{x}-\boldsymbol{\mu})^{\mathrm{T}}\boldsymbol{\Sigma}^{-1}(\boldsymbol{x}-\boldsymbol{\mu})},$$

其中 $|\boldsymbol{\Sigma}|$ 是协方差矩阵的行列式, $\boldsymbol{\Sigma}^{-1}$ 是协方差矩阵的逆矩阵. 由 $p(\boldsymbol{x}|c)$ 的表达式可知, 样本属性向量 $\boldsymbol{x}$ 越接近均值 $\boldsymbol{\mu}$, 其概率密度函数的值越大; 反之, 越远离均值, 其概率密度函数值越小.

正态贝叶斯算法在训练阶段需要根据训练样本数据计算每一类样本条件概率密度函数的均值向量和协方差矩阵, 可以通过极大似然估计或矩估计来得到正态分布的这两个参数. 同时还需要计算协方差矩阵的行列式和逆矩阵. 由于协方差矩阵是实对称矩阵, 因此一定存在特征分解, 可以借助特征分解来计算它的行列式和逆. 协方差矩阵 $\boldsymbol{\Sigma}$ 的特征分解为

$$\boldsymbol{\Sigma}=\boldsymbol{Q}\boldsymbol{\Lambda}\boldsymbol{Q}^{\mathrm{T}},$$

其中, $\boldsymbol{\Lambda}$ 为对角矩阵, 其对角元为协方差矩阵的特征值; $\boldsymbol{Q}$ 为正交矩阵, 其列为协方差矩阵的特征值所对应的特征向量. 于是有

$$|\boldsymbol{\Sigma}|=|\boldsymbol{\Lambda}|=\lambda_1\lambda_2\cdots\lambda_m,\quad \boldsymbol{\Sigma}^{-1}=\boldsymbol{Q}\boldsymbol{\Lambda}^{-1}\boldsymbol{Q}^{\mathrm{T}}=\boldsymbol{Q}\mathrm{diag}\big(\lambda_1^{-1},\lambda_2^{-1},\cdots,\lambda_m^{-1}\big)\boldsymbol{Q}^{\mathrm{T}}.$$

下面给出正态贝叶斯分类的训练算法, 其具体步骤如下:

(1) 计算每一类样本的均值向量 $\boldsymbol{\mu}_j$ 和协方差矩阵 $\boldsymbol{\Sigma}_j$ $(j=1,2,\cdots,k)$.

(2) 对协方差矩阵 $\boldsymbol{\Sigma}_j$ 进行特征分解, 得到正交矩阵 $\boldsymbol{Q}_j$, 计算所有特征值的逆 λ_j^{-1} $(j=1,2,\cdots,k)$, 得到 $\boldsymbol{\Lambda}^{-1}$, 并计算 $|\boldsymbol{\Sigma}_j|=|\boldsymbol{\Lambda}_j|=\lambda_1\lambda_2\cdots\lambda_m$.

通过上述训练算法得到模型的相关参数后, 预测时需要寻找具有最大条件概率的那个类, 即最大化后验概率. 根据贝叶斯公式, 有

$$\underset{j\in\{1,2,\cdots,k\}}{\arg\max}\ p(c_j|\boldsymbol{x})=\underset{j\in\{1,2,\cdots,k\}}{\arg\max}\ \frac{p(c_j)\,p(\boldsymbol{x}|c_j)}{p(\boldsymbol{x})}. \tag{7.11}$$

若假设每个类别的样本数相等, 则有 $p(c_1)=p(c_2)=\cdots=p(c_k)=$ 常数, 而 $p(\boldsymbol{x})$ 相对于每个类别都是相同的, 此时, 分类器 (7.11) 等价于

$$\underset{j\in\{1,2,\cdots,k\}}{\arg\max}\ p(\boldsymbol{x}|c_j), \tag{7.12}$$

也就是只需计算每个类的条件概率值 $p(\boldsymbol{x}|c_j)$, 然后取最大的那个. 为了计算简便, 并考虑到对数函数的单调性, 上式又等价于

$$\underset{j\in\{1,2,\cdots,k\}}{\arg\max}\ \ln p(\boldsymbol{x}|c_j). \tag{7.13}$$

注意到,

$$\ln p(\boldsymbol{x}|c_j) = -\frac{m}{2}\ln(2\pi) - \frac{1}{2}\ln|\boldsymbol{\Sigma}_j| - \frac{1}{2}(\boldsymbol{x}-\boldsymbol{\mu}_j)^{\mathrm{T}}\boldsymbol{\Sigma}_j^{-1}(\boldsymbol{x}-\boldsymbol{\mu}_j).$$

由于 $-\dfrac{m}{2}\ln(2\pi)$ 是常数, 故由上式, 分类器判别函数 (7.13) 等价于下面的极小化问题

$$\underset{j\in\{1,2,\cdots,k\}}{\arg\min}\ \frac{1}{2}\big(\ln|\boldsymbol{\Sigma}_j| + (\boldsymbol{x}-\boldsymbol{\mu}_j)^{\mathrm{T}}\boldsymbol{\Sigma}_j^{-1}(\boldsymbol{x}-\boldsymbol{\mu}_j)\big).$$

对于上式, $\ln|\boldsymbol{\Sigma}_j|$ 在训练算法时已计算好, 与 $\boldsymbol{x}$ 无关, 不用重复计算. 所以测试时只需根据样本向量 $\boldsymbol{x}$ 计算出 $(\boldsymbol{x}-\boldsymbol{\mu}_j)^{\mathrm{T}}\boldsymbol{\Sigma}_j^{-1}(\boldsymbol{x}-\boldsymbol{\mu}_j)\,(j=1,2,\cdots,k)$ 的值即可, 而 $\boldsymbol{\Sigma}_j^{-1}$ 也在训练时已算好, 无须再算.

下面考虑一种特殊情况, 即每类样本的协方差矩阵均为对角阵 $\boldsymbol{\Sigma}_j = \sigma_j^2\boldsymbol{I}$. 此时,

$$\boldsymbol{\Sigma}_j^{-1} = \frac{1}{\sigma_j^2}\boldsymbol{I},\quad \ln|\boldsymbol{\Sigma}_j| = \ln(\sigma_j^2)^m = 2m\ln\sigma_j,$$

故有

$$\ln p(\boldsymbol{x}|c_j) = -\frac{m}{2}\ln(2\pi) - m\ln\sigma_j - \frac{1}{2\sigma_j^2}(\boldsymbol{x}-\boldsymbol{\mu}_j)^{\mathrm{T}}(\boldsymbol{x}-\boldsymbol{\mu}_j).$$

进一步, 分类器判别函数等价于下面的极小化问题

$$\underset{j\in\{1,2,\cdots,k\}}{\arg\min}\ m\ln\sigma_j + \frac{1}{2\sigma_j^2}(\boldsymbol{x}-\boldsymbol{\mu}_j)^{\mathrm{T}}(\boldsymbol{x}-\boldsymbol{\mu}_j).$$

7.2 贝叶斯算法的改进

7.1 节的朴素贝叶斯算法采用了属性独立性假设, 这虽然是为了降低贝叶斯公式 (7.3) 中估计后验概率 $P(y=c_j|\boldsymbol{x})$ 的困难, 但在现实的学习任务中这个假设往往难以成立. 而且这一假设在很大程度上限制了其分类的性能. 因此有必要对这一算法进行改进, 以期减弱这种独立性假设带来的影响.

目前对朴素贝叶斯算法改进的总体趋势将模型结构复杂化, 以更好地描述训练样本数据. 但需要注意的是, 模型的结构并非越复杂越好. 过于复杂的模型结构容易造成“过拟合”. 下面介绍几种目前较成熟的朴素贝叶斯模型的改进方法.

7.2.1 半朴素贝叶斯算法

人们尝试对属性条件独立性假设进行一定程度的放松, 由此产生了一类称为"半朴素贝叶斯分类器"的学习算法. 其基本思想是根据各属性之间关联程度的大小, 将它们划分为几个没有交集的属性组, 从而使得各个属性组以独立的形式存在, 并保证同一组内的属性之间存在一定的依赖关系. 这样就将属性条件独立性假设放宽到了属性的子集之间, 从而有效地减少了属性的独立性假设对分类性能产生的不良影响.

半朴素贝叶斯模型的分类思想和分类过程与朴素贝叶斯模型类似, 但结构更为紧凑. 其关键是如何利用启发式搜索过程有效地将依赖关系较大的属性聚集到一组构成"组合属性". 半朴素贝叶斯分类模型的结构如图 7.1 所示.

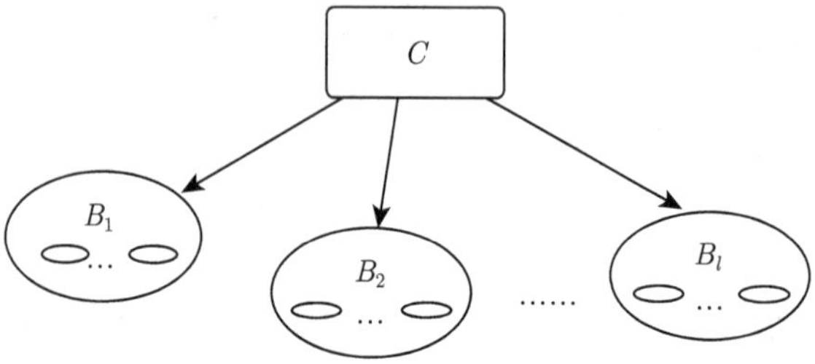

图 7.1 半朴素贝叶斯分类模型结构图

假设在分类之前, 设 $A_1, A_2, \cdots, A_m$ 表示条件属性, $C = \{c_1, c_2, \cdots, c_k\}$ 表示类属性. 下面对半朴素贝叶斯分类模型进行描述和介绍.

(1) 模型由新的 k 个结点 $B_1, B_2, \cdots, B_l\,(1 \leqslant l \leqslant m)$ 构成, 其中 B_i 是 $\{A_1, A_2, \cdots, A_m\}$ 的重新划分, 是原属性集的一个子集.

(2) 划分必须满足条件: $B_i \cap B_j = \varnothing\,(i \neq j,\ 1 \leqslant i, j \leqslant l)$; $B_1 \cup B_2 \cup \cdots \cup B_l = A_1 \cup A_2 \cup \cdots \cup A_m$.

(3) 当 $i \neq j$ 时, B_i 和 B_j 关于标签变量 C 是相互独立的, 即

$$P(B_i, B_j|C) = P(B_i|C)P(B_j|C), \quad i \neq j, \quad 1 \leqslant i, j \leqslant l. \tag{7.14}$$

(4) 保证每个组属性结点 $B_i\,(1 \leqslant i \leqslant l)$ 中条件属性的个数不大于 t, 这里 t 是预先设定的, 用来控制网络的复杂度. 当 $t = 1$ 时, 半朴素贝叶斯模型就退化为原始的朴素贝叶斯模型; 但当 t 值过大时, 半朴素贝叶斯模型就会因为模型结构过于复杂而发生过拟合的现象.

根据上述流程, 可以得到半朴素贝叶斯算法的分类判别函数为

$$c_{i^*} = \mathop{\arg\max}_{c_i \in C} P(c_i) \prod_{j=1}^{l} P(\boldsymbol{b}_j|c_i), \tag{7.15}$$

其中, $\boldsymbol{b}_j$ 是组属性 B_j 中包含的条件属性 $A_{j_1}, A_{j_2}, \cdots, A_{j_k}$ 分别取值 $a_{j_1}, a_{j_2}, \cdots, a_{j_k}$ 时的数值向量, 即 $\boldsymbol{b}_j = \{a_{j_1}, a_{j_2}, \cdots, a_{j_k}\}$.

根据上述分析, 半朴素贝叶斯分类模型充分考虑了属性之间存在的关联, 并根据这种关联性将属性集划分成若干个不相交和独立的属性组, 同时允许同一个属性组内的属性之间是相互依赖的. 因而在很大程度上有效地减少了属性的独立性假设对分类性能的不良影响, 这是半朴素贝叶斯模型的优点.

由于半朴素贝叶斯分类模型的关键是如何利用启发式搜索获取条件互信息, 从而快速形成“组合属性”, 但如果目标数据集过于庞大或数据集的属性太多, 那么条件互信息的计算量将是指数级的, 因此半朴素贝叶斯模型在使用上具有一定的局限性.

7.2.2 TAN 贝叶斯算法

TAN 贝叶斯算法是树增强朴素贝叶斯分类模型 (Tree-Augmented Naive Bayesian Algorithm, TAN) 的简称, 它是一种改进朴素贝叶斯算法的树形贝叶斯网络模型, 其分类性能在实际应用中显著高于朴素贝叶斯算法.

TAN 贝叶斯算法考虑对朴素贝叶斯算法进行增强, 即在保留其结构特点并放松独立性假设的同时, 允许一定的依赖关系出现在属性变量之间. 该模型要求属性结点除了类结点为父结点外, 最多能允许一个其他的非类属性作为父结点, 其结构如图 7.2 所示.

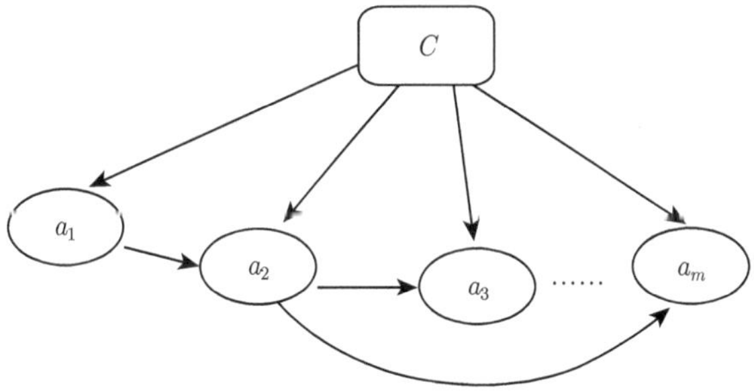

图 7.2 TAN 贝叶斯模型结构图

图 7.2 中的 $a_1, a_2, \cdots, a_m$ 表示条件属性, C 表示类结点. 在这个树形结构中, 属性 a_i 的父结点集合用 $\pi(a_i)$ 表示, 类 C 作为树的根结点是没有父结点的, 而条件属性 a_i 最多有一个非类的父结点. 因此有

$$\pi(C) = \varnothing, \quad C \subset \pi(a_i), \quad \pi(a_i) \leqslant 2.$$

由此可得, 待分类样本集 $X = \{a_1, a_2, \cdots, a_m\}$ 被 TAN 贝叶斯分类器判给 C 中

某个类 $c_j\,(1 \leqslant j \leqslant k)$ 的判别函数可以表示为

$$c_{j^*} = \arg\max_{c_j \in C} P(c_j) \prod_{i=1}^{m} P(a_i|\pi(a_i)), \tag{7.16}$$

其中, $\pi(a_i)$ 有以下两种形式:

(1) $\pi(a_i) = \{c_j\}\,(1 \leqslant j \leqslant k)$, 即 a_i 没有非类父结点.

(2) $\pi(a_i) = \{c_j, a_p\}\,(1 \leqslant j \leqslant k, 1 \leqslant p \leqslant m, i \neq l)$, 即 a_i 有一个非类父结点.

由此可知, 当 a_i 有一个非类父结点时, 如何确定这一非类父结点成为解决问题的关键. 下面介绍通过计算条件互信息来确定非类父结点的基于分布的构造算法, 简记为 DB(Distribution Based Algorithm) 算法, 其步骤如下.

算法 7.2 (DB 算法)

(1) 计算任意两个条件属性 a_i, a_j 在类属性下的条件互信息:

$$I(a_i, a_j|C) = \sum_{a_i, a_j, C} P(a_i, a_j, C) \log_2 \frac{P(a_i, a_j|C)}{P(a_i|C)P(a_j|C)}, \quad 1 \leqslant i, j \leqslant m. \tag{7.17}$$

(2) 用所有的条件属性构造一个完全无向图, 其中图的每个顶点代表一个属性 a_i, 每两个顶点 a_i, a_j 之间的边用这两个属性的条件互信息标记其权重.

(3) 基于计算出的条件互信息值 (权重) 将边从大到小排序, 然后遵守不能构成回路的原则选择边, 从而构造出一棵最大权重跨度树.

(4) 在所有的属性结点中选择一个作为根结点, 从根结点开始, 将所有的边设置为由根结点指向其余结点的边, 从而得到一棵有向无环树.

(5) 增加一个表示类变量的结点 C, 并增加类变量到各条件属性结点之间的边, 构成最终的 TAN 贝叶斯分类模型.

最大权重跨度树的结构如图 7.3 所示, 其中虚线表示从类结点指向各个属性结点的边, 实线表示从属性之间的关系学得的最大支撑树.

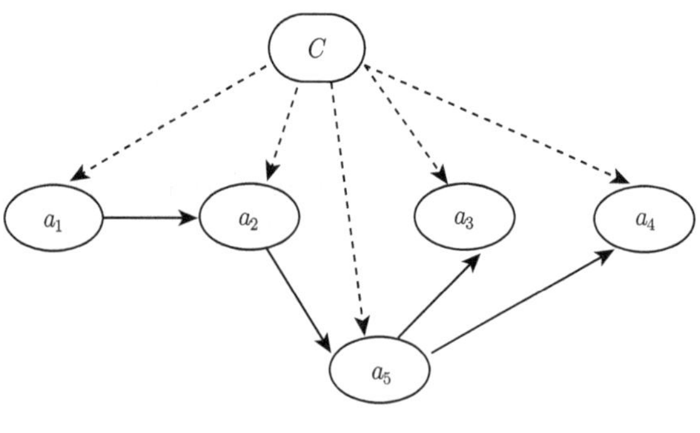

图 7.3 最大权重跨度树的结构图

在 TAN 贝叶斯算法中, 采用了信息论中的条件互信息来度量属性之间存在的依赖关系. 由于

$$I(a_i, a_j|C) = I(a_j, a_i|C),$$

故在给定 C 后, 无论从 a_i 处获得 a_j 的信息量, 还是从 a_j 处获得 a_i 的信息量, 它们都是相等的. 条件互信息 $I(a_i, a_j|C)$ 的值越大说明依赖程度越大. 特别地, 当属性 a_i 与 a_j 在类 C 下相互独立时, 有 $I(a_i, a_j|C) = 0$.

显然, TAN 贝叶斯分类模型在很大程度上减弱了朴素贝叶斯模型条件属性相互独立的假设, 在数据规模适中的情形下能有效地提高分类的性能. 此外, 由于 TAN 贝叶斯模型限制每个非类属性 a_i 最多只能有一个非类父结点, 因此除了可以缩小搜索空间外, 还能有效地缓解条件表的规模随着父结点的增加而急剧增长. 这样不但减轻了从数据估计概率的负担, 也在一定程度上允许了属性之间的依赖关系.

当然, TAN 贝叶斯算法也存在一些缺点. 一是使用 TAN 贝叶斯算法进行分类时, 属性值必须是离散的. 如果属性值是连续的, 则需要预先做离散化处理, 对于要离散多少值、离散成什么样的值都难以确定. 这样除了增加计算量, 也增加了存储空间, 从而影响算法的性能和效率. 二是 TAN 贝叶斯算法需要根据条件互信息的值来度量属性之间的依赖程度, 这表明与朴素贝叶斯算法相比, TAN 贝叶斯算法需要更多的计算时间和更强大的运行环境, 即以牺牲运行时间来换取分类性能的提高. 三是由于 TAN 贝叶斯算法是人为地划分属性, 这使得每个非类属性结点最多只能有一个非类属性结点作为其父结点, 而跟其余非类属性结点之间仍然需要满足独立性假设, 因此 TAN 贝叶斯算法同样存在着朴素贝叶斯模型独立性假设带来的问题.

7.2.3 贝叶斯网与朴素贝叶斯树

1. 贝叶斯网

贝叶斯网也称为贝叶斯信念网, 是一种应用范围更广泛的贝叶斯分类算法. 其核心思想是将概率统计方法应用到复杂领域中进行不确定性推理及数据分析, 是目前表达不确定性知识和推理的最有效的模型之一.

贝叶斯网的结构如图 7.4 所示. 与 TAN 贝叶斯模型的树形结构不同, 贝叶斯网的结构能够避免有用信息的丢失, 它借助有向无环图来刻画属性之间的依赖关系, 并使用条件概率表来描述属性的联合概率分布, 因而能够更好地提高分类正确率.

具体来说, 一个贝叶斯网 B 是由非类属性集 $\{a_1, a_2, \cdots, a_m\}$ 和类属性 C 构成的网络结构. 它包括两个部分: 第一部分是一个有向无环图, 第二部分是一个条件概率表集合, 两者结合起来就是贝叶斯网. 有向无环图也包含两部分: 一部分是

结点, 另一部分是结点之间的有向边. 其每个结点对应于一个属性 a_i, 若两个属性 a_i, a_j 之间有直接依赖关系, 则它们由一条有向边连接起来. 也就是说, 在贝叶斯网的有向无环图中, 用有向边来表示属性之间的依赖关系, 用顶点来表示属性结点 (随机变量), 而条件概率表中的每一个元素对应着有向无环图中唯一的一个结点.

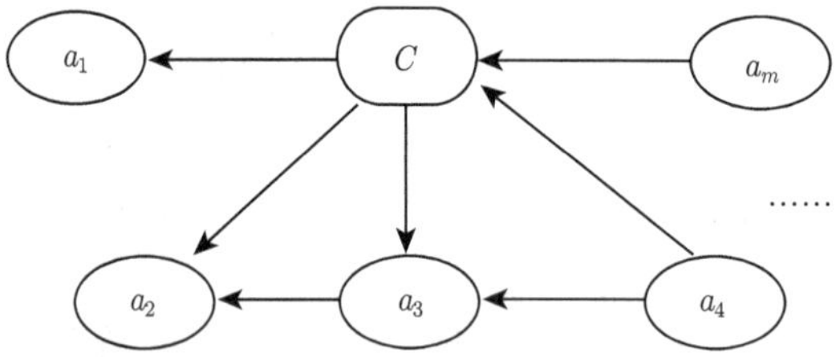

图 7.4　贝叶斯网的结构图

构造与训练贝叶斯网通常分为以下两个步骤.

(1) 确定随机变量之间的拓扑关系, 形成有向无环图. 一个好的拓扑结构往往需要借助于实际领域的专家知识, 并需要通过反复迭代和改进才能得以建立.

(2) 训练贝叶斯网络, 也就是构造算法中的条件概率表. 若属性间的依赖关系已知, 则其训练过程相对简单, 只需通过对训练样本"计数", 估计出每个结点的条件概率即可. 但如果网络结构中存在隐变量结点, 则训练方法将会比较复杂, 这里略去不谈, 有兴趣的读者可参考有关文献.

总之, 贝叶斯网在继承贝叶斯分类算法高精度分类的同时, 基于联合概率分解的原理有效地避免了贝叶斯分类算法的指数复杂度问题. 另外, 它还能较好地处理数据不确定和数据缺失的情形. 当然, 它的缺点也是明显的. 首先是贝叶斯网中的有向无环图必须是无环且静态的. 无环意味着树型变量之间的单向关系, 但实际中很多情形下变量之间是会互相影响的. 静态则意味着忽略了时间因素, 然而实际中的因果关系往往是动态的. 其次是贝叶斯网比朴素贝叶斯算法在结构上复杂太多, 要构造和训练出一个好的贝叶斯网通常是十分困难的.

2. 朴素贝叶斯树

朴素贝叶斯树是一种改进的朴素贝叶斯分类算法, 它是决策树与朴素贝叶斯分类器的结合. 这种结合保留了决策树和朴素贝叶斯模型的计算量相对不大和易解释性的优点, 并且特别适用于大型数据集, 分类效果令人满意.

朴素贝叶斯树的基本思想是在树的构建过程中, 对树的每个分支结点构建朴素贝叶斯分类器, 并循环这个过程直到所有结点都成为叶结点, 最后对每个叶结点都构建一个朴素贝叶斯分类算法. 朴素贝叶斯树的输入为一个类属性集合 T,

输出是一棵叶结点为朴素贝叶斯分类的决策树.

下面对朴素贝叶斯树的算法步骤进行详细的描述.

算法 7.3 (朴素贝叶斯树)

(1) 计算每一个属性 $a_i\,(1 \leqslant i \leqslant m)$ 的效用值 $\mu_i = \mu(a_i)$. 如果是连续型属性, 则计算阈值.

(2) 选取效用最高的属性, 即

$$i^* = \underset{i}{\operatorname{argmax}}\ \mu_i.$$

(3) 如果 μ_{i^*} 不显著优于当前结点, 则为当前结点创建一个朴素贝叶斯分类器, 然后返回.

(4) 根据属性 a_{i^*} 划分类属性集合 T. 如果 a_{i^*} 是连续性的, 则划分阈值; 如果 a_{i^*} 是离散型的, 则对所有可能的值进行多向划分.

(5) 对每个子结点递归调用前述步骤, 使得 T 中的部分或全部能与子结点相匹配.

需要指出的是, 朴素贝叶斯树分类算法在实际中的应用并不广泛, 但它具有两个显著的优点: 一是算法过程清晰、直观, 可理解性强; 二是在计算复杂度不高的前提下分类的正确率较高, 并且适用于大型数据的集中利用.

7.2.4 加权朴素贝叶斯算法

我们回顾一下朴素贝叶斯算法, 它是基于属性条件独立性假设提出来的, 认为每个属性对类属性的影响都相同. 但事实上训练样本集中, 往往存在大量冗余或被噪声污染了的属性, 而这些属性通常对分类的贡献不大甚至产生干扰, 如果将它们与其他属性视为同等地位, 就会导致分类的正确率下降. 因此, 为了提高朴素贝叶斯算法的分类准确率, 扩大其适用范围, 人们将朴素贝叶斯算法与各种属性加权算法相结合, 构建出属性加权朴素贝叶斯算法. 这类算法根据各属性对分类影响的大小赋予不同的权重, 其算法模型为

$$C^* = \arg\max_{c_i \in C} P(c_i) \prod_{j=1}^{m} w_j P(a_j|c_i), \quad 1 \leqslant i \leqslant k, \tag{7.18}$$

其中 w_j 是属性 a_j 的权值. 属性的权值越大表明该属性对分类的影响越大.

由式 (7.18) 可知, 对于加权朴素贝叶斯算法, 最重要的是权值 w_j 的确定, 如何确定合适的权值是这类算法的核心内容. 除了权值的计算外, 它还保留了朴素贝叶斯算法的其他流程. 下面给出加权朴素贝叶斯算法的操作流程.

算法 7.4 (加权朴素贝叶斯算法)

(1) 数据预处理. 缺失值处理、数据离散化、去除冗余属性等.

(2) 计算待分类样本关于每个类的后验概率. 这一步与朴素贝叶斯算法的学习过程相同.

(3) 权值参数的确定. 遍历训练样本集, 根据权值的定义规则, 确定各属性 a_i 对应的权值 w_i.

(4) 生成加权朴素贝叶斯算法的条件概率表和属性权值表.

(5) 对于测试样本, 调用条件概率表和属性权值表, 得到分类结果.

不难发现, 与朴素贝叶斯算法相比, 加权朴素贝叶斯算法的分类能力具有明显的提升. 这是因为加权朴素贝叶斯算法更加有效地利用了样本数据的信息, 对属性与类别之间的关联性进行了充分的利用.

7.3 贝叶斯算法的 MATLAB 实现

为方便用户对贝叶斯算法的使用, MATLAB 封装了函数: fitcnb. 其使用方法为

```
Mdl = fitcnb(Tbl,ResponseVarName)
Mdl = fitcnb(Tbl,Y)
Mdl = fitcnb(X,Y)
Mdl = fitcnb(Tbl,formula)
Mdl = fitcnb(...,Name,Value)
```

其中, X, Tbl 是样本属性值矩阵, Y 是样本标签, ResponseVarName 为输出变量名, Name 为可选参数的名称, Value 为可选参数的参数取值. formula 是一个公式字符串, 如 "y ~x1 + x2 + x3", 指定变量 y 作为响应, 公式中的其他变量为预测变量, 不使用公式中未列出的任何表变量.

下面以 MATLAB 中自带的统计 3 种鸢尾属植物的样本数据 fisheriris 为例, 说明函数 fitcnb() 的使用方法. 鸢尾属植物数据集 Iris 中共包含 150 组数据信息, 每一类别植物有 50 组数据. 其属性分别为萼片长度、萼片宽度、花瓣长度、花瓣宽度, 标签分别为 "setosa" (山鸢尾)、"versicolor" (杂色鸢尾) 和 "virginica" (弗吉尼亚鸢尾). 具体代码如下 (nba_mat.m 文件).

```
%朴素贝叶斯算法MATLAB实现
clear all; close all; clc;
load fisheriris   %载入样本数据
X=meas; %训练样本矩阵
Y=species; %标签向量
Mdl=fitcnb(X,Y)  %训练朴素贝叶斯模型
Mdl.ClassNames  %查看模型中的分类名称
```

```
Mdl.Prior  %查看模型中的先验概率
%predict(Mdl,[1 0.2 0.4 2]) %预测新样本的类别
```

运行后在 MATLAB 命令窗口显示结果:

```
ans =
  3×1 cell 数组
    {'setosa'}
    {'versicolor'}
    {'virginica'}
ans =
   0.3333    0.3333    0.3333
```

单击上述 MATLAB 命令窗口中的 Properties 和 Methods 超链接, 可显示有关信息. Properties 超链接显示的是类 ClassificationNaiveBayes 的所有属性, 是指通过 fitcnb 训练得到的模型的所有属性, 部分属性值可在 fitcnb 函数调用时进行定义, 如上述程序中的 PredictorName (描述各属性的名称) 等. 另外一部分属性则是对形成的模型的具体属性描述, 如 Prior (描述模型的先验概率) 等. 由于各属性是属于训练生成的模型, 因此当需要观测和调用属性值时, 可采用 Mdl.xxx 调用, 其中 Mdl 表示训练生成的树的名称, xxx 表示属性名称.

单击 Methods 超链接显示的是类 ClassificationNaiveBayes (可理解为生成的朴素贝叶斯模型) 的操作方法, 共包括 12 种.

对于属性和方法的具体含义及使用方法, 可通过 help xxx 查询, xxx 为属性或方法名. 下面介绍分类预测 (predict) 的使用方法. 其语法为

```
predict(Mdl,x)
```

其中, Mdl 为上述生成的朴素贝叶斯模型, x 为预测个体的属性向量.

在 MATLAB 命令窗口中键入:

```
>> predict(Mdl,[1 0.2 0.4 2]), %预测新样本的类别
```

运行后输出结果如下:

```
ans =
    1×1 cell 数组
      {'versicolor'}
```

表示通过决策树分类后, 属性值为 [1,0.2,0.4,2] 的鸢尾属植物为 versicolor.

在 MATLAB 命令窗口中键入:

```
>> setosaIndex=strcmp(Mdl.ClassNames,'setosa');
>> estimates=Mdl.DistributionParameters{setosaIndex,1},
   %setosa类的均值与标准差
```

运行后输出结果如下:

```
estimates =
    5.0060
    0.3525
```

表示 “setosa” 类数据的均值是 5.0060, 标准差是 0.3525.

使用函数 fitcnb 时还可以预先指定先验概率. 代码如下 (nba1_mat.m 文件).

```
load fisheriris
X=meas;
Y=species;
classNames={'setosa','versicolor','virginica'}; %指定类的顺序
prior=[0.5 0.2 0.3]; %给定每个类的先验概率
Mdl=fitcnb(X,Y,'ClassNames',classNames,'Prior',prior);
%按指定的类序和先验概率创建新模型
CVMdl=crossval(Mdl); %对Mdl模型k折交叉验证
Loss=kfoldLoss(CVMdl), %损失率
rng(1); %可重复性
defaultPriorMdl=Mdl;
FreqDist=cell2table(tabulate(Y)); %混淆矩阵
defaultPriorMdl.Prior=FreqDist{:,3}; %先验概率用1/3,1/3,1/3
defaultCVMdl=crossval(defaultPriorMdl); %k折交叉验证
defaultLoss=kfoldLoss(defaultCVMdl), %损失率
```

运行上述程序后输出结果如下:

```
Loss =
    0.0340
defaultLoss =
    0.0533
```

上面的结果说明用指定的先验概率创建的新模型其精度更好.

因为鸢尾属植物数据集 Iris 中的每个样本有 4 个属性, 不方便分类结果的可视化显示, 为此选取该数据集的第 3, 4 两个属性构建朴素贝叶斯模型. 编制程序如下 (nba2_mat.m 文件).

```
load fisheriris %载入Iris数据集
X=meas(:,3:4);  %为方便可视化仅使用3,4两个属性
Y=species; %类标签
tabulate(Y),  %展示Y各个的species的占比
%创建朴素贝叶斯模型
Mdl=fitcnb(X,Y, 'ClassNames',{'setosa','versicolor','virginica'});
```

```
%预测
Z=meas(25,3:4);
Zclass=predict(Mdl,Z),
%绘制高斯轮廓
gscatter(X(:,1),X(:,2),Y,'kkk','*x+'); %数据散点图
h=gca; hold on
cxlim=h.XLim; cylim=h.YLim; %横、纵坐标范围
Params=cell2mat(Mdl.DistributionParameters);
Mu=Params(2*(1:3)-1,1:2); % Extract the means
Sigma=zeros(2,2,3);
for j=1:3
    Sigma(:,:,j)=diag(Params(2*j,:)).^2; %建立对角协方差矩阵
    xlim=Mu(j,1)+4*[1 -1]*sqrt(Sigma(1,1,j));
    ylim=Mu(j,2)+4*[1 -1]*sqrt(Sigma(2,2,j));
    ezcontour(@(x1,x2)mvnpdf([x1,x2],Mu(j,:),Sigma(:,:,j)),[xlim ylim]);
    %画多维正态分布等高线图
end
h.XLim=cxlim; h.YLim=cylim;
title('朴素贝叶斯分类器--鸢尾属植物数据集');
xlabel('花瓣长度(cm)');
ylabel('花瓣宽度 (cm)');
hold off;
```

运行上述程序后输出可视化结果如图 7.5 所示.

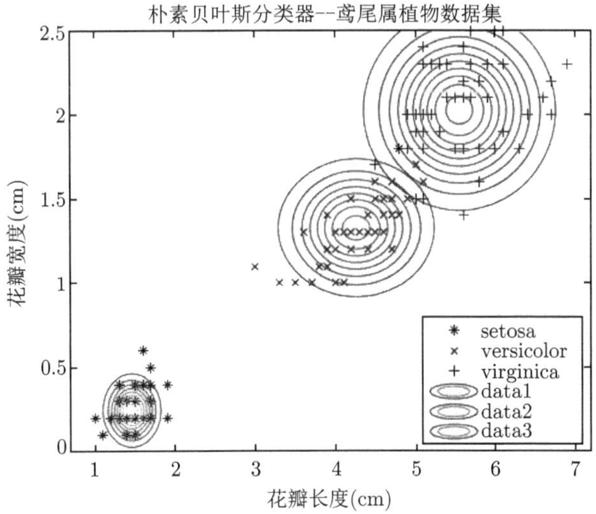

图 7.5 数据集 Iris 的朴素贝叶斯分类结果

命令窗口显示如下结果:

```
 Value        Count    Percent
setosa          50      33.33%
versicolor      50      33.33%
virginica       50      33.33%

Zclass =
  1×1 cell 数组
   {'setosa'}
```

本章课件

第 8 章　k 近邻算法

8.1　k 近邻算法的原理

k 近邻算法是一种常用的监督学习方法, 它的基本思想是: 要确定一个样本的类别, 可以计算它与所有训练样本的某种距离 (例如欧氏距离), 然后找出与该样本最接近的 k 个样本, 统计这些样本的类别并进行“投票”, 得票最多的那个类就是分类结果.

8.1.1　k 近邻算法的流程

k 近邻算法是“懒惰学习”的著名代表, 因为它没有要求解的模型参数, 所以也就没有训练过程, 超参数 k 是由人工指定的. 图 8.1 给出了 k 近邻分类器的一个示意图. 显然, k 是一个重要参数, 当 k 取不同值时, 分类结果会有显著不同. 图 8.1 中测试样本在 $k=3$ 时被判别为“$-$”类, $k=7$ 时被判别为“$+$”类. 此外, 不同的距离计算方式, 找出的“近邻”样本个数可能不同, 从而导致分类的结果也会有所不同.

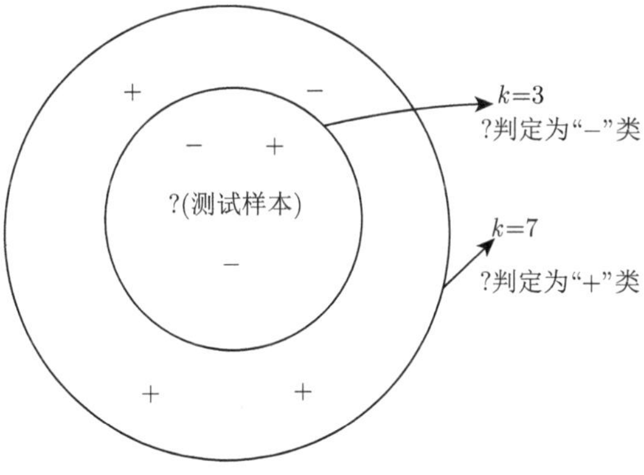

图 8.1　k 近邻分类器示意图

不妨暂且假设距离计算是“恰当”的, 即能够恰当地找出 k 个近邻, 我们来对“最邻分类器” (即 $k=1$) 在二分类问题上的性能做一个简单的讨论.

给定测试样本 $\boldsymbol{x}$, 若其最近邻样本为 $\boldsymbol{z}$, 则最近邻分类器出错的概率就是 $\boldsymbol{x}$ 与 $\boldsymbol{z}$ 类别标记不同的概率, 即

$$P(\text{err}) = 1 - \sum_{c \in \mathcal{Y}} P(c \mid \boldsymbol{x}) P(c \mid \boldsymbol{z}), \tag{8.1}$$

这里 $\mathcal{Y} = \{-1, +1\}$. 假设样本独立同分布, 且对任意 $\boldsymbol{x}$ 和任意小正数 δ, 在 $\boldsymbol{x}$ 附近 δ 距离范围内总能找到一个式 (8.1) 中的训练样本 $\boldsymbol{z}$. 令 $c^* = \arg\max_{c \in \mathcal{Y}} P(c \mid \boldsymbol{x})$ 表示贝叶斯最优分类器的结果, 则有

$$\begin{aligned} P(\text{err}) &= 1 - \sum_{c \in \mathcal{Y}} P(c \mid \boldsymbol{x}) P(c \mid \boldsymbol{z}) \\ &\simeq 1 - \sum_{c \in \mathcal{Y}} P^2(c \mid \boldsymbol{x}) \leqslant 1 - P^2(c^* \mid \boldsymbol{x}) \\ &= (1 + P(c^* \mid \boldsymbol{x}))(1 - P(c^* \mid \boldsymbol{x})) \\ &\leqslant 2 \times (1 - P(c^* \mid \boldsymbol{x})). \end{aligned} \tag{8.2}$$

上式表明: 最近邻分类器虽简单, 但它的泛化错误率不超过贝叶斯最优分类器的错误率的两倍.

下面我们来看 k 近邻算法的具体流程. 对于分类问题, 给定 n 个训练样例 $(\boldsymbol{x}_i, y_i)$, 其中 $\boldsymbol{x}_i$ 为样本属性向量, y_i 为标签值. 设定参数 k, 假设样本类别数为 c, 待分类的样本为 $\boldsymbol{x}$, 则 k 近邻算法的算法步骤如下.

算法 8.1 (k 近邻算法)

(1) 在训练样本中找出距离 $\boldsymbol{x}$ 最近的 k 个样本, 记这 k 个样本的集合为 $S(k)$;

(2) 统计 $S(k)$ 中属于每一类的样本个数 $k_i, i = 1, 2, \cdots, c$;

(3) 最终的分类结果为 $\max\limits_i k_i$, 即最大的 k_i 值对应的那个类 i.

显然, 当 $k = 1$ 时, k 近邻算法退化为最近邻算法. 更通俗地说, k 近邻算法是按照一定规则将相似的样本数据进行归类, 类似于现实生活中的“物以类聚, 人以群分”. 首先计算待分类数据属性与训练数据属性之间的距离并排序, 取出距离最近的 k 个训练数据属性; 然后, 根据这 k 个相近训练数据属性所属的类别来判定新样本的类别: 如果它们都属于同一类, 那么新样本也属于这一类; 否则, 对每个候选类别进行评分, 按照某种规则确定新样本的类别. 一般采用投票规则, 即少数服从多数, 期望的 k 值是一个奇数. 精确的投票方法是计算每一个测试样本与 k 个样本之间的距离.

容易发现, k 近邻算法实现十分简单, 只需计算待测样本与每一个训练样本的距离即可, 这是它的优点. 其缺点是当训练样本容量大、属性向量维数高时计算复杂度将变得十分可观. 因为每次预测时都要计算待测样本与每一个训练样本的距离, 而且需要对距离进行排序找到最近的 k 个样本.

此外, 一个不容忽视的问题是参数 k 的取值, 除了必须是一个奇数外, 它需要根据问题和数据的特点来确定. 在算法实现时还可以考虑样本的权重, 即每个样

本有不同的投票权重, 这种方法称为加权 k 近邻算法.

k 近邻算法也可以用于回归问题. 在得到待处理数据的 k 个最相似训练数据后, 求取这些训练数据属性的平均值, 并将该平均值作为待处理数据的属性值. 也就是说, 假设距离待测试样本最近的 k 个训练样本的标签值为 y_i, 则对该样本的回归预测值为

$$\hat{y} = \frac{1}{k}\sum_{i=1}^{k} y_i,$$

即 k 个近邻样本标签值的算术平均, 在这里 k 个近邻样本的贡献被认为是相等的. 进一步地, 可以考虑加权方案, 即根据 k 个最相似训练样本和待预测样本的实际距离, 赋予每一个训练样本不同的权值, 然后再进行加权平均, 这样得到的回归值更为有效, 即

$$\tilde{y} = \sum_{i=1}^{k} w_i y_i,$$

其中 w_i 是第 i 个样本的权重. 权值可以人工设定, 也可以用其他方法来确定, 例如设置为与距离成反比.

8.1.2 k 近邻的距离函数

必须指出的是, k 近邻算法的实现依赖于样本之间的距离, 因此需要定义距离的计算方式. 下面介绍几种常用的距离定义, 它们适用于不同特点的数据.

两个样本属性向量 $\boldsymbol{x}_i$ 和 $\boldsymbol{x}_j$ 之间的距离记为 $d(\boldsymbol{x}_i, \boldsymbol{x}_j)$, 它是一个将两个同维数向量映射为一个实数的函数, 称为距离函数. 实际上, 距离函数是一种向量范数, 因此必须满足向量范数的三个准则, 即正定性、对称性和三角不等式, 即

(1) $d(\boldsymbol{x}_i, \boldsymbol{x}_j) \geqslant 0$ 且 $d(\boldsymbol{x}_i, \boldsymbol{x}_j) = 0 \ \Leftrightarrow \ \boldsymbol{x}_i = \boldsymbol{x}_j$;

(2) $d(\boldsymbol{x}_i, \boldsymbol{x}_j) = d(\boldsymbol{x}_j, \boldsymbol{x}_i)$;

(3) $d(\boldsymbol{x}_i, \boldsymbol{x}_j) \leqslant d(\boldsymbol{x}_i, \boldsymbol{x}_k) + d(\boldsymbol{x}_k, \boldsymbol{x}_j)$.

在样本数有限的情况下, k 近邻算法的误判概率和距离的具体测度有直接关系. 因此在选择最近邻样本数时利用适当的距离函数, 能够提高分类的正确率. 通常 k 近邻算法可采用欧氏距离 (Euclidean Distance)、曼氏距离 (Manhattan Distance)、马氏距离 (Mahalanobis Distance) 等距离函数. 设样本属性向量 $\boldsymbol{x} = (x_1, \cdots, x_m)^{\mathrm{T}}$, $\boldsymbol{y} = (y_1, \cdots, y_m)^{\mathrm{T}}$, 则有

(1) 欧氏距离:

$$d(\boldsymbol{x}, \boldsymbol{y}) = \|\boldsymbol{x} - \boldsymbol{y}\|_2 = \left(\sum_{i=1}^{m}(x_i - y_i)^2\right)^{\frac{1}{2}}.$$

(2) 曼氏距离 (街区距离):

$$d(\boldsymbol{x},\boldsymbol{y})=\sum_{i=1}^{m}|x_i-y_i|.$$

(3) 马氏距离:

$$d(\boldsymbol{x},\boldsymbol{y})=\sqrt{(\boldsymbol{x}-\boldsymbol{y})^{\mathrm{T}}\boldsymbol{\Sigma}^{-1}(\boldsymbol{x}-\boldsymbol{y})},$$

其中 $\boldsymbol{\Sigma}$ 为 $\boldsymbol{x}$ 和 $\boldsymbol{y}$ 所在数据集的协方差矩阵.

通常欧氏距离是最常用也是我们最熟知的距离. 但在使用欧氏距离时, 要注意将属性向量的分量归一化, 以减少因属性值的尺度范围差异所带来的干扰, 否则数值小的属性分量会被数值大的属性分量所淹没. 也就是说, 欧氏距离只是将属性向量看作空间中的点, 并未考虑这些样本属性向量的概率分布规律.

与欧氏距离不同, 马氏距离则是一种概率意义上的距离, 它与数据的尺度无关. 马氏距离更为一般的定义是

$$d(\boldsymbol{x},\boldsymbol{y})=\|\boldsymbol{x}-\boldsymbol{y}\|_S=\sqrt{(\boldsymbol{x}-\boldsymbol{y})^{\mathrm{T}}\boldsymbol{S}(\boldsymbol{x}-\boldsymbol{y})},$$

其中 $\boldsymbol{S}$ 是对称正定矩阵. 这种距离度量的是两个随机向量的相似度. 显然, 当 $\boldsymbol{S}$ 为单位阵时, 马氏距离即退化为欧氏距离. 矩阵 $\boldsymbol{S}$ 可以通过计算训练样本的协方差矩阵得到, 也可以通过对样本的“距离度量学习”得到.

另外还有一种巴氏距离 (Bhattacharyya Distance), 它定义了两个离散型或连续型随机向量概率分布的相似性. 对于在同一域 X 的两个离散型分布 $p(x)$, $q(x)$, 其定义为

$$d(p,q)=-\ln\left(\sum_{x\in X}\sqrt{p(x)q(x)}\right).$$

对于连续型分布, 其定义为

$$d(p,q)=-\ln\left(\int\sqrt{p(x)q(x)}\mathrm{d}x\right).$$

显然, 两个随机向量越相似, 这个距离值越小. 注意, 巴氏距离不满足三角不等式.

最后, 我们来建立 k 近邻算法的分类判别函数. 假设数据集为

$$\{\boldsymbol{x}_j^{(i)}\},\ i=1,2,\cdots,\ell,\ j=1,2,\cdots,n_i;\quad n=\sum_{i=1}^{s}n_i.$$

这些数据分别属于 ℓ 种不同类别, 其中 n_i 是第 i 个分类 c_i 的样本个数. 对一个待测数据 $\boldsymbol{x}$, 分别计算它与这 n 个已知类别的样本 $\boldsymbol{x}_j^{(i)}$ 的距离, 将其判为距离最近的那个样本所属的类.

第 c_i 类的判别函数为

$$d_i(\boldsymbol{x},\boldsymbol{x}_j^{(i)})=\min_{j\in\{1,\cdots,n_i\}}\|\boldsymbol{x}-\boldsymbol{x}_j^{(i)}\|_2,\quad i=1,2,\cdots,\ell.$$

判别准则为

$$\boldsymbol{x}\in c_{i^*},\quad i^*=\underset{i\in\{1,\cdots,c\}}{\arg\min}\{d_i(\boldsymbol{x},\boldsymbol{x}_j^{(i)})\}.$$

上述方法仅根据距离待识模式最近的一个样本类别来确定其类别, 即最近邻法.

为了克服单个样本类别的偶然性, 增加分类的可靠性, 可以考察待测数据的 k 个最近邻样本, 统计这 k 个最近邻样本中属于哪一类别的样本最多, 就将 $\boldsymbol{x}$ 判属给该类.

设 $k_1,k_2,\cdots,k_\ell$ 分别是 $\boldsymbol{x}$ 的 k 个最近邻样本属于 $c_1,c_2,\cdots,c_\ell$ 类的样本数, 定义 c_i 类的判别函数为

$$d_i(\boldsymbol{x},\boldsymbol{x}_j^{(i)})=k_i,\quad i=1,2,\cdots,\ell.$$

判别准则为

$$\boldsymbol{x}\in c_{i^*},\quad i^*=\max_{i=1,2,\cdots,\ell}\{d_i(\boldsymbol{x},\boldsymbol{x}_j^{(i)})\}.$$

这就是 k 近邻算法判别函数和判别准则.

8.2 k 近邻改进算法简介

k 近邻算法易受噪声影响, 尤其是样本中孤立点对分类或回归处理的影响较大. 因此通常应先对已知样本进行滤波和筛选, 去除掉对分类有干扰的样本.

k 值的选择也会影响到分类结果, 因此需要根据每类样本的数目和分散程度选取合理的 k 值, 并且对不同的应用也应考虑 k 的选择.

1. 组合 k 近邻算法

常用的组合分类器方法有投票法、非投票法、动态法和静态法等. 投票法起源于贝叶斯学习理论. 为了取得最大的预测精度, 贝叶斯学习理论规定在假设空间可以使用所有可容许的方法而不是只使用一种学习方法, 对每种方法利用投票法给出权重. 例如, “简单投票法”中所有的基分类器对分类采用相同的权值; “加权投票法”中每个基分类器具有相关的动态权重, 该权重可以随时间变化.

利用简单投票法, 通过随机属性子集组合多个 k 近邻分类器. 在分类过程中, 虽然单个基分类器有独立的错误率, 但组合后的整体错误率会随着基分类器的增加而单调减少. 因此, 基于投票策略的 k 近邻算法的基本思想是:

(1) 随机选择属性子集, 构建多个 k 近邻分类器;

(2) 用这些 k 近邻分类器对待分类样本进行分类;

(3) 将各分类器的分类结果按照投票法进行组合, 得票最多的分类器结果作为最终组合近邻分类器的输出.

2. 核映射 k 近邻算法

将原空间 $\mathbb{R}^m$ 中的样本 $\boldsymbol{x}$ 映射到一个高维的核空间 $\mathbb{F}$ 中, 突出不同类别样本之间的属性差异, 使得样本在核空间中变得线性可分或近似线性可分, 其流程如下所示.

首先进行非线性映射:

$$\Phi:\mathbb{R}^m \to \mathbb{F},\ \boldsymbol{x} \to \Phi(\boldsymbol{x}).$$

然后在高维的核空间, 待分类的样本变为 $\{\Phi(\boldsymbol{x}_1), \Phi(\boldsymbol{x}_2), \cdots, \Phi(\boldsymbol{x}_n)\}$, 任意两个样本 $\Phi(\boldsymbol{x}_i)$ 和 $\Phi(\boldsymbol{x}_j)$ 之间的距离为

$$\|\Phi(\boldsymbol{x}_i)-\Phi(\boldsymbol{x}_j)\|^2 = K(\boldsymbol{x}_i,\boldsymbol{x}_i)+K(\boldsymbol{x}_j,\boldsymbol{x}_j),$$

其中 $K(\cdot,\cdot)$ 为核函数, 在此基础上进行 k 近邻分类.

3. 预聚类 k 近邻算法

用 C 表示全体聚类的集合, N 表示确定的近邻点的集合, I 表示最近间隔, P 表示竞争点集合, 即可能成为近邻点的集合.

如图 8.2 所示, 首先计算聚类后指定点 $\boldsymbol{x}$ 到每个聚类中心 c_i 的距离 d_i, 依据这些距离, 聚类集合 C 被划分, 离 $\boldsymbol{x}$ 最近的聚类为 C_0, 下一个距离较近的聚类为 C_1, 依次编号. 然后将聚类 C_0 中的所有点添加到 P 中, 计算 P 中所有点与 $\boldsymbol{x}$ 的距离, 将满足条件的点转移到集合 N 中, 这样近邻点的搜索区域就可以被大致定位.

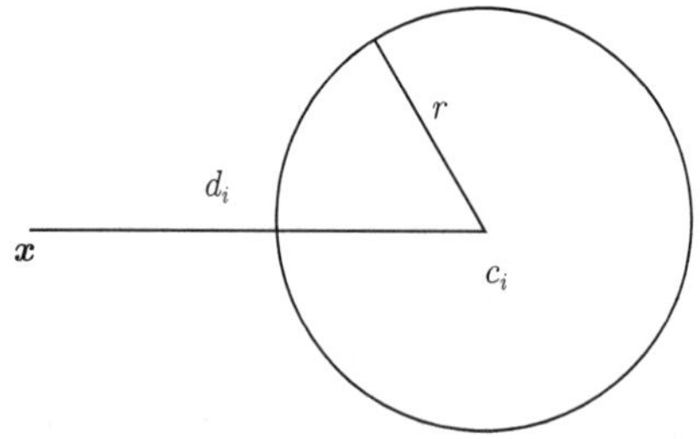

图 8.2 聚类 c_i 示意图

4. 超球搜索 k 近邻算法

通过对属性空间的预组织, 使分类在以待分样本为中心的超球内进行. 超球半径由零开始, 逐渐增大至超球内包含 k 个以上模式样本为止. 超球搜索分为两

个阶段: 第一阶段为组织阶段, 将模式空间进行有效的划分和编码; 第二阶段为搜索判别阶段, 找出待分类样本的 k 个近邻.

超球搜索 k 近邻算法基本流程是:

(1) 将 m 维模式空间划分成若干个体积相等的超立方体 (称为基元超立方体), 并依次编码.

(2) 在以待分样本为中心的超球内 (由若干个基元超立方体覆盖) 进行搜索, 逐渐扩大超球半径直至超球内包含 k 个样本为止.

(3) 该超球内的 k 近邻即为整个空间内的 k 近邻.

8.3　k 近邻算法的 MATLAB 实现

基于 k 近邻的相关算法, 已成功应用于手写体识别、数字验证码识别、文本分类、聚类分析、预测分析、模式识别、图像处理等. 一般来说, 实现 k 近邻算法, 可分为 7 步:

(1) 初始化距离值为最大值, 便于在搜索过程中迭代掉;

(2) 计算待分类样本和每个训练样本的距离 dist;

(3) 得到目前 k 个最近邻样本中的最大距离 maxdist;

(4) 如果 dist 小于 maxdist, 则将该训练样本作为 k 近邻样本;

(5) 重复步骤 (2), (3), (4), 直到未知样本和所有训练样本的距离都计算完;

(6) 统计 k 近邻样本中每个类标签出现的次数;

(7) 选择出现频率最高的类标签作为未知样本的类标签.

下面我们来看一个例子, 通过 MATLAB 实例的方法, 演示 k 近邻算法的具体应用.

例 8.1　假设有一个区分某一电影是动作片还是爱情片的应用问题. 首先, 需要建立已知标签的样本, 通过人工统计或数字图像处理技术统计众多电影中打斗镜头和接吻镜头数, 并对相应的电影进行标签标注. 之后, 如果有一部未看过的电影, 如何通过机器计算的方式判断其为动作片还是爱情片. 此时, 就可以使用 k 近邻算法加以解决.

为了方便起见, 对于有标签的数据样本通过 MATLAB 随机生成, 其主要利用两个随机高斯分布生成两类数据 (假设打斗镜头数和接吻镜头数可以为小数), 并对第一类数据 (假设为动作片) 标记为 1, 另一类数据 (假设为爱情片) 标记为 2.

待检测的样本分别为接吻镜头数遍历 3—7 和打斗镜头数遍历 3—7 产生的 25 个数据, 通过 k 近邻算法 (取 $k=11$). 编写代码实现 k 近邻算法如下 (knn_mat.m 文件).

```
%k近邻算法的MATLAB实现
```

```
clc, clear all, close all;
%利用高斯分布生成打斗片数据和标签
mu1=[8 3]; %均值
sigma1=[2 0; 0 2.5]; %二维数据的协方差矩阵
data1=mvnrnd(mu1,sigma1,100); %产生高斯分布数据
data1(find(data1<0))=0;
%令高斯数据中的负数为零,因为打斗和接吻镜头数不能为负数
label1=ones(100,1); %将该类数据的标签定义为1
plot(data1(:,1),data1(:,2),'bd'); %用菱形绘制出数据
axis([-1 12 -1 12]); %设定两坐标轴范围
xlabel('打斗镜头数'); %标记横轴为打斗镜头数
ylabel('接吻镜头数'); %标记纵轴为接吻镜头数
hold on
%利用高斯分布生成爱情片数据和标签
mu2=[3 8]; %均值
sigma2=[2 0; 0 2.5]; %二维数据的协方差矩阵
data2=mvnrnd(mu2,sigma2,100); %产生高斯分布数据
data2(find(data2<0))=0; %令高斯数据中的负数为零
label2=2*ones(100,1); %将该类数据的标签定义为2
plot(data2(:,1),data2(:,2),'rv'); %用三角符号绘制出数据
data=[data1; data2];
label=[label1;label2];
k=11; %两个类,一般k取奇数有利于测试数据属于哪个类
%测试数据,k近邻算法看这个数据属于哪个类,测试数据共25个
%打斗镜头数遍历 3—7, 接吻镜头数也遍历 3—7
for movenum=3:1:7
    for kissnum=3:1:7
        test_data=[movenum, kissnum]; %测试数据,为5*5矩阵
        %求测试数据与类中每个数据的距离,欧氏距离
        dist=zeros(200,1);
        for i=1:200
            dist(i)=sqrt((test_data(1)-data(i,1)).^2+(test_data(2)-
                    data(i,2)).^2);
        end
        %选择排序算法,只找出最小的前k个数据,对数据和标签都进行排序
        for i=1:k
            min=dist(i);
            for j=i+1:200
                if dist(j)<min
                    min=dist(j);
                    label_min=label(j);
```

```
                tmp=j;
            end
        end
        dist(tmp)=dist(i);
        dist(i)=min;
        label(tmp)=label(i);
        label(i)=label_min;
    end
    cls1=0; %统计类1中距离测试数据最近的个数
    for i=1:k
        if label(i)==1
            cls1=cls1+1;
        end
    end
    cls2=k-cls1; %类2中距离测试数据最近的个数
    if cls1>cls2
        plot(movenum,kissnum,'ko');%属于类1(动作片)的数据画小圆圈
    else
        plot(movenum,kissnum,'k*');%属于类2(爱情片)的数据画星号*
    end
    label=[label1;label2];%更新label标签排序
  end
end
```

运行程序得到对电影类别的判断结果如图 8.3 所示, 其中“○”表示动作片,

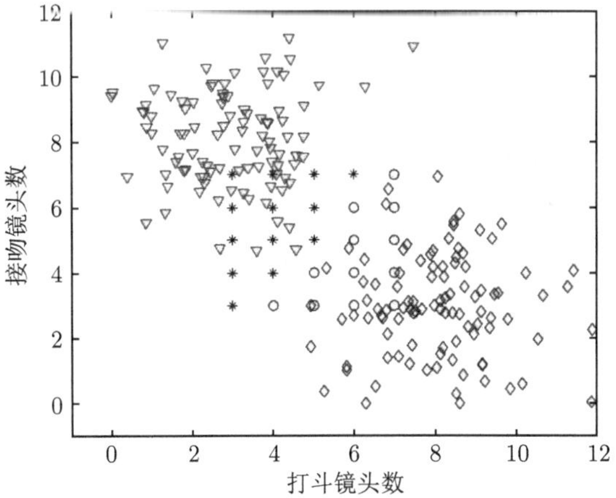

图 8.3　k 近邻算法电影类型分类

“*” 表示爱情片.

例 8.2　编制 k 近邻算法的 MATLAB 程序, 对鸢尾属植物数据集 Iris 进行分类.

编写代码实现 k 近邻算法如下 (knn_alg.m 文件).

```
%三分类的KNN程序
function Est_Yknn_alg(X,Y,test_X,k)
for i=1:length(test_X)
    for j=1:length(X)
        dist(i,j)=norm(test_X(i)-X(j)); %计算欧氏距离
    end
    [~,idx]=mink(dist(i,:),k); %求数组中最小的k个元素
    result(i,:)=Y(idx);
end
for i=1:length(test_X)
    s1=sum(result(i,:)==1);
    s2=sum(result(i,:)==2);
    s3=sum(result(i,:)==3);
    [~,idx]=max([s1,s2,s3]);
    if (idx==1)
        Est_Y(i)=1;
    else if (idx==2)
            Est_Y(i)=2;
        else
            Est_Y(i)=3;
        end
    end
end
```

再编写主程序 knn_alg_main.m 如下.

```
%对鸢尾属植物数据集进行分类
k=23; %选取超参数k的值
flower=load('iris.txt');
train_X=[flower(1:40,:);flower(51:90,:);flower(101:140,:)];
train_Y=[ones(40,1);2*ones(40,1);3*ones(40,1)];
test_X=[flower(41:50,:);flower(91:100,:);flower(141:150,:)];
test_Y=[ones(10,1);2*ones(10,1);3*ones(10,1)];test_Y=test_Y'
Est_Y=knn_alg(train_X,train_Y,test_X,k)
Correct_ratio=sum(Est_Y==test_Y)./length(test_Y),
```

在 MATLAB 命令窗口运行 knn_alg_main.m 程序, 得结果如下:

```
>> knn_alg_main
```

```
test_Y =
  列 1 至 16
    1    1    1    1    1    1    1    1    1    1    2    2    2    2    2    2
  列 17 至 30
    2    2    2    2    3    3    3    3    3    3    3    3    3    3
Est_Y =
  列 1 至 16
    1    1    1    1    1    1    1    1    1    1    2    2    2    1    2    2
  列 17 至 30
    2    2    1    2    3    3    2    3    3    3    3    3    2    2
Correct_ratio =
   0.8333
```

上述问题是通过自己编写代码实现 k 近邻算法的, 会发现代码十分冗长, 这对初学者来说是一个不小的挑战. 其实 MATLAB 系统已经封装了实现 k 近邻算法的函数. 新版的 MATLAB 系统 k 近邻分类函数是 fitcknn(). 严格意义上, fitcknn 不是一个函数, 而是一个类 (class). 函数 fitcknn() 可以被认为是这个类的构造函数, 这个类的主要作用是构建一个 k 近邻分类器对象. 其主要用法如下:

1) mdl=fitcknn(X,Y).

返回分类器模型对象, 输入参数: X 是训练数据, Y 是标签. X 是一个数值矩阵, 每一行表示一个样本数据. Y 可以是数值向量、逻辑向量, 或者元胞数组等, 用于表示每个样本的标签. 因此 X 的行数应该等于 Y 的长度, 都表示样本的个数.

2) mdl=fitcknn(Tbl,ResponseVarName).

Tb1 是一个 table 类型的数据, 每一行表示一个样本的观察. 每一列表示一个属性变量. “Response-VarName” 表示 Tb1 的最后一列表示标签. 在原文中分别使用 “predictor” 和 “response” 来表示属性和标签这两个含义.

3) mdl=fitcknn(Tbl,Y).

如果不使用 “ResponseVarName” 参数, 那么默认 Tb1 只包含训练器要用到的数据, 不包含标签, 因此需要使用 Y, 其中存放着每个样本观察的标签.

4) mdl= fitcknn(..., Name,Value).

Name 和 Value 成对出现, 比如: ‘NumNeighbors’,5; ‘Standardize’,1 等.

运行 fitcknn() 函数后, 在命令窗口会出现两个超级链接 Properties (类的属性) 和 Methods (方法成员), 分别解释如下.

类的属性 (Properties)

所有类的属性, 可以在使用构造函数时, 通过键值对来赋值或者修改.

1) W: 与 Y 的长度相同的非负数值向量, 用于表示对应样本观测的权值.

2) Sigma: 数值向量, 长度等于属性变量的个数, 表示对应属性变量做归一化时的标准差.

3) PredictorNames: 属性变量的变量名.

4) ResponseName: 标签变量的变量名.

5) ClassNames: 标签的种类, 存放每种标签的名字.

6) Prior: 数值向量. 每一类标签的先验概率, 也就是每种类别在 X 中的占比. 向量中的元素对应 ClassNames 中的元素.

7) NumNeighbors: 正数, 表示 k 近邻最邻近的个数.

8) NumObservations: 用于训练分类器的样本数, 小于或者等于 X 的行数. 因为如果 X 中存在 NaN, 这些数据无效, 会导致训练数据小于 X 的行数. 或者说, 即使 X 中有些数据错误, 也不会导致程序报错, 这个库函数是具有容错性的.

9) Mu: 数值向量, 长度等于属性变量的个数, 表示每个属性变量的均值. 用于归一化.

10) Distance: 字符向量或者函数句柄, 表示 k 近邻所选择的距离标准, 比如是欧几里得距离还是其他距离等, 可用 help fitcknn 查看. 选择不同的距离标准还受到搜索方法的限制, 搜索方法由 NsMethod 参数决定.

11) ModelParameters: 训练分类器使用到的参数. NsMethod 就在其中. NsMethod 参数有"exhaustive"和"kdtree"两种, 分别是穷举搜索和基于树的搜索.

12) DistanceWeight: 字符向量或者函数句柄. 可选参数有 'equal', 'incerse', 'squareinverse', 分别表示无权重、与距离的一次方成反比、与距离的二次方成反比.

13) DistParameter: 距离标准的额外参数. 可选参数 'mahalanobis', 'minkowski', 'seuclidean', 分别表示正定相关矩阵 $\boldsymbol{C}$、闵可夫斯基距离指数 (一个正的标量)、元素为正的向量且长度等于 X 的列数.

14) ExpandedPredictorNames: 如果模型是用了编码以后的属性变量, 那么这个采纳数用于描述扩展的变量.

15) HyperparameterOptimizationResults: 自动优化超参数.

16) IncludeTies: 逻辑值. 表示是否包含所有第 k 个距离最小的点. 如果不包含, 需要通过 BreakTies 做更加详细的设置.

17) Cost: 代价矩阵.

方法成员 (Methods)

在介绍方法成员之前, 需要介绍一些名词的概念. 这些概念当然也可以在帮助文档中找到.

后验概率 (Posterior Probability): $\hat{P}(k\,|\,\boldsymbol{x})$ 在已有观察值 $\boldsymbol{x}$ 的基础上, 判断其为第 k 类的概率. 计算方法是用第 k 类邻近的点的个数除以观察值 $\boldsymbol{x}$ 所有邻近点的个数.

分数 (Score): 一个模型的分数就是这个模型的后验概率.

裕度 (Margin): 留有一定余地的程度, 判断正确的类的分数与判断错误的类的最大分数之间的差距.

边 (Edge): 裕度的均值.

(1) compareHoldout(): 比较两个模型的精确度. 输入是两个模型各自的训练数据和测试数据, 输出是假设检验结果、p 值和分类损失. 这个函数主要是建立在假设检验理论之上的.

(2) crossval(): k 近邻分类器交叉验证. 输入是 k 近邻模型, 输出是一个 ClassificationPartitionedModel 的对象.

(3) edge(): k 近邻分类器的边, 是裕度的均值.

(4) loss(): k 近邻分类器的损失函数. 损失函数有很多类别, 具体使用哪种类别可以在输入参数中选择.

(5) margin(): k 近邻分类器的裕度.

(6) pretict(): 使用 k 近邻分类器模型预测标签. 预测的目标是使分类误差平均代价最小.

$$\hat{y} = \mathop{\arg\min}_{y=1,\cdots,K} \sum_{k=1}^{K} \hat{P}(k\,|\,\boldsymbol{x})C(y\,|\,k),$$

其中 $\hat{y}$ 表示被预测的类别; K 表示类别的数量; $\hat{P}(k\,|\,\boldsymbol{x})$ 表示在观察值 $\boldsymbol{x}$ 已知的条件下其为第 k 类的后验概率; $C(y\,|\,k)$ 表示把第 k 类误判成第 y 类的代价. 在这里, 预测的核心其实就是参数估计.

(7) resubEdge(): 通过重构的边.

(8) resubLoss(): 通过重构的损失函数.

(9) resubMargin(): 通过重构的裕度.

(10) resubPredict(): 通过重构的预测值. 重构就是修改模型参数以后的模型.

例 8.3 用 MATLAB 自带的 k 近邻分类函数 fitcknn() 对不同均值和方差的两类高斯随机样本数据进行分类.

程序代码如下 (knn_self.m 文件).

```
%MATLAB自带k近邻算法函数fitcknn
clc, clear all, close all;
rng('default'); %可重复性
%生成200个数据样本
mu1=[2 2]; sigma1=[1 0;0 1];
```

```
mu2=[-2 -2]; sigma2=[2 0;0 2];
train=[mvnrnd(mu1,sigma1,100); mvnrnd(mu2,sigma2,100)];
%200个数据前100个标记为标签1,后100个标记为标签2
group=[ones(100,1);2*ones(100,1)];
%绘制出离散的样本数据点
gscatter(train(:,1),train(:,2),group,'rb','*x');
hold on
%生成待分类样本20个
sample=unifrnd(-2,2,20,2);
%产生一个20 x 2矩阵,这个矩阵中的每个元素为-2~2连续均匀分布的随机数
k=3; %k近邻算法中的k值
ck=fitcknn(train,group,'NumNeighbors',k);
cls=predict(ck,sample)
gscatter(sample(:,1),sample(:,2),cls,'kk','od');
hold off
```

运行上述程序, 得到可视化结果如图 8.4 所示.

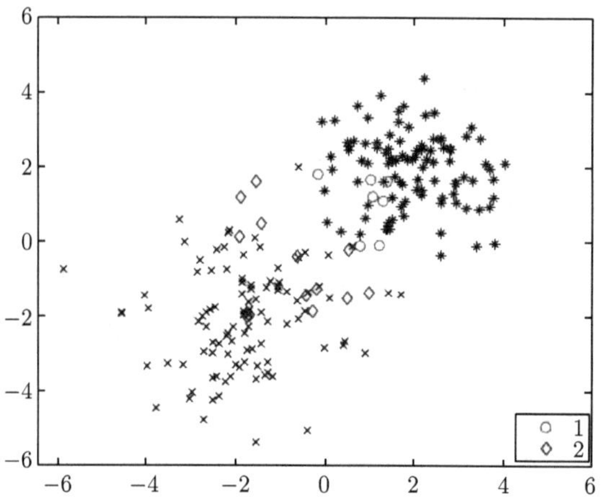

图 8.4　用 MATLAB 自带的 k 近邻函数进行分类

例 8.4　取 $k=5$, 用 MATLAB 系统自带 k 近邻分类函数 fitcknn() 对鸢尾属植物数据集 Iris 进行分类. 并判别样本 $\boldsymbol{x}=(1,0.2,0.4,2)^{\mathrm{T}}$ 的类别.

程序代码如下 (knn_self2.m 文件).

```
%对鸢尾属植物数据集进行分类
clc, clear all, close all
load fisheriris
X=meas;
```

```
Y=species;
mdl=fitcknn(X,Y,'NumNeighbors',5,'Standardize',1)
cls=predict(mdl,[1 0.2 0.4 2])
```

运行上述程序, 在命令窗口显示出如下结果

```
cls=
  1×1 cell 数组
    {'versicolor'}
```

说明样本 $[1, 0.2, 0.4, 2]$ 属于类别“versicolor”.

本章课件

第 9 章　数据降维算法

在很多实际应用问题中, 样本属性向量的维数往往很高. 处理高维数据不仅给算法的设计和运行带来挑战, 而且不便于可视化处理分类结果. 更有甚者, 还会面临“维数灾难”的窘境. 因此, 降低向量的维数是数据处理和分析的一种重要手段. 本章主要介绍主成分分析法 (线性降维方法) 和流形学习算法 (非线性降维方法), 这是当前两种常用的数据降维技术.

9.1　主成分分析法

在有些应用问题中, 数据的属性向量维数非常高, 例如一幅 96×96 像素的灰度图像, 如果将其灰度矩阵按列拉直成一个向量, 这个向量的维数将是 9216 维! 直接将这个 9216 维的向量送入机器学习算法中去处理, 可能效率会很低, 而且也影响算法的精度. 然而, 这个 9216 维向量的各分量之间可能存在相关性和冗余性, 有必要利用某种手段降低向量的维数并去除各分量之间的相关性和冗余性. 主成分分析法 (Principal Component Analysis, PCA) 就是达到这种目的的方法之一.

9.1.1　主成分分析的基本原理

主成分分析是一种数据降维和去除相关性、冗余性的经典方法, 它通过线性映射将高维属性向量投影到低维空间. 设样本属性向量 $\boldsymbol{x} = (x_1, x_2, \cdots, x_m)^{\mathrm{T}}$, 投影矩阵为 $\boldsymbol{W} = (\boldsymbol{w}_1, \boldsymbol{w}_2, \cdots, \boldsymbol{w}_\ell)^{\mathrm{T}}$, 其中 $\boldsymbol{w}_i = (w_{i1}, w_{i2}, \cdots, w_{im})^{\mathrm{T}}$, $i = 1, 2, \cdots, \ell$. 则主成分分析的线性变换为

$$\boldsymbol{y} = \boldsymbol{W}\boldsymbol{x}, \tag{9.1}$$

这里 $\boldsymbol{y} = (y_1, y_2, \cdots, y_\ell)^{\mathrm{T}}$ 是投影后的低维向量, 通常 $\ell \ll m$, 也就是结果向量 $\boldsymbol{y}$ 的维数 ℓ 要远小于原始向量 $\boldsymbol{x}$ 的维数 m. 另外, 数据降维不是随意把维数降低, 而是需要确保重构误差最小化, 即在低维空间中的投影能很好地近似表达原始向量.

主成分分析的核心问题是如何确定投影矩阵 $\boldsymbol{W}$. 与其他机器学习算法一样, 它是通过优化目标函数而得到的. 我们从最简单的情况开始, 即先考虑将向量投影到 0 维空间 (即一个点) 和 1 维空间 (即一条直线), 然后推广到一般情况.

对于 m 维空间中的 n 个样本属性向量 $\boldsymbol{x}_1, \boldsymbol{x}_2, \cdots, \boldsymbol{x}_n$, 考虑如何能在低维空间中最好地代表它们.

首先考虑 0 维空间时的情况. 即考虑在 0 维空间 (一个点) 中, 如何以一个 m 维向量 $\boldsymbol{x}_0$ (m 维空间中的一个点) 来表示这 n 个样本, 使得 $\boldsymbol{x}_0$ 到这 n 个样本的距离平方和 $E_0(\boldsymbol{x}_0)$ 最小, 即

$$\min_{\boldsymbol{x}_0} E_0(\boldsymbol{x}_0) = \frac{1}{2}\sum_{i=1}^{n} \|\boldsymbol{x}_0 - \boldsymbol{x}_i\|^2.$$

令 $\nabla_{\boldsymbol{x}_0} E_0(\boldsymbol{x}_0) = \mathbf{0}$, 得

$$\nabla_{\boldsymbol{x}_0} E_0(\boldsymbol{x}_0) = \sum_{i=1}^{n}(\boldsymbol{x}_0 - \boldsymbol{x}_i) = \mathbf{0} \quad \Longrightarrow \quad \boldsymbol{x}_0 = \frac{1}{n}\sum_{i=1}^{n} \boldsymbol{x}_i,$$

即 $E_0(\boldsymbol{x}_0)$ 在样本 $\boldsymbol{x}_i\,(i = 1, 2, \cdots, n)$ 的均值处取得最小值. 这一结论表明能够在最小均方意义下最好地代表原来 n 个样本的 m 维向量就是这 n 个样本的均值. 换言之, 如果只允许以 m 维空间中的一个点作为 m 维空间中 n 个原始样本点的代表, 这个点就是这 n 个样本点的均值.

其次考虑向 1 维空间投影. 为使样本具有可分区性, 进一步考虑一维 (m 维空间中的一条直线) 的情况, 通过将全部样本向经过样本均值 $\boldsymbol{\mu}$ 的一条直线做垂直投影, 能够得到全部样本的一维表达. 令 $\boldsymbol{w}$ 表示这条经过均值的直线的单位方向向量, 则样本 $\boldsymbol{x}_i$ 可表示为

$$\boldsymbol{x}_i = \boldsymbol{\mu} + \alpha_i \boldsymbol{w},$$

其中, α_i 为一个实数的标量, 表示点 $\boldsymbol{x}_i$ 离开均值 $\boldsymbol{\mu}$ 的距离. 上面这种表示相当于将向量 $\boldsymbol{x}_i$ 投影到一维空间, 坐标就是 α_i. 于是问题转化为如何确定 $\boldsymbol{w}$ 和 α_i 使得这种近似表达的误差最小. 这相当于求解如下极小化问题:

$$\min_{\boldsymbol{w}} E_1(\boldsymbol{w}) = \frac{1}{2}\sum_{i=1}^{n} \|(\boldsymbol{\mu} + \alpha_i \boldsymbol{w}) - \boldsymbol{x}_i\|_2^2. \tag{9.2}$$

先确定 α_i 的取值. 令

$$\frac{\partial E_1}{\partial \alpha_i} = \boldsymbol{w}^{\mathrm{T}}(\boldsymbol{\mu} + \alpha_i \boldsymbol{w} - \boldsymbol{x}_i) = 0,$$

由于 $\boldsymbol{w}^{\mathrm{T}}\boldsymbol{w} = 1$, 由上式可得

$$\alpha_i = \boldsymbol{w}^{\mathrm{T}}(\boldsymbol{x}_i - \boldsymbol{\mu}), \quad i = 1, 2, \cdots, n. \tag{9.3}$$

上式表明, 坐标 α_i 就是样本 $\boldsymbol{x}_i$ 与均值 $\boldsymbol{\mu}$ 的差在单位方向向量 $\boldsymbol{w}$ 上的投影. 现在的问题就是如何确定单位方向向量 $\boldsymbol{w}$ 的值. 下面我们来推导确定 $\boldsymbol{w}$ 的过程. 定义训练样本集的散布矩阵如下:

$$\boldsymbol{S} = \sum_{i=1}^{n}(\boldsymbol{x}_i - \boldsymbol{\mu})(\boldsymbol{x}_i - \boldsymbol{\mu})^{\mathrm{T}}, \tag{9.4}$$

它是样本协方差矩阵 $\boldsymbol{\Sigma}$ 的 $n-1$ 倍, 因为样本协方差矩阵的计算公式为

$$\boldsymbol{\Sigma}=\frac{1}{n-1}\sum_{i=1}^{n}(\boldsymbol{x}_i-\boldsymbol{\mu})(\boldsymbol{x}_i-\boldsymbol{\mu})^{\mathrm{T}}.$$

将式 (9.3) 代入式 (9.2) 消去 α_i, 得

$$\begin{aligned}E_1(\boldsymbol{w})&=\frac{1}{2}\sum_{i=1}^{n}\|\alpha_i\boldsymbol{w}-(\boldsymbol{x}_i-\boldsymbol{\mu})\|_2^2\\&=\frac{1}{2}\left(\sum_{i=1}^{n}\alpha_i^2\|\boldsymbol{w}\|_2^2-2\sum_{i=1}^{n}\alpha_i\boldsymbol{w}^{\mathrm{T}}(\boldsymbol{x}_i-\boldsymbol{\mu})+\sum_{i=1}^{n}\|\boldsymbol{x}_i-\boldsymbol{\mu}\|_2^2\right)\\&=-\frac{1}{2}\sum_{i=1}^{n}\alpha_i^2+\frac{1}{2}\sum_{i=1}^{n}\|\boldsymbol{x}_i-\boldsymbol{\mu}\|_2^2\\&=-\frac{1}{2}\sum_{i=1}^{n}\left[\boldsymbol{w}^{\mathrm{T}}(\boldsymbol{x}_i-\boldsymbol{\mu})\right]^2+\frac{1}{2}\sum_{i=1}^{n}\|\boldsymbol{x}_i-\boldsymbol{\mu}\|_2^2\\&=-\frac{1}{2}\sum_{i=1}^{n}\boldsymbol{w}^{\mathrm{T}}(\boldsymbol{x}_i-\boldsymbol{\mu})(\boldsymbol{x}_i-\boldsymbol{\mu})^{\mathrm{T}}\boldsymbol{w}+\frac{1}{2}\sum_{i=1}^{n}\|\boldsymbol{x}_i-\boldsymbol{\mu}\|_2^2\\&=-\frac{1}{2}\boldsymbol{w}^{\mathrm{T}}\left(\sum_{i=1}^{n}(\boldsymbol{x}_i-\boldsymbol{\mu})(\boldsymbol{x}_i-\boldsymbol{\mu})^{\mathrm{T}}\right)\boldsymbol{w}+\frac{1}{2}\sum_{i=1}^{n}\|\boldsymbol{x}_i-\boldsymbol{\mu}\|_2^2\\&=-\frac{1}{2}\boldsymbol{w}^{\mathrm{T}}\boldsymbol{S}\boldsymbol{w}+\frac{1}{2}\sum_{i=1}^{n}\|\boldsymbol{x}_i-\boldsymbol{\mu}\|_2^2.\end{aligned}\tag{9.5}$$

在式 (9.5) 中, 第二项与 $\boldsymbol{w}$ 无关, 显然, 要想让 $E_1(\boldsymbol{w})$ 极小, 只要使第一项极小即可. 注意到 $\boldsymbol{w}$ 为单位向量, 因此有约束条件 $\|\boldsymbol{w}\|=1$. 这个约束条件等价于 $\boldsymbol{w}^{\mathrm{T}}\boldsymbol{w}=1$, 因此优化问题 (9.2) 等价于

$$\begin{aligned}\min\quad&-\frac{1}{2}\boldsymbol{w}^{\mathrm{T}}\boldsymbol{S}\boldsymbol{w},\\\text{s.t.}\quad&\boldsymbol{w}^{\mathrm{T}}\boldsymbol{w}=1.\end{aligned}\tag{9.6}$$

上述优化问题可采用拉格朗日乘子法求解, 构造拉格朗日函数

$$L(\boldsymbol{w},\lambda)=-\frac{1}{2}\boldsymbol{w}^{\mathrm{T}}\boldsymbol{S}\boldsymbol{w}+\frac{\lambda}{2}(\boldsymbol{w}^{\mathrm{T}}\boldsymbol{w}-1).$$

令

$$\frac{\partial L(\boldsymbol{w},\lambda)}{\partial\boldsymbol{w}}=-\boldsymbol{S}\boldsymbol{w}+\lambda\boldsymbol{w}=\boldsymbol{0},$$

得到

$$\boldsymbol{S}\boldsymbol{w}=\lambda\boldsymbol{w}.\tag{9.7}$$

式 (9.7) 中 $\boldsymbol{S}$ 为一个 m 阶方阵, $\boldsymbol{w}$ 是一个 m 维向量, λ 为一个实数. 显然, 这是线性代数中特征方程的典型形式, λ 是特征值, 而 $\boldsymbol{w}$ 是散布矩阵 $\boldsymbol{S}$ 的特征向量. 对式 (9.7) 稍加变形, 两边同时左乘 $\boldsymbol{w}^{\mathrm{T}}$, 得

$$\boldsymbol{w}^{\mathrm{T}}\boldsymbol{S}\boldsymbol{w} = \lambda\boldsymbol{w}^{\mathrm{T}}\boldsymbol{w} = \lambda. \tag{9.8}$$

至此, 可以很自然地得出结论: 为了最大化 $\boldsymbol{w}^{\mathrm{T}}\boldsymbol{S}\boldsymbol{w}$, 应当选取散布矩阵 $\boldsymbol{S}$ 的最大特征值所对应的特征向量作为投影直线 $\boldsymbol{w}$ 的方向. 也就是说, 通过将全部 n 个样本 $\boldsymbol{x}_1, \boldsymbol{x}_2, \cdots, \boldsymbol{x}_n$, 以散布矩阵最大特征值对应的特征向量为方向的直线投影, 可以得到最小平方误差意义下这 n 个样本的一维表示 $\alpha_1, \alpha_2, \cdots, \alpha_n$. 从本质上来说, 这个投影变换实际上就是基的转换. 在原来的 m 维空间中, m 个基分别是每个坐标轴方向的单位向量 $\boldsymbol{\xi}_k\,(k = 1, 2, \cdots, m)$, 空间中的某个样本 $\boldsymbol{x}_i = (x_{i1}, x_{i2}, \cdots, x_{im})$ 可以由这组基表示为

$$\boldsymbol{x}_i = \sum_{k=1}^{m} x_{ik}\boldsymbol{\xi}_k. \tag{9.9}$$

投影至直线 $\boldsymbol{w}$ 之后, 在新的一维空间中 (一条直线), 单位向量 $\boldsymbol{w}$ 成了唯一的 1 个基, 那么在这个一维空间中的某个样本 $\boldsymbol{x}_i'$ 同样可以由这个基向量 $\boldsymbol{w}$ 表示为

$$\boldsymbol{x}_i' = \boldsymbol{\mu} + \alpha_i\boldsymbol{w}. \tag{9.10}$$

此时 $\boldsymbol{x}_i'$ 就是原始样本 $\boldsymbol{x}_i$ 经过投影变换降维后的一维描述. 注意到在原来的 m 维空间中, 是以某个样本 $\boldsymbol{x}_i$ 的基展开式 (式 (9.9)) 中基的系数来表示此样本 $\boldsymbol{x}_i = (x_{i1}, x_{i2}, \cdots, x_{im})$. 同样在一维空间中以基 $\boldsymbol{w}$ 的系数将它表示为一维向量 $\boldsymbol{x}_i^{(1)} = (\alpha_i)$.

下面我们将一维投影推广至 ℓ 维空间的投影, 这里 $\ell \ll m$. 将式 (9.10) 重写为

$$\boldsymbol{x}_i = \boldsymbol{\mu} + \sum_{k=1}^{\ell} \alpha_{ik}\boldsymbol{w}_k, \tag{9.11}$$

这里 $\boldsymbol{w}_k$ 是单位向量, 并且相互正交. 记 $\boldsymbol{W} = (\boldsymbol{w}_1, \boldsymbol{w}_2, \cdots, \boldsymbol{w}_\ell)^{\mathrm{T}} \in \mathbb{R}^{\ell\times n}$, 则新的均方误差准则函数为

$$\min_{\boldsymbol{W}} E_\ell(\boldsymbol{W}) = \sum_{i=1}^{n} \left\| \left(\boldsymbol{\mu} + \sum_{k=1}^{\ell} \alpha_{ik}\boldsymbol{w}_k\right) - \boldsymbol{x}_i \right\|^2.$$

与一维情形的推导类似, 上式等价于求解下面的优化问题:

$$\min_{\boldsymbol{W}} -\mathrm{tr}(\boldsymbol{W}^{\mathrm{T}}\boldsymbol{S}\boldsymbol{W}),$$

$$\text{s.t.} \quad \boldsymbol{W}^{\mathrm{T}}\boldsymbol{W} = \boldsymbol{I}, \tag{9.12}$$

其中 tr 表示矩阵的迹, $\boldsymbol{I}$ 为单位矩阵, 该等式约束保证投影基向量为标准正交基, 矩阵 $\boldsymbol{W}$ 的列向量 $\boldsymbol{w}_i$, $i = 1, 2, \cdots, \ell$ 是要求解的基向量.

引入 (9.12) 的拉格朗日函数

$$L(\boldsymbol{W}, \lambda) = -\mathrm{tr}(\boldsymbol{W}^{\mathrm{T}}\boldsymbol{S}\boldsymbol{W}) + \lambda(\boldsymbol{W}^{\mathrm{T}}\boldsymbol{W} - \boldsymbol{I}).$$

令

$$\frac{\partial L(\boldsymbol{W}, \lambda)}{\partial \boldsymbol{W}} = -2\boldsymbol{S}\boldsymbol{W} + 2\lambda\boldsymbol{W} = 0,$$

得到

$$\boldsymbol{S}\boldsymbol{W} = \lambda\boldsymbol{W}, \tag{9.13}$$

这里散布矩阵 $\boldsymbol{S}$ 定义如式 (9.4), 即使得误差函数 E_ℓ 取极小值的向量 $\boldsymbol{w}_1, \boldsymbol{w}_2, \cdots, \boldsymbol{w}_\ell$ 分别为散布矩阵 $\boldsymbol{S}$ 的前 ℓ 个 (从大到小) 特征值所对应的特征向量.

因为散布矩阵 $\boldsymbol{S}$ 为实对称矩阵, 因此这些特征向量都是彼此正交的. 这些特征向量 $\boldsymbol{w}_1, \boldsymbol{w}_2, \cdots, \boldsymbol{w}_\ell$ 就构成了在低维空间中 (ℓ 维) 中的一组基向量, 任何一个属于此 ℓ 维空间的向量 $\boldsymbol{x}_i'$ 均可由这组基表示:

$$\boldsymbol{x}_i' = \boldsymbol{\mu} + \sum_{k=1}^{\ell} \alpha_{ik}\boldsymbol{w}_k, \tag{9.14}$$

其中

$$\alpha_{ik} = \boldsymbol{w}_k^{\mathrm{T}}(\boldsymbol{x}_i - \boldsymbol{\mu}), \quad k = 1, 2, \cdots, \ell. \tag{9.15}$$

式 (9.14) 中对应于基 $\boldsymbol{w}_1, \boldsymbol{w}_2, \cdots, \boldsymbol{w}_\ell$ 的系数 $\alpha_{i1}, \alpha_{i2}, \cdots, \alpha_{i\ell}$, 被称作主成分 (Principal Component), ℓ 维向量 $\boldsymbol{x}_i^{(\ell)} = (\alpha_{i1}, \alpha_{i2}, \cdots, \alpha_{i\ell})$ 即为原样本 $\boldsymbol{x}_i$ 在由基向量 $\boldsymbol{w}_1, \boldsymbol{w}_2, \cdots, \boldsymbol{w}_\ell$ 所张成的 ℓ 维空间中的低维表示, 而 $\boldsymbol{x}_i'$ 实际上是对原样本 $\boldsymbol{x}_i$ 的一种近似, 且近似的程度随着 ℓ 的增大而增加, 这一过程可以看作是对原样本 $\boldsymbol{x}_i$ 的重建. 在这个意义上, 常将式 (9.15) 通过投影计算系数 α_{ik} 的过程称为分解, 而将式 (9.14) 在变换空间中计算 $\boldsymbol{x}_i'$ 的过程称为重构.

从式 (9.13) 可知, 只需对散布矩阵 $\boldsymbol{S}$ 进行特征值分解, 将求得的特征值排序: $\lambda_1 \geqslant \lambda_2 \geqslant \cdots \geqslant \lambda_m$, 再取前 ℓ 个特征值对应的特征向量构成 $\boldsymbol{W} = (\boldsymbol{w}_1, \boldsymbol{w}_2, \cdots, \boldsymbol{w}_\ell)^{\mathrm{T}}$, 这就是主成分分析 (PCA) 的解. PCA 算法的流程如下.

算法 9.1 (PCA 算法)

输入: 样本集 $D = \{\boldsymbol{x}_1, \boldsymbol{x}_2, \cdots, \boldsymbol{x}_n\}$, 低维空间的维数 ℓ.

输出: 投影矩阵 $\boldsymbol{W} = (\boldsymbol{w}_1, \boldsymbol{w}_2, \cdots, \boldsymbol{w}_\ell)^{\mathrm{T}}$.

(1) 计算训练样本 $\boldsymbol{x}_i$ 的均值向量 $\boldsymbol{\mu}=\frac{1}{n}\sum_{i=1}^{n}\boldsymbol{x}_i$.

(2) 对所有样本中心化: $\boldsymbol{x}_i:=\boldsymbol{x}_i-\boldsymbol{\mu}$, $i=1,2,\cdots,n$, 并置 $\boldsymbol{X}=(\boldsymbol{x}_1,\boldsymbol{x}_2,\cdots,\boldsymbol{x}_n)$.

(3) 计算样本的散布矩阵 $\boldsymbol{S}=\boldsymbol{X}\boldsymbol{X}^{\mathrm{T}}$.

(4) 对矩阵 $\boldsymbol{S}$ 进行特征分解, 得到所有的特征值与特征向量.

(5) 取最大的 ℓ 个特征值所对应的特征向量 $\boldsymbol{w}_1,\boldsymbol{w}_2,\cdots,\boldsymbol{w}_\ell$.

PCA 算法仅需保留 $\boldsymbol{W}$ 与样本的均值向量即可通过简单的向量减法和矩阵-向量乘法将新样本投影至低维空间中. 显然, 低维空间与原始高维空间必有不同, 因为对应于最小的 $m-\ell$ 个特征值的特征向量被舍弃了, 这是降维导致的结果. 但舍弃这部分信息往往是必要的: 一方面舍弃这部分信息之后能使样本的采样密度增大, 这正是降维的重要动机; 另一方面, 当数据受到噪声影响时, 最小的特征值所对应的特征向量往往与噪声有关, 将它们舍弃能在一定程度上起到去噪的效果.

通过算法 9.1 得到投影矩阵 $\boldsymbol{W}$ 后, 就可以对原始样本属性向量进行降维, 将其投影到低维空间. 投影的操作流程是

1) 将每个样本向量 $\boldsymbol{x}_i$ $(i=1,2,\cdots,n)$ 减去所有样本的均值向量 $\boldsymbol{\mu}$ (即中心化);

2) 投影矩阵 $\boldsymbol{W}$ 乘以中心化后的向量即得到降维后的低维向量 $\boldsymbol{z}_i$, 即 $\boldsymbol{z}_i=\boldsymbol{W}(\boldsymbol{x}_i-\boldsymbol{\mu})$ $(i=1,2,\cdots,n)$.

接下来就是向量重构的问题. 向量重构是指根据投影后低维向量来恢复原始向量, 它与向量投影的过程刚好相反. 其操作流程为

1) 投影矩阵的转置乘以降维后的低维向量 $\boldsymbol{z}_i$ $(i=1,2,\cdots,n)$;

2) 然后加上均值向量 $\boldsymbol{\mu}$ 即得到原始向量的重构, 即 $\hat{\boldsymbol{x}}_i=\boldsymbol{W}^{\mathrm{T}}\boldsymbol{z}_i+\boldsymbol{\mu}$ $(i=1,2,\cdots,n)$.

为了巩固 PCA 算法的理论并掌握其计算的要点, 我们来看一个 PCA 计算的实例.

例 9.1 利用算法 9.1, 计算下面二维数据集合的主成分分量, 并利用 PCA 方法将数据降至 1 维和 2 维. 然后尝试利用 1 个和 2 个主成分实现对第一个样本的重构.

$$X=\{(1,2),(3,3),(3,5),(5,4),(5,6),(6,5),(8,7),(9,8)\}.$$

计算步骤如下.

(1) 计算散布矩阵 $\boldsymbol{S}$ 的特征向量. 由于样本均值向量为 $\boldsymbol{\mu}=(5,5)^{\mathrm{T}}$, 故散布矩阵 $\boldsymbol{S}$ 为

$$\boldsymbol{S}=\sum_{i=1}^{8}(\boldsymbol{x}_i-\boldsymbol{\mu})(\boldsymbol{x}_i-\boldsymbol{\mu})^{\mathrm{T}}=\begin{pmatrix}7.14 & 4.86\\ 4.86 & 4.00\end{pmatrix}.$$

接下来, 解特征方程 $\boldsymbol{S}\boldsymbol{w}=\lambda\boldsymbol{w}$, 即

$$|\boldsymbol{S}-\lambda\boldsymbol{I}|=\begin{vmatrix}7.14-\lambda & 4.86\\ 4.86 & 4.0-\lambda\end{vmatrix}=0,$$

得 $\lambda_1\approx 10.68,\lambda_2\approx 0.46$. 再将 λ_1 和 λ_2 分别代入特征方程, 解得 $\boldsymbol{w}_1=(0.81,0.59)^{\mathrm{T}}$, $\boldsymbol{w}_2=(-0.59,0.81)^{\mathrm{T}}$. 注意到 $\boldsymbol{w}_1$ 和 $\boldsymbol{w}_2$ 是彼此正交的单位向量.

(2) 降至 1 维. 通过将 8 个样本向其主轴 $\boldsymbol{w}_1$ 投影, 可以得到这 8 个样本点的 1 维表示. 根据公式

$$a_{i1}=\boldsymbol{w}_1^{\mathrm{T}}(\boldsymbol{x}_i-\boldsymbol{\mu}),\quad i=1,2,\cdots,8,$$

得

$$\begin{aligned}&a_{11}=-5.01,\quad a_{21}=-2.8,\quad a_{31}=-1.62,\quad a_{41}=-0.59,\\&a_{51}=0.59,\quad a_{61}=0.81,\quad a_{71}=3.61,\quad a_{81}=5.01.\end{aligned}$$

从而 1 维表示为

$$\begin{aligned}&\boldsymbol{x}_1^{(1)}=-5.01,\quad \boldsymbol{x}_2^{(1)}=-2.8,\quad \boldsymbol{x}_3^{(1)}=-1.62,\quad \boldsymbol{x}_4^{(1)}=-0.59,\\&\boldsymbol{x}_5^{(1)}=0.59,\quad \boldsymbol{x}_6^{(1)}=0.81,\quad \boldsymbol{x}_7^{(1)}=3.61,\quad \boldsymbol{x}_8^{(1)}=5.01.\end{aligned}$$

(3) 降至 2 维. 类似地, 再向主轴 $\boldsymbol{w}_2$ 投影, 根据 $a_{i2}=\boldsymbol{w}_2^{\mathrm{T}}(\boldsymbol{x}_i-\boldsymbol{\mu})$, $i=1,2,\cdots,8$, 可得

$$\begin{aligned}&a_{12}\ -0.07,\quad a_{22}=-0.44,\quad a_{32}=1.18,\quad a_{42}=-0.81,\\&a_{52}=0.81,\quad a_{62}=-0.59,\quad a_{72}=-0.15,\quad a_{82}=0.07.\end{aligned}$$

从而 2 维表示为

$$\begin{aligned}&\boldsymbol{x}_1^{(2)}=(-5.01,-0.07),\quad \boldsymbol{x}_2^{(2)}=(-2.8,-0.44),\quad \boldsymbol{x}_3^{(2)}=(-1.62,1.18),\\&\boldsymbol{x}_4^{(2)}=(-0.59,-0.81),\quad \boldsymbol{x}_5^{(2)}=(0.59,0.81),\quad \boldsymbol{x}_6^{(2)}=(0.81,-0.59),\\&\boldsymbol{x}_7^{(2)}=(3.61,-0.15),\quad \boldsymbol{x}_8^{(2)}=(5.01,0.07).\end{aligned}$$

(4) 重构. 如果仅利用第 1 个主成分分量实现对样本 $\boldsymbol{x}_1$ 的近似 (重构), 则

$$\boldsymbol{x}_1'=\boldsymbol{\mu}+a_{11}\boldsymbol{w}_1=(0.9419,2.0441)^{\mathrm{T}}.$$

近似程度可以用 $\boldsymbol{x}_1'$ 与原样本 $\boldsymbol{x}_1$ 的欧氏距离来衡量:

$$\mathrm{dist}^{(1)}=\|\boldsymbol{x}_1'-\boldsymbol{x}_1\|=\sqrt{(1-0.9419)^2+(2-2.0441)^2}=0.0729.$$

利用 2 个主成分分量实现对样本 $\boldsymbol{x}_1$ 的近似 (重构), 得

$$\boldsymbol{x}_1' = \boldsymbol{\mu} + \sum_{k=1}^{2} a_{1k}\boldsymbol{w}_k = (0.9832, 1.9874)^{\mathrm{T}}.$$

而 $\mathrm{dist}^{(2)} = \|\boldsymbol{x}_1' - \boldsymbol{x}_1\| = 0.021$. 注意到 $\mathrm{dist}^{(2)} \leqslant \mathrm{dist}^{(1)}$, 这与之前给出的近似程度随着主成分分量数目增大而增加的结论是一致的.

9.1.2 核主成分分析算法

主成分分析算法是一种线性降维方法, 它是假设从高维空间到低维空间的函数映射是线性的. 然而, 在不少现实的学习任务中, 可能需要非线性映射才能找到恰当的低维嵌入. 非线性降维的一种常用方法, 是基于核技巧对线性降维方法进行“核化”. 下面我们来推导主成分分析算法的核化过程, 核化后的主成分分析算法称为核主成分分析算法, 简记为 KPCA.

假定我们将在高维特征空间中把数据投影到由 $\boldsymbol{W} = (\boldsymbol{w}_1, \boldsymbol{w}_2, \cdots, \boldsymbol{w}_\ell)^{\mathrm{T}}$ 确定的超平面上, 核化映射 ϕ 将原始数据 $\boldsymbol{x}_i$ 映射到高维特征空间, 即

$$\boldsymbol{z}_k = \phi(\boldsymbol{x}_k - \boldsymbol{\mu}), \quad k = 1, 2, \cdots, n, \tag{9.16}$$

则对于 $\boldsymbol{w}_i$, 由式 (9.13) 有

$$\left(\sum_{k=1}^{n} \boldsymbol{z}_k \boldsymbol{z}_k^{\mathrm{T}}\right) \boldsymbol{w}_i = \lambda_i \boldsymbol{w}_i. \tag{9.17}$$

易知

$$\boldsymbol{w}_i = \frac{1}{\lambda_i}\left(\sum_{k=1}^{n} \boldsymbol{z}_k \boldsymbol{z}_k^{\mathrm{T}}\right) \boldsymbol{w}_i = \sum_{k=1}^{n} \boldsymbol{z}_k \frac{\boldsymbol{z}_k^{\mathrm{T}} \boldsymbol{w}_i}{\lambda_i} = \sum_{k=1}^{n} \alpha_k^i \boldsymbol{z}_k, \tag{9.18}$$

其中

$$\alpha_k^i = \frac{1}{\lambda_i} \boldsymbol{z}_k^{\mathrm{T}} \boldsymbol{w}_i$$

是向量 $\boldsymbol{\alpha}_k$ 的第 i 个分量. 将式 (9.16) 代入式 (9.17) 得

$$\left(\sum_{k=1}^{n} \phi(\boldsymbol{x}_k - \boldsymbol{\mu}) \phi(\boldsymbol{x}_k - \boldsymbol{\mu})^{\mathrm{T}}\right) \boldsymbol{w}_i = \lambda_i \boldsymbol{w}_i, \tag{9.19}$$

于是, 式 (9.18) 变换为

$$\boldsymbol{w}_i = \sum_{k=1}^{n} \alpha_k^i \phi(\boldsymbol{x}_k - \boldsymbol{\mu}). \tag{9.20}$$

一般情形下, 我们不清楚核映射 ϕ 的具体形式, 于是引入核函数

$$\kappa(\boldsymbol{x}_i, \boldsymbol{x}_k) = \phi(\boldsymbol{x}_i - \boldsymbol{\mu})^{\mathrm{T}} \phi(\boldsymbol{x}_k - \boldsymbol{\mu}). \tag{9.21}$$

将式 (9.20) 和 (9.21) 代入式 (9.19) 后化简可得

$$\boldsymbol{K}\boldsymbol{\alpha}^i = \lambda_i \boldsymbol{\alpha}^i, \tag{9.22}$$

其中 $\boldsymbol{K}$ 为核函数 κ 对应的核矩阵, $(\boldsymbol{K})_{ik} = \kappa(\boldsymbol{x}_i, \boldsymbol{x}_k)$, $\boldsymbol{\alpha}^i = (\alpha_1^i, \alpha_2^i, \cdots, \alpha_n^i)^{\mathrm{T}}$. 显然, 式 (9.22) 是特征值分解问题, 取 $\boldsymbol{K}$ 最大的 ℓ 个特征值对应的特征向量即可.

对新样本 $\boldsymbol{x}$, 其投影后的第 $i\,(i = 1, 2, \cdots, \ell)$ 维坐标为

$$\begin{aligned} z_i &= \boldsymbol{w}_i^{\mathrm{T}} \phi(\boldsymbol{x} - \boldsymbol{\mu}) = \sum_{k=1}^{n} \alpha_k^i \phi(\boldsymbol{x}_k - \boldsymbol{\mu})^{\mathrm{T}} \phi(\boldsymbol{x} - \boldsymbol{\mu}) \\ &= \sum_{k=1}^{n} \alpha_k^i \kappa(\boldsymbol{x}_k, \boldsymbol{x}), \end{aligned} \tag{9.23}$$

其中 $\boldsymbol{\alpha}_k$ 已经过规范化, α_k^i 是 $\boldsymbol{\alpha}_k$ 的第 i 个分量. 式 (9.23) 显示出, 为获得投影后的坐标, KPCA 需对所有样本求和, 因此它的计算开销较大.

9.1.3 PCA 算法的 MATLAB 实现

在 MATLAB 系统中实现了对 PCA 算法的封装, 提供了一个实现 PCA 功能的函数 pca(·). 下面介绍其调用用法, 调用格式为

```
coeff = pca(X)
coeff = pca(X,Name,Value)
[coeff,score,latent] = pca(___)
[coeff,score,latent,tsquared] = pca(___)
[coeff,score,latent,tsquared,explained,mu] = pca(___)
```

输入参数说明:

X: 数据集, 假设 n 个样本, 每个样本 m 维, 则 X 是一个 $n \times m$ 的矩阵, 即每一行是一个样本, 每一列是样本的一个属性.

Name,Value 是成对出现的参数名称及其取值, 通常有下列几种情形:

1) ‘Algorithm’ (算法), 该参数的取值有三种选择: (a) ‘svd’, 奇异值分解, 这是默认设置; (b) ‘eig’, 特征分解; (c) ‘als’, 交替最小二乘法. 由于 PCA 涉及求散布矩阵的特征向量, 在 MATLAB 中有 3 种算法, 默认使用奇异值分解法, 但当 $n \gg m$ 时, 特征分解的速度要比奇异值分解快. 交替最小二乘法是为了处理数据集 X 中有少许缺失数据时的情况, 但是对于 X 为稀疏数据集 (缺失数据过多) 时, 不好用.

2) ‘Centered’ (是否中心化), 该参数有两种取值选择: (a) ‘on’ (默认中心化); (b) ‘off’. 该参数的作用是选择是否对数据进行中心化, 也是数据的属性是否进行零均值化 (即按列减去均值, 如果选择了 true, 则可用 ‘scorecoeff’ 恢复中心化后的 X, 若选择了 ‘off’, 则可用 ‘score*coeff’ 恢复原始的 X.

3) ‘Economy’ (经济模式), 该参数有两种取值选择: (a) ‘on’ (默认); (b) ‘off’. 有时候输出的 coeff ($m \times m$ 矩阵) 过大, 而且是没有必要的 (因为要降维), 所以可以只输出 coeff (以及 score, latent) 的前 ℓ 列, ℓ 是低维空间的维数, 这个参数值默认是 true. 如果要看见完整的 PCA 结果, 则可以设置为 ‘off’.

4）‘NumComponents’ (指定的成分数), 这个参数有两种取值选择: (a) number of variables (默认); (b) scalar integer. 输出指定的成分数是更为灵活的 Economy, 但是经过试验发现指定成分数仅在小于 ℓ 时有效, 大于 ℓ 时无效. 默认是 number of variables (即 m, 属性个数).

5) ‘Rows’, 这个参数有三种取值选择: (a) ‘complete’ (默认); (b) ‘pairwise’; (c) ‘all’. 此选项是为了智能处理数据集 X 中含有 NAN 的情况, complete: 表示在计算之前移除 X 中含有 NAN 的行 (即样本), 计算完成后, 含有 NAN 的行被重新插入 score and tsquared 相应的位置中. pairwise: 首先这个选项必须配合 ‘Argorithm’ 中 ‘eig’ 进行使用. 如果没有指定 ‘eig’ (默认 svd), 当指定 pairwise 时, 则会自动切换为 ‘eig’; 指定为 svd, 则会发送警告信息, 然后自动切换为 ‘eig’; 若指定为 als, 则会发送警告信息然后忽略 ‘Rows’ 此选项. all: 当确定 X 中无缺失数据, 使用 ‘all’, 则 pca 会使用 X 中所有的数据, 当遇到 NAN 时则会自动终止.

6) ‘Weights’ (权重), 此参数有两种取值选择: (a) Observation weights ones (默认); (b) row vector. 基于 Observations (即样本) 的权重 pca.

7) ‘Coeff0’ (系数初值), 此参数有两种取值选择: (a) matrix of random values (默认), (b) m-by-k matrix. 此参数通常配合 ‘Algorithm’ 中的 ‘als’ 使用. 默认是使用初始随机值矩阵.

8) ‘Score0’ (Score 的初值), 此参数有两种取值选择: (a) matrix of random values (默认); (b) k-by-m matrix. 此参数通常配合 ‘Algorithm’ 中的 ‘als’ 使用. 默认是使用初始随机值矩阵.

9) ‘Options’(迭代选项), 该参数是个结构体变量, 仅配合 ‘Algorithm’ 中的 ‘als’ 使用. 因为 ‘als’ 是使用迭代的方法进行计算的.

输出参数说明:

1) coeff: 主成分系数, 就是散布矩阵 (协方差矩阵) 的特征向量矩阵 (也就是映射矩阵). 完整输出的情况下是一个 $m \times m$ 矩阵. 每一列都是一个特征向量. 按对应的特征值的大小, 从大到小进行排列.

2）score: $n \times m$ 矩阵. 满足 score = X * coeff. 注意: 如果使用 pca 时默认中心化 (即不对 'Centered' 设置 'off'), 拿 X*coeff 和 score 对比时, 必须将 X 中心化后再乘以 coeff, 然后再和 score 对比. 同样如果 pca 使用的是默认值, 恢复的 X = score * coeff' (注意转置) 是中心化后的数据.

3) latent: 主成分方差, 也就是各特征向量对应的特征值, 从大到小进行排列.

4) tsquared: t^2 统计量.

5) explained: 每一个主成分所贡献的比例, 可以更直观地选择所需要降维的维数.

6) mu: X 按列的均值, 仅当 'Centered' 置于 'true' (默认值) 时才会返回此变量.

例 9.2 作为一个调用实例, 利用 pca 函数来重新完成例 9.1.

相应代码如下 (pca_mat.m 文件).

```
%使用pca函数进行降维
X=[1,2;3,3;3,5;5,4;5,6;6,5;8,7;9,8]; %样本矩阵,每行一个样本向量
[coeff,score,latent]=pca(X); %主成分分析
coeff, %主成分分量 (每列为一个变换空间中的基向量)
score, %主成分,score(:,1)为X的一维表示,score为X在变换空间中的二维表示
latent, %X样本协方差矩阵的特征值
```

运行程序 pca_mat.m 后得到结果:

```
>> pca_mat
coeff =
    0.8086   -0.5883
    0.5883    0.8086
score =
   -4.9995   -0.0728
   -2.7939   -0.4407
   -1.6173    1.1766
   -0.5883   -0.8086
    0.5883    0.8086
    0.8086   -0.5883
    3.6025   -0.1476
    4.9995    0.0728
latent =
   10.6764
    0.4664
```

可以发现, 计算结果与例 9.1 一致.

例 9.3 再看一个 PCA 降维实例. 选用 MATLAB 自带的数据集 hald. 该数据集中有一个 13×4 矩阵 ingredients, 其中有 13 个样本, 每个样本的维数为 4.

编制 MATLAB 程序如下 (pca2_mat.m 文件).

```
clc,clear all,close all
load hald %载入数据集
X=ingredients; %将数据集中的13x4矩阵赋给X
[coeff,score]=pca(X,'Centered','off'), %调用函数pca,不对数据中心化
```

运行程序 pca_mat.m 后得到结果

```
coeff =
    0.1279   -0.0428   -0.6459    0.7514
    0.8398   -0.5092   -0.0181   -0.1875
    0.1984    0.0721    0.7557    0.6199
    0.4889    0.8566   -0.1067   -0.1261
score =
   53.2530   38.2897   -6.8572   -3.4639
   52.8800   30.8153    4.6185   -1.9465
   59.8008  -11.2751   -4.2070    0.2019
   52.0052   24.5816   -6.6335    1.4838
   61.8884    1.9239   -4.4488   -4.9333
   60.1372   -8.9806   -3.6464    0.7571
   66.3164  -29.9133    8.9830   -1.2767
   52.0378   23.4492   10.7255    3.0271
   59.9322   -7.4374    8.9863   -0.2388
   55.6610   -2.2693  -14.1657    6.1671
   54.9058   10.3731   12.3846    3.2209
   64.4863  -23.1472   -2.7792   -0.0441
   65.8395  -24.1949   -2.9253   -1.7904
```

在 MATLAB 命令窗口输入:

```
>> X1=score*coeff'
```

得到回复结果:

```
X1 =
    7.0000   26.0000    6.0000   60.0000
    1.0000   29.0000   15.0000   52.0000
   11.0000   56.0000    8.0000   20.0000
   11.0000   31.0000    8.0000   47.0000
    7.0000   52.0000    6.0000   33.0000
   11.0000   55.0000    9.0000   22.0000
    3.0000   71.0000   17.0000    6.0000
    1.0000   31.0000   22.0000   44.0000
    2.0000   54.0000   18.0000   22.0000
   21.0000   47.0000    4.0000   26.0000
```

```
   1.0000   40.0000   23.0000   34.0000
  11.0000   66.0000    9.0000   12.0000
  10.0000   68.0000    8.0000   12.0000
```

再在 MATLAB 命令窗口输入:

```
>> norm(X-X1,'fro')
```

得到误差:

```
ans =
   1.0493e-13
```

9.1.4 快速 PCA 算法及其实现

PCA 算法的最主要的工作量是计算样本散布矩阵的特征值和特征向量. 设样本矩阵 $\boldsymbol{X}$ 大小为 $n\times m$ (即 n 个 m 维的样本属性向量), 则样本散布矩阵 $\boldsymbol{S}$ 将是一个 $m\times m$ 的方阵, 故当维数 m 较大时计算复杂度会非常高. 例如一幅 96×96 像素的灰度图像, 将其灰度矩阵拉直成向量后, 维数达到 $m=9216$, $\boldsymbol{S}$ 将是一个 9216×9216 的矩阵, 此时如果采用上面的 pca 函数计算主成分, MATLAB 通常会出现内存耗尽的错误, 即使有足够多的内存, 要得到 $\boldsymbol{S}$ 的全部特征值可能也要花费相当多的时间.

有一个 PCA 加速技巧可以用来计算矩阵 $\boldsymbol{S}$ 非零特征值所对应的特征向量. 设 $\boldsymbol{Z}_{n\times m}$ 为样本矩阵 $\boldsymbol{X}$ 中的每个样本减去样本均值 $\boldsymbol{\mu}$ 后得到的矩阵, 则散布矩阵 $\boldsymbol{S}=(\boldsymbol{Z}^{\mathrm{T}}\boldsymbol{Z})_{m\times m}$. 现在考虑矩阵 $\boldsymbol{R}=(\boldsymbol{Z}\boldsymbol{Z}^{\mathrm{T}})_{n\times n}$, 一般情况下由于样本数目 n 远远小于样本维数 m, 例如, 有 200 幅像素为 96×96 的人脸图像, 其属性向量为 9216 维. 那么此时 $n=200$, $m=9216$! 因此, $\boldsymbol{R}$ 的尺寸也远远小于散布矩阵 $\boldsymbol{S}$, 但它与 $\boldsymbol{S}$ 有着相同的非零特征值.

设 n 维列向量 $\boldsymbol{v}$ 是 $\boldsymbol{R}$ 的特征向量, 则有

$$(\boldsymbol{Z}\boldsymbol{Z}^{\mathrm{T}})\boldsymbol{v}=\lambda\boldsymbol{v}. \tag{9.24}$$

上式两边同时左乘 $\boldsymbol{Z}^{\mathrm{T}}$, 并应用矩阵乘法的结合律得

$$(\boldsymbol{Z}^{\mathrm{T}}\boldsymbol{Z})(\boldsymbol{Z}^{\mathrm{T}}\boldsymbol{v})=\lambda(\boldsymbol{Z}^{\mathrm{T}}\boldsymbol{v}). \tag{9.25}$$

式 (9.25) 说明 $\boldsymbol{Z}^{\mathrm{T}}\boldsymbol{v}$ 为散布矩阵 $\boldsymbol{S}=(\boldsymbol{Z}^{\mathrm{T}}\boldsymbol{Z})_{m\times m}$ 的特征向量. 这说明可以计算小矩阵 $\boldsymbol{R}=(\boldsymbol{Z}\boldsymbol{Z}^{\mathrm{T}})_{n\times n}$ 的特征向量 $\boldsymbol{v}$, 而后通过左乘 $\boldsymbol{Z}^{\mathrm{T}}$ 得到散布矩阵 $\boldsymbol{S}=(\boldsymbol{Z}^{\mathrm{T}}\boldsymbol{Z})_{m\times m}$ 的特征向量 $\boldsymbol{Z}^{\mathrm{T}}\boldsymbol{v}$.

可以编写 fastPCA 函数用来对样本矩阵 $\boldsymbol{X}$ 进行快速主成分分析和降维 (降至 k 维), 其实现代码如下 (fastPCA.m 文件).

```
%快速PCA函数
function [V,pcaX]=fastPCA(X,k)
%输入: X-样本矩阵,每行为一个样本
%输出: V-主成分向量pcaX-降维后的k维样本属性向量组成的矩阵
%每一行一个样本,列数k为降维后的样本属性列数
[n,m]=size(X);
meanV=mean(X); %样本均值向量
Z=(X-repmat(meanV,n,1));
CovM=Z*Z';  %计算协方差矩阵的转置
[V,D]=eigs(CovM,k); %计算CovM的前k个特征值和特征向量
V=Z'*V; %得到协方差矩阵(CovM)'的特征向量
%特征向量归一化为单位特征向量
for i=1:k
    V(:,i)=V(:,i)/norm(V(:,i));
end
pcaX=Z*V; %线性变换(投影)降维至k维
save('PCA.mat','V','meanV'); %保存变换矩阵V和变换原点meanV
```

上述 fastPCA 函数的输出 V 是主成分分量, 是一个 $m\times k$ 矩阵, 相当于 pca 函数中的输出 coeff, 而输出 pcaX 为降维后的 k 维样本特征向量组成的 $n\times k$ 矩阵, 每行一个样本, 列数 k 为降维后的样本特征维数, 相当于 pca 函数中的输出 score.

此外, fastPCA 函数的实现中调用了 MATLAB 库函数 eigs 来计算矩阵 $\boldsymbol{R}=(\boldsymbol{Z}\boldsymbol{Z}^{\mathrm{T}})_{n\times n}$ 的前 k 个特征向量, 即对应于最大的 k 个特征值的特征向量, 其调用形式如下.

[V,D]=eigs(R,k);

参数说明: R 为要计算的特征值和特征向量的矩阵, k 为要计算的特征向量数目.

返回值: 输出矩阵 V 为 $n\times k$ 矩阵, 每列对应 1 个特征向量, k 个特征向量从左到右排列. 对角矩阵 D 为 $k\times k$ 矩阵, 对角线上的每个元素对应一个特征值.

在得到包含 $\boldsymbol{R}$ 的特征向量的矩阵 $\boldsymbol{V}$ 之后, 为计算散布矩阵 $\boldsymbol{S}$ 的特征向量, 只需计算 $(\boldsymbol{Z}^{\mathrm{T}}\boldsymbol{V})_{m\times k}$. 此外, 还应注意 PCA 中需要的是具有单位长度的特征向量, 故最后要除以该向量的模从而将正交特征向量归一化为单位正交特征向量.

例 9.4 作为测试, 用 fastPCA 函数将鸢尾属植物数据集 Iris 降至 2 维, 并可视化降维后的数据.

编写代码如下 (pca_iris.m 文件).

```
%用fastPCA函数对鸢尾属植物数据集降至2维
clc,clear all,close all
```

```
load fisheriris
X=meas;Y=species;
[n,m]=size(X);
[V,pcaX]=fastPCA(X,2);
gscatter(pcaX(:,1),pcaX(:,2),Y,'rbm','*vo');
```

运行上述程序, 得到可视化结果如图 9.1 所示.

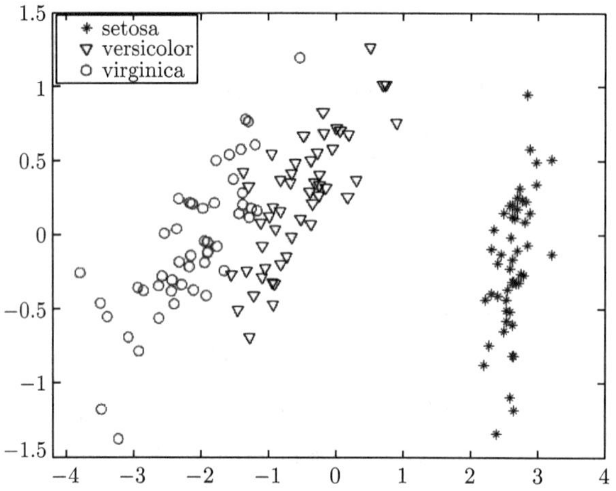

图 9.1　用 fastPCA 函数对鸢尾属植物数据集降维

此外, 可以找一个维数较高的数据集, 例如 200 幅像素为 96×96 的人脸图像, 分别利用 pca 和 fastPCA 进行 PCA 计算并比较它们的效率.

9.2　流形学习算法

主成分分析是一种线性降维技术, 对于非线性数据具有其局限性. 尽管在理论上核主成分分析可以处理非线性数据, 但合适的核函数选取通常是比较困难的. 由于实际应用中很多时候数据是非线性的, 因此有必要发展非线性降维算法, 流形学习就是一种非线性降维技术的典型代表.

“流形”是几何学中的一个概念, 它是高维空间中的几何结构, 即空间中的点构成的集合, 例如二维空间中的曲线、三维空间中的曲面都是流形的例子. 很多应用问题的数据在高维空间中的分布具有某种特定的几何形状, 即位于一个低维的流形附近. 因此流形学习最基本的假设是原始数据在高维空间中的分布位于某个更低维的流形上, 基于这个假设来进行数据分析.

对于降维来说, 要保证将降维之后的数据与高维空间流形有关的几何约束. 假设有一个 m 维空间中的流形 M, 即 $M \subset \mathbb{R}^m$, 流形学习要实现的是如下映射:

$$M \mapsto \mathbb{R}^\ell,$$

其中, $\ell \ll m$, 即将 m 维空间 $\mathbb{R}^m$ 中流形 M 上的点映射为 ℓ 维空间 $\mathbb{R}^\ell$ 中的点. 下面介绍几种常见的流形学习算法.

9.2.1 局部线性嵌入及其 MATLAB 实现

局部线性嵌入 (Locally Linear Embedding, LLE) 将高维数据投影到低维空间时, 试图保持邻域内数据点之间的线性关系. 其核心思想是每个数据点都可以由其邻域内的多个点来线性表出, 并且投影到低维空间后要保持这种线性重构关系, 即具有相同的重构系数.

假设数据集由 n 个 m 维向量 $\boldsymbol{x}_i$ 构成, 它们分布在 m 维空间中的一个流形附近, 每个数据点可以用其近邻点的线性组合来重构, 即

$$\boldsymbol{x}_i \approx \sum_j w_{ij}\boldsymbol{x}_j, \tag{9.26}$$

其中系数 w_{ij} 为第 j 个数据点对第 i 个点的组合权重, 这些点的线性组合被用来近似重构数据点 $\boldsymbol{x}_i$, 并且 LLE 希望式 (9.26) 的关系在低维空间中得以保持.

LLE 先为每个样本 $\boldsymbol{x}_i$ 找到其近邻点的下标集合 $Q_i = \{\boldsymbol{x}_{i_1}, \boldsymbol{x}_{i_2}, \cdots, \boldsymbol{x}_{i_k}\}$, 然后计算出基于 Q_i 中的样本点对 $\boldsymbol{x}_i$ 进行线性重构, 权重系数 w_{ij} 通过极小化下面的均方误差来确定:

$$J(\boldsymbol{W}) = \frac{1}{2}\sum_{i=1}^{n}\left\|\boldsymbol{x}_i - \sum_{j\in Q_i} w_{ij}\boldsymbol{x}_j\right\|_2^2, \tag{9.27}$$

其中 $\boldsymbol{x}_i$ 和 $\boldsymbol{x}_j$ 均为已知. 在这里目标函数加上了两个约束条件: ① 每个点只由它的近邻点来重构, 即如果 $\boldsymbol{x}_j \notin Q_i$, 则权系数 $w_{ij} = 0$; ② 限定权重矩阵 $\boldsymbol{W}$ 的每一行元素之和为 1, 即

$$\sum_{j\in Q_i} w_{ij} = 1, \quad i = 1, 2, \cdots, n. \tag{9.28}$$

我们需要通过上面的式 (9.27)—(9.28) 来确定权重系数 w_{ij}. 一般可以通过矩阵和拉格朗日乘子法来求解这个最优化问题.

将目标函数 $J(\boldsymbol{W})$ 进行矩阵化, 即

$$\begin{aligned} J(\boldsymbol{W}) &= \frac{1}{2}\sum_{i=1}^{n}\left\|\boldsymbol{x}_i - \sum_{j\in Q_i} w_{ij}\boldsymbol{x}_j\right\|_2^2 \\ &= \frac{1}{2}\sum_{i=1}^{n}\left\|\sum_{j\in Q_i} w_{ij}\boldsymbol{x}_i - \sum_{j\in Q_i} w_{ij}\boldsymbol{x}_j\right\|_2^2 \end{aligned}$$

$$
\begin{aligned}
&= \frac{1}{2}\sum_{i=1}^{n}\left\|\sum_{j\in Q_i} w_{ij}(\boldsymbol{x}_i-\boldsymbol{x}_j)\right\|_2^2 \\
&= \frac{1}{2}\sum_{i=1}^{n}\boldsymbol{w}_i^{\mathrm{T}}(\boldsymbol{x}_i-\boldsymbol{x}_j)(\boldsymbol{x}_i-\boldsymbol{x}_j)^{\mathrm{T}}\boldsymbol{w}_i,
\end{aligned}
$$

其中 $\boldsymbol{w}_i=(w_{i1},w_{i2},\cdots,w_{ik})^{\mathrm{T}}$. 若令 $\boldsymbol{C}_i=(\boldsymbol{x}_i-\boldsymbol{x}_j)(\boldsymbol{x}_i-\boldsymbol{x}_j)^{\mathrm{T}},\ j\in Q_i$, 则有

$$
J(\boldsymbol{W})=\frac{1}{2}\sum_{i=1}^{n}\boldsymbol{w}_i^{\mathrm{T}}\boldsymbol{C}_i\boldsymbol{w}_i. \tag{9.29}
$$

而式 (9.28) 写成矩阵形式为

$$
\sum_{j\in Q_i} w_{ij}=\boldsymbol{w}_i^{\mathrm{T}}\boldsymbol{e}^{(k)}=1, \tag{9.30}
$$

其中 $\boldsymbol{e}^{(k)}=(1,1,\cdots,1)^{\mathrm{T}}$ 是 k 维全 1 向量. 由 (9.29)—(9.30) 构造拉格朗日函数, 得

$$
L(\boldsymbol{W},\lambda)=\frac{1}{2}\sum_{i=1}^{n}\boldsymbol{w}_i^{\mathrm{T}}\boldsymbol{C}_i\boldsymbol{w}_i-\lambda(\boldsymbol{w}_i^{\mathrm{T}}\boldsymbol{e}^{(k)}-1).
$$

令

$$
\frac{\partial L}{\partial \boldsymbol{w}_i}=\boldsymbol{C}_i\boldsymbol{w}_i-\lambda\boldsymbol{e}^{(k)}=\boldsymbol{0},\quad i=1,2,\cdots,n,
$$

得到

$$
\boldsymbol{w}_i=\lambda\boldsymbol{C}_i^{-1}\boldsymbol{e}^{(k)},\quad i=1,2,\cdots,n.
$$

利用约束等式 $\boldsymbol{w}_i^{\mathrm{T}}\boldsymbol{e}^{(k)}=1$, 对 $\boldsymbol{w}_i$ 进行归一化, 最终得到

$$
\boldsymbol{w}_i=\frac{\boldsymbol{C}_i^{-1}\boldsymbol{e}^{(k)}}{(\boldsymbol{e}^{(k)})^{\mathrm{T}}\boldsymbol{C}_i^{-1}\boldsymbol{e}^{(k)}},\quad i=1,2,\cdots,n. \tag{9.31}
$$

在得到了高维的权重系数 w_{ij} 后, LLE 希望这些权重系数对应的线性关系在降维后的低维空间中得到保持. 假设 m 维样本集 $\{\boldsymbol{x}_1,\boldsymbol{x}_2,\cdots,\boldsymbol{x}_n\}$ 在低维 (ℓ 维) 空间中对应投影为 $\{\boldsymbol{z}_1,\boldsymbol{z}_2,\cdots,\boldsymbol{z}_n\}$, 则希望保持相同的线性关系就是希望对应的均方误差损失函数达到极小, 即极小化损失函数 $J(\boldsymbol{Z})$ 如下:

$$
J(\boldsymbol{Z})=\frac{1}{2}\sum_{i=1}^{n}\left\|\boldsymbol{z}_i-\sum_{j\in Q_i} w_{ij}\boldsymbol{z}_j\right\|_2^2. \tag{9.32}
$$

注意到式 (9.27) 与 (9.32) 的优化目标同形, 唯一的区别是式 (9.27) 中需确定的是 $\boldsymbol{w}_i$, 而在低维空间中, 式 (9.32) 中的权重系数 w_{ij} 已知, 需确定的是 $\boldsymbol{x}_i$ 对应

的低维空间坐标 $\boldsymbol{z}_i$. 注意, 这里的 $\boldsymbol{W}$ 已经是 $n\times n$ 矩阵, 而式 (9.27) 中的 $\boldsymbol{W}$ 是 $n\times k$ 矩阵, 将那些 $\boldsymbol{x}_j\notin Q_i$ 中的 w_{ij} 取值为 0, 即可将 $\boldsymbol{W}$ 扩充到 $n\times n$ 维度.

为了得到标准化的低维数据, 一般需要加上如下约束条件:

$$\sum_{i=1}^{n}\boldsymbol{z}_i=\boldsymbol{0},\quad \frac{1}{n}\sum_{i=1}^{n}\boldsymbol{z}_i\boldsymbol{z}_i^{\mathrm{T}}=\boldsymbol{I}.$$

首先将式 (9.32) 中的目标函数化成矩阵形式, 得

$$\begin{aligned}J(\boldsymbol{Z})&=\frac{1}{2}\sum_{i=1}^{n}\left\|\boldsymbol{z}_i-\sum_{j\in Q_i}w_{ij}\boldsymbol{z}_j\right\|_2^2=\frac{1}{2}\sum_{i=1}^{n}\|\boldsymbol{Z}\boldsymbol{e}_i-\boldsymbol{Z}\boldsymbol{w}_i\|_2^2\\&=\frac{1}{2}\sum_{i=1}^{n}\|\boldsymbol{Z}(\boldsymbol{e}_i-\boldsymbol{w}_i)\|_2^2=\frac{1}{2}\sum_{i=1}^{n}(\boldsymbol{e}_i-\boldsymbol{w}_i)^{\mathrm{T}}\boldsymbol{Z}^{\mathrm{T}}\boldsymbol{Z}(\boldsymbol{e}_i-\boldsymbol{w}_i),\end{aligned}$$

这里 $\boldsymbol{Z}=(\boldsymbol{z}_1,\boldsymbol{z}_2,\cdots,\boldsymbol{z}_n)\in\mathbb{R}^{k\times n}$, $\boldsymbol{e}_i$ 是第 i 个分量为 1、其余分量均为 0 的单位坐标向量. 继续化简, 得

$$\begin{aligned}J(\boldsymbol{Z})&=\frac{1}{2}\mathrm{tr}\left(\sum_{i=1}^{n}(\boldsymbol{e}_i-\boldsymbol{w}_i)^{\mathrm{T}}\boldsymbol{Z}^{\mathrm{T}}\boldsymbol{Z}(\boldsymbol{e}_i-\boldsymbol{w}_i)\right)\quad(\text{标量的迹等于它本身})\\&=\frac{1}{2}\mathrm{tr}\left(\sum_{i=1}^{n}\boldsymbol{Z}(\boldsymbol{e}_i-\boldsymbol{w}_i)(\boldsymbol{e}_i-\boldsymbol{w}_i)^{\mathrm{T}}\boldsymbol{Z}^{\mathrm{T}}\right)\quad(\text{迹运算满足交换律})\\&=\frac{1}{2}\mathrm{tr}\left(\boldsymbol{Z}\left(\sum_{i=1}^{n}(\boldsymbol{e}_i-\boldsymbol{w}_i)(\boldsymbol{e}_i-\boldsymbol{w}_i)^{\mathrm{T}}\right)\boldsymbol{Z}^{\mathrm{T}}\right)\quad(\boldsymbol{Z}\ \text{与求和下标无关})\\&=\frac{1}{2}\mathrm{tr}\big(\boldsymbol{Z}(\boldsymbol{I}-\boldsymbol{W})(\boldsymbol{I}-\boldsymbol{W})^{\mathrm{T}}\boldsymbol{Z}^{\mathrm{T}}\big)=\frac{1}{2}\mathrm{tr}\big(\boldsymbol{Z}\boldsymbol{M}\boldsymbol{Z}^{\mathrm{T}}\big),\end{aligned}$$

这里

$$\boldsymbol{M}=(\boldsymbol{I}-\boldsymbol{W})(\boldsymbol{I}-\boldsymbol{W})^{\mathrm{T}}=\sum_{i=1}^{n}(\boldsymbol{e}_i-\boldsymbol{w}_i)(\boldsymbol{e}_i-\boldsymbol{w}_i)^{\mathrm{T}}.$$

而约束条件写成矩阵形式则为

$$\boldsymbol{Z}\boldsymbol{Z}^{\mathrm{T}}=n\boldsymbol{I}.$$

于是, 得到等式约束优化问题:

$$\begin{aligned}\min_{\boldsymbol{Z}}\quad & J(\boldsymbol{Z})=\frac{1}{2}\mathrm{tr}(\boldsymbol{Z}\boldsymbol{M}\boldsymbol{Z}^{\mathrm{T}}),\\ \text{s.t.}\quad & \boldsymbol{Z}\boldsymbol{Z}^{\mathrm{T}}=n\boldsymbol{I}.\end{aligned}\tag{9.33}$$

构造问题 (9.33) 的拉格朗日函数得

$$L(\boldsymbol{Z},\lambda)=\frac{1}{2}\mathrm{tr}(\boldsymbol{Z}\mathbf{M}\boldsymbol{Z}^{\mathrm{T}})-\frac{\lambda}{2}(\boldsymbol{Z}\boldsymbol{Z}^{\mathrm{T}}-n\boldsymbol{I}).$$

对 $L(\boldsymbol{W},\lambda)$ 关于 $\boldsymbol{Z}$ 求偏导数并令其等于 0, 即 $\boldsymbol{M}\boldsymbol{Z}^{\mathrm{T}}-\lambda\boldsymbol{Z}^{\mathrm{T}}=0$, 得

$$\boldsymbol{M}\boldsymbol{Z}^{\mathrm{T}}=\lambda\boldsymbol{Z}^{\mathrm{T}}. \tag{9.34}$$

上式表明, 要得到最小的 ℓ 维数据集, 只需求出矩阵 $\boldsymbol{M}$ 最小的 ℓ 个特征值所对应的 ℓ 个特征向量组成的矩阵 $\boldsymbol{Z}^{\mathrm{T}}=(\boldsymbol{z}_1,\boldsymbol{z}_2,\cdots,\boldsymbol{z}_\ell)$ 即可. 也就是说, 式 (9.34) 可通过特征分解求解 $\boldsymbol{M}$ 最小的 ℓ 个特征值对应的特征向量组成的矩阵即为 $\boldsymbol{Z}^{\mathrm{T}}$.

注意到, 由于 $\boldsymbol{M}$ 的最小特征值为 0 不能反映数据的特征, 此时对应的特征向量为全 1 向量. 我们通常选择 $\boldsymbol{M}$ 的第 2 个到第 $\ell+1$ 个最小特征值对应的特征向量 $(\boldsymbol{z}_2,\boldsymbol{z}_3,\cdots,\boldsymbol{z}_{\ell+1})$ 来得到最终的 $\boldsymbol{Z}^{\mathrm{T}}$. 为什么说 $\boldsymbol{M}$ 的最小特征值为 0 呢? 这是因为由式 (9.30) 得到 $\boldsymbol{W}^{\mathrm{T}}\boldsymbol{e}=\boldsymbol{e}$, 其中 $\boldsymbol{e}$ 为全 1 向量, 由此得到 $(\boldsymbol{I}-\boldsymbol{W}^{\mathrm{T}})\boldsymbol{e}=\mathbf{0}$, 两边左乘 $(\boldsymbol{I}-\boldsymbol{W})$ 即得

$$\boldsymbol{M}\boldsymbol{e}=(\boldsymbol{I}-\boldsymbol{W})(\boldsymbol{I}-\boldsymbol{W})^{\mathrm{T}}\boldsymbol{e}=\mathbf{0}=0\cdot\boldsymbol{e},$$

这表示 0 是矩阵 $\boldsymbol{M}$ 的特征值 (注意 $\boldsymbol{M}$ 是对称半定矩阵).

LLE 算法的具体流程如下.

算法 9.2 (LLE 算法)

输入: 样本集 $D=\{\boldsymbol{x}_1,\boldsymbol{x}_2,\cdots,\boldsymbol{x}_n\}$, 最近邻数 k, 降维到的维数 ℓ.

输出: 低维样本集矩阵 $\boldsymbol{z}^{\mathrm{T}}=(z_2,z_3,\cdots,z_{l+1})$.

(1) 以欧氏距离作为度量, 计算与 $\boldsymbol{x}_i\,(i=1,2,\cdots,n)$ 距离最近的 k 个最近邻 $(\boldsymbol{x}_{i_1},\boldsymbol{x}_{i_2},\cdots,\boldsymbol{x}_{i_k})$.

(2) 计算局部协方差矩阵 $\boldsymbol{C}_i=(\boldsymbol{x}_i-\boldsymbol{x}_j)(\boldsymbol{x}_i-\boldsymbol{x}_j)^{\mathrm{T}}\,(i=1,2,\cdots,n;j=1,2,\cdots,k)$, 并求出对应的权重系数向量:

$$\boldsymbol{w}_i=\frac{\boldsymbol{C}_i^{-1}\mathbf{e}^{(k)}}{(\mathbf{e}^{(k)})^{\mathrm{T}}\boldsymbol{C}_i^{-1}\mathbf{e}^{(k)}},\quad i=1,2,\cdots,n.$$

(3) 由权重系数向量 $\boldsymbol{w}_i$ 组成权重系数矩阵 $\boldsymbol{W}$, 由此计算矩阵 $\boldsymbol{M}=(\boldsymbol{I}-\boldsymbol{W})(\boldsymbol{I}-\boldsymbol{W})^{\mathrm{T}}$.

(4) 用特征分解计算矩阵 $\boldsymbol{M}$ 的前 $\ell+1$ 个特征值, 并计算这 $\ell+1$ 个特征值对应的特征向量 $(\boldsymbol{z}_1,\boldsymbol{z}_2,\cdots,\boldsymbol{z}_{\ell+1})$.

(5) 由第 2 个特征向量到第 $\ell+1$ 个特征向量所张成的矩阵即为输出低维样本集矩阵 $\boldsymbol{Z}^{\mathrm{T}}=(\boldsymbol{z}_2,\boldsymbol{z}_3,\cdots,\boldsymbol{z}_{\ell+1})$.

下面我们来看 LLE 算法的 MATLAB 实现. 编制程序代码如下 (lle.m 文件).

```
%LLE MATLAB程序
function [Z]=lle(X,k,l)
%X-样本矩阵,m*n 矩阵,m为样本向量的维数,n为样本的个数
%k-近邻数,l-低维空间维数,Z为降维后的数据矩阵,维度为l*n
[m,n]=size(X);
fprintf(1,'LLE运行于%d维空间中的%d个样本点上\n',m,n);
%第一步: 计算点与点之间的距离并寻找k个近邻点.
fprintf(1,'-->寻找 %d 个近邻点.\n',k);
X2=sum(X.^2,1);
distance=repmat(X2,n,1)+repmat(X2',1,n)-2*X'*X;
%欧氏距离公式的展开||x_i-x_j||^2=x_i^2+x_j^2-2x_i'x_j
[~,index]=sort(distance); %距离排序(从小到大)
neighborhood=index(2:(1+k),:); %取第2到第k+1个最小距离
%第二步: 计算重构权重矩阵
fprintf(1,'-->求解重构权重矩阵.\n');
if(k>m)  %如果近邻点个数大于样本属性向量维数, 需要正则化
    fprintf(1,'-->近邻点个数大于样本属性向量维数需要正则化.\n');
    tol=1e-3;
else
    tol=0;
end
W=zeros(k,n); %权重矩阵初始化
for i=1:n
   z=X(:,neighborhood(:,i))-repmat(X(:,i),1,k); %将第i个点平移至坐标原点
   C=z'*z; %局部协方差矩阵
   C=C+eye(k,k)*tol*trace(C);  %k>m时加上正则化项
   W(:,i)=C\ones(k,1); %解方程组Cw=1
   W(:,i)=W(:,i)/sum(W(:,i)); %按行归一化权重矩阵
end
%第三步: 计算矩阵M=(I-W)'(I-W)
fprintf(1,'-->计算局部线性嵌入.\n');
%M是一个只有4kn个非零元的稀疏矩阵
M=sparse(1:n,1:n,ones(1,n),n,n,4*k*n);
for i=1:n %计算矩阵M
   w=W(:,i);
   j=neighborhood(:,i);
   M(i,j)=M(i,j)-w';
   M(j,i)=M(j,i)-w;
   M(j,j)=M(j,j)+w*w';
end
```

```
%计算局部嵌入
options.disp=0; options.isreal=1; %结构变量options赋初值
[Z,~]=eigs(M,l+1,0,options); %计算矩阵M的前l+1个最小特征值对应的特征向量
Z=Z(:,2:l+1)'*sqrt(n);
fprintf(1,'程序运行结束.\n');
```

例 9.5 “瑞士卷”的形状近似于三维空间中的一个二维流形结构, 用“瑞士卷”作为样本数据来测试 LLE 算法.

编写代码如下 (lle_examp.m 文件).

```
%用瑞士卷数据测试LLE算法
clc,close all,clear all;
k=20; %邻域点个数
l=2; %最大嵌入维数
%瑞士卷的生成图
rng (3)
n=1500;
t=(3*pi/2)*(1+2*rand(1,n));
s=21*rand(1,n);
X=[t.*cos(t);s;t.*sin(t)]; %3*n矩阵
figure (1)
plot3(X(1,:),X(2,:),X(3,:),'.'), %绘制瑞士卷三维曲线图
view([12 12]);  %设置视角
%调用lle函数降维
Z=lle(X,k,l);
figure (2)
plot(Z(1,:),Z(2,:),'.b'), %绘制LLE降维后的二维平面图
```

运行上述代码得可视化结果如图 9.2 所示.

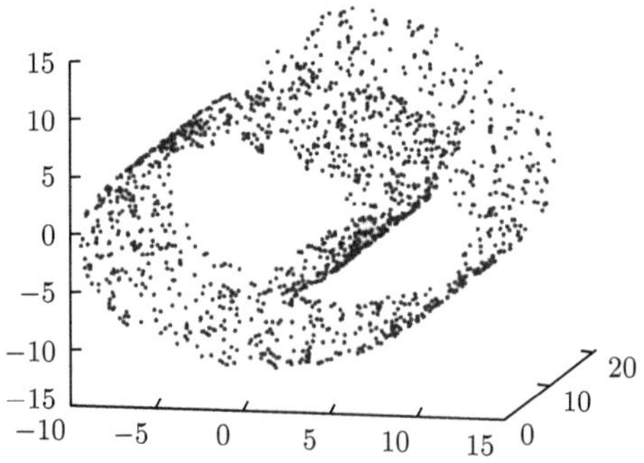

(a) 原始数据

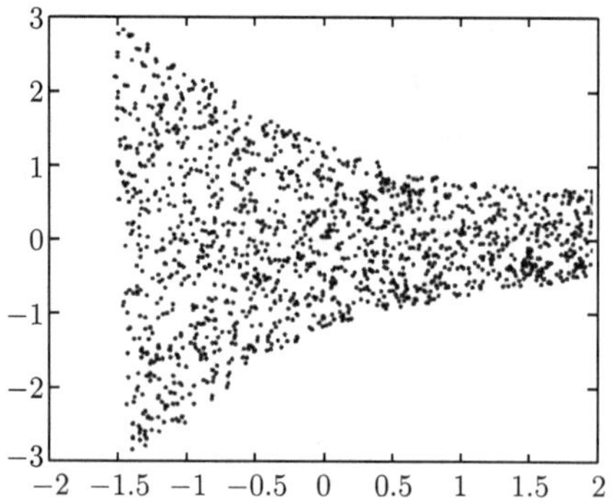

(b) LLE降维

图 9.2 LLE 算法对“瑞士卷”进行降维

9.2.2 等距映射与 MDS 算法及其实现

在讲述等距映射 (Isometric Mapping, Isomap) 算法之前, 需要先介绍多维尺度分析 (Multi-Dimensional Scaling, MDS) 算法. MDS 也是一种经典的降维方法, 下面做一个简单的介绍.

假定 n 个样本 $\boldsymbol{x}_i \in \mathbb{R}^m$ 在原始空间的距离矩阵为 $\boldsymbol{D} \in \mathbb{R}^{n\times n}$, 其第 i 行 j 列的元素 dist_{ij} 为样本 $\boldsymbol{x}_i$ 到 $\boldsymbol{x}_j$ 的距离. 我们的目标是获得样本在 ℓ 维空间的表示 $\boldsymbol{Z} \in \mathbb{R}^{\ell\times n}$, $\ell \leqslant m$, 且任意两个样本在 ℓ 维空间中的欧氏距离等于原始空间中的距离, 即 $\|\boldsymbol{z}_i - \boldsymbol{z}_j\| = \mathrm{dist}_{ij}$.

令 $\boldsymbol{B} = \boldsymbol{Z}^{\mathrm{T}}\boldsymbol{Z} \in \mathbb{R}^{n\times n}$, 其中 $\boldsymbol{B}$ 为降维后样本的内积矩阵, 即有 $b_{ij} = \boldsymbol{z}_i^{\mathrm{T}}\boldsymbol{z}_j$. 注意到

$$\mathrm{dist}_{ij}^2 = \|\boldsymbol{z}_i\|^2 + \|\boldsymbol{z}_j\|^2 - 2\boldsymbol{z}_i^{\mathrm{T}}\boldsymbol{z}_j = b_{ii} + b_{jj} - 2b_{ij}. \tag{9.35}$$

为便于讨论, 假设已中心化降维后的样本 $\boldsymbol{Z}$, 即 $\sum\limits_{i=1}^{m} \boldsymbol{z}_i = \boldsymbol{0}$. 显然, 矩阵 $\boldsymbol{B}$ 的行与列之和均为零, 即 $\sum\limits_{i=1}^{m} b_{ij} = \sum\limits_{j=1}^{m} b_{ij} = 0$. 由式 (9.35) 不难得到

$$\begin{gathered}
\sum_{i=1}^{n} \mathrm{dist}_{ij}^2 = \mathrm{tr}(\boldsymbol{B}) + nb_{jj}, \quad \sum_{j=1}^{n} \mathrm{dist}_{ij}^2 = \mathrm{tr}(\boldsymbol{B}) + nb_{ii}, \\
\sum_{i=1}^{n}\sum_{j=1}^{n} \mathrm{dist}_{ij}^2 = 2n\,\mathrm{tr}(\boldsymbol{B}),
\end{gathered} \tag{9.36}$$

其中 $\mathrm{tr}(\cdot)$ 表示矩阵的迹. 由于 $b_{ii} = \boldsymbol{z}_i^{\mathrm{T}}\boldsymbol{z}_i = \|\boldsymbol{z}_i\|_2^2$, 因此有 $\mathrm{tr}(\boldsymbol{B}) = \sum\limits_{i=1}^{m} \|\boldsymbol{z}_i\|_2^2$. 令

$$\mathrm{dist}_{i\cdot}^2 = \frac{1}{n}\sum_{j=1}^{n} \mathrm{dist}_{ij}^2, \quad \mathrm{dist}_{\cdot j}^2 = \frac{1}{n}\sum_{i=1}^{n} \mathrm{dist}_{ij}^2, \quad \mathrm{dist}_{\cdot\cdot}^2 = \frac{1}{n^2}\sum_{i=1}^{n}\sum_{j=1}^{n} \mathrm{dist}_{ij}^2, \tag{9.37}$$

由式 (9.35)—(9.37) 可得

$$\begin{aligned}
-2b_{ij} &= \mathrm{dist}_{ij}^2 - b_{ii} - b_{jj} \\
&= \mathrm{dist}_{ij}^2 - \frac{1}{n}\left(\sum_{j=1}^{n} \mathrm{dist}_{ij}^2 - \mathrm{tr}(\boldsymbol{B})\right) - \frac{1}{n}\left(\sum_{i=1}^{n} \mathrm{dist}_{ij}^2 - \mathrm{tr}(\boldsymbol{B})\right) \\
&= \mathrm{dist}_{ij}^2 - \mathrm{dist}_{i\cdot}^2 - \mathrm{dist}_{\cdot j}^2 + \frac{2}{n}\mathrm{tr}(\boldsymbol{B}) \\
&= \mathrm{dist}_{ij}^2 - \mathrm{dist}_{i\cdot}^2 - \mathrm{dist}_{\cdot j}^2 + \frac{2}{n}\frac{1}{2n}\sum_{i=1}^{n}\sum_{j=1}^{n} \mathrm{dist}_{ij}^2
\end{aligned}$$

$$= \mathrm{dist}_{ij}^2 - \mathrm{dist}_{i\cdot}^2 - \mathrm{dist}_{\cdot j}^2 + \mathrm{dist}_{\cdot\cdot}^2,$$

即

$$b_{ij} = -\frac{1}{2}\left(\mathrm{dist}_{ij}^2 - \mathrm{dist}_{i\cdot}^2 - \mathrm{dist}_{\cdot j}^2 + \mathrm{dist}_{\cdot\cdot}^2\right), \quad i,j = 1,2,\cdots,n. \tag{9.38}$$

若记

$$\boldsymbol{D}_2 = (\mathrm{dist}_{ij}^2), \quad \boldsymbol{e} = (1,1,\cdots,1)^{\mathrm{T}}, \quad \boldsymbol{E} = \boldsymbol{e}\boldsymbol{e}^{\mathrm{T}},$$

则式 (9.38) 写成矩阵形式即

$$\begin{aligned}\boldsymbol{B} &= -\frac{1}{2}\left(\boldsymbol{D}_2 - \frac{1}{n}\boldsymbol{E}\boldsymbol{D}_2 - \frac{1}{n}\boldsymbol{D}_2\boldsymbol{E} - \frac{1}{n^2}\boldsymbol{E}\boldsymbol{D}_2\boldsymbol{E}\right)\\ &= -\frac{1}{2}\left(\boldsymbol{I} - \frac{1}{n}\boldsymbol{E}\right)\boldsymbol{D}_2\left(\boldsymbol{I} - \frac{1}{n}\boldsymbol{E}\right).\end{aligned}$$

由此即可通过降维前后保持不变的距离矩阵 $\boldsymbol{D}$ 求取内积矩阵 $\boldsymbol{B}$.

对矩阵 $\boldsymbol{B}$ 做特征值分解: $\boldsymbol{B} = \boldsymbol{U}\boldsymbol{\Lambda}\boldsymbol{U}^{\mathrm{T}}$, 其中 $\boldsymbol{\Lambda} = \mathrm{diag}(\lambda_1, \lambda_2, \cdots, \lambda_n)$ 为特征值构成的对角矩阵, $\lambda_1 \geqslant \lambda_2 \geqslant \cdots \geqslant \lambda_n$, $\boldsymbol{U}$ 为特征向量矩阵. 假定其中有 n^* 个非零特征值, 它们构成对角矩阵 $\boldsymbol{\Lambda}_* = \mathrm{diag}(\lambda_1, \lambda_2, \cdots, \lambda_{n^*})$, 令 $\boldsymbol{U}_*$ 表示相应的特征向量矩阵, 则 $\boldsymbol{Z}$ 可表达为

$$\boldsymbol{Z} = \boldsymbol{\Lambda}_*^{\frac{1}{2}}\boldsymbol{U}_*^{\mathrm{T}} \in \mathbb{R}^{n^* \times n}. \tag{9.39}$$

在现实应用中为了有效降维, 往往仅需降维后的距离与原始空间中的距离尽可能接近, 而不必严格相等. 此时可取 $\ell \ll n$ 个最大特征值构成对角矩阵 $\widetilde{\boldsymbol{\Lambda}} = \mathrm{diag}(\lambda_1, \lambda_2, \cdots, \lambda_\ell)$. 令 $\widetilde{\boldsymbol{U}}$ 表示相应的特征向量矩阵, 则 $\boldsymbol{Z}$ 可表达为

$$\boldsymbol{Z} = \widetilde{\boldsymbol{\Lambda}}^{\frac{1}{2}}\widetilde{\boldsymbol{U}}^{\mathrm{T}} \in \mathbb{R}^{\ell \times n}. \tag{9.40}$$

下面给出 MDS 算法的具体流程.

算法 9.3 (MDS 算法)

输入: 距离矩阵 $\boldsymbol{D} \in \mathbb{R}^{n \times n}$, 其元素 dist_{ij} 是样本 $\boldsymbol{x}_i$ 与 $\boldsymbol{x}_j$ 之间的距离. 低维空间维数 ℓ.

输出: 低维样本矩阵 $\boldsymbol{Z} \in \mathbb{R}^{\ell \times n}$, 其每一行是一个样本的低维坐标.

(1) 由式 (9.37) 计算 $\mathrm{dist}_{i\cdot}^2$, $\mathrm{dist}_{\cdot j}^2$, $\mathrm{dist}_{\cdot\cdot}^2$;

(2) 由式 (9.38) 计算矩阵 $\boldsymbol{B} \in \mathbb{R}^{n \times n}$;

(3) 对矩阵 $\boldsymbol{B}$ 进行特征分解: $\boldsymbol{B} = \boldsymbol{U}\boldsymbol{\Lambda}\boldsymbol{U}^{\mathrm{T}}$;

(4) 取 ℓ 个最大特征值构成对角矩阵 $\widetilde{\boldsymbol{\Lambda}}$, $\widetilde{\boldsymbol{U}}$ 为相应的特征向量构成的矩阵, 得到 $\boldsymbol{Z} = \widetilde{\boldsymbol{\Lambda}}^{\frac{1}{2}}\widetilde{\boldsymbol{U}}^{\mathrm{T}}$.

MDS 算法的 MATLAB 代码如下 (MDS.m 文件).

```
function Z=MDS(D,d)
%多维缩放方法(MDS)的MATLAB程序,支持n个m维样本降维值d维
%输入:D--n*n距离矩阵,d--低维空间维数;输出:Z--低维空间的d*n样本矩阵
[n, n1] = size(D);
if n~=n1
    printf('D不是一个方阵');
else
    D2=D.*D; e=ones(n,1);
    H=eye(n)-1/n*(e*e');
    B=-0.5*H'*D2*H;[U,Lam]=eig(B);
    Lam=diag(Lam);
    [~,pos]=sort(Lam,'descend');
    index=pos(1:d);U=U(:,index);
    Z=diag(Lam(index))^(0.5)*U';
end
```

上述函数将在等距映射算法中进行调用. 现在我们来介绍等距映射算法. Isomap 算法源于微分几何中测地线的思想, 它希望样本数据在向低维空间投影之后仍能保持流形上的测地线距离.

测地线源自于大地测量学, 是地球上任意两点之间在球面上的最短路径 (距离). 众所周知, 三维空间中两点之间的最短路径是连接两点线段的长度, 但如果要沿着地球表面走, 最短路径则是测地线的长度, 因为不能从地球内部直接穿过去. 所谓测地线就是球面上的两点沿着大圆 (过球心的平面和球面的交线) 劣弧的长度. Isomap 算法通过计算任意两个样本点之间的测地距离来构造距离矩阵. 最后通过距离矩阵求解一个优化问题来完成数据的降维, 并且降维后的数据保持了原始数据点之间的测地距离不变.

那么, 如何计算测地线距离呢? 这时我们可利用流形在局部上与欧氏空间同胚这个性质, 对每个点基于欧氏距离找出其近邻点, 然后就能建立一个近邻连接图, 图中近邻点之间存在连接, 而非近邻点之间不存在连接, 于是, 计算两点之间测地线距离的问题就转变为计算近邻连接图上两点之间的最短路径问题, 因为基于近邻距离逼近能获得低维流形上测地线距离很好的近似.

具体地说, 算法的第一步是构造训练样本集的近邻图. 如果两个样本点的距离小于指定的阈值或者其中一个样本点在另一个样本点的近邻集合中, 则认为两个样本点是连通的. 若假设有 n 个样本点, 则邻近图有 n 个结点 (顶点). 近邻图的结点 i 与结点 j 之间边的权重是它们之间的距离 w_{ij}.

算法的第二步是计算近邻图中任意两点之间的最短路径, 可采用著名的 Dijkstra (迪杰斯特拉) 算法或 Floyd (弗洛伊德) 算法来计算. 记结点 i 与结点 j 之间的最短路径长度为 $d_g(i,j)$, 由它构造如下矩阵

$$\boldsymbol{D}_G=\big(d_g(i,j)\big),$$

其元素就是所有结点对之间的最短路径长度.

算法的第三步是根据矩阵 $\boldsymbol{D}_G$ 构造 d 维嵌入, 可通过求解如下极小化问题实现:

$$\min\sum_{i=1}^{n}\sum_{j=1}^{n}\big(d_g(i,j)-\|\boldsymbol{z}_i-\boldsymbol{z}_j\|_2\big)^2, \tag{9.41}$$

这个极小化问题的解就是降维之后的向量 $\boldsymbol{z}_i$. 式 (9.41) 中的目标函数体现了向量降维后任意两点之间的距离应尽量接近这两个点在原始空间中的最短路径长度. 在得到任意两点的距离之后, 就可通过前面介绍的 MDS 方法来获得样本点在低维空间中的坐标. 下面给出 Isomap 算法的实现流程.

算法 9.4 (Isomap 算法)

输入: 训练样本集 $\boldsymbol{x}_i\in\mathbb{R}^m\ (i=1,2,\cdots,n)$, 近邻数 k, 低维空间维数 ℓ.

输出: 样本集在低维空间中的投影 $\boldsymbol{Z}=(\boldsymbol{z}_1,\boldsymbol{z}_2,\cdots,\boldsymbol{z}_n)\in\mathbb{R}^{\ell\times n}$, 其每一列是一个样本的低维坐标.

(1) 确定每个样本点 $\boldsymbol{x}_i\ (i=1,2,\cdots,n)$ 的 k 个近邻点 $\{\boldsymbol{x}_{i_1},\boldsymbol{x}_{i_2},\cdots,\boldsymbol{x}_{i_k}\}$;

(2) 计算 $\boldsymbol{x}_i$ 与每个近邻点 $\boldsymbol{x}_{i_j}\ (j=1,2,\cdots,k)$ 之间的欧氏距离, 并将它与其他非近邻点之间的距离设置为无穷大;

(3) 用最短路径算法计算任意两个样本点 $\boldsymbol{x}_i,\boldsymbol{x}_j$ 之间的距离 $\mathrm{dist}_{ij}=\mathrm{dist}(\boldsymbol{x}_i,\boldsymbol{x}_j)$ 并形成距离矩阵 $\boldsymbol{D}=(\mathrm{dist}_{ij})$;

(4) 用距离矩阵 $\boldsymbol{D}$ 调用 MDS 算法, 其输出就是所要求的低维样本矩阵 $\boldsymbol{Z}$.

需注意的是, Isomap 算法仅仅得到了训练样本在低维空间的坐标, 对于新样本, 可以通过将训练样本的高维空间坐标作为输入, 低维空间坐标作为输出, 训练一个回归学习器来对新样本的低维空间坐标进行预测.

最后需要指出的是, 近邻图的构建通常有两种方法: 一种是指定近邻点个数 k, 将与 $\boldsymbol{x}_i$ 欧氏距离最近的 k 个点作为近邻点. 另一种方法是指定距离阈值 ϵ, 将与 $\boldsymbol{x}_i$ 的欧氏距离小于 ϵ 的点作为近邻点. 显然这两种方法均有不足: 若 k 值过大, 则距离很远的点可能被误认为是近邻点, 即出现所谓的"短路"现象; 若阈值 ϵ 过小, 则图中有些区域可能与其他区域不存在连接, 即出现所谓的"断路"现象. 短路与断路都会给后续的最短路径计算造成误导.

下面我们来看 Isomap 算法的 MATLAB 实现. 编制程序代码如下 (isomap.m 文件).

```
function Z=isomap(X,k,d)
%Isomap算法MATLAB程序,该程序调用了MDS算法
%第一步:按欧氏距离选取k个近邻点
[n,~]=size(X); D=zeros(n);
for i=1:n %构造距离矩阵D
    xx=repmat(X(i,:),n,1);
    %复制X的第i行n次叠成一个n*n矩阵,其每一行元素都是X的第i行元素
    diff=xx-X;
    dist=sum(diff.*diff,2); %按行求和
    [dd,pos]=sort(dist); %按升序排序
    index=pos(1:k+1)'; %前k+1个设为近邻点
    index2=pos(k+2:n); %后n-k-1设为非近邻点
    D(i,index)=sqrt(dd(index)); %距离矩阵第i行近邻点元素值
    D(i,index2)=inf; %距离矩阵第i行非近邻点元素值设为无穷大
end
for k=1:n %第二步:重新计算最短距离矩阵
    for i=1:n
        for j=1:n
            if D(i,j)>D(i,k)+D(k,j)
                D(i,j)=D(i,k)+D(k,j);
            end
        end
    end
end
Z=MDS(D,d);%第三步:调用MDS算法降维
```

例 9.6 用"瑞士卷"作为样本数据测试 Isomap 算法.

编写代码如下 (isomap_examp.m 文件).

```
close all, clear all;
k=20; %(邻域点个数)
l=2; %最大嵌入维数
rng (3)
n=1500; %瑞士卷的生成图
t=(3*pi/2)*(1+2*rand(1,n));
s=21*rand(1,n);
X=[t.*cos(t); s; t.*sin(t)]; %3*n矩阵
figure(1)
plot3(X(1,:),X(2,:),X(3,:),'.'), %绘制瑞士卷三维曲线图
view([12 12]); %设置视角
X=X';Z=isomap(X,k,l);
figure (2)
```

```
plot(Z(1,:),Z(2,:),'.b'), %绘制Isomap降维后的二维平面图
```

运行上述代码得可视化结果如图 9.3 所示.

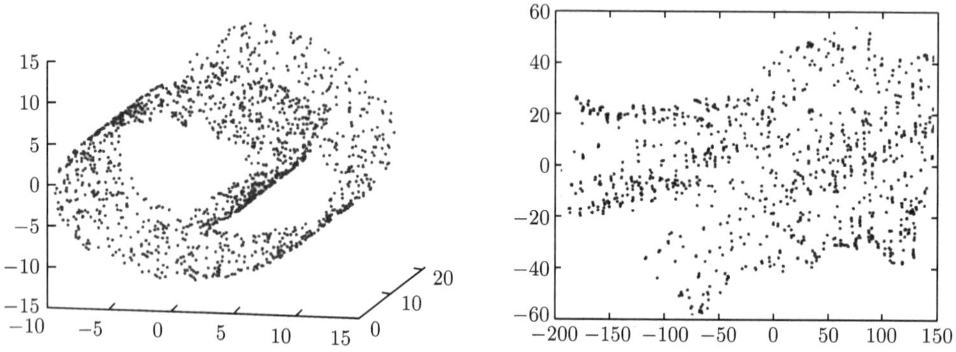

(a) 原始数据　　(b) Isomap降维

图 9.3　Isomap 算法对"瑞士卷"进行降维

本章课件

第 10 章 聚类算法

聚类属于无监督学习范畴, 训练样本的标记信息是未知的, 其目标是按照某种准则将这些无标记信息的样本划分成若干个“簇”(类) 以揭示数据的内在性质及规律. 聚类的原则是保证同一簇的样本之间尽量“相似”, 不同簇的样本之间尽量不同. 与监督学习的分类算法不同, 聚类算法没有训练过程, 而是按照某一准则直接完成对样本集的划分. 聚类算法的研究进程尽管缓慢, 但在很多领域中得到了成功的应用.

10.1 聚类的基本理论

10.1.1 问题定义

聚类也是分类问题, 它的目标也是确定每个样本所属的类别 (簇). 与有监督学习的分类算法不同的是, 聚类的簇不是人工预定好的, 而是由聚类算法按照某种准则确定的. 假设训练样本集 $D=\{\boldsymbol{x}_1,\boldsymbol{x}_2,\cdots,\boldsymbol{x}_n\}$ 包含 n 个无标记样本, 每个样本 $\boldsymbol{x}_i=(x_{i1},x_{i2},\cdots,x_{im})$ 是一个 m 维属性向量. 聚类算法将样本集 C 划分为 k 个不相交的簇 $\{C_1,C_2,\cdots,C_k\}$, 满足

$$C=C_1\cup C_2\cup\cdots\cup C_k,\quad C_i\cap C_j=\varnothing,\quad \forall i\neq j,$$

其中 k 的值可由人工设定, 也可由算法确定. 相应地, 用 $\lambda_i\in\{1,2,\cdots,k\}$ 表示样本 $\boldsymbol{x}_i$ 的“簇标记”, 即 $\boldsymbol{x}_i\in C_{\lambda_i}$. 于是, 聚类的结果可用包含 k 个元素的簇标记向量 $\boldsymbol{\lambda}=(\lambda_1,\lambda_2,\cdots,\lambda_k)^{\mathrm{T}}$ 表示.

聚类既能作为一个单独过程, 用于找寻数据的内在规律, 也可作为其他学习任务例如分类或回归的前驱过程. 例如, 在某购物网站中需要对新用户的类型进行判别, 但定义“用户类型”对商家来说并不容易, 此时往往可先对用户数据进行聚类, 根据聚类结果将每个簇定义为一个类, 再赋予这个类一个合适的类名, 最后基于这些类训练分类模型, 以用于判别新用户的类型.

由上述讨论可知, 聚类在本质上是对一个集合的划分问题. 由于没有人工预定的类别标准, 因此要解决的核心问题是如何定义簇. 常用的做法是根据样本点之间的距离远近或者样本点在数据空间中的密度大小等准则来确定簇. 可以说, 正是对簇的不同定义导致了不同的聚类算法.

在介绍各种不同的聚类算法之前, 先讨论聚类算法涉及的两个基本问题, 即距离计算与性能指标.

10.1.2 距离计算

定义 10.1 若函数 $\mathrm{dist}(\cdot,\cdot)$ 满足

(1) 正定性: $\mathrm{dist}(\boldsymbol{x}_i,\boldsymbol{x}_j)\geqslant 0$, 且 $\mathrm{dist}(\boldsymbol{x}_i,\boldsymbol{x}_j)=0$ 当且仅当 $\boldsymbol{x}_i=\boldsymbol{x}_j$;

(2) 对称性: $\mathrm{dist}(\boldsymbol{x}_i,\boldsymbol{x}_j)=\mathrm{dist}(\boldsymbol{x}_j,\boldsymbol{x}_i)$;

(3) 三角不等式: $\mathrm{dist}(\boldsymbol{x}_i,\boldsymbol{x}_j)\leqslant \mathrm{dist}(\boldsymbol{x}_i,\boldsymbol{x}_k)+\mathrm{dist}(\boldsymbol{x}_k,\boldsymbol{x}_j)$,

则称它是一个距离函数或"距离度量".

给定样本 $\boldsymbol{x}_i=(x_{i1},x_{i2},\cdots,x_{im})^{\mathrm{T}}$ 与 $\boldsymbol{x}_j=(x_{j1},x_{j2},\cdots,x_{jm})^{\mathrm{T}}$, 最常用的是"闵可夫斯基距离":

$$\mathrm{dist}_{\mathrm{mk}}(\boldsymbol{x}_i,\boldsymbol{x}_j)=\left(\sum_{r=1}^{m}|x_{ir}-x_{jr}|^p\right)^{\frac{1}{p}}. \tag{10.1}$$

对 $p\geqslant 1$, 式 (10.1) 显然满足定义 10.1 距离函数的三个条件.

当 $p=2$ 时, 闵可夫斯基距离就是欧氏距离:

$$\mathrm{dist}_{\mathrm{ed}}(\boldsymbol{x}_i,\boldsymbol{x}_j)=\|\boldsymbol{x}_i-\boldsymbol{x}_j\|_2=\left(\sum_{r=1}^{m}|x_{ir}-x_{jr}|^2\right)^{\frac{1}{2}}. \tag{10.2}$$

当 $p=1$ 时, 闵可夫斯基距离即曼氏距离:

$$\mathrm{dist}_{\mathrm{man}}(\boldsymbol{x}_i,\boldsymbol{x}_j)=\|\boldsymbol{x}_i-\boldsymbol{x}_j\|_1=\sum_{r=1}^{m}|x_{ir}-x_{jr}|. \tag{10.3}$$

在机器学习中, 常将属性划分为"连续属性"和"离散属性". 连续属性是指在定义域上取值为实数, 而离散属性是指在定义域上只取有限个值. 对于离散属性, 在讨论距离计算时, 属性上是否定义了"序"关系更为重要. 例如, 定义域为 $\{1,2,3\}$ 的离散属性与连续属性的性质更接近一些, 能直接在属性值上计算距离: "1"与"2"比较接近, 与"3"比较远, 这样的属性称为"有序属性", 而定义域为 {鞋子, 帽子, 袜子} 这样的离散属性则不能直接在属性值上计算距离, 称为"无序属性". 显然, 闵可夫斯基距离只适用于有序属性.

对无序属性可采用 VDM (Value Difference Metric) 度量. 令 $n_{u,a}$ 表示在属性 u 上取值为 a 的样本数, $n_{u,a,i}$ 表示在第 i 个样本簇中在属性 u 上取值为 a 的样本数, k 为样本簇数, 则属性 u 上两个离散值 a 与 b 之间的 VDM 距离为

$$\mathrm{VDM}_p(a,b)=\sum_{i=1}^{k}\left|\frac{n_{u,a,i}}{n_{u,a}}-\frac{n_{u,b,i}}{n_{u,b}}\right|^p. \tag{10.4}$$

于是, 将闵可夫斯基距离和 VDM 结合即可处理混合属性. 假定样本 $\boldsymbol{x}_i \in \mathbb{R}^m$ 有 m_c 个有序属性、$m - m_c$ 个无序属性, 不失一般性, 令有序属性排列在无序属性之前, 则

$$\mathrm{MinkovDM}_p(\boldsymbol{x}_i, \boldsymbol{x}_j) = \left(\sum_{r=1}^{m_c} |x_{ir} - x_{jr}|^p + \sum_{r=m_c+1}^{m} \mathrm{VDM}_p(x_{ir}, x_{jr}) \right)^{\frac{1}{p}}. \quad (10.5)$$

当样本空间中不同属性的重要性不同时, 可使用“加权距离”. 以加权闵可夫斯基距离为例:

$$\mathrm{dist}_{\mathrm{wmk}}(\boldsymbol{x}_i, \boldsymbol{x}_j) = \left(\sum_{r=1}^{m} w_r |x_{ir} - x_{jr}|^p \right)^{\frac{1}{p}}, \quad (10.6)$$

其中权重 $w_r \geqslant 0\,(r = 1, 2, \cdots, m)$ 表征不同属性的重要性, 通常 $\sum\limits_{r=1}^{m} w_r = 1$.

一般来说, 距离计算公式都是事先定义好的, 但在不少学习任务中, 需要基于数据样本来确定合适的距离计算公式, 这可通过“距离度量学习算法”来实现.

10.1.3 性能指标

聚类的性能指标也叫做有效性指标. 与有监督学习算法的性能指标作用相类似, 对聚类结果, 也需通过某种性能指标来评估其好坏. 另一方面, 如果明确了最终将要使用的性能指标, 则可直接将其作为聚类过程的最优化目标, 从而更好地得到符合要求的聚类结果.

聚类性能指标大致有两类. 一类是将聚类结果与某个“参考模型”进行比较, 称为“外部指标”; 另一类是直接考察聚类结果而不利用任何参考模型, 称为“内部指标”.

对样本数据集 $D = \{\boldsymbol{x}_1, \boldsymbol{x}_2, \cdots, \boldsymbol{x}_n\}$, 假设通过聚类给出的簇划分为 $C = \{C_1, C_2, \cdots, C_k\}$, 参考模型给出的簇划分为 $C^* = \{C_1^*, C_2^*, \cdots, C_k^*\}$. 相应地, 令 $\boldsymbol{\lambda}$ 与 $\boldsymbol{\lambda}^*$ 分别表示与 C 和 C^* 对应的簇标记向量. 定义

$$\begin{aligned}
a &= |PP|, \quad PP = \{(\boldsymbol{x}_i, \boldsymbol{x}_j) \mid \lambda_i = \lambda_j, \lambda_i^* = \lambda_j^*, i < j\}, \\
b &= |PN|, \quad PN = \{(\boldsymbol{x}_i, \boldsymbol{x}_j) \mid \lambda_i = \lambda_j, \lambda_i^* \neq \lambda_j^*, i < j\}, \\
c &= |NP|, \quad NP = \{(\boldsymbol{x}_i, \boldsymbol{x}_j) \mid \lambda_i \neq \lambda_j, \lambda_i^* = \lambda_j^*, i < j\}, \\
d &= |NN|, \quad NN = \{(\boldsymbol{x}_i, \boldsymbol{x}_j) \mid \lambda_i \neq \lambda_j, \lambda_i^* \neq \lambda_j^*, i < j\},
\end{aligned} \quad (10.7)$$

其中集合 PP 包含了在 C 中属于相同簇且在 C^* 中也属于相同簇的样本对, 集合 PN 包含了在 C 中属于相同簇但在 C^* 中属于不同簇的样本对, 集合 NP 包含了在 C 中属于不同簇但在 C^* 中属于相同簇的样本对, 集合 NN 包含了在 C 中属于不同簇且在 C^* 中也属于不同簇的样本对. 由于每个样本对 $(\boldsymbol{x}_i, \boldsymbol{x}_j)\,(i < j)$ 仅能出现在一个集合中, 因此有 $a + b + c + d = n(n-1)/2$ 成立.

基于式 (10.7) 可导出下面这些常用的聚类性能度量外部指标.

(1) Jaccard 系数 (Jaccard Coefficient, JC), 定义为

$$\mathrm{JC}=\frac{a}{a+b+c}. \tag{10.8}$$

(2) FM 指标 (Fowlkes and Mallows Index, FMI), 定义为

$$\mathrm{FMI}=\sqrt{\frac{a}{a+b}\cdot\frac{a}{a+c}}. \tag{10.9}$$

(3) Rand 指数 (Rand Index, RI), 定义为

$$\mathrm{RI}=\frac{a+d}{a+b+c+d}. \tag{10.10}$$

显然, 上述性能指标的取值都在 $[0,1]$ 区间, 且其取值越大, 聚类的结果越好.

下面定义聚类性能度量的内部指标. 考虑聚类结果的簇划分 $C=\{C_1,C_2,\cdots,C_k\}$, 先给出几个有关簇内或簇间距离的定义.

(1) 簇内样本平均距离, 定义为

$$\mathrm{avg}(C)=\frac{2}{|C|(|C|-1)}\sum_{1\leqslant i<j\leqslant|C|}\mathrm{dist}(\boldsymbol{x}_i,\boldsymbol{x}_j); \tag{10.11}$$

(2) 簇内样本最大距离, 定义为

$$\mathrm{diam}(C)=\max_{1\leqslant i<j\leqslant|C|}\mathrm{dist}(\boldsymbol{x}_i,\boldsymbol{x}_j); \tag{10.12}$$

(3) 两簇样本之间的最小距离, 定义为

$$d_{\min}(C_i,C_j)=\min_{\boldsymbol{x}_i\in C_i,\boldsymbol{x}_j\in C_j}\mathrm{dist}(\boldsymbol{x}_i,\boldsymbol{x}_j); \tag{10.13}$$

(4) 两簇中心点之间的距离, 定义为

$$d_{\mathrm{cen}}(C_i,C_j)=\mathrm{dist}(\boldsymbol{\mu}_i,\boldsymbol{\mu}_j), \tag{10.14}$$

其中, $\mathrm{dist}(\cdot,\cdot)$ 表示计算两个样本之间的距离函数, $\boldsymbol{\mu}_i$ 代表簇 C_i 的均值向量:

$$\boldsymbol{\mu}_i=\frac{1}{|C_i|}\sum_{\boldsymbol{x}\in C_i}\boldsymbol{x}. \tag{10.15}$$

基于式 (10.11)—(10.14) 可定义两个常用的聚类性能度量内部指标.

(1) DB 指标 (Davies-Bouldin Index, DBI)

$$\mathrm{DBI}=\frac{1}{k}\sum_{i=1}^{k}\max_{j\neq i}\left(\frac{\mathrm{avg}(C_i)+\mathrm{avg}(C_j)}{d_{\mathrm{cen}}(C_i,C_j)}\right). \tag{10.16}$$

(2) Dunn 指标 (Dunn Index, DI)

$$\mathrm{DI}=\min_{1\leqslant i\leqslant k}\left\{\min_{j\neq i}\left(\frac{d_{\min}(C_i,C_j)}{\max_{1\leqslant l\leqslant k}\mathrm{diam}(C_l)}\right)\right\}. \tag{10.17}$$

不难发现, DBI 的值越小越好, 而 DI 的值则越大越好.

10.2 k 均值算法

k 均值算法是基于质心的聚类算法, 在进行聚类时, 通过计算每个样本点与每个簇的中心向量 (即均值向量) 之间的距离作为依据, 来确定每个样本点所属的簇类.

10.2.1 k 均值算法基本原理

k 均值算法的基本思想是: 首先选择 k 个点作为聚类中心, 按照某种聚类准则, 例如最小距离聚类准则, 使样本点向各中心聚集, 从而得到初始聚类. 然后判断初始分类是否合理, 若不合理, 则修改分类, 如此反复修改聚类迭代, 直到合理为止.

给定样本集 $D=\{\boldsymbol{x}_1,\boldsymbol{x}_2,\cdots,\boldsymbol{x}_n\}$, k 均值算法针对聚类所得簇划分 $C=\{C_1,C_2,\cdots,C_k\}$ 极小化均方误差:

$$E=\sum_{i=1}^{k}\sum_{\boldsymbol{x}\in C_i}\|\boldsymbol{x}-\boldsymbol{\mu}_i\|^2, \tag{10.18}$$

其中 $\boldsymbol{\mu}_i$ 如式 (10.15) 所定义, 是簇 C_i 的均值向量. 容易发现, 式 (10.18) 在一定程度上刻画了簇内样本围绕簇均值向量的紧密程度, 误差 E 的值越小则簇内样本相似度越高.

极小化式 (10.18) 并不容易, 得到其极小解需考察样本集 C 所有可能的簇划分, 是一个 NP 难问题. 因此, 为了降低复杂度, k 均值算法采用的是贪心策略, 通过迭代优化来近似求解式 (10.18). 下面写出 k 均值算法的详细步骤.

算法 10.1 (k 均值算法)

输入: 训练样本集 $D=\{\boldsymbol{x}_1,\boldsymbol{x}_2,\cdots,\boldsymbol{x}_m\}$, 聚类的簇数 k.

输出: 簇划分 $C=\{C_1,C_2,\cdots,C_k\}$.

(1) 初始化. 从 D 随机选取 k 个样本作为初始均值向量 $\{\boldsymbol{\mu}_1, \boldsymbol{\mu}_2, \cdots, \boldsymbol{\mu}_k\}$.

(2) 根据当前的簇中心确定每个样本所属的簇. 对每个样本 $\boldsymbol{x}_i\,(i=1,2,\cdots,n)$, 计算该样本与每个簇中心 $\boldsymbol{\mu}_j$ 的距离:

$$d_{ij} := \mathrm{dist}(\boldsymbol{x}_i, \boldsymbol{\mu}_j) = \|\boldsymbol{x}_i - \boldsymbol{\mu}_j\|_2,$$

将样本 $\boldsymbol{x}_i$ 分配到距离最近的那个簇.

(3) 更新每个簇的簇中心. 对每个簇 $C_i\,(i=1,2,\cdots,k)$, 计算新的均值向量:

$$\boldsymbol{\mu}_j' = \frac{1}{|C_j|}\sum_{\boldsymbol{x}\in C_j}\boldsymbol{x}.$$

(4) 若 $\|\boldsymbol{\mu}_j' - \boldsymbol{\mu}_j\|_2 \leqslant \varepsilon\,(i=1,2,\cdots,k)$, 则终止迭代; 否则, 置 $\boldsymbol{\mu}_j := \boldsymbol{\mu}_j'$ 转步骤 (2).

10.2.2 k 均值算法的 MATLAB 实现

下面来看看 k 均值算法的 MATLAB 实现.

对于 k 均值算法, 在 MATLAB 中可直接调用函数 kmeans 来解决 k 均值聚类问题, 其调用方法为

```
[idx]=kmeans(X,k)
[idx]=kmeans(X,k,Name,Value)
[idx,C]=kmeans(___)
[idx,C,sumd]=kmeans(___)
[idx,C,sumd,D]=kmeans(___)
```

函数各输入输出参数含义如下.

X: $n\times m$ 的数据矩阵, 每一行是一个样本, 每一列是样本的一个属性值.

k: 表示将 X 划分为几个簇, k 为整数.

idx: $n\times 1$ 的向量, 存储的是每个点的聚类标号.

C: $k\times m$ 的矩阵.

sumd: $1\times k$ 的和向量, 存储的是类间所有点与该类质心点距离之和.

D: $n\times k$ 的矩阵, 存储的是每个点与所有质心的距离.

参数对 Name,Value 的取值有三种:

(1) Name='Distance', Value='sqEuclidean' (欧氏距离) | 'cityblock' (街区距离) 等.

(2) Name='Start', Value='sample' (从 X 中随机选取 k 个质心点) | 'uniform' (根据 X 的分布范围均匀地随机生成 k 个质心) | 'cluster' (初始聚类阶段随机选取 10% 的 X 的子样本) | 'Matrix' (提供一个 $k\times m$ 的矩阵作为初始质心位置集合).

(3) Name='Replicates', Value= 整数 (聚类重复次数).

更详细的参数含义及参数值, 可在 MATLAB 命令窗口键入 help kmeans 查看帮助信息.

现在通过 MATLAB 实例的方法, 运用 k 均值算法对样本数据进行聚类, 展示在 MATLAB 中 k 均值算法的具体实现.

例 10.1 产生两组随机数据, 用 MATLAB 自带的 kmeans 函数进行聚类.

编制 MATLAB 程序代码如下 (Kmeans_Mat.m 文件).

```
clc; clear all; close all
%产生两组随机数据
X=[randn(100,2)*0.75+ones(100,2); randn(100,2)*0.5-ones(100,2)];
k=2; %聚为2类
[idx,C]=kmeans(X,k,'Distance','cityblock','Replicates',5);
%利用k均值算法进行聚类
plot(X(idx==1,1), X(idx==1,2),'r*','MarkerSize',4);
%绘制聚类后的第一组数据
hold on
plot(X(idx==2,1), X(idx==2,2),'b+','MarkerSize',4);
%绘制聚类后的第二组数据
plot(C(:,1),C(:,2),'ko','MarkerSize',10,'LineWidth',2)
legend('第一类','第二类','质心');
hold off
```

运行上述程序, 得到聚类结果如图 10.1 所示.

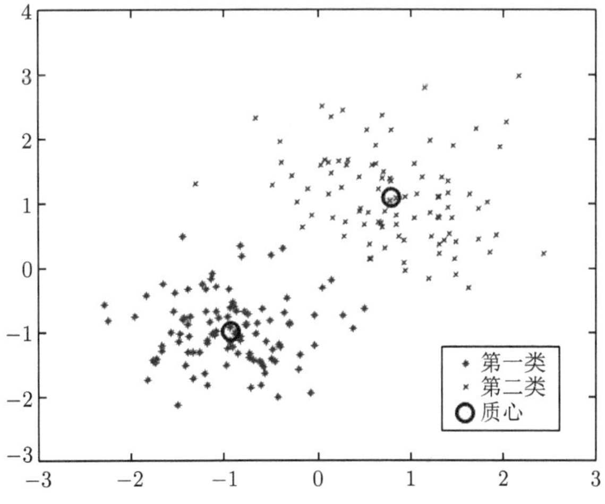

图 10.1 k 均值算法聚类结果

例 10.2　用 MATLAB 自带的 kmeans 函数对鸢尾属植物数据集 Iris 进行聚类, 取 $k=3$.

编制 MATLAB 程序代码如下 (Kmeans_iris.m 文件).

```
%MATLAB自带的函数kmeans对Iris数据集聚类
clc;clear all;close all
load fisheriris %载入样本数据
X=meas(:,3:4); %为了可视化,选用数据集的后两个属性
k=3;%聚为3类
[idx,C]=kmeans(X,k,'Distance','cityblock');
%利用k中心点算法进行聚类
plot(X(idx==1,1), X(idx==1,2),'r*','MarkerSize',5);
%绘制聚类后的第一组数据
hold on
plot(X(idx==2,1), X(idx==2,2),'bd','MarkerSize',5);
%绘制聚类后的第二组数据
plot(X(idx==3,1), X(idx==3,2),'gp','MarkerSize',5);
%绘制聚类后的第三组数据
plot(C(:,1),C(:,2),'ko','MarkerSize',8,'LineWidth',2)
legend('第一类','第二类','第三类','质心','Location','SE');
hold off
```

运行上述程序, 得到聚类结果如图 10.2 所示.

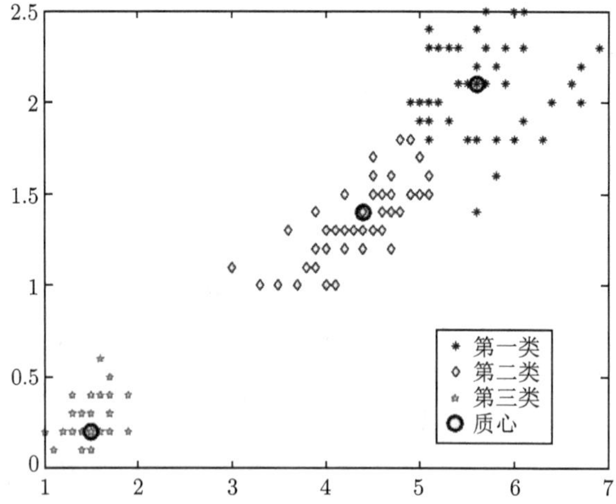

图 10.2　Iris 数据集的 k 均值聚类及中心点

10.3 k 中心点算法

不难发现, 10.2 节介绍的 k 均值算法对那些离群样本点非常敏感, 因为当远离大多数数据的对象被分配到一个簇时, 就可能严重地影响该簇的均值, 造成所得质点与实际质点位置偏差过大, 平方误差函数的使用更是严重恶化了这一影响, 最终很可能会影响其他对象到该簇的分配.

10.3.1 k 中心点算法基本原理

为了降低 k 均值算法对离群点的敏感性, 可以不采用簇中对象的均值作为参照点, 而在每个簇中选出一个实际的对象来代表该簇, 其余的每个对象聚类到与其最相似的代表性对象所在的簇中, 然后反复迭代, 直到每个代表对象都成为它所在的簇实际中心点或最靠近中心的对象为止. 它的划分方法仍然遵循极小化所有对象与其对应的参照点之间的相异度之和的原则.

围绕中心点划分的算法 (Partitioning Around Medoids, PAM) 是最早提出的 k 中心点算法之一, 该算法用数据点替换的方法获取最好的聚类中心, 而且该算法还可以克服 k 均值算法容易陷入局部最优的缺陷.

PAM 算法的基本思想是: 首先为每个簇任意选择一个代表对象 (即中心点), 剩余的对象根据其与每个代表对象的距离 (不一定是欧氏距离, 也可能是曼氏距离) 分配给最近的代表对象所代表的簇; 然后反复地用非中心点来替换中心点以提高聚类的质量. 聚类质量用一个代价函数来评估, 该函数度量一个非代表对象是否是当前一个代表对象的好的替代, 如果是就进行替换, 否则就不替换; 最后给出正确的划分. 当一个中心点被某个非中心点替代时, 除了未被替换的中心点外, 其余各点也被重新分配.

PAM 算法的具体步骤如下.

算法 10.2 (PAM 算法)

输入: 训练样本集 $D=\{\boldsymbol{x}_1,\boldsymbol{x}_2,\cdots,\boldsymbol{x}_n\}$, 簇的数目 k.

输出: k 个簇 $C=\{C_1,C_2,\cdots,C_k\}$, 使得所有对象与其距离最近的中心点的相异度总和最小.

(1) 初始化. 从 D 中随机选择 k 个样本点作为初始中心点.

(2) 将其余 $n-k$ 个样本点根据欧氏距离 (或曼氏距离) 划分到这 k 个簇中.

(3) 随机地选择一个未选择过的非中心点对象 $\boldsymbol{y}$.

(4) 计算用 $\boldsymbol{y}$ 代替中心点 $\boldsymbol{x}$ 的总代价 s.

(5) 如果 s 为负, 则可用 $\boldsymbol{y}$ 代替 $\boldsymbol{x}$, 形成新的中心点.

(6) 重复步骤 (2)—(5), 直到 k 中心点不再发生变化.

容易看出, PAM 算法的优点是: ① 对噪声点或孤立点不敏感, 具有较强的数据稳健性; ② 聚类结果与非中心点数据选取为临时中心点的顺序无关; ③ 聚类结果具有数据对象平移和正交变换的不变性.

PAM 算法的最大缺点是时间复杂度高, 对于大数据集, 算法聚类过程缓慢. 主要原因在于通过迭代来寻找最佳的聚类中心点集时, 需要反复地在非中心点对象与中心点对象之间进行最近邻搜索, 从而产生大量非必需的重复计算.

针对 PAM 算法时间复杂度高的缺点, 研究者也在不断地进行算法改善, 提出了一些关于 k 中心点算法的改进算法. 其中快速 k 中心点算法就是 PAM 算法的改进算法, 它对 k 中心点算法在初始聚类中心选取和聚类中心更新两方面都进行了改进.

快速 k 中心点算法通过选择处于样本分布密集区域的数据对象作为初始聚类中心, 以及采用新的聚类中心更迭方法改进了 PAM 算法, 其步骤如下.

算法 10.3 (快速 k 中心点算法)

输入: 训练样本集 $D=\{\boldsymbol{x}_1,\boldsymbol{x}_2,\cdots,\boldsymbol{x}_n\}$, 簇的数目 k.

输出: k 个簇 $C=\{C_1,C_2,\cdots,C_k\}$.

(1) 初始化中心点. 计算数据集中每个样本的密度, 选择前 k 个密度最大的样本作为初始中心, 然后将其余 $n-k$ 个样本分配到与其距离最近的簇, 得到初始聚类结果, 并计算聚类误差平方和.

(2) 更新中心点 (第一次循环时跳过这一步). 在新簇中查询出与簇内其他样本距离和最小的数据对象, 将其作为新中心.

(3) 重新计算全部样本点到各新中心点的距离, 并按最小距离划分到各个簇, 计算聚类误差平方和, 若与上次相同, 则算法结束, 否则重复执行步骤 (2).

下面是另一个改进的 k 中心点算法.

算法 10.4 (改进的 k 中心点算法)

输入: 训练样本集 $D=\{\boldsymbol{x}_1,\boldsymbol{x}_2,\cdots,\boldsymbol{x}_n\}$, 簇的数目 k.

输出: k 个簇 $C=\{C_1,C_2,\cdots,C_k\}$.

(1) 初始化聚类中心.

(1.1) 计算样本集 X 中各样本之间的距离:

$$d(\boldsymbol{x}_i,\boldsymbol{x}_j)=\|\boldsymbol{x}_i-\boldsymbol{x}_j\|_2=\left(\sum_{r=1}^{n}(x_{ir}-x_{jr})^2\right)^{\frac{1}{2}}. \tag{10.19}$$

(1.2) 计算样本 $\boldsymbol{x}_i\,(i=1,2,\cdots,n)$ 的密度

$$\mathrm{Dens}(\boldsymbol{x}_i)=\frac{\mathrm{DistMean}}{\mathrm{Dist}(\boldsymbol{x}_i)},$$

其中

$$\text{Dist}(\boldsymbol{x}_i)=\frac{1}{n}\sum_{j=1}^{n}d(\boldsymbol{x}_i,\boldsymbol{x}_j),\quad \text{DistMean}=\frac{2}{n(n-1)}\sum_{i=1}^{n}\sum_{j=1}^{n}d(\boldsymbol{x}_i,\boldsymbol{x}_j),$$

这里 $\text{Dist}(\boldsymbol{x}_i)$ 称为样本点 $\boldsymbol{x}_i$ 的平均距离, DistMean 称为样本集 D 的平均距离. 将密度最大的前 k^2 个样本加入高密度点集合 H 中, 这里 $H=\{\boldsymbol{h}_1,\boldsymbol{h}_2,\cdots,\boldsymbol{h}_{k^2}\}$.

(1.3) 根据式 (10.19) 从集合 H 中选择距离最远的 2 个数据对象作为前 2 个初始聚类中心 $\boldsymbol{v}_1$, $\boldsymbol{v}_2$ 加入集合 V 中.

(1.4) 选择满足

$$\max_{i\in\{1,2,\cdots,k^2\}}\left\{d(\boldsymbol{h}_i,\boldsymbol{v}_1)\cdot d(\boldsymbol{h}_i,\boldsymbol{v}_2)\right\}$$

的数据对象 $\boldsymbol{h}_i$ 作为第 3 个初始聚类中心 $\boldsymbol{v}_3$ 加入集合 V 中.

(1.5) 重复执行步骤 (1.4), 直到 V 中的初始聚类中心个数等于 k, 即 $V=\{\boldsymbol{v}_1,\boldsymbol{v}_2,\cdots,\boldsymbol{v}_k\}$.

(2) 簇中心迭代更新.

(2.1) 根据式 (10.19) 计算各样本到集合 V 各中心点的欧氏距离, 再将其分配到相应的簇.

(2.2) 计算样本 $\boldsymbol{x}_i\,(i=1,2,\cdots,n)$ 与所属簇的各数据对象的距离之和

$$\text{DistSum}(\boldsymbol{x}_i)=\sum_{j=1}^{n_t}d(\boldsymbol{x}_i,\boldsymbol{x}_j),$$

其中 $\boldsymbol{x}_i,\boldsymbol{x}_j\in C_t\,(t=1,2,\cdots,k)$, n_t 为 C_t 中的样本数. 并计算簇 C_t 的簇内距离的和矩阵

$$\text{DistSum}(C_t)=\begin{pmatrix}\text{DistSum}(\boldsymbol{x}_1)\\ \text{DistSum}(\boldsymbol{x}_2)\\ \vdots\\ \text{DistSum}(\boldsymbol{x}_n)\end{pmatrix}.$$

用满足

$$\min_{t\in\{1,2,\cdots,k\}}\left\{\text{DistSum}(C_t)\right\}$$

的数据对象 $\boldsymbol{v}_1'\in C_t$ (簇内距离和最小) 取代原簇中心, 并存入新的簇中心集合 V' 中.

(2.3) 重复步骤 (2.2), 更新各簇的中心, 直至 $V'=\{\boldsymbol{v}_1',\boldsymbol{v}_2',\cdots,\boldsymbol{v}_k'\}$.

(3) 分配数据到相应的簇.

(3.1) 计算各样本点到集合 V' 中各簇中心的距离, 并将其按最小距离进行划分.

(3.2) 计算聚类误差平方和

$$E=\sum_{t=1}^{k}\|\boldsymbol{x}_t-\boldsymbol{v}_t'\|_2,$$

其中 $\boldsymbol{x}_t \in C_t$ 是第 t 簇的数据对象, $\boldsymbol{v}_t'$ 是第 t 簇的中心. 若无变化, 则算法结束, 否则转到步骤 (2) 继续执行.

10.3.2 *k* 中心点算法的 MATLAB 实现

下面来考虑 k 中心点算法的 MATLAB 实现. 对于 k 中心点算法, 在 MATLAB 中可直接调用函数 kmedoids 来解决 k 中心点聚类问题. 函数 kmedoids 的常用调用方法如下:

```
[idx]=kmedoids(X,k)
[idx]=kmedoids(X,k,Name,Value)
[idx,C]=kmedoids(___)
[idx,C,sumd]=kmedoids(___)
[idx,C,sumd,D]=kmedoids(___)
[idx,C,sumd,D,midx]=kmedoids(___)
[idx,C,sumd,D,midx,info]=kmedoids(___)
```

参数说明如下:

X 是 $n\times m$ 的数据矩阵, 每一行是一个样本, 每一列是一个属性.

k 是整数, 表示将 X 划分为 k 个类.

idx 是一个 $m\times 1$ 向量, 存储的是每个样本的聚类标号.

C 是一个 $k\times m$ 矩阵, 存储的是 k 个聚类质心的位置.

sumd 是一个 $1\times k$ 的和向量, 存储的是类间所有的样本与该类质心点距离之和.

D 是一个 $m\times k$ 矩阵, 存储的是每个点与所有质心点的距离.

midx 是一个 $1\times k$ 的向量, 表示簇中心处对应的 X 点的行数, 满足 C=X(midx,:).

info 存储算法的相关信息, 如使用的聚类方法、聚类中心的初始位置等.

Name, Value 成对出现, 表示相关参数名和参数值, 其相应的参数名包括 Algorithm, OnlinePhase, Distance, Options, Replicates, NumSample, PercentNeighbors 和 Start. 对于具体的参数含义及参数值, 可在 MATLAB 命令窗口键入 help kmedoids 查看帮助信息.

下面, 通过 MATLAB 实例的方法运用 k 中心点算法对数据进行聚类.

例 10.3 用 MATLAB 自带的 k 中心点算法函数 kmedoids 对鸢尾属植物数据集 Iris 进行聚类, 取 $k=3$.

程序代码如下 (Kmedoids_iris.m 文件).

```
%用k中心点算法函数kmedoids对Iris数据集进行聚类
clc;  clear all; close all
load fisheriris   %载入样本数据
X=meas(:,3:4); %为了可视化,选用数据集的后两个属性
k=3; %聚为3类
[idx,C]=kmedoids(X,k,'Distance','cityblock');
%利用k中心点算法进行聚类
plot(X(idx==1,1), X(idx==1,2),'r*','MarkerSize',4);
%绘制聚类后的第一组数据
hold on
plot(X(idx==2,1), X(idx==2,2),'b+','MarkerSize',4);
%绘制聚类后的第二组数据
plot(X(idx==3,1), X(idx==3,2),'gp','MarkerSize',4);
%绘制聚类后的第三组数据
plot(C(:,1),C(:,2),'ko','MarkerSize',8,'LineWidth',2)
legend('第一类','第二类','第三类','质心','Location','SE');
hold off
```

运行上述程序, 结果如图 10.3 所示.

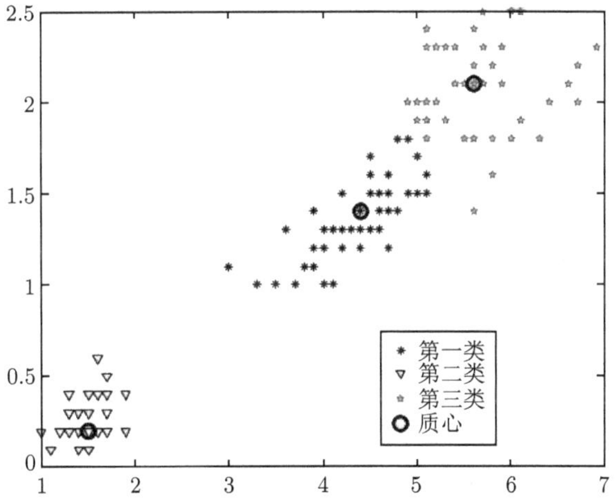

图 10.3 k 中心点算法对 Iris 聚类的结果

10.4 密度聚类算法

密度聚类算法是基于每个样本点的密度值来定义簇的一种聚类算法. 其基本思想是根据样本点的某一邻域内的近邻个数来定义样本空间的密度, 这类算法

的特点是不用事先指定簇的数量, 算法可以自动找出样本空间中形状不规则的簇. 密度聚类算法的典型代表是 DBSCAN 算法.

10.4.1　DBSCAN 算法的基本原理

一种著名的密度聚类算法是 DBSCAN (Density-Based Spatial Clustering of Applications with Noise) 算法. DBSCAN 算法将簇定义为样本点“密集”的区域, 从某个种子样本开始, 持续向密集的区域生长, 直至到达区域边界为止. 因此 DBSCAN 算法可以有效地处理噪声数据, 发现任意形状的簇.

DBSCAN 算法是基于一组邻域参数 (ϵ, M) 来刻画样本分布的紧密程度, 其中 ϵ 是邻域的半径, M 是定义邻域内核心点数量的阈值. 给定数据集 $D = \{\boldsymbol{x}_1, \cdots, \boldsymbol{x}_m\}$, 定义下面几个概念.

(1) ϵ-邻域: 对 $\boldsymbol{x}_k \in D$, 其 ϵ-邻域包含样本集 D 中与 $\boldsymbol{x}_k$ 的距离不大于 ϵ 的样本, 即 $N_\epsilon(\boldsymbol{x}_k) = \{\boldsymbol{x} \in D : \|\boldsymbol{x} - \boldsymbol{x}_k\| \leqslant \epsilon\}$.

(2) 核心对象: 若 $\boldsymbol{x}_k$ 的 ϵ-邻域至少包含 M 个样本, 即 $|N_\epsilon(\boldsymbol{x}_k)| \geqslant M$, 则 $\boldsymbol{x}_k$ 是一个核心对象.

(3) 边界点: 边界点不是核心点, 但落在某个核心点 (即核心对象) 的邻域内.

(4) 噪声点: 既不是核心点也不是边界点的任何点.

(5) 密度直达: 若 $\boldsymbol{x}_k$ 位于 $\boldsymbol{x}_i$ 的 ϵ-邻域中, 且 $\boldsymbol{x}_i$ 是核心对象, 则称 $\boldsymbol{x}_k$ 由 $\boldsymbol{x}_i$ 密度直达;

(6) 密度可达: 对 $\boldsymbol{x}_i$ 与 $\boldsymbol{x}_k$, 若存在样本序列 $\boldsymbol{z}_1, \boldsymbol{z}_2, \cdots, \boldsymbol{z}_n$, 其中 $\boldsymbol{z}_1 = \boldsymbol{x}_i$, $\boldsymbol{z}_n = \boldsymbol{x}_k$ 且 $\boldsymbol{z}_{i+1}$ 由 $\boldsymbol{z}_i$ 密度直达, 则称 $\boldsymbol{x}_k$ 由 $\boldsymbol{x}_i$ 密度可达.

(7) 密度相连: 对 $\boldsymbol{x}_i$ 与 $\boldsymbol{x}_k$, 若存在 $\boldsymbol{x}_t$ 使得 $\boldsymbol{x}_i$ 与 $\boldsymbol{x}_k$ 均由 $\boldsymbol{x}_t$ 密度可达, 则称 $\boldsymbol{x}_i$ 与 $\boldsymbol{x}_k$ 密度相连.

上述概念的直观表示如图 10.4 所示. 图中虚线显示出 ϵ-邻域, $\boldsymbol{x}_1$ 是核心对象, $\boldsymbol{x}_2$ 由 $\boldsymbol{x}_1$ 密度直达, $\boldsymbol{x}_3$ 由 $\boldsymbol{x}_1$ 密度可达, 均与 $\boldsymbol{x}_4$ 密度相连.

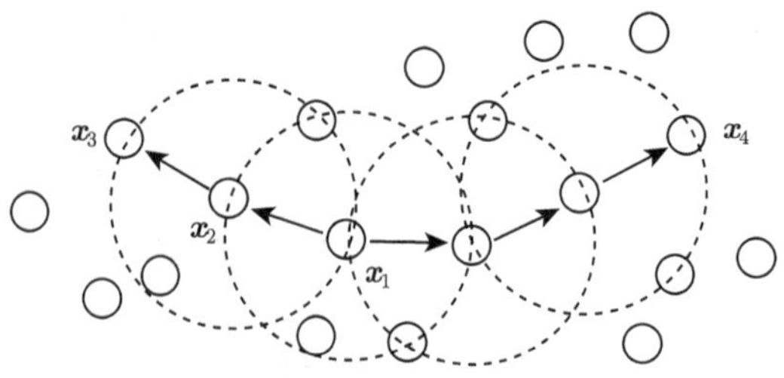

图 10.4　DBSCAN 定义的基本概念

基于上述概念, 样本 $\boldsymbol{x}$ 的密度可定义为

$$\rho(\boldsymbol{x}) = |N_\epsilon(\boldsymbol{x}_k)|, \tag{10.20}$$

即它的 ϵ-邻域内所包含的样本数. 显然密度是一个非负数. 有了密度的定义, 核心点就可以重新表述为: 数据集中密度大于指定阈值 M 的样本点, 即如果 $\rho(\boldsymbol{x}) > M$, 则称 $\boldsymbol{x}$ 为核心点. 容易发现, 核心点就是样本密集的区域.

基于密度的上述定义, DBSCAN 算法将样本点分为三类: ① 核心点, 即密集区域内的点; ② 边界点, 即密集区域边缘上的点; ③ 噪声点, 即稀疏区域中的点.

下面给出"簇"的定义.

定义 10.2 给定邻域参数 (ϵ, M), 簇 $C \subseteq D$ 定义为满足下面两个性质的非空样本子集:

(1) 连接性: $\boldsymbol{x}_i \in C, \boldsymbol{x}_k \in C \Longrightarrow \boldsymbol{x}_i$ 与 $\boldsymbol{x}_k$ 密度相连.

(2) 最大性: $\boldsymbol{x}_i \in C, \boldsymbol{x}_k$ 由 $\boldsymbol{x}_i$ 密度可达 $\Longrightarrow \boldsymbol{x}_k \in C$.

根据定义 10.2, 即可构造出基于密度的聚类算法: 从某一核心点出发, 不断向密度可达的区域扩张, 得到一个包含核心点和边界点的最大可达区域, 这个区域中的任意两个样本点是密度相连的.

因此, DBSCAN 算法的核心思想和基本流程是:

(1) 检查样本数据集中每个点的 ϵ-邻域, 若样本点 $\boldsymbol{x}_i$ 的 ϵ-邻域包含的点数多于 M 个, 则创建一个以 $\boldsymbol{x}_i$ 为核心点的簇;

(2) 聚集从这些核心对象直接密度可达的样本点, 这个过程可能会涉及一些密度可达簇的合并;

(3) 当没有新的点添加到任何簇时, 算法结束.

下面给出 DBSCAN 算法的具体步骤.

算法 10.5 (DBSCAN 算法)

输入: 样本集 $D = \{\boldsymbol{x}_1, \boldsymbol{x}_2, \cdots, \boldsymbol{x}_n\}$; 邻域参数 (ϵ, M).

输出: 聚类簇 $C = \{C_1, C_2, \cdots, C_k\}$.

(1) 初始化. 核心点集合 $\Omega = \varnothing$, 聚类簇数 $k := 0$, 未访问的样本集 $\Gamma := D$, 簇划分 $C = \varnothing$.

(2) 对于 $i = 1, 2, \cdots, n$, 确定样本点 $\boldsymbol{x}_i$ 的 ϵ-邻域 $N_\epsilon(\boldsymbol{x}_i)$.

  若 $|N_\epsilon(\boldsymbol{x}_i)| \geqslant M$, 则将 $\boldsymbol{x}_i$ 加入核心集 $\Omega := \Omega \cup \{\boldsymbol{x}_i\}$.

(3) 生成所有的簇 $C_i\,(i = 1, 2, \cdots, k)$.

  while $(\Omega \neq \varnothing)$ **do**

    记录当前未访问的样本集: $\Gamma_{\text{old}} := \Gamma$;

    随机选取一个核心点 $\boldsymbol{x}_o \in \Omega$, 初始化当前簇核心点队列 $Q = \{\boldsymbol{x}_o\}$;

    更新未访问样本集合 $\Gamma := \Gamma \backslash \{\boldsymbol{x}_o\}$;

    while $(Q \neq \varnothing)$ **do**

　　　取出队列 Q 中的首个样本 $\boldsymbol{x}_q$;
　　　if $|N_\epsilon(\boldsymbol{x}_q)| \geqslant M$ **then**
　　　　计算 $\Delta := N_\epsilon(\boldsymbol{x}_q) \cap \Gamma$;
　　　　将 Δ 中的样本加入到队列 Q;
　　　　更新: $\Gamma := \Gamma \backslash \Delta$;
　　　end if
　　end while
　　置 $k := k+1$, 生成簇 $C_k = \Gamma_{\text{old}} \backslash \Gamma$;
　　更新核心点集合 $\Omega := \Omega \backslash C_k$;
end while

上述算法核心步骤是依次处理每一个还未标记的点, 如果是核心点, 则将其 ϵ 近邻点加入连接集合中, 反复扩张, 直到找到一个完整的簇.

10.4.2 DBSCAN 算法的 MATLAB 实现

现在我们来考虑 DBSCAN 算法的 MATLAB 实现. 根据算法 10.5, 编写程序如下 (dbscan_alg.m 文件).

```
%DBSCAN算法的MATLAB程序
function[class,type,n]=dbscan_alg(X,M,Eps)
%输入: X-n*m 矩阵;n个样本,m个属性
%Eps-邻域半径,M-邻域包含的样本数
%输出:class-第i个样本对某个簇的归属向量,维度为n
%type-区分点的类型的向量,核心点1,边界点0和噪声点-1
[n,m]=size(X);
if nargin<3||isempty(Eps)
   Eps=epsilon(X,M);%如果输入参数小于3或Eps为空集,调用函数得到Eps
end
X=[(1:n)',X]; %样本矩阵X添加序号为第一列
[n,m]=size(X);  %重新计算数据集的大小(多了一列)
type=zeros(1,n); %用于区分核心点1,边界点0和噪声点-1
no=1; %簇标签值
touched=zeros(n,1); %用于判断该点是否处理过,0表示未处理过
%对每一个点进行处理
for i=1:n
    %找到未处理的点
    if touched(i)==0
       ob=X(i,:); %取第i个点
       D=pdist2(ob(2:m),X(:,2:m)); %计算第i个点到其他所有点的距离
       ind=find(D<=Eps); %找到半径Eps内的所有点
```

```
        if length(ind)>1&&length(ind)<M+1 %邻域内的点数少于M+1
           type(i)=0;  %赋为边界点
           class(i)=0; %聚类标签值赋为0
        end
        if length(ind)==1 %邻域内只包含一个点
           type(i)=-1;  %标记为噪声点
           class(i)=-1; %聚类标签值赋为-1
           touched(i)=1; %标记已处理
        end
        if length(ind)>=M+1 %核心点(邻域内包含多于M个点)
           type(i)=1; %标记为核心点
           class(ind)=ones(length(ind),1)*max(no); %所有核心点簇别标记为1
           %以下循环过程判断核心点是否密度可达
           while ~isempty(ind)  %如果核心点集合非空
                 ob=X(ind(1),:); %取来这些核心点
                 touched(ind(1))=1;  %标记为已处理
                 ind(1)=[]; %删除该点
                 D=pdist2(ob(2:m),X(:,2:m));
                 %计算这些核心点到其他所有点的距离
                 i1=find(D<=Eps); %记录与这些核心点距离小于Eps的点
                 if length(i1)>1 %如果这样的点多于一个
                    class(i1)=no; %将这样的点的簇标签赋为no
                    if length(i1)>=M+1 %如果这样的点多于M个
                       type(ob(1))=1; %将其类型标记为核心点
                    else
                       type(ob(1))=0; %否则标记为边界点
                    end
                    for i=1:length(i1) %对这样的点逐一处理
                        if touched(i1(i))==0 %如果该点未处理
                           touched(i1(i))=1; %标记为已处理
                           ind=[ind, i1(i)];  %添加到核心点集合中去
                           class(i1(i))=no; %给这些点赋予簇标签no
                        end
                    end
                 end
           end
           no=no+1; %完成一个簇,簇序号增加1
        end
    end
end
```

```
%最后处理所有未分类的点为噪声点
i2=find(class==0); %寻找噪声点的标号
class(i2)=-1; %簇类标记赋为-1
type(i2)=-1; %样本类型标为-1(噪声点)
%............................................................
function [Eps]=epsilon(X,k)
%根据数据计算DBSCAN算法的邻域半径
%输入: X是 n*m 样本矩阵, k是邻域中的样本数
%输出: Eps是邻域的半径
[n,m]=size(X);
Eps=((prod(max(X)-min(X))*k*gamma(0.5*m+1))/(n*sqrt(pi.^m))).^(1/m);
```

上面的程序中包括了一个子函数 epsilon(), 它是可选项, 用来确定参数 ϵ, 即每次拓展的区域的大小. 如果函数 dbscan_alg() 的调用参数小于 3 个, 则调用词子函数来计算参数 ϵ 的值.

例 10.4　利用 DBSCAN 算法进行聚类, 聚类的数据由两个不同均值的高斯分布产生.

编写程序代码如下 (dbscan_main.m 文件).

```
clear all; close all
rng (0) %可重复性
%两个高斯数据样本
mu1=[1 2]; sigma1=[3 0.2; 0.2 2];
mu2=[-2 -4]; sigma2=[2 0; 0 1];
%产生待聚类的数据
X=[mvnrnd(mu1,sigma1,250); mvnrnd(mu2,sigma2,150)];
Y=[zeros(250,1);ones(150,1)]; %赋予标签
figure (1)
gscatter(X(:,1),X(:,2),Y,'rb','*p'); %原始数据散点图
title('原始数据散点图');
M=6; %M=10; %M=2;
[class,type,n]=dbscan_alg(X,M); %dbscan聚类
figure (2) %画出最终的聚类图
plot(X(class==1,1),X(class==1,2),'r*'); %簇1
hold on;
plot(X(class==2,1),X(class==2,2),'bp'); %簇2
plot(X(class==-1,1),X(class==-1,2),'ko'); %噪声点
hold off
legend('簇 1','簇 2','噪声点','Location','SE')
title(sprintf('DBSCAN算法(M = % d)',M))
```

上述程序首先人工产生 400 个样本点 (其中第一类样本点 250 个, 第二类样本点 150 个), 取 $M = 6$, 用 DBSCAN 算法进行聚类. 运行该程序后结果如图 10.5 所示.

图10.5电子图

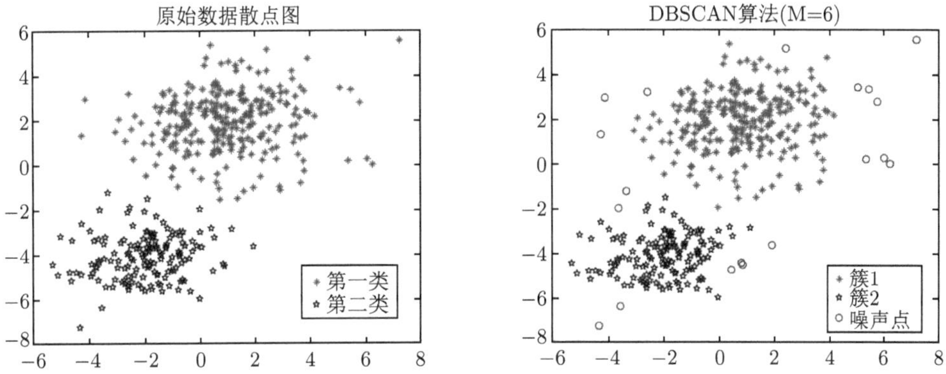

(a) 原始数据 (b) DBSCAN聚类

图 10.5 DBSCAN 算法聚类结果

图 10.5 (b) 中红色点表示噪声点, 蓝色和绿色分别代表两个类. 与真实的聚类结果相比, 可以看出 DBSCAN 算法的聚类效果较好.

例 10.5 用 DBSCAN 算法的 MATLAB 函数 dbscan_alg() 对鸢尾属植物数据集 Iris 进行聚类.

编写程序代码如下 (dbscan_iris.m 文件).

```
clear all; close all
load fisheriris  %载入样本数据
X=meas(:,3:4);  %为了可视化,选用数据集的后两个属性
Y=species; %标签
%原始类别图
figure (1)
gscatter(X(:,1),X(:,2),Y,'gbm','*pd');
legend('第一类','第二类','第三类','Location','SE')
%dbscan聚类
M=3; %M=6; %M=10;
[class,type,n]=dbscan_alg(X,M);
%画出最终的聚类图
figure (2)
plot(X(class==1,1),X(class==1,2),'g*')
hold on;
```

```
plot(X(class==2,1),X(class==2,2),'bp')
plot(X(class==3,1),X(class==3,2),'bp')
plot(X(class==-1,1),X(class==-1,2),'ro')
hold off
legend('簇 1','簇 2','噪声点','Location','SE')
title(sprintf('DBSCAN算法(M = % d)',M))
```

运行上述程序后得到聚类结果如图 10.6 所示.

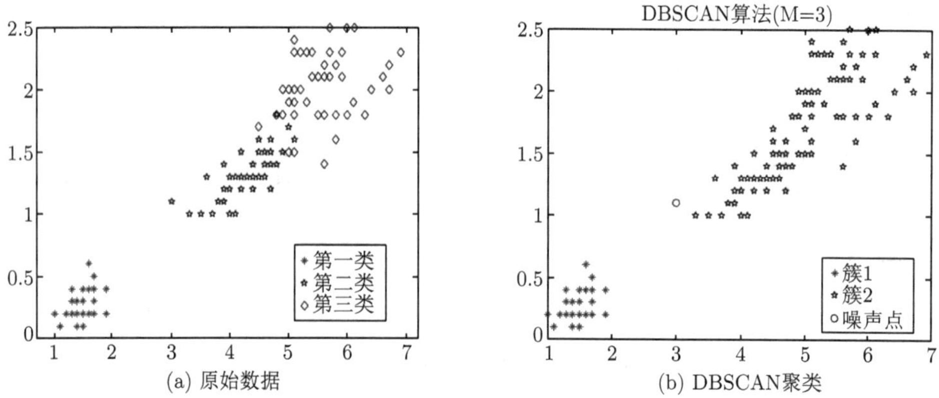

图 10.6 DBSCAN 算法对 Iirs 数据集的聚类结果

由图 10.6 (b) 可以看出, 不管取什么样的 M 值, DBSCAN 算法都无法将鸢尾属植物数据集 Iris 聚成三个簇! 当然, 为了可视化, 我们只取了该数据集的两个数值进行 DBSCAN 聚类, 这或许会影响聚类的效果. 另外, 从 10.2 节和 10.3 节可知, k 均值算法和 k 中心点算法对鸢尾属植物数据集都具有很好的聚类效果.

值得指出的是, 在高版本的 MATLAB 系统 (比如 MATLAB R2020a), 已经封装了实现 DBSCAN 聚类的函数 dbscan(), 其用法如下:

```
idx = dbscan(X,epsilon,minpts)
idx = dbscan(X,epsilon,minpts,Name,Value)
idx = dbscan(D,epsilon,minpts,`Distance','precomputed')
[idx,corepts] = dbscan(___)
```

其中输入参数 X 是 $n \times m$ 样本矩阵, epsilon, minpts 是算法的邻域参数 (ϵ, M). 输出参数 idx 是 n 维簇标记向量. 其他有关参数的含义可在 MATLAB 命令窗口键入 “help dbscan” 查看.

例 10.6 生成一个带噪声的环状数据集, 分别用 DBSCAN 算法和 k 均值算法进行聚类.

编写 MATLAB 程序如下 (dbscan_circle.m 文件).

```
rng('default') %可重复性
```

```
%生成样本数据参数
N=300; %每个簇的大小
r1=0.5;r2=5; %两个圆的半径
theta=linspace(0,2*pi,N)';
X1=r1*[cos(theta),sin(theta)]+rand(N,1);
X2=r2*[cos(theta),sin(theta)]+rand(N,1);
X=[X1;X2]; %含噪声的二维环状数据集
figure(1);scatter(X(:,1),X(:,2)); %绘制散点图
title('原始数据散点图');box on;
idx=dbscan(X,1,5); %调用dbscan函数聚类,默认为欧氏距离
figure(2);gscatter(X(:,1),X(:,2),idx,'cb','*o');%绘制聚类后的散点图
title('用欧氏距离进行DBSCAN聚类')
legend('簇1','簇2','Location','SE')
%用平方欧氏距离进行dbscan聚类
idx2=dbscan(X,1,5,'Distance','squaredeuclidean');
figure(3);gscatter(X(:,1),X(:,2),idx2,'rg','*o');%绘制聚类后的散点图
title('用平方欧氏距离进行DBSCAN聚类')
legend('簇1','簇2','Location','SE')
kidx=kmeans(X,2); %用k均值算法聚类
figure(4);gscatter(X(:,1),X(:,2),kidx);
title('k均值算法的聚类结果')
legend('簇1','簇2','Location','SE')
```

运行上述程序, 得到可视化结果如图 10.7 所示.

从图 10.7 可以看出, DBSCAN 算法无论是用欧氏距离还是平方欧氏距离, 都能对原始数据进行很好的聚类, 而 k 均值算法则得到了错误的聚类结果.

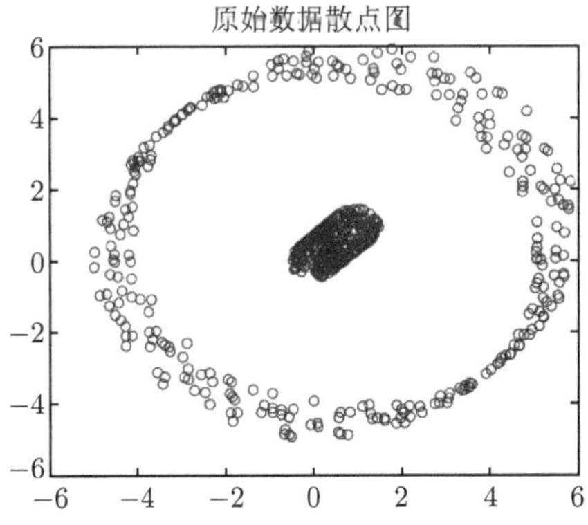

(a) 原始数据

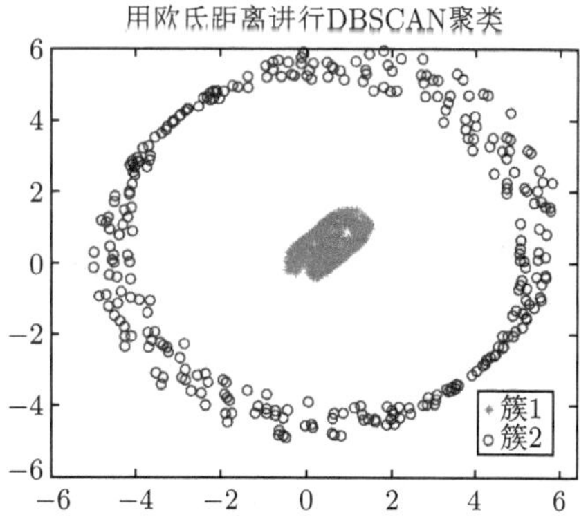

(b) DBSCAN聚类（欧氏距离）

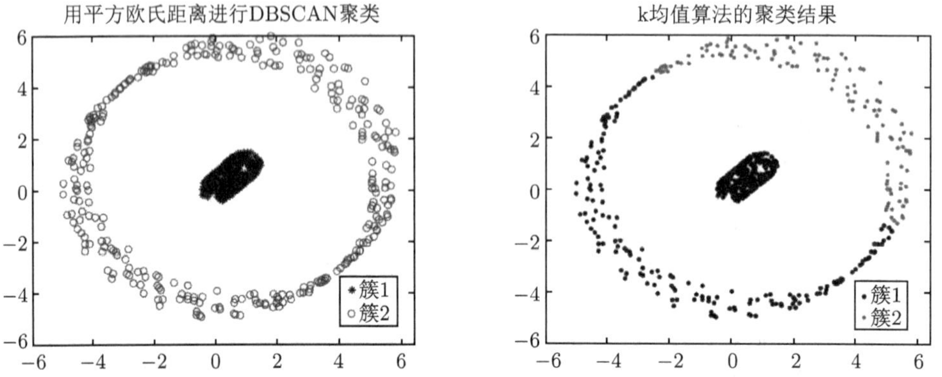

(c) DBSCAN聚类（平方欧氏距离） (d) k均值聚类

图 10.7 DBSCAN 聚类与 k 均值聚类的比较

10.5 层次聚类算法

层次聚类算法是指在不同的层次对样本数据集进行划分, 从而形成树形的聚类结构. 一般来说, 层次聚类算法分为两种. ① 凝聚的层次聚类. 它采用自底向上的策略, 首先将每个对象作为一个簇, 然后将这些子簇合并为更大的簇, 直到所有的对象都在同一个簇中, 或者满足终止条件. ② 分裂的层次聚类. 它与凝聚的层次聚类刚好相反, 采用自顶向下的策略, 首先将所有对象置于同一个簇中, 然后逐渐细分为越来越小的簇, 直到每个对象自成一簇, 或者达到了某个终止条件. 分裂的层次聚类方法一般较少使用.

10.5.1 AGNES 算法的基本原理

AGNES (Agglomerative Nesting) 属于凝聚的层次聚类算法范畴, 它先将数据集中的每个样本看作一个初始聚类簇, 然后在算法运行的每一步中找出距离最近的两个聚类簇进行合并, 该过程不断重复, 直至达到预设的聚类簇的个数. 实际上, 每个簇是一个样本集合, 因此, 只需采用关于集合的某种距离即可. 例如, 给定聚类簇 C_i 与 C_j, 可通过下面的式子来计算距离:

(1) 最小距离 : $$d_{\min}(C_i, C_j) = \min_{\boldsymbol{x}\in C_i, \boldsymbol{z}\in C_j} \operatorname{dist}(\boldsymbol{x}, \boldsymbol{z}); \tag{10.21}$$

(2) 最大距离 : $$d_{\max}(C_i, C_j) = \max_{\boldsymbol{x}\in C_i, \boldsymbol{z}\in C_j} \operatorname{dist}(\boldsymbol{x}, \boldsymbol{z}); \tag{10.22}$$

(3) 平均距离 : $$d_{\text{avg}}(C_i, C_j) = \frac{1}{|C_i||C_j|} \sum_{\boldsymbol{x}\in C_i} \sum_{\boldsymbol{z}\in C_j} \operatorname{dist}(\boldsymbol{x}, \boldsymbol{z}). \tag{10.23}$$

不难发现, 最小距离由两个簇的最近样本决定, 最大距离由两个簇的最远样本决定, 而平均距离则由两个簇的所有样本共同决定. 当聚类簇距离由 $d_{\min}$, $d_{\max}$

或 d_{avg} 计算时, AGNES 算法被相应地称为单链接算法、全链接算法或均链接算法.

AGNES 算法流程描述如下.

算法 10.6 (AGNES 算法)

输入: 样本集 $D=\{\boldsymbol{x}_1,\boldsymbol{x}_2,\cdots,\boldsymbol{x}_n\}$; 聚类簇个数 k.

输出: 聚类簇 $C=\{C_1,C_2,\cdots,C_k\}$.

(1) 对于 $p=1,2,\cdots,n$, 令 $C_p=\{\boldsymbol{x}_p\}$.

(2) 对于 $p,q=1,2,\cdots,n$, 计算任意两簇间的距离, 形成距离矩阵 M:

$$M(p,q)=\text{dist}(C_p,C_q),\ M(q,p):=M(p,q),$$

其中 dist 是距离函数, 可以是簇间最小距离、最大距离或平均距离.

(3) 令当前聚类簇个数 $r:=n$.

(4) **while** $r>k$ **do**

找出距离最近的两个簇 C_{p^*} 和 C_{q^*}, 并将其合并成 $C_{p^*}:=C_{p^*}\cup C_{q^*}$.

对于 $q=q^*+1,q^*+2,\cdots,r$, 将 C_q 重新编号为 C_{q-1}, 即 $C_{q-1}:=C_q$.

删除距离矩阵 M 的第 q 行和第 q 列元素.

对于 $q=1,2,\cdots,r-1$, 更新距离矩阵的值:

$M(p^*,q)=\text{dist}(C_{p^*},C_q),\ M(q,p^*)=M(p^*,q)$.

置 $r:=r-1$.

end while

可以看出, AGNES 聚类算法最突出的优点是简单, 距离和规则的相似度容易定义, 限制少, 并且不需要预先指定聚类簇数 (即算法中不需要指定 k 值), 并且可以发现类的层次关系. 缺点是算法的复杂度为 $O(n^2)$, 不适合大数据集的聚类.

另外, 如果不预先指定聚类的簇数 k (即算法 10.6 中的 $k=1$), 那么 AGNES 聚类算法的输出结果是一个聚类簇, 这并不是我们想要的结果. 那么该如何控制聚类呢? 常用的做法就是为算法设定一个阈值, 矩阵在更新的过程中, 总是将两个距离最近的簇合并, 那么只要加入一个阈值判断, 当簇间距离大于这个阈值时, 就说明不需要再合并了, 此时可结束算法. 这样的阈值引入可以很好地控制算法结束时间, 将层次截断在某一层上.

10.5.2 AGNES 算法的 MATLAB 实现

现在考虑 AGNES 算法的 MATLAB 实现. 由于 MATLAB 系统没有封装实现 AGNES 算法的函数, 我们编制实现代码如下 (agnes_alg.m 文件).

```
%AGNES算法MATLAB程序
function [M,C_set]=agnes_alg(X,k)
C_set=[]; %初始化,C_set是个结构变量
```

```
[n,~]=size(X);
M=zeros(n,n); %初始化距离矩阵
for i=1:n
    C.ind=i; %C_i={x_i},C是个结构变量
    C.X=X(i,:); %样本矩阵第i行
    C_set=[C_set;C];
end
for i=1:n
   for j=i+1:n
       %计算任意两个簇之间的距离
       M(i,j)=get_dist(C_set(i),C_set(j));
       M(j,i)=M(i,j); %调用函数get_dist计算距离
   end
end
%聚类
while C_set(end).ind>k
     [Ci,Cj]=find_closest_C(M); %寻找与Ci最近的簇Cj(Ci<Cj)
     C_set=update_C_set(Ci,Cj,C_set); %更新簇集合
     M=update_M(Ci,Cj,C_set,M); %更新距离矩阵
end
%下面的子函数计算任意两个簇之间的距离
function dist=get_dist(C1,C2)
[n1,~]=size(C1.X);
dist=10000; %用一个较大的数初始化距离
for i=1:n1
    tm_dist=pdist2(C2.X,C1.X(i,:));
    %调用系统函数pdist2计算两点之间距离
    [min_value,~]=min(tm_dist); %得到最小距离
    if min_value < dist
        dist=min_value; %更新最小距离
    end
end
%下面的子函数用来寻找与Ci最近的簇Cj(Ci<Cj)
function [Ci,Cj]=find_closest_C(M)
[n,~]=size(M); %得到矩阵M的行数
min_dist=10000;
start=2; %从第2列开始扫描
Ci=0; Cj=0;
for i=1:n-1
    [tem_dist,min_ind]=min(M(i,start:n));
```

```
        if tem_dist<min_dist
            min_dist=tem_dist;
            Ci=i; Cj=min_ind+start-1;
        end
        start=start+1;
    end
    if Ci>Cj
        tem_c=Cj;Cj=Ci;Ci=tem_c;
        %如果Ci>Cj,交换Ci与Cj
    end
    %以下子函数用来更新簇集合C_set
    function C=update_C_set(Ci,Cj,C_set)
    for i=Cj+1:length(C_set)
        C_set(i).ind=C_set(i).ind-1;%更新簇编号
    end
    C_set(Ci).X=[C_set(Ci).X;C_set(Cj).X];
    %合并聚类簇,序号小的合并序号大的Ci<Cj
    C_set(Cj)=[]; %删除簇Cj
    C=C_set;
    %以下子函数更新距离矩阵
    function dist_m=update_M(Ci,Cj,C_set,M)
    M(:,Cj)=[];%删除第Cj列
    M(Cj,:)=[];%删除第Cj行
    %更新Ci行,1:C_set(end).ind列
    for j=1:C_set(end).ind
       M(Ci,j)=get_dist(C_set(Ci),C_set(j));
       M(j,Ci)=M(Ci,j);
    end
    dist_m=M;
```

下面我们来看两个 AGNES 聚类的例子.

例 10.7 用周志华教授《机器学习》中的西瓜数据集 4.0 作为样本集进行 AGNES 聚类.

周志华教授《机器学习》中的西瓜数据集 4.0 的样本数据如表 10.1 所示.

将其存成文本文件 melon40.txt, 编写程序代码如下 (agnes_melon40.m 文件).

```
%AGNES算法聚类西瓜数据
clc;clear;close all
X=load('melon40.txt');
X(:,1)=[]; %删除第一列(序号)
Color={'ro','bp','g*','ms','kv','ch','y>'}; %给颜色和点型赋值
```

```
k=6;%聚类成6簇
[M,C_set]=agnes_alg(X,k); %调用AGNES算法函数
hold on
for i=1:k %绘图
    plot(C_set(i).X(:,1),C_set(i).X(:,2),Color{i});
end
hold off
legend('Location','NW')
xlabel('密度');ylabel('含糖率');
Y=pdist(X,'cityblock'); %用曼氏距离绘制树图
Z=linkage(Y,'average'); %聚类层次聚类树
dendrogram(Z); %系统树图绘制
xlabel('样本编号'); ylabel('聚类簇距离');
```

表 10.1　西瓜数据集 4.0

编号	密度	含糖率	编号	密度	含糖率	编号	密度	含糖率
1	0.697	0.460	11	0.245	0.057	21	0.748	0.232
2	0.774	0.376	12	0.343	0.099	22	0.714	0.346
3	0.634	0.264	13	0.639	0.161	23	0.483	0.312
4	0.608	0.318	14	0.657	0.198	24	0.478	0.437
5	0.556	0.215	15	0.360	0.370	25	0.525	0.369
6	0.403	0.237	16	0.593	0.042	26	0.751	0.489
7	0.481	0.149	17	0.719	0.103	27	0.532	0.472
8	0.437	0.211	18	0.359	0.188	28	0.473	0.376
9	0.666	0.091	19	0.339	0.241	29	0.725	0.445
10	0.243	0.267	20	0.282	0.257	30	0.446	0.459

运行上述程序后得到聚类结果如图 10.8 所示.

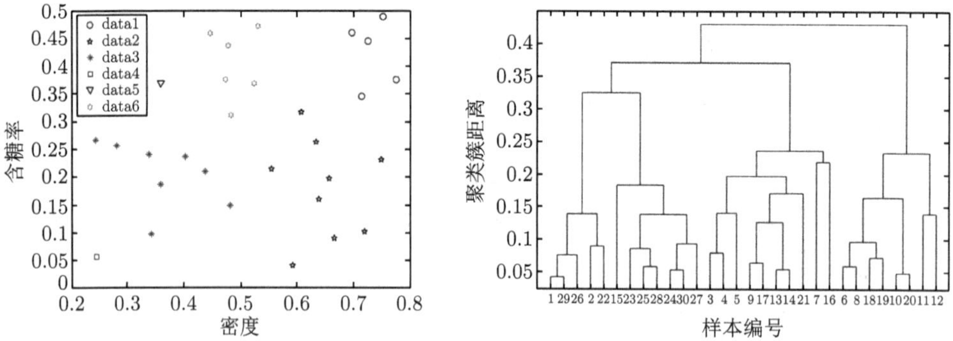

(a) AGNES聚类　　(b) 聚类树图

图 10.8　AGNES 算法对西瓜数据集 4.0 聚类结果与树图

从图 10.8 (a) 的数据分布来看, 聚成 6 类是比较合理的. 还可以改变聚类簇数 k 的值, 比如 $k=5,4,3$ 等, 重新运行上述程序得到相应的聚类结果.

例 10.8 用 AGNES 算法对鸢尾属植物数据集 Iris 进行聚类.

编写程序代码如下 (agnes_iris.m 文件).

```
%AGNES算法对数据集Iris聚类
clc;clear;close all
load fisheriris  %载入样本数据
X=meas(:,3:4); %为了可视化,选用数据集的后两个属性
%X(101:end,:)=[];
Color={'ro','bp','g*','ms','kv','ch','y>'}; %颜色,点型赋值
k=3; %聚成3类
[M,C_set]=agnes_alg(X,k);
hold on; box on
for i=1:k
    plot(C_set(i).X(:,1), C_set(i).X(:,2),Color{i});
end
legend('Location','SE')
xlabel('花瓣长度'); ylabel('花瓣宽度');
Y=pdist(X,'cityblock'); %用曼氏距离绘制树图
Z=linkage(Y,'average'); %聚类层次聚类树
dendrogram(Z,0);  %系统树图绘制
box on;
xlabel('样本编号'); ylabel('聚类簇距离');
```

运行上述程序后得到聚类结果如图 10.9 所示.

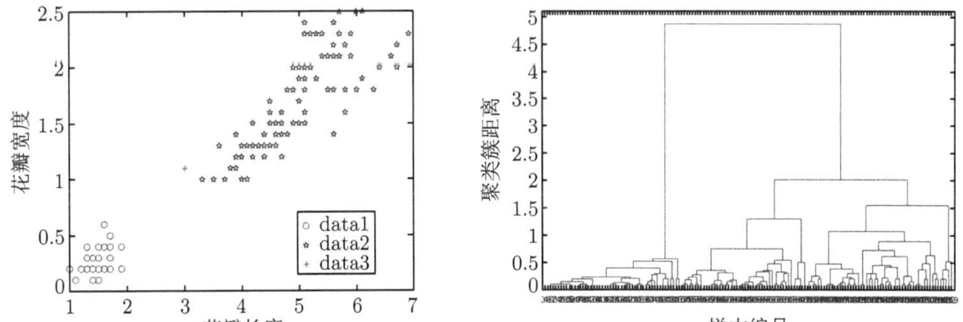

(a) AGNES聚类 (b) 聚类树图

图 10.9 AGNES 算法对 Iris 数据集聚类结果与树图

从图 10.9 (a) 来看, 对 Iris 数据集聚成 3 类是不够理想的. 因为真实的鸢尾花植物数据集包含三个花的品种 [setosa (山鸢尾), virginica (弗吉尼亚鸢尾), versicolor (杂色鸢尾)], 每个品种各 50 个样本, 每个样本四个属性参数 (萼片长度和宽度、花瓣长度和宽度), 我们在聚类是选取了后两个属性 (为了可视化). 图 10.9 (a) 的聚类结果说明, AGNES 聚类没能将 virginica 和 versicolor 这两类数据很好地分开, 这也说明了 AGNES 聚类的局限性.

本章课件

第 11 章　高斯混合模型与 EM 算法

本章介绍高斯混合模型与EM算法. 高斯混合模型 (GM 模型) 假设每个类别中的样本向量服从相同的概率分布, 是一种基于概率分布的生成式模型. 经常使用的概率分布是多维高斯分布 (即多维正态分布). 在求解高斯混合模型时, 通常使用 EM 算法 (即期望最大化算法).

11.1　高斯混合模型

先简单回顾一下多元高斯分布的定义. 对样本空间中的随机向量 $\boldsymbol{x} \in \mathbb{R}^m$, 若 $\boldsymbol{x}$ 服从 m 维高斯分布, 其概率密度函数为

$$p(\boldsymbol{x};\boldsymbol{\mu},\boldsymbol{\Sigma}) = \frac{1}{(2\pi)^{\frac{m}{2}}|\boldsymbol{\Sigma}|^{\frac{1}{2}}}\mathrm{e}^{-\frac{1}{2}(\boldsymbol{x}-\boldsymbol{\mu})^{\mathrm{T}}\boldsymbol{\Sigma}^{-1}(\boldsymbol{x}-\boldsymbol{\mu})}, \tag{11.1}$$

其中 $\boldsymbol{\mu}$ 是 m 维均值向量, $\boldsymbol{\Sigma}$ 是 $m \times m$ 的协方差矩阵. 由式 (11.1) 可看出, 高斯分布完全由均值向量 $\boldsymbol{\mu}$ 和协方差矩阵 $\boldsymbol{\Sigma}$ 这两个参数确定.

当 $m=1$ 时, 式 (11.1) 退化为一维高斯分布. 图 11.1 (a) 是一维标准高斯分布的概率密度曲线, 在 MATLAB 中用函数 normpdf(·, ·, ·) 可计算一维高斯分布的概率密度函数的值, 而用函数 mvnpdf(·, ·, ·) 可计算多维高斯分布的概率密度函数的值. 图 11.1 (b) 是二维高斯分布的概率密度曲面, 它是一个“钟形”的曲面,

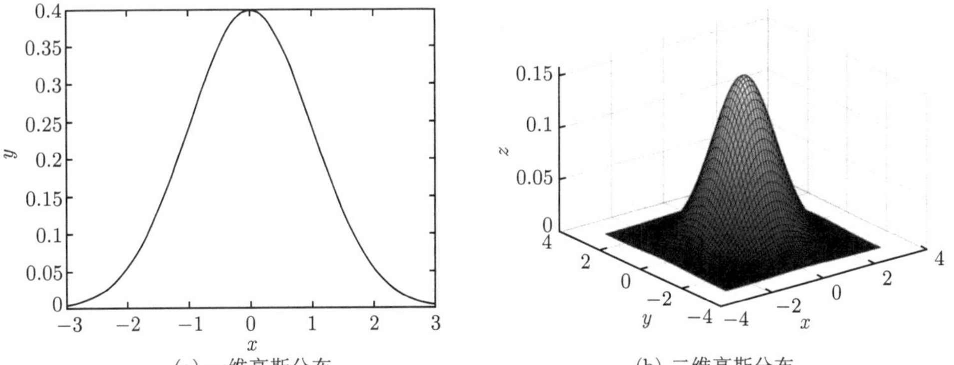

(a) 一维高斯分布　　(b) 二维高斯分布

图 11.1　一维高斯分布和二维高斯分布

投影到 x, y 轴上的坐标表示二维变量的取值, 而曲面上的点对应的 z 值表示两个变量的联合概率.

下面我们来定义高斯混合模型 (Gaussian Mixture Model, GMM). GMM 是通过多个高斯分布的加权和来描述一个随机向量的概率分布, 概率密度函数定义为

$$p_M(\boldsymbol{x}) = \sum_{j=1}^{k} w_j p(\boldsymbol{x}; \boldsymbol{\mu}_j, \boldsymbol{\Sigma}_j), \tag{11.2}$$

其中 $\boldsymbol{x}$ 为随机向量, k 为高斯分布的个数, $\boldsymbol{\mu}_j$ 与 $\boldsymbol{\Sigma}_j$ 分别是第 j 个高斯混合成分的均值向量和协方差矩阵, 而 $w_j > 0$ 是第 j 个高斯成分的权重系数, 也称为“混合系数”, 并且满足

$$\sum_{j=1}^{k} w_j = 1.$$

假设样本 $\boldsymbol{x}$ 的生成过程由高斯混合分布给出: 先以 w_j 的概率从 k 个高斯分布中选择出一个高斯分布 $p(\boldsymbol{x}; \boldsymbol{\mu}_j, \boldsymbol{\Sigma}_j)$, 再从这个高斯分布产生出样本数据 $\boldsymbol{x}$. 已有理论证明, 高斯混合模型可以任意逼近任何一个连续的概率分布, 因此它被称为连续型概率分布的“万能逼近器”. 此外, 由于概率密度函数必须满足在 $\mathbb{R}^m$ 上的重积分值为 1, 所以必须要求权系数 w_j 之和为 1.

那么, 对于式 (11.2), 模型参数 $\{(w_i, \boldsymbol{\mu}_i, \boldsymbol{\Sigma}_i); 1 \leqslant i \leqslant k\}$ 如何求解呢? 显然, 给定样本集 D, 可采用极大似然估计, 即最大化对数似然函数

$$\ell(D) = \ln\left(\prod_{i=1}^{n} p_M(\boldsymbol{x}_i)\right) = \sum_{i=1}^{n} \ln\left(\sum_{j=1}^{k} w_j p(\boldsymbol{x}_i; \boldsymbol{\mu}_j, \boldsymbol{\Sigma}_j)\right). \tag{11.3}$$

上述模型通常采用 EM 算法进行迭代优化求解. 可以做一个简要的说明. 由于上述模型的对数函数中有 k 个求和项以及 w_j 的存在, 无法像单高斯分布那样求得公式解. 采用梯度下降法或牛顿法进行迭代求解也不合适, 因为这是一个具有等式约束的最优化问题. 从另一个角度来看, 由于每个样本属于哪个高斯分布是未知的, 而计算高斯分布的均值和协方差时需要用到这个信息; 反过来, 某个样本属于哪个高斯分布又由高斯分布的均值和协方差所确定. 因此模型中存在循环依赖, 解决的办法是打破这种循环依赖, 从所有高斯成分的一个随机初始权重值开始, 计算样本属于每个高斯分布的概率, 再根据这个概率更新每个高斯分布的均值和协方差, 而 EM 算法的求解正好采用了这种思路.

11.2 EM 算法的理论推导

EM 算法就是期望最大化 (Expectation Maximization, EM) 算法, 是一种迭代算法. 这种算法可以同时计算出每个样本所属的簇以及每个簇的概率分布参数.

如果已知要聚类的数据服从它所属簇的概率分布, 则可以通过计算每个簇的概率分布和每个样本所属的簇来完成聚类. 由于计算每个簇概率分布的参数需要知道哪些样本属于这个簇, 而确定每个样本属于哪个簇又需要知道每个簇的概率分布参数, EM 算法在每次迭代时交替地执行分为 E 步和 M 步来解决这两类问题.

EM 算法是一种从“不完全数据”中求解模型参数的极大似然估计方法. “不完全数据”一般分为两种情况: 一种是由于观察过程本身的限制或错误, 造成观察数据成为错漏的不完全数据; 另一种是参数的似然函数直接优化十分困难, 而引入额外的参数 (隐含的或丢失的) 后就比较容易优化, 于是定义原始观察数据加上额外数据组成“完全数据”, 原始观察数据自然就成为“不完全数据”.

EM 算法是用于数据缺失问题中极大似然估计方法的一种常用迭代算法, 它具有操作简便、收敛稳定、实用性强等优点. EM 算法的目标是求解似然函数或后验概率的极值, 而目标函数中具有无法观测的隐含变量. 例如, 有一批样本分属于三个类, 每个类都服从高斯分布, 但均值和协方差这两个参数都是未知的, 并且每个样本属于哪个类也是未知的, 需要在这种情况下估计出每个高斯分布的均值和协方差. 那么样本所属的类别就是隐含变量, 正是这种隐含变量的存在导致了用极大似然估计法求解的困难.

假设有一个概率分布 $p(\boldsymbol{x};\boldsymbol{\theta})$, 其中 $\boldsymbol{\theta}$ 是未知参数 (向量或矩阵). 已知通过这个概率分布生成了 n 个样本, 每个样本包含观测数据 $\boldsymbol{x}_i$ 和无法观测到的隐变量 $z_i\,(i=1,2,\cdots,n)$. 现在需要根据这 n 个样本估计出未知参数 $\boldsymbol{\theta}$ 的值. 如果使用极大似然估计法, 可以构造出对数似然函数:

$$\ell(\boldsymbol{\theta})=\sum_{i=1}^{n}\ln p(\boldsymbol{x}_i;\boldsymbol{\theta})=\sum_{i=1}^{n}\ln\sum_{z_i}p(\boldsymbol{x}_i,z_i;\boldsymbol{\theta}),$$

这里的 z_i 是一个无法观测到的隐含变量, 是离散型随机变量. 上式中的 $p(\boldsymbol{x}_i;\boldsymbol{\theta})=\sum\limits_{z_i}p(\boldsymbol{x}_i,z_i;\boldsymbol{\theta})$ 表示对联合概率密度关于随机变量 z_i 求和得到 $\boldsymbol{x}_i$ 的边缘概率分布. 因为隐含变量的存在, 无法直接通过极大似然估计法得到参数 $\boldsymbol{\theta}$ 的公式解. 在这种情况下, EM 算法提供了一种有效的极大化似然函数估计的方法. 它的思路是: 既然直接极大化 $\ell(\boldsymbol{\theta})$ 比较困难, 那就间接求极大值. EM 算法首先构造 $\ell(\boldsymbol{\theta})$ 的一个下界函数 (E 步), 然后极大化这个下界函数来提升 $\ell(\boldsymbol{\theta})$ 的值 (M 步).

因为 EM 算法可以理解为极大似然估计的一种特殊情况, 所以在介绍 EM 算法的具体理论之前, 先回顾一下似然函数和极大似然估计的内容.

EM 算法的理论推导需要用到所谓的 Jensen 不等式.

引理 11.1 (Jensen 不等式) 设 f 是一个凸函数, z 是一个随机变量, 则有

$$\mathbb{E}[f(z)]\geqslant f(\mathbb{E}[z]).$$

如果 f 严格凸, 那么当且仅当 z 是一个常数时等式成立 $\mathbb{E}[f(z)] = f(\mathbb{E}[z])$. 相应地, 如果 f 是凹函数, 则得到相反的结论, 即 $\mathbb{E}[f(z)] \leqslant f(\mathbb{E}[z])$, 这里 $\mathbb{E}(\cdot)$ 表示随机变量的数学期望 (均值).

下面我们来介绍 EM 算法的具体推导. 对于每一个样本 $\boldsymbol{x}_i\,(i = 1, 2, \cdots, n)$, 假设 Q_i 表示关于 z_i 的一个概率分布, 满足

$$\sum_{z_i} Q_i(z_i) = 1, \quad Q_i(z_i) \geqslant 0,$$

则

$$\begin{aligned}
\ell(\boldsymbol{\theta}) &= \sum_{i=1}^{n} \ln p(\boldsymbol{x};\boldsymbol{\theta}) = \sum_{i=1}^{n} \ln \sum_{z_i} p(\boldsymbol{x}, z_i;\boldsymbol{\theta}) \\
&= \sum_{i} \ln \sum_{z_i} Q_i(z_i) \frac{p(\boldsymbol{x}_i, z_i;\boldsymbol{\theta})}{Q_i(z_i)} \qquad (11.4)\\
&\geqslant \sum_{i} \sum_{z_i} Q_i(z_i) \ln \frac{p(\boldsymbol{x}_i, z_i;\boldsymbol{\theta})}{Q_i(z_i)}, \qquad (11.5)
\end{aligned}$$

在这里, 式 (11.4) 做了一个恒等变形, 凑出了数学期望的计算公式; 式 (11.5) 则使用了 Jensen 不等式. 此时的 $f(x) = \ln(x)$ 是一个凹函数,

$$\sum_{z_i} Q_i(z_i) \frac{p(\boldsymbol{x}_i, z_i;\boldsymbol{\theta})}{Q_i(z_i)} \text{ 表示函数 } \frac{p(\boldsymbol{x}_i, z_i;\boldsymbol{\theta})}{Q_i(z_i)}$$

关于变量 z_i 的数学期望, z_i 服从分布 $Q_i(z_i)$. 则根据 Jensen 不等式就有

$$f\left(\mathbb{E}_{z_i \sim Q_i}\left[\frac{p(\boldsymbol{x}_i, z_i;\boldsymbol{\theta})}{Q_i(z_i)}\right]\right) \geqslant \mathbb{E}_{z_i \sim Q_i}\left[f\left(\frac{p(\boldsymbol{x}_i, z_i;\boldsymbol{\theta})}{Q_i(z_i)}\right)\right].$$

把上式中的期望和 f 替换为对应的表达式, 就得到了式 (11.5) 的结果. 式 (11.5) 说明对于任意的 Q_i, 得到了原始对数似然函数的一个下界. 显然这个下界函数比原始的对数似然函数更容易求极大值, 因为对数函数里面已经没有了求和项. 现在的问题是如何选择概率分布 Q_i. 回想 EM 算法的策略是找到原始对数似然函数的一个紧下界, 也就是说在某个 $\boldsymbol{\theta}$ 处, $\mathbb{E}[f(z)] = f(\mathbb{E}[z])$. 在 Jensen 不等式中, 这个结果成立的条件是随机变量 z 是一个常数, 即

$$\frac{p(\boldsymbol{x}_i, z_i;\boldsymbol{\theta})}{Q_i(z_i)} = c,$$

这意味着 $Q_i(z_i) = c^{-1} p(\boldsymbol{x}_i, z_i;\boldsymbol{\theta})$, 又因为 $\sum\limits_{z_i} Q_i(z_i) = 1$, 所以有

$$Q_i(z_i) = \frac{p(\boldsymbol{x}_i, z_i;\boldsymbol{\theta})}{\sum\limits_{z_i} p(\boldsymbol{x}_i, z_i;\boldsymbol{\theta})} = \frac{p(\boldsymbol{x}_i, z_i;\boldsymbol{\theta})}{p(\boldsymbol{x}_i;\boldsymbol{\theta})} = p(z_i \mid \boldsymbol{x}_i;\boldsymbol{\theta}). \qquad (11.6)$$

这说明 Q_i 其实对应着 z_i 的后验分布. 上面的推导中分别使用了边缘分布和条件概率的概念. 至此, 通过选择这样一个 Q_i 得到了似然函数的一个紧下界. 下一步最大化的步骤就是更新 $\boldsymbol{\theta}$ 以最大化这个紧下界函数.

EM 算法实现时首先随机初始化参数 $\boldsymbol{\theta}$ 的值, 然后分为 E 步和 M 步进行循环交替迭代.

(1) E 步. 利用当前的 $\boldsymbol{\theta}_t$ 值 (此时为已知), 计算在给定的 $\boldsymbol{x}_i$ 时对随机变量 z_i 的条件概率

$$Q_i(z_i) = p(z_i \mid \boldsymbol{x}_i; \boldsymbol{\theta}_t), \tag{11.7}$$

然后根据此分布构造目标函数 (即紧下界函数), 此下界函数可表示为随机变量 z_i 的数学期望, 即

$$\mathbb{E}_{z_i \sim Q_i}\left[\frac{p(\boldsymbol{x}_i, z_i; \boldsymbol{\theta})}{Q_i(z_i)}\right] = \sum_{z_i} Q_i(z_i) \ln \frac{p(\boldsymbol{x}_i, z_i; \boldsymbol{\theta})}{Q_i(z_i)}.$$

(2) M 步. 求解如下极大值问题, 得到参数 $\boldsymbol{\theta}$ 的更新值:

$$\boldsymbol{\theta}_{t+1} = \arg\max_{\boldsymbol{\theta}} \sum_{i=1}^{n} \sum_{z_i} Q_i(z_i) \ln \frac{p(\boldsymbol{x}_i, z_i; \boldsymbol{\theta})}{Q_i(z_i)}. \tag{11.8}$$

步骤 (1) 和步骤 (2) 反复迭代直至满足终止准则为止. 一般迭代到 $\|\boldsymbol{\theta}_{t+1} - \boldsymbol{\theta}_t\|_2 \leqslant \varepsilon$ 或目标函数相邻两次函数值之差小于指定的阈值时即可终止迭代.

下面来证明 EM 算法的收敛性. 将第 t 次迭代对应的参数值记为 $\boldsymbol{\theta}_t$, 第 $t+1$ 次迭代的参数值记为 $\boldsymbol{\theta}_{t+1}$. 由原对数似然函数 $\ell(\boldsymbol{\theta})$ 的有界性, 只需证明 $\ell(\boldsymbol{\theta}_t) \leqslant \ell(\boldsymbol{\theta}_{t+1})$ 成立, 即可保证算法收敛到局部极值点.

事实上, 由于在迭代时选择了

$$Q_{it}(z_i) = p(z_i \mid \boldsymbol{x}_i; \boldsymbol{\theta}_t),$$

因此有

$$\frac{p(\boldsymbol{x}_i, z_i; \boldsymbol{\theta}_t)}{Q_{it}(z_i)} = \frac{p(\boldsymbol{x}_i, z_i; \boldsymbol{\theta}_t)}{p(z_i \mid \boldsymbol{x}_i; \boldsymbol{\theta}_t)} = p(\boldsymbol{x}_i; \boldsymbol{\theta}_t) = \text{常数},$$

因此满足 Jensen 不等式取等号的条件, 即得

$$\ell(\boldsymbol{\theta}_t) = \sum_{i=1}^{n} \ln \sum_{z_i} Q_i(z_i) \frac{p(\boldsymbol{x}_i, z_i; \boldsymbol{\theta}_t)}{Q_i(z_i)} = \sum_{i=1}^{n} \sum_{z_i} Q_i(z_i) \ln \frac{p(\boldsymbol{x}_i, z_i; \boldsymbol{\theta}_t)}{Q_i(z_i)},$$

从而再由 Jensen 不等式可得

$$\ell(\boldsymbol{\theta}_{t+1}) = \sum_{i=1}^{n} \ln \sum_{z_i} Q_i(z_i) \ln \frac{p(\boldsymbol{x}_i, z_i; \boldsymbol{\theta}_{t+1})}{Q_i(z_i)}$$

$$\geqslant \sum_{i=1}^{n}\sum_{z_i} Q_i(z_i)\ln\frac{p(\boldsymbol{x}_i,z_i;\boldsymbol{\theta}_{t+1})}{Q_i(z_i)}$$
$$\geqslant \sum_{i=1}^{n}\sum_{z_i} Q_i(z_i)\ln\frac{p(\boldsymbol{x}_i,z_i;\boldsymbol{\theta}_{t})}{Q_i(z_i)} = \ell(\boldsymbol{\theta}_t),$$

上式第二个不等式成立是因为 $\boldsymbol{\theta}_{t+1}$ 是函数的极大值, 会大于或等于其他任一点的函数值. 上面的不等式说明每次迭代会使目标函数值上升, 直至达到函数的局部极大值, 但只能保证收敛到函数的局部极值点.

进一步, 我们来分析 EM 算法的收敛速度. 可以看出, EM 算法定义了一个映射: $\boldsymbol{\theta}_{t+1} = \Phi(\boldsymbol{\theta}_t)$, 其中 $\Phi(\boldsymbol{\theta}) = (\Phi_1(\boldsymbol{\theta}),\Phi_2(\boldsymbol{\theta}),\cdots,\Phi_s(\boldsymbol{\theta}))^{\mathrm{T}}$. EM 算法收敛时, 如果收敛到映射的一个不动点, 那么 $\boldsymbol{\theta}_* = \Phi(\boldsymbol{\theta}_*)$. 设 $\Phi'(\boldsymbol{\theta})$ 表示 $\Phi(\boldsymbol{\theta})$ 的 Jacobi 矩阵, 其 (i,j) 元为 $\partial_j\Phi_i(\boldsymbol{\theta})$.

由

$$\boldsymbol{\theta}_{t+1} - \boldsymbol{\theta}_* = \Phi(\boldsymbol{\theta}_t) - \Phi(\boldsymbol{\theta}_*),$$

利用拉格朗日中值定理, 得

$$\boldsymbol{\theta}_{t+1} - \boldsymbol{\theta}_* = \Phi'(\boldsymbol{\theta}_t + \xi(\boldsymbol{\theta}_t - \boldsymbol{\theta}_*))(\boldsymbol{\theta}_t - \boldsymbol{\theta}_*).$$

故 EM 算法的收敛率为

$$\rho = \lim_{t\to\infty}\frac{\|\boldsymbol{\theta}_{t+1} - \boldsymbol{\theta}_*\|_2}{\|\boldsymbol{\theta}_t - \boldsymbol{\theta}_*\|_2} = \|\Phi'(\boldsymbol{\theta}_*)\|_2,$$

即迭代算法的收敛率 ρ 等于矩阵 $\Phi'(\boldsymbol{\theta}_*)$ 的最大特征值.

不难发现 EM 算法的优缺点. 其突出优点是当数据存在缺失时 (可将缺失数据视作隐含变量), 仍可对参数进行极大似然估计, 而且算法比较简单, 具有良好的可操作性和收敛性. 其缺点也是明显的: ① 在缺失数据较多的情形下, 算法的收敛速度比较慢; ② 对于某些特殊的模型, 要计算算法中的 M 步 (极大化), 即完成对似然函数的估计是比较困难的; ③ 在某些情况下, 要获得 EM 算法中 E 步 (求期望) 的期望显式表达式是非常困难的或不可能的; ④ EM 算法最终会逐步收敛到一个稳定点, 但是只能保证收敛到似然函数的驻点, 而不能保证是极大值点.

11.3 EM 算法的应用

EM 算法作为一种数据添加算法, 在近几十年得到了迅速的发展. 这是由于当前科学研究及各方面实际应用中的数据量越来越大, 经常存在数据缺失或不可用的问题, 此时如果直接处理数据一般是比较困难的. 虽然数据添加方法有很多种,但 EM 算法具有算法简单、能可靠地找到极大值或局部极大值等优点, 所以 EM 算法能够得到迅速普及.

随着机器学习理论的发展, EM 算法已经不再满足于用在处理缺失数据的问题上, 它所能处理的问题已经越来越广泛. 有时候并非真的是数据缺失, 而是为了简化问题所采取的策略, 这时算法被称为数据添加技术, 所添加的数据通常被称为“潜在数据”. 一个复杂的问题通过引入恰当的潜在数据往往能够得到有效的求解.

本节介绍 EM 算法在高斯混合模型中的应用. 由于 EM 算法只是一个算法框架, 它描述了对于含有隐变量这一类问题的求解方法. 对于具体的模型, E 步和 M 步的计算表达式也不同. 下面以高斯混合模型为例, 说明如何实现 EM 算法.

假设有一组样本数据 $\boldsymbol{x}_1, \boldsymbol{x}_2, \cdots, \boldsymbol{x}_n$ 服从由 k 个正态分布 $N(\boldsymbol{x}_i; \boldsymbol{\mu}_j, \boldsymbol{\Sigma}_j)\,(j = 1, 2, \cdots, k)$ 组成的高斯混合分布, 但却不知道每个数据 $\boldsymbol{x}_i\,(i = 1, 2, \cdots, n)$ 具体来自哪个高斯分布. 现为每个样本 $\boldsymbol{x}_i$ 增加一个隐变量 z_i, 以表示该样本来自哪个高斯分布. 它是一个离散型随机变量, 取值为 $\{1, 2, \cdots, k\}$, 取每个值 $z_j = j$ 的概率为 w_j, 即以概率 $w_j\,(w_j \geqslant 0,\ \sum\limits_{j=1}^{k} w_j = 1)$ 来自第 $j\,(j = 1, 2, \cdots, k)$ 个高斯分布, 也不知道每个高斯模型的具体参数 (即 $\boldsymbol{\mu}_j$, $\boldsymbol{\Sigma}_j$), 希望能够根据这些观测到的样本数据 $\boldsymbol{x}_1, \boldsymbol{x}_2, \cdots, \boldsymbol{x}_n$ 估计出这些参数:

$$\boldsymbol{\theta} = (\boldsymbol{w}, \boldsymbol{\mu}, \boldsymbol{\Sigma}) = \{(w_j, \boldsymbol{\mu}_j, \boldsymbol{\Sigma}_j),\ j = 1, 2, \cdots, k\}.$$

注意到, 样本数据 $\boldsymbol{x}_1, \boldsymbol{x}_2, \cdots, \boldsymbol{x}_n$ 是可观测的, 而它们来自哪个高斯分布是不知道的, 用隐变量 $z_j\,(j = 1, 2, \cdots, k)$ 表示样本数据 $\boldsymbol{x}_i\,(i = 1, 2, \cdots, n)$ 所属的高斯成分, 则有

$$p(z_i = j \,|\, \boldsymbol{\theta}) = w_j, \tag{11.9}$$

$$\{\boldsymbol{x}_i \,|\, z_i = j, \boldsymbol{\theta}\} \sim N(\boldsymbol{x}_i \,|\, \boldsymbol{\mu}_j, \boldsymbol{\Sigma}_j). \tag{11.10}$$

为了估计高斯混合模型的参数, 写出其对数似然函数, 有

$$\ell(\boldsymbol{\theta}) = \sum_{i=1}^{n} \ln p(\boldsymbol{x}_i \,|\, \boldsymbol{\theta}) = \sum_{i=1}^{n} \ln \sum_{j=1}^{k} p(\boldsymbol{x}_i, z_j \,|\, \boldsymbol{\theta}). \tag{11.11}$$

可以看出对高斯混合模型的未知参数 $\boldsymbol{\theta}$ 的求解完全可以通过 EM 算法进行.

假设第 t 次迭代已经得到未知参数的一组估计:

$$\boldsymbol{\theta}_t = \{(w_j^{(t)}, \boldsymbol{\mu}_j^{(t)}, \boldsymbol{\Sigma}_j^{(t)})\}, j = 1, 2, \cdots, k\},$$

则根据 EM 算法, 在第 $t+1$ 次迭代中可计算出如下值:

E 步: 由式 (11.6), 构造 z_j 的概率分布:

$$\begin{aligned} q_{ij} &= Q_i(z_i=j) = \frac{p(z_i=j,\boldsymbol{x}_i\,|\,\boldsymbol{\theta}_t)}{\sum\limits_{l=1}^{k} p(z_i=l,\boldsymbol{x}_i\,|\,\boldsymbol{\theta}_t)} \\ &= \frac{p(\boldsymbol{x}_i\,|\,z_i=j;\boldsymbol{\theta}_t)\,p(z_i=j\,|\,\boldsymbol{\theta}_t)}{\sum\limits_{l=1}^{k} p(\boldsymbol{x}_i\,|\,z_i=l;\boldsymbol{\theta}_t)p(z_i=l\,|\,\boldsymbol{\theta}_t)} \\ &= \frac{w_j N(\boldsymbol{x}_i\,|\,\boldsymbol{\mu}_j^{(t)},\boldsymbol{\Sigma}_j^{(t)})}{\sum\limits_{l=1}^{k} w_l N(\boldsymbol{x}_i\,|\,\boldsymbol{\mu}_l^{(t)},\boldsymbol{\Sigma}_l^{(t)})}. \end{aligned} \tag{11.12}$$

上面的推导分别应用了贝叶斯公式和全概率公式, 并且最后一个等式利用了条件式 (11.9) 和式 (11.10). 注意到 q_{ij} 是根据当前的参数值迭代计算, 是一个常数.

M 步: 需要最大化对数似然函数:

$$\begin{aligned} \ell(\boldsymbol{\theta}) &= \sum_{i=1}^{n}\sum_{j=1}^{k} Q_i(z_i=j)\ln\frac{p(\boldsymbol{x}_i,z_i=j\,|\,\boldsymbol{\theta})}{Q_i(z_i=j)} \\ &= \sum_{i=1}^{n}\sum_{j=1}^{k} Q_i(z_i=j)\ln\frac{p(\boldsymbol{x}_i\,|\,z_i=j,\boldsymbol{\theta})\,p(z_i=j\,|\,\boldsymbol{\theta})}{Q_i(z_i=j)} \\ &= \sum_{i=1}^{n}\sum_{j=1}^{k} q_{ij}\ln\frac{w_j N(\boldsymbol{x}_i\,|\,\boldsymbol{\mu}_j,\boldsymbol{\Sigma}_j)}{q_{ij}}. \end{aligned} \tag{11.13}$$

注意到

$$N(\boldsymbol{x}_i\,|\,\boldsymbol{\mu}_j,\boldsymbol{\Sigma}_j) = \frac{1}{(2\pi)^{\frac{m}{2}}|\boldsymbol{\Sigma}_j|^{\frac{1}{2}}}\mathrm{e}^{-\frac{1}{2}(\boldsymbol{x}_i-\boldsymbol{\mu}_j)^{\mathrm{T}}\boldsymbol{\Sigma}_j^{-1}(\boldsymbol{x}_i-\boldsymbol{\mu}_j)},$$

将其代入式 (11.13), 得

$$\begin{aligned} &\ell(w_j,\boldsymbol{\mu}_j,\boldsymbol{\Sigma}_j) \\ =& \sum_{i=1}^{n}\sum_{j=1}^{k} q_{ij}\left(\ln w_j - \frac{1}{2}(\boldsymbol{x}_i-\boldsymbol{\mu}_j)^{\mathrm{T}}\boldsymbol{\Sigma}_j^{-1}(\boldsymbol{x}_i-\boldsymbol{\mu}_j) - \frac{1}{2}\ln|\boldsymbol{\Sigma}_j| + c\right) \\ =& \sum_{i=1}^{n}\sum_{j=1}^{k} q_{ij}\left(\ln w_j - \frac{1}{2}(\boldsymbol{x}_i-\boldsymbol{\mu}_j)^{\mathrm{T}}\boldsymbol{\Sigma}_j^{-1}(\boldsymbol{x}_i-\boldsymbol{\mu}_j) + \frac{1}{2}\ln|\boldsymbol{\Sigma}_j^{-1}| + c\right), \end{aligned} \tag{11.14}$$

这里 c 为常数, 上面第二个等式的化简用到了矩阵行列式的性质, 即 $|\boldsymbol{A}^{-1}| = |\boldsymbol{A}|^{-1}$.

若要极大化 $\ell(w_j,\boldsymbol{\mu}_j,\boldsymbol{\Sigma}_j)$, 只需分别对 $w_j,\boldsymbol{\mu}_j,\boldsymbol{\Sigma}_j$ 求偏导数并令其等于零就可得到参数的更新公式.

首先, 对 $\boldsymbol{\mu}_j$ 求偏导并令其为 $\mathbf{0}$, 可得

$$\begin{aligned}\frac{\partial \ell}{\partial \boldsymbol{\mu}_j} &= \frac{\partial}{\partial \boldsymbol{\mu}_j}\sum_{i=1}^{n}\sum_{j=1}^{k} q_{ij}\left(\ln w_j - \frac{1}{2}(\boldsymbol{x}_i-\boldsymbol{\mu}_j)^{\mathrm{T}}\boldsymbol{\Sigma}_j^{-1}(\boldsymbol{x}_i-\boldsymbol{\mu}_j)+\frac{1}{2}\ln|\boldsymbol{\Sigma}_j^{-1}|+c\right)\\ &= \sum_{i=1}^{n} q_{ij}\boldsymbol{\Sigma}_j^{-1}(\boldsymbol{x}_i-\boldsymbol{\mu}_j)=\mathbf{0},\end{aligned}$$

可以解得

$$\boldsymbol{\mu}_j^{(t+1)} = \frac{\sum_{i=1}^{n} q_{ij}\boldsymbol{x}_i}{\sum_{i=1}^{n} q_{ij}},\quad j=1,2,\cdots,k. \tag{11.15}$$

令 $\boldsymbol{\Gamma}_j=\boldsymbol{\Sigma}_j^{-1}$, 对 $\boldsymbol{\Gamma}_j$ 求偏导并令其等于零, 可得

$$\begin{aligned}\frac{\partial \ell}{\partial \boldsymbol{\Gamma}_j} &= \frac{\partial}{\partial \boldsymbol{\Gamma}_j}\sum_{i=1}^{n}\sum_{j=1}^{k} q_{ij}\left(\ln w_j - \frac{1}{2}(\boldsymbol{x}_i-\boldsymbol{\mu}_j)^{\mathrm{T}}\boldsymbol{\Gamma}_j(\boldsymbol{x}_i-\boldsymbol{\mu}_j)+\frac{1}{2}\ln|\boldsymbol{\Gamma}_j|+c\right)\\ &= -\frac{1}{2}\sum_{i=1}^{n} q_{ij}(\boldsymbol{x}_i-\boldsymbol{\mu}_j)(\boldsymbol{x}_i-\boldsymbol{\mu}_j)^{\mathrm{T}}+\frac{1}{2}\sum_{i=1}^{n}\frac{q_{ij}}{|\boldsymbol{\Gamma}_j|}\frac{\partial|\boldsymbol{\Gamma}_j|}{\partial \boldsymbol{\Gamma}_j}=0,\end{aligned} \tag{11.16}$$

上面第二个等式利用了矩阵求导公式

$$\frac{\partial\left(\boldsymbol{a}^{\mathrm{T}}\boldsymbol{X}\boldsymbol{a}\right)}{\partial \boldsymbol{X}} = \boldsymbol{a}\boldsymbol{a}^{\mathrm{T}}.$$

利用矩阵行列式求导公式

$$\frac{\partial|\boldsymbol{X}|}{\partial \boldsymbol{X}} = |\boldsymbol{X}|(\boldsymbol{X}^{-1})^{\mathrm{T}},$$

可将式 (11.15) 化为

$$-\frac{1}{2}\sum_{i=1}^{n} q_{ij}(\boldsymbol{x}_i-\boldsymbol{\mu}_j)(\boldsymbol{x}_i-\boldsymbol{\mu}_j)^{\mathrm{T}}+\frac{1}{2}\sum_{i=1}^{n} q_{ij}(\boldsymbol{\Gamma}_j^{-1})^{\mathrm{T}}=0.$$

由上式解得

$$\boldsymbol{\Sigma}_j^{(t+1)} = \frac{\sum_{i=1}^{n} q_{ij}(\boldsymbol{x}_i-\boldsymbol{\mu}_j)(\boldsymbol{x}_i-\boldsymbol{\mu}_j)^{\mathrm{T}}}{\sum_{i=1}^{n} q_{ij}},\quad j=1,2,\cdots,k. \tag{11.17}$$

最后来处理参数 $\boldsymbol{w} = (w_1, w_2, \cdots, w_k)^{\mathrm{T}}$. 由于目标函数 (11.13) 中只有含 $\ln w_j$ 这一项与 $\boldsymbol{w}$ 有关, 故对 w_j 求偏导数时其他项可以略去. 注意到约束条件 $\sum\limits_{j=1}^{k} w_j = 1$, 因此可以构造拉格朗日函数

$$L(\boldsymbol{w}, \lambda) = \sum_{i=1}^{n} \sum_{j=1}^{k} q_{ij} \ln w_j - \lambda \left(\sum_{j=1}^{k} w_j - 1 \right).$$

由 KKT 条件可得

$$\frac{\partial L(\boldsymbol{w}, \lambda)}{\partial w_j} = \sum_{i=1}^{n} \frac{q_{ij}}{w_j} - \lambda = \frac{1}{w_j} \sum_{i=1}^{n} q_{ij} - \lambda = 0, \quad j = 1, 2, \cdots, k. \tag{11.18}$$

由此可得

$$w_j = \frac{1}{\lambda} \sum_{i=1}^{n} q_{ij}, \quad j = 1, 2, \cdots, k. \tag{11.19}$$

下面来确定乘子 λ 的值. 由式 (11.12), 将

$$q_{ij} = \frac{w_j N(\boldsymbol{x}_i \,|\, \boldsymbol{\mu}_j^{(t)}, \boldsymbol{\Sigma}_j^{(t)})}{\sum\limits_{l=1}^{k} w_l N(\boldsymbol{x}_i \,|\, \boldsymbol{\mu}_l^{(t)}, \boldsymbol{\Sigma}_l^{(t)})},$$

代入 (11.18) 得

$$\sum_{i=1}^{n} \frac{N(\boldsymbol{x}_i \,|\, \boldsymbol{\mu}_j^{(t)}, \boldsymbol{\Sigma}_j^{(t)})}{\sum\limits_{l=1}^{k} w_l N(\boldsymbol{x}_i \,|\, \boldsymbol{\mu}_l^{(t)}, \boldsymbol{\Sigma}_l^{(t)})} - \lambda = 0. \tag{11.20}$$

式 (11.20) 两边同乘以 w_j 并对 j 求和, 得

$$\begin{aligned} 0 &= \sum_{j=1}^{k} w_j \left(\sum_{i=1}^{n} \frac{N(\boldsymbol{x}_i \,|\, \boldsymbol{\mu}_j^{(t)}, \boldsymbol{\Sigma}_j^{(t)})}{\sum\limits_{l=1}^{k} w_l N(\boldsymbol{x}_i \,|\, \boldsymbol{\mu}_l^{(t)}, \boldsymbol{\Sigma}_l^{(t)})} - \lambda \right) \\ &= \sum_{i=1}^{n} \frac{\sum\limits_{j=1}^{k} w_j N(\boldsymbol{x}_i \,|\, \boldsymbol{\mu}_j^{(t)}, \boldsymbol{\Sigma}_j^{(t)})}{\sum\limits_{l=1}^{k} w_l N(\boldsymbol{x}_i \,|\, \boldsymbol{\mu}_l^{(t)}, \boldsymbol{\Sigma}_l^{(t)})} - \lambda \sum_{j=1}^{k} w_j \end{aligned}$$

$$= n - \lambda,$$

由此得到 $\lambda = n$, 将其代入式 (11.19) 即得

$$w_j^{(t+1)} = \frac{1}{n}\sum_{i=1}^{n} q_{ij}, \quad j = 1, 2, \cdots, k. \tag{11.21}$$

利用 EM 算法的核心就是实现上面两步中公式的计算, 然后反复迭代, 直至收敛, 就可以得到高斯混合模型的全部参数. 为了便于编制程序, 我们将 EM 算法的流程描述如下.

算法 11.1 (高斯混合模型的 EM 算法)

(1) 初始化. 用适当的方法给参数赋初始值 $(\boldsymbol{w}^{(0)}, \boldsymbol{\mu}^{(0)}, \boldsymbol{\Sigma}^{(0)})$. 置 $t = 0$.

(2) E 步. 根据模型参数的当前估计值, 计算第 i 个样本来自第 j 个高斯分布的概率:

$$q_{ij}^{(t)} = p(z_i = j \mid \boldsymbol{x}_i; w_j^{(t)}, \boldsymbol{\mu}_j^{(t)}, \boldsymbol{\Sigma}_j^{(t)}),$$

这里 $q_{ij}^{(t)}$ 是根据当前的参数估计值计算出来的对 z_i 的概率分布的猜测值, 可以通过贝叶斯公式和全概率公式得到

$$\begin{aligned} p(z_i = j \mid \boldsymbol{x}_i; w_j^{(t)}, \boldsymbol{\mu}_j^{(t)}, \boldsymbol{\Sigma}_j^{(t)}) &= \frac{p(\boldsymbol{x}_i \mid z_i = j; \boldsymbol{\mu}_j^{(t)}, \boldsymbol{\Sigma}_j^{(t)})\, p(z_i = j; w_j^{(t)})}{\displaystyle\sum_{l=1}^{k} p(\boldsymbol{x}_i \mid z_i = l; \boldsymbol{\mu}_j^{(t)}, \boldsymbol{\Sigma}_l^{(t)})\, p(z_i = l; w_l^{(t)})} \\ &= \frac{w_j^{(t)} N(\boldsymbol{x}_i \mid \boldsymbol{\mu}_j^{(t)}, \boldsymbol{\Sigma}_j^{(t)})}{\displaystyle\sum_{l=1}^{k} w_l^{(t)} N(\boldsymbol{x}_i \mid \boldsymbol{\mu}_l^{(t)}, \boldsymbol{\Sigma}_l^{(t)})}. \end{aligned}$$

(3) M 步. 更新模型参数. 权重系数 w_j 的更新公式为

$$w_j^{(t+1)} = \frac{1}{n}\sum_{i=1}^{n} q_{ij}^{(t)}, \quad j = 1, 2, \cdots, k.$$

均值向量的更新公式为

$$\boldsymbol{\mu}_j^{(t+1)} = \frac{\displaystyle\sum_{i=1}^{n} q_{ij}^{(t)} \boldsymbol{x}_i}{\displaystyle\sum_{i=1}^{n} q_{ij}^{(t)}}, \quad j = 1, 2, \cdots, k.$$

协方差矩阵的更新公式为

$$\boldsymbol{\Sigma}_j^{(t+1)} = \frac{\sum_{i=1}^{n} q_{ij}^{(t)}(\boldsymbol{x}_i - \boldsymbol{\mu}_j)(\boldsymbol{x}_i - \boldsymbol{\mu}_j)^{\mathrm{T}}}{\sum_{i=1}^{n} q_{ij}^{(t)}}, \quad j = 1, 2, \cdots, k.$$

(4) 若满足终止准则, 停止迭代; 否则, $t := t + 1$, 转步骤 (2).

EM 算法应用于高斯混合模型的 MATLAB 代码如下 (GMM_EM.m 文件).

```
function [label,model,llh]=GMM_EM(X,k)
%高斯混合模型的EM算法
%输入:X:nxm样本矩阵,k:高斯成分数
%输出:label:簇标记向量,model:训练好的模型结构体,llh:对数似然函数值
%初始化
tol=1e-6;maxiter=500;%迭代次数
llh=-inf(1,maxiter);%对数似然函数赋初值
R=initialization(X,k);%调用初始化函数
for iter=2:maxiter
    [~,label]=max(R,[],2);%label表示1*n的类别向量
    R=R(:,unique(label));
    %unique输出label向量中不重复的元素,表示非空类别向量
    model=maximization(X,R); %EM算法的M步
    [R,llh(iter)]=expectation(X,model);%EM算法的E步
    if abs(llh(iter)-llh(iter-1))<tol*abs(llh(iter)),break;end %终止条件
end
llh=llh(2:iter);
%模型初始化函数
function R=initialization(X,k)
%X:数据矩阵,k:高斯成分数,R返回一个nxk矩阵,第ij个元素为第i个样本由第j个成
%分生成的概率
n=size(X,2);%n是样本个数
label=ceil(k*rand(1,n));%ceil用于向数轴的正方向取整, 初始化样本的label
R=full(sparse(1:n,label,1,n,k,n));
%sparse通过记录稀疏矩阵非负元素的索引和值来节省内存,full是一相反作用;
%R是nxk矩阵,n表示样本个数,k表示类别数,每一行是一个one-hot向量,表示该样本
%属于哪一类
%EM算法的E步
function [R,llh]=expectation(X,model)
%X表示数据矩阵,model表示模型结构体,R表示返回的隶属度矩阵,llh表示似然函数
%的目标值
```

```
mu=model.mu;
Sigma=model.Sigma;
w=model.w; %w为MoG的混合系数向量
n=size(X,2);%n为样本个数
k=size(mu,2);%混合成分的个数,即类别个数
R=zeros(n,k);
%R隶属度矩阵,行数为样本数,列数为类别数,第ij个元素为第i个样本由第j个成分
%生成的概率
for i=1:k %计算样本的每个高斯概率的对数
    R(:,i)=loggausspdf(X,mu(:,i),Sigma(:,:,i));
end
R=bsxfun(@plus,R,log(w));%计算隶属度(未归一化)矩阵的对数
T=logsumexp(R,2);%对R取指数加和再取对数
llh=sum(T)/n; %似然函数的均值
R=exp(bsxfun(@minus,R,T));%计算隶属度矩阵
%EM算法的M步
function model=maximization(X,R)
%X表示数据矩阵,R表示隶属度矩阵,第ij个元素表示第i个样本由第j个成分生成的
%概率
%返回model是结构体,是模型的参数
[m,n]=size(X);%m表示样本维数,n表示样本个数
k=size(R,2);%k表示成分的个数
nk=sum(R,1);%nk表示求隶属度矩阵R的列和
w=nk/n;%w表示混合成分系数
mu=bsxfun(@times,X*R,1./nk);
%mu是一个m行k列的矩阵,表示k个高斯成分的期望,每个都是m元随机变量
Sigma=zeros(m,m,k);
%Sigma是一个三维张量,表示第k个高斯成分的协方差矩阵是m*m矩阵
r=sqrt(R);
for i=1:k %循环计算每个成分的协方差
    Xo=bsxfun(@minus,X,mu(:,i));
    Xo=bsxfun(@times,Xo,r(:,i)');
    Sigma(:,:,i)=Xo*Xo'/nk(i)+eye(m)*(1e-6);
end
model.mu=mu;
model.Sigma=Sigma;
model.w=w;
%计算高斯概率分布函数的对数的函数
function y=loggausspdf(X,mu,Sigma)
%输入变量分别为数据X,期望mu,期望协方差Sigma
```

```
m=size(X,1);%m表示样本维数
X=bsxfun(@minus,X,mu);%样本与均值作差
[U,p]=chol(Sigma);
%chol表示将协方差矩阵Sigma进行Cholesky分解(将协方差矩阵分解求逆加快计算
%效率)
if p~=0 %如果p不为0则Sigma不是正定矩阵,报错
    error('Sigma不是正定矩阵');
end
Q=U'\X; %Q=U'的逆与X的乘积
q=dot(Q,Q,1);%dot表示点乘之后求列和
c=m*log(2*pi)+2*sum(log(diag(U)));%高斯分布常数
y=-(c+q)/2;
%计算log(sum(exp(X),dim)),避免下溢
function s=logsumexp(X, dim)
if nargin==1
    dim=find(size(X)~=1,1);
    if isempty(dim),dim = 1;end
end
y=max(X,[],dim);
s=y+log(sum(exp(bsxfun(@minus,X,y)),dim));
i=isinf(y);
if any(i(:))
    s(i)=y(i);
end
```

下面随机生成 3 个成分的高斯分布数据 300 个, 用来测试上述程序的聚类效果 (GMM_EM_main.m 文件).

```
%EM算法对高斯混合模型的MATLAB实现
clear all;close all;clc;
%生成数据
rng(3) %可重复性
mu1=[0 6];mu2=[0 0];mu3=[6,-6];%三个分布的均值向量
sigma1=[8 0; 0 1];  %三个高斯分布相同的协方差矩阵
r1=mvnrnd(mu1,sigma1,100); %生成第1个高斯分布
r2=mvnrnd(mu2,sigma1,100); %生成第2个高斯分布
r3=mvnrnd(mu3,sigma1,100); %生成第3个高斯分布
data(1:100,:)=r1;data(101:200,:)=r2;data(201:300,:)=r3;
k=3;%聚类数为3
[label,model,llh]=GMM_EM(data',k);
%数据分类
figure(1)
```

```
plot(r1(:,1),r1(:,2),'r*');hold on
plot(r2(:,1),r2(:,2),'bo')
plot(r3(:,1),r3(:,2),'m+')
title('原始数据'); xlim([-10 10]); ylim([-10 10])
figure(2)
gscatter(data(:,1),data(:,2),label,'gmb','psv')
legend('簇1','簇2','簇3','Location','SW');
title('聚类后的数据'); xlim([-10 10]);ylim([-10 10])
```

运行程序 GMM_EM_main.m 后得到的可视化结果如图 11.2 所示.

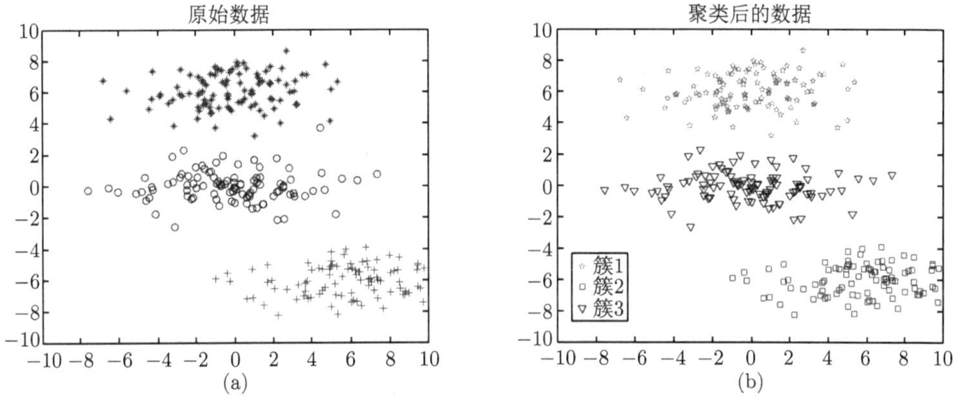

图 11.2 EM 算法对高斯混合模型进行聚类

11.4 GMM 的 MATLAB 实现

本节利用 MATLAB 机器学习工具箱自带的有关函数来实现高斯混合聚类. 下面介绍 MATLAB 中与 GMM 相关的一些函数及其使用方法.

11.4.1 高斯混合模型的生成

在 MATLAB 中用函数 gmdistribution(·,·,·) 来生成一个高斯混合模型的样本数据. 这个函数的输入参数有均值 ($\boldsymbol{\mu}$)、协方差 ($\boldsymbol{\Sigma}$) 和每个成分的权重 ($\boldsymbol{w}$). 我们来看一个例子.

例 11.1 用 MATLAB 系统函数 gmdistribution(·,·,·) 来生成一个高斯混合模型, 并进行可视化显示.

编写 MATLAB 代码如下 (gmm_gen.m 文件).

```
%高斯混合模型的生成
clear all; clc; close all;
Mu=[-2 -2; -3 3; 3, -3];    %三个成分的均值
```

```
Sigma=cat(3,[1 0; 0 1],[1 0.1; 0.1 1],[0.5 0.1; 0.1 1]);
%三个成分的协方差,cat函数将三个协方差矩阵在第3个维度上进行连接
w=[1/4,1/2,1/4]; %每个成分的权重系数
gm=gmdistribution(Mu,Sigma,w); %创建GM模型
properties=properties(gm), %显示高斯混合模型具有的属性
methods=methods(gm), %显示高斯混合模型具有的方法
gmPDF=@(x,y)pdf(gm,[x y]); %计算高斯混合模型的概率密度函数值
f=figure; %创建一个图形窗口
set(f,'Position',[100,100,800 500]);
p1=subplot(1,2,1);
ezsurf(gmPDF,[-10,10],[-10,10]); %图示GMM的PDF
%view(12,12)
title('高斯混合模型的概率密度函数');
set(p1,'FontSize',12);
gmCDF=@(x,y)cdf(gm,[x y]); %计算高斯混合模型的累积分布函数值
p2=subplot(1,2,2);
ezsurf(gmCDF,[-10,10],[-10,10]); %图示GMM的CDF
title('高斯混合模型的累积分布函数');
set(p2,'FontSize',12);
```

在上面的程序代码中, 首先生成了一个具有三个成分的高斯混合模型. 可以用 properties() 函数和 methods() 显示该模型所具有的“属性”和“方法”. 最后图示了高斯混合模型的概率密度函数 (PDF) 和累积分布函数 (CDF). 它的 PDF 和 CDF 如图 11.3 所示.

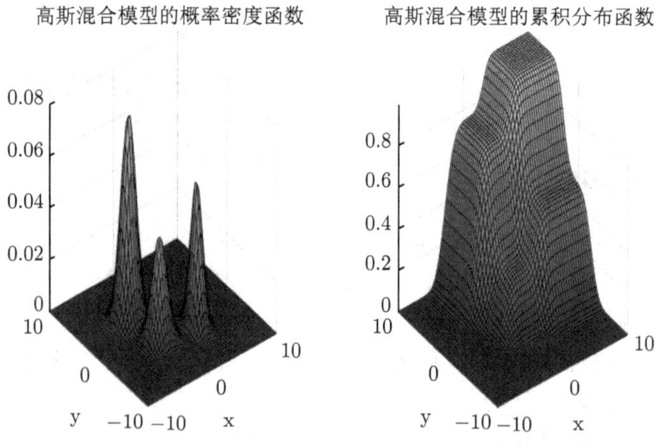

图 11.3　利用 MATLAB 函数生成高斯混合模型实例

从图 11.3 可以看出, 概率密度函数有三个尖峰, 分别对应了三个单高斯成分.

而累积分布函数是一个增函数, 从图中也能得到验证.

11.4.2 GM 模型的参数拟合

11.4.1 小节是已知高斯混合模型的均值、协方差矩阵和权重系数, 用函数 gmdistribution(·, ·, ·) 产生一个高斯混合模型. 那么如果现在只有一些样本数据, 不知道高斯混合模型的参数, 怎样求出这些参数呢? 这就是高斯混合模型的拟合问题. 所用的算法就是之前介绍的 EM 算法. MATLAB 实现这个功能的函数是 fitgmdist(), 下面介绍它的调用方法. 调用的一般格式是

```
gm=fitgmdist(X,k,Name,Value);
```

输入参数说明:

X 是样本数据, k 是成分的个数. Name 和 Value 是可选参数, 通常有如下取值:

(1) ‘RegularizationValue’, 0. (取值: 0, 0.1, 0.01, ···, 正则化系数, 防止协方差奇异.)

(2) ‘CovarianceType’, ‘full’. (取值: ‘full’, 协方差矩阵是非对角阵; ‘diagonal’, 协方差矩阵为对角阵.)

(3) ‘Start’, ‘plus’. (取值: ‘randSample’, 随机初始化; ‘plus’, k-means++ 初始化; ‘S’, 自定义初始化.) 其中 S=struct(‘mu’, init_Mu, ‘Sigma’, init_Sigma, ‘ComponentProportion’, init_Components).

(4) ‘Options’, statset(‘Display’, ‘final’, ‘MaxIter’, MaxIter, ’TolFun’, TolFun). (‘Display’ 有三个取值: ‘final’ 显示最终的输出结果, ‘iter’ 显示每次迭代的结果, ‘off’ 不显示优化参数信息; ‘MaxIter’: 默认 100, 最大迭代次数; ‘TolFun’: 默认 1e-6, 目标函数的终止误差.)

输出参数说明:

(1) gm.mu: 更新完后的聚类中心 (均值).

(2) gm.Sigma: 更新完后的协方差矩阵.

(3) gm.ComponentProportion: 更新完后的成分比例.

(4) gm.NegativeLogLikelihood: 更新完后的负对数似然函数.

(5) gm.NumIterations: 实际迭代次数.

(6) gm.AIC: 赤池信息准则值, 用于模型选择.

(7) gm.BIC: 贝叶斯信息准则值.

更多参数, 可在命令行输入 properties(gm) 查看.

例 11.2 用 MATLAB 系统函数 fitgmdist() 来拟合一个高斯混合模型的参数, 并进行可视化显示.

编制 MATLAB 程序代码如下 (gmm_fit.m 文件).

```
%高斯混合模型的参数拟合
%产生三个二维的单高斯模型,并用来产生模拟数据
clc; close all; clear all
k=3; %单高斯成分个数
mu1=[-2 -2]'; sigma1=[1 0; 0 2];  %第一个高斯分布
mu2=[-3 3]'; sigma2=[1 0; 0 0.5];  %第二个高斯分布
mu3=[3 -3]'; sigma3=[0.5 0; 0 1];  %第三个高斯分布
rng(1);  %为了重复再现
%根据三个高斯模型参数,分别随机产生500个样本点,并组合在一起
X1=mvnrnd(mu1,sigma1,500); %产生第一类样本数据
X2=mvnrnd(mu2,sigma2,500); %产生第二类样本数据
X3=mvnrnd(mu3,sigma3,500); %产生第三类样本数据
X=[X1; X2; X3]; %组成三类样本数据
gm=fitgmdist(X,k); %gm是个结构体,保存了拟合模型的参数
lab=[ones(500,1);2*ones(500,1);3*ones(500,1)]; %三类数据的标签
h=gscatter(X(:,1), X(:,2), lab); %画出三类数据散点图
hold on;
f=@(x,y)pdf(gm,[x,y]); %计算拟合后的概率密度函数值
fcontour(f, '--', 'LineWidth',2);
title('散点图和拟合的高斯模型轮廓');
legend('簇1','簇2','簇3','Location','NE');
set(gca,'Ylim',[-7,7],'Xlim',[-7,7],'FontSize',12);
hold off
properties(gm), %显示拟合模型的属性
Mu=gm.mu, %显示拟合模型的均值
Sigma=gm.Sigma, %显示拟合模型的协方差矩阵
w=gm.ComponentProportion, %显示拟合模型的成分比例
```

在上面的程序代码中, 首先人工生成了三个二维单高斯分布模型的数据, 分别如图 11.4 中的绿色点、红色点和蓝色点所示.

然后调用了 fitgmdist 函数拟合模型参数. 从图 11.4 可以看出拟合的模型与真实数据分布十分接近. 运行上述程序后, 还可以在命令窗口显示拟合算法得到的模型均值和方差. 从数值上可以看出, EM 算法得出的结果和真实分布很接近:

```
Mu =
    2.9313   -2.9883
   -1.9967   -2.0620
   -2.9637    3.0801
Sigma(:,:,1) =
    0.4878   -0.0162
   -0.0162    1.0621
Sigma(:,:,2) =
```

```
        0.9857    0.0049
        0.0049    1.8753
Sigma(:,:,3) =
        1.1347    0.0667
        0.0667    0.5450
w =
        0.3345    0.3307    0.3348
```

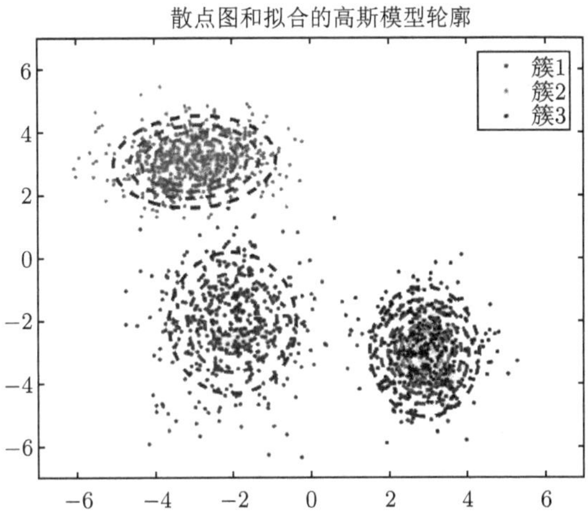

图11.4电子图

图 11.4　拟合高斯混合模型实例

11.4.3　高斯混合聚类实例

高斯混合模型常被用于聚类. 聚类的基本思路是: 计算每个样本点关于每个高斯成分的后验概率, 然后选择后验概率最大的类别作为这个样本点的类标签. 在 MATLAB 中, 用 fitgmdist() 对训练样本数据集进行高斯拟合后, 可以根据拟合的结果再利用 cluster() 函数来完成聚类的功能. 一般情况下, 如果将一个样本点只归纳为一个 cluster (簇), 这种类型的高斯混合聚类称为硬聚类 (Hard Cluster). 还有一种情况, 每个样本点都会针对每个簇计算一个分数 (Score), 对于高斯混合模型来说, 这个分数就是后验概率. 在这种情况下, 一个点可以属于多个类, 也就是说它可能具有多个标签, 这种称为软聚类 (Soft Cluster). 我们先来看硬聚类的 MATLAB 实现.

例 11.3　随机生成两个高斯分布作为训练样本数据, 然后利用 MATLAB 系统自带的函数 fitgmdist() 和 cluster() 对该样本数据进行硬聚类.

高斯混合模型的硬聚类可分为下面四步进行操作, 其算法实现如下 (gmm_cluster.m 文件).

第一步: 生成样本数据并拟合模型.

```
%高斯混合聚类实例
%------生成两类高斯样本用于拟合与聚类----------------%
rng default  %可重复性
mu1=[1,2];sigma1=[3 0.2;0.2 2]; %第一个高斯分布参数
mu2=[-1,-2];sigma2=[2 0; 0 1]; %第二个高斯分布参数
X1=mvnrnd(mu1,sigma1,300); %生成第一个高斯样本数据
X2=mvnrnd(mu2,sigma2,300); %生成第二个高斯样本数据
X=[X1; X2]; %组装成总样本数据
Y=[ones(300,1); 2*ones(300,1)]; %贴上标签
n=size(X,1); %矩阵X的行数
figure (1)
gscatter(X(:,1), X(:,2),Y,'rb','*x'); %原始数据散点图
title('原始数据'); xlabel('x'); ylabel('y');
set(gca,'Fontsize',12); %设置字体大小
%--------------拟合已生成的高斯样本--------------------%
figure (2)
%可选参数设置
options=statset('Display','final');
gm=fitgmdist(X,2,'Options',options); %拟合模型参数
%画出拟合模型的投影散点图
gscatter(X(:,1), X(:,2),Y,'rb','*x'); %原始样本散点图
hold on;  %将拟合结果叠加到散点图
fcontour(@(x,y)pdf(gm,[x,y]),[-6,6,-6,6]); %等位线图
title('散点图和拟合GMM模型');
```

运行上述程序段, 可以拟合出一个能刻画原始数据的高斯混合模型, 如图 11.5 (b) 所示. 可以看出拟合模型有两个中心, 分别代表两个高斯成分.

第二步: 进行硬聚类.

在得到拟合的高斯混合模型之后, 就可以用高斯混合聚类的 cluster 方法来对数据进行硬聚类. 代码如下 (将以下程序段添加在第一步的程序代码后面).

```
%-----------利用cluster方法进行聚类-----------------%
idx=cluster(gm,X); %得到拟合数据的标签
esti_label=idx; %赋值给一个新变量
k=find(esti_label~=Y); %找到拟合标签与真实标签不符的样本
idx(k)=3; %标记错误分类的点为数字3
figure (3);
gscatter(X(:,1),X(:,2),idx,'rbk','*xo');
legend('簇1','簇2','分错','Location','NW');
title('高斯混合模型聚类');
```

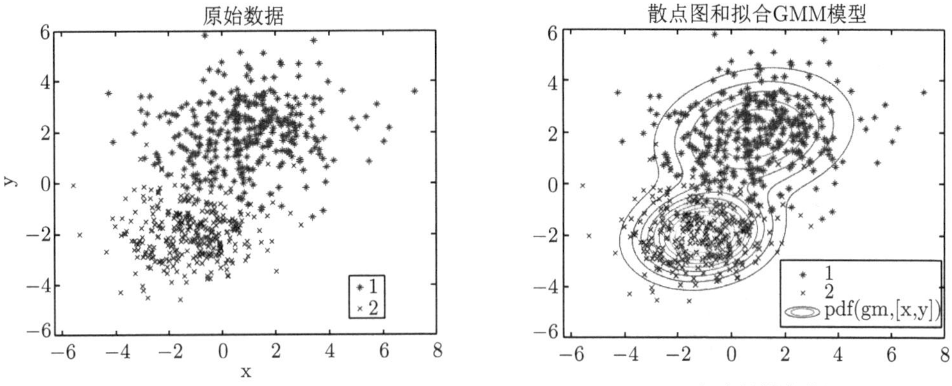

(a) 原始的样本数据 (b) 拟合的样本数据

图 11.5 拟合的高斯混合模型

运行上面的程序段, 可得到结果如图 11.6 所示. 图中的红色点和蓝色点分别代表类别为 1 和 2 的样本点, 黑色点表示分错的样本点. 从图中可以直观地看出利用高斯混合聚类能够获得很高的分类正确率.

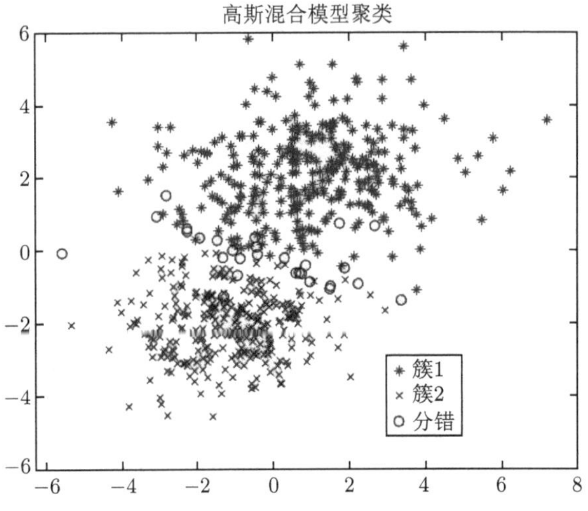

图 11.6 高斯混合模型的硬聚类

图11.6电子图

第三步: 计算后验概率.

利用高斯混合聚类不仅能够对每个样本分类, 实际上还可以算出每个样本点对各个类别的后验概率, 即隶属度. 可以用函数 posterior() 这一工作. 程序代码如下 (将以下程序段添加在第二步的程序代码后面).

```
%------------------计算后验概率----------------------%
w=posterior(gm,X); %计算拟合模型的后验概率
```

```
%w是n*2矩阵,每一行是一个样本,每一列代表对于两个类的隶属度大小
clus1=(idx==1); %簇1的标签
clus2=(idx==2); %簇2的标签
figure (4);
scatter(X(clus1,1),X(clus1,2),14,w(clus1,1),'*'); %簇1
hold on; box on;
scatter(X(clus2,1),X(clus2,2),14,w(clus2,2),'p'); %簇2
hold off
clrmap=jet(80); %加上颜色条
colormap(clrmap(9:72,:));
ylabel(colorbar,'属于簇1的后验概率');
title('隶属簇1的后验概率');
legend('簇1','簇2');
```

运行上述程序段得到结果如图 11.7 所示. 在上面的程序段中, 利用函数 posterior() 计算了每个样本的后验概率, 然后通过颜色条 colorbar 显示出来. 图 11.7 中越接近红色表示属于类别 1 的概率越大, 相反, 越接近蓝色表示属于类别 2 的概率越大. 可以看出对于上下边缘的数据都有明确的类别标签, 而对于中间分界处数据就有些模棱两可, 因为它们属于两个类别的概率都很大. 这也就是这个区域的数据容易分错的原因.

图11.7电子图

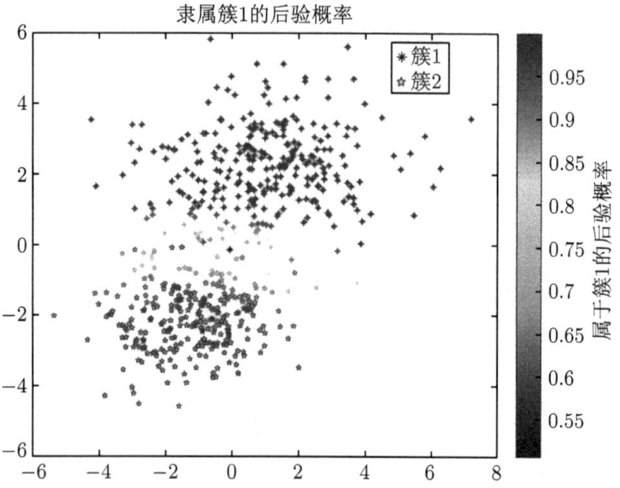

图 11.7　后验概率的计算结果

第四步: 对新的数据进行分类.

上面的程序代码展示了拟合的高斯混合模型在训练样本数据上的聚类效果. 跟有监督学习的分类算法相似, 聚类算法的性能也需要用测试集来检验. 也就是

说, 如果有一批新的数据点, 不在训练集合中, 那么高斯混合聚类的效果如何呢? 下面我们来解决这个问题. 程序代码如下 (将以下程序段添加在第三步的程序代码后面).

```
%------------------对新样本数据的测试------------------%
figure (5);
w=[0.6,0.4]; %设置权重系数
Mu=[mu1;mu2]; Sigma=cat(3,sigma1,sigma2);
gmt=gmdistribution(Mu,Sigma,w); %生成一个高斯混合模型
X0=random(gmt,100); %产生100个测试点
[idx0,~,p0]=cluster(gm,X0);
fcontour(@(x,y)pdf(gm,[x,y]),[min(X0(:,1)),max(X0(:,1)),...
         min(X0(:,2)),max(X0(:,2))]);
hold on;
gscatter(X0(:,1),X0(:,2),idx0,'rb','*p');
legend('投影轮廓','簇1','簇2','Location','SE');
title('测试新数据分类效果');
```

上述利用高斯混合模型的 random 方法来随机地生成测试点. 然后利用拟合模型的聚类方法, 观察聚类效果, 生成图像如图 11.8 所示, 从图示中可以看出, 生成的数据被很好地区分开来.

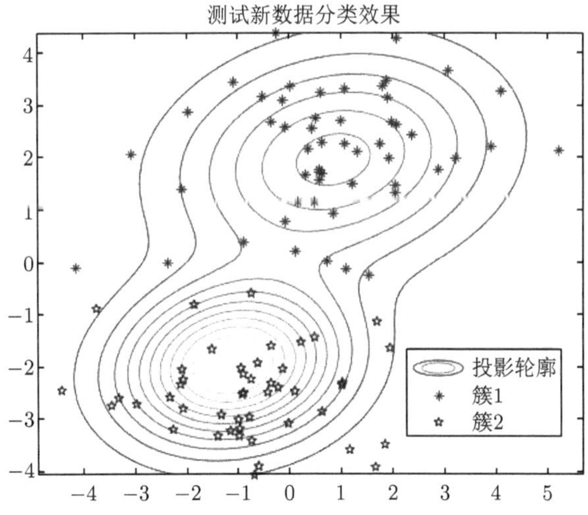

图 11.8 利用聚类结果对新数据进行分类

下面来讨论如何利用高斯混合模型进行软聚类. 对于以后验概率作为得分标准的算法, 一个样本点通常被分配到具有最大后验概率的类别. 但是, 可能对于有

些样本点, 它们对于每个簇的得分都很相近, 那么这个样本点就同时可以具有其他簇的属性. 这就是所谓的软聚类.

例 11.4　随机生成两个高斯分布作为训练样本数据, 然后利用 MATLAB 系统自带的函数 fitgmdist() 和 cluster() 对该样本数据进行软聚类.

实现高斯混合模型的软聚类可以按照下面三个步骤进行操作.

(1) 计算每个样本点关于每个簇的后验概率, 这个概率可用来描述这个点和每个类的相似度.

(2) 根据后验概率值大小进行排序.

(3) 通过分数决定这个点的所属类别.

采用与前面硬聚类相同的训练数据来实现软聚类的程序代码如下 (gmm_softc.m 文件).

```
%高斯混合模型软聚类的例子
clear all; close all
k=2; %高斯混合成分数
rng (0)  %为了可重复性
mu1=[1 2]; sigma1=[3 0.2; 0.2 2]; %第一个高斯分布的均值和协方差
mu2=[-1 -2]; sigma2=[2 0; 0 1]; %第二个高斯分布的均值和协方差
X=[mvnrnd(mu1,sigma1,300); mvnrnd(mu2,sigma2,300)];%生成样本集
gm=fitgmdist(X,k);   %高斯混合模型拟合
t=[0.45,0.55]; %后验概率如果在[0.45 0.55]范围内,则认为可以同时属于两个类
p=posterior(gm,X);
%用函数posterior求样本集X关于每个成分的后验概率,p是n*k矩阵
n=size(X,1);  %n是样本数
%下面用sort函数对每个类的后验概率大小排序,这里只有两个类
[~,order]=sort(p(:,1)); %order返回隶属度从小到大的对应样本的索引
figure (1);
plot(1:n,p(order,1),'r-',1:n,p(order,2),'b-','LineWidth',1.5);
legend('簇1','簇2');
ylabel('后验概率'); xlabel('样本点');
title('高斯混合聚类的后验概率曲线');
idx=cluster(gm,X); %对高斯混合模型进行聚类
idx_both=find(p(:,1)>=t(1)&p(:,1)<=t(2));%确定同时属于两个类的点
num_both=numel(idx_both), %返回同时属于两个簇的样本个数
figure (2);
gscatter(X(:,1),X(:,2),idx,'rb','po',5);
hold on
scatter(X(idx_both,1),X(idx_both,2),30,'k','filled');
legend({'簇1','簇2','两个簇'},'Location','SE','FontSize',8);
title('高斯混合模型软聚类');
```

```
xlabel('$x$','Interpreter','Latex');
ylabel('$y$','Interpreter','Latex');
hold off
```

在上面的程序代码中, 首先是生成了训练样本数据 X, 然后调用函数 fitgmdist() 拟合一个高斯混合模型, 最后调用函数 posterior 计算每个样本对于每个簇的后验概率并进行可视化显示. 运行上述程序可得软聚类结果, 如图 11.9所示.

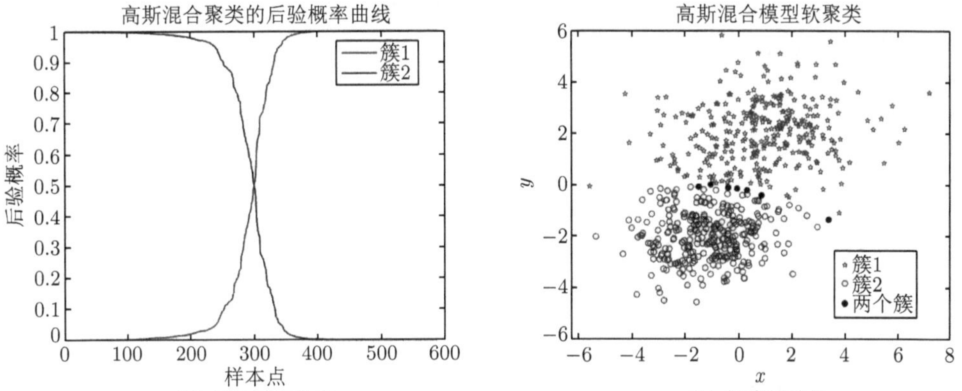

(a) 后验概率曲线　(b) 软聚类结果

图 11.9　高斯混合模型的软聚类

在图 11.9 (a) 中, 两条曲线分别展示了 600 个样本点在两个簇中的后验概率值, 明显可以看到过渡区域交叉的现象. 在这个交叉区域内的样本点就可以同时归到两个类. 图 11.9 (b) 中的黑色实心圆点表示同时属于两个类的点, 在本例中有 7 个这样的点, 即在运行程序 gmm_softc.m 后, 还在命令窗口显示如下结果:

```
>> gmm_softc
   num_both =
            7
```

11.5　高斯混合聚类的改进方法

在使用高斯混合模型进行聚类时会遇到一些问题, 比如拟合高斯混合模型时初始值该如何设定, 聚类簇数 k 的值应怎样选择, 以及当拟合数据具有较高的相关性时该如何处理等. 只有妥善地解决这些问题才能使高斯混合聚类取得较好的聚类效果.

11.5.1　拟合初始值的设定问题

高斯混合模型利用 EM 算法进行模型拟合的时候, 需要给定初始值, 初始值包括每个高斯成分的均值向量和协方差矩阵. 不同的初始值可能会得到不同的拟合结果. 在 MATLAB 系统自带的拟合函数 fitgmdist 的调用过程中, 如果不额外设定初始值, 默认情况是随机地选择 k 个点作为中心点 (即均值向量); 默认的协方差矩阵是一个对角矩阵, 其对角线上的第 i 个元素是第 i 个样本向量的方差; 而初始的权重系数取相等的值. 实际上, 这些参数的初始值可以自行设定, 或者可以通过 k 均值算法来获得初始的均值向量和协方差矩阵. 下面我们通过一个实例来说明如何设置不同的初始值, 并比较它们的结果.

例 11.5 选择不同的初始值, 对鸢尾属植物数据集 Iris 进行高斯混合聚类. 编制 MATLAB 程序如下 (gmm_init.m 文件).

```
%高斯混合聚类的初始值影响
close all; clear all; clc
load fisheriris; %加载数据集
X=meas(:,3:4); %为了方便可视化只使用后两个属性
rng(2)  %为了可重复性
%分别尝试使用不同的成分数来拟合模型
k=3; %声明聚类簇数k=3
GM1=fitgmdist(X,k); %利用默认的初始值拟合模型,
%拟合一个GMM,声明每个训练样本的标签
y=ones(size(X,1),1); %y中的数字代表不同的种类
y(strcmp(species,'setosa'))=2;
y(strcmp(species,'virginica'))=3;
%用每一类数据的均值与方法作为初始值拟合模型,初始权重系数相等
GM2=fitgmdist(X,k,'Start',y);
%显式地设定初始均值向量、协方差和权重系数
Mu=[1 1; 2 2; 3 3]; %均值
Sigma(:,:,1)=[1 1; 1 2]; %第一个成分的协方差矩阵
Sigma(:,:,2)=2*[1 1; 1 2]; %第二个成分的协方差矩阵
Sigma(:,:,3)=3*[1 1; 1 2]; %第三个成分的协方差矩阵
w=[1/2,1/4,1/4]; %权重系数
S=struct('mu',Mu,'Sigma',Sigma,'ComponentProportion',w);
GM3=fitgmdist(X,k,'Start',S); %用给定数初始参数拟合模型
%通过k均值算法,从X中选取k个样本作为初始分量,初始权重系数相等
GM4=fitgmdist(X,k,'Start','plus');
%利用gscatter函数绘图
figure (1)
h=gscatter(X(:,1),X(:,2),species,[ ],'o',4); %原始样本
haxis=gca; xlim=haxis.XLim; ylim=haxis.YLim;
d=(max([xlim ylim])-min([xlim ylim]))/1000;
[X1,Y1]=meshgrid(xlim(1):d:xlim(2),ylim(1):d:ylim(2));
hold on
```

```
%GMM模型轮廓图
contour(X1,Y1,reshape(pdf(GM1,[X1(:),Y1(:)]), size(X1,1),size(Y1,2)),20);
uistack(h,'up'); %重排对象的视觉叠加顺序
title('随机初始值'); xlabel('花瓣长度'); ylabel('花瓣宽度');
legend; hold off
figure (2)
h=gscatter(X(:,1),X(:,2),species,[ ],'o',4); %原始样本
hold on
contour(X1,Y1,reshape(pdf(GM2,[X1(:),Y1(:)]), size(X1,1),size(Y1,2)),20);
uistack(h,'up'); %重排对象的视觉叠加顺序
title('根据标签确定初始值'); xlabel('花瓣长度'); ylabel('花瓣宽度');
legend; hold off
figure (3)
h=gscatter(X(:,1),X(:,2),species,[ ],'o',4); %原始样本
hold on
contour(X1,Y1,reshape(pdf(GM3,[X1(:),Y1(:)]), size(X1,1),size(Y1,2)),20);
uistack(h,'up'); %重排对象的视觉叠加顺序
title('显式给定初始值'); xlabel('花瓣长度'); ylabel('花瓣宽度');
legend; hold off
figure (4)
h=gscatter(X(:,1),X(:,2),species,[ ],'o',4); %原始样本
hold on
contour(X1,Y1,reshape(pdf(GM4,[X1(:),Y1(:)]), size(X1,1),size(Y1,2)),20);
uistack(h,'up'); %重排对象的视觉叠加顺序
title('k均值算法确定初始值'); xlabel('花瓣长度'); ylabel('花瓣宽度');
legend; hold off
%显示估计模型的均值
table(GM1.mu, GM2.mu, GM3.mu, GM4.mu, ...
        'VariableNames',{'Model1', 'Model2', 'Model3', 'Model4'})
```

在上述程序代码中, 使用四种不同的初始值对鸢尾属植物数据集进行高斯混合聚类, 最后获得的聚类结果也不同, 如图 11.10 所示, 从图中可以看出 Model 2 更符合数据的分布规律.

图11.10电子图

此外, 在 MATLAB 命令窗口还显示如下结果:

```
ans =
  3×4 table
        Model1            Model2            Model3            Model4
    ______________    ______________    ______________    _______________

    4.2902  1.3368    4.2857  1.3339    1.4604  0.2429    4.7471    1.4615
    1.4620  0.2460    1.4620  0.2460    4.7509  1.4629    1.4605    0.2431
```

```
5.5562  2.0342  5.5507  2.0316  5.0158  1.8592  5.0242   1.8659
```

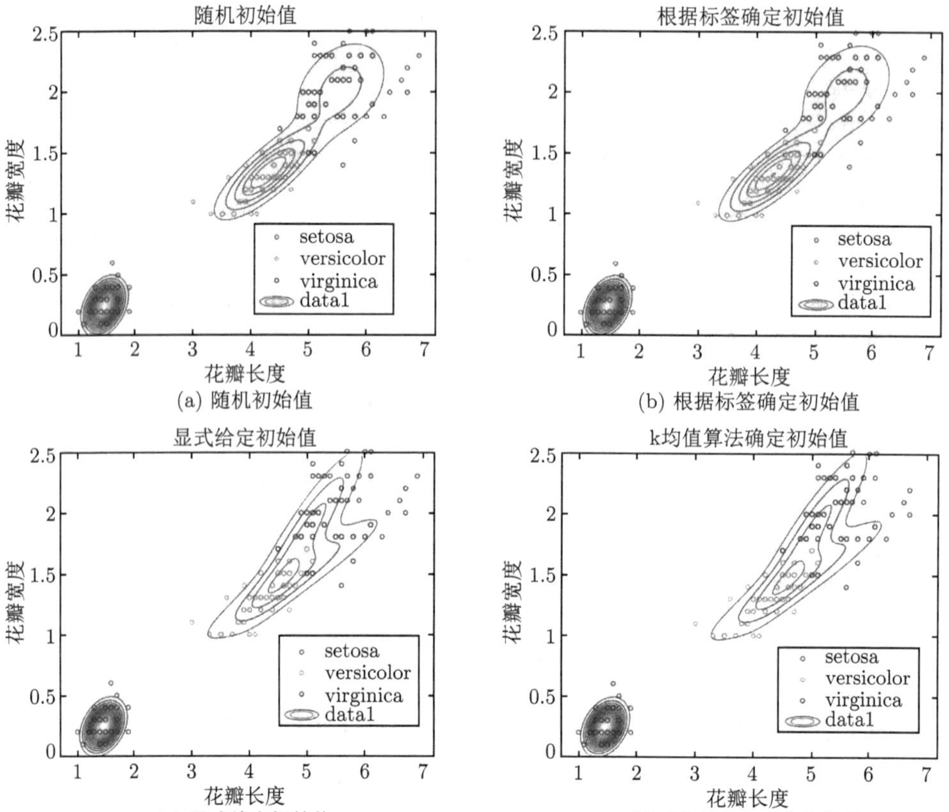

(a) 随机初始值　(b) 根据标签确定初始值

(c) 显式给定初始值　(d) k均值算法确定初始值

图 11.10　不同初始值设置对高斯混合聚类的影响

11.5.2　聚类簇数 k 值的选择问题

高斯混合模型在进行数据拟合时, 需要事先指定高斯混合成分的个数, 也就是 k 的值. 不同的 k 值产生的聚类结果可能会差别很大. 如何选择一个合适的 k 值是一个值得考虑的问题. 当然可以使用交叉验证的方法, 或者通过贝叶斯信息准则 (Bayesian Information Criterion, BIC) 来选择. 在这里我们介绍一种利用主成分分析法进行 k 的选择.

用主成分分析法选择 k 的基本思想是: 先利用主成分分析对原始的高维数据降维, 使得能够对降维后的数据可视化 (一般是二维). 然后对降维后的数据训练高斯混合模型, 测试不同 k 的效果, 通过可视化的分类图来选择合适的 k 值. 我们来看一个例子.

例 11.6 利用主成分分析法将鸢尾属植物数据集 Iris 降至 2 维, 然后选择不同的 k 值对降维后的数据进行高斯混合聚类, 并观察聚类效果.

编制 MATLAB 程序代码如下 (gmm_k.m 文件).

```
%拟合高斯混合模型时的k选择问题
close all; clear all; clc
%利用PCA数据探索
load fisheriris; %加载数据集
X=meas; %meas是主要属性数据,四维
Y=species; %species是类标签向量
classes=unique(Y),
%用PCA算法对原始数据降维,score是从大到小排列的结果
[~,score]=pca(X,'NumComponents',2);
%分别尝试用不同的k来拟合数据
GMs=cell(3,1); %存储3个不同的GMM
options=statset('MaxIter',1000);  %设置最大迭代次数
rng(1)  %可重复性
%分别尝试使用不同的成分数来拟合模型
for i=1:3
    GMs{i}=fitgmdist(score, i,'Options',options)
    fprintf('\n 第 %i 个高斯成分的均值\n', i);
    Mu=GMs{i}.mu,  %均值
    AIC(i)=GMs{i}.AIC, %AIC指标
    BIC(i)=GMs{i}.BIC, %BIC指标
    NLL(i)=GMs{i}.NegativeLogLikelihood, %负对数似然函数值
end
figure
for i=1:3
    subplot(2,2,i)
    %gscatter可以根据组(即标签)区分画出散点图
    %这里用了二维的信息化,可视化
    gscatter(score(:,1),score(:,2),Y);
    hold on; h=gca;
    fcontour(@(x,y)pdf(GMs{i},[x,y]),[h.XLim,h.YLim]);
    uistack(h,'down'); %重排对象的视觉叠加顺序
    title(sprintf('高斯混合模型(k=%i)', i));
    xlabel('第一主轴'); ylabel('第二主轴');
    if(i~=3),legend off;end
    set(gca,'FontSize',12);
    hold off
end
```

```
g=legend; g.Position=[0.7,0.25,0.1,0.1];
```

图11.11电子图

在上述程序代码中, 先用主成分分析法对数据集进行属性筛选, 只保留特征值最大的两个主轴. 然后用这两个属性拟合 (训练) 高斯混合模型. 在模型中分别选择了不同的 $k\,(k=1,2,3)$. 模型的训练结果如图 11.11 所示, 从图中可以看出, 当 $k=3$ 时, 拟合的模型更能刻画原始数据的分布, 这和实际也是符合的. 因为实际上就是 3 类数据, 即 3 种类别的鸢尾属植物.

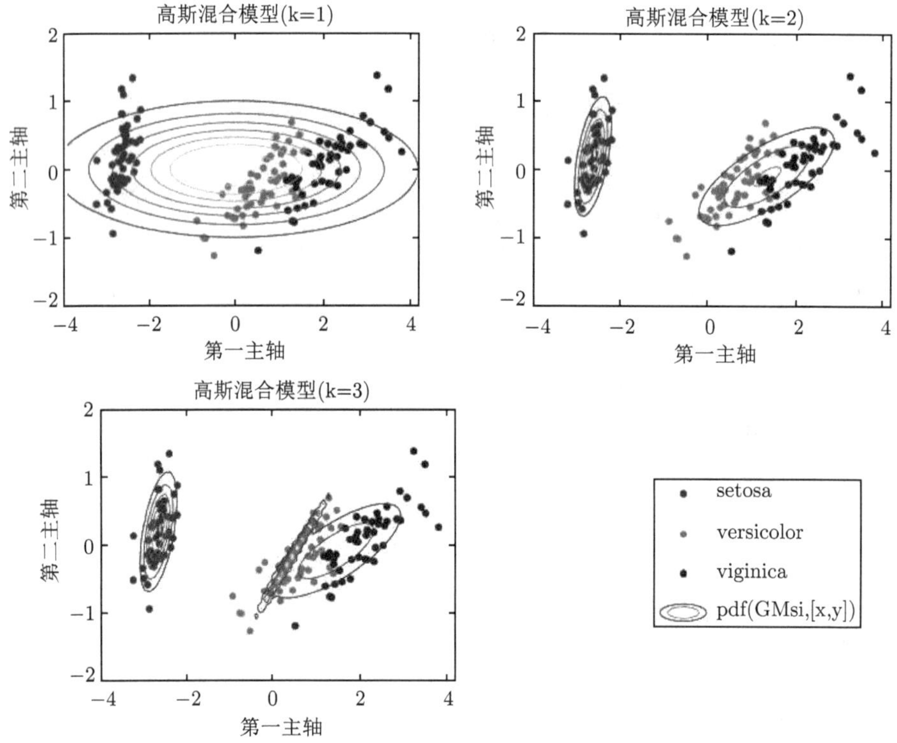

图 11.11 GMM 中使用不同 k 的效果

上面只是定性地从图形上得出 $k=3$ 的结论. 也可以通过计算各个模型的负对数似然函数值 (损失函数, 越小越好) 来选择 k 值. 另一种方法就是计算 AIC 指标, 选择 AIC 最小值对应的 k 就是最佳的成分个数. 实际上, 用函数 fitgmdist 拟合出来的高斯混合模型, 其返回值是个结构变量, 其中包含了 AIC 指标、BIC 指标以及负对数似然函数值 (NegativeLogLikelihood) 等信息. 可用 GM.AIC, GM.BIC, GM.NegativeLogLikelihood 等程序语句得到, 其中 GM 是函数 fitgmdist 返回的结构变量名. 事实上, 运行上述程序后, 在 MATLAB 命令窗口显示出了这些信息, 现将其列表如表 11.1 所示.

表 11.1 不同模型参数指标

k 值	AIC 指标	BIC 指标	负对数似然 (NLL)
1	863.2169	878.2701	426.6085
2	600.2077	633.3247	289.1039
3	589.8946	641.0754	277.9473

其中 NLL 的值或 AIC 的值越小越好, 所以从定量计算上来说, 也应该选择 $k=3$.

11.5.3 高斯混合聚类的正则化

众所周知, 当要拟合的样本数据具有较高的相关性时, 计算得到的协方差矩阵容易出现奇异或接近奇异的现象, 此时的协方差矩阵是病态的. 可以通过正则化手段来避免出现病态现象. 实际上在使用 MATLAB 系统自带的高斯混合聚类函数时, 已经预置了正则化选项, 只需我们去激活这一选项而已. 可以在拟合函数 fitgmdist 中增加 "RegularizationValue" 属性来实现模型的正则化. 我们来看一个正则化的例子.

例 11.7 生成两类属性相关的高斯样本数据, 然后采用正则化技术进行高斯混合聚类, 并观察聚类效果.

编制 MATLAB 程序代码如下 (gmm_regular.m 文件).

```
%高斯混合聚类的正则化
rng (1) %可重复性
mu1=[1 2]; sigma1=[0.7 0; 0 0.3];
mu2=[3 4]; sigma2=[0.3 0; 0 0.3];
%生成两个高斯数据样本
X1=[mvnrnd(mu1,sigma1,200);  mvnrnd(mu2,sigma2,200)];
X=[X1,X1(:,1)+X1(:,2)];
%这里第3列与前两列是线性相关的,因此容易出现病态情况
Y=[ones(200,1);2*ones(200,1)]; %样本数据的真实标签
try
    fitgmdist(X,2) %试一下不用正则化的拟合
catch exception
    disp('拟合时出了问题');
    exception.message
end
gm=fitgmdist(X,2,'RegularizationValue',0.15); %拟合,正则化系数0.15
idx=cluster(gm,X); %聚类,得到每个簇的标签
esti_label=idx; %拟合模型的数据标签
k=find(esti_label~=Y); %寻找拟合标签与真实标签不符的样本数据
idx(k)=3; %将错误分类的样本点标记数字3
clust1=(idx==1); clust2=(idx==2); clust3=(idx==3);
```

```
subplot(1,2,1) %绘图
scatter3(X(1:200,1),X(1:200,2),X(1:200,3),15,'r','filled');
hold on
scatter3(X(201:end,1),X(201:end,2),X(201:end,3),14,'b','filled');
title('原始数据');
legend('第一类样本','第二类样本','Location','SE');
hold off
subplot(1,2,2);
scatter3(X(clust1,1),X(clust1,2),X(clust1,3),14,'r','filled');
hold on
scatter3(X(clust2,1),X(clust2,2),X(clust2,3),14,'b','filled');
scatter3(X(clust3,1),X(clust3,2),X(clust3,3),20,'g','filled');
title('聚类结果');
legend('第一类样本','第二类样本','分错的样本','Location','SE');
hold off
```

在上面的程序代码中, 首先人为地生成了训练样本数据 X, X 是一个 400×3 的矩阵. 也就是 400 个样本点, 每个样本点具有 3 个属性. 但是与之前的训练集不同, 样本集 X 的属性不是相互独立的, 而是线性相关的, 因为矩阵 X 的第三列数据是前两列之和. 这样由于会出现奇异矩阵的求逆问题而导致直接使用 EM 算法会出现错误. 在程序中使用了 try-catch 语句来捕捉这种错误. 一旦发现这种错误, 就选用带正则项的算法来拟合高斯混合模型. 运行上面的程序获得的聚类结果如图 11.12 所示.

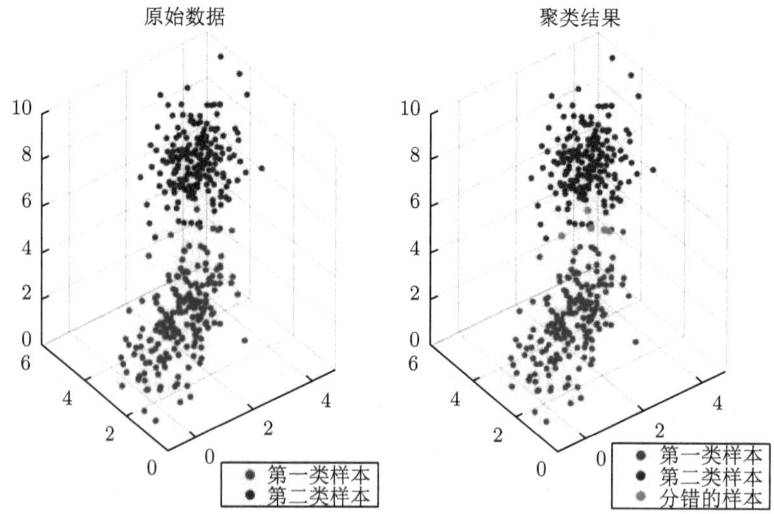

图 11.12 使用正则化的高斯混合聚类

可能会产生疑问, 在进行高斯混合聚类时究竟什么情况下需要正则化呢? 一个简单而暴力的做法就是, 任何时候都可以使用正则化. 当然, 如果希望对具体问题具体分析, 可以总结出以下几种需要用到正则化的情况: 训练数据太少, 或者 k 的取值太大, 或者变量之间具有高的相关性. 这三种情形一般需要考虑使用正则化技术.

图11.12电子图

本章课件

第 12 章　集成学习算法

集成学习 (Ensemble Learning) 是当前非常流行的一类机器学习算法, 它本身并不是一个单独的机器学习算法, 而是通过构建并结合多个机器学习器来完成学习任务, 也就是我们常说的“博采众长”. 可以毫不夸张地说, 目前机器学习领域到处都可以看到集成学习的身影, 它可以用于分类问题、回归问题、特征选取以及异常点检测等.

12.1　集成学习概述

12.1.1　集成学习的基本概念

集成学习是机器学习的一种思想, 它通过“集成”多个“弱学习器”来构成一个性能更强、精度更高的学习模型. 所谓“弱学习器”是指分类性能不强甚至仅比随机胡猜略好的学习器. 在学习阶段用训练样本集依次训练这些弱学习器, 在预测或决策时, 用这些训练好的弱学习器模型联合进行预测.

也就是说, 由于单个模型的精度不是很高, 于是可以训练多个模型, 然后将它们结合起来形成一个更强大的模型. 结合的方式通常有以下两种:

(1) 并行方式. 单个模型的训练相互独立, 可以并行进行, 最后做决策时大家共同“投票”, 这种方式的典型代表是随机森林算法.

(2) 串行方式. 串行地依次训练各个模型, 后面的模型训练要用到前面的训练结果, 这种方式的典型代表是 AdaBoost 算法.

图 12.1 显示出集成学习算法的一般框架: 先产生若干“个体学习器”, 再用某种策略将它们组合起来. 个体学习器通常由一个现有的学习算法从训练数据产生, 例如决策树算法、神经网络算法等, 此时集成中只包含同种类型的个体学习器, 例如“决策树集成”中全是决策树, “神经网络集成”中全是神经网络, 这样的集成称为“同质集成”. 同质集成中的个体学习器也叫做“基学习器”, 相应的学习算法称为“基学习算法”. 此外, 集成也可包含不同类型的个体学习器, 例如同时包含决策树和神经网络, 这样的集成称为“异质集成”. 异质集成中的个体学习器由不同的学习算法生成, 此时个体学习器称为“组件学习器”或直接称为个体学习器.

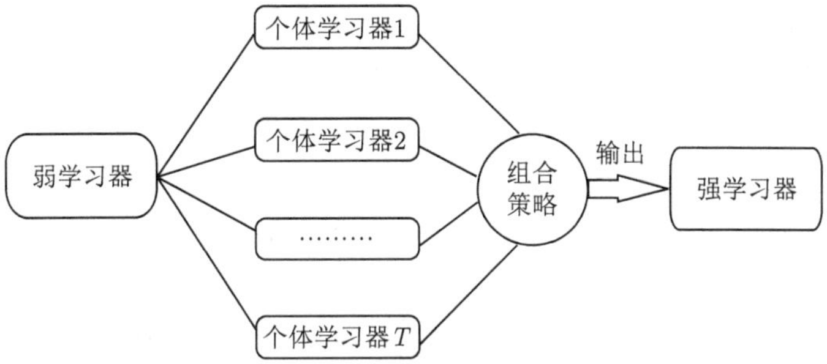

图 12.1 集成学习算法示意图

在一般经验中, 如果把好坏不等的东西掺和到一起, 通常的结果是比最差的好一些, 比最好的差一些. 集成学习把多个学习器结合起来, 如何能获得比最好的单一学习器更好的性能呢? 学习实践表明, 要获得好的集成, 个体学习器应具有一定的准确性, 且个体学习器之间应具有相当的多样性. 当然, 个体学习器的准确性和多样性一般情况下不可得兼, 增加多样性的前提是牺牲准确性. 事实上, 如何产生并组合"好而不同"的个体学习器, 是集成学习算法成功的关键.

综上所述, 集成学习有两个主要的问题需要解决, 第一是如何得到若干个个体学习器, 第二是如何选择一种结合策略, 将这些个体学习器集合成一个强学习器.

12.1.2 集成模型的并行生成

12.1.1 小节提及, 如果个体学习器之间不存在强依赖关系, 那么这样的个体学习器可以并行生成, 其代表算法是 Bagging 算法以及它的改进算法——随机森林算法.

Bagging 算法 (装袋算法) 的结构如图 12.2 所示.

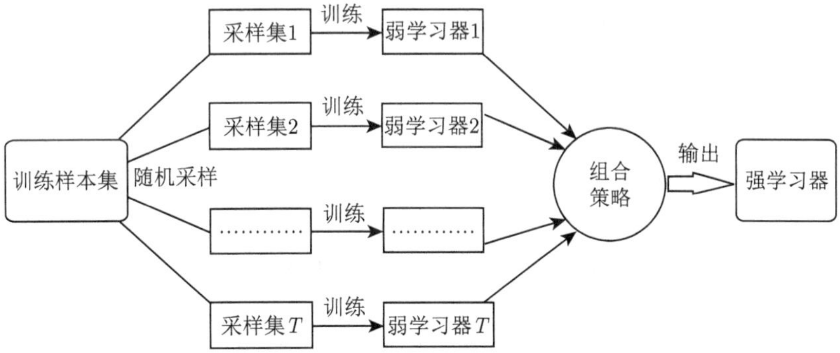

图 12.2 Bagging 算法结构示意图

从图 12.2 可以看出, Bagging 算法的个体学习器的训练样本集是通过随机采样得到的. 通过 T 次的随机采样, 就可以得到 T 个采样集, 然后针对这 T 个采样集可以分别独立 (并行) 地训练出 T 个弱学习器, 再通过组合策略来得到最终的强学习器.

这里的随机采样一般采用自助采样法 (Bootstrap Sampling). 所谓自助采样法, 是指对于具有 n 个样本的原始训练样本集, 每次先随机采集一个样本放入采样集, 然后再将该样本放回去, 以便下次采样时该样本仍有可能被采集到, 这样采集 n 次, 最终可以得到一个具有 n 个样本的采样集. 由于这样的采样手段类似于“装袋子”, Bagging 算法也因此得名. 注意到, 因为采样是随机采的, 每次的采样集与原始训练集不尽相同, 与其他采样集也有所差别, 所以可以得到多个“不同”的弱学习器.

随机森林算法是 Bagging 算法的一个改进版本, 它所使用的弱学习器都是决策树, 并且在构造决策树的过程中, 对于样本的属性选择采用“随机选择”方式, 由此从“树”而进化到“森林”, 于是得到随机森林算法. Bagging 和随机森林算法的原理将在后面进行专门的详细介绍.

12.1.3　集成模型的串行生成

如果个体学习器之间存在着较强的依赖关系, 那么这样的一系列个体学习器基本都需要串行地生成, 其典型代表是 Boosting 型算法. Boosting 型算法的原理及结构如图 12.3 所示.

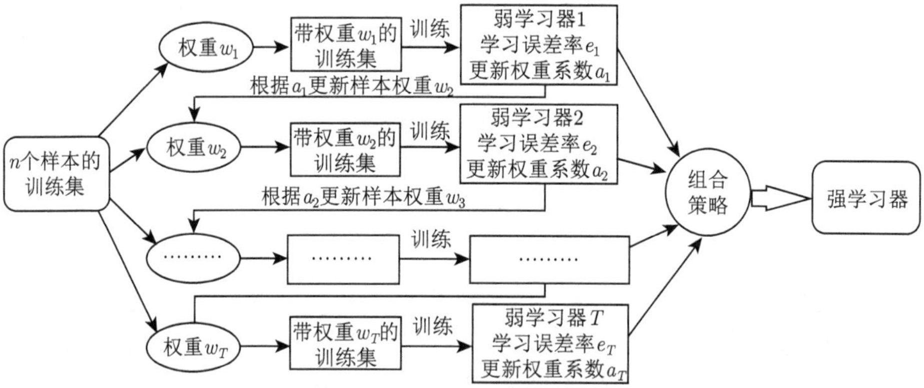

图 12.3　Boosting 算法结构示意图

从图 12.3 可以看出, Boosting 型算法的工作机制是首先从训练集用初始权重训练出一个弱学习器 1, 根据弱学习器的误差率表现来更新训练样本的权重, 使得之前弱学习器 1 误差率高的训练样本点的权重变高, 以便这些误差率高的点在后面的弱学习器 2 中得到更多的重视. 然后基于调整权重后的训练集来训练弱学习器 2, $\cdots$, 如此重复进行, 直到弱学习器数达到事先指定的数目 T, 最终将这 T 个弱学习器通过组合策略进行整合, 得到最终的强学习器.

Boosting 型算法最典型的代表是 AdaBoost 算法, 其基本思想是在初始时给所有的样本赋予相同的权重, 生成一棵决策树后对于分类错误的样本提高其权重, 而对于分类正确的样本降低其权重, 然后训练后续的决策树. 在最终投票表决时准确率高的决策树拥有更高的话语权. 关于 AdaBoost 算法在后面将进行专门的详细介绍.

12.1.4 集成模型的组合策略

假定集成包含 T 个个体学习器 $\{h_1, h_2, \cdots, h_T\}$, 其中 $h_t(t = 1, 2, \cdots, T)$ 在示例 $\boldsymbol{x}$ 上的输出为 $h_t(\boldsymbol{x})$. 下面介绍几种对 h_t 进行组合的常见策略.

1. 平均法

对于数值类的回归预测问题, 通常使用的组合策略是平均法, 也就是说, 对于若干个弱学习器的输出进行平均得到最终的预测输出. 最简单的平均是算术平均, 也就是说最终预测是

$$H(\boldsymbol{x}) = \frac{1}{T}\sum_{t=1}^{T} h_t(\boldsymbol{x}), \tag{12.1}$$

上面的组合策略称为简单平均法. 如果每个个体学习器有一个权重, 则最终预测是

$$H(\boldsymbol{x}) = \sum_{t=1}^{T} w_i h_t(\boldsymbol{x}), \tag{12.2}$$

其中 w_t 是个体学习器 h_t 的权重, 通常要求 $w_t \geqslant 0$, $\sum\limits_{t=1}^{T} w_i = 1$. 这样的组合策略称为加权平均法.

容易发现, 简单平均法是加权平均法令 $w_i = 1/T$ 的特例. 加权平均法在集成学习中具有特别的意义. 集成学习中的各种结合方法都可视为其特例或变体. 事实上, 加权平均法可认为是集成学习研究的基本出发点, 对给定的个体学习器, 不同的集成学习方法可视为通过不同的方式来确定加权平均法中的个体学习器权重.

加权平均法的权重一般是从训练数据中学习而得的, 现实任务中的训练样本通常不充分或存在噪声, 这将使得训练出的权重不完全可靠. 尤其是对规模比较大的集成来说, 要训练的权重比较多, 较容易导致过拟合. 因此, 实验和应用均显示出, 加权平均法未必一定优于简单平均法. 一般而言, 在个体学习器性能相差较大时宜使用加权平均法, 而在个体学习器性能相近时宜使用简单平均法.

2. 投票法

与平均法不同, 投票法通常用于分类任务. 学习器 h_t 将从类别标记集合 $\{c_1, c_2, \cdots, c_k\}$ 中预测出一个标记, 最常见的组合策略是采用投票方法. 为便于讨论, 将 h_t 在样本 $\boldsymbol{x}$ 上的预测输出表示为一个 k 维向量 $(h_t^1(\boldsymbol{x}), h_t^2(\boldsymbol{x}), \cdots, h_t^k(\boldsymbol{x}))^{\mathrm{T}}$, 其中 $h_t^j(\boldsymbol{x})$ 是 h_t 在类别标记 c_j 上的输出.

最简单的投票法是"相对多数投票法", 也就是人们常说的少数服从多数, 即 T 个弱学习器对样本 $\boldsymbol{x}$ 的预测结果中, 数量最多的类别作为最终的分类类别, 即

$$H(\boldsymbol{x}) = c_{j^*}, \quad \text{其中 } j^* = \arg\max_j \sum_{t=1}^{T} h_t^j(\boldsymbol{x}). \tag{12.3}$$

如果不止一个类别获得最高票, 则随机选择一个即可.

稍微复杂的投票法是"绝对多数投票法", 也就是人们常说的要票过半数. 在相对多数投票法的基础上, 不光要求获得最高票, 还要求票过半数, 否则会拒绝预测:

$$H(\boldsymbol{x}) = \begin{cases} c_j, & \displaystyle\sum_{t=1}^{T} h_t^j(\boldsymbol{x}) > 0.5 \sum_{j=1}^{k} \sum_{t=1}^{T} h_t^j(\boldsymbol{x}), \\ \text{拒绝}, & \text{否则}. \end{cases} \tag{12.4}$$

更加复杂的是"加权投票法", 和加权平均法一样, 每个弱学习器的分类票数要乘以一个权重, 最终将各个类别的加权票数求和, 最大的值对应的类别为最终类别:

$$H(\boldsymbol{x}) = c_{j^*}, \quad \text{其中 } j^* = \arg\max_j \sum_{t=1}^{T} w_t h_t^j(\boldsymbol{x}). \tag{12.5}$$

与加权平均法类似, w_t 是 h_t 的权重, 通常 $w_t \geqslant 0$, $\sum\limits_{t=1}^{T} w_t = 1$.

式 (12.3)—(12.5) 没有指出个体学习器输出值的类型. 在现实学习任务中, 不同类型个体学习器可能产生不同类型的 $h_t^j(\boldsymbol{x})$ 值, 常见的如下.

(1) 类概率: $h_t^j(\boldsymbol{x}) \in [0, 1]$, 相当于对后验概率 $P(c_j \mid \boldsymbol{x})$ 的一个估计. 使用类概率的投票策略称为"软投票".

(2) 类标记: $h_t^j(\boldsymbol{x}) \in \{0, 1\}$, 若 $h_t^j(\boldsymbol{x})$ 将样本 $\boldsymbol{x}$ 预测为类别 c_j, 则取值为 1, 否则取为 0. 使用类标记的投票称为"硬投票".

需要注意的是, 不同类型的 $h_t^j(\boldsymbol{x})$ 值一般不能混用, 但对一些能在预测出类别标记的同时产生分类置信度的学习器, 其分类置信度可转化为类概率使用. 有趣的是, 虽然分类器估计出的类概率值一般都不太准确, 但基于类概率进行组合却往往比直接基于类标记进行组合性能更好. 当然, 若个体学习器的类型不同, 则其

类概率值不能直接进行比较. 在此种情形下, 通常可将类概率输出转化为类标记输出, 例如将类概率输出最大的 $h_t^j(\boldsymbol{x})$ 设为 1, 其他设为 0, 然后再进行投票.

3. 学习法

对弱学习器的结果做平均或者投票, 相对比较简单, 但可能训练误差较大. 特别是当训练数据很多时, 一种更为强大的组合策略是"学习法". 对于学习法, 典型代表是 Stacking 法 (堆叠法), 当使用 Stacking 法进行组合时, 是对弱学习器的结果再加上一层学习器 (堆叠), 即将弱学习器的训练结果作为输入, 重新训练一个学习器来得到最终结果. 为了叙述方便, 这里将个体学习器称为初级学习器, 将用于组合的学习器称为次级学习器. 因此, 关于 Stacking 法, 通俗地说就是对于测试集, 首先用初级学习器预测一次, 得到次级学习器的输入样本, 再用次级学习器预测一次, 得到最终的预测结果.

假定初级学习器使用不同学习算法产生, 即初级集成是异质的. 那么 Stacking 算法先从初始数据集训练出初级学习器, 然后"生成"一个新数据集用于训练次级学习器. 在这个新数据集中, 初级学习器的输出被当作样例输入属性, 而初始样本的标记仍被当作样例标记. Stacking 算法详细流程如下.

算法 12.1 (Stacking 算法)

输入: 训练样本集 $D=\{(\boldsymbol{x}_1,y_1),(\boldsymbol{x}_2,y_2),\cdots,(\boldsymbol{x}_n,y_n)\}$;

初级学习器 $\mathfrak{L}_1,\mathfrak{L}_2,\cdots,\mathfrak{L}_T$; 次级学习器 $\mathfrak{L}$.

输出: $H(\boldsymbol{x})=h'(h_1(\boldsymbol{x}),h_2(\boldsymbol{x}),\cdots,h_T(\boldsymbol{x}))$.

(1) 对 $t=1,2,\cdots,T$, 训练初级学习器 $h_t=\mathfrak{L}_t(D)$;

(2) 置 $D'=\varnothing$;

(3) **for** $i=1,2,\cdots,n$ **do**

  for $t=1,2,\cdots,T$ **do**

    $z_{it}=h_t(\boldsymbol{x}_i)$;

  end for

  $D'=: D'\cup\left\{\left((z_{i1},z_{i2},\cdots,z_{iT})^{\mathrm{T}},y_i\right)\right\}$;

 end for

(4) $h'=\mathfrak{L}(D')$.

从算法 12.1 可以看到, 在训练阶段, 次级训练集 D' 是利用初级学习器产生的. 但需要注意的是, 若直接用初级学习器的训练集来产生次级训练集, 则过拟合风险会比较大. 因此, 一般是通过使用留出法或交叉验证的方式, 用训练初级学习器未使用的训练样本来产生次级学习器的训练样本. 例如, 利用 k 折交叉验证法, 将初始训练集 D 随机划分为 k 个大小相似的集合 $D_1,D_2,\cdots,D_k$. 令 D_j 和 $\bar{D}_j=D\backslash D_j$ 分别表示第 j 折的测试集和训练集. 给定 T 个初级学习算法, 初级学习器 h_t^j 通过在 $\bar{D}_j$ 上使用第 t 个学习算法而得. 对 D_j 中每个样本 $\boldsymbol{x}_i$, 令 $z_{it}=$

$h_t^j(\boldsymbol{x}_i)$, 则由 $\boldsymbol{x}_i$ 所产生的次级训练样本的示例部分为 $\boldsymbol{z}_i=(z_{i1},z_{i2},\cdots,z_{iT})^{\mathrm{T}}$, 标记部分为 y_i. 于是, 在整个交叉验证过程结束后, 从这 T 个初级学习器产生的次级训练集是 $D'=\{(\boldsymbol{z}_i,y_i)\}_{i=1}^m$, 然后将 D' 用于训练次级学习器.

12.2 Bagging 与随机森林

由 12.1 节可知, 要想获得泛化性能强的集成学习算法, 各个个体学习器应尽可能相互独立. 一种可能的做法是对训练样本集进行随机采样, 产生出若干个不同的子集, 再从每个数据子集中训练出一个个体学习器. 这样, 由于训练数据不同, 所获得的个体学习器可望具有比较大的差异. 然而, 为获得好的集成, 同时还希望个体学习器不能太差. 如果采样出的每个子集都完全不同, 则每个个体学习器只用到了一小部分训练数据, 甚至不足以进行有效学习, 这显然无法确保产生出比较好的个体学习器. 为解决这个问题, 可考虑使用相互有交叠的采样子集来进行学习.

12.2.1 Bagging 算法

Bagging 算法是并行式集成学习方法最著名的代表, 从图 12.2 可以看出, Bagging 算法的弱学习器之间没有相互的依赖关系, 它的特点在"随机采样".

随机采样 (Bootstrap, 自举) 就是从训练集里面采集固定个数的样本, 但是每采集一个样本后, 都将样本放回. 也就是说, 之前采集到的某样本在放回后有可能继续被采集到. 对于 Bagging 算法, 一般会随机采集和训练集样本数 n 一样多的样本. 这样得到的采样集和训练集样本的个数相同, 但是样本内容不同. 如果对有 n 个样本的训练集做 T 次随机采样, 则由于随机性, T 个采样集各不相同.

我们来分析一下 Bootstrap 采样得到的采样集究竟有多大程度的不同. 易知, 一个样本在一次随机采样中被采集到的概率是 $\frac{1}{n}$ (假设训练样本集的容量是 n), 而不被采集到的概率为 $1-\frac{1}{n}$, 那么 n 次采样都没有被采集到的概率是 $\left(1-\frac{1}{n}\right)^n$. 当 $n\to\infty$ 时,

$$\lim_{n\to\infty}\left(1-\frac{1}{n}\right)^n=\frac{1}{\mathrm{e}}=0.368.$$

也就是说, 在 Bagging 算法的每一轮随机采样中, 训练集中大约有 36.8% 的数据没有被采样集采集到. 或者说, 初始训练集中约有 63.2% 的样本出现在采样集中.

对于这部分大约 36.8% 的没有被采样到的数据, 常称之为"包外数据" (Out Of Bag, OOB), 这些数据没有参与训练集模型的拟合, 因此可以用来检测模型的

泛化能力. 此外, Bagging 算法对于弱学习器的类型没有限制, 但最常用的一般是决策树和神经网络.

综上所述, Bagging 算法的基本流程如下.

算法 12.2 (Bagging 算法)

输入: 训练集 $D=\{(\boldsymbol{x}_1,y_1),(\boldsymbol{x}_2,y_2),\cdots,(\boldsymbol{x}_n,y_n)\}$, 弱学习器 $\mathfrak{L}$, 训练轮数 T.

输出: 强学习器 $H(\boldsymbol{x})$.

1) 对 $t=1,2,\cdots,T$,

   (a) 对 D 进行第 t 次随机采样, 共采样 n 次, 得到包含 n 个样本的采样集 D_t;

   (b) 用采样集 D_t 训练第 t 个弱学习器 $h_t(\boldsymbol{x})=\mathfrak{L}(D_t)$.

2) 如果是分类预测, 则 T 个弱学习器投出最多票数的类别为最终类别:

$$H(\boldsymbol{x})=\arg\max_{y\in\mathcal{Y}}\sum_{t=1}^{T}\mathbb{I}(h_t(\boldsymbol{x})=y).$$

如果是回归算法, T 个弱学习器得到的回归结果算术平均得到的值为模型的输出:

$$H(\boldsymbol{x})=\frac{1}{T}\sum_{t=1}^{T}\mathbb{I}(h_t(\boldsymbol{x})=y).$$

从算法 12.2 不难看出, Bagging 算法的组合策略比较简单, 对于分类问题, 使用简单投票法, 得到最多票数的类别或者类别之一为最终的模型输出. 对于回归问题, 使用简单平均法, 对 T 个弱学习器得到的回归结果进行算术平均得到最终的模型输出.

此外, 由于 Bagging 算法每次都进行采样来训练模型, 因此泛化能力很强, 对于降低模型的方差很有作用. 当然对于训练集的拟合程度就会差一些, 也就是模型的偏差会大一些.

现在来分析一下算法的复杂度. 假定每个弱学习器的计算复杂度为 $O(n)$, 则 Bagging 算法的复杂度大致为 $T(O(n)+O(s))$, 其中 $O(s)$ 是采样与投票/平均过程的复杂度, 通常很小, 而 T 通常是一个不太大的常数, 因此, 训练一个 Bagging 集成与直接使用弱学习算法训练一个学习器的复杂度同阶, 这说明 Bagging 算法是一个很高效的集成学习算法. 此外, Bagging 算法可以用于多分类、回归等任务.

注 12.1 自助采样过程还给 Bagging 算法带来了另一个优点: 由于每个弱学习器只使用了初始训练集中约 63.2% 的样本, 剩下约 36.8% 的样本可用作验证集来对泛化性能进行“包外估计”. 为此需记录每个弱学习器所使用的训练样本. 令 D_t 表示 h_t 实际使用的训练样本集, 令 $H^{\mathrm{OOB}}(\boldsymbol{x})$ 表示对样本 $\boldsymbol{x}$ 的包外预测, 即仅考虑那些未使用 $\boldsymbol{x}$ 进行训练的弱学习器在样本 $\boldsymbol{x}$ 上的预测, 有

$$H^{\mathrm{OOB}}(\boldsymbol{x})=\underset{y\in\mathcal{Y}}{\arg\max}\sum_{t=1}^{T}\mathbb{I}(h_t(\boldsymbol{x})=y)\cdot\mathbb{I}(\boldsymbol{x}\notin D_t),$$

则 Bagging 算法泛化误差的包外估计为

$$\epsilon^{\mathrm{OOB}}=\frac{1}{|D|}\sum_{(\boldsymbol{x},y)\in D}\mathbb{I}(H^{\mathrm{OOB}}(\boldsymbol{x})\neq y).$$

12.2.2 随机森林算法

随机森林 (Random Forest, RF) 算法是 Bagging 算法的进化版本, 也就是说, 它的思想仍然是 Bagging, 但是进行了独特的改进. 首先, 随机森林使用了 CART 决策树作为弱学习器; 其次, 在使用决策树的基础上, 随机森林对决策树的建立做了改进, 对于普通的决策树, 是在节点上所有的 m 个属性中选择一个最优的属性来做决策树的左右子树划分, 但是随机森林通过随机选择节点上的一部分样本属性, 这个数字小于 m, 假设为 m_{sub}, 然后在这些随机选择的 m_{sub} 个样本属性中, 选择一个最优的属性来做决策树的左右子树划分, 这就进一步增强了模型的泛化能力. 如果 $m_{\mathrm{sub}}=m$, 则此时随机森林的 CART 决策树和普通的 CART 决策树没有任何区别. m_{sub} 越小, 则模型越健壮, 当然此时对于训练集的拟合程度会变差. 也就是说 m_{sub} 越小, 模型的方差会减小, 但是偏差会增大. 若令 $m_{\mathrm{sub}}=1$, 则随机选择一个属性用于划分; 一般情况下, 推荐值 $m_{\mathrm{sub}}=\log_2 m$. 在实际应用中, 通常会通过交叉验证调参获取一个合适的 m_{sub} 值.

随机森林算法的基本流程如下.

算法 12.3 (随机森林算法)

输入: 训练集 $D=\{(\boldsymbol{x}_1,y_1),(\boldsymbol{x}_2,y_2),\cdots,(\boldsymbol{x}_n,y_n)\}$, 训练轮数 T.

输出: 强学习器 $H(\boldsymbol{x})$.

1) 对 $t=1,2,\cdots,T$,

  (a) 对 D 进行第 t 次随机采样, 共采样 n 次, 得到包含 n 个样本的采样集 D_t.

  (b) 以采样集 D_t 为训练数据, 创建决策树 $h_t(\boldsymbol{x})$, 对每个结点的划分, 重复以下步骤, 使决策树深度达到最小值 $d_{\min}$ 为止.

  ① 从 m 个属性中随机选取 m_{sub} 个;

  ② 从这 m_{sub} 个属性中选择出最优属性及其最优划分点;

③ 将此结点划分成左右两个子结点.

2) 得到决策树集合 $\{h_1(\boldsymbol{x}), h_2(\boldsymbol{x}), \cdots, h_T(\boldsymbol{x})\}$.

3) 如果是分类预测, 则 T 个弱学习器投出最多票数的类别为最终类别:

$$H(\boldsymbol{x}) = \mathop{\arg\max}_{y \in \mathcal{Y}} \sum_{t=1}^{T} \mathbb{I}(h_t(\boldsymbol{x}) = y).$$

如果是回归算法, T 个弱学习器得到的回归结果算术平均得到的值为模型的输出:

$$H(\boldsymbol{x}) = \frac{1}{T} \sum_{t=1}^{T} \mathbb{I}(h_t(\boldsymbol{x}) = y).$$

从算法 12.3 可以看出, 随机森林算法对 Bagging 算法只是做了很小的改动, 但是与 Bagging 算法中弱学习器的多样性仅通过对样本的扰动而获得不同, 随机森林算法中弱学习器的多样性不仅来自样本扰动, 还来自属性扰动, 这就使得最终集成的泛化性能可通过个体学习器之间差异度的增加而进一步提升.

12.2.3 随机森林的 MATLAB 实现

现在我们来考虑随机森林算法的 MATLAB 实现. MATLAB 系统中封装了实现随机森林算法的函数 TreeBagger(), 其使用方法如下.

(1) B=TreeBagger(ntrees,X,Y).

ntrees——决策树的棵数 (个体学习器的个数).

X——$n \times m$ 阶样本矩阵, 其每一行是一个样本, 每一列是样本的一个属性.

Y——标签向量, 存放每个样本的类别.

B——Bagging 分类决策树的集成.

(2) B=TreeBagger(ntrees,X,Y,Name,Value).

Name, Value 是可选参数及其取值, 成对出现, 并且可以有多组可选参数, 常用参数及取值如下.

(1) ‘FBoot’, 为生成每棵新树, 需要从输入数据中替换部分数据的比例值. 默认值为 1.

(2) ‘SampleWithReplacement’, 取值 ‘on’ 表示替换样本, ‘off’ 表示不替换. 如果设置为 ‘off’, 需将参数 ‘fboot’ 的值设置为小于 1. 默认设置为 ‘on’.

(3) ‘OobPred’, 取值为 ‘on’ 表示计算包外误差. OobPredict 可以使用这个信息来计算集合中每棵树的包外预测的类概率. 默认设置为 ‘off’, 即不存储.

(4) ‘OobVarimp’, ‘on’ 存储集成中属性重要性的包外估计. 默认设置为 ‘off’, 即不存储. 此参数值如果设置为 ‘on’, ‘OobPred’ 的值也必须设置为 ‘on’.

(5) 'Method', 此参数取为 'classification' (分类) 或 'regression' (回归). 回归时要求标签向量 Y 是数值型的. 此参数不出现时默认为分类.

(6) 'NVartoSample', 为每个决策树划分随机选择的变量数. 默认值变量数的平方根 (分类) 或变量数的三分之一 (回归). 有效值是 'all' 或一个正整数. 设置为 'all' 表示调用 Breiman 提出的随机森林算法.

(7) 'nprint', 每隔 nprint 次显示训练进度的诊断消息. nprint<ntrees 方为有效. 默认为不显示.

(8) 'MinLeaf', 每片树叶的最小观测次数. 默认是 1 (分类) 或 5 (回归).

(9) 'Options', 结构变量, 其中包含指定在增长决策树集合时是否使用并行计算的选项, 以及指定在绘制原始数据的复制时如何使用随机数的选项. 可以通过 statset 来设置, 使用的域名有: 'UseParallel', 'UseSubstreams', 'Streams', 关于这些域名的取值可查看变量 ParallelStats.

例 12.1 用随机森林算法对周志华《机器学习》中的西瓜数据集 3.0α 进行分类.

周志华《机器学习》中的西瓜数据集 3.0α 共有 17 个样本, 前 8 个为"好瓜", 用标签值 1 表示, 后 9 个为"非好瓜", 用标签值 2 表示. 每个样本有两个属性"密度"和"含糖率", 将样本数据列表如表 12.1 所示.

表 12.1 西瓜数据集 3.0α

编号	密度	含糖率	好瓜	编号	密度	含糖率	好瓜
—	—	—	—	9	0.666	0.091	2
1	0.697	0.460	1	10	0.243	0.267	2
2	0.774	0.376	1	11	0.245	0.057	2
3	0.634	0.264	1	12	0.343	0.099	2
4	0.608	0.318	1	13	0.639	0.161	2
5	0.556	0.215	1	14	0.657	0.198	2
6	0.403	0.237	1	15	0.360	0.370	2
7	0.481	0.149	1	16	0.593	0.042	2
8	0.437	0.211	1	17	0.719	0.103	2

将上述表格数据存成文本文件 melon30a.txt 以便存取. 编写程序代码如下 (RF_melon30a.m 文件).

```
%随机森林对西瓜数据集3.0a分类
clear all; close all; clc
data = load('melon30a.txt');
data(:,1)=[]; %删除第一列(序号)
X=data(:,1:2); %训练样本矩阵
```

```
Y=data(:,3); %标签向量
figure(1)
gscatter(X(:,1),X(:,2),Y,'rb','*p'); %画原始数据散点图
title('原始数据'); xlabel('密度');ylabel('含糖率');
legend('好瓜','非好瓜','Location','NW'); box on
B=TreeBagger(30,X,Y); %调用随机森林函数
Y1=predict(B,X); %用训练好的模型对样本集X进行预测
figure(2)
gscatter(X(:,1),X(:,2),Y1,'rb','*p'); %分类后的数据散点图
title('随机森林分类'); xlabel('密度');ylabel('含糖率');
legend('好瓜','非好瓜','Location','NW'); box on
nCorrect=sum(str2num(char(Y1))==Y);%正确分类的样本数目
accuracy=nCorrect/length(Y), %计算正确率
```

运行上面的程序得到分类结果如图 12.4 所示.

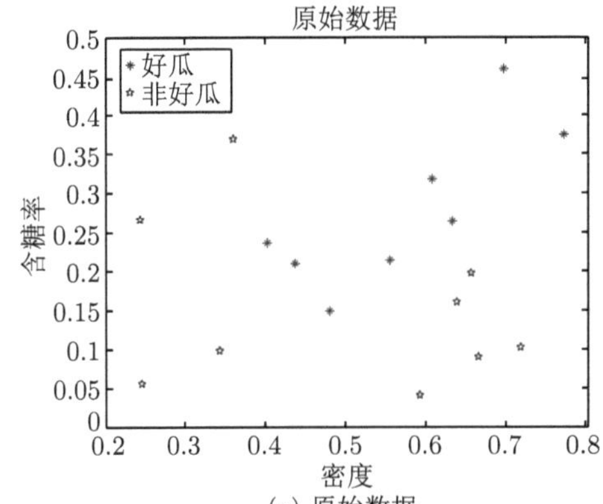

(a) 原始数据

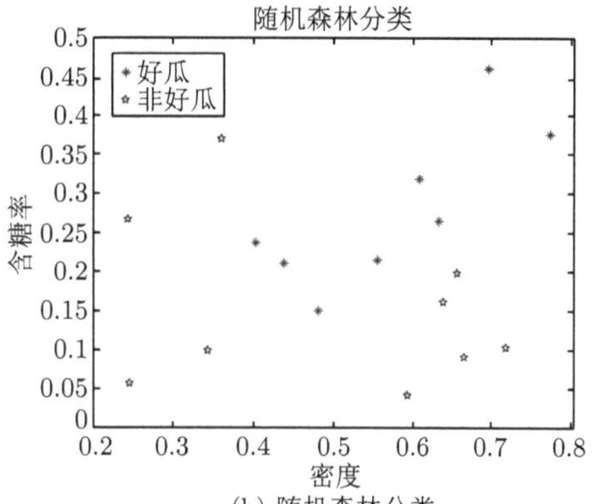

(b) 随机森林分类

图 12.4 随机森林算法对西瓜数据集 3.0α 分类

另外, 在命令窗口显示的分类精度

```
accuracy =
     1
```

即分类的正确率为 100.00%.

例 12.2 用随机森林算法对鸢尾属植物数据集 Iris 进行分类, 并绘制包外误差曲线图.

编制 MATLAB 程序代码如下 (RF_iris.m 文件).

```
%随机森林对鸢尾属植物数据集Iris分类
clear all; close all; clc
load fisheriris %载入数据集
```

```
X=meas(:,3:4); %取数据集的后两个属性便于可视化
Y=species; %标签向量
figure(1)
gscatter(X(:,1),X(:,2),Y,'rbm','*pd'); %画原始数据散点图
title('原始数据'); xlabel('花瓣长度');ylabel('花瓣宽度');
legend('Location','SE'); box on
B=TreeBagger(50,X,Y,'oobpred','on'); %调用随机森林函数
Y1=predict(B,X); %用训练好的模型对样本集X进行预测
figure(2)
gscatter(X(:,1),X(:,2),Y1,'rbm','*pd'); %分类后的数据散点图
title('随机森林分类'); xlabel('花瓣长度');ylabel('花瓣宽度');
legend('Location','SE'); box on
figure(3)
plot(oobError(B)); %画包外误差曲线
title('包外误差曲线'); xlabel('决策树棵数');ylabel('包外误差')
nCorrect=sum(strcmp(Y1,Y));%正确分类的样本数目
accuracy=nCorrect/length(Y), %计算正确率
```

运行上面的程序得到分类结果如图 12.5 所示.

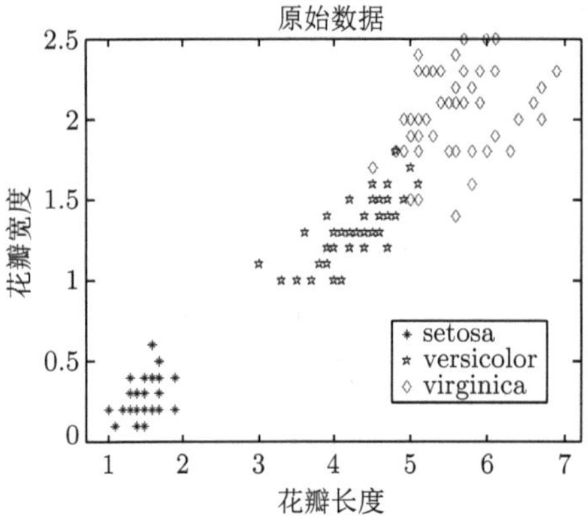

(a) 原始数据

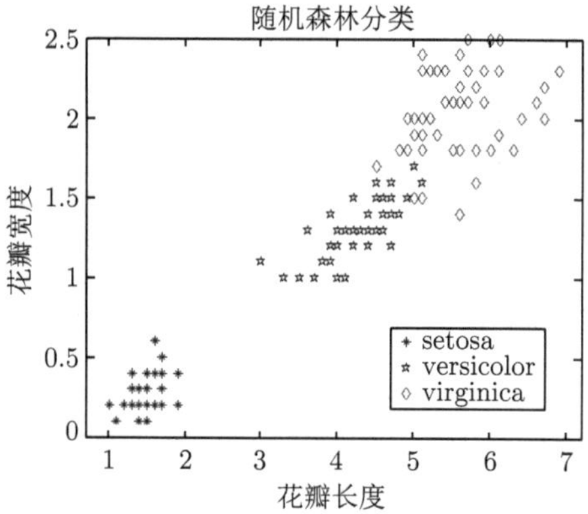

(b) 随机森林分类

图 12.5　随机森林算法对 Iris 数据集分类

同时得到包外误差如图 12.6 所示.
另外, 在命令窗口显示的分类精度

```
accuracy =
    0.9933
```

即分类的正确率为 99.33%.

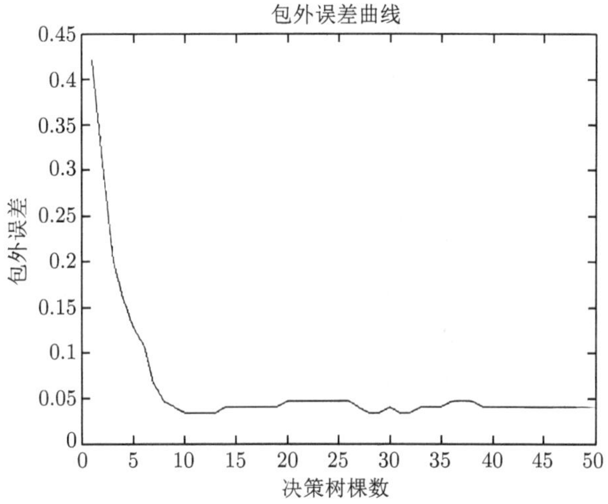

图 12.6 包外误差曲线图

12.3 Boosting 算法

在 12.1.3 节已经提及, Boosting 型算法 (提升算法) 是一种由串行方式生成的集成学习算法. 它的学习器由若干个弱学习器组合而成, 预测时用每个弱学习器分别进行预测, 然后通过投票得到结果. 训练时依次训练每个弱学习器, 与随机森林不同, 不是对样本进行独立的随机抽样构造训练集, 而是重点关注被前面的弱分类器分错的样本或是构造样本标签值.

Boosting 算法最著名的代表是 AdaBoost 算法, 其全称是 Adaptive Boosting (自适应提升), 是一种用于分类问题的集成学习算法, 它用弱分类器的线性组合来构造强分类器. 并且弱分类器的性能无须太好, 仅比随机胡猜好一点即可, 依靠它们就可构造出一个非常准确的强分类器. 下面我们重点来介绍 AdaBoost 算法及其 MATLAB 实现.

12.3.1 AdaBoost 算法的基本原理

AdaBoost 算法的强分类器 $H(\boldsymbol{x})$ 按照下面的公式构成

$$H(\boldsymbol{x}) = \sum_{t=1}^{T} \alpha_t h_t(\boldsymbol{x}), \tag{12.6}$$

其中, $\boldsymbol{x}$ 为输入样本向量, $h_t(\boldsymbol{x})$ 是弱分类器, α_t 为弱分类器的组合系数, T 为弱分类器的个数, 弱分类器的输出为 $\{-1, +1\}$, 分类对应着负类样本和正类样本. AdaBoost 算法在分类时的判定规则为

$$y = \text{sign}(H(\boldsymbol{x})),$$

因此强分类器的输出值也是 -1 或 $+1$, 同样对应着负类样本和正类样本.

AdaBoost 算法的弱分类器 $h_t(\boldsymbol{x})$ 及其组合系数 α_t 是通过学习算法得到的. 对弱学习器不要求具有太高的精度, 对于二分类问题只要保证弱分类器的正确率大于 0.5, 即仅比随机胡猜稍好就行 (因为随机胡猜也有 50% 的正确率).

AdaBoost 算法在训练时依次训练每一个弱分类器, 并得到它们的组合系数. 训练开始时, 所有样本的权重系数相等, 在训练过程中, 对被前面的弱分类器分错的样本加大其权重值, 而对分类正确的样本减小权重值, 于是接下来的弱分类器会更加关注这些被分错的样本. 而每个弱分类器的组合系数是根据它的准确率构造的, 精度越高的弱分类器其组合系数越大. 至此, 我们给出 AdaBoost 算法的执行步骤如下.

算法 12.4 (AdaBoost 算法)

输入: 训练集 $\{(\boldsymbol{x}_1, y_1), (\boldsymbol{x}_2, y_2), \cdots, (\boldsymbol{x}_n, y_n)\}$, 其中 $\boldsymbol{x}_i \in \mathbb{R}^m$, $y_i \in \{-1, +1\}$, 训练轮数 T.

输出: 由 T 棵决策树线性组合形成的强分类器函数 $H(\boldsymbol{x}) = \sum\limits_{t=1}^{T} \alpha_t h_t(\boldsymbol{x})$.

1) 初始时每个样本赋予相同的权重值 $w_i^{(0)} = \dfrac{1}{n}$, $i = 1, 2, \cdots, n$; 置 $t := 0$.

2) 进行 T 轮迭代, 第 t 轮迭代产生弱分类器 $h_t(\boldsymbol{x})$.

(a) 采用某种算法 (例如 CART 算法) 生成一棵决策树, 将其作为弱分类器 $h_t : \boldsymbol{x} \mapsto \{-1, +1\}$.

(b) 计算 h_t 在所有样本上的分类错误率:

$$\varepsilon_t = \sum_{i=1}^{n} w_i^{(t)} \mathbb{I}(h_t(\boldsymbol{x}_i) \neq y_i), \quad t = 1, 2, \cdots, T.$$

即分类错误率是错分样本的权重之和.

(c) 计算 h_t 的组合系数

$$\alpha_t = \frac{1}{2} \ln \frac{1 - \varepsilon_t}{\varepsilon_t}, \quad t = 1, 2, \cdots, T. \tag{12.7}$$

(d) 更新每一个样本的权重

$$w_i^{(t+1)} = \frac{w_i^{(t)}}{Z_t} \mathrm{e}^{-\alpha_t y_i h_t(\boldsymbol{x}_i)}, \quad i = 1, 2, \cdots, n, \tag{12.8}$$

其中 Z_t 为归一化因子, 是为了确保所有样本的权重之和为 1, 即

$$Z_t = \sum_{i=1}^{n} w_i^{(t)} \mathrm{e}^{-\alpha_t y_i h_t(\boldsymbol{x}_i)}, \quad t = 1, 2, \cdots, T. \tag{12.9}$$

3) 最终的分类器 $y=\mathrm{sign}(H(\boldsymbol{x}))=\mathrm{sign}\left(\sum\limits_{i=1}^{T}\alpha_i h_t(\boldsymbol{x})\right)$.

注 12.2 (1) 注意到算法 12.4 中的式 (12.7), 当 $\varepsilon_t<0.5$ 时, 有 $\alpha_t>0$, 且 ε_t 越小 α_t 越大, 即分类错误率越小的弱分类器在最终的强分类器 $H(\boldsymbol{x})$ 中的组合系数越大.

(2) 注意到式 (12.8), 当样本 $\boldsymbol{x}_i$ 被错分时, 有 $y_i h_t(\boldsymbol{x}_i)<0$, 此时 $w_i^{(t+1)}>w_i^{(t)}$, 即被错分的样本在下次迭代时得到更大的权重. 反之, 当样本 $\boldsymbol{x}_i$ 被正确分类时, 有 $y_i h_t(\boldsymbol{x}_i)>0$, 此时 $w_i^{(t+1)}<w_i^{(t)}$, 也就是说此次分类正确的样本在下次迭代时将得到较少的关注.

(3) 注意到, 对于被弱分类器正确分类的样本 $\boldsymbol{x}_i$, 有 $y_i h_t(\boldsymbol{x}_i)=1$; 而对于被弱分类器错分的样本 $\boldsymbol{x}_i$, 则有 $y_i h_t(\boldsymbol{x}_i)=-1$. 于是, 式 (12.8) 可化简为

$$w_i^{(t+1)}=\begin{cases}\dfrac{\mathrm{e}^{-\alpha_t}}{Z_t}w_i^{(t)}, & h_t(\boldsymbol{x}_i)=y_i,\\ \dfrac{\mathrm{e}^{\alpha_t}}{Z_t}w_i^{(t)}, & h_t(\boldsymbol{x}_i)\neq y_i.\end{cases}$$

由于

$$\mathrm{e}^{\alpha_t}=\mathrm{e}^{\frac{1}{2}\ln\frac{1-\varepsilon_t}{\varepsilon_t}}=\left(\frac{1-\varepsilon_t}{\varepsilon_t}\right)^{\frac{1}{2}},$$

故有

$$w_i^{(t+1)}=\begin{cases}\dfrac{1}{Z_t}\left(\dfrac{\varepsilon_t}{1-\varepsilon_t}\right)^{\frac{1}{2}}w_i^{(t)}, & h_t(\boldsymbol{x}_i)=y_i,\\ \dfrac{1}{Z_t}\left(\dfrac{1-\varepsilon_t}{\varepsilon_t}\right)^{\frac{1}{2}}w_i^{(t)}, & h_t(\boldsymbol{x}_i)\neq y_i.\end{cases}$$

注 12.3 读者可能会有疑问, 式 (12.7) 中弱分类器组合系数 α_t 的计算公式和式 (12.8) 中样本权重 $w_i^{(t)}$ 的更新公式是如何确定的呢? 我们现在来回答这个问题. AdaBoost 算法有多种推导方式, 其中之一是极小化指数损失函数

$$\ell(H_t(\boldsymbol{x}_i))=\sum_{i=1}^{n}\mathrm{e}^{-y_i H_t(\boldsymbol{x}_i)},\quad t=1,2,\cdots,T,\tag{12.10}$$

这里

$$H_t(\boldsymbol{x}_i)=\sum_{l=1}^{t}\alpha_l h_l(\boldsymbol{x}_i)=\sum_{l=1}^{t-1}\alpha_l h_l(\boldsymbol{x}_i)+\alpha_t h_t(\boldsymbol{x}_i),$$

即有递推公式

$$H_t(\boldsymbol{x}_i)=H_{t-1}(\boldsymbol{x}_i)+\alpha_t h_t(\boldsymbol{x}_i),\quad t=2,3,\cdots,T.\tag{12.11}$$

将式 (12.11) 代入式 (12.10) 得

$$\ell(H_t(\boldsymbol{x}_i)) = \sum_{i=1}^{n} \mathrm{e}^{-y_i(H_{t-1}(\boldsymbol{x}_i)+\alpha_t h_t(\boldsymbol{x}_i))}. \tag{12.12}$$

于是, 有

$$\alpha_t = \arg\min_{\alpha} \sum_{i=1}^{n} \mathrm{e}^{-y_i(H_{t-1}(\boldsymbol{x}_i)+\alpha h_t(\boldsymbol{x}_i))}.$$

令

$$\widetilde{w}_i^{(t)} = \mathrm{e}^{-y_i H_{t-1}(\boldsymbol{x}_i)}, \quad i = 1, 2, \cdots, n, \tag{12.13}$$

它的值不依赖于 α, 因此与极小化无关. 故有

$$\alpha_t = \arg\min_{\alpha} \sum_{i=1}^{n} \widetilde{w}_i^{(k)} \mathrm{e}^{-y_i \alpha h_t(\boldsymbol{x}_i)}. \tag{12.14}$$

注意到

$$\begin{aligned}
\sum_{i=1}^{n} \widetilde{w}_i^{(t)} \mathrm{e}^{-y_i \alpha h_t(\boldsymbol{x}_i)} &= \sum_{y_i \neq h_t(\boldsymbol{x}_i)} \widetilde{w}_i^{(t)} \mathrm{e}^{\alpha} + \sum_{y_i = h_t(\boldsymbol{x}_i)} \widetilde{w}_i^{(t)} \mathrm{e}^{-\alpha} \\
&= \mathrm{e}^{\alpha} \sum_{i=1}^{n} \widetilde{w}_i^{(t)} \mathbb{I}(y_i \neq h_t(\boldsymbol{x}_i)) + \mathrm{e}^{-\alpha} \sum_{i=1}^{n} \widetilde{w}_i^{(t)} \mathbb{I}(y_i = h_t(\boldsymbol{x}_i)) \\
&= \mathrm{e}^{\alpha} \varepsilon_t + \mathrm{e}^{-\alpha}(1 - \varepsilon_t).
\end{aligned}$$

上式对 α 求导数并令其等于 0, 得

$$\mathrm{e}^{\alpha_t} \varepsilon_t - \mathrm{e}^{-\alpha_t}(1 - \varepsilon_t) = 0.$$

解得

$$\alpha_t = \frac{1}{2} \ln \frac{1 - \varepsilon_t}{\varepsilon_t}, \quad t = 1, 2, \cdots, T,$$

这就得到了式 (12.7). 进一步, 由式 (12.13) 和式 (12.11), 有

$$\widetilde{w}_i^{(t+1)} = \mathrm{e}^{-y_i H_t(\boldsymbol{x}_i)} = \mathrm{e}^{-y_i(H_{t-1}(\boldsymbol{x}_i)+\alpha_t h_t(\boldsymbol{x}_i))} = \widetilde{w}_i^{(t)} \mathrm{e}^{-y_i \alpha_t h_t(\boldsymbol{x}_i)},$$

对 $\widetilde{w}_i^{(t)}$ 进行归一化, 得到

$$w_i^{(t+1)} = \frac{w_i^{(t)}}{Z_t} \mathrm{e}^{-y_i \alpha_t h_t(\boldsymbol{x}_i)}, \quad i = 1, 2, \cdots, n,$$

其中规范化因子 Z_t 为

$$Z_t=\sum_{i=1}^{n}w_i^{(t)}\mathrm{e}^{-y_i\alpha_t h_t(\boldsymbol{x}_i)},\quad t=1,2,\cdots,T,$$

这就得到了式 (12.8).

值得一提的是, 虽然理论上任何分类器都可以用于 AdaBoost 算法, 但一般来说, 使用最广泛的 AdaBoost 弱分类器是决策树和神经网络. 对于决策树, AdaBoost 分类通常使用 CART 分类树.

为了深入体会 AdaBoost 算法的原理, 我们来看一个简单的例子.

例 12.3 训练样本如表 12.2 所示.

x 只包含一个连续属性, $y\in\{-1,1\}$ 是一个二分类问题. 要训练的单棵分类树只有一个根结点和两个叶结点.

表 12.2 用于 AdaBoost 分类的样本数据

序号	1	2	3	4	5	6	7	8	9	10
x	0	1	2	3	4	5	6	7	8	9
y	1	1	1	−1	−1	−1	1	1	1	−1

根据 AdaBoost 算法流程, 有

1) 初始时令每个样本的权值为 $w_i^{(0)}=1/10,\ i=1,2,\cdots,10$.

2) 将 x 的值按从小到大排序, 在 y 跳变的地方尝试划分.

(a) 当 $x<2.5$ 时 $y=1$; 当 $x>2.5$ 时 $y=-1$, 发生跳变, 故取划分点为 $x=2.5$, 此时误差率为 0.3.

(b) 当 $x<5.5$ 时 $y=-1$; 当 $x>5.5$ 时 $y=1$, 发生跳变, 故取划分点为 $x=5.5$, 此时误差率为 0.4.

(c) 当 $x<8.5$ 时 $y=1$; 当 $x>8.5$ 时 $y=-1$, 发生跳变, 故取划分点为 $x=8.5$, 此时误差率为 0.3.

在 2.5 或 8.5 处误差率最小, 都是 0.3, 我们取 8.5, 此时样本 4, 5, 6 被错分, 它们的权重之和即为弱分类器 h_1 的分类错误率 $\varepsilon_1=0.3$.

3) 计算 h_1 组合系数

$$\alpha_1=\frac{1}{2}\ln\frac{1-\varepsilon_1}{\varepsilon_1}=\frac{1}{2}\ln\frac{1-0.3}{0.3}=0.4236.$$

4) 更新每一个样本的权重. 比如计算 1 号样本的权重

$$\widetilde{w}_1^{(1)}=w_1^{(0)}\mathrm{e}^{-\alpha_1 y_1 h_1(x_1)}=0.1\cdot\mathrm{e}^{-0.4236\cdot1\cdot1}=0.0655.$$

同理, 对于被正确分类的 2, 3, 7, 8, 9, 10 号样本, 都有

$$\widetilde{w}_2^{(1)}=\widetilde{w}_3^{(1)}=\widetilde{w}_7^{(1)}=\widetilde{w}_8^{(1)}=\widetilde{w}_9^{(1)}=\widetilde{w}_{10}^{(1)}=0.0655.$$

而对于被错分的 4 号样本, 有

$$\widetilde{w}_4^{(1)}=w_4^{(0)}\mathrm{e}^{-\alpha_1 y_4 h_1(x_4)}=0.1\cdot\mathrm{e}^{-0.4236\cdot(-1)\cdot 1}=0.1527.$$

同理, 对于被错分的 5, 6 号样本, 都有

$$\widetilde{w}_5^{(1)}=\widetilde{w}_6^{(1)}=0.1527.$$

归一化因子为

$$Z_1=\sum_{i=1}^{10}w_i^{(1)}=7\times 0.065+3\times 0.1527=0.9131.$$

于是有

$$\begin{aligned}&w_1^{(1)}=w_2^{(1)}=w_3^{(1)}=w_7^{(1)}=w_8^{(1)}=w_9^{(1)}=w_{10}^{(1)}=0.0717;\\&w_4^{(1)}=w_5^{(1)}=w_6^{(1)}=0.1672.\end{aligned}$$

可以发现, 被错分的 4, 5, 6 号样本权值增大了, 而被正确分类的样本权值变小了.

5) 进入下一轮迭代.

下面我们来分析 AdaBoost 分类器的训练误差限. 有以下定理.

定理 12.1 设训练样本 $\{(\boldsymbol{x}_i,y_i)\}_{i=1}^n$, $\boldsymbol{x}_i\in\mathbb{R}^m$, $y_i\in\{-1,1\}$. $h_t(\boldsymbol{x})\,(t=1,2,\cdots,T)$ 是 AdaBoost 算法的弱分类器, $H(\boldsymbol{x})$ 是最终的强分类器, $Z_t\,(t=1,2,\cdots,T)$ 是归一化因子, 则有

$$\frac{1}{n}\sum_{i=1}^{n}\mathbb{I}(h_t(\boldsymbol{x}_i)\neq y_i)\leqslant\frac{1}{n}\sum_{i=1}^{n}\mathrm{e}^{-y_iH(\boldsymbol{x}_i)}=\prod_{t=1}^{T}Z_t. \tag{12.15}$$

证 由于当 $h_t(\boldsymbol{x}_i)\neq y_i$ 时, 有 $y_ih_t(\boldsymbol{x}_i)<0$, 因此

$$\begin{aligned}\frac{1}{n}\sum_{i=1}^{n}\mathrm{e}^{-y_iH(\boldsymbol{x}_i)}&=\frac{1}{n}\sum_{h_t(\boldsymbol{x}_i)\neq y_i}\mathrm{e}^{-y_iH(\boldsymbol{x}_i)}+\frac{1}{n}\sum_{h_t(\boldsymbol{x}_i)=y_i}\mathrm{e}^{-y_iH(\boldsymbol{x}_i)}\\&\geqslant\frac{1}{n}\sum_{h_t(\boldsymbol{x}_i)\neq y_i}\mathrm{e}^{-y_i\sum\limits_{t=1}^{T}\alpha_th_t(\boldsymbol{x}_i)}\\&=\frac{1}{n}\sum_{h_t(\boldsymbol{x}_i)\neq y_i}\mathrm{e}^{-\sum\limits_{t=1}^{T}\alpha_ty_ih_t(\boldsymbol{x}_i)}\end{aligned}$$

$$\geqslant \frac{1}{n}\sum_{h_t(\boldsymbol{x}_i)\neq y_i} 1 = \frac{1}{n}\sum_{i=1}^{n}\mathbb{I}(h_t(\boldsymbol{x}_i)\neq y_i),$$

这就证明了 (12.15) 的左半部分. 下面来证明右半部分的等式成立.

$$\begin{aligned}
\frac{1}{n}\sum_{i=1}^{n}\mathrm{e}^{-y_iH(\boldsymbol{x}_i)} &= \sum_{i=1}^{n}\frac{1}{n}\mathrm{e}^{-y_i\sum\limits_{t=1}^{T}\alpha_th_t(\boldsymbol{x}_i)}\\
&= \sum_{i=1}^{n}w_i^{(0)}\prod_{t=1}^{T}\mathrm{e}^{-y_i\alpha_th_t(\boldsymbol{x}_i)}\\
&= Z_1\sum_{i=1}^{n}w_i^{(1)}\prod_{t=2}^{T}\mathrm{e}^{-y_i\alpha_th_t(\boldsymbol{x}_i)}\\
&= Z_1Z_2\sum_{i=1}^{n}w_i^{(2)}\prod_{t=3}^{T}\mathrm{e}^{-y_i\alpha_th_t(\boldsymbol{x}_i)} = \cdots\\
&= Z_1Z_2\cdots Z_{T-1}\sum_{i=1}^{n}w_i^{(T)}\mathrm{e}^{-y_i\alpha_Th_T(\boldsymbol{x}_i)}\\
&= Z_1Z_2\cdots Z_{T-1}Z_T = \prod_{t=1}^{T}Z_t.
\end{aligned}$$

□

定理 12.2 假设条件同定理 12.1, 则有

$$\prod_{t=1}^{T}Z_t \leqslant \mathrm{e}^{-2\sum\limits_{t=1}^{T}\gamma_t^2}, \tag{12.16}$$

其中 $\gamma_t = 1/2 - \varepsilon_t$.

证 由式 (12.9) 得

$$\begin{aligned}
Z_t &= \sum_{i=1}^{n}w_i^{(t)}\mathrm{e}^{-y_i\alpha_th_t(\boldsymbol{x}_i)}\\
&= \sum_{h_t(\boldsymbol{x}_i)\neq y_i}w_i^{(t)}\mathrm{e}^{-y_i\alpha_th_t(\boldsymbol{x}_i)} + \sum_{h_t(\boldsymbol{x}_i)= y_i}w_i^{(t)}\mathrm{e}^{-y_i\alpha_th_t(\boldsymbol{x}_i)}\\
&= \sum_{h_t(\boldsymbol{x}_i)\neq y_i}w_i^{(t)}\mathrm{e}^{\alpha_t} + \sum_{h_t(\boldsymbol{x}_i)= y_i}w_i^{(t)}\mathrm{e}^{-\alpha_t}\\
&= \mathrm{e}^{\alpha_t}\sum_{i=1}^{n}w_i^{(t)}\mathbb{I}(h_t(\boldsymbol{x}_i)\neq y_i) + \mathrm{e}^{-\alpha_t}\sum_{i=1}^{n}w_i^{(t)}\mathbb{I}(h_t(\boldsymbol{x}_i)= y_i)\\
&= \mathrm{e}^{\alpha_t}\varepsilon_t + \mathrm{e}^{-\alpha_t}(1-\varepsilon_t).
\end{aligned}$$

注意到由式 (12.7) 可得

$$\mathrm{e}^{\alpha_t}=\left(\frac{1-\varepsilon_t}{\varepsilon_t}\right)^{\frac{1}{2}},\quad \mathrm{e}^{-\alpha_t}=\left(\frac{\varepsilon_t}{1-\varepsilon_t}\right)^{\frac{1}{2}},$$

代入上式得

$$Z_t=2(\varepsilon_t(1-\varepsilon_t))^{\frac{1}{2}}=(1-4\gamma_t^2)^{\frac{1}{2}}.$$

下面证明不等式

$$(1-4\gamma_t^2)^{\frac{1}{2}}\leqslant \mathrm{e}^{-2\gamma_t^2}$$

成立. 由于上述不等式两边均非负, 故等价于证明

$$1-4\gamma_t^2\leqslant \mathrm{e}^{-4\gamma_t^2}$$

成立. 令 $x=\gamma_t^2$, 构造如下函数

$$f(x)=\mathrm{e}^{-4x}+4x-1,$$

由于 $f'(x)=4-4\mathrm{e}^{-4x}>0$, 故 $f(x)$ 是单调增函数. 于是当 $x>0$ 时有 $f(x)\geqslant f(0)=0$, 因此不等式成立. 利用这个不等式可得

$$\prod_{t=1}^{T}Z_t=\prod_{t=1}^{T}(1-4\gamma_t^2)^{\frac{1}{2}}\leqslant\prod_{t=1}^{T}\mathrm{e}^{-2\gamma_t^2}=\mathrm{e}^{-2\sum\limits_{t=1}^{T}\gamma_t^2}. \qquad \square$$

定理 12.2 的结论表明, 随着迭代的进行, 强分类器的训练误差会以指数级下降. 并且随着弱分类器个数的增加, 算法在测试样本集上的错误率一般也会持续下降.

AdaBoost 作为分类器时, 分类精度很高, 并且不容易发生过拟合, 不仅可以减小模型的偏差, 同时也可减小模型的方差. 特别是作为简单的二元分类器时, 构造简单, 结果可理解. 由于其会关注错分的样本, 因此对噪声 (异常样本) 比较敏感. 而异常样本在迭代中可能会获得较高的权重, 以致影响最终强学习器的预测准确性.

标准的 AdaBoost 算法只用于二分类任务, 也可以稍加改进用于多分类任务, 其原理和二分类类似, 最主要区别在弱分类器的系数上. 比如 Adaboost SAMME 算法, 它的弱分类器组合系数是

$$\alpha_t=\frac{1}{2}\ln\frac{1-\varepsilon_t}{\varepsilon_t}+\ln(k-1),$$

其中 k 为类别数. 从上式可以看出, 当 $k=2$ 时就退化为二分类, 则上式与二分类 AdaBoost 算法中的弱分类器组合系数一致. 完整的 Adaboost SAMME 算法流程如下.

算法 12.5 (AdaBoost SAMME 算法)

输入: 训练集 $\{(\boldsymbol{x}_1, y_1), (\boldsymbol{x}_2, y_2), \cdots, (\boldsymbol{x}_n, y_n)\}$, 其中 $\boldsymbol{x}_i \in \mathbb{R}^m$, $y_i \in \{1, 2, \cdots, K\}$, 即类别数 K, 训练轮数 T.

输出: 由 T 棵决策树线性组合形成的强分类器函数

$$H(\boldsymbol{x}) = \underset{k\in\{1,\cdots,K\}}{\arg\max} \sum_{t=1}^{T} \alpha_t \mathbb{I}(h_t(\boldsymbol{x}) = k).$$

1) 初始时每个样本赋予相同的权重值 $w_i^{(0)} = \dfrac{1}{n}$, $i = 1, 2, \cdots, n$; 置 $t := 0$.

2) 进行 T 轮迭代, 第 t 轮迭代产生弱分类器 $h_t(\boldsymbol{x})$.

(a) 采用某种算法 (例如 CART 算法) 生成一棵决策树, 将其作为弱分类器 h_t.

(b) 计算 h_t 在所有样本上的分类错误率:

$$\varepsilon_t = \sum_{i=1}^{n} w_i^{(t)} \mathbb{I}(h_t(\boldsymbol{x}_i) \neq y_i) \Big/ \sum_{i=1}^{n} w_i^{(t)}, \quad t = 1, 2, \cdots, T.$$

(c) 计算 h_t 的组合系数

$$\alpha_t = \frac{1}{2} \ln \frac{1 - \varepsilon_t}{\varepsilon_t} + \ln(K-1), \quad t = 1, 2, \cdots, T.$$

(d) 更新每一个样本的权重

$$w_i^{(t+1)} = \frac{w_i^{(t)}}{Z_t} \mathrm{e}^{-\alpha_t y_i h_t(\boldsymbol{x}_i)}, \quad i = 1, 2, \cdots, n,$$

其中 Z_t 为归一化因子, 是为了确保所有样本的权重之和为 1, 即

$$Z_t = \sum_{i=1}^{n} w_i^{(t)} \mathrm{e}^{-\alpha_t y_i h_t(\boldsymbol{x}_i)}, \quad t = 1, 2, \cdots, T.$$

3) 最终的多分类器 $H(\boldsymbol{x}) = \underset{k\in\{1,\cdots,K\}}{\arg\max} \sum\limits_{t=1}^{T} \alpha_t \mathbb{I}(h_t(\boldsymbol{x}) = k)$.

此外, AdaBoost 算法还发展出了很多改进算法, 比如, RealAdaBoost 算法、GentleAdaBoost 算法、LogitBoost 算法等, 限于篇幅, 不再一一详述, 感兴趣的读者可以参考有关文献.

12.3.2 AdaBoost 的 MATLAB 实现

MATLAB 系统封装了一个函数 fitensemble 用来实现各种类型的集成学习算法, 当然也包括了 AdaBoost 算法的实现. fitensemble 函数创建的是一个集成类, 其调用方法如下:

```
Mdl=fitensemble(X,Y,Method,NLearn,Learners,Name,Value)
```

其中, 输入参数

1) X 是矩阵数据类型, 每一行是一个样本, 每一列对应样本的一个属性.

2) Y 可以是数值向量、类别向量、字符数组、元胞数组或逻辑数组, 表示响应, 对于分类来说, 一般就是一个类别标签, 对于回归来说就是一个数值, 长度等于样本的个数.

3) Method 表示使用的算法. 在 MATLAB 中实现的集成方法根据问题的目标分为分类和回归; 分类又分为二分类和多分类问题. 对于二分类适用的算法有 'AdaBoostM1', 'LogitBoost', 'GentleBoost', 'RobustBoost', 'LPBoost', 'TotalBoost', 'RUSBoost', 'Subspace', 'Bag'. 多分类的算法有 'AdaBoostM2', 'LPBoost', 'TotalBoost', 'RUSBoost', 'Subspace', 'Bag'. 回归算法有 'LSBoost' 和 'Bag'.

4) NLearn 表示弱分类器的个数, 对于 Boosting 算法来说就是循环的次数.

5) Learners 为一个字符向量或一个元胞数组, 表示弱分类器名称, 有三个值, 分别是 'KNN'(k 近邻), 'Tree'(决策树), 'Discriminant' (判别分析).

6) Name,Value 是成对出现的可选参数名及其取值. 例如可以指定类的顺序、选用交叉验证或留出法、或指定学习率.

调用 fitensemble 函数后会返回一个 ClassificationEnsemble 类的实例, 这个类 Mdl 具有的主要属性 (Properties) 如下:

1) CombineWeights: 字符串, 用来描述 Mdl 对象如何组织多个弱学习器, 选项有: 'WeightedSum' 和 'WeightedAverage'.

2) ExpandedPredictorNames: 字符数组, X 中每个属性的名称.

3) FitInfo: 数值数组, 存储拟合过程的信息.

4) FitInfoDescription: 字符串, 用来描述 FitInfo 内容的具体含义.

5) LearnerNames: 元胞数组, 表示使用弱学习器的类型.

6) Method: 字符串, 表示使用的集成方法.

7) ModelParameters: 训练 ems 的参数.

8) NumObservations: 数值标量, 观测的个数.

9) NumTrained: 标量, 弱学习器的个数.

10) Prior: 每个类的先验概率.

11) ReasonForTermination: 字符串, 描述结束训练的原因.

12) ResponseName: 字符串, 标签变量名.

13) Trained: 元胞数组, 存储了每个训练好的弱学习器的信息.

14) TrainedWeights: 数值向量, 表示每个弱学习器的权重.

15) W: 每个样本的权重.

16) X: 训练集.

17) Y: 类别标签.

返回 ClassificationEnsemble 类的内置方法如下:

1) crossval: 交叉验证.

2) resubLoss: 计算训练误差或测试误差.

3) predict: 预测.

可以通过 view(Mdl.Trainedt) 方法来图形化地显示每个弱分类器 (决策树) 的信息.

下面通过实例的方式展示 AdaBoost 算法的 MATLAB 实现.

例 12.4 利用 MATLAB 系统自带的电离层数据集 ionosphere 进行 AdaBoost 分类. 该数据集具有 351 个样本, 34 个属性 (输入变量), 二分类标签: {good, bad}. 对该数据集预测的基准性能是约 64% 的分类准确率, 最佳结果达到约 94% 的分类准确率.

利用函数 fitensemble, 编制 MATLAB 程序如下 (ABoost_iono.m 文件).

```
%AdaBoost算法分类数据集ionosphere
clc,clear all,close all;
load ionosphere; %加载数据
Mdl=fitensemble(X,Y,'AdaBoostM1',100,'tree'),
%利用AdaBoost算法训练100轮,弱学习器类型为决策树,返回一个Mdl类
rsLoss=resubLoss(Mdl,'Mode','Cumulative');
%计算误差,Cumulative表示累积1:T分类器的误差
plot(rsLoss,'k-');
%绘制训练次数与误差的关系
xlabel('弱分类器个数');
ylabel('训练误差');
[Y1,~]=predict(Mdl,X);
%对原始数据进行预测输出
nCorrect=sum(strcmp(Y1,Y));
%正确分类的样本数目
accuracy=nCorrect/length(Y),%计算正确率
Xbar=mean(X); %构造一个新的样本
[ypredict,score]=predict(Mdl,Xbar),
%预测新样本,利用predict方法
%ypredict:预测标签,score:当前样本点属于每个类的可信度,分值越大,置信度越高
view(Mdl.Trained{5},'Mode','graph');
%显示训练的弱分类器
```

运行上述程序后, 在命令窗口显示如下信息:

```
Mdl =
  classreg.learning.classif.ClassificationEnsemble
            ResponseName: 'Y'
   CategoricalPredictors: []
              ClassNames: {'b'  'g'}
          ScoreTransform: 'none'
         NumObservations: 351
              NumTrained: 100
                  Method: 'AdaBoostM1'
            LearnerNames: {'Tree'}
    ReasonForTermination: 'Terminated normally after completing
                          the requested number of training cycles.'
                 FitInfo: [100×1 double]
      FitInfoDescription: {2×1 cell}
accuracy =
    0.9915
ypredict =
  1×1 cell 数组
    {'g'}
score =
   -2.9460    2.9460
```

另外, 上述程序首先利用 resubLoss 函数和 plot 函数计算和显示训练过程中的误差变化, 如图 12.7 所示.

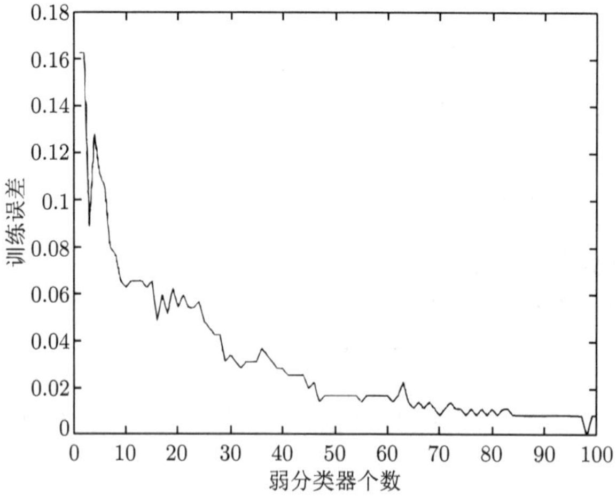

图 12.7 误差与训练次数的关系

从图 12.7 中可以看出, 子分类器增加, 分类错误率也在不断减小, 样本集的分类正确率为 99.15%. 随后又构造了一个新样本, 利用训练得到的模型预测这个新样本的标签, 得到该样本的类别是 'g', 两个类的置信度分别为 −2.946 和 2.946. 最后还想知道得到每个弱分类器的情况, 因此通过调用 view 函数, 能够以图形的形式显示出得到模型 Trained 属性的信息, 如图 12.8 所示.

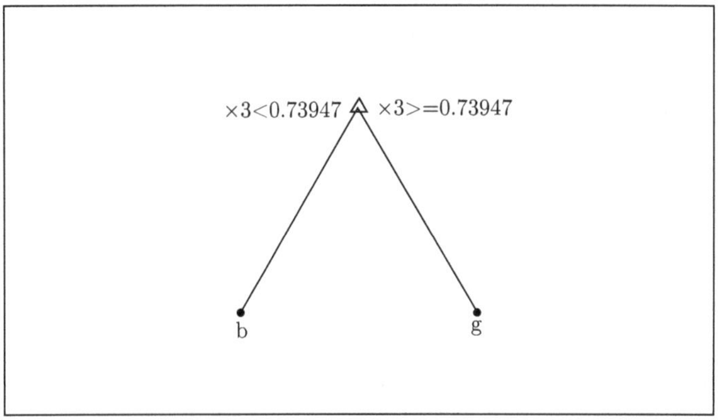

图 12.8 Trained 属性信息

通过 GUI 窗口可以看出, 第 5 个子分类器得到的分割阈值为 0.73947, 选择的是第 3 个属性.

例 12.5 用 MATLAB 自带的函数 fitensemble, 对鸢尾属植物数据集 Iris 进行 AdaBoost 多分类.

编写 MATLAB 代码如下 (ABoost_iris.m 文件).

```
%AdaBoost算法对鸢尾属植物数据集进行分类
clc, clear all, close all;
load fisheriris;%装载鸢尾属植物数据集, 3类
X=meas; %训练样本集
Y=species; %标签向量
Mdl=fitensemble(X,Y,'AdaBoostM2',400,'tree'),%多分类
%利用AdaBoost算法训练400轮,弱学习器类型为决策树
rsLoss=resubLoss(Mdl,'Mode','Cumulative');
%计算误差,Cumulative表示累积1:T分类器的误差
plot(rsLoss,'k-');%绘制训练次数与误差的关系
xlabel('弱分类器个数');ylabel('训练误差');
[Y1,~]=predict(Mdl,X);%对原始数据进行预测输出
nCorrect=sum(strcmp(Y1,Y));%正确分类的样本数目
accuracy=nCorrect/length(Y),%计算正确率
```

```
Xb=[1 0.2 0.4 2]; %一个新的样本
[ypredict,score]=predict(Mdl,Xb),
%预测新样本,利用predict方法
%ypredict:预测标签,score:当前样本点属于每个类的可信度,分值越大,置信度越高
view(Mdl.Trained{8},'Mode','graph');%显示训练的第8个弱分类器
```

运行上述程序后, 在命令窗口显示如下信息:

```
Mdl =
  classreg.learning.classif.ClassificationEnsemble
             ResponseName: 'Y'
    CategoricalPredictors: []
               ClassNames: {'setosa'  'versicolor'  'virginica'}
           ScoreTransform: 'none'
          NumObservations: 150
               NumTrained: 400
                   Method: 'AdaBoostM2'
             LearnerNames: {'Tree'}
     ReasonForTermination: 'Terminated normally after completing
                           the requested number of training cycles.'
                  FitInfo: [400×1 double]
       FitInfoDescription: {2×1 cell}
accuracy =
    0.9867
ypredict =
  1×1 cell 数组
    {'setosa'}
score =
    9.3940    6.5682    9.1326
```

另外, 上述程序首先利用 resubLoss 函数和 plot 函数计算和显示训练过程中的误差变化, 如图 12.9 所示.

从图 12.9 中可以看出, 子分类器增加, 分类错误率也在不断减小, 样本集的分类正确率为 98.67%. 随后又构造了一个新样本, 利用训练得到的模型预测这个新样本的标签, 得到该样本的类别是 'setosa', 三个类的置信度分别为 12.5027, 5.0023, 7.5898. 最后还想知道得到每个弱分类器的情况, 因此通过调用 view 函数, 能够以图形的形式显示出得到模型 Trained 属性的信息, 如图 12.10 所示.

通过 GUI 窗口可以看出, 第 100 个子分类器得到的分割阈值为 2.45, 选择的是第 3 个属性.

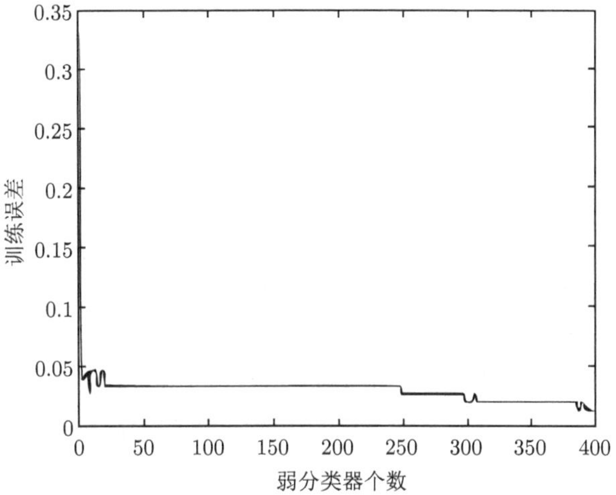

图 12.9 误差与训练次数的关系

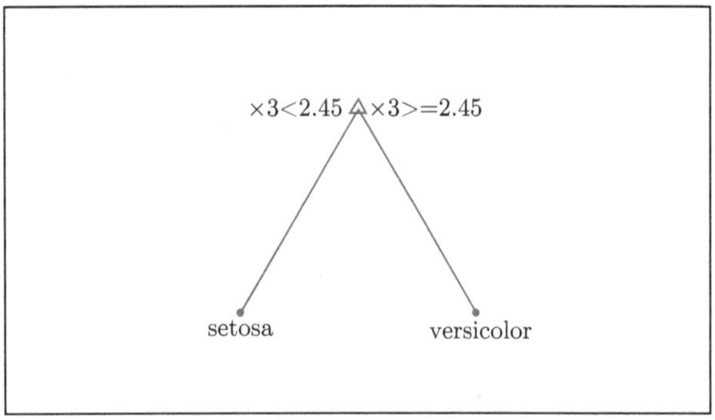

图 12.10 Trained 属性信息

本章课件

第 13 章　最大熵算法

最大熵模型 (Maximum Entropy Model, MaxEnt) 是机器学习中典型的分类算法, 它与逻辑回归类似, 都是属于对数线性分类模型. 在第 6 章决策树算法中已经运用了熵及其相关概念来进行决策树的构建. 此外, 最大熵模型在损失函数的优化过程中, 使用了与支持向量机类似的凸优化技术. 总之, 理解了最大熵模型的原理与算法, 对逻辑回归、支持向量机以及决策树算法都会有更深入的理解.

13.1　熵的来源及相关定义

熵的本义是一个物理概念, 用日常语言来说就是某种失序或不确定性. 也就是说, 熵度量了事物的不确定性, 越不确定的事物, 它的熵就越大. 但现在熵已经成为一个广义化的概念而非物理学所独有, 已被广泛应用于信息论与编码理论等领域. 熵, 也称为信息熵, 其直观意义是: 对于一个离散型随机变量 X, 设其取值为 $\{x_1, x_2, \cdots, x_n\}$, 相应的概率为 $\{p_1, p_2, \cdots, p_n\}$, 则定义随机变量 X 的熵为

$$H(X) = -\sum_{i=1}^{n} p_i \log p_i, \tag{13.1}$$

其中 log 表示以 2 为底的对数 $\log_2$ 或自然对数 ln.

下面介绍几个与熵有关的概念.

1. 联合熵

它是由一个随机变量 X 的熵到多个随机变量 $X_1, \cdots, X_t$ 的推广. 这里给出两个变量 X 和 Y 联合熵的表达式:

$$H(X,Y) = -\sum_{x_i \in X} \sum_{y_j \in Y} p(x_i, y_j) \log p(x_i, y_j). \tag{13.2}$$

2. 条件熵

有了联合熵, 就可以定义条件熵. 条件熵有点类似于条件概率, 它度量了随机变量 Y 在已知 X 以后剩下的不确定性. 因此, 条件熵是指知道的信息越多, 随机事件的不确定性就越小. 条件熵定义如下:

$$H(Y|X) = -\sum_{x_i \in X} \sum_{y_j \in Y} p(x_i, y_j) \log p(y_j|x_i). \tag{13.3}$$

由于 $p(x_i, y_j) = p(x_i)p(y_j|x_i)$, 因此有

$$\begin{aligned}H(Y|X) &= -\sum_{x_i\in X}\sum_{y_j\in Y} p(x_i, y_j)\log p(y_j|x_i)\\ &= -\sum_{x_i\in X}\sum_{y_j\in Y} p(x_i)p(y_j|x_i)\log p(y_j|x_i)\\ &= \sum_{x_i\in X} p(x_i)\left[-\sum_{y_j\in Y} p(y_j|x_i)\log p(y_j|x_i)\right]\\ &= \sum_{i=1}^{n} p(x_i)H(Y|x_i),\end{aligned}$$

因此可以得到条件熵的另一种表达形式:

$$H(Y|X) = \sum_{i=1}^{n} p(x_i)H(Y|x_i). \tag{13.4}$$

不难推出随机变量 X 的熵与随机变量 X, Y 的联合熵和条件熵之间有如下关系

$$H(Y|X) = H(X, Y) - H(X). \tag{13.5}$$

事实上, 有

$$\begin{aligned}H(X,Y) - H(X) &= -\sum_{i=1}^{n}\sum_{y_j\in Y} p(x_i, y_j)\log p(x_i, y_j) + \sum_{i=1}^{n} p(x_i)\log p(x_i)\\ &= -\sum_{i=1}^{n}\sum_{y_j\in Y} p(x_i, y_j)\log p(x_i, y_j) + \sum_{i=1}^{n}\left[\sum_{y_j\in Y} p(x_i, y_j)\right]\log p(x_i)\\ &= -\sum_{i=1}^{n}\sum_{y_j\in Y} p(x_i, y_j)\left[\log p(x_i, y_j) - \log p(x_i)\right]\\ &= -\sum_{i=1}^{n}\sum_{y_j\in Y} p(x_i, y_j)\log\frac{p(x_i, y_j)}{p(x_i)}\\ &= -\sum_{i=1}^{n}\sum_{y_j\in Y} p(x_i, y_j)\log p(y_j|x_i)\\ &= H(Y|X).\end{aligned}$$

3. 相对熵

相对熵又称为互熵、交叉熵、KL 散度等. 设 $p(x)$, $q(x)$ 是 X 中取值的两个概率分布, 则 p 对 q 的相对熵定义为

$$KL(p\|q) = \sum_x p(x)\log\frac{p(x)}{q(x)} = \mathbb{E}_{p(x)}\left[\log\frac{p(x)}{q(x)}\right]. \tag{13.6}$$

4. 互信息

两个随机事件 X 和 Y 的互信息定义为

$$I(X,Y) = \sum_x\sum_y p(x,y)\log\frac{p(x,y)}{p(x)p(y)}. \tag{13.7}$$

互信息是用来衡量两个信息的相关性大小的量. 由定义式不难得到下面的关系式

$$I(X,Y) = H(Y) - H(Y|X). \tag{13.8}$$

事实上, 有

$$\begin{aligned}
H(Y)-I(X,Y) &= -\sum_y p(y)\log p(y) - \sum_x\sum_y p(x,y)\log\frac{p(x,y)}{p(x)p(y)}\\
&= -\sum_y\left[\sum_x p(x,y)\right]\log p(y) - \sum_x\sum_y p(x,y)\log\frac{p(x,y)}{p(x)p(y)}\\
&= -\sum_x\sum_y p(x,y)\left(\log p(y) + \log\frac{p(x,y)}{p(x)p(y)}\right)\\
&= -\sum_x\sum_y p(x,y)\log\frac{p(x,y)}{p(x)}\\
&= -\sum_x\sum_y p(x,y)\log p(y|x)\\
&= H(Y|X).
\end{aligned}$$

进一步, 由式 (13.5) 和式 (13.8) 可以得到

$$I(X,Y) = H(X) + H(Y) - H(X,Y). \tag{13.9}$$

13.2　最大熵模型的定义

13.2.1　最大熵原理

熵是随机变量不确定性的度量, 不确定性越大, 熵值越大. 若随机变量退化成固定值, 则熵为 0. 如果没有外界干扰, 随机变量总是趋向于无序, 在经过足够时间的稳定演化, 它应该能够达到最大程度的熵.

为了准确地估计随机变量的状态, 人们一般习惯性地将熵最大化, 认为在所有可能的概率模型的集合中, 熵最大的模型是最好的模型. 换句话说就是, 在已知部分信息的前提下, 关于未知分布最合理的推断就是符合已知信息的最不确定或最随机的推断, 其原则是承认已知事物, 且对未知事物不做任何假设, 没有任何偏见.

例如, 投掷一个骰子, 如果问“每个面朝上的概率分别是多少”, 人们会说每个面朝上 (即各点出现) 的概率均为 1/6. 因为对这个“一无所知”的骰子, 什么都不确定, 而假定它每个面朝上的概率均等则是最合理的做法. 从投资的角度来看, 这也是风险最小的做法, 而从信息论的角度来讲, 就是保留了最大的不确定性, 也就是说让熵达到最大值.

为了说明最大熵原理, 下面看一个例子.

例 13.1 假设一篇英文文章中出现了“Study”这个词, 那么这个词在句子中充当什么成分呢? 换句话说, 假设已知“Study”这个词既可能是动词, 也可能是名词, 那么“Study”就可以被标为主语、谓语、宾语、表语甚至可能是定语等.

现令 x_1 表示“Study”被标为名词, x_2 表示“Study”被标为动词. 令 y_1 表示“Study”被标为主语, y_2 表示“Study”被标为谓语, y_3 表示“Study”被称为宾语, y_4 表示“Study”被标为表语, y_5 表示“Study”被标为定语. 那么必定有

$$P(x_1)+P(x_2)=1, \quad P(y_1)+P(y_2)+P(y_3)+P(y_4)+P(y_5)=1.$$

根据无偏原则, 可认为这个分布中取各个值的概率是相等的, 即

$$P(x_1)=P(x_2)=0.5, \quad P(y_1)=P(y_2)=P(y_3)=P(y_4)=P(y_5)=0.2.$$

因为没有任何先验知识可以凭借, 故可认为上面这种判断是合理的. 但是如果有了一定的先验知识该如何确定每个随机事件的概率呢? 例如, 若已知“Study”被标为定语的可能性很小, 假设只有 0.04 的可能性, 即 $P(y_5)=0.04$, 那么剩下的依然根据无偏原则, 可得

$$P(x_1)=P(x_2)=0.5, \quad P(y_1)=P(y_2)=P(y_3)=P(y_4)=(1-0.04)/4=0.24.$$

进一步地, 当“Study”被标为动词 x_2 的时候, 它被标为谓语 y_2 的概率为 0.96, 即 $P(y_2|x_2)=0.96$. 此时仍然需要坚持无偏见原则, 使得概率分布尽量平均. 但怎么样才能得到尽量无偏见的分布呢? 实践经验和理论计算都表明, 在完全无约束状态下, 均匀分布等价于熵最大. 需要注意的是, 在有约束的情况下不一定是概率相等的均匀分布. 比如, 给定期望值和方差, 熵最大的分布就变成了正态分布.

因此, 问题转化为计算 X 和 Y 的概率分布, 使得条件熵 $H(Y|X)$ 达到最大值, 并且满足下述约束条件:

$$\begin{cases} P(x_1)+P(x_2)=1,\ \displaystyle\sum_{i=1}^{5}P(y_i)=1, \\ P(y_5)=0.04,\quad P(y_2|x_2)=0.96. \end{cases}$$

于是得到下面的约束最优化问题:

$$\begin{aligned} \max\ & H(Y|X)=-\sum_{i=1}^{2}\sum_{j=1}^{5}P(x_i,y_j)\ln P(y_j|x_i), \\ \text{s.t.}\ & P(x_1)+P(x_2)=1,\ \sum_{i=1}^{5}P(y_i)=1, \\ & P(y_5)=0.04,\quad P(y_2|x_2)=0.96. \end{aligned}$$

这就引出了最大熵模型的本质, 即它要解决的问题就是已知 X, 计算 Y 的概率分布, 且尽可能让 Y 的概率最大, 从而根据已有信息, 尽可能最准确地推测未知信息, 这就是最大熵原理.

13.2.2 最大熵模型

最大熵模型就是假设所分类的模型是一个条件概率分布 $P(Y|X)$, 其中 X 为特征 (属性), Y 为输出 (类别标签).

给定一个训练集 $D=\{(\boldsymbol{x}_1,y_1),(\boldsymbol{x}_2,y_2),\cdots,(\boldsymbol{x}_n,y_n)\}$, 其中 $\boldsymbol{x}_i$ 为 m 维属性向量, y_i 为类别输出. 现在的目标就是用最大熵原理选择一个最好的分类模型.

设 $\overline{P}(X,Y)$ 是联合分布 $P(X,Y)$ 的经验分布, $\overline{P}(X)$ 是边缘分布 $P(X)$ 的经验分布, 那么在给定训练集 D 的情况下, 立即可以计算出这两个概率值. 事实上, $\overline{P}(X,Y)$ 就是训练集 D 中 X,Y 同时出现的次数 $\nu(X=x,Y=y)$ 除以样本总数 n, 而 $\overline{P}(X)$ 即为训练集 D 中 X 出现的次数 $\nu(X=x)$ 除以样本总数 n. 将计算公式写出来就是

$$\overline{P}(X,Y)=\frac{\nu(X=x,Y=y)}{n},\quad \overline{P}(X)=\frac{\nu(X=x)}{n}.$$

最大熵模型通常使用特征函数来描述输入 x 和输出 y 之间的关系. 特征函数 $f(x,y)$ 定义为

$$f(x,y)=\begin{cases} 1, & x \text{ 与 } y \text{ 满足某种关系}, \\ 0, & \text{否则}. \end{cases}$$

这里的特征函数是一个二值函数, 可以认为当 x 和 y 满足某种关系时取值为 1, 否则取值为 0. 当然, 特征函数的定义方式不是唯一的, 同一个训练样本集 D 可以定义多个特征函数.

可以计算特征函数 $f(x,y)$ 关于经验分布 $\overline{P}(X,Y)$ 的期望值 $\mathbb{E}_{\overline{P}}(f)$:

$$\mathbb{E}_{\overline{P}}(f)=\sum_{x,y}\overline{P}(x,y)f(x,y). \tag{13.10}$$

同样, 特征函数 $f(x,y)$ 关于条件分布 $P(Y|X)$ 与经验分布 $\overline{P}(X)$ 的期望值 $\mathbb{E}_P(f)$:

$$\mathbb{E}_P(f)=\sum_{x,y}\overline{P}(x)P(y|x)f(x,y). \tag{13.11}$$

如果模型是从训练集 D 中学习得到的, 就可以假设这两个期望相等, 即

$$\mathbb{E}_{\overline{P}}(f)=\mathbb{E}_P(f) \tag{13.12}$$

或

$$\sum_{x,y}\overline{P}(x,y)f(x,y)=\sum_{x,y}\overline{P}(x)P(y|x)f(x,y). \tag{13.13}$$

或者说, 上式就是最大熵模型学习的约束条件.

假设有 n 个特征函数 $f_i(x,y)\,(i=1,2,\cdots,n)$, 就有 n 个约束条件. 可以理解为如果训练集 D 中有 n 个样本, 就有与这 n 个样本对应的 n 个约束条件. 这样就得到了最大熵模型的定义如下.

定义 13.1 (最大熵模型) 假设满足所有约束条件的模型集合为

$$C=\{P\in\mathcal{P}|\mathbb{E}_{\overline{P}}(f_i)=\mathbb{E}_P(f_i),\ i=1,2,\cdots,n\}.$$

定义在条件概率分布 $P(Y|X)$ 上的条件熵为

$$H(Y|X)=-\sum_{x,y}\overline{P}(x)P(y|x)\ln P(y|x). \tag{13.14}$$

则模型集合 C 中使条件熵 $H(Y|X)$ 最大的模型称为最大熵模型:

$$\max_{P\in\mathcal{P}}H(Y|X)=-\sum_{x,y}\overline{P}(x)P(y|x)\ln P(y|x). \tag{13.15}$$

最大熵模型的目标是得到使 $H(Y|X)$ 最大时对应的条件概率 $P(y|x)$.

式 (13.15) 中的条件熵 $H(Y|X)$ 使用自然对数 ln 来定义是为了在后面的学习算法推导中更方便, 因为自然对数函数 $\ln(x)$ 与指数函数 e^x 互为反函数.

13.3 最大熵模型的学习算法

13.3.1 最大熵算法的基本原理

最大熵模型的学习可以写成下列约束最优化问题:

$$\begin{aligned}\max_{P\in\mathcal{P}}\ & H(Y|X)=-\sum_{x,y}\overline{P}(x)P(y|x)\ln P(y|x),\\ \text{s.t.}\ & \mathbb{E}_{\overline{P}}(f_i)=\mathbb{E}_P(f_i),\ i=1,2,\cdots,n,\\ & \sum_y P(y|x)=1.\end{aligned}$$

上述约束极大化问题等价于下面的约束极小化问题:

$$\begin{aligned}\min_{P\in\mathcal{P}}\ & -H(Y|X)=\sum_{x,y}\overline{P}(x)P(y|x)\ln P(y|x),\\ \text{s.t.}\ & \mathbb{E}_P(f_i)=\mathbb{E}_{\overline{P}}(f_i),\ i=1,2,\cdots,n,\\ & \sum_y P(y|x)=1.\end{aligned} \tag{13.16}$$

由于 $-H(Y|X)$ 是一个凸函数, 同时对应的约束条件均为仿射函数, 根据凸优化理论, 这个优化问题可以用拉格朗日函数将其转化为无约束优化函数, 此时损失函数对应的拉格朗日函数 $L(P,\boldsymbol{w})$ 为

$$\begin{aligned}L(P,\boldsymbol{w})=&-H(Y|X)-w_0\left(\sum_y P(y|x)-1\right)\\ &-\sum_{i=1}^n w_i\big(\mathbb{E}_P(f_i)-\mathbb{E}_{\overline{P}}(f_i)\big),\end{aligned} \tag{13.17}$$

其中 $\boldsymbol{w}=(w_0,w_1,\cdots,w_n)^{\mathrm{T}}$ 是拉格朗日乘子. 将式 (13.10)—(13.11) 和式 (13.14) 代入式 (13.16) 得

$$\begin{aligned}L(P,\boldsymbol{w})=&\sum_{x,y}\overline{P}(x)P(y|x)\ln P(y|x)-w_0\left(\sum_y P(y|x)-1\right)\\ &-\sum_{i=1}^n w_i\left(\sum_{x,y}\overline{P}(x)P(y|x)f_i(x,y)-\sum_{x,y}\overline{P}(x,y)f_i(x,y)\right).\end{aligned} \tag{13.18}$$

有了拉格朗日函数后, 就可以得到最优化的原始问题:

$$(\mathrm{P}):\quad \min_{P\in\mathcal{P}}\max_{\boldsymbol{w}} L(P,\boldsymbol{w}) \tag{13.19}$$

和对偶问题

$$(\mathrm{D}):\quad \max_{\boldsymbol{w}} \min_{P\in\mathcal{P}} L(P,\boldsymbol{w}). \tag{13.20}$$

由于拉格朗日函数 $L(P,\boldsymbol{w})$ 关于 P 是凸函数, 所以原始问题 (P) 与对偶问题 (D) 是等价的. 因此可以通过求解对偶问题 (D) 来得到原始问题的解.

求解对偶问题 (D) 的第一步就是求解其内部的极小化问题 $\min\limits_{P\in\mathcal{P}} L(P,\boldsymbol{w})$, 这可以通过极值的必要条件得到 (对 P 求偏导数并令其等于 0). 这样得到的 $\min\limits_{P\in\mathcal{P}} L\ (P,\boldsymbol{w})$ 是关于 $\boldsymbol{w}$ 的函数, 记为

$$\psi(\boldsymbol{w}) = \min_{P\in\mathcal{P}} L(P,\boldsymbol{w}) = L(P_{\boldsymbol{w}},\boldsymbol{w}).$$

函数 $\psi(\boldsymbol{w})$ 称为对偶函数, 将其解记为

$$P_{\boldsymbol{w}} = \arg\min_{P\in\mathcal{P}} L(P,\boldsymbol{w}) = P_{\boldsymbol{w}}(y|x).$$

对 $L(P,\boldsymbol{w})$ 关于 $P(y|x)$ 求偏导数, 得

$$\begin{aligned}
\frac{\partial L(P,\boldsymbol{w})}{\partial P(y|x)} = &\frac{\partial}{\partial P(y|x)}\left(\sum_{x,y}\overline{P}(x)P(y|x)\ln P(y|x) - w_0\left(\sum_{y}P(y|x)-1\right)\right)\\
&-\frac{\partial}{\partial P(y|x)}\left(\sum_{i=1}^{n} w_i\left(\sum_{x,y}\overline{P}(x)P(y|x)f_i(x,y) - \sum_{x,y}\overline{P}(x,y)f_i(x,y)\right)\right)\\
=&\sum_{x,y}\overline{P}(x)(\ln P(y|x)+1) - \sum_{y} w_0 - \sum_{i=1}^{n} w_i \sum_{x,y}\overline{P}(x)f_i(x,y)\\
=&\sum_{x,y}\overline{P}(x)(\ln P(y|x)+1) - \sum_{x,y}\overline{P}(x)w_0 - \sum_{x,y}\overline{P}(x)\left(\sum_{i=1}^{n} w_i f_i(x,y)\right)\\
=&\sum_{x,y}\overline{P}(x)\left(\ln P(y|x) + 1 - w_0 - \sum_{i=1}^{n} w_i f_i(x,y)\right).
\end{aligned}$$

令上面的偏导数等于 0, 在 $\overline{P}(x)>0$ 的情形下, 可得

$$\ln P(y|x) + 1 - w_0 - \sum_{i=1}^{n} w_i f_i(x,y) = 0.$$

由上式解得

$$P(y|x) = \mathrm{e}^{\sum\limits_{i=1}^{n} w_i f_i(x,y) - 1 + w_0} = \frac{\mathrm{e}^{\sum\limits_{i=1}^{n} w_i f_i(x,y)}}{\mathrm{e}^{1-w_0}} \tag{13.21}$$

由约束条件 $\sum\limits_{y} P(y|x)=1$, 可以得到 $P_{\boldsymbol{w}}(y|x)$ 的表达式如下:

$$P_{\boldsymbol{w}}(y|x)=\frac{1}{Z_{\boldsymbol{w}}(x)}\mathrm{e}^{\sum\limits_{i=1}^{n} w_i f_i(x,y)}, \tag{13.22}$$

其中归一化因子 $Z_{\boldsymbol{w}}(x)$ 为

$$Z_{\boldsymbol{w}}(x)=\sum_{y}\mathrm{e}^{\sum\limits_{i=1}^{n} w_i f_i(x,y)}. \tag{13.23}$$

式 (13.22)—(13.23) 指出了 $P_{\boldsymbol{w}}(y|x)$ 和参数 $\boldsymbol{w}$ 的关系, 从而可以将对偶函数 $\psi(\boldsymbol{w})$ 中所有的 $P(y|x)$ 替换成用 $P_{\boldsymbol{w}}(y|x)$ 表示, 即

$$\begin{aligned}
\psi(\boldsymbol{w})=&\sum_{x,y}\overline{P}(x)P_{\boldsymbol{w}}(y|x)\ln P_{\boldsymbol{w}}(y|x)-w_0\left(\sum_{y}P_{\boldsymbol{w}}(y|x)-1\right)\\
&-\sum_{i=1}^{n}w_i\left(\sum_{x,y}\overline{P}(x)P_{\boldsymbol{w}}(y|x)f_i(x,y)-\sum_{x,y}\overline{P}(x,y)f_i(x,y)\right)\\
=&\sum_{x,y}\overline{P}(x)P_{\boldsymbol{w}}(y|x)\left(\ln P_{\boldsymbol{w}}(y|x)-\sum_{i=1}^{n}w_i f_i(x,y)\right)\\
&+\sum_{i=1}^{n}w_i\left(\sum_{x,y}(\overline{P}(x,y)f_i(x,y)\right).
\end{aligned}$$

注意到, 由式 (13.22) 可得

$$\sum_{i=1}^{n}w_i f_i(x,y)=\ln\left(P_{\boldsymbol{w}}(y|x)Z_{\boldsymbol{w}}(x)\right)=\ln P_{\boldsymbol{w}}(y|x)+\ln Z_{\boldsymbol{w}}(x),$$

代入上式得

$$\begin{aligned}
\psi(\boldsymbol{w})=&-\sum_{x,y}\overline{P}(x)P_{\boldsymbol{w}}(y|x)\ln Z_{\boldsymbol{w}}(x)+\sum_{i=1}^{n}w_i\left(\sum_{x,y}\overline{P}(x,y)f_i(x,y)\right)\\
=&\sum_{x,y}\overline{P}(x,y)\sum_{i=1}^{n}w_i f_i(x,y)-\sum_{x}\overline{P}(x)\left(\sum_{y}P_{\boldsymbol{w}}(y|x)\right)\ln Z_{\boldsymbol{w}}(x)\\
=&\sum_{x,y}\overline{P}(x,y)\sum_{i=1}^{n}w_i f_i(x,y)-\sum_{x}\overline{P}(x)\ln Z_{\boldsymbol{w}}(x).
\end{aligned} \tag{13.24}$$

最后, 将式 (13.22) 和式 (13.23) 代入式 (13.24) 得

$$\psi(\boldsymbol{w})=\sum_{x,y}\overline{P}(x,y)\sum_{i=1}^{n}w_i f_i(x,y)-\sum_{x,y}\overline{P}(x)\ln\sum_{y}\mathrm{e}^{\sum\limits_{i=1}^{n} w_i f_i(x,y)}. \tag{13.25}$$

接着对 $\psi(\boldsymbol{w})$ 求极大化，就可以得到极大化时对应的 $\boldsymbol{w}$ 向量的取值，代入式 (13.22) 即可得到 $P(y|x)$ 的最终结果.

此外，从式 (13.25) 可以看出，$\psi(\boldsymbol{w})$ 中包含指数函数，几乎不可能求出解析解，需要用数值方法求其最大值 $\max\limits_{w}\psi(\boldsymbol{w})$. 我们将在 13.4 节专门讨论求其最大值的数值算法.

例 13.2 用最大熵算法原理计算最大熵模型:

$$\begin{aligned}\min\quad & -H(P)=\sum_{i=1}^{5}P(x_i)\ln P(x_i),\\ \text{s.t.}\quad & P(x_1)+P(x_2)=\frac{1}{2},\\ & \sum_{i=1}^{5}P(x_i)=1.\end{aligned}$$

解 写出拉格朗日函数为

$$L(P,\boldsymbol{w})=\sum_{i=1}^{5}P(x_i)\ln P(x_i)+w_0\left(\sum_{i=1}^{5}P(x_i)-1\right)+w_1\left(P(x_1)+P(x_2)-\frac{1}{2}\right).$$

根据拉格朗日对偶性定理，可以通过求解对偶问题得到原始优化问题的解:

$$\max_{\boldsymbol{w}}\min_{P}L(P,\boldsymbol{w}).$$

先求解 $L(P,\boldsymbol{w})$ 关于 P 的极小化问题. 为此，先固定 w_0,w_1，求拉格朗日函数 $L(P,\boldsymbol{w})$ 关于 P 的偏导数并令其等于零，得

$$\begin{cases}\dfrac{\partial L(P,\boldsymbol{w})}{\partial P(x_1)}=\ln P(x_1)+1+w_0+w_1=0,\\ \dfrac{\partial L(P,\boldsymbol{w})}{\partial P(x_2)}=\ln P(x_2)+1+w_0+w_1=0,\\ \dfrac{\partial L(P,\boldsymbol{w})}{\partial P(x_3)}=\ln P(x_3)+1+w_0=0,\\ \dfrac{\partial L(P,\boldsymbol{w})}{\partial P(x_4)}=\ln P(x_4)+1+w_0=0,\\ \dfrac{\partial L(P,\boldsymbol{w})}{\partial P(x_5)}=\ln P(x_5)+1+w_0=0.\end{cases}$$

解得

$$P(x_1)=P(x_2)=\mathrm{e}^{-1-w_0-w_1},\quad P(x_3)=P(x_4)=P(x_5)=\mathrm{e}^{-1-w_0}.$$

将上面的等式代入 $L(P,\boldsymbol{w})$ 得

$$\min_P L(P,\boldsymbol{w})=L(P_{\boldsymbol{w}},\boldsymbol{w})=-2\mathrm{e}^{-1-w_0-w_1}-3\mathrm{e}^{-1-w_0}-w_0-\frac{1}{2}w_1.$$

再求解 $L(P_{\boldsymbol{w}},\boldsymbol{w})$ 关于 w 的极大化问题. 计算 $L(P_{\boldsymbol{w}},\boldsymbol{w})$ 关于 w_0,w_1 的偏导数并令其等于零, 得

$$\begin{cases}\dfrac{\partial L(P_{\boldsymbol{w}},\boldsymbol{w})}{\partial w_0}=2\mathrm{e}^{-1-w_0-w_1}+3\mathrm{e}^{-1-w_0}-1=0,\\ \dfrac{\partial L(P_{\boldsymbol{w}},\boldsymbol{w})}{\partial w_1}=2\mathrm{e}^{-1-w_0-w_1}-\dfrac{1}{2}=0.\end{cases}$$

由上式可得

$$\mathrm{e}^{-1-w_0}=\frac{1}{6},\quad \mathrm{e}^{-1-w_0-w_1}=\frac{1}{4}.$$

由此即得模型的最优解

$$P(x_1)=P(x_2)=\frac{1}{4},\ \ P(x_3)=P(x_4)=P(x_5)=\frac{1}{6}.$$

13.3.2 最大熵模型的极大似然估计

从 13.3.1 小节可知, 最大熵模型就是由式 (13.22)—(13.23) 所表示的条件概率分布. 下面将证明, 对偶函数的极大化等价于最大熵模型的极大似然估计.

已知训练样本集的经验分布为 $\overline{P}(X,Y)$, 则条件概率分布的似然函数可表示为

$$L_{\overline{P}}(P_{\boldsymbol{w}})=\prod_{x,y}P(y|x)^{\overline{P}(x,y)}. \tag{13.26}$$

式 (13.26) 似乎跟以往的似然函数

$$L(x_1,x_2,\cdots,x_n)=\prod_{i=1}^{n}P(x_i)$$

在形式上有所不同, 但实际上是等价的. 事实上, 设 $x_1,x_2,\cdots,x_n$ 是样本的具体观测值, 随机变量 X 是离散的, 它的取值有 K 个, 分别是 $v_1,v_2,\cdots,v_K$. 用 $C(X=v_i)$ 表示在观测值中 v_i 出现的次数, 所以 $L(x_1,x_2,\cdots,x_n)$ 可以表示为

$$L(x_1,x_2,\cdots,x_n)=\prod_{i=1}^{K}P(v_i;\theta)^{C(X=v_i)}.$$

上式两边同时开 n 次方, 可得

$$L(x_1,x_2,\cdots,x_n)^{\frac{1}{n}}=\prod_{i=1}^{K}P(v_i)^{\frac{C(X=v_i)}{n}},$$

因为 $\dfrac{C(X=v_i)}{n}$ 就是经验概率 (即频率), 因此可以使用 $\overline{P}(x)$ 代替, 即

$$L(x_1,x_2,\cdots,x_n)^{\frac{1}{n}}=\prod_x P(x)^{\overline{P}(x)}.$$

由于 $L(x_1,x_2,\cdots,x_n)^{\frac{1}{n}}$ 与 $L(x_1,x_2,\cdots,x_n)$ 的极大点相同, 所以得到最后的似然函数为

$$L(x)=\prod_x P(x)^{\overline{P}(x)},$$

在上式中, 分别用 $P(x,y)$, $\overline{P}(x,y)$ 替换 $P(x)$, $\overline{P}(x)$ 得到

$$\begin{aligned}L(x,y)&=\prod_{x,y}P(x,y)^{\overline{P}(x,y)}=\prod_{x,y}\left[P(x)P(y|x)\right]^{\overline{P}(x,y)}\\&=\prod_{x,y}\left(P(x)^{\overline{P}(x,y)}\right)P(y|x)^{\overline{P}(x,y)}.\end{aligned}$$

由于是关于条件概率 $P(y|x)$ 极大化, 故上式中的因子 $P(x)^{\overline{P}(x,y)}$ 可视为与 $P(y|x)$ 无关的常数, 因而可以去掉, 于是得到

$$\overline{L}(x,y)=\prod_{x,y}P(y|x)^{\overline{P}(x,y)},$$

这就是式 (13.26) 中的似然函数.

为了求导数方便, 对式 (13.26) 中的似然函数取对数得到对数似然函数

$$\ell_{\overline{P}}(P_{\boldsymbol{w}})=\sum_{x,y}\overline{P}(x,y)\ln P(y|x). \tag{13.27}$$

当条件概率分布是最大熵模型 (13.22)—(13.23) 时, 上面的对数似然数为

$$\begin{aligned}\ell_{\overline{P}}(P_{\boldsymbol{w}})&=\sum_{x,y}\overline{P}(x,y)\ln\frac{1}{Z_{\boldsymbol{w}}(x)}\mathrm{e}^{\sum\limits_{i=1}^{n}w_if_i(x,y)}\\&=\sum_{x,y}\overline{P}(x,y)\sum_{i=1}^{n}w_if_i(x,y)-\sum_{x,y}\overline{P}(x,y)\ln Z_{\boldsymbol{w}}(x)\\&=\sum_{x,y}\overline{P}(x,y)\sum_{i=1}^{n}w_if_i(x,y)-\sum_{x}\overline{P}(x)\ln Z_{\boldsymbol{w}}(x)\\&=-\sum_{x}\overline{P}(x)\ln Z_{\boldsymbol{w}}(x)+\sum_{i=1}^{n}w_i\sum_{x,y}\overline{P}(x,y)f_i(x,y).\end{aligned} \tag{13.28}$$

至此, 可以看出, 式 (13.28) 的右端与式 (13.24) 的右端完全相同, 因此有

$$\ell_{\overline{P}}(P_{\boldsymbol{w}}) = \psi(\boldsymbol{w}). \tag{13.29}$$

既然对数似然函数 $\ell_{\overline{P}}(P_{\boldsymbol{w}})$ 等于对偶函数 $\psi(\boldsymbol{w})$, 故对偶函数的极大化等价于最大熵模型的极大似然估计. 这样, 最大熵模型的学习问题就转化为求解对数似然函数的极大值问题或者对偶函数的极大化问题.

可以将最大熵模型写成更为一般的形式: 设 $\boldsymbol{x} = (x_1, x_2, \cdots, x_n)^{\mathrm{T}}$ 为输入向量, $\boldsymbol{y} = (y_1, y_2, \cdots, y_K)^{\mathrm{T}}$ 为输出, $\boldsymbol{w} = (w_1, w_2, \cdots, w_n)^{\mathrm{T}}$ 为权重向量, $f_i(x, y)$, $i = 1, 2, \cdots, n$ 为实值特征函数, 那么最大熵模型为

$$P_{\boldsymbol{w}}(y|x) = \frac{1}{Z_{\boldsymbol{w}}(x)} \mathrm{e}^{\sum\limits_{i=1}^{n} w_i f_i(x,y)}, \tag{13.30}$$

其中

$$Z_{\boldsymbol{w}}(x) = \sum_{y} \mathrm{e}^{\sum\limits_{i=1}^{n} w_i f_i(x,y)}. \tag{13.31}$$

最后指出, 最大熵模型与逻辑斯谛回归模型具有相似的性质, 都属于对数线性模型, 其学习策略就是在给定的训练样本数据条件下对模型进行极大似然估计或者正则化极大似然估计.

13.4 模型参数学习的最优化方法

13.4.1 梯度下降法和拟牛顿法

13.3 节已经指出, 最大熵模型的学习过程可归结为以对数似然函数 (或对偶函数) 为目标函数的极大化问题, 由于很难求其解析解, 通常采用迭代算法求其近似解. 由于对数似然函数 $\ell_{\overline{P}}(P_{\boldsymbol{w}})$ 是光滑的凸函数, 故有多种最优化算法可用于求解, 且能求得其全局最优解. 常用的方法有梯度下降法、牛顿法或拟牛顿法以及改进的迭代尺度法等, 其中牛顿法和拟牛顿法一般具有更快的收敛速度.

由于梯度下降法或拟牛顿法都需要利用目标函数的梯度, 故先来考虑对数似然函数 $\ell_{\overline{P}}(P_{\boldsymbol{w}})$ 的梯度计算问题. 由式 (13.28) 可知 $\ell_{\overline{P}}(P_{\boldsymbol{w}})$ 的表达式为

$$\ell_{\overline{P}}(P_{\boldsymbol{w}}) = -\sum_{x} \overline{P}(x) \ln Z_{\boldsymbol{w}}(x) + \sum_{i=1}^{n} w_i \sum_{x,y} \overline{P}(x,y) f_i(x,y).$$

极大化函数 $\ell_{\overline{P}}(P_{\boldsymbol{w}})$ 等价于下面的极小化问题

$$\min_{\boldsymbol{w}} f(\boldsymbol{w}) = \sum_{x} \overline{P}(x) \ln Z_{\boldsymbol{w}}(x) - \sum_{i=1}^{n} w_i \sum_{x,y} \overline{P}(x,y) f_i(x,y). \tag{13.32}$$

计算 $f(\boldsymbol{w})$ 的偏导数, 得

$$
\begin{aligned}
\frac{\partial f(\boldsymbol{w})}{\partial w_i} &= \sum_x \overline{P}(x)\frac{1}{Z_{\boldsymbol{w}}(x)}\frac{\partial Z_{\boldsymbol{w}}(x)}{\partial w_i} - \sum_{x,y}\overline{P}(x,y)f_i(x,y) \\
&= \sum_x \overline{P}(x)\frac{1}{Z_{\boldsymbol{w}}(x)}\sum_y \mathrm{e}^{\sum\limits_{i=1}^{n} w_i f_i(x,y)} f_i(x,y) - \sum_{x,y}\overline{P}(x,y)f_i(x,y) \\
&= \sum_{x,y} \overline{P}(x)\left(\frac{1}{Z_{\boldsymbol{w}}(x)}\mathrm{e}^{\sum\limits_{i=1}^{n} w_i f_i(x,y)}\right) f_i(x,y) - \sum_{x,y}\overline{P}(x,y)f_i(x,y) \\
&= \sum_x \overline{P}(x)P_{\boldsymbol{w}}(y|x)f_i(x,y) - \mathbb{E}_{\overline{P}}[f_i(x,y)], \quad i=1,2,\cdots,n.
\end{aligned}
$$

那么 $f(\boldsymbol{w})$ 的梯度为

$$
\boldsymbol{g}(\boldsymbol{w}) = \left(\frac{\partial f(\boldsymbol{w})}{\partial w_1}, \frac{\partial f(\boldsymbol{w})}{\partial w_2}, \cdots, \frac{\partial f(\boldsymbol{w})}{\partial w_n}\right)^{\mathrm{T}}. \tag{13.33}
$$

有了目标函数的梯度表达式 (13.33), 就可以容易地建立梯度下降法和拟牛顿法. 先给出最大熵模型参数学习的梯度下降法流程.

算法 13.1 (最大熵模型学习的梯度下降法)

输入: 特征函数 $f_1, f_2, \cdots, f_n$, 经验分布 $\overline{P}(X,Y)$.

输出: 最优参数值 $\boldsymbol{w}^*$, 最优条件概率 $P_{\boldsymbol{w}^*}(y|x)$.

(1) 选取初始值 $\boldsymbol{w}^{(0)} = (w_1^{(0)}, w_2^{(0)}, \cdots, w_n^{(0)})^{\mathrm{T}}$, 容许误差 ε, 置 $k := 0$.

(2) 按式 (13.33) 计算 $\boldsymbol{g}_k = g(\boldsymbol{w}^{(k)})$. 若 $\|\boldsymbol{g}_k\| \leqslant \varepsilon$, 停算; 否则转步骤 (3).

(3) 用 $\boldsymbol{d}_k = -\boldsymbol{g}_k$ 为方向进行一维线搜索, 得到步长 α_k 使得

$$
f(\boldsymbol{w}^{(k)} + \alpha_k \boldsymbol{d}_k) = \min_{\alpha \geqslant 0} f(\boldsymbol{w}^{(k)} + \alpha \boldsymbol{d}_k).
$$

(4) 更新参数 $\boldsymbol{w}^{(k+1)} = \boldsymbol{w}^{(k)} + \alpha_k \boldsymbol{d}_k$, 置 $k := k+1$ 转步骤 (2).

类似地, 可以给出最大熵模型学习的 BFGS 算法 (拟牛顿法).

算法 13.2 (最大熵模型学习的 BFGS 算法)

输入: 特征函数 $f_1, f_2, \cdots, f_n$, 经验分布 $\overline{P}(X,Y)$, 容许误差 ε.

输出: 最优参数值 $\boldsymbol{w}^*$, 最优条件概率 $P_{\boldsymbol{w}^*}(y|x)$.

(1) 选取初始值 $\boldsymbol{w}^{(0)} = (w_1^{(0)}, w_2^{(0)}, \cdots, w_n^{(0)})^{\mathrm{T}}$, 取 B_0 为对称正定阵, 置 $k := 0$.

(2) 按式 (13.33) 计算 $\boldsymbol{g}_k = g(\boldsymbol{w}^{(k)})$. 若 $\|\boldsymbol{g}_k\| \leqslant \varepsilon$, 停算; 否则转步骤 (3).

(3) 解方程组 $\boldsymbol{B}_k \boldsymbol{d} = -\boldsymbol{g}_k$ 得到搜索方向 $\boldsymbol{d}_k$.

(4) 进行一维线搜索, 得到步长 α_k 满足

$$
f(\boldsymbol{w}^{(k)} + \alpha_k \boldsymbol{d}_k) = \min_{\alpha \geqslant 0} f(\boldsymbol{w}^{(k)} + \alpha \boldsymbol{d}_k).
$$

(5) 更新参数 $\boldsymbol{w}^{(k+1)} = \boldsymbol{w}^{(k)} + \alpha_k \boldsymbol{d}_k$.

(6) 计算 $\boldsymbol{g}_{k+1} = \boldsymbol{g}(\boldsymbol{w}^{(k+1)})$. 若 $\|\boldsymbol{g}_{k+1}\| \leqslant \varepsilon$, 停算; 否则按下式更新矩阵 $\boldsymbol{B}_{k+1}$:

$$\boldsymbol{B}_{k+1} = \boldsymbol{B}_k + \frac{\boldsymbol{y}_k \boldsymbol{y}_k^{\mathrm{T}}}{\boldsymbol{y}_k^{\mathrm{T}} \boldsymbol{s}_k} - \frac{\boldsymbol{B}_k \boldsymbol{s}_k \boldsymbol{s}_k^{\mathrm{T}} \boldsymbol{B}_k}{\boldsymbol{s}_k^{\mathrm{T}} \boldsymbol{B}_k \boldsymbol{s}_k},$$

其中,

$$\boldsymbol{y}_k = \boldsymbol{g}_{k+1} - \boldsymbol{g}_k, \quad \boldsymbol{s}_k = \boldsymbol{w}^{(k+1)} - \boldsymbol{w}^{(k)}.$$

(7) 置 $k := k+1$ 转步骤 (3).

13.4.2 改进的迭代尺度法

最后, 我们来介绍改进的迭代尺度法 (Improved Iterative Scaling, IIS), 它是最大熵模型参数学习的一种行之有效的最优化算法.

由式 (13.28) 知, 需要极大化对数似然函数

$$\max_{\boldsymbol{w}} \ell(\boldsymbol{w}) = \sum_{i=1}^{n} w_i \sum_{x,y} \overline{P}(x,y) f_i(x,y) - \sum_{x} \overline{P}(x) \ln Z_{\boldsymbol{w}}(x). \tag{13.34}$$

假设最大熵模型的当前参数是 $\boldsymbol{w} = (w_1, w_2, \cdots, w_n)^{\mathrm{T}}$, 希望找到一个新的参数向量 $\boldsymbol{w} + \delta\boldsymbol{w} = (w_1 + \delta w_1, w_2 + \delta w_2, \cdots, w_n + \delta w_n)^{\mathrm{T}}$, 使得

$$\ell(\boldsymbol{w} + \delta\boldsymbol{w}) > \ell(\boldsymbol{w}). \tag{13.35}$$

如果能找到这样一种从 $\boldsymbol{w}$ 到 $\boldsymbol{w} + \delta\boldsymbol{w}$ 的方法, 则可重复使用这一方法直至达到对数似然函数的极大值.

对于给定的经验分布 $\overline{P}(x,y)$, 对数似然函数的改变量为

$$\begin{aligned}\ell(\boldsymbol{w}+\delta\boldsymbol{w})-\ell(\boldsymbol{w}) = &\left(\sum_{i=1}^{n}(w_i+\delta w_i)\sum_{x,y}\overline{P}(x,y)f_i(x,y) - \sum_{x}\overline{P}(x)\ln Z_{\boldsymbol{w}+\delta\boldsymbol{w}}(x)\right) \\ &- \left(\sum_{i=1}^{n} w_i \sum_{x,y}\overline{P}(x,y)f_i(x,y) - \sum_{x}\overline{P}(x)\ln Z_{\boldsymbol{w}}(x)\right) \\ =& \sum_{x,y}\overline{P}(x,y)\sum_{i=1}^{n}\delta w_i f_i(x,y) - \sum_{x}\overline{P}(x)\ln\frac{Z_{\boldsymbol{w}+\delta\boldsymbol{w}}(x)}{Z_{\boldsymbol{w}}(x)},\end{aligned}$$

即

$$\ell(\boldsymbol{w}+\delta\boldsymbol{w}) - \ell(\boldsymbol{w}) = \sum_{x,y}\overline{P}(x,y)\sum_{i=1}^{n}\delta w_i f_i(x,y) - \sum_{x}\overline{P}(x)\ln\frac{Z_{\boldsymbol{w}+\delta\boldsymbol{w}}(x)}{Z_{\boldsymbol{w}}(x)}.$$

利用不等式

$$-\ln x > 1 - x, \quad x > 0,$$

可得到 $\ell(\boldsymbol{w}+\delta\boldsymbol{w})-\ell(\boldsymbol{w})$ 的一个下界表达式:

$$\begin{aligned}\ell(\boldsymbol{w}+\delta\boldsymbol{w})-\ell(\boldsymbol{w}) \geqslant & \sum_{x,y}\overline{P}(x,y)\sum_{i=1}^{n}\delta w_i f_i(x,y)+1 \\ & -\sum_{x}\overline{P}(x)\frac{Z_{\boldsymbol{w}+\delta\boldsymbol{w}}(x)}{Z_{\boldsymbol{w}}(x)}.\end{aligned} \tag{13.36}$$

注意到 (利用式 (13.31))

$$\begin{aligned}\frac{Z_{\boldsymbol{w}+\delta\boldsymbol{w}}(x)}{Z_{\boldsymbol{w}}(x)} = & \frac{\sum\limits_{y}\mathrm{e}^{\sum\limits_{i=1}^{n}(w_i+\delta w_i)f_i(x,y)}}{\sum\limits_{y}\mathrm{e}^{\sum\limits_{i=1}^{n}w_i f_i(x,y)}} = \sum_{y}\frac{\mathrm{e}^{\sum\limits_{i=1}^{n}(w_i+\delta w_i)f_i(x,y)}}{\sum\limits_{y}\mathrm{e}^{\sum\limits_{i=1}^{n}w_i f_i(x,y)}} \\ = & \sum_{y}\frac{\mathrm{e}^{\sum\limits_{i=1}^{n}w_i f_i(x,y)}}{\sum\limits_{y}\mathrm{e}^{\sum\limits_{i=1}^{n}w_i f_i(x,y)}}\mathrm{e}^{\sum\limits_{i=1}^{n}\delta w_i f_i(x,y)} \\ = & \sum_{y}P_{\boldsymbol{w}}(y|x)\mathrm{e}^{\sum\limits_{i=1}^{n}\delta w_i f_i(x,y)}.\end{aligned} \tag{13.37}$$

将式 (13.37) 代入式 (13.36) 得

$$\begin{aligned}\ell(\boldsymbol{w}+\delta\boldsymbol{w})-\ell(\boldsymbol{w}) \geqslant & \sum_{x,y}\overline{P}(x,y)\sum_{i=1}^{n}\delta w_i f_i(x,y)+1 \\ & -\sum_{x,y}\overline{P}(x)P_{\boldsymbol{w}}(y|x)\mathrm{e}^{\sum\limits_{i=1}^{n}\delta w_i f_i(x,y)}.\end{aligned} \tag{13.38}$$

上式右端即为对数似然函数的一个下界, 将其记为 $A(\delta\boldsymbol{w}|\boldsymbol{w})$, 即

$$\begin{aligned}A(\delta\boldsymbol{w}|\boldsymbol{w}) = & \sum_{x,y}\overline{P}(x,y)\sum_{i=1}^{n}\delta w_i f_i(x,y)+1 \\ & -\sum_{x,y}\overline{P}(x)P_{\boldsymbol{w}}(y|x)\exp\left(\sum_{i=1}^{n}\delta w_i f_i(x,y)\right),\end{aligned}$$

则有

$$\ell(\boldsymbol{w}+\delta\boldsymbol{w})-\ell(\boldsymbol{w}) \geqslant A(\delta\boldsymbol{w}|\boldsymbol{w}).$$

如果能够找到适合的 $\delta\boldsymbol{w}$ 使下界 $A(\delta\boldsymbol{w}|\boldsymbol{w})$ 的值增大, 则对数似然函数的值也会随之增大. 由于 $A(\delta\boldsymbol{w}|\boldsymbol{w})$ 是关于 $\delta\boldsymbol{w}$ 的 n 元函数, 不容易选取向量 $\delta\boldsymbol{w}$ 使得 $A(\delta\boldsymbol{w}|\boldsymbol{w})$ 增大. 改进的迭代尺度法的基本思想是只优化 $\delta\boldsymbol{w}$ 的一个分量 δw_i, 而将其余分量 $\delta w_j\,(j\neq i)$ 固定, 即变成一个一元函数的极大化问题. 为此, 记

$$f_\Sigma(x,y)=\sum_{i=1}^n f_i(x,y).$$

注意到特征函数 $f_i(x,y)$ 是一个二值函数 (0 或 1), 故 $f_\Sigma(x,y)$ 表示所有特征在 (x,y) 出现的次数. 因此, 利用 $f_\Sigma(x,y)$ 可将下界函数 $A(\delta\boldsymbol{w}|\boldsymbol{w})$ 改写为

$$\begin{aligned}A(\delta\boldsymbol{w}|\boldsymbol{w})=&\sum_{x,y}\overline{P}(x,y)\sum_{i=1}^n\delta w_i f_i(x,y)+1\\&-\sum_{x,y}\overline{P}(x)P_{\boldsymbol{w}}(y|x)\exp\left(f_\Sigma(x,y)\sum_{i=1}^n\frac{f_i(x,y)}{f_\Sigma(x,y)}\delta w_i\right).\end{aligned}\tag{13.39}$$

由于指数函数是凸函数, 且对任意的 $i=1,2,\cdots,n$, 有

$$\frac{f_i(x,y)}{f_\Sigma(x,y)}\geqslant 0\ \text{且}\ \sum_{i=1}^n\frac{f_i(x,y)}{f_\Sigma(x,y)}=1.$$

故由 Jensen 不等式可得

$$\exp\left(\sum_{i=1}^n\frac{f_i(x,y)}{f_\Sigma(x,y)}\delta w_i f_\Sigma(x,y)\right)\leqslant\sum_{i=1}^n\frac{f_i(x,y)}{f_\Sigma(x,y)}\exp\big(\delta w_i f_\Sigma(x,y)\big).$$

这样, 式 (13.39) 可改写为

$$\begin{aligned}A(\delta\boldsymbol{w}|\boldsymbol{w})\geqslant&\sum_{x,y}\overline{P}(x,y)\sum_{i=1}^n\delta w_i f_i(x,y)+1\\&-\sum_{x,y}\overline{P}(x)P_{\boldsymbol{w}}(y|x)\sum_{i=1}^n\frac{f_i(x,y)}{f_\Sigma(x,y)}\mathrm{e}^{\delta w_i f_\Sigma(x,y)}.\end{aligned}\tag{13.40}$$

再将上式的右端记为 $B(\delta\boldsymbol{w}|\boldsymbol{w})$, 即

$$\begin{aligned}B(\delta\boldsymbol{w}|\boldsymbol{w})=&\sum_{x,y}\overline{P}(x,y)\sum_{i=1}^n\delta w_i f_i(x,y)+1\\&-\sum_{x,y}\overline{P}(x)P_{\boldsymbol{w}}(y|x)\sum_{i=1}^n\frac{f_i(x,y)}{f_\Sigma(x,y)}\mathrm{e}^{\delta w_i f_\Sigma(x,y)}.\end{aligned}$$

于是又得到了对数似然函数改变量 $\ell(\boldsymbol{w}+\delta\boldsymbol{w})-\ell(\boldsymbol{w})$ 一个新的下界函数 $B(\delta\boldsymbol{w}|\boldsymbol{w})$, 即

$$\ell(\boldsymbol{w}+\delta\boldsymbol{w})-\ell(\boldsymbol{w})\geqslant B(\delta\boldsymbol{w}|\boldsymbol{w}).$$

现在可以极大化这个新的下界函数 $B(\delta\boldsymbol{w}|\boldsymbol{w})$. 对 $B(\delta\boldsymbol{w}|\boldsymbol{w})$ 关于 δw_i 求偏导数并令其等于 0 得

$$\frac{\partial B(\delta\boldsymbol{w}|\boldsymbol{w})}{\partial\delta w_i}=\sum_{x,y}\overline{P}(x,y)f_i(x,y)-\sum_{x,y}\overline{P}(x)P_{\boldsymbol{w}}(y|x)f_i(x,y)\mathrm{e}^{\delta w_i f_\Sigma(x,y)}=0.$$

解得

$$\sum_{x,y}\overline{P}(x)P_{\boldsymbol{w}}(y|x)f_i(x,y)\mathrm{e}^{\delta w_i f_\Sigma(x,y)}=\mathbb{E}_{\overline{P}}[f_i(x,y)],\tag{13.41}$$

式 (13.41) 已是关于 δw_i 的一元非线性方程, 可用非线性方程的求根方法求得其近似解. 对 $i=1,2,\cdots,n$ 逐个求得 $\delta w_1,\delta w_2,\cdots,\delta w_n$ 即得 $\delta\boldsymbol{w}$.

至此, 改进的尺度迭代法的推导过程已经完成, 下面写出其算法流程.

算法 13.3 (改进的迭代尺度法)

输入: 特征函数 $f_1,f_2,\cdots,f_n$; 经验分布 $\overline{P}(X,Y)$, 模型 $P_{\boldsymbol{w}}(y|x)$, 容许误差 ε.

输出: 最优参数值 $\boldsymbol{w}^*$, 最优条件概率 $P_{\boldsymbol{w}^*}(y|x)$.

(1) 对 $i=1,2,\cdots,n$, 选取初始值 $w_i^{(0)}=0$. 置 $k:=0$.

(2) 求解非线性方程

$$\sum_{x,y}\overline{P}(x)P_{\boldsymbol{w}^{(k)}}(y|x)f_i(x,y)\mathrm{e}^{\delta w_i f_\Sigma(x,y)}=\mathbb{E}_{\overline{P}}[f_i(x,y)],\quad i=1,2,\cdots,n,\tag{13.42}$$

得到解 $\delta w_i^{(k)}$, 并置 $w_i^{(k+1)}=w_i^{(k)}+\delta w_i^{(k)}$, 其中

$$f_\Sigma(x,y)=\sum_{i=1}^n f_i(x,y).$$

(3) 如果满足终止条件 $\|\boldsymbol{w}^{(k+1)}-\boldsymbol{w}^{(k)}\|\leqslant\varepsilon$, 停算. 否则, 置 $k:=k+1$, 转步骤 (2).

注 13.1 算法 13.3 的关键是第 (2) 步求解非线性方程 (13.42). 如果 $f_\Sigma(x,y)=C$ 为常数, 则此方程可写出显式解

$$\delta w_i^{(k)}=\frac{1}{C}\left(\ln\mathbb{E}_{\overline{P}}[f_i(x,y)]-\ln\sum_{x,y}\overline{P}(x)P_{\boldsymbol{w}^{(k)}}(y|x)f_i(x,y)\right).\tag{13.43}$$

否则只能采用求根方法迭代求解 $\delta w_i^{(k)}$. 比如使用切线法 (即牛顿法) 来求解. 记

$$g(\delta w_i)=\sum_{x,y}\overline{P}(x)P_{\boldsymbol{w}^{(k)}}(y|x)f_i(x,y)\mathrm{e}^{\delta w_i f_\Sigma(x,y)}-\mathbb{E}_{\overline{P}}[f_i(x,y)],$$

则其导数为

$$g'(\delta w_i)=\sum_{x,y}\overline{P}(x)P_{\boldsymbol{w}^{(k)}}(y|x)f_i(x,y)\mathrm{e}^{\delta w_i f_\Sigma(x,y)}f_\Sigma(x,y).$$

则方程 (13.43) 等价于

$$g(\delta w_i)=0,\tag{13.44}$$

其切线法的迭代公式为

$$\delta w_i^{(k+1)}=\delta w_i^{(k)}-\frac{g(\delta w_i^{(k)})}{g'(\delta w_i^{(k)})},\quad k=1,2,\cdots.$$

由于 $\delta w_i^{(k)}$ 是方程 (13.44) 的单根, 因此只要选取适当的初始值 $\delta w_i^{(0)}$, 切线法收敛, 且收敛的速度很快.

13.5 最大熵模型的MATLAB实现

本节考虑最大熵模型的 MATLAB 实现. 由于 MATLAB 系统没有封装实现最大熵模型的函数, 所以需要自己编制 MATLAB 程序. 下面是最大熵模型的 MATLAB 程序 (max_entropy.m 文件).

```
%最大熵模型的MATLAB程序
function Esti_label=max_entropy(X,Y,testd)
maxstep=10; w=[];
labels=[]; %类别的种类
fea_list=[]; %特征集合
px=containers.Map; %经验边缘分布概率
pxy=containers.Map;
%经验联合分布概率,由于特征函数为取值为0,1的二值函数,所以等同于特征的经验
%期望值
exp_fea=containers.Map; %每个特征在数据集上的期望
N=0; %样本总量
M=0; %某个训练样本包含特征的总数,这里假设每个样本的M值相同,即M为常数.
n_fea=0; %特征函数的总数
fit(X,Y);
Esti_label=[];
for q=1:length(testd) %测试集预测
    p_Y=predict(testd(q));
    Esti_label=[Esti_label,p_Y];
end
%变量初始化
```

```
function init_param(X,Y)
    N=length(X);
    labels = unique(Y);
    %初始化经验分布
    for i=1:length(X)
        px(num2str(X(i,:))) = 0;
        pxy(num2str([X(i,:),Y(i)]))=0;
    end
    %初始化期望值exp_fea
    for i=1:length(X)
        for j=1:length(X(i,:))
            fea=[j,X(i,j),Y(i)];
            exp_fea(num2str(fea))=0;
        end
    end
    fea_func(X,Y);
    n_fea=length(fea_list);
    w=zeros(n_fea,1);
    f_exp_fea(X,Y);
end
%构造特征函数
function fea_func(X,Y)
    for i=1:length(X)
        px(num2str(X(i,:)))=px(num2str(X(i,:)))+1.0/double(N);
        pxy(num2str([X(i,:),Y(i)]))=pxy(num2str([X(i,:),Y(i)]))...
            +1.0/double(N);
        for j=1:length(X(1,:))
            key=[j,X(i,j),Y(i)];
            fea_list=[fea_list;key];
        end
    end
    fea_list=unique(fea_list,'rows');
    M=length(X(i,:));
end
function f_exp_fea(X,Y)
    for i=1:length(X)
        for j=1:length(X(i,:))
        fea=[j,X(i,j),Y(i)];
        exp_fea(num2str(fea))=exp_fea(num2str(fea))...
            +pxy(num2str([X(i,:),Y(i)]));
```

```
        end
    end
end
%当前w下的条件分布概率,输入向量X和Y的条件概率
function py_X=f_py_X(X)
    py_X=containers.Map();
    for i=1:length(labels)
        py_X(num2str(labels(i)))=0.0;
    end
    for i=1:length(labels)
        s=0;
        for j=1:length(X)
            tmp_fea=[j,X(j),labels(i)];
            if(ismember(tmp_fea,fea_list,'rows'))
                s=s+w(ismember(tmp_fea,fea_list,'rows'));
            end
        end
        py_X(num2str(labels(i)))=exp(s);
    end
    normalizer=0;
    k_names=py_X.keys();
    for i=1:py_X.Count
        normalizer=normalizer+py_X(char(k_names(i)));
    end
    for i=1:py_X.Count
        py_X(char(k_names(i)))=double(py_X(char(k_names(i))))...
            /double(normalizer);
    end
end
%基于当前模型,获取每个特征估计期望
function est_fea=f_est_fea(X,Y)
    est_fea=containers.Map();
    for i=1:length(X)
        for j=1:length(X(i,:))
            est_fea(num2str([j,X(i,j),Y(i)]))=0;
        end
    end
    for i=1:length(X)
        py_x=f_py_X(X);
        py_x=py_x(num2str(Y(i)));
```

```
        for j=1:length(X(i,:))
            est_fea(num2str([j,X(i,j),Y(i)]))=est_fea(num2str([j,...
                X(i,j),Y(i)]))+px(num2str(X(i,:)))*py_x;
        end
    end
end
%更新deltaw
function deltaw=GIS()
    est_fea=f_est_fea(X,Y);
    deltaw=zeros(n_fea,1);
    for i=1:n_fea
        try
            deltaw(i)=1/double(M*log(exp_fea(num2str(fea_list(i,:)))));
            deltaw(i)=deltaw(i)/double(est_fea(num2str(fea_list(i,:))));
        catch
            continue;
        end
    end
    deltaw=double(deltaw)/double(sum(deltaw));
end
%训练,迭代更新wi
function fit(X,Y)
    init_param(X,Y);
    i=0;
    while(i<maxstep)
        i=i+1;
        deltaw=GIS();
        w=w+deltaw;
    end
end
%输入x(数组),返回条件概率最大的标签
function best_label = predict(X)
    py_x=f_py_X(X);
    keys=py_x.keys();
    values=py_x.values();
    max=0;
    best_label=-1;
    for i=1:py_x.Count
        if(py_x(char(keys(i)))>max)
            max=py_x(char(keys(i)));
```

```
            best_label=str2num(char(keys(i)));
        end
    end
end
end
```

下面我们用鸢尾属植物数据集来测试最大熵模型的 MATLAB 程序.

例 13.3　用最大熵模型的 MATLAB 程序 max_entropy.m 对鸢尾属植物数据集 Iris 进行分类.

解　MATLAB 中自带的鸢尾属植物样本数据集 Iris, 其属性分别为萼片长度 (SL)、萼片宽度 (SW)、花瓣长度 (PL)、花瓣宽度 (PW), 标签分别为 “setosa” (山鸢尾)、“versicolor” (杂色鸢尾) 和 “virginica” (弗吉尼亚鸢尾). 数据集中共包含 150 组数据信息, 每一类别植物有 50 组数据. 为了便于计算分类的精度 (查准率) 和召回率 (查全率), 我们选取第一类 “setosa” 和第三类 “virginica” 重新构成一个具有 100 个的二分类数据集, 分别取每一类的前 40 个作为训练样本, 后 10 个作为测试样本. 编写 MATLAB 代码如下 (Iris_cls_main.m 文件).

```
clear all;
%划分数据集
flower=load('flower13.txt');
traind=[flower(1:40,:);flower(51:90,:)];
trainl=[ones(40,1); zeros(40,1)];
testd=[flower(41:50,:);flower(91:end,:)];
testl=[ones(10,1);zeros(10,1)];
%学习和预测
Esti_label=max_entropy(traind,trainl,testd);
Correct_ratio=sum(Esti_label'==testl)./length(testl)
%评估分类性能,PRE精度,REC召回率
TP=0; FN=0; FP=0; TN=0;
for i=1:length(testl)
    if testl(i)==1
        if Esti_label(i)==1
            TP=TP+1;%将正类预测为正类数
        else
            FN=FN+1;%将正类预测为负类数
        end
    else
        if Esti_label(i)==1
            FP=FP+1;%将负类预测为正类数
        else
            TN=TN+1;%将负类预测为负类数
```

```
        end
    end
end
PRE=TP/(TP+FP), %精度
REC=TP/(TP+FN), %召回率
```

在 MATLAB 命令窗口运行上述程序得

```
>> Iris_cls_main
testl =
  列 1 至 16
     1    1    1    1    1    1    1    1    1    1    0    0    0    0    0    0
  列 17 至 20
     0    0    0    0
Esti_label =
  列 1 至 16
     1    0    1    1    1    1    1    1    0    1    0    0    0    0    0    0
  列 17 至 20
     0    0    0    0
Correct_ratio =
    0.9000
PRE =
     1
REC =
    0.8000
```

从上述结果可知, 最大熵模型的分类正确率为 90%, 精度 (查准率) 为 100%, 召回率 (查全率) 为 80%.

本章课件

第 14 章　概率图算法

概率图模型是指用图表示各个随机变量之间的概率依赖关系, 图的顶点为随机变量, 边为随机变量之间的概率关系. 概率图模型总体上分为两类: 一类是概率有向图模型, 也叫贝叶斯网络; 另一类是概率无向图模型, 也叫马尔可夫随机场. 有向图模型的结点之间存在单向的依赖关系, 模型结构如图 14.1 所示.

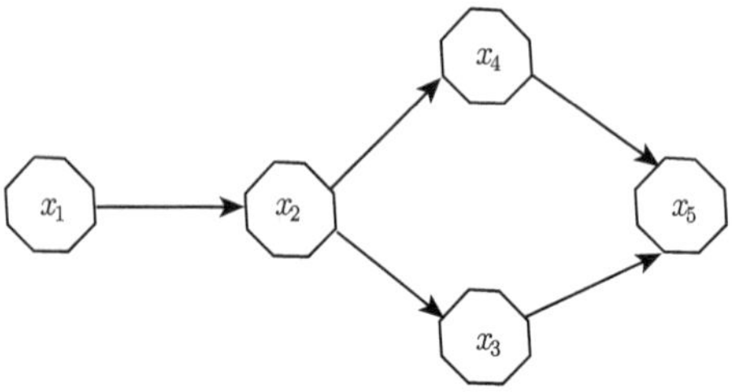

图 14.1　概率有向图模型示意图

其联合概率的计算就是若干条件概率的连乘积, 即

$$P(x_1, x_2, x_3, x_4, x_5) = P(x_1)P(x_2|x_1)P(x_3|x_2)P(x_4|x_2)P(x_5|x_3, x_4).$$

而概率无向图模型的结点之间存在着相互的依赖关系, 因此模型的联合概率计算起来比较复杂. 无向图模型的一般结构模型结构如图 14.2 所示.

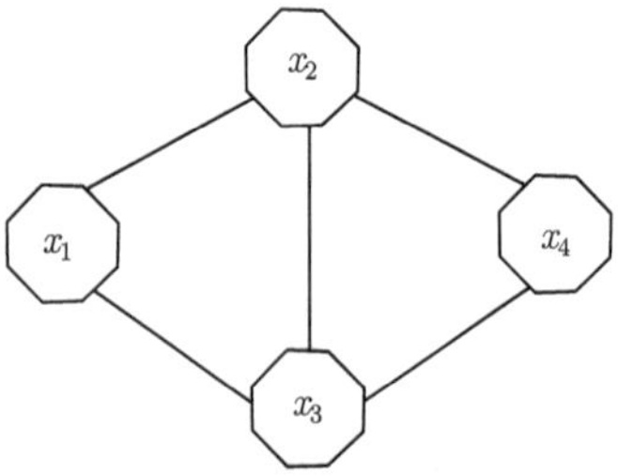

图 14.2　概率无向图模型示意图

利用 Hammersly-Clifford 定理, 概率无向图模型的联合概率可以表示为如下形式:

$$P(X) = \frac{1}{Z}\prod_{C}\Psi_C(X_C), \tag{14.1}$$

这里的 C 是无向图的最大团. 无向图中的任何两个结点均有边连接的结点子集称为一个团, 若 C 是无向图的一个团, 并且不能加进任何一个结点使之成为一个更大的团, 则称 C 为最大团. 按照这个定义, 图 14.2 中的 $\{x_1, x_2\}$, $\{x_1, x_3\}$, $\{x_2, x_3\}$, $\{x_1, x_2, x_3\}$, $\{x_2, x_3, x_4\}$ 都是团, 而 $\{x_1, x_2, x_3\}$, $\{x_2, x_3, x_4\}$ 是最大团. 式 (14.1) 中的 X_C 是最大团 C 的结点对应的随机变量, $\Psi_C(X_C)$ 是定义于 X_C 上的正值函数, 一般为指数函数, 称为势函数. 这样, 式 (14.1) 就表示概率无向图的联合概率等于各个最大团上势函数的连乘积, 而 Z 是归一化因子:

$$Z = \sum_X \prod_C \Psi_C(X_C),$$

以确保 $P(X)$ 是一个概率分布.

本章主要介绍隐马尔可夫模型 (Hidden Markov Model, HMM) 和条件随机场 (Conditional Random Fields, CRF) 两类概率图算法, 前者属于有向图模型, 后者属于无向图模型. 在自然语言的处理中, 这两类算法给句子中的每个词贴标签, 因为词性标识、分词、实体识别都可以看成一个给词贴标签的学习任务.

14.1 隐马尔可夫模型

隐马尔可夫模型是比较经典的机器学习模型, 它在自然语言处理、语言识别和模式识别等领域得到了广泛的应用. 使用隐马尔可夫模型的问题一般需具有如下两个特征. ① 问题是基于序列的, 比如时间序列或者状态序列. ② 问题中有两类序列数据: 一类是可以观测到的, 即观测序列; 而另一类是不能观察到的, 即隐藏状态序列, 简称状态序列. 有了这两个特征, 那么这个问题一般可以尝试用隐马尔可夫模型来解决.

14.1.1 隐马尔可夫模型的定义

隐马尔可夫模型描述了观测变量与状态变量之间的概率关系, 它不仅要对状态变量建模, 而且要对观测值建模. 不同时刻的状态值之间, 同一时刻的状态值与观测值之间都存在着概率关系.

隐马尔可夫模型是关于时序的概率模型, 由一个隐藏的马尔可夫链随机生成不可观测的状态随机序列 (理解为隐变量), 再由各个状态生成一个观测而产生观测随机序列 (理解为显变量) 的过程. 图 14.3 就是一个隐马尔可夫链, 状态序列为 $\{z_1, z_2, \cdots, z_n\}$, 再由各个状态序列生成观测序列 $\{x_1, x_2, \cdots, x_n\}$, 而每个结点 (位置) 对应一个时刻, 从前往后就是时刻 $t_1, t_2, \cdots, t_n$.

图 14.3 中的箭头表示了变量间的依赖关系. 在任一时刻, 观测变量的取值仅依赖于状态变量, 即 x_t 由 z_t 确定, 与其他状态变量及观测变量的取值无关. 同时,

t 时刻的状态 z_t 仅依赖于 $t-1$ 时刻的状态 z_{t-1}, 与其余 $n-2$ 个状态无关. 这就是所谓的“马尔可夫链”, 即系统下一时刻的状态仅由当前状态决定, 不依赖于以往的任何状态. 基于这种依赖关系, 所有变量的联合概率分布为

$$P(x_1, z_1, \cdots, x_n, z_n) = P(z_1)P(x_1|z_1)\prod_{i=2}^{n} P(z_i|z_{i-1})P(x_i|z_i).$$

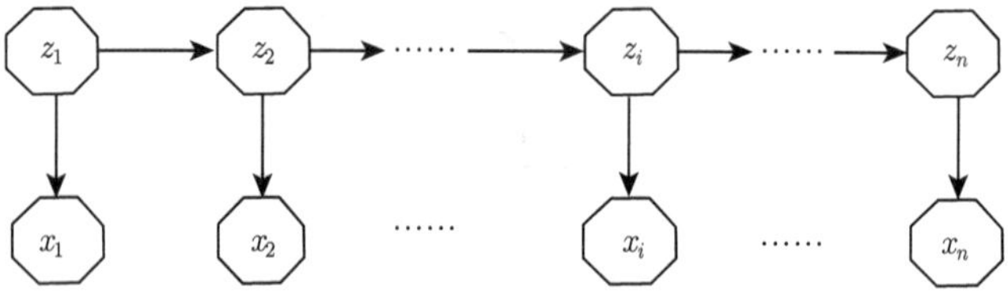

图 14.3　隐马尔可夫模型的图结构

一般地, 对于隐马尔可夫模型, 首先假设 Q 是所有可能的隐藏状态的集合, V 是所有可能的观测状态的集合, 即

$$Q = \{q_1, q_2, \cdots, q_m\}, \quad V = \{v_1, v_2, \cdots, v_n\},$$

其中, m 是所有可能的隐藏状态数, n 是所有可能的观测状态数.

对于一个长度为 T 的序列, S 是对应的状态序列, O 是对应的观测序列, 即

$$S = \{s_1, s_2, \cdots, s_T\}, \quad O = \{o_1, o_2, \cdots, o_T\},$$

其中, 任意一个隐藏状态 $s_t \in Q$, 任意一个观测状态 $o_t \in V$.

隐马尔可夫模型基于两个重要的假设. 第一个假设是“齐次马尔可夫链假设”, 即任意时刻的隐藏状态只依赖于它前一个隐藏状态. 具体地说, 如果在时刻 t 的隐藏状态是 $s_t = q_i$, 在时刻 $t+1$ 的隐藏状态是 $s_{t+1} = q_j$, 则从时刻 t 到时刻 $t+1$ 的状态转移概率 a_{ij} 可以表示为

$$a_{ij} = P(s_{t+1} = q_j | s_t = q_i).$$

这样 a_{ij} 可以组成马尔可夫链的状态转移矩阵 $\boldsymbol{A} = (a_{ij})_{m\times m}$.

第二个假设是“观测独立性假设”, 即任意时刻的观测状态只依赖于当前时刻的隐藏状态. 也就是说, 如果在时刻 t 的隐藏状态是 $s_t = q_j$, 而对应的观测状态为 $o_t = v_k$, 则该时刻观测状态 v_k 在隐藏状态 q_j 下生成的概率为 $b_j(k)$, 满足

$$b_j(k) = P(o_t = v_k | s_t = q_j).$$

这样 $b_j(k)$ 可以组成观测状态生成的概率矩阵 $\boldsymbol{B} = (b_j(k))_{m\times n}$.

除此之外, 隐马尔可夫模型还需要一组在时刻 $t=1$ 时的隐藏状态初始概率分布 $\boldsymbol{\pi}$:

$$\boldsymbol{\pi}=(\pi_i)_m,\quad \text{其中 } \pi_i=P(s_1=q_i).$$

一个隐马尔可夫模型, 可以由隐藏状态初始概率分布 $\boldsymbol{\pi}$、状态转移概率矩阵 $\boldsymbol{A}$ 和观测状态概率矩阵 $\boldsymbol{B}$ 决定, $\boldsymbol{\pi}$, $\boldsymbol{A}$ 决定状态序列, $\boldsymbol{B}$ 决定观测序列. 因此, 隐马尔可夫模型可以由一个三元组 λ 表示如下:

$$\lambda=(\boldsymbol{\pi},\boldsymbol{A},\boldsymbol{B}).$$

下面看一个隐马尔可夫模型的实例.

例 14.1 有 3 个盒子, 每个盒子里都有红色和白色两种球, 这三个盒子里球的数量分别如表 14.1 所示.

表 14.1 三个盒子的红球和白球数

盒子	1	2	3
红球	5	4	7
白球	5	6	3

按照下面的方法从盒子里抽球, 开始的时候, 从第一个盒子抽球的概率是 0.2, 从第二个盒子抽球的概率是 0.4, 从第三个盒子抽球的概率是 0.4. 以这个概率抽一次球后, 将球放回. 然后从当前盒子转移到下一个盒子进行抽球. 规则是: 如果当前抽球的盒子是第一个盒子, 则以 0.5 的概率仍然留在第一个盒子继续抽球, 以 0.3 的概率去第二个盒子抽球, 以 0.2 的概率去第三个盒子抽球. 如果当前抽球的盒子是第二个盒子, 则以 0.5 的概率仍然留在第二个盒子继续抽球, 以 0.2 的概率去第一个盒子抽球, 以 0.3 的概率去第三个盒子抽球. 如果当前抽球的盒子是第三个盒子, 则以 0.5 的概率仍然留在第三个盒子继续抽球, 以 0.3 的概率去第一个盒子抽球, 以 0.2 的概率去第二个盒子抽球. 如此下去, 直到重复三次, 得到一个球的颜色的观测序列:

$$\{\text{红},\ \text{白},\ \text{红}\}.$$

注意在这个过程中, 观察者只能看到球的颜色序列, 却不能看到球是从哪个盒子里取出的. 那么按照隐马尔可夫模型的定义, 观测集合是:

$$V=\{\text{红},\ \text{白}\},\quad n=2.$$

状态集合是

$$Q=\{\text{盒子 }1,\ \text{盒子 }2,\ \text{盒子 }3\},\quad m=3.$$

而观察序列和状态序列的长度为 $T=3$. 初始状态概率分布为 $\boldsymbol{\pi}=(0.2,0.4,0.4)^{\mathrm{T}}$,

状态转移概率分布矩阵为

$$A = \begin{pmatrix} 0.5 & 0.3 & 0.2 \\ 0.2 & 0.5 & 0.3 \\ 0.3 & 0.2 & 0.5 \end{pmatrix}.$$

观测状态概率矩阵为

$$B = \begin{pmatrix} 0.5 & 0.5 \\ 0.4 & 0.6 \\ 0.7 & 0.3 \end{pmatrix}.$$

从上面的例子, 可以抽象出隐马尔可夫模型观测序列生成的过程:

算法 14.1 (HMM 观测序列生成算法)

输入: HMM 的模型参数 $\lambda = (\boldsymbol{\pi}, \boldsymbol{A}, \boldsymbol{B})$, 观测序列的长度 T.

输出: 观测序列 $O = \{o_1, o_2, \cdots, o_T\}$.

(1) 根据初始状态概率分布 $\boldsymbol{\pi}$ 生成隐藏状态 s_1.

(2) **for** $t = 1 : T$

按照隐藏状态 s_t 的观测状态分布 $b_{s_t}(k)$ 生成观察状态 o_t;

按照隐藏状态 s_t 的状态转移概率分布 $a_{s_t s_{t+1}}$ 产生隐藏状态 s_{t+1}.

end for

(3) 所有的 o_t 一起形成观测序列 $O = \{o_1, o_2, \cdots, o_T\}$.

一般来说, 隐马尔可夫模型有三个基本问题需要解决:

1) 观测概率的计算问题, 即给定模型 $\lambda = (\boldsymbol{\pi}, \boldsymbol{A}, \boldsymbol{B})$ 和观测序列 $O = \{o_1, o_2, \cdots, o_T\}$, 计算在模型 λ 下观测序列 O 出现的条件概率 $P(O|\lambda)$.

2) 模型参数学习问题, 即给定观测序列 $O = \{o_1, o_2, \cdots, o_T\}$, 估计模型 $\lambda = (\boldsymbol{\pi}, \boldsymbol{A}, \boldsymbol{B})$ 的参数, 使该模型下观测序列的条件概率 $P(O|\lambda)$ 最大.

3) 预测问题, 也称为解码问题, 即给定模型 $\lambda = (\boldsymbol{\pi}, \boldsymbol{A}, \boldsymbol{B})$ 和观测序列 $O = \{o_1, o_2, \cdots, o_T\}$, 求给定观测序列条件下, 最可能出现的对应的状态序列.

接下来我们将逐个考虑这三个问题的解决办法.

14.1.2 观测序列概率的计算方法

假设已知隐马尔可夫模型的参数 $\lambda = (\boldsymbol{\pi}, \boldsymbol{A}, \boldsymbol{B})$, 其中 $\boldsymbol{A}$ 是隐藏状态转移概率的矩阵, $\boldsymbol{B}$ 是观测状态生成概率的矩阵, $\boldsymbol{\pi}$ 是隐藏状态的初始概率分布. 同时假设已得到了观测序列 $O = \{o_1, o_2, \cdots, o_T\}$, 现在的问题是要计算观测序列 O 在模型 λ 下出现的条件概率 $P(O|\lambda)$. 乍一看, 这个问题很简单. 因为已经知道所有的隐藏状态之间的转移概率和所有从隐藏状态到观测状态生成概率, 那么是可以直接求解的.

1. 直接计算法

可以列举出所有可能出现的长度为 T 的隐藏序列 $S=\{s_1,s_2,\cdots,s_T\}$, 分别求出这些隐藏序列与观测序列 $O=\{o_1,o_2,\cdots,o_T\}$ 的联合概率分布 $P(O,S|\lambda)$, 这样就可以很容易地求出边缘分布 $P(O|\lambda)$.

具体的求解方法是: 首先, 任意一个隐藏状态序列 $S=\{s_1,s_2,\cdots,s_T\}$ 出现的概率是

$$P(S|\lambda)=\pi_{s_1}a_{s_1s_2}a_{s_2s_3}\cdots a_{s_{T-1}s_T}.$$

对于固定的状态序列 $S=\{s_1,s_2,\cdots,s_T\}$, 要计算的观察序列 $O=\{o_1,o_2,\cdots,o_T\}$ 出现的概率是

$$P(O|S,\lambda)=b_{s_1}(o_1)b_{s_2}(o_2)\cdots b_{s_T}(o_T).$$

则 O 和 S 联合出现的概率是

$$P(O,S|\lambda)=P(S|\lambda)P(O|S,\lambda)=\pi_{s_1}b_{s_1}(o_1)a_{s_1s_2}b_{s_2}(o_2)\cdots a_{s_{T-1}s_T}b_{s_T}(o_T).$$

然后求边缘概率分布, 即可得到观测序列 O 在模型 λ 下出现的条件概率 $P(O|\lambda)$:

$$P(O|\lambda)=\sum_S P(O,S|\lambda)=\sum_{s_1,s_2,\cdots,s_T}\pi_{s_1}b_{s_1}(o_1)a_{s_1s_2}b_{s_2}(o_2)\cdots a_{s_{T-1}s_T}b_{s_T}(o_T).$$

虽然上述方法有效, 但是如果隐藏状态数 m 非常多就比较复杂, 此时预测状态有 m^T 种组合, 算法的时间复杂度是 $O(T\cdot m^T)$. 因此对于一些隐藏状态数极少的模型, 可以使用这种方法来得到观测序列出现的概率, 但是如果隐藏状态多, 则上述算法太耗时, 需要寻找简洁的计算方法.

2. 前向算法

前向算法实际上是动态规划算法, 也就是要通过找到局部状态的递推公式, 然后一步步地从子问题的最优解拓展到整个问题的最优解. 在算法中, 通过定义“前向概率”来定义动态规划的局部状态. 所谓前向概率, 就是给定隐马尔可夫模型 λ, 定义到时刻 t 的观测序列为 $o_1,o_2,\cdots,o_t$ 且状态为 $s_t=q_i$ 的概率, 记为 $\alpha_t(i)$, 表示如下:

$$\alpha_t(i)=P(o_1,o_2,\cdots,o_t,s_t=q_i|\lambda),\quad t=1,2,\cdots,T,\quad i=1,2,\cdots,m.$$

上式当 $t=T$ 时, 有

$$\alpha_T(i)=P(o_1,o_2,\cdots,o_T,s_T=q_i|\lambda),\quad i=1,2,\cdots,m.$$

由于要计算的概率是 $P(O|\lambda) = P(o_1, o_2, \cdots, o_T|\lambda)$, 故有

$$\begin{aligned}\sum_{i=1}^{m}\alpha_T(i) &= \alpha_T(1) + \alpha_T(2) + \cdots + \alpha_T(m)\\ &= P(o_1, o_2, \cdots, o_T, s_T = q_1|\lambda) + P(o_1, o_2, \cdots, o_T, s_T = q_2|\lambda)\\ &\quad + \cdots + P(o_1, o_2, \cdots, o_T, s_T = q_m|\lambda)\\ &= P(o_1, o_2, \cdots, o_T|\lambda),\end{aligned}$$

上式的最后一个等式利用了全概率公式. 所以可以先对每个 $i = 1, 2, \cdots, m$ 求出 $\alpha_1(i)$, 从而递推得到 $\alpha_T(i)$. 下面来导出计算前向概率 $\alpha_t(i)$ 的递推公式.

假设已经找到了在时刻 t 时各个隐藏状态的前向概率, 现在需要递推出时刻 $t+1$ 时各个隐藏状态的前向概率. 根据贝叶斯公式, 有 $P(A_1, A_2, A_3) = P(A_1|A_2, A_3)P(A_2|A_3)P(A_3)$, 由此可得

$$\begin{aligned}\alpha_t(j)a_{ji} &= P(o_1, o_2, \cdots, o_t, s_t = q_j|\lambda)P(s_{t+1} = q_i|s_t = q_j, \lambda)\\ &= P(o_1, o_2, \cdots, o_t|s_t = q_j, \lambda)P(s_t = q_j|\lambda)P(s_{t+1} = q_i|s_t = q_j, \lambda).\end{aligned}$$

注意到由状态条件的独立性假设, 有

$$P(o_1, o_2, \cdots, o_t|s_t = q_j, \lambda) = P(o_1, o_2, \cdots, o_t|s_t = q_j, s_{t+1} = q_i, \lambda),$$

那么可得

$$\begin{aligned}\alpha_t(j)a_{ji} &= P(o_1, o_2, \cdots, o_t|s_t = q_j, s_{t+1} = q_i, \lambda)P(s_{t+1} = q_i|s_t = q_j, \lambda)P(s_t = q_j|\lambda)\\ &= P(o_1, o_2, \cdots, o_t, s_t = q_j, s_{t+1} = q_i|\lambda).\end{aligned}$$

上式表示在时刻 t 生成的观测序列 $o_1, o_2, \cdots, o_t$ 且状态为 q_j 同时在 $t+1$ 时刻的状态为 q_i 的联合概率.

对上式中的 j 从 1 到 m 求和即得

$$\begin{aligned}\sum_{j=1}^{m}\alpha_t(j)a_{ji} &= \sum_{j=1}^{m}P(o_1, o_2, \cdots, o_t, s_t = q_j, s_{t+1} = q_i|\lambda)\\ &= P(o_1, o_2, \cdots, o_t, s_{t+1} = q_i|\lambda).\end{aligned}$$

上式表示在时刻 t 得到的观测序列为 $o_1, o_2, \cdots, o_t$ 并且在时刻 $t+1$ 得到的状态为 q_i 的联合概率.

因为

$$b_i(o_{t+1}) = P(o_{t+1}|s_{t+1} = q_i, \lambda),$$

从而有

$$\begin{aligned}&\left(\sum_{j=1}^{m}\alpha_t(j)a_{ji}\right)b_i(o_{t+1})\\&=P(o_1,o_2,\cdots,o_t,s_{t+1}=q_i|\lambda)P(o_{t+1}|s_{t+1}=q_i,\lambda)\\&=P(o_1,o_2,\cdots,o_t|s_{t+1}=q_i,\lambda)P(s_{t+1}=q_i|\lambda)P(o_{t+1}|s_{t+1}=q_i,\lambda).\end{aligned}$$

根据隐马尔可夫模型的独立性假设得到

$$P(o_1,o_2,\cdots,o_t|s_{t+1}=q_i,\lambda)=P(o_1,o_2,\cdots,o_t|s_{t+1}=q_i,o_{t+1},\lambda),$$

代入到上式同时根据贝叶斯公式得到

$$\begin{aligned}&\left(\sum_{j=1}^{m}\alpha_t(j)a_{ji}\right)b_i(o_{t+1})\\&=P(o_1,o_2,\cdots,o_t|s_{t+1}=q_i,o_{t+1},\lambda)P(o_{t+1}|s_{t+1}=q_i,\lambda)P(s_{t+1}=q_i|\lambda)\\&=P(o_1,o_2,\cdots,o_t,o_{t+1},s_{t+1}=q_i|\lambda)=\alpha_{t+1}(i),\end{aligned}$$

于是得到了计算 $\alpha_t(i)$ 的递推公式. 下面写出前向算法的计算流程.

算法 14.2 (前向算法)

输入: 隐马尔可夫模型 λ, 观测序列 $O=\{o_1,o_2,\cdots,o_T\}$.

输出: 观测序列的概率 $P(O|\lambda)$.

(1) 初始化. 对每个 $i=1,2,\cdots,m$, 计算时刻 $t=1$ 时的初始值

$$\alpha_1(i)=P(o_1,s_1=q_i|\lambda)=P(o_1|s_1=q_i,\lambda)P(s_1=q_i|\lambda)=b_i(o_1)\pi_i.$$

(2) 递推. 对每个 $t=1,2,\cdots,T-1$, 计算

$$\alpha_{t+1}(i)=\left(\sum_{j=1}^{m}\alpha_t(j)a_{ji}\right)b_i(o_{t+1}),\quad i=1,2,\cdots,m.$$

(3) 输出最终计算结果

$$P(O|\lambda)=\sum_{i=1}^{m}\alpha_T(i).$$

再来分析一下算法 14.2 的时间复杂度, 看第二步就行, 最外层对 t 进行遍历, 第二层对 i 进行遍历, 循环体粗略算是 m 个乘号, 所以最终时间复杂度为 m^2T, 比直接计算的时间复杂度 $O(Tm^T)$ 少了几个数量级.

下面来看前向算法的 MATLAB 实现. 编制 MATLAB 程序如下 (Forward_algo.m 文件).

```
function [P1,p]=Forward_algo(A,B,Pi,O)
%函数功能:前向算法,计算alpha值矩阵P1.
%输入:隐马尔可夫模型lambda=(Pi,A,B),观测序列O;其中A为转移概率,B为观测概率
%(行数表示状态集合中的元的个数,列数表示观测集中的元的个数);Pi为初始概率
%输出:P1:alpha值构成的矩阵,p:观测序列概率P(O|lambda)
[m,n]=size(A);[T,~]=size(O);
%求解初值
for i=1:m
    alpha_1(i,1)=Pi(i,1)*B(i,O(1));
end
P1(:,1)=alpha_1;
%递推求解前向概率,存放在矩阵P1中
for t=1:T-1
    for j=1:n
        for i=1:m
           s_alpha_j(i,1)=P1(i,t).*A(i,j);
        end
        P1(j,t+1)=sum(s_alpha_j).*B(j,O(t+1));
    end
end
%计算观测概率P(O|lambda)
p=sum(P1(:,T));
```

例 14.2　考虑例 14.1 中的盒子和球模型 $\lambda=(\boldsymbol{\pi},\boldsymbol{A},\boldsymbol{B})$, 状态集合 $Q=\{1,2,3\}$, 观测集合 $V=\{红,白\}$,

$$\boldsymbol{\pi}=\begin{pmatrix}0.2\\0.4\\0.4\end{pmatrix},\quad \boldsymbol{A}=\begin{pmatrix}0.5&0.3&0.2\\0.2&0.5&0.3\\0.3&0.2&0.5\end{pmatrix},\quad \boldsymbol{B}=\begin{pmatrix}0.5&0.5\\0.4&0.6\\0.7&0.3\end{pmatrix}.$$

设 $T=3$, $O=\{红,白,红\}$. 试用前向算法计算观测概率 $P(O|\lambda)$.

解　利用 M 程序 Forward_algo.m 编写代码如下 (Forward_main.m 文件):

```
A=[0.5 0.3 0.2; 0.2 0.5 0.3; 0.3 0.2 0.5];
B=[0.5 0.5; 0.4 0.6; 0.7 0.3];
Pi=[0.2 0.4 0.4]';
O=[1 2 1]';
[P1,p]=Forward_algo(A,B,Pi,O)
```

在 MATLAB 命令窗口运行上述程序得到结果:

```
>> Farward_main
P1 =
```

```
    0.1000    0.0830    0.0401
    0.1600    0.0996    0.0349
    0.2800    0.0624    0.0544
p =
    0.1293
```

3. 后向算法及 MATLAB 实现

后向算法和前向算法非常类似, 都是用的动态规划, 唯一的区别是选择的局部状态不同, 后向算法用的是"后向概率". 所谓后向概率, 是指给定隐马尔可夫模型 λ, 定义在时刻 t 状态为 q_i 的条件下, 从 $t+1$ 到最后时刻 T 的观测状态的序列为 $o_{t+1}, o_{t+2}, \cdots, o_T$ 的概率, 记作 $\beta_t(i)$:

$$\beta_t(i) = P(o_{t+1}, o_{t+2}, \cdots, o_T | s_t = q_i, \lambda).$$

后向概率的动态规划递推公式和前向概率是相反的. 现在假设已经找到了在时刻 $t+1$ 时各个隐藏状态的后向概率 $\beta_{t+1}(j)$, 需要递推出时刻 t 时各个隐藏状态的后向概率. 由于

$$\pi_i b_i(o_1)\beta_1(i) = P(s_1 = q_i|\lambda)P(o_1|s_1 = q_i, \lambda)P(o_2, \cdots, o_T|s_1 = q_i, \lambda),$$

根据隐马尔可夫模型的独立性假设, 有

$$P(o_2, \cdots, o_T|s_1 = q_i, \lambda) = P(o_2, \cdots, o_T|s_1 = q_i, o_1, \lambda),$$

因此由贝叶斯公式可得

$$\begin{aligned}\pi_i b_i(o_1)\beta_1(i) &= P(s_1 = q_i|\lambda)P(o_1|s_1 = q_i, \lambda)P(o_2, \cdots, o_T|s_1 = q_i, o_1, \lambda) \\ &= P(o_1, o_2, \cdots, o_T, s_1 = q_i|\lambda).\end{aligned}$$

于是根据全概率公式, 有

$$\begin{aligned}\sum_{i=1}^{m} \pi_i b_i(o_1)\beta_1(i) &= \sum_{i=1}^{m} P(o_1, o_2, \cdots, o_T, s_1 = q_i|\lambda) \\ &= P(o_1, o_2, \cdots, o_T|\lambda) = P(O|\lambda).\end{aligned}$$

上式表明, 只要得到 $\beta_1(i)$ 就可以计算出 $P(O|\lambda)$ 的值. 如果规定 $\beta_T(i) = 1$, 那么只要得到从 $\beta_{t+1}(i)$ 到 $\beta_t(i)$ 的递推公式, 就可以完成 $P(O|\lambda)$ 的计算.

下面来导出后向概率的递推公式. 已经知道 $\beta_t(i) = P(o_{t+1}, o_{t+2}, \cdots, o_T|s_t = q_i, \lambda)$, 则

$$\beta_{t+1}(j) = P(o_{t+2}, o_{t+3}, \cdots, o_T|s_{t+1} = q_j, \lambda)$$

$$=\frac{P(o_{t+2},o_{t+3},\cdots,o_T,s_{t+1}=q_j|\lambda)}{P(s_{t+1}=q_j|\lambda)}.$$

因为 $b_j(o_{t+1})$ 表示在时刻 $t+1$ 状态为 q_j 条件下的观测为 o_{t+1} 的概率, 所以有

$$\begin{aligned}\beta_{t+1}(j)b_j(o_{t+1})&=\frac{P(o_{t+2},o_{t+3},\cdots,o_T,s_{t+1}=q_j|\lambda)\cdot P(o_{t+1}|s_{t+1}=q_j)}{P(s_{t+1}=q_j|\lambda)}\\&=\frac{P(o_{t+1},o_{t+2},o_{t+3},\cdots,o_T,s_{t+1}=q_j|\lambda)}{P(s_{t+1}=q_j|\lambda)}.\end{aligned}$$

又因为 a_{ij} 表示在时刻 t 的状态为 q_j 的条件下时刻 $t+1$ 的状态为 q_i 的概率, 所以有

$$\begin{aligned}&\beta_{t+1}(j)b_j(o_{t+1})a_{ij}\\=&\frac{P(o_{t+1},o_{t+2},\cdots,o_T,s_{t+1}=q_j|\lambda)}{P(s_{t+1}=q_j|\lambda)}\cdot P(s_{t+1}=q_j|s_t=q_i,\lambda)\\=&\frac{P(o_{t+1},o_{t+2},\cdots,o_T,s_{t+1}=q_j|\lambda)}{P(s_{t+1}=q_j|\lambda)}\cdot\frac{P(s_{t+1}=q_j,s_t=q_i|\lambda)}{P(s_t=q_i|\lambda)}\\=&\frac{P(o_{t+1},\cdots,o_T,s_{t+1}=q_j|\lambda)}{P(s_{t+1}=q_j|\lambda)}\cdot\frac{P(s_t=q_i|s_{t+1}=q_j,\lambda)P(s_{t+1}=q_j|\lambda)}{P(s_t=q_i|\lambda)}\\=&\frac{P(o_{t+1},o_{t+2},\cdots,o_T,s_t=q_i,s_{t+1}=q_j|\lambda)}{P(s_t=q_i|\lambda)}.\end{aligned}\tag{14.2}$$

对上式将 $s_{t+1}=q_j$ 的所有情况累加起来得

$$\begin{aligned}\sum_{j=1}^{m}\beta_{t+1}(j)b_j(o_{t+1})a_{ij}&=\sum_{j=1}^{m}\frac{P(o_{t+1},o_{t+2},\cdots,o_T,s_t=q_i,s_{t+1}=q_j|\lambda)}{P(s_t=q_i|\lambda)}\\&=\frac{P(o_{t+1},o_{t+2},\cdots,o_T,s_t=q_i|\lambda)}{P(s_t=q_i|\lambda)}\\&=P(o_{t+1},o_{t+2},\cdots,o_T|s_t=q_i,\lambda)=\beta_t(i),\end{aligned}$$

这就得到了后向概率的递推公式如下:

$$\beta_t(i)=\sum_{j=1}^{m}a_{ij}b_j(o_{t+1})\beta_{t+1}(j),\quad i=1,2,\cdots,m.$$

下面写出后向算法的计算步骤.

算法 14.3 (后向算法)

输入: 隐马尔可夫模型 λ, 观测序列 $O=\{o_1,o_2,\cdots,o_T\}$.

输出: 观测序列的概率 $P(O|\lambda)$.

(1) 初始化. 设定时刻 $t=T$ 的各个隐藏状态后向概率:

$$\beta_T(i)=1,\quad i=1,2,\cdots,m.$$

(2) 递推. 计算时刻 $t=T-1,T-2,\cdots,1$ 时刻的后向概率:

$$\beta_t(i)=\sum_{j=1}^{n}a_{ij}b_j(o_{t+1})\beta_{t+1}(j),\quad i=1,2,\cdots,m.$$

(3) 输出最终计算结果

$$P(O|\lambda)=\sum_{i=1}^{m}\pi_i b_i(o_1)\beta_1(i).$$

不难发现, 算法 14.3 的时间复杂度仍然是 $O(m^2T)$.

下面考虑后向算法的 MATLAB 实现. 编制 MATLAB 程序如下 (Back_algo .m 文件).

```
function [P2,p]=Back_algo(A,B,Pi,O)
%函数功能:后向算法,计算beta值矩阵P2
%输入:隐马尔可夫模型lambda=(Pi,A,B),观测序列O;其中A为转移概率,B为观测概
%率(行数表示状态集合中的元的个数,列数表示观测集中的元的个数);Pi为初始概率
%输出:P2:beta值构成的矩阵,p:观测序列概率P(O|lambda)
[m,n]=size(A);[T,~]=size(O);
P2 = zeros(m,T);
%对最终时刻所有状态有beta_T(i)=1
P2(:,T)=1;
%递推求解后向概率,存放在矩阵P2中
for t=T-1:-1:1
    for i=1:n
        for j=1:m
            s_beta_i(j,1)=A(i,j).*B(j,O(t+1)).*P2(j,t+1);
        end
        P2(i,t)=sum(s_beta_i);
    end
end
%计算观测概率P(O|lambda)
p=sum(Pi.*B(:,1).*P2(:,1));
```

例 14.3 仍然考虑例 14.1 中的盒子和球模型 $\lambda=(\boldsymbol{\pi},\boldsymbol{A},\boldsymbol{B})$, 状态集合 $Q=\{1,2,3\}$, 观测集合 $V=\{红,白\}$,

$$\boldsymbol{\pi}=\begin{pmatrix}0.2\\0.4\\0.4\end{pmatrix},\quad \boldsymbol{A}=\begin{pmatrix}0.5&0.3&0.2\\0.2&0.5&0.3\\0.3&0.2&0.5\end{pmatrix},\quad \boldsymbol{B}=\begin{pmatrix}0.5&0.5\\0.4&0.6\\0.7&0.3\end{pmatrix}.$$

设 $T=3, O=\{$红, 白, 红$\}$. 试用前向算法计算观测概率 $P(O|\lambda)$.

解 利用 M 程序 Back_algo.m 编写代码如下 (Back_main.m 文件).

```
A=[0.5 0.3 0.2; 0.2 0.5 0.3; 0.3 0.2 0.5];
B=[0.5 0.5; 0.4 0.6; 0.7 0.3];
Pi=[0.2 0.4 0.4]';
O=[1 2 1]';
[P2,p]=Back_algo(A,B,Pi,O)
```

在 MATLAB 命令窗口运行上述程序得到结果:

```
>> Back_main
P2 =
    0.2541    0.5100    1.0000
    0.2562    0.5100    1.0000
    0.2247    0.5800    1.0000
p =
    0.1293
```

4. 几个常用的概率计算公式

利用前向概率和后向概率, 可以得到隐马尔可夫模型中单个状态和两个状态的几个概率计算公式.

公式一: 已知模型 λ, 在 t 时刻观测序列为 $o_1, o_2, \cdots, o_T$, 隐藏状态为 q_i 的概率, 则有

$$P(s_t=q_i, O|\lambda)=\alpha_t(i)\beta_t(i). \tag{14.3}$$

证 因为

$$P(O, s_t=q_i|\lambda)=P(o_1, o_2, \cdots, o_t, o_{t+1}, \cdots, o_T|s_t=q_i, \lambda)P(s_t=q_i|\lambda),$$

给定 $s_t=q_i$, 那么序列 $o_1, o_2, \cdots, o_t$ 和序列 $o_{t+1}, o_{t+2}, \cdots, o_T$ 是条件独立的, 所以有

$$P(o_1, o_2, \cdots, o_t, o_{t+1}, \cdots, o_T|s_t=q_i, \lambda)=P(o_1, o_2, \cdots, o_t|s_t=q_i, \lambda)$$

$$P(o_{t+1}, \cdots, o_T|s_t=q_i, \lambda).$$

于是得到

$$\begin{aligned}P(O, s_t=q_i|\lambda)&=P(o_1, o_2, \cdots, o_t|s_t=q_i, \lambda)P(o_{t+1}, \cdots, o_T|s_t=q_i, \lambda)P(s_t=q_i|\lambda)\\&=P(o_1, o_2, \cdots, o_t, s_t=q_i|\lambda)P(o_{t+1}, \cdots, o_T|s_t=q_i, \lambda)\\&=\alpha_t(i)\beta_t(i),\end{aligned}$$

即公式 (14.3) 成立. □

根据公式 (14.3) 可以得到下面两个概率计算公式.

公式二: 已知模型 λ, 给定观测序列条件下, 在 t 时刻状态为 q_i 的概率. 则有

$$\gamma_t(i) = P(s_t = q_i|O, \lambda) = \frac{\alpha_t(i)\beta_t(i)}{\sum_{k=1}^{m}\alpha_t(k)\beta_t(k)}. \tag{14.4}$$

证 直接计算得

$$\gamma_t(i) = P(s_t = q_i|O, \lambda) = \frac{P(s_t = q_i, O|\lambda)}{P(O|\lambda)} = \frac{\alpha_t(i)\beta_t(i)}{\sum_{k=1}^{m}\alpha_t(k)\beta_t(k)}.$$ □

公式三: 已知模型 λ 和观测 O, 在时刻 t 处于 q_i 状态, 时刻 $t+1$ 处于 q_j 状态的概率. 则有

$$\xi_t(i,j) = P(s_t = q_i, s_{t+1} = q_j|O, \lambda) = \frac{\alpha_t(i)a_{ij}b_j(o_{t+1})\beta_{t+1}(i)}{\sum_{i=1}^{m}\sum_{j=1}^{m}\alpha_t(i)a_{ij}b_j(o_{t+1})\beta_{t+1}(i)}. \tag{14.5}$$

证 根据后向算法的递推公式 (14.2) 可以得到

$$a_{ij}b_j(o_{t+1})\beta_{t+1}(i) = P(o_{t+1}, o_{t+2}, \cdots, o_T, s_{t+1} = q_j|s_t = q_i, \lambda).$$

那么

$$\begin{aligned}
&\alpha_t(i)a_{ij}b_j(o_{t+1})\beta_{t+1}(i)\\
=&P(o_1, o_2, \cdots, o_t, s_t = q_i|\lambda)P(o_{t+1}, o_{t+2}, \cdots, o_T, s_{t+1} = q_j|s_t = q_i, \lambda)\\
=&P(o_1, o_2, \cdots, o_t|s_t=q_i, \lambda)P(s_t = q_i|\lambda)P(o_{t+1}, o_{t+2}, \cdots, o_T, s_{t+1}=q_j|s_t = q_i, \lambda)\\
=&P(o_1, o_2, \cdots, o_t, o_{t+1}, o_{t+2}, \cdots, o_T, s_{t+1} = q_j|s_t = q_i, \lambda)P(s_t = q_i|\lambda)\\
=&P(o_1, o_2, \cdots, o_t, o_{t+1}, o_{t+2}, \cdots, o_T, s_t = q_i, s_{t+1} = q_j|\lambda).
\end{aligned}$$

上式第二个等号到第三个等号成立的原因是在 $s_t = q_i$ 的条件下, $o_1, o_2, \cdots, o_t$ 与 $o_{t+1}, o_{t+2}, \cdots, o_T, s_{t+1} = q_j$ 是条件独立的. 这样, 就有

$$\begin{aligned}
\xi_t(i,j) &= P(s_t = q_i, s_{t+1} = q_j|O, \lambda) = \frac{P(s_t = q_i, s_{t+1} = q_j, O|\lambda)}{P(O|\lambda)}\\
&= \frac{P(s_t = q_i, s_{t+1} = q_j, O|\lambda)}{\sum_{i=1}^{m}\sum_{j=1}^{m}P(s_t = q_i, s_{t+1} = q_j, O|\lambda)}
\end{aligned}$$

$$= \frac{\alpha_t(i)a_{ij}b_j(o_{t+1})\beta_{t+1}(i)}{\sum_{i=1}^{m}\sum_{j=1}^{m}\alpha_t(i)a_{ij}b_j(o_{t+1})\beta_{t+1}(i)}.$$ □

14.1.3 计算模型参数的鲍姆-韦尔奇算法

隐马尔可夫模型三个基本问题之二是学习问题, 即已知观测序列, 估计模型参数, 使得在该模型下观测序列概率最大.

隐马尔可夫模型的学习, 根据训练数据除包括观测序列 O 外, 是否包括了对应的状态序列 S 分为监督学习和非监督学习. 第一种情况是如果包括了状态序列 S, 即观测序列和状态序列均为已知. 则可以直接采用极大似然估计来估计隐马尔可夫模型的初始状态概率 π_i、状态转移概率 $\boldsymbol{A}$ 和观测概率 $\boldsymbol{B}$ (一般统计频数). 具体的操作是:

假设样本从隐藏状态 q_i 转移到 q_j 的频率计数是 A_{ij}, 那么求得状态转移矩阵为

$$\boldsymbol{A} = (a_{ij}), \quad \text{其中 } a_{ij} = \frac{A_{ij}}{\sum_{s=1}^{m} A_{is}},\ i,j = 1,2,\cdots,m.$$

假设样本隐藏状态为 q_j 且观测状态为 v_k 的频率计数是 B_{jk}, 那么观测状态概率矩阵为

$$\boldsymbol{B} = (b_j(k)), \quad \text{其中 } b_j(k) = \frac{B_{jk}}{\sum_{s=1}^{n} B_{js}},\ j = 1,2,\cdots,m,\ k = 1,2,\cdots,n.$$

假设所有样本中初始隐藏状态为 q_i 的频率计数为 $C(i)$, 那么初始概率分布为

$$\boldsymbol{\pi} = (\pi_i), \quad \text{其中 } \pi_i = \frac{C(i)}{\sum_{s=1}^{m} C(s)},\ i = 1,2,\cdots,m.$$

由此可见, 在这种情况下求解模型还是很简单的. 但是在很多时候, 无法得到隐马尔可夫模型样本观察序列对应的隐藏状态序列, 只有若干个长度为 T 的观测序列是已知的, 此时能不能求出合适的模型参数呢? 这就是我们要讨论的第二种情况, 即观测序列已知而状态序列未知. 它的解法最常用的是 Baum-Welch (鲍姆-韦尔奇) 算法, 其实就是基于 EM 算法的求解, 只不过鲍姆-韦尔奇算法出现的时代, EM 算法还没有被抽象出来, 所以这里还是说鲍姆-韦尔奇算法.

下面来介绍鲍姆-韦尔奇算法. 假设给定训练数据只包含 L 个长度为 T 的观测序列 $\{o_1, o_2, \cdots, o_T\}$, 而没有对应的状态序列, 目标是学习隐马尔可夫模型 $\lambda =$

$(\boldsymbol{\pi}, \boldsymbol{A}, \boldsymbol{B})$ 的参数. 将观测序列数据看作观测数据 O, 状态序列数据看作不可观测的隐藏数据 S, 那么隐马尔可夫模型事实上是一个含有隐变量的概率模型

$$P(O|\lambda) = \sum_S P(O|S,\lambda)P(S|\lambda).$$

它的参数学习可以由 EM 算法实现.

第一步是确定完全数据的对数似然函数. 所有观测数据写成 $O = (o_1, o_2, \cdots, o_T)$, 所有隐数据写成 $S = (s_1, s_2, \cdots, s_T)$, 完全数据是 $(O, S) = (o_1, o_2, \cdots, o_T, s_1, s_2, \cdots, s_T)$. 完全数据的对数似然函数是 $\ln P(O, S|\lambda)$.

第二步是执行 EM 算法的 E 步. 求 Q 函数

$$Q(\lambda, \bar{\lambda}) = \sum_S \ln P(O, S|\lambda)\, P(O, S|\bar{\lambda}), \tag{14.6}$$

这里, $\bar{\lambda}$ 是隐马尔可夫模型参数的当前估计值 (已知), λ 是要极大化的隐马尔可夫模型参数 (未知).

标准的 Q 函数定义是 $Q(\lambda, \bar{\lambda}) = \mathbb{E}_{(S|O,\bar{\lambda})}[\ln P(O, S|\lambda)]$. 而

$$\begin{aligned} Q(\lambda, \bar{\lambda}) &= \mathbb{E}_{(S|O,\bar{\lambda})}[\ln P(O, S|\lambda)] \\ &= \sum_S \ln P(O, S|\lambda)\, P(S|O, \bar{\lambda}) \\ &= \sum_S \ln P(O, S|\lambda) \frac{P(S, O|\bar{\lambda})}{P(O|\bar{\lambda})} \\ &= \sum_S \frac{\ln P(O, S|\lambda)\, P(S, O|\bar{\lambda})}{P(O|\bar{\lambda})}. \end{aligned}$$

由于上式右端分母中的 $P(O|\bar{\lambda})$ 与 λ 无关, 对极大化问题无贡献, 因此可以省略, 于是就得到了式 (14.6) 中的 Q 函数.

又因为完全数据的联合概率分布可以写成

$$P(O, S|\lambda) = \pi_{s_1} b_{s_1}(o_1) a_{s_1 s_2} b_{s_2}(o_2) \cdots a_{s_{T-1} s_T} b_{s_T}(o_T), \tag{14.7}$$

因此 Q 函数可以写成

$$\begin{aligned} Q(\lambda, \bar{\lambda}) = &\sum_S \ln \pi_{s_1} P(O, S|\bar{\lambda}) + \sum_S \ln(a_{s_1 s_2} a_{s_2 s_3} \cdots a_{s_{T-1} s_T}) P(O, S|\bar{\lambda}) \\ &+ \sum_S \ln(b_{s_1}(o_1) b_{s_2}(o_2) \cdots b_{s_T}(o_T)) P(O, S|\bar{\lambda}) \end{aligned}$$

$$
= \sum_S \ln \pi_{s_1} P(O,S|\bar{\lambda}) + \sum_S \left(\sum_{t=1}^{T-1} \ln a_{s_t s_{t+1}} \right) P(O,S|\bar{\lambda}) \\
+ \sum_S \left(\sum_{t=1}^{T} \ln b_{s_t}(o_t) \right) P(O,S|\bar{\lambda}),
$$

式中求和都是对所有训练数据的序列总长度 T 进行的. 这个式子是将式 (14.7) 代入 (14.6) 后 (取对数后变成加法, 便于求解), 将初始概率、转移概率、观测概率这三部分乘积的对数拆分为对数之和, 所以有三项.

此时我们看到待估计的参数刚好分别出现在三个项中, 所以只需对各个项分别极大化. 由于直接极大化无法对公式进行细致描述, 因此需要将以上 Q 函数形式修改一下, 变成下面这样:

$$
Q(\lambda,\bar{\lambda}) = \sum_{i=1}^{m} \ln \pi_i P(O, s_1 = i|\bar{\lambda}) + \sum_{i=1}^{m}\sum_{j=1}^{m}\sum_{t=1}^{T-1} \ln a_{ij} P(O, s_t = i, s_{t+1} = j|\bar{\lambda}) \\
+ \sum_{j=1}^{m}\sum_{t=1}^{T} \ln b_j(o_t) P(O, s_t = j|\bar{\lambda}).
$$

第三步是执行 EM 算法的 M 步. 极大化 Q 函数 $Q(\lambda,\bar{\lambda})$ 求模型参数 $(\boldsymbol{\pi}, \boldsymbol{A}, \boldsymbol{B})$. 由于要极大化的参数在 Q 函数表达式中单独地出现在 3 个项中, 所以只需对各项分别极大化.

注意到对第 1 项的极大化需要满足等式约束 $\sum\limits_{j=1}^{m} \pi_j = 1$, 构造拉格朗日函数得

$$
L(\boldsymbol{\pi}, \gamma) = \sum_{j=1}^{m} \ln \pi_j \, P(O, s_1 = j|\bar{\lambda}) + \gamma \left(\sum_{j=1}^{m} \pi_j - 1 \right).
$$

对上面的拉格朗日函数求偏导数并令其等于 0, 得

$$
\frac{\partial}{\partial \pi_i} \left[\sum_{j=1}^{m} \ln \pi_j \, P(O, s_1 = j|\bar{\lambda}) + \gamma \left(\sum_{j=1}^{m} \pi_j - 1 \right) \right] = 0,
$$

上式即

$$
\frac{1}{\pi_i} P(O, s_1 = i|\bar{\lambda}) + \gamma = 0 \implies P(O, s_1 = i|\bar{\lambda}) + \gamma \pi_i = 0. \tag{14.8}
$$

上式右边的等式两边对 i 求和得到

$$
\sum_{i=1}^{m} P(O, s_1 = i|\bar{\lambda}) + \gamma \sum_{i=1}^{m} \pi_i = 0 \implies \gamma = -P(O|\bar{\lambda}). \tag{14.9}
$$

将式 (14.9) 代入式 (14.8) 即得

$$\pi_i = \frac{P(O, s_1 = i|\bar{\lambda})}{P(O|\bar{\lambda})} = \frac{\alpha_1(i)\beta_1(i)}{\sum\limits_{k=1}^{m} \alpha_1(k)\beta_1(k)} = \gamma_1(i), \tag{14.10}$$

上式右边等式利用了式 (14.4) (即公式二).

类似于第 1 项, 极大化第 2 项需要考虑约束条件 $\sum\limits_{j=1}^{m} a_{ij} = 1$, 其拉格朗日函数为

$$L(\boldsymbol{A}, \theta) = \sum_{i=1}^{m}\sum_{j=1}^{m}\sum_{t=1}^{T-1} \ln a_{ij} P(O, s_t = i, s_{t+1} = j|\bar{\lambda}) + \theta\left(\sum_{j=1}^{m} a_{ij} - 1\right).$$

上式对 a_{ij} 求偏导并令其等于 0, 得

$$\frac{1}{a_{ij}}\sum_{t=1}^{T-1} P(O, s_t = i, s_{t+1} = j|\bar{\lambda}) + \theta = 0,$$

即

$$\sum_{t=1}^{T-1} P(O, s_t = i, s_{t+1} = j|\bar{\lambda}) + \theta a_{ij} = 0. \tag{14.11}$$

上式右边对 j 求和即得

$$\theta = -\sum_{t=1}^{T-1} P(O, s_t = i|\bar{\lambda}). \tag{14.12}$$

将式 (14.12) 代入式 (14.11) 即得

$$\begin{aligned} a_{ij} &= \frac{\sum\limits_{t=1}^{T-1} P(O, s_t = i, s_{t+1} = j|\bar{\lambda})}{\sum\limits_{t=1}^{T-1} P(O, s_t = i|\bar{\lambda})} = \frac{\sum\limits_{t=1}^{T-1} P(s_t = i, s_{t+1} = j|O, \bar{\lambda})P(O|\bar{\lambda})}{\sum\limits_{t=1}^{T-1} P(s_t = i|O, \bar{\lambda})P(O|\bar{\lambda})} \\ &= \frac{\sum\limits_{t=1}^{T-1} P(s_t = i, s_{t+1} = j|O, \bar{\lambda})}{\sum\limits_{t=1}^{T-1} P(s_t = i|O, \bar{\lambda})} = \frac{\sum\limits_{t=1}^{T-1} \xi_t(i, j)}{\sum\limits_{t=1}^{T-1} \gamma_t(i)}, \end{aligned} \tag{14.13}$$

上式右边等式利用了式 (14.4) 和式 (14.5) (即公式二和公式三).

同理, 极大化第 3 项需要考虑约束条件 $\sum\limits_{k=1}^{n} b_j(k) = 1$, 其拉格朗日函数为

$$L(\boldsymbol{B}, \delta) = \sum_{j=1}^{m} \sum_{t=1}^{T} \ln b_j(o_t) P(O, s_t = j|\bar{\lambda}) + \delta \left(\sum_{k=1}^{n} b_j(k) - 1 \right).$$

注意, 上式只有在当 $o_t = v_k$ 时 $b_j(o_t)$ 对 $b_j(k)$ 的偏导数才不为 0, 以 $\mathbb{I}(o_t = v_k)$ 表示. 于是上式对 $b_j(k)$ 求偏导并令其等于 0, 得

$$\frac{1}{b_j(k)} \sum_{t=1}^{T} P(O, s_t = j|\bar{\lambda}) \mathbb{I}(o_t = v_k) + \delta = 0,$$

即

$$\sum_{t=1}^{T} P(O, s_t = j|\bar{\lambda}) \mathbb{I}(o_t = v_k) + \delta b_j(k) = 0. \tag{14.14}$$

上式右边对 k 求和即得

$$\delta = -\sum_{t=1}^{T} P(O, s_t = j|\bar{\lambda}). \tag{14.15}$$

将式 (14.15) 代入式 (14.14) 即得

$$b_j(k) = \frac{\sum\limits_{t=1}^{T} P(O, s_t = j|\bar{\lambda}) \mathbb{I}(o_t = v_k)}{\sum\limits_{t=1}^{T} P(O, s_t = j|\bar{\lambda})} = \frac{\sum\limits_{t=1}^{T} P(s_t = j|O, \bar{\lambda}) P(O|\bar{\lambda}) \mathbb{I}(o_t = v_k)}{\sum\limits_{t=1}^{T} P(s_t = j|O, \bar{\lambda}) P(O|\bar{\lambda})}$$

$$= \frac{\sum\limits_{t=1}^{T} P(s_t = j|O, \bar{\lambda}) \mathbb{I}(o_t = v_k)}{\sum\limits_{t=1}^{T} P(s_t = j|O, \bar{\lambda})} = \frac{\sum\limits_{t=1, o_t = v_k}^{T} \gamma_t(j)}{\sum\limits_{t=1}^{T} \gamma_t(j)}, \tag{14.16}$$

上式右边等式利用了式 (14.4) (即公式二). 至此, 我们完成了鲍姆-韦尔奇算法的推导, 下面给出其计算流程.

算法 14.4 (鲍姆-韦尔奇算法)

输入: 观测序列 $O = \{o_1, o_2, \cdots, o_T\}$.

输出: 隐马尔可夫模型的参数.

(1) 初始化. 选取 $\pi_i^{(0)}, a_{ij}^{(0)}, b_j(k)^{(0)}, i, j = 1, 2, \cdots, m, k = 1, 2, \cdots, n$. 令 $s := 0$.

(2) 递推. 对于 $s=1,2,\cdots$, 计算

$$\pi_i^{(s)}=\gamma_1(i),\quad i=1,2,\cdots,m;$$

$$a_{ij}^{(s)}=\frac{\sum_{t=1}^{T-1}\xi_t(i,j)}{\sum_{t=1}^{T-1}\gamma_t(i)},\quad i,j=1,2,\cdots,m;$$

$$b_j(k)^{(s)}=\frac{\sum_{t=1,o_t=v_k}^{T}\gamma_t(j)}{\sum_{t=1}^{T}\gamma_t(j)},\quad j=1,2,\cdots,m;\quad k=1,2,\cdots,n.$$

上述三式右端均按观测 $O=(o_1,o_2,\cdots,o_T)$ 和 $\lambda^{(s-1)}=(\pi_i^{(s-1)},a_{ij}^{(s-1)},b_j(k)^{(s-1)})$ 计算.

(3) 得到满足停止准则的模型参数

$$\lambda^{(s)}=(\pi_i^{(s)},a_{ij}^{(s)},b_j(k)^{(s)}).$$

下面考虑鲍姆-韦尔奇算法的 MATLAB 实现. 编制 MATLAB 程序如下 (Baum_Welch.m 文件).

```
function [A1,B1,Pi1] = Baum_Welch(A,B,Pi,O)
%函数功能:实现迭代次数为1的Baum-Welch算法
%输入:第一次选取的模型参数A,B,Pi和观测序列O.
%输出:经过一次迭代鲍姆-韦尔奇算法之后得到的模型参数A1,B1,Pi1
[m,n]=size(A);%m为状态集个数
[~,Y]=size(B);%B的列数, 即观测集个数
[T,~]=size(O);%T为时间序列长度
%调用Gamma_Xi函数,计算Gamma矩阵和Xi矩阵
[Gamma,Xi]=Gamma_Xi(A,B,Pi,O); %调用函数
Pi1=zeros();
for i=1:n
   Pi1(i,1)=Gamma(i,1);计算初始概率pi1
end
A1=zeros(); %计算转移概率矩阵A1
f=sum(Gamma,2);
%计算Gamma的每一行之和,表示在观测时间序列的所有时刻都处于某一个状态的
%概率和
for i=1:n
```

```
    for j=1:m
        A1(i,j)=sum(sum(Xi(i,j,:)))/(f(i,1)-Gamma(i,T));
    end
end
B1=zeros(); G=zeros(); c = 0;
for y=1:Y %计算观测概率矩阵B1
    for j=1:m
        for t=1:T
            if O(t,1)==y
%用于比较输出的观测值是否由对应的状态值输出，即条件ot=vk
                c=c+1;
                G(c,1)=Gamma(j,t);
            end
        end
        B1(j,y)=sum(G)/f(j,1);
        c=0; G=zeros();
    end
end
```

上面的程序中调用了函数 Gamma_Xi.m, 它是用来计算式 (14.4) 中的 $\gamma_t(i)$ 和式 (14.5) 中的 $\xi_t(i,j)$ 的, 其代码如下 (Gamma_Xi.m 文件).

```
function [Gamma,Xi]=Gamma_Xi(A,B,Pi,O)
%函数功能:计算鲍姆-韦尔奇算法公式中的gamma概率和xi概率
%输入:隐马尔可夫模型lambda(A,B,Pi),观测序列O;
%其中A为转移概率,B为观测概率,Pi为初始概率.初始概率Pi和观测序列O须为列向量.
%输出:矩阵Gamma:存放不同时刻t处于不同状态qi的gamma概率值,为m*T阶.
%三维数组Xi:存放不同时刻t处于不同状态qi且t+1处于不同状态qj的概率值,为m*m
%*T阶,其中m*m维矩阵中,列对应t时刻,行对应t+1时刻,第三维表示的是时间序列T
P1=zeros();
[m,n]=size(A); [T,~]=size(O);
%调用前向后向算法函数,计算得到alpha矩阵P1,beta矩阵P2和观测序列O的概率p
[P1,p]=Forward_algo(A,B,Pi,O);
[P2,~]=Back_algo(A,B,Pi,O);
%t表示观测序列时间长度数,i表示状态数;
Gamma=zeros();
for t=1:T %计算单个状态概率Gamma
    for i=1:n
        Gamma(i,t)=P1(i,t)*P2(i,t)/p;
    end
end
Xi=zeros();%计算两个状态概率Xi
```

```
for t=1:T-1
    for i=1:n
        for j=1:m
           Xi(i,j,t)=P1(i,t)*A(i,j)*B(j,O(t+1))*P2(j,t+1)/p;
        end
    end
end
```

例 14.4 利用例 14.1 中的盒子和球模型数据作为初始参数, 试用鲍姆-韦尔奇算法迭代一次计算模型参数 $\lambda = (\boldsymbol{\pi}, \boldsymbol{A}, \boldsymbol{B})$ 的估计值.

解 利用 M 程序 Baum_Welch.m 编写代码如下 (Baum_Welch_main.m 文件).

```
Pi=[0.2 0.4 0.4]';
A=[0.5 0.3 0.2; 0.2 0.5 0.3; 0.3 0.2 0.5];
B=[0.5 0.5; 0.4 0.6; 0.7 0.3];
O=[1 2 1]';
[A1,B1,pi1]=Baum_Welch(A,B,Pi,O)
```

在 MATLAB 命令窗口运行上述程序得到结果:

```
>> Baum_Welch_main
A1 =
    0.4945    0.2826    0.2229
    0.1974    0.4837    0.3189
    0.3106    0.2233    0.4662
B1 =
    0.6074    0.3926
    0.5990    0.4010
    0.7642    0.2358
pi1 =
    0.1965
    0.3170
    0.4865
```

14.1.4 预测隐藏状态序列的维特比算法

在隐马尔可夫模型的解码问题中, 给定模型 $\lambda = (\boldsymbol{\pi}, \boldsymbol{A}, \boldsymbol{B})$ 和观测序列 $O = \{o_1, o_2, \cdots, o_T\}$, 求给定观测序列 O 条件下, 最可能出现的对应的状态序列 $S^* = \{s_1^*, s_2^*, \cdots, s_T^*\}$, 即 $P(S^*|O)$ 要最大化.

维特比 (Viterbi) 算法应用于隐马尔可夫模型的识别问题, 它通过应用动态规划的思想避免了复杂度很高的运算, 为识别时效性提供了强有力的支持.

根据动态规划原理, 只需从时刻 $t=1$ 开始, 递推地计算在时刻 t 状态为 i 的各条部分路径的最大概率, 直至得到时刻 $t=T$ 状态为 i 的各条路径的最大概率. 那么, 时刻 $t=T$ 的最大概率就是最优路径的概率 P^*, 并且同时得到最优路径的最终结点 s_T^*. 然后, 从结点 s_T^* 进行回溯逐步求得最优路径的各个结点 $s_{T-1}^*,\cdots,s_2^*,s_1^*$, 得到最优路径 $S^*=(s_1^*,s_2^*,\cdots,s_T^*)^{\mathrm{T}}$. 这就是维特比算法的基本思路.

下面来推导维特比算法的流程. 既然本质上是动态规划算法, 那么就需要找到合适的局部状态, 以及局部状态的递推公式. 在隐马尔可夫模型中, 维特比算法定义了两个局部状态用于递推.

第一个局部状态是在时刻 t 隐藏状态为 i (即 $s_t=i$) 的所有可能状态转移路径 $s_1,s_2,\cdots,s_t$ 中的概率最大值, 记为 $\phi_t(i)$:

$$\phi_t(i)=\max_{s_1,s_2,\cdots,s_{t-1}} P(s_t=i,s_1,s_2,\cdots,s_{t-1},o_t,o_{t-1},\cdots,o_1|\lambda),\quad i=1,2,\cdots,m.$$

由 $\phi_t(i)$ 的定义可以得到 ϕ_t 的递推表达式:

$$\begin{aligned}
\phi_{t+1}(i)=&\max_{s_1,s_2,\cdots,s_t} P(s_{t+1}=i,s_1,s_2,\cdots,s_t,o_{t+1},o_t,\cdots,o_1|\lambda)\\
=&\max_{s_1,\cdots,s_t} P(s_1|\lambda)P(o_1|s_1,\lambda)\left(\prod_{t'=2}^{t} P(s_{t'}|s_{t'-1},\lambda)P(o_{t'}|s_{t'},\lambda)\right)\\
&\cdot P(s_{t+1}|s_t,\lambda)P(o_{t+1}|s_{t+1}=i,\lambda)\\
=&\max_{s_t}\big(P(s_{t+1}|s_t,\lambda)P(o_{t+1}|s_{t+1}=i,\lambda)\big)\\
&\cdot\left\{\max_{s_1,\cdots,s_{t-1}} P(s_1|\lambda)P(o_1|s_1,\lambda)\prod_{t'=2}^{t} P(s_{t'}|s_{t'-1},\lambda)P(o_{t'}|s_{t'},\lambda)\right\}\\
=&\max_{s_t}\big(P(s_{t+1}|s_t,\lambda)P(o_{t+1}|s_{t+1}=i,\lambda)\big)\\
&\cdot\max_{s_1,\cdots,s_{t-1}} P(s_t=j,s_1,s_2,\cdots,s_{t-1},o_t,o_{t-1},\cdots,o_1|\lambda)\\
=&\max_{s_1,\cdots,s_t}\big\{P(s_t=j,s_1,s_2,\cdots,s_{t-1},o_t,o_{t-1},\cdots,o_1|\lambda)\\
&\cdot P(s_{t+1}=i|s_t=j,\lambda)\big\}P(o_{t+1}|s_{t+1}=i,\lambda)\\
=&b_i(o_{t+1})\max_{1\leqslant j\leqslant m}\{\phi_t(j)a_{ji}\}.
\end{aligned}$$

第二个局部状态由第一个局部状态递推得到. 定义在时刻 t 隐藏状态为 i 的所有单个状态转移路径 $(s_1,s_2,\cdots,s_{t-1},i)$ 中概率最大的转移路径中第 $t-1$ 个

结点的隐藏状态为 $\psi_t(i)$, 其递推表达式可以表示为

$$\psi_t(i) = \underset{1\leqslant j\leqslant m}{\arg\max}\{\phi_{t-1}(j)a_{ji}\}.$$

有了这两个局部状态, 就可以从时刻 $t=1$ 一直递推到时刻 $t=T$, 然后利用 $\psi_t(i)$ 记录的前一个最可能的状态结点回溯, 直到找到最优的隐藏状态序列.

下面给出维特比算法的计算流程.

算法 14.5 (维特比算法)

输入: 隐马尔可夫模型 $\lambda=(\boldsymbol{\pi},\boldsymbol{A},\boldsymbol{B})$, 观测序列 $O=\{o_1,o_2,\cdots,o_T\}$.

输出: 最优路径 $S^*=(s_1^*,s_2^*,\cdots,s_T^*)$.

(1) 初始化局部状态:

$$\phi_1(i)=\pi_i b_1(o_1),\quad \psi_1(i)=0,\quad i=1,2,\cdots,m.$$

(2) 进行动态规划递推时刻 $t=2,3,\cdots,T$ 的局部状态:

$$\phi_t(i)=b_i(o_t)\max_{1\leqslant j\leqslant m}\{\phi_{t-1}(j)a_{ji}\},\quad i=1,2,\cdots,m;$$
$$\psi_t(i)=\underset{1\leqslant j\leqslant m}{\arg\max}\{\phi_{t-1}(j)a_{ji}\},\quad i=1,2,\cdots,m.$$

(3) 计算时刻 T 最大的 $\phi_T(i)$ 即为最可能隐藏状态序列出现的概率 P^*; 计算时刻 T 最大的 $\psi_T(i)$ 即为时刻 T 最可能的隐藏状态:

$$P^*=\max_{1\leqslant i\leqslant m}\phi_T(i);\quad s_T^*=\underset{1\leqslant i\leqslant m}{\arg\max}(\phi_T(i)).$$

(4) 最优路径回溯. 利用局部状态 $\psi_T(i)$ 开始回溯: 对 $t=T-1,T-2,\cdots,1$,

$$s_t^*=\psi_{t+1}(s_{t+1}^*),$$

求得最优路径 $S^*=(s_1^*,s_2^*,\cdots,s_T^*)$.

为加深对维特比算法的理解, 我们来看一个例子.

例 14.5 用例 14.1 中盒子与球的例子来展示维特比算法的求解过程.

由例 14.1 可知, 观察集合是: V={红, 白}, $n=2$. 状态集合是: Q={盒子 1, 盒子 2, 盒子 3}, $m=3$. 而观察序列和状态序列的长度为 $T=3$.

初始状态分布为 $\boldsymbol{\pi}^{(0)}=(0.2,0.4,0.4)^{\mathrm{T}}$. 状态转移概率分布矩阵为

$$\boldsymbol{A}=\begin{pmatrix}0.5&0.3&0.2\\0.2&0.5&0.3\\0.3&0.2&0.5\end{pmatrix},$$

观测状态概率矩阵为

$$\boldsymbol{B}=\begin{pmatrix}0.5 & 0.5\\0.4 & 0.6\\0.7 & 0.3\end{pmatrix},$$

球的颜色的观测序列为 $O=\{$红, 白, 红$\}$.

按照维特比算法, 首先需要得到三个隐藏状态在时刻 $t=1$ 时对应的各自两个局部状态, 此时观测状态为 1:

$$\begin{aligned}&\phi_1(1)=\pi_1 b_1(o_1)=0.2\times 0.5=0.10,\\&\phi_1(2)=\pi_2 b_2(o_1)=0.4\times 0.4=0.16,\\&\phi_1(3)=\pi_3 b_3(o_1)=0.4\times 0.7=0.28,\\&\psi_1(1)=\psi_1(2)=\psi_1(3)=0.\end{aligned}$$

现在开始递推三个隐藏状态在时刻 $t=2$ 时对应的各自两个局部状态, 此时观测状态为 2:

$$\begin{aligned}\phi_2(1)&=\max_{1\leqslant j\leqslant 3}\{(\phi_1(j)a_{j1})b_1(o_2)\}\\&=\max\{(0.1\times 0.5, 0.16\times 0.2, 0.28\times 0.3)\times 0.5\}=0.042,\\\psi_2(1)&=3,\\\phi_2(2)&=\max_{1\leqslant j\leqslant 3}\{(\phi_1(j)a_{j2})b_2(o_2)\}\\&=\max\{(0.1\times 0.3, 0.16\times 0.5, 0.28\times 0.2)\times 0.6\}=0.048,\\\psi_2(2)&=2,\\\phi_2(3)&=\max_{1\leqslant j\leqslant 3}\{(\phi_1(j)a_{j3})b_3(o_2)\}\\&=\max\{(0.1\times 0.2, 0.16\times 0.3, 0.28\times 0.5)\times 0.3\}=0.042,\\\psi_2(3)&=3.\end{aligned}$$

继续递推三个隐藏状态在时刻 $t=3$ 时对应的各自两个局部状态, 此时观测状态为 3:

$$\begin{aligned}\phi_3(1)&=\max_{1\leqslant j\leqslant 3}\{(\phi_2(j)a_{j1})b_1(o_3)\}\\&=\max\{(0.042\times 0.5, 0.048\times 0.2, 0.042\times 0.3)\times 0.5\}=0.0105,\\\psi_3(1)&=1;\\\phi_3(2)&=\max_{1\leqslant j\leqslant 3}\{(\phi_2(j)a_{j2})b_2(o_3)\}\end{aligned}$$

$$
\begin{aligned}
&= \max\{(0.042\times 0.3, 0.048\times 0.5, 0.042\times 0.2)\times 0.4\} = 0.0096,\\
\psi_3(2) &= 2,\\
\phi_3(3) &= \max_{1\leqslant j\leqslant 3}\{(\phi_2(j)a_{j3})b_3(o_3)\}\\
&= \max\{(0.042\times 0.2, 0.048\times 0.5, 0.042\times 0.5)\times 0.7\} = 0.0147,\\
\psi_3(3) &= 3.
\end{aligned}
$$

此时已经到最后的时刻, 开始准备回溯. 由于最大概率为 $\phi_3(3)$, 从而得到 $s_3^* = 3$. 由于 $\psi_3(3) = 3$, 所以 $s_2^* = 3$, 而又由于 $\psi_2(3) = 3$, 所以 $s_1^* = 3$. 从而得到最终的最可能的隐藏状态序列为 (3,3,3).

下面考虑维特比算法的 MATLAB 实现. 编制 MATLAB 程序如下 (Viterbi.m 文件).

```
function [Phi,Psi,P,S]=Viterbi(A,B,Pi,O)
%函数功能:利用维特比算法找到观测序列O的最优路径
%输入:模型参数A,B,Pi,观测序列O
%输出:Phi矩阵:在时刻t状态为i的所有单个路径中概率最大值构成的矩阵,
%为m*T阶,即行数表示状态数,列数表示时刻
%Psi矩阵:在时刻t状态为i的所有单个路径中概率最大路径的第t-1个结点
%构成的矩阵,为m*T阶,即行数表示状态数,列数表示时刻,且第一列为0
%P:观测序列O的最优路径概率.S:观测序列O的最优路径
[m,n]=size(A);%m为状态集个数
[T,~]=size(O);%T为观测序列的长度
%计算Phi矩阵第一列值
Phi=zeros();
for i=1:n
    Phi(i,1)=Pi(i)*B(i,O(1));
end
%递推计算Phi矩阵剩下值
Phi_j=zeros(); Psi=zeros();
Psi(:,1)=0;
for t=2:T
    for j=1:m
        for i=1:n
            Phi_j(i,1)=Phi(i,t-1)*A(i,j)*B(j,O(t));
        end
        [max_phi_j,psi]=max(Phi_j);%找到概率最大值
        Psi(j,t)=psi;%放置Psi矩阵
        Phi(j,t)=max_phi_j;%放置Phi矩阵
    end
```

```
end
[P_better,psi_k]=max(Phi(:,T));
P=P_better; %最优路径概率
S=zeros();
S(T,1)=psi_k;
for t=T-1:-1:1
    S(t,1)=Psi(S(t+1,1),t+1);%路径回溯得到最优路径
end
```

例 14.6　*利用维特比算法程序 Viterbi.m 重新求解例 14.5.*

解　利用程序 Viterbi.m 编写代码如下 (Viterbi_main.m 文件):

```
A=[ 0.5 0.3 0.2; 0.2 0.5 0.3; 0.3 0.2 0.5];
B=[0.5 0.5; 0.4 0.6; 0.7 0.3];
Pi=[0.2 0.4 0.4]';
O=[1  2  1]';
[Phi,Psi,P,S]=Viterbi(A,B,Pi,O)
```

在 MATLAB 命令窗口运行上述程序得到结果:

```
>> Veterbi_main
Phi =
    0.1000    0.0420    0.0105
    0.1600    0.0480    0.0096
    0.2800    0.0420    0.0147
Psi =
     0     3     1
     0     2     2
     0     3     3
P =
    0.0147
S =
     3
     3
     3
```

14.2　条件随机场模型

条件随机场 (Conditional Random Fields, CRF) 是指给定一组输入序列条件下另一组输出序列的条件概率分布模型, 在自然语言处理中得到了广泛应用. 本节主要关注于条件随机场的特殊形式: 线性链 (Linear Chain) 条件随机场.

14.2.1 条件随机场的定义

与隐马尔可夫模型类似, 在讨论条件随机场之前, 先来看看什么样的问题需要条件随机场模型. 举一个简单的例子:

给一个句子中的每个单词注明词性. 比如这句话: "Bob drank coffee at Starbucks", 注明每个单词的词性后是这样的: "Bob (名词) drank (动词) coffee (名词) at (介词) Starbucks (名词)".

下面, 就用条件随机场来解决这个问题. 以上面的语句为例, 共有 5 个单词, 将: (名词, 动词, 名词, 介词, 名词) 作为一个标注序列. 可选的标注序列有很多种, 比如还可以是这样: (名词, 动词, 动词, 介词, 名词), 要在这么多的可选标注序列中, 挑选出一个最合理的作为对这句话的标注.

怎么判断一个标注序列是否合理呢? 对于上面展示的两个标注序列, 第二个显然不如第一个合理, 因为它把第二、三个单词都标注成了动词, 动词后面接动词, 这在一个句子中通常是说不通的.

假如能给每一个标注序列打分, 打分越高代表这个标注序列越合理, 那么至少可以说, 凡是标注中出现了动词后面还是动词的标注序列, 要给它负分.

在实际应用中, 自然语言处理中的词性标注就是非常适合条件随机场使用的地方. 词性标注的目标是给出一个句子中每个词的词性 (名词、动词、形容词等). 而这些词的词性往往和上下文词的词性有关, 因此, 使用条件随机场来处理是很适合的.

下面来看看什么是随机场. 随机场是由若干个位置组成的整体, 当给每一个位置中按照某种分布随机赋予一个值之后, 其全体就叫做随机场. 还是举词性标注的例子: 假如有一个十个词形成的句子需要做词性标注, 这十个词每个词的词性可以在已知的词性集合 {名词, 动词, 形容词, 介词, $\cdots$} 中去选择. 当每个词的词性被选择完之后, 就形成了一个随机场.

马尔可夫随机场是随机场的特例, 它假设随机场中某一个位置的赋值仅与其相邻位置的赋值有关, 而与其不相邻位置的赋值无关. 例如上面十个词的句子词性标注, 如果假设所有词的词性只和它相邻词的词性有关时, 这个随机场就特化成一个马尔可夫随机场. 比如第三个词的词性除了与自己本身的位置有关外, 只与第二个词和第四个词的词性有关.

理解了马尔可夫随机场, 再理解条件随机场就变得容易了. 条件随机场是马尔可夫随机场的特例, 它假设马尔可夫随机场中只有 X 和 Y 两种变量, X 一般是给定的, 而 Y 一般是在给定 X 的条件下的输出, 这样马尔可夫随机场就特化成了条件随机场. 在十个词句子词性标注的例子中, X 是词, Y 是词性. 因此, 如果假设它是一个马尔可夫随机场, 那么它也就是一个条件随机场.

下面给出条件随机场准确的数学语言描述:

设 X 与 Y 是随机变量, $P(Y|X)$ 是给定 X 时 Y 的条件概率分布, 若随机变量 Y 构成的是一个马尔可夫随机场, 则称条件概率分布 $P(Y|X)$ 是条件随机场.

14.2.2　线性链条件随机场

在条件随机场的定义中, 并没有要求 X 和 Y 有相同的结构. 而现实中, 一般都假设 X 和 Y 结构相同, 即

$$X=(X_1,X_2,\cdots,X_n),\qquad Y=(Y_1,Y_2,\cdots,Y_n).$$

一般考虑如图 14.4 所示的结构.

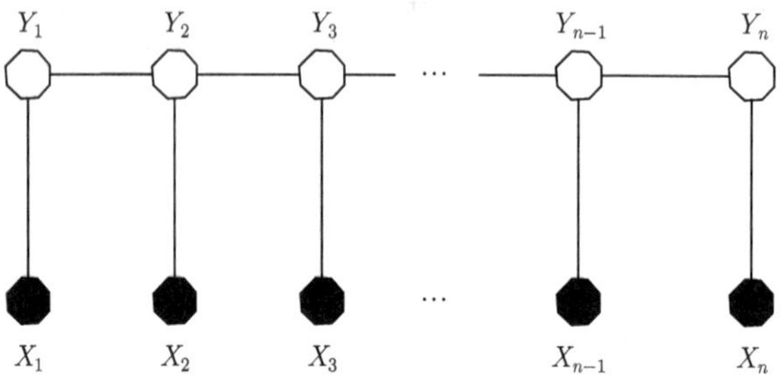

图 14.4　具有相同图结构的线性链条件随机场

如图 14.4 所示, 如果 X 和 Y 是具有相同结构的条件随机场, 则称为线性链条件随机场 (Linear chain Conditional Random Fields, linear-CRF).

在前面十个词的句子词性标记中, 词有十个, 词性也是十个, 因此, 如果假设它是一个马尔可夫随机场, 那么它也是一个线性链条件随机场.

下面给出线性链条件随机场的数学定义:

设 $X=(X_1,X_2,\cdots,X_n)$, $Y=(Y_1,Y_2,\cdots,Y_n)$ 均为线性链表示的随机变量序列, 在给定随机变量序列 X 的情况下, 随机变量 Y 的条件概率分布 $P(Y|X)$ 构成条件随机场, 即满足马尔可夫性:

$$P(Y_i|X,Y_1,\cdots,Y_{i-1},Y_{i+1},\cdots,Y_n)=P(Y_i|X,Y_{i-1},Y_{i+1}),$$
$$i=1,2,\cdots,n\,(\text{在 } i=1 \text{ 和 } n \text{ 时只考虑单边情形}),$$

则称 $P(Y|X)$ 为线性链条件随机场.

一般来说, 在上面线性链条件随机场定义中, 对于词性标注问题, X 表示输入观测序列, Y 表示对应的输出标记序列或状态序列.

那么, 如何将线性链条件随机场转化为可以学习的机器学习模型呢? 它是通过特征函数及其权重系数来定义的. 在线性链条件随机场模型中, 特征函数分为两类. 第一类是定义在 Y 上下文的局部特征函数, 称为转移特征. 这类特征函数只与当前结点和上一个结点有关, 记为

$$t_k(y_{i-1}, y_i, x, i), \quad k = 1, 2, \cdots, K_1,$$

其中 K_1 是定义在该结点的局部特征函数的总个数, i 是当前结点在序列中的位置. 之所以只有上下文相关的局部特征函数, 没有不相邻结点之间的特征函数, 是因为线性链条件随机场满足马尔可夫性.

第二类是定义在 Y 结点上的结点特征函数, 称为状态特征. 这类特征函数只和当前结点有关, 记为

$$s_l(y_i, x, i), \quad l = 1, 2, \cdots, K_2,$$

其中 K_2 是定义在该结点的结点特征函数的总个数, i 是当前结点在序列中的位置.

无论是结点特征函数还是局部特征函数, 它们的取值只能是 0 或者 1, 即满足特征条件或者不满足特征条件. 同时, 可以为每个特征函数赋予一个权值, 用以表达对这个特征函数的信任度. 假设 t_k 的权重系数是 λ_k, s_l 的权重系数是 μ_l, 则线性链条件随机场由所有的 $t_k, \lambda_k, s_l, \mu_l$ 共同决定.

于是得到了线性链条件随机场的参数化形式:

$$P(y|x) = \frac{1}{Z(x)} \exp\left(\sum_{i,k} \lambda_k t_k(y_{i-1}, y_i, x, i) + \sum_{i,l} \mu_l s_l(y_i, x, i)\right), \tag{14.17}$$

其中, $Z(x)$ 为规范化因子:

$$Z(x) = \sum_{y} \exp\left(\sum_{i,k} \lambda_k t_k(y_{i-1}, y_i, x, i) + \sum_{i,l} \mu_l s_l(y_i, x, i)\right). \tag{14.18}$$

式 (14.17)—(14.18) 表示给定输入序列 x, 对输出序列 y 预测的条件概率. 可以看出, 对于线性链条件随机场, 每个特征函数定义了一个规则, 其系数定义了这个规则的可信度. 所有的规则及其可信度一起构成了线性链条件随机场最终的条件概率分布. 此外, 不难发现, 线性链条件随机场是对数线性模型.

下面来看一个线性链条件随机场的计算实例.

例 14.7 为了方便, 简化词性的种类. 假设输入的都是三个词的句子, 即 $X = (X_1, X_2, X_3)$, 输出的词性标记为 $Y = (Y_1, Y_2, Y_3)$, 其中 $Y_i \in \{1\,(名词), 2\,(动词)\}$.

假设特征函数 t_k, s_l 和对应的权重系数 λ_k, μ_l 如下:

$$t_1 = t_1(y_{i-1} = 1, y_i = 2, x, i), \quad i = 2, 3, \quad \lambda_1 = 0.9,$$

这里只标记出特征函数取值为 1 的条件, 取值为 0 的条件省略, 即

$$t_1(y_{i-1}, y_i, x, i) = \begin{cases} 1, & y_{i-1} = 1, y_i = 2, x, i(i = 2, 3), \\ 0, & \text{其他}. \end{cases}$$

下面的特征条件与此同义:

$$\begin{aligned}
&t_2 = t_2(y_1 = 1, y_2 = 1, x, 2),\ \lambda_2 = 0.5; \\
&t_3 = t_3(y_2 = 2, y_3 = 1, x, 3),\ \lambda_3 = 0.7; \\
&t_4 = t_4(y_1 = 2, y_2 = 1, x, 2),\ \lambda_4 = 0.6; \\
&t_5 = t_5(y_2 = 2, y_3 = 2, x, 3),\ \lambda_5 = 0.3; \\
&s_1 = s_1(y_1 = 1, x, 1),\ \mu_1 = 0.4; \\
&s_2 = s_2(y_i = 2, x, i),\ i = 1, 2,\ \mu_2 = 0.6; \\
&s_3 = s_3(y_i = 1, x, i),\ i = 2, 3,\ \mu_3 = 0.8; \\
&s_4 = s_4(y_3 = 2, x, 3),\ \mu_4 = 1.0.
\end{aligned}$$

对给定的观测序列 x, 求标记序列 $y = (y_1, y_2, y_3) = (1, 2, 1)$ 的非规范化条件概率 (即没有除以规范化因子 $Z(x)$ 的条件概率).

解　利用线性链条件随机场的参数化公式 (14.17), 有

$$\begin{aligned}
P(y|x) &\propto \exp\left(\sum_{k=1}^{5} \lambda_k \sum_{i=2}^{3} t_k(y_{i-1}, y_i, x, i) + \sum_{l=1}^{4} \mu_l \sum_{i=1}^{3} s_l(y_i, x, i)\right) \\
&:= \exp(s_1(y) + s_2(y)).
\end{aligned}$$

注意到

$$\begin{aligned}
s_1(y) =& \sum_{k=1}^{5} \lambda_k \sum_{i=2}^{3} t_k(y_{i-1}, y_i, x, i) \\
=& \lambda_1[t_1(y_1, y_2, x, 2) + t_1(y_2, y_3, x, 3)] + \lambda_2[t_2(y_1, y_2, x, 2) + t_2(y_2, y_3, x, 3)] \\
&+ \lambda_3[t_3(y_1, y_2, x, 2) + t_3(y_2, y_3, x, 3)] + \lambda_4[t_4(y_1, y_2, x, 2) + t_4(y_2, y_3, x, 3)] \\
&+ \lambda_5[t_5(y_1, y_2, x, 2) + t_5(y_2, y_3, x, 3)], \\
s_2(y) =& \sum_{l=1}^{4} \mu_l \sum_{i=1}^{3} s_l(y_i, x, i)
\end{aligned}$$

$$
\begin{aligned}
&= \mu_1[s_1(y_1,x,1)+s_1(y_2,x,2)+s_1(y_3,x,3)]\\
&\quad+\mu_2[s_2(y_1,x,1)+s_2(y_2,x,2)+s_2(y_3,x,3)]\\
&\quad+\mu_3[s_3(y_1,x,1)+s_3(y_2,x,2)+s_3(y_3,x,3)]\\
&\quad+\mu_4[s_4(y_1,x,1)+s_4(y_2,x,2)+s_4(y_3,x,3)],
\end{aligned}
$$

将 $y=(y_1,y_2,y_3)=(1,2,1)$ 代入上面两式, 得

$$
\begin{aligned}
&s_1(y_1=1,y_2=2,y_3=1)\\
=&0.9[t_1(y_1=1,y_2=2,x,2)+t_1(y_2=2,y_3=1,x,3)]\\
&+0.5[t_2(y_1=1,y_2=2,x,2)+t_2(y_2=2,y_3=1,x,3)]\\
&+0.7[t_3(y_1=1,y_2=2,x,2)+t_3(y_2=2,y_3=1,x,3)]\\
&+0.6[t_4(y_1=1,y_2=2,x,2)+t_4(y_2=2,y_3=1,x,3)]\\
&+0.3[t_5(y_1=1,y_2=2,x,2)+t_5(y_2=2,y_3=1,x,3)]\\
=&0.9(1+0)+0.5(0+0)+0.7(0+1)\\
&+0.6(0+0)+0.3(0+0)\\
=&1.6.\\
&s_2(y_1=1,y_2=2,y_3=1)\\
=&0.4[s_1(y_1=1,x,1)+s_1(y_2=2,x,2)+s_1(y_3=1,x,3)]\\
&+0.6[s_2(y_1=1,x,1)+s_2(y_2=2,x,2)+s_2(y_3=1,x,3)]\\
&+0.8[s_3(y_1=1,x,1)+s_3(y_2=2,x,2)+s_3(y_3=1,x,3)]\\
&+1.0[s_4(y_1=1,x,1)+s_4(y_2=2,x,2)+s_4(y_3=1,x,3)]\\
=&0.4(1+0+0)+0.6(0+1+0)\\
&+0.8(0+0+1)+1.0(0+0+0)\\
=&1.8.
\end{aligned}
$$

于是, 有

$$
\begin{aligned}
&P(y_1=1,y_2=2,y_3=2|x)\\
\propto&\exp\big(s_1(y_1=1,y_2=2,y_3=1)+s_2(y_1=1,y_2=2,y_3=1)\big)\\
=&\mathrm{e}^{1.6+1.8}=\mathrm{e}^{3.4}=29.9641.
\end{aligned}
$$

这就得到了对给定的观测序列 x, 标记序列 $y=(1,2,1)$ 的非规范化条件概率. □

再回到线性链条件随机场的参数化形式 (14.17)—(14.18). 式中用 t_k 表示局

部特征函数, 用 s_l 表示结点特征函数, 同时也用了不同的符号表示权重系数, 导致表示起来比较麻烦. 其实可以对特征函数稍加整理, 将其统一起来.

假设在某一结点有 K_1 个局部特征函数和 K_2 个结点特征函数, 总共有 $K = K_1 + K_2$ 个特征函数. 用一个特征函数 $f_k(y_{i-1}, y_i, x, i)$ 来统一表示如下:

$$f_k(y_{i-1}, y_i, x, i) = \begin{cases} t_k(y_{i-1}, y_i, x, i), & k = 1, 2, \cdots, K_1, \\ s_l(y_i, x, i), & k = K_1 + l,\ l = 1, 2, \cdots, K_2. \end{cases} \tag{14.19}$$

同时也统一 $f_k(y_{i-1}, y_i, x, i)$ 对应的权重系数 w_k 如下:

$$w_k = \begin{cases} \lambda_k, & k = 1, 2, \cdots, K_1, \\ \mu_l, & k = K_1 + l,\ l = 1, 2, \cdots, K_2. \end{cases} \tag{14.20}$$

这样, 线性链条件随机场的参数化形式简化为

$$P(y|x) = \frac{1}{Z_{\boldsymbol{w}}(x)} \exp\left(\sum_{k=1}^{K} w_k f_k(y, x)\right), \quad K = K_1 + K_2, \tag{14.21}$$

其中, $f_k(y, x) = f_k(y_{i-1}, y_i, x, i)$, $Z_{\boldsymbol{w}}(x)$ 为规范化因子:

$$Z_{\boldsymbol{w}}(x) = \sum_y \exp\left(\sum_{k=1}^{K} w_k f_k(y, x)\right).$$

若将上面两式中的 w_k 与 f_k 用向量表示, 即

$$\boldsymbol{w} = (w_1, w_2, \cdots, w_K)^{\mathrm{T}}, \quad \boldsymbol{F}(y, x) = (f_1(y, x), f_2(y, x), \cdots, f_K(y, x))^{\mathrm{T}},$$

则线性链条件随机场的参数化形式简化为内积形式如下:

$$P_{\boldsymbol{w}}(y|x) = \frac{\exp(\boldsymbol{w}^{\mathrm{T}} \boldsymbol{F}(y, x))}{Z_{\boldsymbol{w}}(x)} = \frac{\exp(\boldsymbol{w}^{\mathrm{T}} \boldsymbol{F}(y, x))}{\sum\limits_y \exp(\boldsymbol{w}^{\mathrm{T}} \boldsymbol{F}(y, x))}.$$

进一步, 根据式 (14.21) 可以写成矩阵的形式, 对观测序列的每个位置 $i = 1, 2, \cdots, n+1$, 定义一个 m 阶矩阵 $\boldsymbol{M}_i(x)$:

$$\boldsymbol{M}_i(x) = \big[M_i(y_{i-1}, y_i|x)\big],$$

而

$$M_i(y_{i-1}, y_i|x) = \exp\big(W_i(y_{i-1}, y_i|x)\big), \quad W_i(y_{i-1}, y_i|x) = \sum_{k=1}^{K} w_k f_k(y_{i-1}, y_i, x, i),$$

其中 f_k, w_k 分别由式 (14.19) 和式 (14.20) 所定义, y_{i-1}, y_i 是标记随机变量 Y_{i-1}, Y_i 的取值. 于是

$$\begin{aligned}
P_{\boldsymbol{w}}(y|x) &= \frac{1}{Z_{\boldsymbol{w}}(x)} \exp\left(\sum_{k=1}^{K} w_k f_k(y, x)\right) \\
&= \frac{1}{Z_{\boldsymbol{w}}(x)} \exp\left(\sum_{k=1}^{K}\sum_{i=1}^{n+1} w_k f_k(y_{i-1}, y_i, x, i)\right) \\
&= \frac{1}{Z_{\boldsymbol{w}}(x)} \exp\left(\sum_{i=1}^{n+1}\sum_{k=1}^{K} w_k f_k(y_{i-1}, y_i, x, i)\right) \\
&= \frac{1}{Z_{\boldsymbol{w}}(x)} \exp\left(\sum_{i=1}^{n+1} W_i(y_{i-1}, y_i|x)\right) \\
&= \frac{1}{Z_{\boldsymbol{w}}(x)} \prod_{i=1}^{n+1} \exp\left(W_i(y_{i-1}, y_i|x)\right) \\
&= \frac{1}{Z_{\boldsymbol{w}}(x)} \prod_{i=1}^{n+1} M_i(y_{i-1}, y_i|x) \\
&= \frac{1}{Z_{\boldsymbol{w}}(x)} \prod_{i=1}^{n+1} \boldsymbol{M}_i(x),
\end{aligned}$$

这就是线性链条件随机场参数化形式的矩阵表示. 注意, $y_0 = \text{start}$, $y_{n+1} = \text{stop}$ 分别表示开始状态和终止状态, 规范化因子 $Z_{\boldsymbol{w}}(x)$ 是以 start 为起点、stop 为终点的通过状态的所有路径 $y_1 y_2 \cdots y_n$ 的非规范化概率 $\prod_{i=1}^{n+1} \boldsymbol{M}_i(x)$ 之和.

14.2.3 线性链条件随机场的概率计算

跟隐马尔可夫模型相类似, 线性链条件随机场也需要解决三个基本问题: 评估 (概率计算), 学习 (模型训练) 和解码 (预测). 但是与隐马尔可夫模型不同的是, 在线性链条件随机场模型中, 对于给出的观测序列 x 是作为一个整体看待的, 也就是不会拆开看 $(x_1, x_2, \cdots, x_n)$, 因此线性链条件随机场模型更为简单一些.

首先来看线性链条件随机场的评估问题, 即给定线性链条件随机场的条件概率分布 $P(y|x)$, 在给定输入序列 x 和输出序列 y 时, 计算条件概率 $P(y_i|x)$ 和 $P(y_{i-1}, y_i|x)$ 以及对应的期望值.

可以使用与隐马尔可夫模型类似的方法, 即用前向后向算法来完成条件概率 $P(y_i|x)$ 和 $P(y_{i-1}, y_i|x)$ 的计算. 定义 $\alpha_i(y_i|x)$ 表示序列位置 i 的标记是 y_i 时, 在位置 i 之前的部分标记序列的非规范化概率 (即不考虑分母中的规范化因子 $Z(x)$).

假设可能的标记总数是 m, 则 y_i 的取值就有 m 个, 用 $\boldsymbol{\alpha}_i(x)$ 表示这 m 个值组成的前向向量如下:

$$\boldsymbol{\alpha}_i(x) = (\alpha_i(y_i = 1|x), \alpha_i(y_i = 2|x), \cdots, \alpha_i(y_i = m|x))^{\mathrm{T}}, \quad i = 0, 1, \cdots, n+1.$$

在起点处, 定义

$$\alpha_0(y_0|x) = \begin{cases} 1, & y_0 = \text{start}, \\ 0, & \text{否则}. \end{cases}$$

由于 14.2.2 小节在线性链条件随机场参数化形式的矩阵表示时定义了

$$M_i(y_{i-1}, y_i|x) = \exp\left(\sum_{k=1}^{K} w_k f_k(y_{i-1}, y_i, x, i)\right), \tag{14.22}$$

这个式子定义了在给定 y_{i-1} 时, 从 y_{i-1} 转移到 y_i 的非规范化概率. 这样, 就很容易得到序列位置 $i+1$ 的标记是 y_{i+1} 时, 在位置 $i+1$ 之前的部分标记序列的非规范化概率 $\alpha_{i+1}(y_{i+1}|x)$ 的递推公式:

$$\boldsymbol{\alpha}_{i+1}(x)^{\mathrm{T}} = \boldsymbol{\alpha}_i(x)^{\mathrm{T}} M_{i+1}(y_i, y_{i+1}|x), \quad i = 0, 1, \cdots, n.$$

若用矩阵 $\boldsymbol{M}_i(x)$ 表示由 $M_i(y_{i-1}, y_i|x)$ 形成的 m 阶矩阵:

$$\boldsymbol{M}_i(x) = \left[M_i(y_{i-1}, y_i|x)\right],$$

则这个递推公式可表示为

$$\boldsymbol{\alpha}_{i+1}(x)^{\mathrm{T}} = \boldsymbol{\alpha}_i(x)^{\mathrm{T}} \boldsymbol{M}_{i+1}(x).$$

同样地, 定义 $\beta_i(y_i|x)$ 表示序列位置 i 的标记是 y_i 时, 在位置 i 之后的从 $i+1$ 到 n 的部分标记序列的非规范化概率. 假设可能的标记总数是 m, 则 y_i 的取值就有 m 个, 定义 $\boldsymbol{\beta}_i(x)$ 为这 m 个值组成的后向向量如下:

$$\boldsymbol{\beta}_i(x) = (\beta_i(y_i = 1|x), \beta_i(y_i = 2|x), \cdots, \beta_i(y_i = m|x))^{\mathrm{T}}, \quad i = 0, 1, \cdots, n+1.$$

在终点处, 定义

$$\beta_{n+1}(y_{n+1}|x) = \begin{cases} 1, & y_{n+1} = \text{stop}, \\ 0, & \text{否则}. \end{cases}$$

容易得到序列位置 $i+1$ 的标记是 y_{i+1} 时, 在位置 i 之后的部分标记序列的非规范化概率 $\beta_i(y_i|x)$ 的递推公式:

$$\boldsymbol{\beta}_i(x) = M_{i+1}(y_i, y_{i+1}|x)\boldsymbol{\beta}_{i+1}(x) = \boldsymbol{M}_{i+1}(x)\boldsymbol{\beta}_{i+1}(x), \quad i = 0, 1, \cdots, n.$$

由于规范化因子 $Z(x)$ 的表达式是

$$Z(x)=\sum_{k=1}^{m}\alpha_n(y_k|x)=\sum_{k=1}^{m}\beta_1(y_k|x),$$

因此也可以用向量来表示 $Z(x)$:

$$Z(x)=\boldsymbol{\alpha}_n(x)^{\mathrm{T}}\mathbf{1}=\mathbf{1}^{\mathrm{T}}\boldsymbol{\beta}_1(x),$$

其中, $\mathbf{1}$ 是 m 维全 1 向量.

根据上面前向后向概率的定义, 容易计算序列位置 i 的标记是 y_i 时的条件概率 $P(y_i|x)$:

$$P(y_i|x)=\frac{\boldsymbol{\alpha}_i(x)^{\mathrm{T}}\boldsymbol{\beta}_i(x)}{Z(x)}=\frac{\boldsymbol{\alpha}_i(x)^{\mathrm{T}}\boldsymbol{\beta}_i(x)}{\boldsymbol{\alpha}_n(x)^{\mathrm{T}}\mathbf{1}}. \tag{14.23}$$

也容易计算序列位置 i 的标记是 y_i, 位置 $i-1$ 的标记是 y_{i-1} 时的条件概率 $P(y_{i-1},y_i|x)$:

$$P(y_{i-1},y_i|x)=\frac{\boldsymbol{\alpha}_{i-1}(x)^{\mathrm{T}}\boldsymbol{M}_i(x)\boldsymbol{\beta}_i(x)}{Z(x)}=\frac{\boldsymbol{\alpha}_{i-1}(x)^{\mathrm{T}}\boldsymbol{M}_i(x)\boldsymbol{\beta}_i(x)}{\boldsymbol{\alpha}_n(x)^{\mathrm{T}}\mathbf{1}}. \tag{14.24}$$

进一步地, 根据上述条件概率, 可以很方便地计算联合分布 $P(y,x)$ 与条件分布 $P(y|x)$ 的期望值. 特征函数 $f_k(y,x)$ 关于条件分布 $P(y|x)$ 的期望表达式是

$$\begin{aligned}\mathbb{E}_{P(y|x)}[f_k]&=\mathbb{E}_{P(y|x)}[f_k(y,x)]\\&=\sum_{i=1}^{n+1}\sum_{y_{i-1},y_i}P(y_{i-1},y_i|x)f_k(y_{i-1},y_i,x,i)\\&=\sum_{i=1}^{n+1}\sum_{y_{i-1},y_i}f_k(y_{i-1},y_i,x,i)\frac{\boldsymbol{\alpha}_{i-1}(x)^{\mathrm{T}}\boldsymbol{M}_i(x)\boldsymbol{\beta}_i(x)}{\boldsymbol{\alpha}_n(x)^{\mathrm{T}}\mathbf{1}}.\end{aligned} \tag{14.25}$$

同样可以计算联合分布 $P(y,x)$ 的期望:

$$\begin{aligned}\mathbb{E}_{P(y,x)}[f_k]&=\sum_{y,x}P(y,x)\sum_{i=1}^{n+1}f_k(y_{i-1},y_i,x,i)\\&=\sum_{x}\bar{P}(x)\sum_{y}P(y|x)\sum_{i=1}^{n+1}f_k(y_{i-1},y_i,x,i)\\&=\sum_{x}\bar{P}(x)\sum_{i=1}^{n+1}\sum_{y}P(y|x)f_k(y_{i-1},y_i,x,i)\end{aligned}$$

$$
\begin{aligned}
&=\sum_{x}\bar{P}(x)\sum_{i=1}^{n+1}\sum_{y_{i-1},y_i}P(y_{i-1},y_i|x)f_k(y_{i-1},y_i,x,i)\\
&=\sum_{x}\bar{P}(x)\sum_{i=1}^{n+1}\sum_{y_{i-1},y_i}f_k(y_{i-1},y_i,x,i)\frac{\boldsymbol{\alpha}_{i-1}(x)^{\mathrm{T}}\boldsymbol{M}_i(x)\boldsymbol{\beta}_i(x)}{\boldsymbol{\alpha}_n(x)^{\mathrm{T}}\mathbf{1}}.
\end{aligned}
\tag{14.26}
$$

14.2.4 线性链条件随机场的学习算法

本小节讨论线性链条件随机场的第二个问题: 模型参数的学习. 在线性链条件随机场模型参数学习问题中, 给定训练数据集 X 和对应的标记序列 Y, K 个特征函数 $f_k(y,x)$, 需要学习模型参数 w_k 和条件概率 $P_{\boldsymbol{w}}(y|x)$, 其中条件概率 $P_{\boldsymbol{w}}(y|x)$ 和模型参数 w_k 满足下列关系:

$$
P_{\boldsymbol{w}}(y|x)=P(y|x)=\frac{\exp\left(\sum_{k=1}^{K}w_kf_k(y,x)\right)}{Z_{\boldsymbol{w}}(x)}=\frac{\exp\left(\sum_{k=1}^{K}w_kf_k(y,x)\right)}{\sum_{y}\exp\left(\sum_{k=1}^{K}w_kf_k(y,x)\right)}.
\tag{14.27}
$$

所以只要求出所有的模型参数 w_k, 这样条件概率 $P_{\boldsymbol{w}}(y|x)$ 就可以通过上式计算出来.

求解这个问题有很多的方法, 比如梯度下降法、牛顿法和拟牛顿法以及改进的迭代尺度法等. 下面简要介绍用梯度下降法的求解思路.

在使用梯度下降法求解模型参数之前, 需要定义优化函数, 一般极大化条件分布 $P_{\boldsymbol{w}}(y|x)$ 的似然函数如下:

$$
L(\boldsymbol{w})=\prod_{x,y}P_{\boldsymbol{w}}(y|x)^{\bar{P}(y,x)},
\tag{14.28}
$$

其中 $\bar{P}(y,x)$ 为经验分布, 可以从先验知识和训练集样本中得到.

为了方便求偏导数, 对式 (14.28) 两边取自然对数得

$$
\ell(\boldsymbol{w})=\ln L(\boldsymbol{w})=\sum_{x,y}\bar{P}(y,x)\ln P_{\boldsymbol{w}}(y|x).
\tag{14.29}
$$

为了使用梯度下降法, 可极小化函数 $f(\boldsymbol{w})=-\ell(\boldsymbol{w})$ 如下:

$$
f(\boldsymbol{w})=-\sum_{x,y}\bar{P}(y,x)\ln P_{\boldsymbol{w}}(y|x)
$$

$$
\begin{aligned}
&=\sum_{x,y}\bar{P}(y,x)\ln Z_{\boldsymbol{w}}(x)-\sum_{x,y}\bar{P}(y,x)\sum_{k=1}^{K}w_kf_k(y,x)\\
&=\sum_{x}\bar{P}(x)\ln Z_{\boldsymbol{w}}(x)-\sum_{x,y}\bar{P}(y,x)\sum_{k=1}^{K}w_kf_k(y,x)\\
&=\sum_{x}\bar{P}(x)\ln\sum_{y}\exp\left(\sum_{k=1}^{K}w_kf_k(y,x)\right)-\sum_{x,y}\bar{P}(y,x)\sum_{k=1}^{K}w_kf_k(y,x).
\end{aligned}
$$

即得到梯度下降法的优化函数为

$$
\min_{\boldsymbol{w}\in\mathbb{R}^K}f(\boldsymbol{w})=\sum_{x}\bar{P}(x)\ln\sum_{y}\exp\left(\sum_{k=1}^{K}w_kf_k(y,x)\right)-\sum_{x,y}\bar{P}(y,x)\sum_{k=1}^{K}w_kf_k(y,x). \tag{14.30}
$$

那么, 对 $j=1,2,\cdots,K$, 有

$$
\begin{aligned}
\frac{\partial f}{\partial w_j}&=\sum_{x}\bar{P}(x)\frac{\sum_{y}\exp\left(\sum_{k=1}^{K}w_kf_k(y,x)\right)f_j(y,x)}{\sum_{y}\exp\left(\sum_{k=1}^{K}w_kf_k(y,x)\right)}-\sum_{x,y}\bar{P}(y,x)f_j(y,x)\\
&=\sum_{x,y}\bar{P}(x)P_{\boldsymbol{w}}(y|x)f_j(y,x)-\sum_{x,y}\bar{P}(y,x)f_j(y,x)\\
&=\sum_{x,y}\left[\bar{P}(x)P_{\boldsymbol{w}}(y|x)-\bar{P}(y,x)\right]f_j(y,x).
\end{aligned} \tag{14.31}
$$

故其梯度为

$$
\boldsymbol{g}(\boldsymbol{w})=\left(\frac{\partial f}{\partial w_1},\frac{\partial f}{\partial w_2},\cdots,\frac{\partial f}{\partial w_K}\right)^{\mathrm{T}}. \tag{14.32}
$$

有了上面 $f(\boldsymbol{w})$ 的梯度, 就可以用梯度下降法来迭代求解最优的参数 $\boldsymbol{w}$. 注意在迭代过程中, 每次更新 $\boldsymbol{w}$ 后, 需要同步更新 $P_{\boldsymbol{w}}(y|x)$, 以用于下一次迭代的梯度计算.

下面给出线性链条件随机场模型参数学习的梯度下降法流程.

算法 14.6 (线性链条件随机场模型学习的梯度下降法)

输入: 特征函数 $f_1,f_2,\cdots,f_K$; 经验分布 $\bar{P}(X,Y)$.

输出: 最优参数值 $\boldsymbol{w}^*$, 最优条件概率 $P_{\boldsymbol{w}^*}(y|x)$.

(1) 选取初始值 $\boldsymbol{w}^{(0)}=(w_1^{(0)},w_2^{(0)},\cdots,w_K^{(0)})^{\mathrm{T}}$, 容许误差 ε, 置 $k:=0$.

(2) 按式 (14.31) 计算 $\boldsymbol{g}_k=\boldsymbol{g}(\boldsymbol{w}^{(k)})$. 若 $\|\boldsymbol{g}_k\|\leqslant\varepsilon$, 停算; 否则转步骤 (3).

(3) 用 $\boldsymbol{d}_k=-\boldsymbol{g}_k$ 为方向进行一维线搜索, 得到步长 α_k 使得

$$f(\boldsymbol{w}^{(k)}+\alpha_k\boldsymbol{d}_k)=\min_{\alpha\geqslant 0} f(\boldsymbol{w}^{(k)}+\alpha\boldsymbol{d}_k).$$

(4) 更新参数 $\boldsymbol{w}^{(k+1)}=\boldsymbol{w}^{(k)}+\alpha_k\boldsymbol{d}_k$, 置 $k:=k+1$ 转步骤 (2).

类似地, 可以给出线性链条件随机场模型学习的 BFGS 算法 (拟牛顿法).

算法 14.7 (线性链条件随机场模型学习的 BFGS 算法)

输入: 特征函数 $f_1, f_2, \cdots, f_K$; 经验分布 $\bar{P}(X,Y)$.

输出: 最优参数值 $\boldsymbol{w}^*$, 最优条件概率 $P_{\boldsymbol{w}^*}(y|x)$.

(1) 选取初始值 $\boldsymbol{w}^{(0)}=(w_1^{(0)}, w_2^{(0)}, \cdots, w_K^{(0)})^{\mathrm{T}}$, 取 $\boldsymbol{B}_0$ 为对称正定阵, 容许误差 ε, 置 $k:=0$.

(2) 按式 (14.31) 计算 $\boldsymbol{g}_k=g(\boldsymbol{w}^{(k)})$. 若 $\|\boldsymbol{g}_k\|\leqslant\varepsilon$, 停算; 否则转步骤 (3).

(3) 解方程组 $\boldsymbol{B}_k\boldsymbol{d}=-\boldsymbol{g}_k$ 得到搜索方向 $\boldsymbol{d}_k$.

(4) 进行一维线搜索, 得到步长 α_k 满足

$$f(\boldsymbol{w}^{(k)}+\alpha_k\boldsymbol{d}_k)=\min_{\alpha\geqslant 0} f(\boldsymbol{w}^{(k)}+\alpha\boldsymbol{d}_k).$$

(5) 更新参数 $\boldsymbol{w}^{(k+1)}=\boldsymbol{w}^{(k)}+\alpha_k\boldsymbol{d}_k$.

(6) 计算 $\boldsymbol{g}_{k+1}=g(\boldsymbol{w}^{(k+1)})$. 若 $\|\boldsymbol{g}_{k+1}\|\leqslant\varepsilon$, 停算; 否则按下式更新矩阵 $\boldsymbol{B}_{k+1}$:

$$\boldsymbol{B}_{k+1}=\boldsymbol{B}_k+\frac{\boldsymbol{y}_k\boldsymbol{y}_k^{\mathrm{T}}}{\boldsymbol{y}_k^{\mathrm{T}}\boldsymbol{s}_k}-\frac{\boldsymbol{B}_k\boldsymbol{s}_k\boldsymbol{s}_k^{\mathrm{T}}\boldsymbol{B}_k}{\boldsymbol{s}_k^{\mathrm{T}}\boldsymbol{B}_k\boldsymbol{s}_k},$$

其中,

$$\boldsymbol{y}_k=\boldsymbol{g}_{k+1}-\boldsymbol{g}_k,\quad \boldsymbol{s}_k=\boldsymbol{w}^{(k+1)}-\boldsymbol{w}^{(k)}.$$

(7) 置 $k:=k+1$ 转步骤 (3).

14.2.5 线性链条件随机场的解码算法

现在考虑线性链条件随机场的第三个问题: 预测与解码. 在这个问题中, 给定线性链条件随机场的条件概率 $P(y|x)$ 和一个观测序列 x, 需要求出满足 $P(y|x)$ 取最大值对应的序列 y^*.

由式 (14.21) 可得

$$\begin{aligned}
y^* &= \arg\max_y P_{\boldsymbol{w}}(y|x)\\
&= \arg\max_y \frac{1}{Z(x)}\exp\left(\sum_{k=1}^K w_k f_k(y,x)\right)\\
&= \arg\max_y \exp\left(\sum_{k=1}^K w_k f_k(y,x)\right)
\end{aligned}$$

$$=\arg\max_y \sum_{k=1}^{K} w_k f_k(y,x).$$

于是, 线性链条件随机场的解码问题就转化为求非规范化概率取最大值

$$\max_y \sum_{k=1}^{K} w_k f_k(y,x) \tag{14.33}$$

的最优路径问题, 这里, 路径表示标记序列. 注意到, 此时只需要计算非规范化概率 (而不必计算概率), 可以大大提高计算效率.

与隐马尔可夫模型的解码算法类似, 线性链条件随机场所使用的解码算法仍然是著名的维特比算法. 维特比算法本身是一个动态规划算法, 利用了两个局部状态和对应的递推公式, 从局部递推到整体, 进而得到问题的解. 对于具体不同的问题, 仅仅是这两个局部状态的定义和对应的递推公式不同而已. 由于在之前已详述维特比算法, 这里就是做一个简略的流程描述.

关于线性链条件随机场中的维特比算法, 第一个局部状态定义为 $\phi_i(l)$, 表示在位置 i 标记 l 各个可能取值 $(1,2,\cdots,m)$ 对应的非规范化概率的最大值 (由于规范化因子 $Z(x)$ 不影响最大值的比较). 首先求出位置 $i=1$ 上各标记 $j=1,2,\cdots,m$ 的非规范化概率:

$$\phi_1(j)=\sum_{k=1}^{K} w_k f_k(y_0=\text{start},y_1=j,x,1),\quad l=1,2,\cdots,m. \tag{14.34}$$

然后, 递推地求出在位置 $i=2,\cdots,n$ 的各个标记 l 的非规范化概率的最大值:

$$\phi_i(l)=\max_{1\leqslant j\leqslant m}\left\{\phi_{i-1}(j)+\sum_{k=1}^{K} w_k f_k(y_{i-1}=j,y_i=l,x,i)\right\},\quad l=1,2,\cdots,m. \tag{14.35}$$

与隐马尔可夫模型的维特比算法类似, 需要用另一个局部状态 $\psi_i(l)$ 来记录使 $\phi_i(l)$ 达到最大值的路径 (即非规范化概率取最大值对应的标记取值), 这个值用来最终回溯最优解, $\psi_i(l)$ 的递推表达式为

$$\psi_i(l)=\arg\max_{1\leqslant j\leqslant m}\left\{\phi_{i-1}(j)+\sum_{k=1}^{K} w_k f_k(y_{i-1}=j,y_i=l,x,i)\right\},\quad j=1,2,\cdots,m. \tag{14.36}$$

完成上述递推过程可得到非规范化概率的最大值:

$$\max_y \sum_{k=1}^{K} w_k f_k(y,x)=\max_{1\leqslant j\leqslant m}\phi_n(j), \tag{14.37}$$

以及最优路径的终点

$$y_n^* = \arg\max_{1 \leqslant j \leqslant m} \phi_n(j), \tag{14.38}$$

并由此最优路径终点回溯得到

$$y_i^* = \psi_{i+1}(y_{i+1}^*), \quad i = n-1, n-2, \cdots, 1, \tag{14.39}$$

最后求得最优路径 $\boldsymbol{y}^* = (y_1^*, y_2^*, \cdots, y_n^*)^{\mathrm{T}}$.

下面给出线性链条件随机场模型预测的维特比算法流程.

算法 14.8 (线性链条件随机场模型预测的维特比算法)

输入: 模型的 K 个特征函数和对应的权重, 观测序列 $x = (x_1, x_2, \cdots, x_n)$, 可能的标记个数 m.

输出: 最优标记序列 $\boldsymbol{y}^* = (y_1^*, y_2^*, \cdots, y_n^*)$.

(1) 初始化:

$$\phi_1(j) = \sum_{k=1}^{K} w_k f_k(y_0 = \mathrm{start}, y_1 = j, x, 1), \quad j = 1, 2, \cdots, m,$$
$$\psi_1(j) = \mathrm{start}, \quad j = 1, 2, \cdots, m.$$

(2) 递推计算: 对 $i = 2, 3, \cdots, n$, 计算

$$\phi_i(l) = \max_{1 \leqslant j \leqslant m} \left\{ \phi_{i-1}(j) + \sum_{k=1}^{K} w_k f_k(y_{i-1} = j, y_i = l, x, i) \right\}, \quad l = 1, 2, \cdots, m,$$
$$\psi_i(l) = \arg\max_{1 \leqslant j \leqslant m} \left\{ \phi_{i-1}(j) + \sum_{k=1}^{K} w_k f_k(y_{i-1} = j, y_i = l, x, i) \right\}, \quad l = 1, 2, \cdots, m.$$

(3) 计算终点 $i = n$ 的非规范化概率的最大值

$$\phi^* = \max_{1 \leqslant j \leqslant m} \phi_n(j),$$

以及最优路径的终点:

$$y_n^* = \arg\max_{1 \leqslant j \leqslant m} \phi_n(j).$$

(4) 回溯最优路径:

$$y_i^* = \psi_{i+1}(y_{i+1}^*), \quad i = n-1, n-2, \cdots, 1.$$

最终得到最优标记序列 $\boldsymbol{y}^* = (y_1^*, y_2^*, \cdots, y_n^*)^{\mathrm{T}}$.

下面通过一个简单的例子来加深对维特比算法的理解.

例 14.8 对例 14.7 给出的特征函数及相应的权重系数, 用维特比算法求给定的观测序列 x 对应的最优标记序列 $\boldsymbol{y}^* = (y_1^*, y_2^*, y_3^*)^{\mathrm{T}}$.

解 用维特比算法求最优路径, 这里 $n=3$, $m=2$, $K_1=5$, $K_2=4$, $K=K_1+K_2=9$.

(1) 初始化. 由

$$\phi_1(j)=\sum_{k=1}^{5}\lambda_k t_k(y_0=\text{start},y_1=1,x,1)+\sum_{l=1}^{4}\mu_l s_l(y_1=1,x,1),\quad j=1,2,$$

有

$$\begin{aligned}\phi_1(1)&=\mu_1 s_1(y_1=1,x,1)=0.4\times 1=0.4,\\ \phi_1(2)&=\mu_2 s_2(y_1=1,x,1)=0.6\times 1=0.6.\end{aligned}$$

(2) 递推. 对于 $i=2$, 由

$$\phi_2(l)=\max_{1\leqslant j\leqslant 2}\left\{\phi_1(j)+\sum_{k=1}^{K}w_k f_k(y_1=j,y_2=l,x,2)\right\},\quad l=1,2,$$

有

$$\begin{aligned}\phi_2(1)=&\max_{1\leqslant j\leqslant 2}\left\{\phi_1(j)+\sum_{k=1}^{K}w_k f_k(y_1=j,y_2=1,x,2)\right\}\\ =&\max\left\{\phi_1(1)+\sum_{k=1}^{K}w_k f_k(y_1=1,y_2=1,x,2),\right.\\ &\left.\phi_1(2)+\sum_{k=1}^{K}w_k f_k(y_1=2,y_2=1,x,2)\right\}\\ =&\max\left\{0.4+\sum_{k=1}^{K}w_k f_k(y_1=1,y_2=1,x,2),\right.\\ &\left.0.6+\sum_{k=1}^{K}w_k f_k(y_1=2,y_2=1,x,2)\right\}\\ =&\max\{0.4+\lambda_2 t_2(y_1=1,y_2=1,x,2)+\mu_3 s_3(y_2=1,x,2),\\ &0.6+\lambda_4 t_4(y_1=2,y_2=1,x,2)+\mu_3 s_3(y_2=1,x,2)\}\\ =&\max\{0.4+0.5\times 1+0.8\times 1,\ 0.6+0.6\times 1+0.8\times 1\}=2.0.\end{aligned}$$

$\psi_2(1)=2;$

$$
\begin{aligned}
\phi_2(2) &= \max\left\{0.4+\sum_{k=1}^{K} w_k f_k(y_1=1,y_2=2,x,2),\right.\\
&\qquad \left.0.6+\sum_{k=1}^{K} w_k f_k(y_1=2,y_2=2,x,2)\right\}\\
&= \max\{0.4+\lambda_1 t_1(y_1=1,y_2=2,x)+\mu_2 s_2(y_2=2,x),\\
&\qquad 0.6+\mu_2 s_2(y_2=2,x)\}\\
&= \max\{0.4+0.9\times 1+0.6\times 1, 0.6+0.6\times 1\}=1.9.\\
\psi_2(2) &= 1.
\end{aligned}
$$

对于 $i=3$, 有

$$
\phi_3(l)=\max_{1\leqslant j\leqslant 2}\left\{\phi_2(j)+\sum_{k=1}^{K} w_k f_k(y_2=j,y_3=l,x,3)\right\},\quad l=1,2.
$$

$$
\begin{aligned}
\phi_3(1) &= \max_{1\leqslant j\leqslant 2}\left\{\phi_2(j)+\sum_{k=1}^{K} w_k f_k(y_2=j,y_3=1,x,3)\right\}\\
&= \max\left\{\phi_2(1)+\sum_{k=1}^{K} w_k f_k(y_2=1,y_3=1,x,3),\right.\\
&\qquad \left.\phi_2(2)+\sum_{k=1}^{K} w_k f_k(y_2=2,y_3=1,x,3)\right\}\\
&= \max\left\{2.0+\sum_{k=1}^{K} w_k f_k(y_2=1,y_3=1,x,3),\right.\\
&\qquad \left.1.9+\sum_{k=1}^{K} w_k f_k(y_2=2,y_3=1,x,3)\right\}\\
&= \max\{2.0+\mu_3 s_3(y_3=1,x,3), 1.9+\mu_3 s_3(y_3=1,x,3)\}\\
&= \max\{2.0+0.8\times 1,\ 1.9+0.8\times 1\}=2.8,\\
\psi_3(1) &= 1;\\
\phi_3(2) &= \max\left\{2.0+\sum_{k=1}^{K} w_k f_k(y_2=1,y_3=2,x,3),\right.\\
&\qquad \left.1.9+\sum_{k=1}^{K} w_k f_k(y_2=2,y_3=2,x,3)\right\}\\
&= \max\{2.0+\lambda_1 t_1(y_2=1,y_3=2,x,3)+\mu_4 s_4(y_3=2,x,3),
\end{aligned}
$$

$$
\begin{aligned}
&1.9+\lambda_5 t_5(y_2=2,y_3=2,x,3)+\mu_4 s_4(y_3=2,x,3)\big\}\\
&=\max\big\{2.0+0.9\times 1+1.0\times 1, 1.9+0.3\times 1+1.0\times 1\big\}=3.9.
\end{aligned}
$$

$\psi_3(2)=1.$

(3) 终点 $i=3$ 的非规范化概率的最大值

$$
\max_{1\leqslant l\leqslant 2}\phi_3(l)=\phi_3(2)=3.9,\quad y_3^*=\arg\max_{1\leqslant l\leqslant 2}\phi_3(l)=2.
$$

(4) 回溯路径.

$$
y_2^*=\psi_3(y_3^*)=\psi_3(2)=1,\quad y_1^*=\psi_2(y_2^*)=\psi_2(1)=2.
$$

最优标记序列为 $\boldsymbol{y}^*=(y_1^*,y_2^*,y_3^*)^{\mathrm{T}}=(2,1,2)^{\mathrm{T}}$.

最后, 我们总结一下线性链条件随机场与隐马尔可夫模型的异同. 这两种模型有很多相似之处, 尤其是其三个典型问题非常类似, 除了模型参数学习的问题求解方法不同以外, 概率估计问题和解码问题使用的算法思想基本也是相同的. 同时, 两者都可以用于序列模型, 因此都广泛用于自然语言处理的各个方面.

这两个模型最大的不同之处是: 首先, 线性链条件随机场是判别模型, 而隐马尔可夫模型是生成模型, 换句话说, 线性链条件随机场要优化求解的是条件概率 $P(y|x)$, 而隐马尔可夫模型要求解的是联合概率 $P(x,y)$. 其次, 线性链条件随机场是利用最大熵模型的思路去建立条件概率模型, 对于观测序列并没有做马尔可夫假设; 而隐马尔可夫模型是在对观测序列做了马尔可夫假设的前提下建立联合分布的模型.

当然线性链条件随机场只是条件随机场的一个特例, 条件随机场本身是一个可以适用于很复杂条件概率的模型, 因此理论上条件随机场的使用范围要比隐马尔可夫模型广泛得多.

至于线性链条件随机场的 MATLAB 实现, 目前 MATLAB 系统还没有封装实现线性链条件随机场的函数, 但已有一些学者开发了实现线性链条件随机场的 MATLAB 程序包. 例如在网址:

http://www.cs.ubc.ca/~murphyk/Software/CRF/crf.html

可以下载. 该程序包中实现了线性链条件随机场, 包括解码采用维特比算法, 推理采用前向-后向算法, 参数估计采用拟牛顿方法.

本章课件

第 15 章　强化学习算法

强化学习是一类特殊的机器学习算法, 它要解决的是智能体在环境中如何执行动作以获得最大的累积奖赏. 例如, 对于自动行驶的汽车, 强化学习算法控制汽车的动作, 以保证行驶的安全. 在这里, 智能体就是指强化学习算法, 环境就是车辆当前的行驶状态与路况等由若干参数构成的系统, 奖赏则是人们期望得到的汽车在路面上正确行使而不发生交通事故.

很多实际应用问题都可以抽象成这样的模型. 与监督学习不同, 强化学习没有标签值作为监督信号, 系统只会根据算法给所执行的动作一个评分作为反馈 (奖赏), 这种反馈一般还具有滞后性, 即当前的动作所产生的后果可能要在未来才会完全体现出来, 并且还具有随机性. 例如, 下一时刻路面上出现的车辆、行人等都是随机的而不是确定的. 这些问题给强化学习算法带来了极大的挑战.

15.1　强化学习的模型基础

15.1.1　强化学习的基本特征

强化学习是和监督学习、无监督学习并列的第三种机器学习方法. 强化学习的学习思路和人的思维比较类似, 是在实践中进行学习. 比如学习走路, 如果摔倒了, 那么在大脑里面会给一个负面的奖赏值, 说明走的姿势不好. 然后从摔倒的状态中爬起来, 如果后面正常走了一步, 那么大脑会给一个正面的奖赏值, 就会知道这是一个好的走路姿势. 显然这个过程和之前的机器学习算法是有区别的.

强化学习与监督学习的区别是它没有监督学习已经准备好的训练数据输出值 (标签). 强化学习只有奖赏值, 但是这个奖赏值和监督学习的输出值不一样, 它不是事先给出的, 而是延后给出的, 比如上面的例子里走路摔倒了才得到大脑的奖赏值. 同时, 强化学习的每一步与时间顺序前后关系紧密. 而监督学习的训练数据之间一般都是独立的, 没有这种前后的依赖关系.

强化学习和无监督学习的区别也在于是否有奖赏值. 无监督学习是没有输出值也没有奖赏值, 它只有数据特征. 同时和监督学习一样, 数据之间也都是独立的, 没有强化学习这样的前后依赖关系.

强化学习要求算法在每个时刻作出决策并执行相应的动作. 例如, 对于自动汽车, 驾驶算法需要根据路况来确定当前的行驶策略以保证驾驶安全; 对于围棋,弈者双方需要每一步在棋盘上的哪个位置放置棋子以制胜对方. 这类问题有一个共同的特点: 就是要根据当前状况作出决策并执行相应的动作以达到某一预期目的.

可以说, 强化学习是为解决这类问题量身定做的方法. 强化学习算法通过样本学习得到一个映射函数 π, 这个映射的输入是当前时刻的环境信息, 输出是要执行的动作, 即

$$a = \pi(s), \tag{15.1}$$

其中, s 是当前状态, a 是要执行的动作, 它们分别来自状态集合和动作集合. 动作和状态可以是离散值, 如向左转、向右转等, 此时动作集和状态集是有限集. 动作和状态也可以是连续的实数值, 如向左转 45°、向右转 45° 等, 此时动作集和状态集是无限集. 执行动作的目标是要达到某种预期目的, 在强化学习中用奖赏函数对此进行建模.

强化学习算法要解决的最基本问题是状态的定义. 对于离散的、有限的状态, 可以列出所有的状态值形成状态集合. 而对于连续的状态, 可以定义出描述状态的变量. 例如, 对于自动驾驶的汽车, 如果只考虑本车, 可以定义行驶、停止和异常三种状态 (这是离散的状态); 也可以用汽车的行驶速度和坐标位置来定义状态 (这是连续的状态). 此外, 还需要确定动作的集合, 例如, 对于游戏机, 可以定义上、下、左、右四种动作, 即动作集为 {上、下、左、右}.

15.1.2 强化学习的建模

现在来看强化学习是怎么来建模的. 简单地说, 强化学习的建模思路如图 15.1 所示.

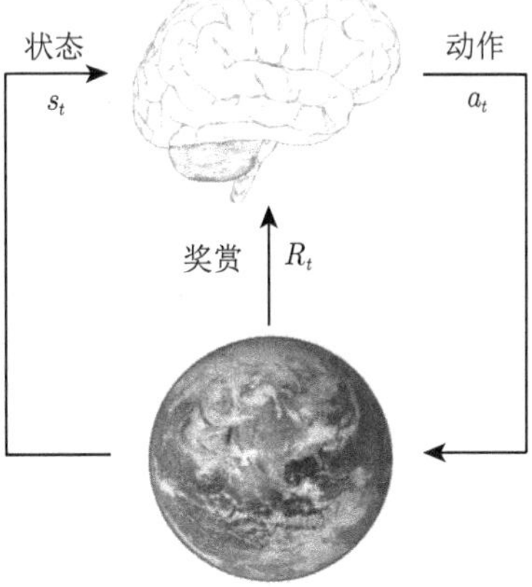

图 15.1 强化学习模型示意图

图 15.1 上方的大脑代表执行算法的智能体. 可以操作智能体来做决策, 即选择一个合适的动作 a_t. 下方的地球代表要研究的环境, 它有自己的状态模型, 在选择了动作 a_t 后, 环境的状态会改变, 会发现环境状态已经变为 s_{t+1}, 同时得到了采取动作 a_t 的延时奖赏 R_{t+1}. 然后智能体可以继续选择下一个合适的动作, 接着环境的状态又会改变, 又有新的奖赏值, 如此继续下去, 直至达到预期的目的. 这就是强化学习的基本思路.

强化学习一般具有下面 8 个基本要素.

第 1 个要素是环境的状态 s. 时刻 t 环境的状态记为 s_t, 它是环境状态集中的某一个状态.

第 2 个要素是智能体的动作 a. 时刻 t 智能体采取的动作记为 a_t, 它是动作集中某一个动作.

第 3 个要素是环境的奖赏值 R. 时刻 t 智能体在状态 s_t 采取的动作 a_t 对应的奖赏值为 R_{t+1}, 会在 $t+1$ 时刻得到.

第 4 个要素是智能体的策略 π, 它代表智能体采取动作的依据, 即智能体会依据策略 π 来选择动作. 最常见的策略表达方式是一个条件概率分布 $\pi(a|s)$, 即在状态 s 时采取动作 a 的概率: $\pi(a|s)=P(a_t=a|s_t=s)$. 此时概率大的动作被智能体选择的概率较高.

第 5 个要素是智能体在策略 π 和状态 s 时, 采取动作后的价值, 一般用 $v_\pi(s)$ 表示. 这个价值一般是一个期望函数. 虽然当前动作会给一个延时奖赏值 R_{t+1}, 但光看这个延时奖赏值是不行的, 因为当前的延时奖赏值高, 不代表到了 $t+1,t+2,\cdots$ 时刻的后续奖赏值也高. 比如下象棋, 某个动作可以吃掉对方的车, 这个延时奖赏值是很高, 但是接着后面却输棋了, 此时吃车的动作奖赏值高但其价值并不高. 因此价值要综合考虑当前的延时奖赏值和后续的延时奖赏值. 价值函数 $v_\pi(s)$ 一般可以表示为

$$v_\pi(s)=\mathbb{E}_\pi[R_{t+1}+\gamma R_{t+2}+\gamma^2 R_{t+3}+\cdots|s_t=s]. \tag{15.2}$$

不同的算法会有对应的一些价值函数变种, 但基本思路是相同的.

第 6 个要素是式 (15.2) 中的参数 γ, 称为奖赏值折扣因子, 在 $[0,1]$ 内. 如果为 $\gamma=0$, 则是贪心法, 即价值只由当前延时奖赏值决定, 如果是 1, 则所有的后续状态奖赏值和当前奖赏值一视同仁. 大多数时候, 会取一个 0 到 1 之间的数字, 即当前延时奖赏值的权重比后续奖赏值的权重大.

第 7 个要素是环境的状态转移模型, 可以理解为一个概率状态机, 它可以表示为一个概率模型, 即在状态 s 下采取动作 a, 转到下一个状态 s' 的概率, 表示为 $P_{ss'}^a=P(s'|s,a)$.

第 8 个要素是探索概率 ε, 这个概率主要用在强化学习训练迭代过程中, 由于一般会选择使当前迭代价值最大的动作, 但是这会导致一些较好的却没有执行过的动作被错过, 因此在训练选择最优动作时, 会有一定的概率 ε 不选择使当前迭代价值最大的动作, 而选择其他的动作.

以上 8 个就是强化学习模型的基本要素. 当然, 在不同的强化学习模型中, 会考虑一些其他的模型要素, 或者不考虑上述要素的某几个, 但是这 8 个是大多数强化学习模型的基本要素.

15.2 强化学习的理论模型

15.2.1 探索与利用

前面提及, 与监督学习不同, 强化学习的最终奖赏是在多步动作之后才能观察到. 不妨先考虑比较简单的情形: 最大化单步奖赏, 即仅考虑一步操作.

欲最大化单步奖赏需考虑两个方面: 一是需要知道每个动作带来的奖赏, 二是要执行奖赏最大的动作. 一般情形是, 一个动作的奖赏值是来自于一个概率分布, 因此, 仅通过一次尝试并不能确切地获得平均奖赏值.

实际上, 单步强化学习任务对应了一个理论模型, 即“K-摇臂机”. 如图 15.2 所示, K-摇臂机有 K 个摇臂, 摇臂人在投入一个硬币后可选择按下其中一个摇臂, 每个摇臂以一定的概率吐出硬币, 但这个概率摇臂人并不知道. 摇臂人的目标是通过一定的策略最大化自己的奖赏, 即获得最多的硬币.

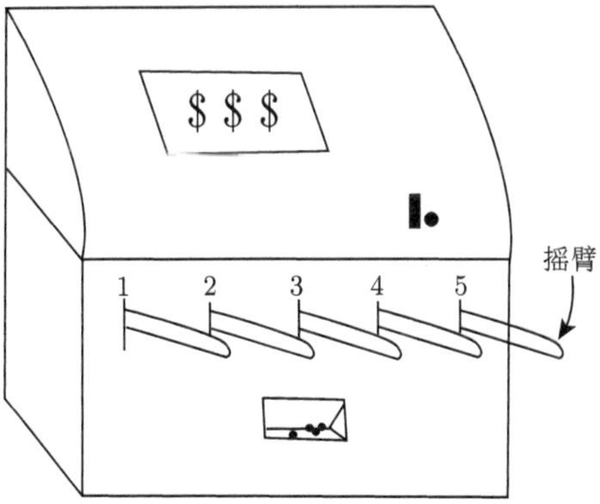

图 15.2 K-摇臂机示意图

若仅为获知每个摇臂的期望奖赏, 则可采用“仅探索”法: 将所有的尝试机会平均分配给每个摇臂 (即轮流按下每个摇臂), 最后以每个摇臂各自的平均吐币概率作为其奖赏期望的近似估计. 若仅为执行奖赏最大的动作, 则可采用“仅利用”

法: 按下目前最优的 (即到目前为止平均奖赏最大的) 摇臂, 若有多个摇臂同为最优, 则从中随机选取一个. 显然, “仅探索” 法能很好地估计每个摇臂的奖赏, 却会失去很多选择最优摇臂的机会; “仅利用” 法则相反, 它没有很好地估计摇臂期望奖赏, 很可能经常选不到最优摇臂. 因此, 这两种方法都难以使最终的累积奖赏最大化.

事实上, “探索” (即估计摇臂的优劣) 和 “利用” (即选择当前最优摇臂) 这两者是矛盾的, 因为尝试次数 (即总投币数) 有限, 加强了一方则会自然削弱另一方, 这就是强化学习所面临的 “探索-利用窘境”. 显然, 欲使累积奖赏最大, 则必须在探索与利用之间达成较好的折中.

15.2.2 ε-贪心算法

ε-贪心算法基于一个概率来对探索和利用进行折中: 每次尝试时, 以 ε 的概率进行探索, 即以均匀概率随机选取一个摇臂; 以 $1-\varepsilon$ 的概率进行利用, 即选择当前平均奖赏最高的摇臂. 如果有多个奖赏值最高的摇臂, 则随机选取一个.

令 $Q(k)$ 记录摇臂 k 的平均奖赏. 若摇臂 k 被尝试了 n 次, 得到的奖赏为 $v_1, v_2, \cdots, v_n$, 则平均奖赏为

$$Q(k)=\frac{1}{n}\sum_{i=1}^{n} v_i. \tag{15.3}$$

若直接根据式 (15.3) 计算平均奖赏, 则需记录 n 个奖赏值. 显然, 更高效的做法是对均值进行递推计算. 不妨用下标来表示尝试的次数, 并设初始值 $Q_0(k)=0$. 对于任意的 $n \geqslant 1$, 若第 $n-1$ 次尝试后的平均奖赏为 $Q_{n-1}(k)$, 则在经过第 n 次尝试获得奖赏 v_n 后, 平均奖赏应更新为

$$\begin{aligned} Q_n(k) &= \frac{1}{n}\big((n-1)Q_{n-1}(k)+v_n\big) \\ &= Q_{n-1}(k)+\frac{1}{n}\big(v_n - Q_{n-1}(k)\big). \end{aligned}$$

这样, 无论摇臂被尝试多少次都仅需记录两个值: 已尝试次数 $n-1$ 和最近平均奖赏 $Q_{n-1}(k)$. ε-贪心算法描述如下.

算法 15.1 (ε-贪心算法)

输入: 摇臂数 K, 奖赏函数 R, 尝试次数 T, 探索概率 ε.

输出: 累积奖赏值 r.

(1) 初始化. 对 $i=1,2,\cdots,K$, 置 $Q(i)=0,\ n(i)=1$.

(2) 累积奖赏赋初值 $r=0$.

(3) **for** $t=1,2,\cdots,T$ **do**

if rand $< \varepsilon$ **then**

$k =$ 以均匀分布概率从 $\{1, 2, \cdots, K\}$ 中随机选取;

else

$k = \arg\max_i Q(i),\ i = 1, 2, \cdots, K;$

end if

$v = R(k),\ r = r + v.$

$$Q(k) = \frac{1}{n(k)}\big(v + (n(k) - 1)Q(k)\big).$$

$n(k) = n(k) + 1.$

end for

从算法 15.1 可以看出, 若摇臂奖赏的不确定性较大, 则需更多的探索, 此时需要较大的 ε 值; 若摇臂的不确定性较小, 则少量的尝试就能很好地近似真实奖赏, 此时需要的 ε 较小. 通常令 ε 取一个较小的常数, 如 0.1 或 0.01. 然而, 若尝试次数很大, 那么在一段时间后, 摇臂的奖赏都能很好地近似出来, 不再需要探索, 这种情形下可令 ε 随着尝试次数的增加而逐渐减小, 例如令 $\varepsilon = 1/\sqrt{t}$.

15.2.3 Softmax 算法

Softmax 算法基于当前已知的摇臂平均奖赏来对探索和利用进行折中. 若各摇臂的平均奖赏相当, 则选取各摇臂的概率也相当; 若某些摇臂的平均奖赏明显高于其他摇臂, 则它们被选取的概率也明显更高.

Softmax 算法中摇臂概率的分配基于 Boltzmann 分布

$$P(k) = \mathrm{e}^{\frac{Q(k)}{\tau}} \Big/ \sum_{i=1}^{K} \mathrm{e}^{\frac{Q(i)}{\tau}}, \tag{15.4}$$

其中, $Q(i)$ 记录当前摇臂的平均奖赏; $\tau > 0$ 称为“温度”, τ 越小则平均奖赏高的摇臂被选取的概率越高. τ 趋于 0 时 Softmax 将趋于“仅利用”, τ 趋于无穷大时 Softmax 则将趋于“仅探索”. Softmax 算法流程描述如下.

算法 15.2 (Softmax 算法)

输入: 摇臂数 K, 奖赏函数 R, 尝试次数 T, 温度参数 τ.

输出: 累积奖赏值 r.

(1) 初始化. 对 $i = 1, 2, \cdots, K$, 置 $Q(i) = 0,\ n(i) = 1$.

(2) 累积奖赏赋初值 $r = 0$.

(3) **for** $t = 1, 2, \cdots, K$ **do**

if rand $< \varepsilon$ **then**

$k =$ 以式 (15.4) 的概率从 $\{1, 2, \cdots, K\}$ 中随机选取一个;

else

$k = \arg\max_i Q(i),\ i = 1, 2, \cdots, K;$

end if

$v = R(k),\ r = r + v.$

$$Q(k) = \frac{1}{n(k)}\big(v + (n(k) - 1)Q(k)\big).$$

$n(k) = n(k) + 1.$

end for

例 15.1　ε-贪心算法与 Softmax 算法孰优孰劣, 主要取决于具体应用. 为了更直观地观察它们的差别, 考虑一个简单的例子: 假定摇臂机有 5 个摇臂, 1—5 号摇臂分别以 0, 0.2, 0.4, 0.6, 0.8 的概率返回奖赏 1, 以 1, 0.8, 0.6, 0.4, 0.2 的概率返回奖赏 0.

可编制奖赏函数的 MATLAB 程序如下.

```
function v=R(n,i)
    %n:摇臂个数,i:所选摇臂,v:奖赏
    if rand<(i-1)/n
        v=1;%概率(i-1)/n取得奖赏1
    else
        v=0;%概率1-(i-1)/n取得奖赏0
    end
end
```

仅探索算法的 MATLAB 程序如下.

```
function av=explore(n,k)
    %n-摇臂个数,k-试验次数,av-平均累积奖赏
    v=0;av=[];
    for s=1:k
        i=unidrnd(n);%产生[1,n]的随机整数
        v=v+R(n,i);
        av=[av,v/s];
    end
end
```

ε-贪心算法的 MATLAB 程序如下.

```
function av=greed(n,k,ep)
    %n-摇臂个数,k-试验次数,ep-探索概率,av:平均累积奖赏序
    V=0;av=[];
    for s=1:k
        if s==1||rand()<ep
```

```
            i=unidrnd(n);
        else
            for j=1:n,
                a(j)=mean(v(ii==j));
            end
            a(isnan(a))=0;
            [~,i]=max(a);
        end
        ii(s)=i;v(s)=R(n,i);
        V=V+v(s);av=[av,V/s];
    end
end
```

Softmax 算法的 MATLAB 程序如下.

```
function av=softmax(n,k,t)
    %n-摇臂个数,k-试验次数,t-温度参数,av-平均累积奖赏
    V=0;av=[];
    for s=1:k
        if s==1
            i=unidrnd(n);
        else
            for j=1:n,
                a(j)=mean(v(ii==j));
            end
            a(isnan(a))=0;
            P(j)=exp(a(j)/t)/sum(exp(a(j)/t));
            for j=1:n
                if(sum(P(1:j))>rand)
                    i=j; break;
                end
            end
        end
        ii(s)=i; v(s)=R(n,i);
        V=V+v(s); av=[av,V/s];
    end
end
```

最后, 编制一个 M 文件 (yaobiji_alg.m 文件) 比较几种方法的平均累积奖赏变化, 并绘出图像. 选取探索概率 $\varepsilon = 0.1$, 温度参数 $\tau = 0.1$, 尝试次数为 500. 程序如下.

```
rng(1) %可重复性
```

```
n=5;%摇臂个数
length=500;%试验次数
epsilon=0.1;%探索概率
av_e=explore(n,length);%仅探索算法
av_g=greed(n,length,epsilon);%贪心算法
av_s=softmax(n,length,epsilon);%Softmax算法
plot(1:length,av_e,1:length,av_g,1:length,av_s);%绘图
xlabel('试验次数');ylabel('平均累积奖赏');
legend('仅探索','\epsilon-贪心算法','softmax算法','Location','SE');
```

运行上述程序, 结果如图 15.3 所示.

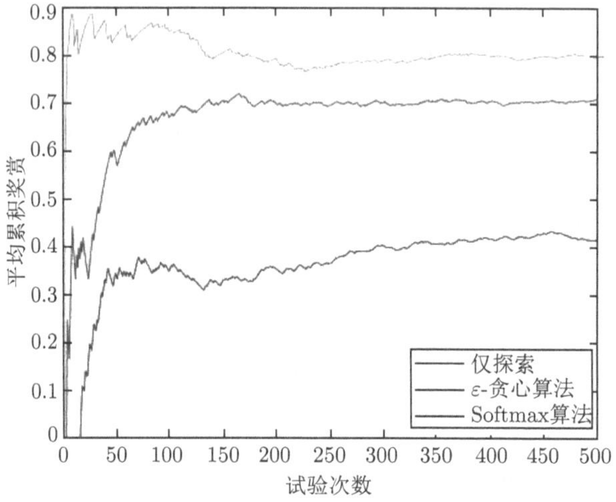

图 15.3　不同算法在 5-摇臂机上的性能比较

从图 15.3 可以看出, 仅探索在试验较多次数后稳定在 0.4 左右 (恰好是 0, 0.2, 0.4, 0.6, 0.8 的均值), Softmax 算法稳定在 0.8 左右, 已经充分学习到了该环境, ε-贪心算法稳定在 0.7 左右, 这是由于使用一定的随机探索概率而比 Softmax 算法稍低一些.

需要说明的是, 对于离散状态空间、离散动作空间上的多步强化学习任务, 一种直接的办法是将每个状态上动作的选择看作一个 K-摇臂机问题, 用强化学习任务的累积奖赏来代替 K-摇臂机算法中的奖赏函数, 即可将算法用于每个状态: 对每个状态分别记录各动作的尝试次数、当前平均累积奖赏等信息, 基于摇臂机算法选择要尝试的动作. 然而这样的做法有很多局限, 因为它没有考虑强化学习任务马尔可夫决策过程的结构. 在 15.3 节将会看到, 若能有效考虑马尔可夫决策过程的特性, 则可以有更聪明的办法.

15.3 马尔可夫决策过程

在 15.1 节中列出了强化学习模型的 8 个基本要素, 但仅凭这些要素是无法使用强化学习来解决问题的. 一般来说, 强化学习模型比较复杂, 因此对模型的简化显得很重要. 本节主要讲述如何利用马尔可夫决策过程 (Markov Decision Process, MDP) 来简化强化学习的建模.

强化学习模型 8 个要素中的第 7 个是环境的状态转移模型, 它可以表示为一个概率模型, 即在状态 s 下采取动作 a, 转到下一个状态 s' 的概率, 表示为 $P_{ss'}^a$.

如果按照真实的环境转移过程看, 转移到下一个状态 s' 的概率既与上一个状态 s 有关, 还与之前的每一个状态都有关. 这将导致环境转移模型非常复杂, 复杂到难以建模. 因此需要对环境转移模型进行简化. 简化的方法就是假设状态转移服从马尔可夫性, 也就是假设转移到下一个状态 s' 的概率仅与上一个状态 s 有关, 与之前的状态无关. 用公式表示就是

$$P_{ss'}^a = P(s_{t+1} = s'|s_t = s, a_t = a). \tag{15.5}$$

除了对环境的状态转移模型这个因素做马尔可夫性假设外, 还需假设第 4 个要素智能体策略 π 仅依赖于当前状态, 即在状态 s 时采取动作 a 的概率仅与当前状态 s 有关, 与其他的要素无关. 用公式表示就是

$$\pi(a|s) = P(a_t = a|s_t = s). \tag{15.6}$$

同时, 假设第 5 个要素价值函数 $v_\pi(s)$ 仅依赖于当前状态, 即

$$v_\pi(s) = \mathbb{E}_\pi[G_t|s_t = s] = \mathbb{E}_\pi[R_{t+1} + \gamma R_{t+2} + \gamma^2 R_{t+3} + \cdots|s_t = s], \tag{15.7}$$

其中, G_t 代表收获, 是一个 MDP 中从某一个状态 s_t 开始采样直到终止状态时所有奖赏之和.

式 (15.7) 中的价值函数 $v_\pi(s)$ 没有考虑到所采用的动作 a 带来的价值影响, 因此除了 $v_\pi(s)$ 这个状态价值函数外, 还有一个动作价值函数 $q_\pi(s,a)$, 即

$$q_\pi(s,a) = \mathbb{E}_\pi[G_t|s_t = s, a_t = a] = \mathbb{E}_\pi[R_{t+1} + \gamma R_{t+2} + \gamma^2 R_{t+3} + \cdots|s_t = s, a_t = a]. \tag{15.8}$$

根据状态价值函数的表达式 $v_\pi(s)$, 可以推出

$$\begin{aligned} v_\pi(s) &= \mathbb{E}_\pi[R_{t+1} + \gamma R_{t+2} + \gamma^2 R_{t+3} + \cdots|s_t = s] \\ &= \mathbb{E}_\pi[R_{t+1} + \gamma(R_{t+2} + \gamma R_{t+3} + \cdots)|s_t = s] \end{aligned}$$

$$
\begin{aligned}
&= \mathbb{E}_\pi[R_{t+1} + \gamma G_{t+1} | s_t = s] \\
&= \mathbb{E}_\pi[R_{t+1} + \gamma v_\pi(s_{t+1}) | s_t = s],
\end{aligned}
$$

也就是说, 在 t 时刻的状态 s_t 与 $t+1$ 时刻的状态 s_{t+1} 满足递推关系:

$$
v_\pi(s) = \mathbb{E}_\pi[R_{t+1} + \gamma v_\pi(s_{t+1}) | s_t = s]. \tag{15.9}
$$

式 (15.9) 中的递推式通常称为贝尔曼方程. 这个方程表明, 一个状态的价值由该状态的奖赏以及后续状态价值按一定的折扣比例联合组成.

同理, 可以推导出动作价值函数 $q_\pi(s,a)$ 的贝尔曼方程:

$$
q_\pi(s,a) = \mathbb{E}_\pi[R_{t+1} + \gamma q_\pi(s_{t+1}, a_{t+1}) | s_t = s, a_t = a]. \tag{15.10}
$$

进一步, 根据动作价值函数 $q_\pi(s,a)$ 和状态价值函数 $v_\pi(s)$ 的定义, 容易得到它们之间的转移关系公式:

$$
v_\pi(s) = \sum_a \pi(a|s) q_\pi(s,a) = \mathbb{E}_\pi[q_\pi(s,a) | s_t = s], \tag{15.11}
$$

也就是说, 状态价值函数是所有动作价值函数基于策略 π 的期望, 即某状态下所有动作价值 $q_\pi(s,a)$ 乘以该动作出现的概率 $\pi(a|s)$ 之和, 就得到了对应的状态价值.

另一方面, 根据贝尔曼方程, 也可以利用状态价值函数 $v_\pi(s)$ 表示动作价值函数 $q_\pi(s,a)$, 即

$$
\begin{aligned}
q_\pi(s,a) &= \mathbb{E}_\pi[R_{t+1} + \gamma q_\pi(s_{t+1}, a_{t+1}) | s_t = s, a_t = a] \\
&= \mathbb{E}_\pi[R_{t+1} | s_t = s, a_t = a] + \gamma \mathbb{E}_\pi[q_\pi(s_{t+1}, a_{t+1}) | s_t = s, a_t = a] \\
&= R_s^a + \gamma \sum_{s'} \sum_{a'} P_{ss'}^a \pi(a'|s') q_\pi(s', a') \\
&= R_s^a + \gamma \sum_{s'} P_{ss'}^a \sum_{a'} \pi(a'|s') q_\pi(s', a'),
\end{aligned} \tag{15.12}
$$

即

$$
q_\pi(s,a) = R_s^a + \gamma \sum_{s'} P_{ss'}^a v_\pi(s'). \tag{15.13}
$$

上式表明, 动作价值 $q_\pi(s,a)$ 由两部分相加组成, 第一部分是即时奖赏 R_s^a, 第二部分是环境所有可能出现的下一个状态的概率 $P_{ss'}^a$ 乘以该下一状态的状态价值 $v_\pi(s')$ 之和, 并乘以折扣因子 γ.

由式 (15.11)—(15.13) 可以得到

$$v_\pi(s) = \sum_a \pi(a|s)\left(R_s^a + \gamma \sum_{s'} P_{ss'}^a v_\pi(s')\right), \tag{15.14}$$

$$q_\pi(s,a) = R_s^a + \gamma \sum_{s'} P_{ss'}^a \sum_{a'} \pi(a'|s') q_\pi(s',a'). \tag{15.15}$$

贝尔曼方程 (15.14) 还可以进一步写成

$$v_\pi(s) = R_s + \gamma \sum_a \sum_{s'} P_{ss'}^a v_\pi(s'). \tag{15.16}$$

于是可以写成矩阵形式

$$\begin{pmatrix} v(1) \\ v(2) \\ \vdots \\ v(n) \end{pmatrix} = \begin{pmatrix} R_1 \\ R_2 \\ \vdots \\ R_n \end{pmatrix} + \gamma \begin{pmatrix} P_{11} & P_{12} & \cdots & P_{1n} \\ P_{21} & P_{22} & \cdots & P_{2n} \\ \vdots & \vdots & & \vdots \\ P_{n1} & P_{n2} & \cdots & P_{nn} \end{pmatrix} \begin{pmatrix} v(1) \\ v(2) \\ \vdots \\ v(n) \end{pmatrix}, \tag{15.17}$$

即

$$\boldsymbol{v} = \boldsymbol{R} + \gamma \boldsymbol{P} \boldsymbol{v}. \tag{15.18}$$

贝尔曼方程 (15.18) 是一个线性方程组, 理论上解可以直接求解:

$$\boldsymbol{v} = (\boldsymbol{I} - \gamma \boldsymbol{P})^{-1} \boldsymbol{R},$$

但是它的计算复杂度是 $O(n^3)$, 因为矩阵的求逆过程为 $O(n^3)$. 由于求解复杂度较高, 因此直接求解仅适用于小规模的马尔可夫奖赏过程 (MRP) 情形. 大规模 MRP 的求解通常需要使用迭代法, 常用的迭代方法有: 动态规划算法、蒙特卡罗算法和时序差分学习算法等.

下面来考虑最优价值函数. 求解强化学习问题就是要寻找一个最优策略让智能体在与环境交互的过程中获得始终比其他策略都要多的收获. 一旦找到这个最优策略 π^*, 那么就解决了这个强化学习问题. 一般来说, 找到一个全局最优策略是十分困难的, 但是可以通过比较若干不同策略的优劣来确定一个较好的策略, 也就是局部最优解.

如何比较策略的优劣呢? 一般是通过对应的价值函数来比较的, 也就是说, 寻找较优策略可以通过寻找较优的价值函数来完成. 可以定义最优状态价值函数是所有策略下产生的众多状态价值函数中的最大者, 即

$$v_*(s) = \max_\pi v_\pi(s). \tag{15.19}$$

同理, 可以定义最优动作价值函数是所有策略下产生的众多动作价值函数中的最大者, 即

$$q_*(s,a) = \max_{\pi} q_\pi(s,a). \tag{15.20}$$

最优策略可从最优状态价值函数或者最优动作价值函数得出:

$$\pi_*(a|s) = \begin{cases} 1, & 若\ a = \arg\max\limits_{a\in A} q_*(s,a), \\ 0, & 否则. \end{cases} \tag{15.21}$$

只要找到了最大的状态价值函数或者动作价值函数, 那么对应的策略 π_* 就是强化学习问题的解. 同时, 利用状态价值函数和动作价值函数之间的关系, 也可以得到

$$v_*(s) = \max_{a} q_*(s,a). \tag{15.22}$$

于是, 最优贝尔曼方程为

$$q_*(s,a) = R_s^a + \gamma \sum_{s'\in S} P_{ss'}^a v_*(s'). \tag{15.23}$$

利用式 (15.23) 可以得到

$$v_*(s) = \max_{a} \left(R_s^a + \gamma \sum_{s'\in S} P_{ss'}^a v_*(s') \right), \tag{15.24}$$

$$q_*(s,a) = R_s^a + \gamma \sum_{s'\in S} P_{ss'}^a \max_{a} q_*(s',a). \tag{15.25}$$

在上述最优贝尔曼方程 (15.24)—(15.25) 中, v_* 描述了处于一个状态的长期最优价值, 即在这个状态下考虑到所有可能发生的后续动作, 并且都挑选最优的动作来执行的情况下这个状态的价值. q_* 描述了处于一个状态并执行某个动作后所带来的长期最优价值, 即在这个状态下执行某一特定动作后, 考虑在之后所有可能状态并且在这些状态下总是选取最优动作来执行所带来的长期价值.

15.4 求解最优策略的动态规划算法

本节讨论在马尔可夫假设和贝尔曼方程的基础上使用动态规划 (Dynamic Programming, DP) 算法来求解强化学习问题.

一般来说, 使用动态规划求解问题需要满足两个条件. 一是问题的最优解可以由若干小问题的最优解构成, 即通过寻找子问题的最优解来得到问题的最优解;

二是可以找到子问题状态之间的递推关系, 通过较小的子问题状态递推出较大的子问题的状态. 而强化学习问题恰好满足这两个条件.

再来回顾一下强化学习的两个基本问题.

第一个是预测问题, 即给定强化学习的 6 个要素: 状态集 S, 动作集 A, 模型状态转移概率矩阵 P, 即时奖赏 R, 折扣因子 γ, 给定策略 π, 求解该策略的状态价值函数 $v_\pi(s)$.

第二个是控制问题, 即求解最优的价值函数和策略. 给定强化学习的 5 个要素: 状态集 S, 动作集 A, 模型状态转移概率矩阵 P, 即时奖赏 R, 折扣因子 γ, 求解最优的状态价值函数 $v_*(s)$ 和最优策略 π_*.

15.4.1 策略迭代算法

使用策略迭代法可以完美解决强化学习的预测问题和控制问题. 容易发现, 一方面, 如果想知道最优策略, 就需要能够准确估计价值函数; 另一方面, 要想准确估计价值函数, 就需要知道最优策略, 这样才能够估计准确. 策略迭代法就是通过迭代的方式, 去不断地逼近最优策略.

策略迭代法的基本思路是:

1) 以某种策略 π 开始, 计算当前策略下的状态价值函数 $v_\pi(s)$.

2) 利用这个状态价值函数, 更新策略, 得到 π_*.

3) 再用这个策略 π_* 继续迭代, 更新状态价值函数, 得到 $v'_\pi(s)$, 直到 $v_\pi(s)$ 不再发生变化.

那么, 如何计算当前的状态价值函数 $v_\pi(s)$ 呢? 通常的思路是利用上一次的迭代的 $v_\pi^{(k-1)}(s)$ 来计算当前这一轮迭代的值函数 $v_\pi^{(k)}(s)$. 在式 (15.14)—(15.15) 中令 $a := a_t, s := s_t, s' := s_{t+1}$, 状态价值函数和动作价值函数的贝尔曼方程可以重写为

$$v_\pi(s_t) = \sum_{a_t} \pi(a_t|s_t) \left(R_{s_t}^{a_t} + \gamma \sum_{s_{t+1}} P_{s_t s_{t+1}}^{a_t} v_\pi(s_{t+1}) \right), \tag{15.26}$$

$$q_\pi(s_t, a_t) = R_{s_t}^{a_t} + \gamma \sum_{s_{t+1}} P_{s_t s_{t+1}}^{a_t} \sum_{a_{t+1}} \pi(a_{t+1}|s_{t+1}) q_\pi(s_{t+1}, a_{t+1}). \tag{15.27}$$

状态价值函数 $v_\pi(s_t)$ 与动作价值函数 $q_\pi(s_t, a_t)$ 之间的关系也可以重写为

$$v_\pi(s_t) = \sum_{a_t} \pi(a_t|s_t) q_\pi(s_t, a_t), \tag{15.28}$$

$$q_\pi(s_t, a_t) = R_{s_t}^{a_t} + \gamma \sum_{s_{t+1}} P_{s_t s_{t+1}}^{a_t} v_\pi(s_{t+1}). \tag{15.29}$$

于是结合状态价值函数的贝尔曼方程就能写出计算当前状态价值函数的递推公式:

$$v_{\pi}^{(T)}(s_t)=\sum_{a_t}\pi^{(T-1)}(a_t|s_t)\left(R_{s_t}^{a_t}+\gamma\sum_{s_{t+1}}P_{s_ts_{t+1}}^{a_t}v_{\pi}^{(T-1)}(s_{t+1})\right), \tag{15.30}$$

上式中的 T 代表迭代的轮数, 这个公式计算出了当前的 $v_{\pi}^{(T)}(s)$. 然后如何去更新策略 π_* 呢? 其实很简单, 只需要两步:

1) 计算当前的动作价值函数:

$$q_{\pi}^{(T)}(s_t,a_t)=R_{s_t}^{a_t}+\gamma\sum_{s_{t+1}}P_{s_ts_{t+1}}^{a_t}v_{\pi}^{(T)}(s_{t+1}). \tag{15.31}$$

2) 通过当前的动作价值函数, 找出比较好的策略序列:

$$\pi^{(T+1)}(s_t)=\arg\max_{a_t}q_{\pi}^{(T)}(s_t,a_t). \tag{15.32}$$

至此策略迭代法的基本过程在逻辑上已经基本完成. 需要指出的是, 在策略迭代的算法中, 通常把整个过程分为两个大的步骤:

(1) 计算当前的状态价值函数的过程, 即公式 (15.30), 这一过程称为“策略评估”(Policy Evaluation);

(2) 计算最优策略的过程, 即公式 (15.31)—(15.32), 这一过程称为“策略提升”(Policy Improvement).

下面分别给出策略评估和策略迭代的算法流程.

算法 15.3 (策略评估过程)

输入: 策略 $\pi^{(T-1)}$, 状态转移概率 $P_{s_ts_{t+1}}^{a_t}$, 奖赏 $R_{s_t}^{a_t}$, 折扣因子 γ, 状态价值函数 $v_{\pi}^{(T-1)}(s)$.

输出: $v^{(T)}(s)=v_{k+1}(s)$.

(1) $v_0(s):=v_{\pi}^{(T-1)}(s)$, $k:=0$;

(2) **while** (1) **do**

  for 所有状态 s 计算状态价值函数:

$$v_{k+1}(s_t)=\sum_{a_t}\pi^{(T-1)}(a_t|s_t)\left(R_{s_t}^{a_t}+\gamma\sum_{s_{t+1}}P_{s_ts_{t+1}}^{a_t}v_k(s_{t+1})\right);$$

  end for

  if $v_{k+1}(s)==v_k(s)$, **break**; **end**

  $k:=k+1$;

end while

算法 15.4 (策略迭代算法)

输入：策略 $\pi_0(s)$, 状态转移概率 $P_{s_t s_{t+1}}^{a_t}$, 奖赏 $R_{s_t}^{a_t}$, 折扣因子 γ, 状态价值函数 $v_0(s)$, $k := 0$;

输出：最优策略 $\pi_*(s) = \pi_{k+1}(s)$.

while (1) **do**

调用算法 15.3 进行策略评估, 得到 $v_{k+1}(s)$;

for 所有状态 s, 计算动作价值函数:

$$q_{k+1}(s_t, a_t) = R_{s_t}^{a_t} + \gamma \sum_{s_{t+1}} P_{s_t s_{t+1}}^{a_t} v_{k+1}(s_{t+1});$$

end for

$\pi_{k+1}(s) = \arg\max_a q_{k+1}(s, a)$;

if $\pi_{k+1}(s) == \pi_k(s)$, **break**; **end**

$k := k + 1$;

end while

策略迭代的图形化展示如图 15.4 所示.

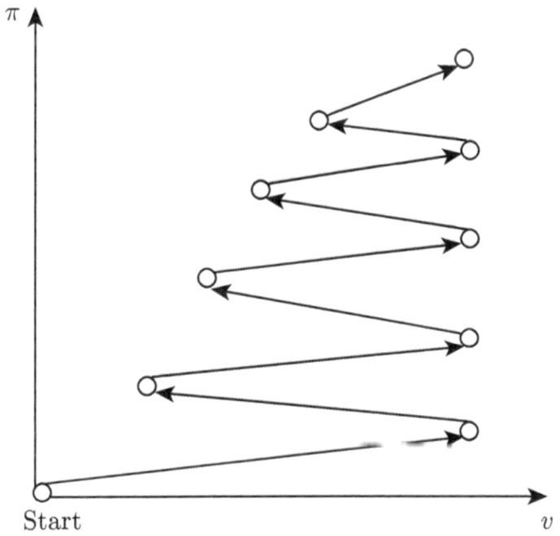

图 15.4 策略迭代示意图

图 15.4 中的横轴表示价值函数 v 的收敛效果, 纵轴表示策略 π 的优异度. 每一次迭代过程, 首先达到价值函数的收敛, 再提升一些策略的优异度. 从图中也可以看出, 策略评估在横轴反向上的截距比较长, 所以它花费的时间比较多, 策略提升是在纵轴上的截距, 所以花费的时间比较短.

15.4.2 价值迭代算法

从 15.4.1 小节可知, 策略迭代的思想比较简单, 先策略评估, 再策略提升, 直到策略不再变化为止. 但是策略迭代也有缺点, 策略迭代的主要时间都花费在策略评估上, 对一个简单的问题来说, 在策略评估上花费的时间不算长; 但对复杂的问题来说, 这个步骤的时间实在有些长. 一个最直接的想法就是: 能不能缩短在策略评估上花的时间呢? 答案是肯定的, 就是价值迭代.

理解价值迭代原理的思路, 可以从策略迭代的缺点出发:

(1) 容易发现, 策略迭代的策略评估需要价值函数完全收敛才进行到策略提升的步骤. 因此可以考虑对策略评估的要求放低, 这样收敛速度可望会有所提升.

(2) 在策略迭代中关注的是最优的策略, 如果有一种方法, 让最优价值函数和最优策略同时收敛, 那样就可以只关注价值函数的收敛过程, 只要价值函数达到最优, 那么策略也必定会达到最优, 这样就能简化迭代的过程.

将策略提升的公式 (15.31) 代入式 (15.32) 立即得到

$$\pi^{(T+1)}(s_t) = \arg\max_{a_t} \left(R_{s_t}^{a_t} + \gamma \sum_{s_{t+1}} P_{s_t s_{t+1}}^{a_t} v_\pi^{(T)}(s_{t+1}) \right). \tag{15.33}$$

因为价值函数和策略是同步提升的, 这时候式 (15.33) 就可以替换为

$$v_\pi^{(T+1)}(s_t) = \max_{a_t} \left(R_{s_t}^{a_t} + \gamma \sum_{s_{t+1}} P_{s_t s_{t+1}}^{a_t} v_\pi^{(T)}(s_{t+1}) \right). \tag{15.34}$$

下面给出价值迭代法的算法流程.

算法 15.5 (价值迭代算法)

输入: 状态转移概率 $P_{s_t s_{t+1}}^{a_t}$, 奖赏 $R_{s_t}^{a_t}$, 折扣因子 γ.

输出: 最优策略 $\pi_*(s) = \arg\max_{a_t} \left(R_{s_t}^{a_t} + \gamma \sum_{s_{t+1}} P_{s_t s_{t+1}}^{a_t} v_k(s_{t+1}) \right)$.

(1) 初始化价值函数 $v_0(s) = 0$, 初始化策略 π_0, $k := 0$;

(2) **while** (1) **do**

for 所有状态 s 计算:

$$v_{k+1}(s_t) = \max_{a_t} \left(R_{s_t}^{a_t} + \gamma \sum_{s_{t+1}} P_{s_t s_{t+1}}^{a_t} v_k(s_{t+1}) \right);$$

end for

if $v_{k+1}(s) == v_k(s)$, **break**; **end**

$k := k + 1$;

end while

价值迭代的图形化展示如图 15.5 所示.

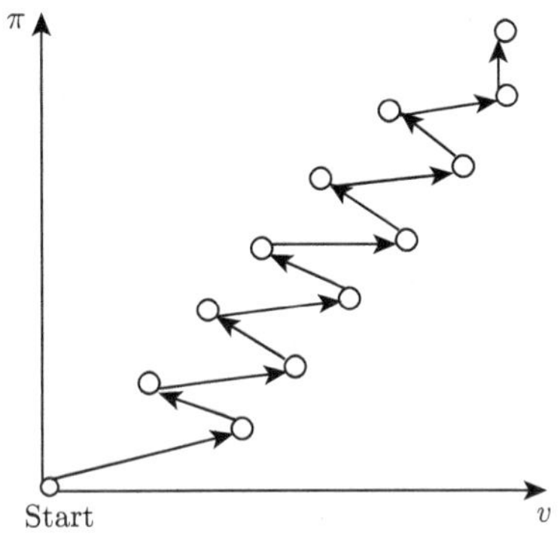

图 15.5 价值迭代示意图

下面总结和对比一下策略迭代和价值迭代两种迭代法的异同.

策略迭代法的中心是策略函数, 它通过反复执行"策略评估 + 策略提升"两个步骤使策略变得越来越好; 而价值迭代法的中心是价值函数, 它通过利用动态规划的方法迭代更新价值函数, 并最终求出策略函数. 由此可以看出两者有如下特点:

1) 两个方法最终都求出策略函数和价值函数.

2) 最优的策略函数都是由收敛的价值函数得到的.

3) 价值函数通过贝尔曼方程收敛.

进一步, 可以发现: 两者都需要训练和更新策略函数和价值函数, 只是侧重点不同. 策略迭代的核心是策略, 为了提升策略, 价值函数可以求解得准确, 也可以求解得不那么准确; 而价值迭代的核心是价值, 算法的核心部分根本没有出现与策略有关的内容, 直到算法最后通过价值函数来求出策略.

可以说, 两种方法都比较极端. 那么, 可不可以找到这两种方法的中间地带呢? 答案是肯定的, 即建立一种所谓的"广义策略迭代法", 就是定义一个迭代算法族, 其中的算法都是由策略迭代和价值迭代算法组合而成的. 组合的方法有很多, 可以形成的方法也有很多, 而前面提到的两种算法是广义策略迭代法的一种特例. 由于其中的算法很多, 这些算法中很有可能存在一些比前面两种算法 (策略迭代和价值迭代) 速度更快的方法.

15.5 求解最优策略的蒙特卡罗法

15.5.1 无模型强化学习的定义

15.4 节讨论了用动态规划算法来求解强化学习的预测问题和控制问题. 当时我们假设模型状态转移概率 $P_{ss'}^{a}$ 是已知的, 对于这样的强化学习问题, 一般称为

“基于模型” (Model-Based) 的强化学习问题.

但动态规划算法在每一次回溯更新某一个状态的价值时, 需要回溯到该状态的所有可能的后续状态, 因而导致对于复杂问题计算量很大. 而且很多时候, 环境的状态转移概率 $P_{ss'}^a$ 无法知道, 此时动态规划算法不能使用. 那么, 此时如何求解强化学习问题呢? 本节要介绍的蒙特卡罗 (Monte-Calo, MC) 方法就是一种求解这类问题的可行方法, 它是一种“无模型” (Model-free) 的强化学习算法.

在环境的状态转移概率 $P_{ss'}^a$ 未知的情形下, “无模型”强化学习的两个问题的定义是:

1) 预测问题. 即给定强化学习的 5 个要素: 状态集 S, 动作集 A, 即时奖赏 R, 折扣因子 γ, 给定的策略 π, 求解该策略的状态价值函数 $v_\pi(s)$.

2) 控制问题. 即给定强化学习的 5 个要素: 状态集 S, 动作集 A, 即时奖赏 R, 折扣因子 γ, 探索概率 ε, 求解最优的动作价值函数 $q_*(s,a)$ 和最优策略 $\pi_*(s)$.

下面简单介绍一下 Model-free 原理 (无模型原理):

1) 确定一个初始策略 π_0 (即采样规则).

2) 用这个策略进行采样, 得到一些采样序列: $\{s_1, a_1, s_2, a_2, \cdots, s_n, a_n\}$.

3) 一旦采样的轮数达到一定数目, 即可认为这些采样序列代表了当前策略与环境交互的表现, 然后将这些序列聚合起来, 得到状态对应的价值函数.

4) 得到了价值函数, 就相当于完成了策略评估的过程, 这样就可以继续按照策略迭代的方法进行策略改进, 得到更新后的策略. 如果策略更新完成, 则过程结束; 否则返回步骤 2).

上述步骤清晰地介绍了无模型学习的过程, 此时学习的关键就落在了下面的两个问题上:

1) 如何得到这些采样序列?

2) 如何使用这些序列进行策略评估?

本节介绍的蒙特卡罗法和 15.6 节将要介绍的“时序差分法” (Temporal Difference Method, TDM) 都属于无模型强化学习的范畴.

15.5.2 蒙特卡罗法求解预测问题

先来讨论蒙特卡罗法求解强化学习的预测问题, 即策略评估. 一个给定策略 π 的有 T 个状态的完整状态序列如下:

$$\{s_1, a_1, R_2, s_2, a_2, \cdots, s_t, a_t, R_{t+1}, \cdots, R_T, s_T\}.$$

注意到, 在 15.3 节中状态价值函数的定义为

$$v_\pi(s) = \mathbb{E}_\pi[G_t | s_t = s] = \mathbb{E}_\pi[R_{t+1} + \gamma R_{t+2} + \gamma^2 R_{t+3} + \cdots | s_t = s],$$

可以看出每个状态的价值函数等于所有该状态收获的期望值, 同时这个收获是通过后续的奖赏与对应的折扣因子乘积之和得到的. 那么对于蒙特卡罗法来说, 如果要求某一个状态的状态价值, 只需要求出所有的完整序列中该状态出现时候的收获再取平均值即可近似求解, 即

$$G_t = R_{t+1} + \gamma R_{t+2} + \gamma^2 R_{t+3} + \cdots + \gamma^{T-t-1} R_T, \tag{15.35}$$

$$\pi(s) \approx \text{average}(G_t), \ \text{s.t.}\ s_t = s. \tag{15.36}$$

可以看出, 预测问题的求解思路很简单, 不过有几点需要考虑.

第一点是同一个状态可能在一个完整的状态序列中重复出现, 那么如何计算该状态的收获呢? 有两种解决方法. 第一种是仅把状态序列中第一次出现该状态时的收获值纳入收获平均值的计算中. 这种方法称为首次访问 (First Visit) 蒙特卡罗法. 第二种是针对一个状态序列中每次出现的该状态, 都计算对应的收获值并纳入收获平均值的计算中. 这种方法称为每次访问 (Every Visit) 蒙特卡罗法. 当然, 第二种方法比第一种的计算量要大一些, 但在完整经历样本序列少的情形下要比第一种方法更适用.

第二点是累进更新平均值 (Incremental Mean). 在式 (15.36) 中, 有一个 average (平均) 的公式, 意味着要保存所有该状态的收获值之和最后取平均. 这样做很浪费存储空间. 一个较好的办法是递推计算收获的均值. 通过下面的公式很容易均值的递推计算:

$$\begin{aligned}\bar{x}_n &= \frac{1}{n}\sum_{i=1}^{n} x_i = \frac{1}{n}\left(x_n + \sum_{i=1}^{n-1} x_i\right)\\ &= \frac{1}{n}\big(x_n + (n-1)\bar{x}_{n-1}\big)\\ &= \bar{x}_{n-1} + \frac{1}{n}(x_n - \bar{x}_{n-1}).\end{aligned}$$

这样, 式 (15.36) 可以改写成

$$\begin{aligned} n(s_t) &:= n(s_t) + 1,\\ v_\pi(s_t) &:= v_\pi(s_t) + \frac{1}{n(s_t)}(G_t - v_\pi(s_t)). \end{aligned} \tag{15.37}$$

上面的公式表明, 无论数据量是多还是少, 算法只需要保存上一轮迭代得到的收获均值 G_t 与次数 $n(s_t)$, 所需内存基本是固定的.

值得注意的是, 当处理的数据是海量数据做分布式迭代时, 可能无法准确计算当前的次数 $n(s_t)$, 此时可以用一个系数 α 来代替 $1/n(s_t)$, 即

$$v_\pi(s_t) := v_\pi(s_t) + \alpha(G_t - v_\pi(s_t)).$$

对于动作价值函数 $q_\pi(s_t,a_t)$, 也有类似的递推计算公式:

$$q_\pi(s_t,a_t):=q_\pi(s_t,a_t)+\alpha(G_t-q_\pi(s_t,a_t)).$$

以上就是蒙特卡罗法求解预测问题的整个过程.

15.5.3 蒙特卡罗法求解控制问题

蒙特卡罗法求解控制问题的思路类似于 15.4 节动态规划的价值迭代法. 价值迭代法的每轮迭代先做策略评估, 计算出价值 $v_k(s)$, 然后根据一定的方法 (比如 ε-贪心算法) 更新当前策略 π, 最后得到最优价值函数 $v_*(s)$ 和最优策略 $\pi_*(s)$.

与动态规划算法相比, 蒙特卡罗法的不同之处体现在:

1) 预测问题策略评估的方法不同.

2) 蒙特卡罗法一般是最优化动作价值函数 $q_*(s,a)$, 而不是状态价值函数 $v_*(s)$.

3) 动态规划是基于贪心法更新策略, 而蒙特卡罗法则一般采用 ε-贪心算法更新策略. 这个 ε-贪心算法就是 15.2 节中的算法 15.1. ε-贪心算法通过设置一个较小的 ε 值, 使用 $1-\varepsilon$ 的概率选择当前认为是最大的奖赏值, 而用 ε 的概率随机地从所有 $|A|$ 个可选动作中选择一个动作, 其中 A 是动作的集合. 用公式可以表示为

$$\pi(a|s)=\begin{cases}\dfrac{\varepsilon}{|A|}+1-\varepsilon, & 若\ a^*=\underset{a\in A}{\arg\max}\, q(s,a),\\ \dfrac{\varepsilon}{|A|}, & 否则.\end{cases} \tag{15.38}$$

在实际求解控制问题时, 为了使算法收敛, 一般 ε 会随着算法的迭代进程逐渐减小, 并趋于 0. 也就是迭代的前期鼓励探索, 而在后期, 有了足够的探索量之后转向以贪心为主, 使算法可以稳定收敛. 用 ε-贪心算法求解控制问题的过程如图 15.6 所示.

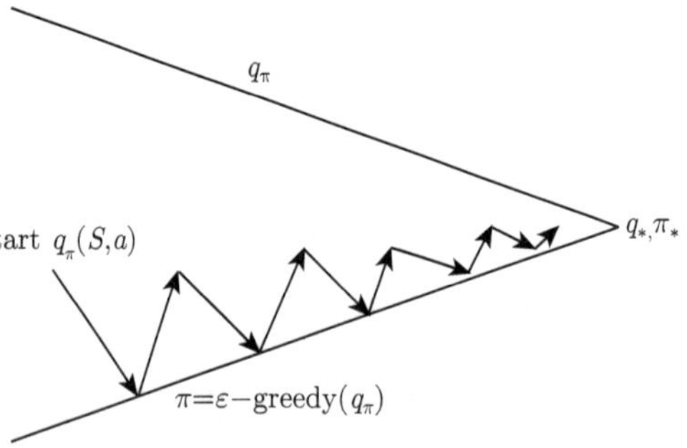

图 15.6　ε-贪心算法求解控制问题示意图

下面总结一下蒙特卡罗法求解控制问题的算法流程, 我们采用每次访问策略, 即各状态序列中每次出现的相同状态, 都会计算对应的收获值.

算法 15.6 (蒙特卡罗法)

输入: 状态集 S, 动作集 A, 即时奖赏 R, 折扣因子 γ, 探索概率 ε.

输出: 最优的动作价值函数 q_* 和最优策略 π_*.

(1) 初始化所有的动作价值 $q_\pi(s,a)=0$, 状态数 $n(s,a)=0$, 采样数 $k:=1$, 随机初始化策略 π;

(2) 基于策略 π 进行第 k 次蒙特卡罗采样, 得到一个完整的状态序列:

$$s_1, a_1, R_2, s_2, a_2, \cdots, s_t, a_t, R_{t+1}, \cdots, R_T, s_T.$$

(3) 对于该状态序列里出现的每一状态-动作对 (s_t,a_t), 计算其收获 G_t, 更新其计数 $n(s,a)$ 和动作价值函数 $q_\pi(s,a)$:

$$\begin{aligned}
&G_t = R_{t+1} + \gamma R_{t+2} + \gamma^2 R_{t+3} + \cdots + \gamma^{T-t-1} R_T,\\
&n(s_t,a_t) := n(s_t,a_t) + 1,\\
&q_\pi(s_t,a_t) := q_\pi(s_t,a_t) + \frac{1}{n(s_t,a_t)}(G_t - q_\pi(s_t,a_t)).
\end{aligned}$$

(4) 基于新计算出的动作价值, 更新当前的 ε-贪心策略:

$$\begin{aligned}
&\varepsilon := \frac{1}{k},\\
&\pi(a|s) = \begin{cases} \dfrac{\varepsilon}{|A|} + 1 - \varepsilon, & \text{若 } a^* = \arg\max\limits_{a\in A} q(s,a),\\ \dfrac{\varepsilon}{|A|}, & \text{否则}. \end{cases}
\end{aligned}$$

(5) 若所有的 $q_\pi(s,a)$ 收敛, 则输出最优动作价值函数 $q_*(s,a)\approx q_\pi(s,a)$, 对应的策略 $\pi(a|s)$ 即为最优策略 π_*. 否则, 置 $k:=k+1$ 转步骤 (2).

算法 15.6 是无模型的强化学习问题求解方法, 它不需要事先知道环境转移概率, 同时还可以避免用动态规划方法求解的复杂性, 因此这一算法可以用于海量数据和复杂模型. 但它的缺点是每次采样都需要一个完整的状态序列. 如果没有完整的状态序列, 该算法就难以使用, 所以有必要寻找其他更灵活的无模型强化学习方法.

15.6 求解最优策略的时序差分法

15.6.1 时序差分法的基本原理

时序差分法 (TDM) 与蒙特卡罗法类似, 都是无模型强化学习问题的求解方法, 所以在 15.5 节定义的无模型强化学习预测问题和控制问题的定义, 本节仍然适用.

蒙特卡罗法用下面的公式计算状态的收获值:

$$G_t = R_{t+1} + \gamma R_{t+2} + \gamma^2 R_{t+3} + \cdots + \gamma^{T-t-1} R_T.$$

而对于时序差分法来说, 没有完整的状态序列, 只有部分的状态序列, 那么如何得到某个状态的收获呢? 回顾关于状态价值函数的贝尔曼方程:

$$v_\pi(s) = \mathbb{E}[R_{t+1} + \gamma v_\pi(s_{t+1}) | s_t = s],$$

由此受到启发, 可以用 $R_{t+1} + \gamma v_\pi(s_{t+1})$ 来近似地代替收获 G_t. 一般把 $R_{t+1} + \gamma v_\pi(s_{t+1})$ 称为时序差分的目标值, 而将 $[R_{t+1} + \gamma v_\pi(s_{t+1})] - v_\pi(s_t)$ 称为时序差分的误差. 通常将用目标值近似代替收获 G_t 的过程称为引导过程. 这样只需要两个连续的状态与对应的奖赏值, 就可以进行强化学习问题的求解.

首先考虑时序差分法求解预测问题. 时序差分法的预测问题求解跟蒙特卡罗法类似, 但有两点不同. 第一点是收获 G_t 的表达式不同, 其表达式为

$$G_t = R_{t+1} + \gamma v_\pi(s_{t+1}). \tag{15.39}$$

第二点是迭代式中的系数不同. 蒙特卡罗法迭代式中的系数是 $1/n(s_t)$, 即

$$v_\pi(s_t) := v(s_t) + \frac{1}{n(s_t)}(G_t - v_\pi(s_t)).$$

由于时序差分法没有完整的序列, 无法得到次数 $n(s_t)$ 的值, 因此就用一个系数 $\alpha \in [0,1]$ 代替. 这样时序差分法的价值函数迭代式为

$$v_\pi(s_t) := v_\pi(s_t) + \alpha(G_t - v_\pi(s_t)), \tag{15.40}$$

$$q_\pi(s_t, a_t) := q_\pi(s_t, a_t) + \alpha(G_t - q_\pi(s_t, a_t)). \tag{15.41}$$

时序差分法迭代公式 (15.40)—(15.41) 是使用 $R_{t+1} + \gamma v_\pi(s_{t+1})$ 来近似地代替收获 G_t, 即向前一步来近似收获 G_t, 那么能不能向前两步呢? 答案是肯定的, 此时收获 G_t 的近似表达式为

$$G_t^{(2)} = R_{t+1} + \gamma R_{t+2} + \gamma^2 v_\pi(s_{t+2}). \tag{15.42}$$

从向前两步、三步, 再到 n 步, 可以归纳出 n 步时序差分收获 $G_t^{(n)}$ 表达式为

$$G_t^{(n)} = R_{t+1} + \gamma R_{t+2} + \cdots + \gamma^{n-1} R_{t+n} + \gamma^n v_\pi(s_{t+n}). \tag{15.43}$$

可以看出, 当 n 很大以致趋于无穷时, 近似于使用完整的状态序列, 那么, n 步时序差分就等价于蒙特卡罗法.

此外, n 步时序差分与单步时序差分的区别在于收获的计算方式的差异. 那么 n 的值究竟取多少呢? 为了能在不增加计算复杂度的情况下综合考虑所有步数的预测, 引入一个参数 $\lambda \in [0,1]$, 并定义

$$G_t^{\lambda} = (1-\lambda)\sum_{n=1}^{\infty} \lambda^{n-1} G_t^{(n)}, \tag{15.44}$$

这里 G_t^{λ} 称为 λ-收获, 它是 n 从 1 到 ∞ 所有步的收获 $G_t^{(n)}$ 乘以权重 $(1-\lambda)\lambda^{n-1}$ 的和. 我们将以 G_t^{λ} 为收获的时序差分法记作 TD(λ), 其价值函数的迭代公式为

$$w_n = (1-\lambda)\lambda^{n-1}, \quad G_t^{\lambda} = \sum_{n=1}^{\infty} w_n G_t^{(n)}, \tag{15.45}$$

$$v_{\pi}(s_t) := v_{\pi}(s_t) + \alpha(G_t^{\lambda} - v_{\pi}(s_t)), \tag{15.46}$$

$$q_{\pi}(s_t, a_t) := q_{\pi}(s_t, a_t) + \alpha(G_t^{\lambda} - q_{\pi}(s_t, a_t)). \tag{15.47}$$

容易发现, $w_n \geqslant 0$, 且

$$\sum_{n=1}^{\infty} w_n = (1-\lambda)\sum_{n=1}^{\infty} \lambda^{n-1} = (1-\lambda)\cdot\frac{1}{1-\lambda} = 1,$$

这就是选取权重系数为 $w_n = (1-\lambda)\lambda^{n-1}$ 的原因.

对于 TD(λ), 如果从前向视角来看, 一个状态的价值 $v(s_t)$ 由收获 G_t 得到, 而 G_t 又间接由所有后续状态价值计算得到, 因此可以认为更新一个状态的价值需要知道所有后续状态的价值. 也就是说, 必须要经历完整的状态序列获得包括终止状态的每一个状态的即时奖赏才能更新当前状态的价值. 这与蒙特卡罗法的要求一样, 因此 TD(λ) 有着与蒙特卡罗法一样的缺点. 另外, 可以看到, 当 $\lambda = 0$ 时, TD(λ) 退化为单步时序差分法, 而当 $\lambda = 1$ 时, 就是蒙特卡罗法.

但如果从反向视角来看 TD(λ), 它可以分析状态对后续状态的影响. 例如老鼠在依次连续接受了 3 次响铃和 1 次亮灯信号后遭到了电击, 那么在分析遭电击的原因时, 到底是响铃的因素较重要还是亮灯的因素更重要呢? 如果把老鼠遭到电击的原因认为是之前接受了较多次数的响铃, 则称这种归因为频率启发式 (Frequency Heuristic); 而把电击归因于最近少数几次状态的影响, 则称为就近启发式 (Recency Heuristic). 如果给每个状态引入一个效用值 (Eligibility, E) 来表示该状态对后续状态的影响, 就可以同时利用到上述两个启发. 而所有状态的效用值称为效用迹 (Eligibility Traces), 定义为

$$\begin{aligned} E_0(s) &= 0, \\ E_t(s) &= \gamma\lambda E_{t-1}(s) + \mathbb{I}(s_t = s). \end{aligned}$$

上式中的 $\mathbb{I}(s_t = s)$ 为示性函数, 即如果 $s_t = s$ 时, 取值为 1, 否则取值为 0. 上式表示, 时刻 t 状态 s 的效用迹等于时刻 $t-1$ 的效用迹乘以衰减系数 $\gamma\lambda$ 加上当前状态的效用. 如果当前状态是所求 s, 就加 1, 否则加 0.

此时 TD(λ) 的价值函数更新式可表示为

$$\delta_t = [R_{t+1} + \gamma v_\pi(s_{t+1})] - v_\pi(s_t), \tag{15.48}$$

$$v_\pi(s_t) := v_\pi(s_t) + \alpha\delta_t E_t(s). \tag{15.49}$$

类似地, 对应的动作价值函数的迭代公式为

$$\delta_t = [R_{t+1} + \gamma q_\pi(s_{t+1}, a_{t+1})] - q_\pi(s_t, a_t), \tag{15.50}$$

$$q_\pi(s_t, a_t) := q_\pi(s_t, a_t) + \alpha\delta_t E_t(s, a). \tag{15.51}$$

通俗地说, 后向视角的 TD(λ) 好比“秋后算账”, 看前面哪个状态贡献比较大, 之后就对这个状态的效用迹加 1, 而其他状态效用迹不断地衰减. 总之, 前向视角的 TD(λ) 提供算法理论, 而后向视角的 TD(λ) 则提供实用算法, 通过后向视角, 可以实现在线更新, 每步更新都从不完整的状态进行更新.

现在再回到单步的时序差分, 来看看它如何求解控制问题. 回想一下蒙特卡罗法在线 (on-policy) 求解控制问题的方法, 使用的是 ε-贪心算法来做价值迭代. 那么对于时序差分法, 同样可以使用 ε-贪心算法来进行价值迭代, 其区别只是收获的计算方式不同. 时序差分法的在线控制算法最常见的是 SARSA 算法, 我们将在 15.6.2 小节详细介绍.

除了在线控制算法, 还可以进行所谓的离线控制 (off-policy), 它与在线控制的区别是: 在线控制一般只有一个策略 (ε-贪心算法), 而离线控制一般有两个策略, 其中一个策略 (ε-贪心算法) 用于选择新的动作, 另一个策略 (贪心算法) 用于更新价值函数. 时序差分的离线控制算法最常见的是 Q-学习算法, 将在 15.6.3 小节专门介绍.

15.6.2 SARSA 算法及 MATLAB 实现

使用时序差分求解强化学习控制问题的方法之一是所谓的 SARSA (State-Action-Reward-State-Action) 算法. 由于时序差分法属于无模型强化学习方法的范畴, 其控制问题可表述为: 给定状态集 S, 动作集 A, 即时奖赏 R, 折扣因子 γ, 探索概率 ε, 求解最优的动作价值函数 q_* 和最优策略 π_*.

这类强化学习问题的求解不需要环境的状态转移概率 $P_{ss'}^a$, 对于其控制问题的求解与蒙特卡罗法类似, 都是利用价值迭代. 也就是通过更新价值函数来更新当前的策略, 再利用这个新的策略来产生新的状态和即时奖赏, 进而更新价值函数. 这个过程一直进行下去, 直到价值函数和策略都收敛为止.

SARSA 算法属于在线控制的范畴, 即一直使用一个策略来更新价值函数和选择新的动作, 而这个策略是 ε-贪心算法, 即通过设置一个较小的 ε, 使用 $1-\varepsilon$ 的概率选择目前认为是最大动作价值的动作, 而用 ε 的概率随机地从所有 $|A|$ 个可选动作中选择某个动作, 其计算公式为

$$\pi(a|s)=\begin{cases}\dfrac{\varepsilon}{|A|}+1-\varepsilon, & a^*=\arg\max\limits_{a\in A} q(s,a),\\ \dfrac{\varepsilon}{|A|}, & \text{否则}.\end{cases}$$

SARSA 算法在迭代的时候, 首先基于 ε-贪心算法在当前状态 s 选择一个动作 a, 这样系统会转到一个新的状态 s', 同时获得一个即时奖赏 R, 在新的状态 s', 又会基于 ε-贪心算法在状态 s' 选择一个动作 a', 但此时并不执行这个动作 a', 只是用它来更新价值函数, 价值函数的更新公式是

$$q_\pi(s,a):=q_\pi(s,a)+\alpha([R+\gamma q_\pi(s',a')]-q_\pi(s,a)), \tag{15.52}$$

其中, γ 是折扣因子, α 是迭代步长.

下面写出 SARSA 算法的详细流程.

算法 15.7 (SARSA 算法)

输入: 状态集 S, 动作集 A, 折扣因子 γ, 探索概率 ε, 步长 α, 迭代轮数 T.

输出: 所有的状态和动作对应的价值 $q_\pi(s,a)$.

1) 随机初始化所有的状态 s 和动作 a 对应的价值 $q_\pi(s,a)$.

2) 对于终止状态的价值 $q_\pi(s,a)$ 初始化为 0. 置 $i:=0$;

3) **while** $(i<=T)$ **do**

(a) 初始化 s 为当前状态序列的第一个状态, 设置 a 为 ε-贪心算法在当前状态 s 选择的动作.

(b) 在状态 s 执行当前动作 a, 得到新状态 s' 和奖赏 R.

(c) 用 ε-贪心算法在状态 s' 选择新的动作 a'.

(d) 更新价值函数 $q_\pi(s,a)$:

$$q_\pi(s,a):=q_\pi(s,a)+\alpha([R+\gamma q_\pi(s',a')]-q_\pi(s,a)).$$

(e) 若 s' 是终止状态, 当前轮迭代完毕; 否则置 $s:=s'$, $a:=a'$, $i:=i+1$ 转到子步 (b).

end while

需要注意的是, 上述算法中的步长 α 一般需要随着迭代的进行逐渐变小, 这样才能保证动作价值函数 $q_\pi(s,a)$ 得以收敛. 当 $q_\pi(s,a)$ 收敛时, 所采用的策略 ε-贪心算法也就随之收敛.

类似于基于反向视角的TD(λ) 算法, 同样可引入SARSA(λ) 算法. 在求解控制问题时, 基于反向视角的SARSA(λ) 算法可以更有效地进行在线学习, 并且数据学习完了之后即可丢弃. 因此SARSA(λ) 算法默认都是基于反向视角来进行价值函数的迭代.

SARSA(λ) 算法除了状态价值函数 $q_\pi(s,a)$ 的更新方式、多步参数 λ 以及反向视角引入的效用迹 $E(s,a)$ 外, 其余算法思想与标准的SARSA 算法类似. 下面写出SARSA(λ) 算法的基本流程.

算法 15.8 (SARSA(λ) 算法)

输入: 状态集 S, 动作集 A, 折扣因子 γ, 探索概率 ε, 步长 α, 迭代轮数 T, 多步参数 λ.

输出: 所有状态和动作对应的价值 $q_\pi(s,a)$.

1) 随机初始化所有的状态 s 和动作 a 对应的价值 $q_\pi(s,a)$.

2) 对于终止状态的价值 $q_\pi(s,a)$ 初始化为 0. 置 $i := 0$;

3) **while** ($i <=$ T) **do**

(a) 初始化所有动作的效用迹 E 为 0, 初始化 s 为当前状态序列的第一个状态. 设置 a 为 ε-贪心算法在当前状态 s 选择的动作.

(b) 在状态 s 执行当前动作 a, 得到新状态 s' 和奖赏 R.

(c) 用 ε-贪心算法在状态 s' 选择新的动作 a'.

(d) 更新效用迹函数 $E(s,a)$ 和TD误差 δ_t:

$$E(s,a) := E(s,a) + 1;$$
$$\delta_t = [R + \gamma q_\pi(s',a')] - q_\pi(s,a).$$

(e) 对当前序列所有出现的状态 s 和对应动作 a, 更新价值函数 $q_\pi(s,a)$ 和效用迹函数 $E(s,a)$:

$$q_\pi(s,a) := q_\pi(s,a) + \alpha\delta_t E(s,a);$$
$$E(s,a) := \gamma\lambda E(s,a).$$

(f) 若 s' 是终止状态, 当前轮迭代完毕; 否则置 $s := s'$, $a := a'$, $i := i+1$ 转到子步 b).

end while

与 SARSA 算法一样, 一般也要求步长 α 随着迭代的进行逐渐变小才能保证动作价值函数 $q_\pi(s,a)$ 收敛.

鉴于上述, 我们发现, 与动态规划法相比, SARSA 算法不需要环境的状态转移概率; 而与蒙特卡罗法相比, SARSA 算法不需要完整的状态序列. 由于它比较灵活, 因而在强化学习方法中使用更为广泛.

但SARSA算法的一个明显缺点是无法求解太复杂的问题, 因为算法需要用一张大表来存储 $q_\pi(s,a)$, 如果状态和动作都达到百万级以上, 在内存里需要保存的这张大表会无比巨大, 甚至溢出, 因而不适合求解大规模问题. 当然, 对于不是特别复杂的问题, 使用 SARSA 算法是一个很不错的求解方法.

例 15.2 我们来看一个用 SARSA 算法求解强化学习问题的简单例子. 这个例子是所谓的"国王移动" (King' Moving) 问题, 如图 15.7 所示, 图中 s 为起点, g 为终点, 每次能前、后、左、右、左前、左后、右前、右后移动. 当到达第 4, 5, 6, 9 列的某一列时, 会在某一状态被"风"向上吹动一格, 如某一时刻到达了第 5 行第 5 列, 则会被吹到第 4 行第 5 列; 当到达第 7, 8 列的某一列时, 会在某一状态被"风"向上吹动两格, 如在第 4 行第 7 列则会被吹到第 2 行第 7 列. 设每步的奖赏都为 -1, 无折扣, 即 $\gamma=1$, 更新步长 $\alpha=0.1$. 对于所有状态 s 和动作 a, 初始价值函数 $q_\pi(s,a)=0$, ε-贪心算法的探索概率 $\varepsilon=0.1$, 求起点 s 到终点 g 的最优路径.

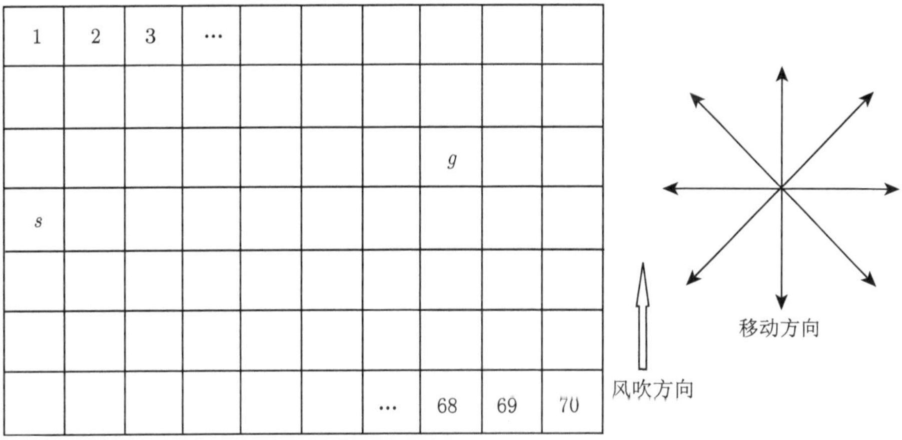

图 15.7 学习问题描述示意图

解 用 SARSA 算法求解的思路是: 将每个状态标号, 从左到右, 从上到下, 标记为 1—70. 从起点 s 状态开始, 用 SARSA 算法更新每个动作价值函数 $Q=q_\pi(s,a)$, 策略选择 ε-贪心算法, 直至到达终点 g. 这是一个完整的采样, 再循环以上过程 n 次, n 可取为 2000, 4000 等, 越大越接近真实值. 最后得到完整的价值函数 Q 表, 从起点开始, 每步选择使 Q 最大的动作, 直到终点 g, 走过的路径即为最优路径.

编制 MATLAB 代码如下 (Sarsa.m 文件).

```
%用SARSA算法求国王移动问题
```

```
rng(1)%可重复性
alpha=0.1;%步长因子
loop_n=2000;%循环次数
reward=-1;%设置奖赏值为-1
global qM; %定义动作价值函数矩阵
qM=zeros(70,70);%价值函数矩阵赋值,初始全为0
routeM=-1./zeros(7,10);
%定义行走路径矩阵,负无穷表示不走此路,0表示走此路
start_s=31; %初始状态
final_state=28;%终止状态
count=0;epiosdes=[];
%SARSA算法更新价值函数
for i=1:1:loop_n
    s=start_s;
    a=select_a(s);%选择当前状态下的动作
    while (1)
        statep=a;%下个状态
        actionp=select_a(statep);%选择动作达到的状态下的动作
        qM(s,a)=qM(s,a)+alpha*(-1+qM(statep,actionp)-qM(s,a));
                %更新价值函数
        s=statep;a=actionp;
        if(s==28),break;end %如果到终点则退出
        count=count+1;
        epiosdes(count)=i;
    end
end
%找最优路径
s=start_s;
while(1)
    [val,a]=min(1./qM(s,:));%根据值函数最大,找下一个动作
    %将下个动作达到的状态设为可行走
    row=floor(a/10)+1;
    clo=a-(row-1)*10;
    routeM(row,clo)=0;
    %将当前状态设为可行走
    row=floor(s/10)+1;
    clo=s-(row-1)*10;
    routeM(row,clo)=0;
    if(a==28),break;end %到达终点,退出
    s=a;%将动作赋给状态
```

```
end
routeM, %显示最优路径矩阵
plot(1:count,epiosdes);
xlabel('Times steps');ylabel('Episodes');
%选择动作函数,用\epsilon-贪心算法
function[action_sel]=select_a(ap)
    actionM=[11,10,9,1,-1,-9,-10,-11];%定义动作,即8个方向
    max=-1000;%要尽量小
    max_n=0;
    e=0.1;%\epsilon-贪心算法的概率
    global qM;
    action_sel=0;
    a_maybe=[-1,-1,-1,-1,-1,-1,-1,-1];
    %ap状态周围可能的状态,初始-1.-1代表没有此状态
    for i=1:8 %ap状态周围可能的状态
        a_maybe(i)=ap-actionM(i);
    %添加有风的情况
    row=floor(a_maybe(i)/10)+1;
    clo=a_maybe(i)-(row-1)*10;
    %向上吹一格的情况
    if(((clo>=4)&(clo<=6))|(clo==9))
        if(row>=2&&row<=7)
            a_maybe(i)=a_maybe(i)-10;
        end
    end
    %向上吹两格的情况
    if((clo==7)|(clo==8))
        if(row>=3&&row<=7)
            a_maybe(i)=a_maybe(i)-20;
        else if(row==2)
                a_maybe(i)=a_maybe(i)-10;
            end
        end
    end
    end
    %排除边角不能走的情况
    if(ap==1),a_maybe(1:4)=-1;a_maybe(6)=-1;end
    if(ap==10),a_maybe(1:3)=-1;a_maybe(5)=-1;a_maybe(8)=-1;end
    if(ap==61),a_maybe(6:8)=-1;a_maybe(1)=-1;a_maybe(4)=-1;end
    if(ap==70),a_maybe(5:8)=-1;a_maybe(3)=-1;end
```

```
    if(ap>=2&&ap<=9),a_maybe(1:3)=-1;end
    if(ap>=62&&ap<=69),a_maybe(6:8)=-1;end
    if(ap==11||ap==21||ap==31||ap==41||ap==51)
        a_maybe(1)=-1; a_maybe(4)=-1;a_maybe(6)=-1;
    end
    if(ap==20||ap==30||ap==40||ap==50||ap==60)
        a_maybe(3)=-1;a_maybe(5)=-1;a_maybe(8)=-1;
    end
    r=rand();%生成随机数
    if(r>e) %大于e,则选择值函数最大的动作
        for i=1:1:8
            if(a_maybe(i)~=-1)
                if(qM(ap,a_maybe(i))>=max)
                    max=qM(ap,a_maybe(i));max_num=i;end
            end
        end
        action_sel=a_maybe(max_num);
    else  %小于e,则随机选取动作
        while(1)
            rr=floor(rand(1)*8)+1;%生成1-8的随机整数
            action_sel=a_maybe(rr);
            if (action_sel~=-1),break;end
        end
    end
end
```

运行上述程序, 在命令窗口显示如下结果:

```
>> SARSA
routeM =
  -Inf  -Inf  -Inf  -Inf  -Inf  -Inf  -Inf  -Inf  -Inf  -Inf
  -Inf  -Inf  -Inf  -Inf  -Inf  -Inf  -Inf  -Inf  -Inf  -Inf
  -Inf  -Inf  -Inf  -Inf  -Inf  -Inf  -Inf     0  -Inf  -Inf
     0  -Inf  -Inf  -Inf  -Inf  -Inf     0  -Inf  -Inf  -Inf
  -Inf     0  -Inf     0     0     0  -Inf  -Inf  -Inf  -Inf
  -Inf  -Inf     0  -Inf  -Inf  -Inf  -Inf  -Inf  -Inf  -Inf
  -Inf  -Inf  -Inf  -Inf  -Inf  -Inf  -Inf  -Inf  -Inf  -Inf
```

上述结果表示循环 2000 次, 即 2000 条采样路径, 0 表示走过的路径. 同时, 得到可视化结果如图 15.8 所示.

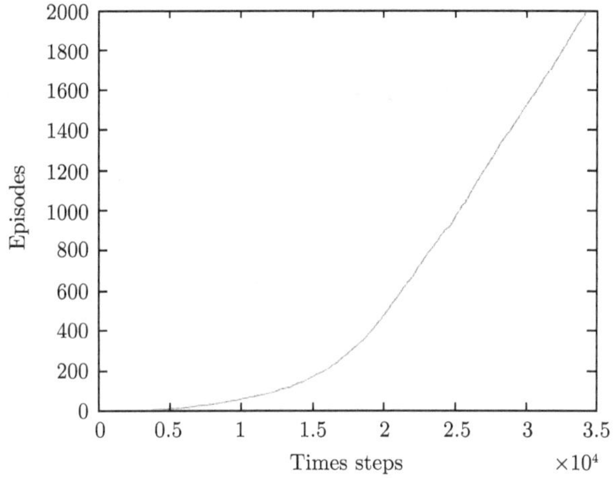

图 15.8 Times steps 和 Episodes 的关系曲线图

图中横轴为整个程序走过的累计步数, 纵轴含义为走了那么多步时, 当前处于第几条采样路径上.

15.6.3 Q-学习算法及 MATLAB 实现

Q-学习算法是一种使用时序差分求解强化学习控制问题的离线算法. 使用 Q-学习算法求解控制问题不需要环境的状态转移概率, 是无模型的强化学习问题求解方法. 它与蒙特卡罗法类似, 都是价值迭代, 即通过更新价值函数 $q_\pi(s,a)$ 来更新策略 $\pi(s|a)$, 再通过策略来产生新的状态和即时奖赏, 从而进一步更新价值函数, 这个过程一直进行下去, 直到价值函数和策略都收敛.

回顾时序差分法对控制问题的求解, 可以分为两类. 一类是在线控制算法, 即一直使用一个策略来更新价值函数和选择新的动作, 如 15.6.2 小节介绍的 SARSA 算法就属于在线算法; 而另一类是离线算法, 它使用两个策略来求解控制问题, 一个策略用于选择新的动作, 另一个策略用于更新价值函数. 这类算法的典型代表就是 Q-学习算法.

对于 Q-学习算法, 使用 ε-贪心算法来选择新的动作, 这与 SARSA 算法完全相同. 但是对于价值函数的更新, Q-学习算法使用的是贪心法, 而不是 SARSA 算法的 ε-贪心算法, 这是 SARSA 算法与 Q-学习算法的本质区别.

Q-学习算法的拓扑结构如图 15.9 所示.

Q-学习算法的基本思路是: 首先基于状态 s, 用 ε-贪心算法选择动作 a, 然后执行该动作得到奖赏 R, 并进入状态 s', 此时, 如果是 SARSA 算法, 会继续基于状态 s' 用 ε-贪心算法选择下一个动作 a', 然后更新价值函数. 但 Q-学习算法则不同, 它是基于状态 s', 用贪心算法来选择动作 a', 即选择使 $q_\pi(s',a)$ 最大的 a 作

为 a' 来更新价值函数, 其迭代公式为

$$q_\pi(s,a) := q_\pi(s,a) + \alpha\left(\left[R + \gamma \max_a q_\pi(s',a)\right] - q_\pi(s,a)\right). \tag{15.53}$$

对应到图 15.9 中就是在图下方的三个黑圆圈动作中选择一个使 $q_\pi(s',a)$ 最大的动作作为 a'.

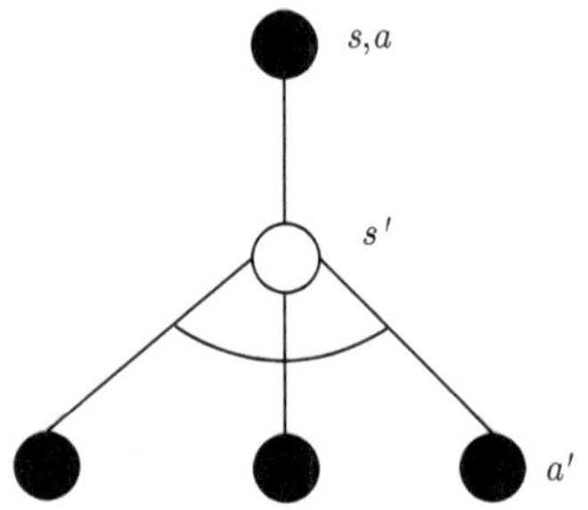

图 15.9 Q-学习算法的拓扑结构示意图

此时选择的动作 s' 只会参与价值函数的更新, 并不会真正地执行该动作. 价值函数更新后, 新的执行动作需要基于状态 s' 用 ε-贪心算法重新选择来获得. 下面写出 Q-学习的算法流程.

算法 15.9 (Q-学习算法)

输入: 状态集 S, 动作集 A, 折扣因子 γ, 探索概率 ε, 步长 α, 迭代轮数 T.

输出: 所有状态和动作对应的价值 $q_\pi(s,a)$.

1) 随机初始化所有的状态 s 和动作 a 对应的价值 $q_\pi(s,a)$.

2) 对于终止状态的价值 $q_\pi(s,a)$ 初始化为 0. 置 $i := 0$;

3) **while** $(i <= T)$ **do**

  (a) 初始化 s 为当前状态序列的第一个状态.

  (b) 用 ε-贪心算法在当前状态 s 选择动作 a.

  (c) 在状态 s 执行当前动作 a, 得到新状态 s' 和奖赏 R.

  (d) 更新价值函数 $q_\pi(s,a)$:

$$q_\pi(s,a) := q_\pi(s,a) + \alpha\left(\left[R + \gamma \max_a q_\pi(s',a)\right] - q_\pi(s,a)\right).$$

  (e) 若 s' 是终止状态, 当前轮迭代完毕; 否则置 $s := s'$, $i := i+1$ 转到子步 (b).

end while

最后来比较一下 SARSA 算法和 Q-学习算法的异同以及各自的适用范围.

1) Q-学习算法学习的是最优策略, 而 SARSA 算法在学习最优策略的同时还在做探索, 为了保证收敛, 需要制定一个策略使得 ε-贪心算法的超参数 ε 在迭代的过程中逐渐变小.

2) Q-学习算法的最优策略会依赖于训练中产生的一系列数据, 因此受训练数据方差的影响很大, 甚至会影响动作价值函数 q_π 的收敛.

3) 在学习过程中, SARSA 算法在收敛过程中鼓励探索, 这样学习过程会比较平滑, 不至于出现像 Q-学习算法可能遇到一些特殊的最优“陷阱”.

4) 在实际应用中, 如果是在模拟环境中训练强化学习模型, 推荐使用 Q-学习算法, 如果是在线生产环境中训练模型, 则推荐使用 SARSA 算法.

下面来看一个 Q-学习算法的简单例子.

例 15.3 假设有如下场景: 有一幅 4×4 的方格地图 (图 15.10), 第 1 列方格编号为 1, 2, 3, 4 号, 第 2 列方格编号为 5, 6, 7, 8 号, 以此类推, 直到第 4 列最后一个方格编号为 16.

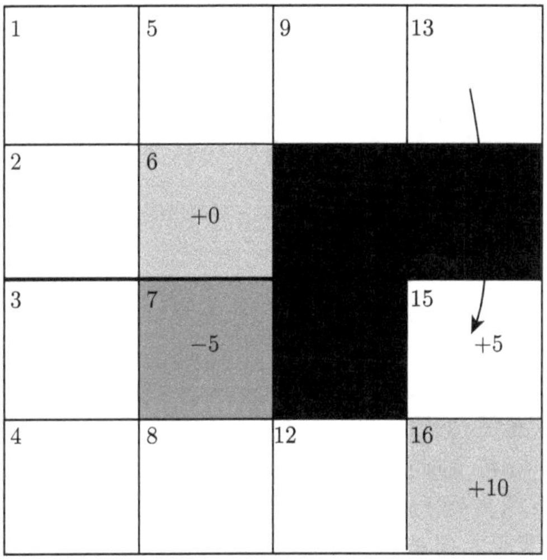

图 15.10 方格地图示意图

某甲需要从方格地图中的某个方格出发去寻找宝物, 他可以有上、下、左、右 4 种移动方式. 宝物在 16 号格子的位置上, 如果找到宝物, 则可以得到的奖赏为 10. 由于路途艰辛, 某甲每走一格就会损失 1 个点的体力 (即得到奖赏为 -1). 10, 11 和 14 号格子存在障碍物, 不可到达. 7 号格子存在怪兽, 到达时会损失 5 个点的体力 (即得到奖赏为 -5). 6 号格子存在补给, 到达时不需损失体力 (即得到奖赏为 0). 此外某甲可以从 13 号格子跳跃到 15 号格子, 并得到奖赏 5.

给出 MATLAB 程序如下 (grid_qlearning.m 文件).

```
clear all
rng(3); %可重复性
T=zeros(16,16); %定义可移动矩阵T
%T(i,j)=0表示不可从位置i移至j,1则表示可移动
for i=1:16
    if(not(ismember(i,[1,5,9,13]))),%定义上移动作,格子1,5,9,13不可上移
        T(i,i-1)=1;
    end
    if(not(ismember(i,[4,8,12,16]))),%定义下移动作,格子4,8,12,16不可下移
        T(i,i+1)=1;
    end
    if(i>4),%定义左移动作,格子1,2,3,4不可左移
        T(i,i-4)=1;
    end
    if(i<13),%定义右移动作,格子13,14,15,16不可右移
        T(i,i+4)=1;
    end
end
%定义不可达到区域(障碍物)
T(:,[10,11,14])=0; %格子10,11,14不可到达
%定义跳跃, 可以从格子13跳至格子15
T(13,:)=0; T(13,15)=1;
%定义奖赏矩阵R
R=-1*ones(16); %初始化.每移动一格消耗体力1
R(:,6)=0; %格子6存在补给,奖赏为0
R(:,7)=-5; %格子7有怪兽,奖赏为-5
R(13,15)=5; %从格子13跳跃至格子15得到奖赏5
R(:,16)=10; %到达终点奖赏为10
Q=zeros(16,16); %将动作价值矩阵Q初始化为0
gamma=0.8; %设置折扣因子
epsilon=0.3; %设置策略选择概率
for iter=1:500 %训练循环
    s=unidrnd(16); %随机化初始状态
    while ismember(s,[10,11,14])
        s=unidrnd(16);
    end
    %如果不是最终转态
    while s~=16
        %选择可能的动作
        possible_a=find(T(s,:)==1);
```

```
            possible_Q=Q(s,possible_a);
            if rand<epsilon  %探索
                choose=unidrnd(length(possible_a));
                a=possible_a(choose);
            else
                [~,index]=max(possible_Q);
                a=possible_a(index);
            end
            %更新动作价值函数
            Q(s,a)=R(s,a)+gamma*max(Q(a,:));
            s=a; %更新状态变量
        end
        if mod(iter,100)==0 %显示训练过程
            fprintf("训练的次数为:%d\n",iter),
        end
    end
    path1=findpath(2,Q), %从格子2出发的路径
    path2=findpath(3,Q), %从格子3出发的路径
    %定义寻找路径函数
    function path=findpath(start,Q)
    %start-开始位置, Q-动作价值函数, path-路径向量
    path=start; %将初始位置加入路径起点
    while path(end)~=16 %如果初始点不是终点
        [~,next]=max(Q(start,:));
        path=[path,next];
        start=next;
    end
    end
```

运行上述程序, 得到结果如下:

```
>> grid_qlearning
path1 =
     2    6    5    9    13   15   16
path2 =
     3    4    8    12   16
```

不难发现, 第一条路径的累积奖赏更大.

此外, 值得一提的是, MATLAB 系统从版本 R2019a 开始, 增加了强化学习工具箱 (Reinforcement Learning Toolbox). 因此上面的例子可以使用强化学习工具箱进行求解. 编写代码如下 (RLToolbox_grid.m 文件).

```
%利用强化学习工具箱求解
```

```
clear all
GW=createGridWorld(4,4);%创建一个GridWorld对象
GW.TerminalStates='[4,4]';%设置终点
GW.ObstacleStates=['[2,3]';'[2,4]';'[3,3]'];%设置障碍点
updateStateTranstionForObstacles(GW);%更新障碍点的状态转移矩阵
GW.T(state2idx(GW,'[1,4]'),:,:)=0;%设置障碍状态上的跳转规则
GW.T(state2idx(GW,'[1,4]'),state2idx(GW,'[3,4]'),:)=1;
%在奖赏转换矩阵中定义奖赏
ns=numel(GW.States);%状态数
na=numel(GW.Actions);%动作数
GW.R=-1*ones(ns,ns,na);%初始化奖赏为-1
GW.R(state2idx(GW,'[1,4]'),state2idx(GW,'[3,4]'),:)=5;%跳跃得奖赏5
GW.R(:,state2idx(GW,'[2,2]'),:)=0;%补给点奖赏为0
GW.R(:,state2idx(GW,'[3,2]'),:)=-5;%怪兽点奖赏为-5
GW.R(:,state2idx(GW,GW.TerminalStates),:)=10;%终点奖赏为10
%创建环境
env=rlMDPEnv(GW);
%创建Q学习代理,首先使用网格环境中的观察和操作规范创建Q矩阵
qTable=rlTable(getObservationInfo(env),getActionInfo(env));
qRepresent=rlQValueRepresentation(qTable,getObservationInfo(env),
           getActionInfo(env));
qRepresent.Options.LearnRate=1;%设置学习率
agentOpts=rlQAgentOptions;
agentOpts.DiscountFactor=0.8;%设置折扣因子
agentOpts.EpsilonGreedyExploration.Epsilon=0.3;%设置epsilon-贪心概率
qAgent=rlQAgent(qRepresent,agentOpts);
trainOpts=rlTrainingOptions; %指定训练选项
trainOpts.MaxStepsPerEpisode=30;%每次最多持续30个步长
trainOpts.MaxEpisodes=100;%最多训练100次
%当连续30次获得超过100的平均累积奖赏时,停止训练
trainOpts.StopTrainingCriteria='AverageReward';
doTraining=false;
if doTraining
    trainingStats=train(qAgent,env,trainOpts);
else
    load('BasicGridWorldqAgent.mat')
end
env.ResetFcn=@()state2idx(GW,'[2,1]');%设置起始位置
plot(env)
env.Model.Viewer.ShowTrace=true;
```

```
env.Model.Viewer.clearTrace;
simOpts=rlSimulationOptions('MaxSteps',10,'NumSimulations',1);
sim(qAgent,env,simOpts),%模拟仿真
```

运行上述程序得可视化结果如图 15.11 所示.

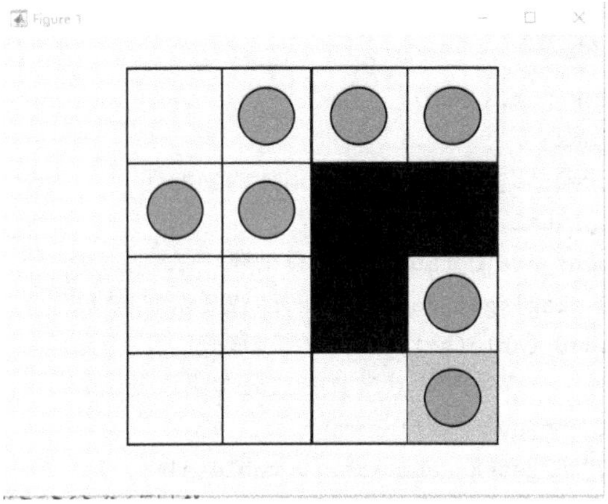

图 15.11 强化学习工具箱求解结果

再看一个扫地机器人的简单例子.

例 15.4 如图 15.12 所示, 机器人的位置状态量被分为 6 个, 从 0 到 5, 0 位置是起始点, 机器人要从这里出发前往位置 5. 动作有两个, 向左移动或向右移动, 在左右移动动作的影响下, 机器人分别向左或向右移动一格. 采用的奖赏方式为: 从左往右移动一格奖赏为 1, 从右往左移动一格奖赏为 −1. 从位置 1 往左移动至位置 0 导致任务失败, 需重新开始. 从位置 4 往右移动至终点位置 5 获得奖赏 5, 并成功结束任务.

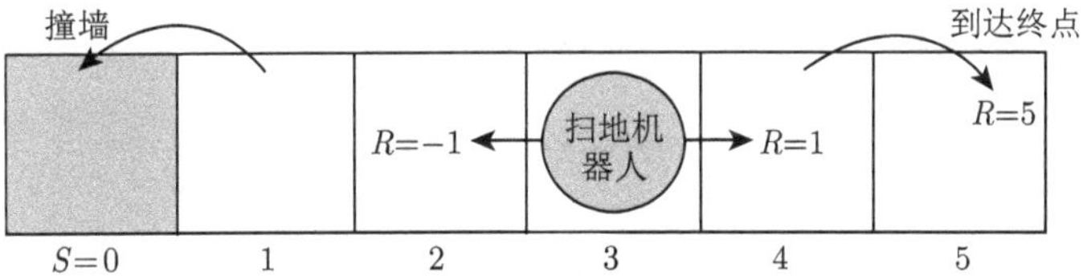

图 15.12 扫地机器人移动示意图

解 编制 MATLAB 代码如下 (RL_example.m 文件).

```
%扫地机器人Q-学习例子
clear all; close all;
global s_num
```

```
rng(9);%可重复性
s_num=6;%状态个数
a_num=2;%动作个数
iter_max=20;%最大迭代次数
gamma=0.9;%折扣因子
alpha=0.1;%步长
%初始化Q值表
Q_table=zeros(s_num,a_num);
for i=1:iter_max
    step_n=0;s=0;is_final=0;%每次训练的初始化
    while ~is_final
        a=choose_a(s,Q_table);%选择动作
        [s1,R,flag]=get_feedback(s,a);%更新状态
        Q_pred=Q_table(s+1,a); %更新Q值表
        % 根据下一步是否终点来更新flag参数以及Q值
        if s1 ~=s_num-1&&flag==0
            Q_target=R+gamma*max(Q_table(s1+1,:));
                    %当下的奖赏加上下一步的折扣Q值
        elseif flag==1 %撞墙了,直接停止
            break;
        else
            Q_target=R;%到达终点就没有下一步,直接赋值
            is_final=1;%到达终点为真
        end
        Q_table(s+1,a)=Q_table(s+1,a)+alpha*(Q_target-Q_pred);
        s=s1; % 更新状态量
        step_n=step_n+1; %计数增1
    end
    if s==s_num-1
        fprintf('%d:成功!总步数:%d\n',i,step_n);
    elseif flag==1
        fprintf('%d:失败!总步数:%d\n',i,step_n);
    else
        fprintf('扫地机器人发生故障\n');
    end
end
Q_table
%选择动作函数choose_a.m
function a=choose_a(s,Q_table)
    epsilon = 0.8; %贪心策略
```

```
    r=rand;
    choice=Q_table(s+1,:);
    if r>epsilon||~any(choice)
        a=floor(2*rand)+1;
    else
        [~,a]=max(choice);
    end
end
%环境交互反馈函数get_feedback.m
function [s1,R,flag]=get_feedback(s,a)
    global s_num
    flag=0;
    if a==2 %向右移动
        if s==s_num-2 %下一步即将到达终点
            R=5;s1=s+1;
        else
            R=1;s1=s+1;
        end
    end
    if a==1 %向左移动
        R=-1;
        if s==0 %撞墙了
            s1=s;flag=1;
        else
            s1=s-1;
        end
    end
end
```

运行上述程序得仿真结果:

```
>> RL_example
1: 成功! 总步数: 11
2: 成功! 总步数: 5
3: 失败! 总步数: 0
4: 成功! 总步数: 7
5: 成功! 总步数: 5
6: 成功! 总步数: 9
7: 成功! 总步数: 5
8: 成功! 总步数: 5
9: 失败! 总步数: 0
10: 失败! 总步数: 0
```

```
11: 成功! 总步数: 5
12: 成功! 总步数: 5
13: 成功! 总步数: 5
14: 成功! 总步数: 7
15: 成功! 总步数: 5
16: 成功! 总步数: 5
17: 成功! 总步数: 5
18: 成功! 总步数: 5
19: 成功! 总步数: 9
20: 成功! 总步数: 7
Q_table =
         0    1.7597
   -0.1473    1.9629
   -0.0747    2.5169
    0.0540    3.4956
    0.2752    4.1661
         0         0
```

这个简单例子中程序代码的核心思想就是更新 Q 值表, 然后扫地机器人依据 Q 值表来选择对应的动作. 通过不断地与环境进行交互, 学习更新 Q 值表，最后达到稳定状态就得到了最优动作价值.

本章课件

参 考 文 献

[1] 周志华. 机器学习. 北京: 清华大学出版社, 2016.

[2] 李航. 统计学习方法. 2 版. 北京: 清华大学出版社, 2019.

[3] 雷明. 机器学习: 原理、算法与应用. 北京: 清华大学出版社, 2019.

[4] 冷雨泉, 张会文, 张伟. 机器学习入门到实战: MATLAB 实践应用. 北京: 清华大学出版社, 2019.

[5] 梅尔亚 • 莫里, 阿夫欣 • 罗斯塔米扎达尔, 阿米特 • 塔尔沃卡尔. 机器学习基础. 张文生, 等译. 北京: 机械工业出版社, 2019.

[6] 张朝阳. 深入浅出: 工业机器学习算法详解与实战. 北京: 机械工业出版社, 2020.

[7] 谢剑斌, 等. 视觉机器学习 20 讲. 北京: 清华大学出版社, 2015.

[8] 方开泰, 陈敏. 统计学中的矩阵代数. 北京: 高等教育出版社, 2013.

[9] 邓乃扬, 田英杰. 支持向量机: 理论、算法与拓展. 北京: 科学出版社, 2009.

[10] 周志华. 集成学习: 基础与算法. 李楠, 译. 北京: 电子工业出版社, 2020.

[11] 赵卫东, 董亮. 机器学习. 北京: 人民邮电出版社, 2018.

[12] 黄莉婷, 苏川集. 白话机器学习算法. 武传海, 译. 北京: 人民邮电出版社, 2019.

[13] 邹伟, 鬲玲, 刘昱杓. 强化学习. 北京: 清华大学出版社, 2020.

[14] 宋丽梅, 朱新军. 机器视觉与机器学习: 算法原理、框架应用与代码实现. 北京: 机械工业出版社, 2020.

[15] 范丽亚. 机器学习中的基本算法. 北京: 科学出版社, 2020.

[16] 段桂芹, 邹臣嵩, 刘锋. 基于优化初始聚类中心的 K 中心点算法. 计算机与现代化, 2019, (4): 1-5.

[17] Leader J J. 数值分析与科学计算. 张威, 刘志军, 李艳红, 译. 北京: 清华大学出版社, 2008.

[18] Mathews J H, Fink K D. 数值方法 (MATLAB 版). 4 版. 周璐, 陈渝, 钱方, 等译. 北京: 电子工业出版社, 2005.

[19] Aha D W. Lazy Learning. Norwell: Kluwer, 1997.

[20] Aloise D, Deshpande A, Hansen P, Popat P. NP-hardness of Euclidean sum-of-squares clustering. Machine Learning, 2009, 75(2): 245-248.

[21] Alpaydin E. Introduction to Machine Learning. Cambridge: MIT Press, 2004.

[22] Andrieu C, De Freitas N, Doucet A, Jordan M I. An introduction to MCMC for machine learning. Machine Learning, 2003, 50(1-2): 5-43.

[23] Argall B D, Chernova S, Veloso M, Browning B. A survey of robot learning from demonstration. Robotics and Autonomous Systems, 2009, 57(5): 469-483.

[24] Bach F R, Lanckriet G R G, Jordan M I. Multiple kernel learning, conic duality, and the SMO algorithm. Proceedings of the 21st International Conference on Machine Learning (ICML), 6-13, Banff, Canada, 2004.

[25] Banerjee A, Merugu S, Dhillon I, Ghosh J. Clustering with Bregman divergences.

Journal of Machine Learning Research, 2005, 6: 1705-1749.
[26] Belkin M, Niyogi P, Sindhwani V. Manifold regularization: A geometric framework for learning from labeled and unlabeled examples. Journal of Machine Learning Research, 2006, 7: 2399-2434.
[27] Bengio Y, Courville A, Vincent P. Representation learning: A review and new perspectives. IEEE Transactions on Pattern Analysis and Machine Intelligence, 2013, 35(8): 1798-1828.
[28] Bertsekas D P. Dynamic Programming and Optimal Control: Approximate Dynamic Programming. 4th ed. Nashua: Athena Scientific, 2012.
[29] Bishop C M. Pattern Recognition and Machine Learning. New York: Springer, 2006.
[30] Bishop C M. Neural Networks for Pattern Recognition. New York: Oxford Univerersity Press, 1995.
[31] Blei D M, Ng A Y, Jordan M I. Latent Dirichlet allocation. Journal of Machine Learning Research, 2003, 3: 993-1022.
[32] Blei D M. Probabilistic topic models. Communications of the ACM, 2012, 55(4): 77-84.
[33] Breiman L. Random forests. Machine Learning, 2001, 45(1): 5-32.
[34] Breiman L. Using iterated bagging to debias regressions. Machine Learning, 2001, 45(3): 261-277.
[35] Busoniu L, Babuska R, De Schutter B, Ernst D. Reinforcement Learning and Dynamic Programming Using Punction Approximators. Boca Raton: Chapman & Hall/CRC Press, 2010.
[36] Carbonell J G. Machine Learning: Paradigms and Methods. Cambridge: MIT Press, 1990.
[37] Chang C C, Lin C J. LIBSVM: A library for support vector machines. ACM Transactions on Intelligent Systems and Technology, 2011, 2(3): 27.
[38] Chickering D M, Heckerman D, Meek C. Large-sample learning of Bayesian networks is NP-hard. Journal of Machine Learning Research, 2004, 5: 1287-1330.
[39] Cortes C, Vapnik V N. Support-vector networks. Machine Learning, 1995, 20(3): 273-297.
[40] Cover T M, Hart P E. Nearest neighbor pattern classification. IEEE Transactions on Information Theory, 1967, 13(1): 21-27.
[41] Cox T F, Cox M A. Multidimensional Scaling. London: Chapman & Hall/CRC, 2001.
[42] Dann C, Neumann G, Peters J. Policy evaluation with termporal differences: A survey and comparison. Journal of Machine Learning Research, 2014, 15: 809-883.
[43] Deisenroth M P, Neumann G, Peters J. A survey on policy search for robotics. Foundations and Trends in Robotics, 2013, 2(1-2): 1-142.
[44] Dempster A P, Laird N M, Rubin D B. Maximum likelihood from incomplete data via the EM algorithm. Journal of the Royal Statistical Society: Series B, 1977, 39(1): 1-22.
[45] Fawcett T. An introduction to ROC analysis. Pattern Recognition Letters, 2006, 27(8): 861-874.

[46] Flach P. Machine Learing: The Art and Science of Algorithms that Make Sense of Data. Cambridge: Cambridge University Press, 2012.
[47] Friedman J H. Greedy function approximation: A gradient Boosting machine. Annals of Statistics, 2001, 29(5): 1189-1232.
[48] Geist M, Scherrer B. Off-policy learning with eligibility traces: A survey. Journal of Machine Learning Research, 2014, 15: 289-333.
[49] Halkidi M, Batistakis Y, Vazirgiannis M. On clustering validation techniques. Journal of Intelligent Information Systems, 2001, 27(2-3): 107-145.
[50] Ho T K, Hull J J, Srihari S N. Decision combination in multiple classifier systems. IEEE Transactions on Pattern Analysis and Machine Intelligence, 1994, 16(1): 66-75.
[51] Hofmann T. Unsupervised learning by probabilistic latent semantic analysis. Machine Learning, 2001, 42(1): 177-196.
[52] Hsu C W, Lin C J. A comparison of methods for multiclass support vector machines. IEEE Transactions on Neural Networks, 2002, 415-425.
[53] Huang Z. Extensions to the k-means algorithm for clustering large data sets with categorical values. Data Mining and Knowledge Discovery, 1998, 2(3): 283-304.
[54] Jain A K. Data clustering: 50 years beyond k-means. Pattern Recognition Letters, 2009, 31(8): 651-666.
[55] Jensen F V. An Introduction to Bayesian Networks. New York: Springer, 1997.
[56] Jordan M I. Learning Graphical Models. Dordrecht: Kluwer, 1998.
[57] Kober J, Bagnell J A, Peters J. Reinforcement learning in robotics: A survey. The International Journal of Robotics Research, 2013, 32(11): 1238-1274.
[58] Kohonen T. An introduction to neural computing. Neural Networks, 1988, 1(1): 3-16.
[59] Kolda T G, Bader B W. Tensor decompositions and applications. SIAM Review, 2009, 51(3): 455-500.
[60] Koller D, Friedman N. Probabilistic Graphical Models: Principles and Techniques. Cambridge: MIT Press, 2009.
[61] Kuncheva L I, Whitaker C J. Measures of diversity in classifier ensembles and their relationship with the ensemble accuracy. Machine Learning, 2003, 51(2): 181-207.
[62] Liu Y, Yao X. Ensemble learning via negative correlation. Neural Networks, 1999, 12(10): 1399-1404.
[63] Luxburg U. A tutorial on spectral clustering. Statistics and Computing, 2007, 17(4): 395-416.
[64] Maulik U, Bandyopadhyay S. Performance evaluation of some clustering algorithms and validity indices. IEEE Transactions on Pattern Analysis and Machine Intelligence, 2002, 24(12): 1650-1654.
[65] McLachlan G, Krishnan T. The EM Algorithm and Extensions. 2nd ed. Hoboken: John Wiley & Sons, 2008.
[66] Mingers J. An empirical comparison of pruning methods for decision tree induction. Machine Learning, 1989, 4(2): 227-243.
[67] Price B, Boutilier C. Accelerating reinforcement learning through implicit imitation. Journal of Artificial Intelligence Research, 2003, 19: 569-629.

[68] Rabiner L R. A tutorial on hidden Markov models and selected applications in speech recognition. Proceedings of the IEEE, 1989, 77(2): 257-286.
[69] Roweis S T, Saul L K. Locally linear embedding. Science, 2000, 290(5500): 2323-2316.
[70] Samaniego F J. A Comparison of the Bayesian and Frequentist Approaches to Estimation. New York: Springer, 2010.
[71] Schapire R E, Freund Y. Boosting: Foundations and Algorithms. Cambridge: MIT Press, 2012.
[72] Sigaud O, Buffet O. Markov Decision Processes in Artificial Intelligence. Hoboken: Wiley, 2010.
[73] Sutton C, McCallum A. An introduction to conditional random fields. Foundations and Trends in Machine Learning, 2012, 4(4): 267-373.
[74] Sutton R S, Barto A G. Reinforcement Learning: An Introduction. Cambridge: MIT Press, 1998.
[75] Sutton R S. Learning to predict by the methods of temporal differences. Machine Learning, 1988, 3(1): 9-44.
[76] Tan X, Chen S, Zhou Z H, Liu J. Face recognition under occlusions and variant expressions with partial similarity. IEEE Transactions on Information Forensics and Security, 2009, 2(4): 217-230.
[77] Tenenbaum J B, De Silva V, Langford J C. A global geometric framework for nonlinear dimensionality reduction. Science, 2000, 290(5500): 2319-2323.
[78] Tesauro G. Temporal difference learning and TD-Gammon. Communications of the ACM, 1995, 38(3): 58-68.
[79] Michelle T M. Machine Learning. New York: McGraw-Hill Companies, Inc. 1997.
[80] Ueno T, Maeda S, Kawanabe M, Ishii S. Generalized TD learning. Journal of Machine Learning Research, 2011, 12: 1977-2020.
[81] Utgoff P E. Incremental induction of decision trees. Machine Learning, 1989, 4(2): 161-186.
[82] Utgoff P E, Berkman N C, Clouse J A. Decision tree induction based on efficient tree restructuring. Machine Learning, 1997, 29(1): 5-44.
[83] Vapni V N. Statistical Learning Theory. New York: Wiley, 1998.
[84] Vapnik V N. An overview of statistical learning theory. IEEE Transactions on Neural Networks, 1999, 10(5): 988-999.
[85] Wainwright M J, Jordan M I. Graphical models, exponential families, and variational inference. Foundations and Trends in Machine Learning, 2008, 1(1-2): 1-305.
[86] Watkins C J C H, Dayan P. Q-learning. Machine Learning, 1992, 8(3-4): 279-292.
[87] Weinberger K Q, Saul L K. Distance metric learning for large margin nearest neighbor classification. Journal of Machine Learning Research, 2009, 10: 207-244.
[88] Weiss Y. Correctness of local probability propagation in graphical models with loops. Neural Computation, 2000, 12(1): 1-41.
[89] Whiteson S. Adaptive Representations for Reinforcement Learning. Berlin: Springer, 2010.
[90] Wolpert D H, Macready W G. An efficient method to estimate bagging's generaliza-

tion error. Machine Learning, 1999, 35(1): 41-55.

[91] Xu R, Wunsch I D. Survey of clustering algorithms. IEEE Transactions on Neural Networks, 2005, 3(16): 645-678.

[92] Yan S, Xu D, Zhang B, Zhang H J. Graph embedding and extensions: A general framework for dimensionality reduction. IEEE Transactions on Pattern Analysis and Machine Intelligence, 2007, 29(1): 40-51.

[93] Yang J, Zhang D, Frangi A F, Yang J Y. Two-dimensional PCA: A new approach to appearance-based face representation and recognition. IEEE Transactions on Pattern Analysis and Machine Intelligence, 2004, 26(1): 131-137.

[94] Yao X. Evolving artificial neural networks. Proceedings of the IEEE, 1999, 87(9): 1423-1447.

[95] Zhang Z, Webb G I. Lazy learning of Bayesian rules. Machine Learning, 2000, 41(1): 53-84.

[96] Zhang T, Ramakrishnan R, Livny M. BIRCH: An efficient data clustering method for very large databases. Proceedings of the ACM SIGMOD International Conference on Management of Data (SIGMOD), 103-114, Montreal, Canada, 1996.

[97] Zhang Z, Zha H. Principal manifolds and nonlinear dimensionality reduction via local tangent space alignment. SIAM Journal on Scientific Computing, 2004, 26(1): 313-338.

[98] Zhou Z H. Ensemble Methods: Foundations and Algorithms. Boca Raton: Chapman & Hall/CRC, 2012.

本书程序